LES

ENVIRONS DE PARIS

PARIS, TYPOGRAPHIE DE WITTERSHEIM, 8, RUE MONTMORENCY.

LES
ENVIRONS DE PARIS

PAYSAGE HISTOIRE

MONUMENTS MŒURS CHRONIQUES ET TRADITIONS

OUVRAGE RÉDIGÉ

PAR L'ÉLITE DE LA LITTÉRATURE CONTEMPORAINE

SOUS LA DIRECTION DE

MM. CH. NODIER ET **LOUIS LURINE**

et

ILLUSTRÉ DE 200 DESSINS PAR LES ARTISTES LES PLUS DISTINGUÉS.

PARIS

P. BOIZARD & G. KUGELMANN, ÉDITEURS

25, Rue Jacob.

INTRODUCTION.

Quand on marche seul avec sa pensée autour de cette ville, qui depuis tant de siècles inflige au reste du monde ses jugements, ses travers et ses modes, on s'étonne en découvrant tout ce que la nature et l'art, l'histoire et la poésie, qui est à l'histoire ce que l'art est à la nature, ont jeté de richesses merveilleuses sur cette terre privilégiée qui s'appelle les Environs de Paris.

La main de Dieu y a répandu partout, comme une bénédiction, le trésor inépuisable de ses sublimes caprices; la main de l'homme y a gravé, comme une action de grâces, l'empreinte de son infatigable intelligence; les artistes l'ont dotée de leurs chefs-d'œuvre; les rois l'ont remplie de souvenirs et de monuments; le peuple, pauvre et pourtant prodigue, y a semé, sans ordre et sans profit, la moisson toujours fécondée de ses luttes et de ses triomphes; puis, dans le feu de chaque rayon, dans le repos de chaque ombre, la poésie est venue se plaindre ou chanter avec l'amour, avec la gloire, avec les hautes infortunes, avec les sombres misères, dans les châteaux splendides et sur les champs de bataille, au milieu des villes troublées et des villages abrités.

L'ambition de ceux qui ont eu l'idée de poursuivre sa trace lumineuse à travers le vaste horizon des temps, et de soustraire à l'oubli quelques-unes des pages à demi effacées de nos chroniques, vaut bien la peine d'être encouragée; les ruines ont peu de courtisans.

Et, cependant, que de choses inexprimables doit raconter à l'âme rêveuse qui l'écoute, la voix du vent qui gémit dans les allées de Versailles ou qui gronde au fond des corridors perdus de Vincennes, tandis que l'écho du palais crie: Louis XIV! à l'écho du donjon qui répond: Condé!

A l'heure où Saint-Germain, le noble berceau, et Saint-Denis, le tombeau immense, s'entretiennent, sans oser se regarder en face, des tristes royautés de ce monde et du néant des grandeurs humaines, Saint-Cloud, tout brodé du blason chevaleresque de Henri III, retentit encore du bruit des éperons presque roturiers de Bonaparte.

Auteuil, Choisy, Brunoy et Boulogne se souviennent doucement d'avoir prêté le refuge de leur solitude et de leur mystère aux grands poètes qui chantaient l'amour des rois, et aux grandes dames infortunées qui luttaient contre lui. Il est impossible de hasarder un pas, un geste, un regard au milieu de ces somptueux alentours, sans heurter du pied une ruine historique, sans toucher une relique précieuse, sans contempler les éloquents débris de quelque puissance tombée.

C'est donc une heureuse pensée, selon moi, que de tenter de ranimer au souffle de cette nature que Dieu s'est plu à conserver dans sa jeunesse éternelle, une partie de l'histoire du passé, et d'y mêler les fantaisies capricieuses de l'époque actuelle, vivifiées un instant par le reflet du même soleil qui éclairait ces morts illustres.

Donnez-nous la joie et l'honneur d'assister, dans les jardins du Petit-Trianon, à la promenade mélancolique de notre douce reine Marie-Antoinette; laissez-nous accompagner, le long du Tapis-Vert de Versailles, la démarche inégale de la pauvre fille d'honneur, à laquelle l'amour imposa le titre de duchesse de Lavallière, et dont le repentir a fait sœur Louise de la Miséricorde. Montrez-nous, au temps de Racine et de madame de Maintenon, l'austère maison de Saint-Cyr qui pesait sur tant de jeunes têtes évaporées; montrez-nous la fille du Régent derrière les grilles de l'abbaye de Chelles; rendez-nous, je vous en conjure, toutes ces charmantes beautés que nous avons si tendrement et si respectueusement adorées; rendez-nous les illusions de l'âge où nous demandions avec instance au ciel une seconde existence pour ces nobles et frêles créatures, brisées à l'étreinte du monde; et, si vous parvenez à cela, vous aurez trouvé un beau livre, c'est moi qui vous le dis.

Dans un autre ordre d'idées, qui ne serait jaloux de suivre aux lieux qu'ils ont aimés, les hommes célèbres et les rois magnifiques?

Clément Marot, auprès de François Ier, Louis XIV, auprès de Molière. Qui ne se sentirait le cœur serré d'une émotion profonde en se souvenant que, dans cette chambre dorée, dont les fenêtres regardent ce beau parc si vert, un homme, avant de partir pour la mission confiée à son aventureuse hardiesse, vint prendre congé de celui au nom duquel il allait la remplir. Tous deux s'entretinrent longtemps de gloire, d'avenir et d'espérance ; puis le Roi se leva, et, accompagnant sa parole de ce bienveillant sourire aussi héréditaire et aussi persévérant dans sa maison que le malheur, il dit au voyageur : Nous nous reverrons.

Mais Dieu en avait décidé autrement. Tandis que le marin, parvenu aux extrémités du monde, sombrait pendant une nuit de tempête, le Roi, son protecteur, disparaissait, entraîné par le naufrage de la monarchie : Louis XVI ne devait pas revoir Lapeyrouse.

Ce coin de terre, que le soleil réchauffe tout entier d'un seul rayon, a été depuis tant de siècles arrosé avec du sang et avec des larmes, qu'il est devenu fertile pour les artistes, les savants et les poètes.

Si les matériaux sont nombreux, les talents jeunes et forts ne manquent pas, grâce à Dieu, pour les bien mettre en œuvre.

J'ai consenti à marcher à la tête de ce brillant état-major, non pas pour l'aider, mais pour le conduire ; non pas pour le conseiller, mais pour le voir faire, comme ces vieux blessés que l'odeur de la poudre n'électrise plus, et qui s'asseoient sur le bord du chemin, en criant aux autres : En avant !

Marchez ! troupe vaillante, marchez ! vous tous que j'ai vu naître et grandir, et si bien grandir, et si bien monter, que je ne puis plus apprendre vos noms aimés à personne.

C'est LÉON GOZLAN, l'habile écrivain, l'élégant ciseleur de phrases ; c'est JULES JANIN, le vif, abondant et profond causeur ; c'est VIOLLET LEDUC, qui allie par merveille la science à l'esprit ; c'est ARSÈNE HOUSSAYE, qui chante harmonieusement en prose et en vers ; ce sont enfin les jeunes éminents éclaireurs de cette noble cavalerie : MARIE AYCARD, LOUIS LURINE, ÉTIENNE ARAGO, JULES SANDEAU, ALBÉRIC SECOND et plusieurs encore que je n'oublie pas, et dont le public se souvient.

Le crayon spirituel et vrai de MM. AUGUSTE REGNIER, JULES DAVID, BARON, C. NANTEUIL, EDOUARD DE BEAUMONT, viendra à l'aide de cette collaboration distinguée, et tous ces talents

INTRODUCTION.

réunis offriront des sites charmants aux promeneurs, des monuments aux artistes, des trésors de poésie et de sentiment aux rêveurs, des traditions au peuple, de la science à ceux qui l'aiment, des souvenirs, des tableaux, des anecdotes et de l'intérêt à tout le monde.

Ch. Nodier.

Le savant spirituel qui daignait écrire, il y a quelques jours, pour notre livre, les pages charmantes qui précèdent; l'homme excellent qui nous donnait des conseils, en dépit de sa souffrance et de ses regrets; le littérateur illustre qui consentait à nous prêter l'appui de son nom, de son esprit et de sa gloire, dans l'intérêt de cette publication littéraire, — Charles Nodier n'est plus : il est mort, en parlant de Tacite et de Fénelon, en souriant encore au génie et à la vertu, les deux seules royautés de la terre qu'il ait adorées.

Bienheureux l'académicien, le critique, le poète qui aura l'honneur de prononcer l'éloge solennel d'un pareil homme, d'un pareil écrivain! Bienheureux celui qui parlera publiquement de cet aimable érudit, qui savait si bien feuilleter, comprendre et adorer les vieux livres, des Elzevir et des Plantin; de cet amant du beau style, du beau langage, toujours jeune, toujours inspiré, toujours délicat dans ses amours poétiques et littéraires; de cet adorable causeur qui avait de la musique dans la voix, de l'esprit dans le geste, dans le regard, et de la coquetterie jusque dans le sourire; de ce rêveur universel, qui rêvait en pensant, et qui touchait à la fois à la science et au roman, à la bibliographie et à l'histoire, au dictionnaire de la langue française et au merveilleux poème de Trilby; de ce littérateur harmonieux, souple, éloquent, qui a écrit tour-à-tour comme Diderot et Hoffmann, comme Gœthe et Byron!

vi INTRODUCTION.

L'éditeur, qui signe cette note, ce souvenir, cet adieu, exécutera, le plus consciencieusement qu'il lui sera possible, le livre des *Environs de Paris;* notre directeur littéraire, M. Louis Lurine, appellera à son aide les idées, les conseils, la science, en un mot, la collaboration glorieuse de Charles Nodier ; il dira à ses confrères, à ses amis : Le souvenir d'un semblable collaborateur est une noblesse qui oblige!

G. Kugelmann.

VERSAILLES.

N'est-ce pas une entreprise effrayante que de vouloir s'attaquer, avec quelques pages d'écriture, à l'histoire royale et populaire de Versailles? N'est-ce pas une pensée bien audacieuse que de songer à faire revivre, dans l'espace d'un cadre lilliputien, le XVIIe siècle, le siècle de Louis XIV, le grand siècle, tout un monde que l'on admire, et dont le spectacle finit par vous éblouir, par vous épouvanter, à force de gloire, de lumière, de grandeur?

Et comme si tout cela, un grand roi et un grand siècle, ne suffisait pas encore à la tâche difficile, immense, impossible d'un pauvre historien de hasard, il me faudra vous parler aussi de Louis XV, de Marie-Antoinette, de Louis XVI, de la révolution française de 89, de la royauté de 1830!

Allons! nouvel historiographe de la cour de France, prenez des manchettes de dentelle, comme M. de Buffon, qui se poudrait, qui se parfumait, qui s'endimanchait tous les matins pour *écrire sur les genoux de la Nature;* prenez une clé de chambellan, comme M. de Voltaire, cet admirable roturier qui daignait se faire gentilhomme ordinaire de la chambre du roi ; prenez la grande perruque de Saint-Simon, qui cachait tant de haine, tant d'injustice et tant d'esprit ; prenez le costume officiel de Dangeau et la rapière de Bussy-Rabutin ; prenez surtout la plume d'or de madame de Sévigné, et avisez-vous d'écrire l'histoire publique et secrète de Versailles !

Touchez donc à la fois, si vous l'osez, à la soutane de Bossuet et à l'épée de Turenne, aux aiguillettes du duc de Fronsac et à la main de la duchesse de Bourgogne, au rosaire de mademoiselle de Lavallière et au missel de madame de Maintenon, à l'éventail de madame de Fontanges et à la discipline du père Lachaise, au sceptre du vieux roi de France et à la couronne du duc d'Anjou, le jeune roi des Espagnes ; touchez en même temps aux merveilles de l'art, de la science, des belles-lettres et de la poésie qui ont passé par les grands appartements de Versailles ; ayez le courage de coudoyer, pour les bien voir, pour les bien connaître, des passants à demi couronnés que l'on nomme : Condé, Villars, Molière, Racine, Pascal, Jean Bart, Le Puget, Lebrun, Colbert, Mansard, Massillon, Coypel, Lafontaine, Despréaux, Vauban, tous les véritables rois de France de cette merveilleuse époque, après le grand roi ; enfin, ayez l'audace et la force de soulever, de vos petites mains tremblantes, le vaste linceul qui cache la royauté, le siècle de Louis XIV, et écrivez l'histoire de Versailles !

Mais, par la sambleu ! comme l'on disait à l'Œil-de-Bœuf, vous avez peur et vous avez raison : vous êtes si faible, si inquiet, si effrayé, que je vous fais grâce, pour un instant, de votre courage, de votre esprit, de votre dévouement littéraire; oubliez encore cette belle, et difficile, et terrible histoire qu'il vous faut écrire à la hâte ; ne soyez d'abord qu'un simple promeneur : l'historien reviendra plus tard. L'on nous attend au rendez-vous de chasse de Louis XIII, dans le palais de Louis XIV, chez madame de Maintenon à Saint-Cyr, dans les jardins de Marie-Antoinette à Trianon ; eh bien ! hâtons-nous lentement, pour obéir à Boileau que nous allons rencontrer tout à l'heure, et faisons l'école buissonnière dans les environs et dans les rues de Versailles.

L'imagination est comme la vapeur : elle ne voyage pas, elle arrive; nous voici donc, sans trop avoir couru, ce me semble, à Meudon qui a des ombrages si touffus, des maisons si blanches, des jardins si fleuris et des coteaux si verdoyants ; Meudon avait autrefois pour curé titulaire ce singulier philosophe que l'on appelle François Rabelais. Nous voilà déjà au sommet désolé du Mont-Calvaire où la justice des vivants a exproprié les morts pour cause d'utilité publique ; nous voilà à Ville-d'Avray où la *fontaine du Roi* ne coule plus pour des lèvres royales : en France, aujourd'hui, tous les hommes sont égaux devant l'eau claire. En 1815, les Prussiens perdirent, à Ville-d'Avray, les deux plus beaux régiments de leur armée. Nous voici au village du Chesnay, qui eut l'honneur de recevoir et d'abriter les illustres solitaires de Port-Royal ; à Chaville, qui se souvient encore de Louvois ; à Viroflay, où les hommes d'état essaient d'élever des chevaux ; au petit Viroflay, où il n'y a guère que des caves toutes remplies de vin de Suresne ; à Bellevue, qui a déjà oublié Louis XV et la marquise de Pompadour ; à Sèvres, où les fermiers-généraux de 1750 eurent la bonté de faire quelque chose d'utile, en y fondant la fameuse manufacture de porcelaines ; à Jouy, où M. Oberkampf, le célèbre fabricant de toiles peintes, fut honoré de la visite et des éloges de l'empereur Napoléon ; à Saint-Cyr, où une école militaire a remplacé l'école religieuse de madame de Maintenon ; à Montreuil, où naquit le général Hoche : Montreuil est aujourd'hui un simple faubourg de Versailles. Nous voici donc dans la grande avenue, dans l'avenue royale de Versailles, qui a vu passer toutes les royautés de Paris et de la France.

Marchons ensemble jusque sur la place d'Armes et allons saluer le palais de madame Élisabeth, qui touche presque au palais de madame Dubarry ; n'oublions pas la salle des États-généraux, la salle du Jeu de Paume, illustrée par l'Assemblée constituante et par Mirabeau, le collège royal de Versailles, qui fut bâti par la reine de France pour des chanoinesses augustines, les ruines du château de Clagny, autrefois habité par madame de Montespan, le théâtre de la rue du Réservoir, qui fut donné à madame de Montpensier de la part de la reine Marie-Antoinette ; entrons maintenant dans la grande cour, dans la cour d'honneur du palais de Versailles.

Je ne me suis jamais bien expliqué un détail matériel que vous allez voir, là, devant vous, sur la façade de ce pavillon de Louis XIII : il s'agit d'une horloge que soutiennent deux statues couchées ; après tout, une horloge sur la façade d'un palais, n'est-ce pas quelque chose de bien simple ? Oui, mais cette horloge a un mouvement qui ne marche pas, un timbre qui n'a pas de son, une aiguille toujours immobile : ce n'est point là l'horloge de la vie, c'est l'horloge de la mort ; elle ne sert point aux hommes, elle ne sert qu'à Dieu. Quand un roi de France expire, je ne sais quelle main invisible se glisse dans cette mystérieuse horloge : le roi est mort ! aussitôt le mouvement, le timbre et l'aiguille s'agitent comme par enchantement ; le roi est mort ! soudain l'heure sonne à cette horloge fatale ; vive le roi ! l'aiguille, le timbre et le mouvement s'arrêtent de nouveau jusqu'au dernier soupir d'un autre monarque. Par quelle force, ou par quelle étrange faiblesse, Louis XIV ne s'est-il pas effrayé du cadran mortuaire de Versailles, lui qui a eu peur de la flèche sépulcrale de Saint-Denis ?

Je ne m'explique pas davantage, à la première vue, dans la décoration de la cour Royale, telle qu'elle nous apparait aujourd'hui, la réunion soudaine du présent et du passé : Louis XIV et Napoléon, Bayard et Masséna, Duguesclin et Montebello, la royauté divine et l'empire populaire, la France d'autrefois et la France d'à présent; c'est là le mystère d'une alliance historique, d'une glorieuse alliance que la parole royale daignera nous dévoiler un peu plus tard. Ce colosse de pierre, qui a nom Versailles, ne date pas de bien loin, et, quoiqu'il ait dormi pendant un demi-siècle, il pourrait vous raconter, à l'heure qu'il est, au premier souffle de son réveil, l'histoire tout entière de la monarchie et de la nation françaises. Épiménide était sans doute bien étonné, bien effaré, bien inquiet, en se réveillant; Versailles, réveillé par une main souveraine, s'est mis tout simplement à vivre de plus belle, sans effroi, sans inquiétude, sans surprise; l'hôte superbe de Louis XIV a salué, de la meilleure grâce, comme s'il les connaissait à merveille, les hommes et les choses, les royautés et les chefs-d'œuvre, les princes de la cour, de l'armée et du peuple, tous les talents, toutes les gloires, tous les courages, tous les génies qui ont vécu et qui ont régné pendant les cinquante longues années de son sommeil.

L'origine de Versailles ressemble à l'origine de beaucoup de grandeurs de ce monde : elle est pauvre, elle est humble, elle est misérable. Peut-être, à la rigueur, pourrait-on dire, par respect pour une vie éclatante et glorieuse, que Versailles est d'assez bonne maison : l'église et la noblesse présidèrent à sa naissance; il devint une espèce de gentillâtre par la grâce de Dieu et de Louis XIII; il ne fut véritablement un gentilhomme que par la volonté de Louis XIV.

Il y a des résidences princières qui semblent n'avoir été faites que pour de certains princes; l'histoire de ces illustres maisons est nécessaire, indispensable à l'histoire de quelques personnages d'élite qui les ont habitées; les princes et les hommes dont je parle deviennent des amis intimes, des compagnons inséparables, dans les traditions populaires aussi bien que dans les livres historiques : le vieux Louvre, c'est Charles IX; Fontainebleau, c'est François 1er; Saint-Germain, c'est Louis XIII; le château de Vincennes, c'est le roi saint Louis; la Bastille, c'est Louis XI; le Palais-Royal, c'est le Régent; les Tuileries, c'est Louis XVI; le petit Trianon, c'est Marie-Antoinette; la Malmaison, c'est Joséphine, c'est Bonaparte; Versailles, surtout, c'est bien Louis XIV.

Au seizième siècle, la place où s'élèvent aujourd'hui la ville et le palais de Versailles était couverte de forêts, de ronces, de cailloux et de pâturages; le hasard, qui mène les hommes et les choses de ce monde, y faisait passer quelquefois, en 1627, un chasseur qui n'était rien moins que le roi Louis XIII. Plus tard, nous apprend Saint-Simon, « le Roi fort ennuyé d'avoir couché dans un méchant cabaret à rouliers
» et dans un moulin à vent, après de longues chasses dans la forêt de Saint-
» Léger, transforma le pavillon de Versailles en un petit château de cartes. »
Château de cartes, puisqu'il vous sied de le dire, monsieur de Saint-

Simon; *chétif château*, si cela vous plaît, monsieur de Bassompierre;
mais, enfin, ce pauvre château de Louis XIII allait avoir trois pavillons
d'une architecture assez riche, et des portiques d'ordre corinthien, et
des balcons en marbre blanc, et des balustrades dorées, et des colonnes, et des mosaïques, et des statues, et des trophées d'armes.
Le château de Versailles devint bientôt une maison royale; les courtisans se groupèrent à l'envi à l'ombre de cette nouvelle résidence de
leur maître; Cinq-Mars, la noble et malheureuse victime de Richelieu,
venait parfois cacher ses amours et ses plaisirs dans le voisinage de
la demeure princière; ce fut dans le château de Versailles que se joua
le dénouement de cette fameuse comédie ministérielle que l'histoire
a intitulée : la *Journée des Dupes*. Les dupes de cette journée étaient
les ennemis politiques du cardinal-ministre, et il en avait beaucoup,
l'impitoyable grand homme! Richelieu n'eut besoin, ce jour-là, que de
suivre secrètement Louis XIII à Versailles, sous le prétexte de lui demander pardon des fautes qu'il n'avait point commises. Agenouillé aux

pieds du monarque, le cardinal se mit à pleurer; Richelieu pleurait à
discrétion, quand bon lui semblait, mais il ne pleurait jamais que d'un

œil; l'autre lui servait à bien voir l'ami ou l'ennemi qu'il voulait tromper par le spectacle de ses larmes. Les pleurs de ce ministre-roi ressemblaient aux pleurs d'un comédien ou d'une coquette. Quelle comédie, mon Dieu! quelle coquetterie, que la politique de ce terrible cardinal!

Louis XIII, qui ne demandait pas mieux que de se laisser attendrir, parce qu'il était trop paresseux pour être inflexible, répondit à son humble et fidèle serviteur, qui était bien un peu son maître et le maître de la France : *Continuez à me servir, et je vous maintiendrai contre toutes les intrigues de vos ennemis.*

Ce fut là véritablement la dernière lutte périlleuse de Richelieu contre la reine-mère et contre la noblesse; dès ce moment, le cardinal s'ingénia, de toute la force de sa volonté et de son génie, à remplacer les fiers et puissants gentilshommes de la cour de France par des nobles dégénérés qui devaient être les humbles courtisans de Louis XIV.

Le jeune roi, fils de Louis XIII, avait moins de mépris que ses difficiles compagnons de jeunesse pour l'ancien palais de son père : il commença par embellir le château de Versailles; il daigna lui donner de l'or, de l'argent, du marbre et des fleurs; il lui donna des fêtes, des bals et des plaisirs; il négligea, pour Versailles, le château de Saint-Germain, qui avait le tort impardonnable de lui montrer la flèche de Saint-Denis, cette flèche inexorable qui rappelait chaque jour à un représentant de Dieu sur la terre l'égalité des rois et des sujets devant la mort! Plus tard, ce fut la parole chrétienne de Bossuet qui se chargea de remplacer, dans l'âme tremblante de Louis XIV, la mystérieuse éloquence de la flèche de Saint-Denis.

Enfin, lorsque le roi du XVIIe siècle eut résolu d'être désormais beaucoup mieux que le successeur de Louis XIII et le pupille de ses ministres; le jour où le nouveau monarque se fut senti assez fort, assez habile, assez grand pour devenir à lui seul une monarchie, un état, une nation, il voulut avoir un nouveau palais pour y loger la France, c'est-à-dire pour y installer la royauté de Louis XIV.

Louis XIV s'adressa d'abord à Leveau, ensuite à Mansard; l'architecte Mansard eut l'honneur d'élever, à grands frais d'imagination, de patience et de génie, ce palais admirable, cette façade merveilleuse qui tourne le dos aux vieilles constructions de Louis XIII, pour contempler, du haut de sa royale grandeur, le parc et les jardins de Versailles : Lenostre n'était pas indigne de travailler pour Louis XIV et pour Mansard.

L'histoire de cette magnifique et audacieuse métamorphose de la terre de Versailles est toute remplie de tristes souvenirs qui témoignent de ce qu'il y a d'affreux et de misérable au fond des plus belles choses de ce monde; vous avez dû lire, dans les *Mémoires de Saint-Simon* : « L'eau

» manquait, quoi qu'on pût faire ; et les merveilles de l'art, les fontaines
» tarissaient, comme elles font encore à tout moment, malgré la pré-
» voyance de ces réservoirs qui avaient coûté tant de millions à établir
» et à conduire sur le sable mouvant et la fange ; on imagina de détour-
» ner la rivière d'Eure, entre Chartres et Maintenon, et de la faire venir
» tout entière à Versailles!

» Qui pourra dire l'or et les hommes que la tentative en coûta pen-
» dant plusieurs années, jusque-là qu'il fut défendu, sous les plus
» grandes peines, dans le camp que l'on y avait établi, d'y parler des
» malades, surtout des morts que le travail et plus encore les exhalai-
» sons de tant de terre remuée avaient tués. Combien d'autres furent
» des années à se rétablir de cette contagion! Combien n'en ont pu
» reprendre la santé, pendant le reste de leur vie! Et, toutefois, non-
» seulement les officiers particuliers, mais les colonels, les brigadiers et
» ce qu'on y employa d'officiers généraux, n'avaient pas la liberté de
» s'en absenter un quart-d'heure, ni de manquer eux-mêmes un quart-
» d'heure de service sur les travaux ; il n'en est resté que des monuments
» qui éternisent cette cruelle entreprise. »

S'il faut en croire Dangeau, trente-six mille hommes et six mille chevaux travaillaient chaque jour à Versailles ; s'il faut en croire madame de
Sévigné, l'on emportait, la nuit, des chariots remplis de malades ou de
morts ; enfin, vous avez lu, sans doute, dans les *Mémoires de madame de
Lafayette :* « L'on employait les troupes à ce prodigieux dessein, pour
» avancer de quelques années les plaisirs du roi ; la quantité de maladies
» que cause toujours le remuement des terres mettait les troupes cam-
» pées à Maintenon, où était le fort du travail, hors d'état d'aucun ser-
» vice ; mais cet inconvénient ne paraissait digne d'aucune attention, au
» sein de la tranquillité dont on jouissait. »

Au XVIIe siècle, l'humanité propose et la royauté dispose! La France
voulait peut-être un roi sage, pacifique, économe : elle eut un monarque
galant, belliqueux et magnifiquement prodigue ; la France trouvait sans
doute que la gloire, la galanterie, l'amour, le génie, les beaux-arts et la
poésie avaient assez de place à Vincennes, à Saint-Germain, au Louvre,
aux Tuileries ou dans le joli château de cartes de Louis XIII ; mais la
France avait compté sans un grand roi et sans un grand siècle :
Louis XIV voulut donner à la France la souveraine histoire du palais et
de la royauté de Versailles.

Le palais de Versailles, le vrai palais, celui que l'on pourrait appeler
le palais de Louis XIV, est tout entier l'œuvre de l'architecte Mansard,
qui édifia par-dessus le marché, pour la gloire et pour les menus plaisirs
de son maître, Marly, Saint-Cyr, Notre-Dame de Versailles, la place des
Victoires et la place Vendôme. Les jardins du petit parc ont été plantés

par Lenostre, cet admirable jardinier qui faisait de l'art et de la poésie avec de l'eau, de la terre et de la verdure. Il me faudrait écrire un gros volume de bénédictin, si je voulais vous montrer une à une toutes les curiosités splendides, toutes les merveilles de ce monde royal où il me faut vous conduire au hasard, à tâtons, les yeux et l'esprit éblouis par le spectacle de toutes ces magnificences monarchiques. Le palais et les jardins de Versailles forment un véritable labyrinthe, où l'on ne devrait pouvoir se hasarder que sur les traces de quelque courtisan du xviie siècle; vous n'exigez pas de moi, je l'espère, l'étude détaillée, minutieuse, des appartements, des galeries, des cours et des façades de cette incomparable résidence? Rien ne m'oblige à compter devant vous, pour vous déplaire, pour vous fatiguer, j'en suis sûr, les pierres de taille, les portes, les croisées, les ornements, les consoles, les péristyles et les statues du palais de Versailles; laissez-moi pourtant recommander à votre admiration la plus attentive les chefs-d'œuvre de bronze et de marbre qui décorent la terrasse du château : des statues qui représentent Silène, Antinoüs, Apollon et Bacchus ; des bas-reliefs qui nous rappellent des victoires et des conquêtes de Louis XIV.

Dans les jardins de Versailles, l'embarras du visiteur est plus grand encore que dans le palais : où irons-nous, de notre pas le plus incertain? à la fontaine de Diane, dans le bosquet de Flore, dans le royaume des Naïades, dans ce boudoir de fleurs où va nous sourire une Vénus que l'on a faite de la plus belle chair de Paros? Encore une fois, où donc vous plaît-il d'aller? dans le parterre de Latone, à la pièce d'eau des Suisses, sur les bords du bassin de Neptune, dans les serres chaudes de l'orangerie? Après les traditions héroïques ou amoureuses de la mythologie, nous trouverons, à chaque pas, dans les jardins de Versailles, les souvenirs sévères de l'histoire, la personnification de l'art, de la science et de la poésie : l'Apollon du Belvédère regarde mourir la reine Cléopâtre mordue par un aspic; le poème épique a pris la tête de Louis XIV ; les dieux et les déesses de la fable escortent, d'une façon tout-à-fait divine, le vainqueur de l'Espagne et de l'Allemagne; quand il ne veut marcher qu'avec des hommes, le Roi se fait accompagner de Trajan, de César et d'Alexandre. Il n'y a que le soleil qui soit assez grand et assez beau pour se regarder en face dans le bassin du Miroir; il faut être une souveraine, et une souveraine charmante, pour se jouer sur le gazon, dans le bosquet de la Reine; la cour de Louis XIV dansait bien souvent dans le salon de rocaille, que l'on appelle la salle de bal : elle y dansait, au bruit mystérieux d'un orchestre invisible, qui était composé peut-être de ces petits musiciens ailés que l'on appelle des oiseaux; l'on eût dit que toutes les nymphes, tous les génies, toutes les créations adorables de la fantaisie païenne avaient pris le costume et les grands airs de la cour de Versailles, pour danser une sarabande, au mi-

lieu des fleurs, derrière un rideau de charmilles, la nuit, bien loin du palais,

A la douce clarté qui tombe des étoiles!

Si vous êtes assez poétique ou assez amoureux pour rêver en plein jour, en dépit du spectacle qui nous distrait à chaque instant, dans ce monde de la réalité fantastique, prenez place dans le bosquet d'Apollon, dans le palais de Thétis, parmi les nymphes empressées qui servent à l'envi, qui embellissent, qui parfument, qui adorent le dieu du jour, vous songerez aussitôt à la plus tendre, à la plus aimable bucolique de Virgile, et vous croirez sentir, au fond de cette grotte, le *frigus opacum* du prince des poètes de la cour d'Auguste. Puisqu'il nous est impossible de compter, en un jour, toutes les inventions royales, toutes les richesses, tous les chefs-d'œuvre de Versailles, asseyons-nous un instant sur cette immense pelouse que l'on a surnommée le *Tapis-Vert*; à Versailles, il y a des arbres, des charmilles et des gazons qui parlent : un arbuste, une fleur, un brin d'herbe, nous parlera peut-être, sur la pelouse où nous sommes, de l'amour le plus touchant et le plus poétique de Louis XIV. Mademoiselle de Lavallière a passé bien des fois, en soupirant, sur le Tapis-Vert, sur ce tapis de gazon que la main de Lenostre a déroulé dans les jardins de Versailles pour abriter les jolis pieds des belles promeneuses de la cour ; étoffe précieuse dont les franges touchent aux marches de la grande terrasse et aux bords de cette vaste nappe damassée que l'on appelle la Grande pièce d'eau.

Aujourd'hui, le Tapis-Vert de Lenostre n'est-il pas bien à plaindre? Tous les soirs, les petits bourgeois, les petits marchands, les petits rentiers de Versailles s'amusent à batifoler sur le tissu mobile de cette draperie naturelle ; les soldats de la garnison et les bonnes d'enfants du voisinage ont remplacé les hommes de guerre célèbres et les beautés illustres du temps passé ; les demoiselles à marier de la ville ont succédé aux nobles servantes de la cour, à toutes les maîtresses, à toutes les favorites royales ; les pages de Louis XIV sont représentés par les gamins de Seine-et-Oise, et les charmantes dames d'honneur de Madame ont pris la forme, la figure, toutes les apparences des bourgeoises de l'avenue de Paris.

Autrefois, il y a deux siècles, à une certaine heure de la soirée, il ne restait plus sur le Tapis-Vert, de toute la cour étincelante de Louis XIV, que les officiers de service, les pages du roi et les filles d'honneur de Madame. Voyez un peu l'innocent esprit des nobles demoiselles de ce temps-là ! Un soir, au lieu de courir à l'aventure, au lieu de folâtrer au hasard dans l'immensité des jardins amoureux de Versailles, au lieu de chercher ou d'attendre quelque personne bien aimée, à l'ombre et dans le silence du feuillage, les jolies filles d'honneur essayèrent de marcher d'un bout du Tapis-Vert à l'autre, les yeux masqués d'un mouchoir, sans jamais dévier ni à droite ni à gauche, sans toucher au sable des deux allées latérales, sans franchir les limites, les bords, le cadre fleuri de cette vaste pièce de verdure. Vraiment ! elles semblaient mettre une obstination fort singulière à réaliser les conditions d'une réussite presque impossible ; elles avaient beau dire et beau faire, elles déviaient de çà et de là, jusqu'aux derniers brins d'herbe de la bordure ; elles recommençaient, à chaque instant, leur ennuyeuse et difficile besogne, et, à chaque instant, le problème de la ligne droite était encore à résoudre. Une d'elles surtout, la plus jeune des dames du palais, s'obstinait à poursuivre, quand même, cette solution introuvable ; par malheur, les petits pieds de mademoiselle de Lavallière n'y voyaient guère mieux que les petits pieds de ses maladroites compagnes ; elle marcha si bien sur les brisées de tout le monde, elle fit tant de faux pas, elle dévia du Tapis-Vert avec une gaucherie si chancelante, qu'à son tour, l'obstinée jeune fille fut saluée, dans le cercle de ses bonnes amies, par le bruit aigu des épigrammes, des moqueries, des quolibets et des chansons.

— Monseigneur ! s'écria tout-à-coup mademoiselle de Lavallière, en s'adressant au nouvel évêque de Condom qui la regardait de loin, avec une sorte de charitable tristesse ; vous qui êtes un des flambeaux de

Versailles.

notre sainte église, dites-moi, s'il vous plaît, ce que signifie un pareil mystère? Ayez pitié de mon ignorance, Monseigneur, vous semble-t-il impossible d'arriver à tâtons, toujours tout droit, jusqu'au bout de ce grand tapis de verdure?

— « Mademoiselle de Lavallière, lui répondit Bossuet à voix basse, » quand on est jeune, imprudente, faible et jolie, il ne faut jamais s'aven- » turer sur les tapis de la cour, ni avec un bandeau sur les yeux, ni avec » une passion dans le cœur... »

Mademoiselle de Lavallière continua de marcher sur le Tapis-Vert, les yeux masqués par le mouchoir de Louis XIV, et cette route devait la conduire jusqu'à la porte d'un couvent. Parfois, en voyant quelque belle pécheresse de la cour s'en aller au hasard, les yeux fermés, comme une pauvre aveugle, sur l'immense Tapis-Vert de Versailles, Bossuet murmurait tristement, au souvenir de mademoiselle de Lavallière : « Laissez- » la faire, et pardonnez-lui, mon Dieu!... la voilà sur le chemin des » Carmélites ! »

Eh bien ! puisque nous marchons sur le Tapis-Vert, avec mademoiselle de Lavallière, rien ne nous empêche d'assister aux fêtes qui eurent lieu à Versailles, au mois de mai 1664. Ces fêtes royales devaient célébrer, en apparence, l'inauguration du château de Louis XIV ; mais elles ne s'adressaient, en réalité, qu'aux beaux yeux de mademoiselle de Lavallière. Les fêtes de 1664 durèrent dix jours ; elles furent préparées par Vigarani qui dressa les machines, par Lulli qui composa la musique, par Benserade qui inventa les compliments et les fadaises, par Molière qui écrivit les beaux vers de la *Princesse d'Élide*.

Le grand poète faisait dire à mademoiselle de Lavallière, sous les traits d'une princesse de comédie :

> Oui, j'aime à demeurer dans ces paisibles lieux ;
> On n'y découvre rien qui n'enchante les yeux ;
> Et de tous mes palais la savante structure
> Cède aux simples beautés que forme la nature.
> Ces arbres, ces rochers, cette eau, ces gazons frais
> Ont pour moi des appas à ne lasser jamais.

Et Louis XIV applaudissait, avec les plus doux battements de son cœur, à ces vers de Molière, qui étaient une charmante flatterie pour les naissantes amours du souverain de Versailles :

> Moi, vous blâmer, seigneur, des tendres mouvements
> Où je vois qu'aujourd'hui penchent vos sentiments?
> Le chagrin des vieux jours ne peut aigrir mon âme
> Contre les doux transports de l'amoureuse flamme;

Et bien que mon sort touche à ses derniers soleils,
Je dirai que l'amour sied bien à vos pareils ;
Que le tribut qu'on rend aux traits d'un beau visage
De la beauté d'une âme est un clair témoignage ;
Et qu'il est malaisé que, sans être amoureux,
Un jeune prince soit et grand et généreux.
C'est une qualité que j'aime en un monarque :
La tendresse d'un cœur est une grande marque
Que d'un prince à votre âge on peut tout présumer.
Dès qu'on voit que son âme est capable d'aimer ;
Oui, cette passion, de toutes la plus belle,
Traîne, dans son excès, des vertus après elle !

Louis XIV fut de l'avis du poëte : il commença par mettre beaucoup d'amour dans sa grandeur, en attendant qu'il y mît aussi beaucoup de gloire.

Les princes et les sujets inventèrent des folies pour rendre un secret hommage à l'héroïne de ces royales solennités : on imagina de ressusciter, du bout de je ne sais quelle baguette merveilleuse, tous les personnages héroïques de l'*Arioste*; il ne s'agissait de rien moins que de souffler une seconde vie, une vie réelle, la vie humaine, à la fable la plus poétique, au poëme le plus fabuleux et le plus charmant de ce monde.

Le Roi avait tout simplement demandé aux ordonnateurs de la fête une nouvelle *traduction* de l'Arioste, une traduction non pas en vers, non pas en prose, une traduction en chair et en os, rien que cela ! une traduction qui devait donner à la poésie, et de la façon la plus poétiquement visible, une figure, des costumes, des gestes, le regard, la parole, la vie !

A tout seigneur, tout honneur ! Louis XIV, c'était le brave et malheureux Roger, qui s'en allait, avec ses nobles compagnons d'aventure, dans le palais enchanté d'Alcine ; Roger portait ce jour-là, par extraordinaire, un costume grec, parsemé de feuilles d'or et de pierres précieuses : Roger avait la meilleure envie du monde d'éblouir la belle Angélique. Ogier-le-Danois, Renaud, Dudon, Astolphe, Brandimart, Richardet, Olivier, Ariodant, Zerbin, Griffon-le-Noir, avaient ensorcelé le duc de Noailles, le duc de Foix, le duc de Coaslin, le comte de Lude, le prince de Marsillac, le marquis de Villequier, le marquis de Joyecourt, le marquis d'Humières, le marquis de la Vallière, le comte d'Armagnac, qui croyaient, le plus sérieusement qu'il leur était possible, à cette magique métamorphose de la cour de France. Roland, sous les traits de monsieur le duc, eut le malheur de manquer trois fois de mémoire, en répétant, en l'honneur de Louis XIV et de Charlemagne, quelques méchants vers de Benserade.

Les quatre Ages, les Saisons et les Heures jouèrent un rôle superbe sur le théâtre royal de ces magnifiques extravagances ; l'or, l'argent, l'airain et le fer servirent à forger des couronnes et des compliments, que des comédiens jetaient à la figure de LL. MM. le Roi et la Reine de France. Les Heures avaient emprunté, pour marcher, les pieds les plus mignons de la cour de Versailles, Louis XIV daigna les embrasser toutes, et plus d'un gentilhomme, sans doute, envia cette bienheureuse façon de faire le

tour du cadran. Un cheval, un éléphant, un chameau et un ours figuraient les quatre Saisons ; ces pauvres bêtes, travesties en courtisans, étaient chargées d'apporter à la table du Roi les fruits les plus délicieux du printemps, de l'été, de l'automne et de l'hiver. L'esprit littéraire et le génie eurent leur tour, dans les fêtes du mois de mai 1664 : Molière fit la cour au Roi de France, en lui offrant le spectacle des *Fâcheux*, du *Mariage forcé*, et des trois premiers actes de *Tartufe*.

Il n'y eut que le vent qui ne voulut pas prendre la peine d'être le flatteur de Louis XIV ; il souffla si bien et si fort qu'il faillit emporter tous les plaisirs de l'*île enchantée* : le vent joua le rôle d'un raisonneur dans cette comédie royale de Versailles. Un soir, au moment où ce singulier importun s'avisait de sermonner la cour de France, le Roi demanda au duc d'Orléans : Vous souvient-il d'avoir vu un moulin à vent, à la place même où s'élève aujourd'hui la chapelle de mon palais ? — Oui, répondit le duc, le moulin a disparu; mais je m'aperçois trop bien que le vent est resté.

Le vent, qui soufflait déjà sur le palais de Versailles, devait emporter un jour bien des choses et bien des personnes royales; certes! le duc d'Orléans ne se doutait guère que, deux siècles plus tard, un Bourbon de la branche cadette, un d'Orléans, devenu roi de France par la grâce des révolutions, ressusciterait, avec l'aide glorieux de toutes les grandeurs nationales, cette éblouissante royauté de Versailles, abîmée dans la boue et dans le sang par une tempête révolutionnaire.

Et, en effet, vous le savez aussi bien que moi, Paris et la France ont assisté, de près ou de loin, à la résurrection du palais de Louis XIV, c'est-à-dire à une espèce de miracle dont la seule pensée aurait fait peur à la royauté de Louis XV, à l'Empire tout-puissant de Bonaparte, à la volonté monarchique de la Restauration. Depuis plus de cinquante ans, Versailles n'était qu'un souvenir matérialisé par des arbres, des statues, de l'herbe et des ruines. Appelez-vous Louis XV, la République, Napoléon ou Louis XVIII; soyez un roi, un empereur, un peuple, et vous n'aurez pas encore assez de pouvoir, assez de gloire, assez de génie pour troubler le vaste silence de cette solitude royale, qui semble avoir été le berceau et la sépulture d'un siècle; mais ne soyez qu'un homme simple, persévérant et dévoué; ayez par hasard, par un bonheur singulier, une de ces illuminations dont parle Bossuet, et qui sont les bonnes fortunes de l'intelligence ; trouvez un beau jour, en feuilletant le poëme de l'histoire nationale, une idée grande, noble, généreuse, et vous ferez en un clin-d'œil, du soir au lendemain, comme par enchantement, rien qu'avec une bienheureuse idée, ce qui était impossible à Louis XV malgré sa couronne, à la République malgré sa grandeur, à Napoléon malgré son génie, à la Restauration malgré sa richesse : vous remplacerez la royauté par la gloire, un prince par une nation, la vie d'un règne par la vie des siècles, et la France ira succéder à Louis XIV dans le palais de Versailles.

Vous devinez sans peine que le xviie siècle occupe une belle et grande place, une place d'honneur, dans cette histoire complète de la France, racontée par des statues et des tableaux, c'est-à-dire par les hommes et les choses historiques de notre pays. La cour du grand Roi peut arriver tout entière, si bon lui semble, pour assister à l'inauguration du Musée de Versailles. Les appartements, grands et petits, sont déjà prêts ; les gentilshommes, les dames d'honneur, les maréchaux, les ministres et les beaux esprits de ce temps-là peuvent se promener encore dans la galerie des Glaces ; ils peuvent s'agenouiller de nouveau aux pieds de leur demi-dieu, dans la salle du Trône ; ils peuvent assister au petit-lever de Louis XIV, dans cette chambre à coucher qui a retrouvé, je ne sais comment, le lit, le prie-Dieu, le couvre-pieds et le livre d'heures du grand Roi ; ils peuvent aller aussi dans leur ancienne chapelle, où ils reconnaitront peut-être la voix de Bossuet et de Massillon ; à l'issue de la cérémonie religieuse, Dangeau, le minutieux Dangeau, rappellera, j'en suis sûr, à ceux qui l'ont oublié, comment on se lève, comment on marche, comment on salue, comment on dîne, comment on joue, comment on se couche dans le palais de Versailles ; et, pour que rien ne manque à la résurrection mystérieuse de la cour de Louis XIV, Molière va nous donner le spectacle du *Misanthrope* à la place même où furent joués, en 1664, les trois premiers actes de *Tartufe*.

A vrai dire, la salle de spectacle d'aujourd'hui ne contient pas précisément les nobles et brillants spectateurs d'autrefois ; mais qu'importe, les charmants personnages du chef-d'œuvre que l'on joue, revêtus des plus beaux habits de leur jeunesse, n'exhalent-ils pas un parfum aristocratique de l'ancienne cour de Versailles ? Est-ce que le comte Alceste ne porte pas toujours la figure calme, honnête et sévère de M. de Montausier ? Eliante, la bonne et sensible Eliante, n'a-t-elle pas assisté, en pleurant, à la conversion de mademoiselle de Lavallière ? Célimène, cette cruelle et adorable coquette, est tout aussi jolie que mademoiselle de Fontanges, et tout aussi capricieuse que madame de Montespan. A tort ou à raison, ne vous semble-t-il pas voir le bout de la robe de madame de Maintenon derrière le fauteuil de la prude Arsinoé ? Oronte, c'est le poète de cour; c'est M. de Périgny, qui chantait le Roi de France dans un bouquet et la Reine de France dans une devise. Et Philinte? voilà le courtisan émérite, froid, poli, obséquieux, indifférent, sans cœur, mais non pas sans esprit; optimiste quand même, parce qu'il est content de son caractère, de sa fortune et de sa personne; égoïste par raison, par habitude, par calcul, par paresse, et qui ne croit pas que le vice, la trahison, la coquetterie et la sottise vaillent les *haines vigoureuses* de ce pauvre Alceste. Enfin, s'il nous plaît de nous hasarder dans les coulisses de ce théâtre royal, est-ce que Molière, est-ce que le grand poète comique de tout le monde ne sera pas là, dans un coin de la scène, pour représenter à nos yeux les véritables beaux esprits de la cour de Louis XIV, le style, le goût, le bon sens, la poésie, le génie littéraire du xviie siècle?

Et lorsque la toile tombera sur la dernière scène du *Misanthrope*, au bruit des applaudissements du xixe siècle, croyez-vous que tous les personnages d'une comédie admirable disparaîtront derrière le manteau d'Arlequin, sans vouloir prendre la peine de saluer la cour de Versailles, leur seconde patrie poétique? Non! non! Alceste ne songera plus à s'en aller bien loin de Célimène, bien loin de M. Oronte et de Philinte; il ne songera plus à chercher

. . . . Un endroit écarté
Où d'être homme de bien l'on ait la liberté.

Alceste pardonnera, j'en suis sûr, à l'impitoyable cruauté de sa maîtresse; il feindra de comprendre l'indifférence de son ami; il aura l'air d'admirer, pour cette fois seulement, le bouquet à Philis de M. Oronte; et là-dessus, le misanthrope se hâtera de pénétrer, avec la noble compagnie que lui a donnée Molière, dans les appartements, dans les salles, dans les galeries du palais de Versailles; et jugez de la surprise, du bonheur, de l'admiration de ces poétiques promeneurs qui reconnaissent, à la première vue, le souverain, les grands hommes, les courtisans, les belles coquettes, les femmes sensibles, toute la cour étincelante de Louis XIV!

— Oui, voilà bien le palais et le monde de Versailles! s'écrie Alceste, en pleurant d'orgueil et de joie; ô miracle!... je me promène encore dans l'Œil-de-Bœuf, dans la salle du Roi, dans la salle de la Reine, dans la salle des Gardes, dans la salle de la Paix, dans la salle de la Guerre, dans la salle du Trône, dans la galerie des Glaces, où j'avais l'honneur de me hasarder quelquefois sur les pas de mon glorieux maître! Bonté du ciel! je viens d'être salué par madame la duchesse de Bourgogne, madame la princesse de Soubise, le duc de Berry, Henriette d'Angleterre, et Vendôme, et Beaufort et le grand Condé! Il me semble les entendre: ils parlent des événements de la veille, du siége de Dôle, de Lille et de Luxembourg, de la prise de Namur et de Tournay, de Valenciennes, de Charleroy, de Fribourg et du passage du Rhin !

Quoi donc ! n'ai-je pas aperçu M. de Turenne, qui vient de laver la honte de sa trahison dans le sang de la bataille des Dunes ? Mes yeux ne m'ont pas trompé : je m'incline devant le maréchal de Schomberg, qui a battu l'autre jour le prince d'Orange ; devant Duquesne, qui a trouvé le moyen de venir à bout de Ruyter ; devant le comte d'Estrées, qui a brûlé la flotte hollandaise ; devant le maréchal de Créqui, dont l'épée a bien été de quelque poids dans la balance politique de Nimègue. N'est-ce point là monseigneur le Dauphin, qui apporte à Louis XIV les clés de vingt villes allemandes ? et Luxembourg, qui a gagné la bataille de Fleurus ? et Tourville, qui a détruit la flotte des Anglais ? et Catinat, qui a vaincu le duc de Savoie ? et Vendôme, qui est entré à Barcelone ? et Villars, qui a sauvé la France à Denain, en préparant à la vieillesse du grand Roi les tristes honneurs de la paix de Rastadt ! Je ne reconnais pas ces trois hommes qui marchent bras dessus, bras dessous, en ayant l'air de pester contre tout le monde.... Ah ! je les reconnais maintenant : ils se nomment Jean Bart, Pointis et Duguay-Trouin ; ils continuent à jurer contre les Anglais et contre les pirates.

Pourquoi donc ai-je tardé si longtemps à rendre justice à tous les grands hommes de mon siècle ? Grâce à l'aveuglement de mon esprit et de mon cœur, je prenais à peine garde, dans les jours les plus beaux et les plus tristes de ma vie, à toutes ces royautés qui régnaient sur les marches du trône de Louis XIV ; le génie, la vertu, le pouvoir, la gloire, Versailles, la France, le monde, tout cela disparaissait aux yeux de cet homme, de ce malheureux, de cet esclave qui avait nom Alceste. O Célimène ! vous m'avez empêché, durant bien des années, de voir et d'admirer les véritables princes de mon pays sous le règne de Louis XIV : Bossuet, Fléchier et Bourdaloue, dont l'éloquence osait humilier les grands de la terre ; Fénelon, qui essayait d'enseigner quelque chose aux rois ; Séguier, Lamoignon et d'Aguesseau, qui rendaient des arrêts et non pas des services ; Lafontaine, Labruyère, Molière et Larochefoucault, ces historiens impitoyables de tous les vices, de tous les travers, de tous les ridicules, de toutes les passions ; Corneille et Racine, qui retrouvaient, je ne sais où, le langage, l'esprit, le cœur, toutes les passions des demi-dieux de l'Olympe tragique ; Descartes, Cassini, Pascal et Condillac, qui ajoutaient des trésors aux merveilles de la science ; Lesueur, Lebrun, Coustou, Puget et Girardon, qui nous parlaient si bien, sur la toile ou sur le marbre, de la Grèce et de l'Italie. O Versailles du xviie siècle ! Versailles du grand Roi ! je me repens, je me confesse, je m'humilie ; j'ai eu des yeux pour ne pas voir et des oreilles pour ne pas entendre ; je n'ai pas vu tes mérites et je n'ai pas entendu tes louanges ; je n'ai su vivre que pour haïr tout le monde, sous le prétexte que j'avais adoré une seule personne; j'ai passé trop de jours de ma première vie à lutter, avec ma raison hautaine, contre le vice, la ruse et le mensonge; je me suis oublié et j'ai tout oublié devant la beauté, devant la coquetterie; je n'ai songé qu'à triompher de l'esprit, à force de cœur; au lieu d'user de mon intelligence et de mon goût pour bien apprécier, pour savourer à mon aise les trésors charmants des poètes de Versailles, je me suis avisé de me mettre en colère contre le sonnet à Philis; au lieu de m'occuper des chefs-d'œuvre de quelque grand homme, je me suis inquiété des grâces guindées d'un poètereau de cour; au lieu de me faire l'amant des chastes muses qui ont toujours des consolations divines à nous offrir, j'ai consenti à n'être que l'amoureux brusque et jaloux d'une simple mortelle qui m'infligeait les tourments de la jalousie et de la colère; au lieu d'aller entendre les leçons admirables des maîtres de l'esprit, de la poésie et de l'éloquence, je me suis condamné à gronder, à sermonner, à maudire une pécheresse incorrigible; au lieu de vivre, j'ai aimé! Pardonnez-moi, vous tous, les souverains tout-puissants de la cour de Louis XIV, par la grâce de l'imagination, du courage, de la science et du génie : je vous aime, je vous respecte et je vous admire, en dépit des méchants, des poètes de cour, des égoïstes et des coquettes!... O Célimène! laissez-moi vous le dire encore, puisque j'ai la douleur de vous revoir : la vie d'une jolie femme qui ne sait point aimer ressemble à la vie d'un homme d'esprit qui néglige la droiture, le bon sens et la vérité. L'un ne sera jamais qu'un pauvre phraseur sans raison; l'autre sera toujours une misérable coquette sans cœur; ils plaisent, ils brillent, ils étincellent en même temps, au même prix, et ils s'enivrent à plaisir, l'un au bruit de ses paroles, l'autre à la contemplation de sa beauté. Un pareil homme se fait écouter avec admiration; une pareille femme se fait regarder avec délices; ils dupent les yeux et les oreilles, mais leur double magie ne dupe long-temps que les sots! A la fin, l'homme d'esprit se trouve seul, loin de ce monde qu'il a tant amusé autrefois; il meurt sans rien léguer à la terre, pas même un faible écho de toutes les spirituelles paroles tombées de sa bouche, emportées par le vent, et que le vent ne rapportera jamais. La coquette se trouve seule aussi, bien loin de cette foule brillante qu'elle a séduite, éblouie et fascinée un instant; il faut qu'elle finisse comme elle a commencé, il faut qu'elle meure comme elle a vécu : sans la joie d'heureux souvenirs, parce qu'elle n'a pas été sensible; sans espérances, parce qu'elle n'a point eu de désirs; sans religion, parce qu'elle n'a point eu d'amour!

CÉLIMÈNE. — O mon difficile ami, qui me grondez encore en me pardonnant!... Est-ce que la coquetterie n'a rien fait, je vous le demande, pour la grandeur et pour la gloire de ce siècle qui vous rend si fier aujourd'hui ? Est-ce que madame de Montespan, qui a été la véritable reine de France, après la royauté sentimentale de mademoiselle de Lavallière et avant la royauté dévote de la veuve Scarron, n'a pas souvent exploité son humeur galante, fantasque, capricieuse, coquette, au profit du Roi et de la France? Je n'en suis pas bien sûre; mais enfin je le suppose, pour l'honneur des femmes en général et des favorites en particulier. Madame de Montespan avait beaucoup d'ennemis, c'est vrai; la chronique scandaleuse de la cour ne daigna point épargner la nouvelle maîtresse royale; madame de Sévigné attaqua madame de Montespan; le duc d'Orléans l'appelait : une statue de plâtre; madame de Monaco eut la grossièreté de la définir : une plaie d'Egypte; madame de Grignan l'intitula : une glace panachée; je sais tout cela.

La jalousie des *filles d'honneur* lui reprocha d'employer des philtres qui n'étaient, après tout, que de la grâce, de la coquetterie et de la beauté.

La Reine la trouva bien impolie pour une maîtresse; les dames de la suite la trouvèrent bien insolente pour une rivale; la duchesse de Bourgogne la trouva bien fière pour une femme de rien; les gentilshommes seuls la trouvèrent charmante; et Louis XIV, qui commençait à n'être plus amusable, la trouva tout-à-fait de bon goût, c'est-à-dire jolie, spirituelle, capricieuse et amusante.

A son tour, madame de Montespan dédaigna de saluer même la Reine; elle maltraita ses chères amies d'autrefois; elle fit exiler ses ennemis intimes; elle fit chansonner la duchesse de Bourgogne; elle se mêla aux intérêts secrets du gouvernement et de la politique; elle inventa des modes; elle mena un train magnifique; elle afficha un luxe princier et un orgueil presque royal; elle eut des chevaux, des carrosses, des valets, des espions, une petite cour, et deux cent mille écus par mois pour les caprices de sa toilette : l'amour était la providence des coquettes de ce temps-là !

Est-ce que, dans l'intérêt des bonnes mœurs sans doute, madame de Montespan n'eut pas l'heureuse idée de briser le cercle dangereux des *filles de Madame*, en les remplaçant par des *dames d'honneur ?*... Madame de Sévigné elle-même disait que cette chambre des *filles* était une véritable caverne. Oh! je devine ce que vous pensez, Alceste : vous allez me répondre, avec le langage de votre ancienne caillette de l'hôtel Carnavalet, que « Madame de Montespan préféra la sûreté qu'elle se procurait, » en étouffant tout d'un coup cette hydre à têtes renaissantes, à l'honneur » difficile d'en triompher souvent. » A la bonne heure ! Il n'en est pas moins vrai que madame de Maintenon a daigné rendre justice à madame de Montespan, en disant qu'elle avait su donner de très-bons conseils au roi de France.

La coquetterie de madame de Montespan a contribué peut-être à la splendeur de la royauté de Versailles ; si elle savait donner de bons conseils, comme l'assure madame de Maintenon, n'a-t-elle pas conseillé à son royal amant de protéger les arts, les lettres et les sciences, d'écouter la voix des grands hommes, de bâtir des palais somptueux, de planter des jardins féeriques, de réaliser à chaque instant des idées grandes, nobles ou utiles ? Oui, oui, madame de Montespan, si coquette qu'elle vous semble, a été l'Egérie de Louis XIV ; elle lui soufflait le secret de bien des plaisirs, de bien des travaux, de bien des merveilles ; et la preuve que cette coquette valait quelque chose pour tout le monde, c'est que, même après sa disgrâce, elle coûtait à la France bien plus que le génie de tous les savants et de tous les poètes du royaume.

Que voulez-vous, Alceste? c'est la galanterie, c'est l'amour des hommes qui provoque la coquetterie des femmes. Eh bien ! sous le règne du grand Roi, la cour spirituelle et galante de Versailles ne songeait qu'à aimer et qu'à plaire toujours ; dans ce beau temps-là, dans ce siècle qui eut le bonheur de découvrir le *pays de Tendre,* les gens d'esprit qui ne faisaient plus l'amour l'achetaient tout fait, plutôt que d'avoir des yeux, un cœur et un boudoir pour n'en rien faire. Oui, l'amour était la plus sérieuse et la meilleure occupation du maître et de ses nobles serviteurs ; chacun réalisait, de son mieux, les préceptes les plus galants de l'art de plaire, et les poètes chantaient à l'envi les tendres faiblesses de notre glorieux monarque ! Les coquettes n'ont-elles pas la raison de prendre une place d'honneur dans le sérail parisien de l'Orient de Versailles ? Sans les coquettes, que signifie la galanterie ?

La plupart de nos grandes dames avaient assez d'esprit et assez peu de cœur pour avoir beaucoup de coquetterie ; où était donc le mal, s'il vous plaît? A l'exemple du Roi, les gentilshommes poursuivaient le plaisir et la beauté : ces pauvres coquettes devaient-elles *prendre un bâton pour les mettre à la porte?* D'ailleurs, je l'imagine, la coquetterie faisait, pour tous les hommes d'élite de notre siècle, ce qu'elle avait su faire pour le monarque lui-même : c'est une coquette, j'en suis sûre, qui a rendu à la France l'épée infidèle de Turenne ; c'est une coquette qui a inspiré *Phèdre* à Racine, *le Misanthrope* à Molière, et les plus jolies mines du monde au peintre Mignard ; c'est une coquette qui a dicté la musique de Lulli et les paroles de Quinault ; c'est une coquette qui a donné de l'esprit à Larochefoucault, de l'observation à Labruyère, de l'enthousiasme à Jean-Baptiste Rousseau, de l'audace à Fabert, de l'invention à Mansard, du goût à Lenostre, de la grandeur à Colbert et du génie à Corneille ; c'est une coquette qui a inauguré nos beaux salons d'autrefois, l'hôtel de Rambouillet, l'hôtel de mademoiselle de Lenclos, l'hôtel de madame de Sévigné, réunions littéraires, spirituelles, bienheureuses, où Bossuet lisait son premier sermon, où Molière faisait la première lecture de *Tartufe*, où les grands seigneurs, les grandes dames, les

amoureux et les beaux esprits allaient essayer leurs premières armes avec de l'élégance, de la beauté, de la galanterie et des chefs-d'œuvre; c'est une coquette enfin, ou plutôt, c'est la coquetterie qui a créé le siècle tout entier de Louis XIV.

Deux femmes seules, assez niaises, assez sottes, ont voulu faire fi, à la cour de Louis XIV, de l'artifice charmant, de la perfidie mondaine des coquettes: la grande *Mademoiselle* et la petite Lavallière. Vous connaissez l'histoire de ces deux malheureuses: l'une a été l'humble servante d'un maître égoïste, cupide et abominable; l'autre a été la triste victime d'un amant capricieux et infidèle. N'en veuillez plus à la coquetterie, Alceste; la coquetterie est la seule justice vraiment juste de ce monde: tous les hommes sont égaux devant elle! Je ne vous parle point de Madame de Maintenon: Sa Solidité, la reine de France de 1685, n'a eu, dans le palais d'un vieux roi, que la vieillesse d'une coquette.

— Éliante. Ma toute belle, je vous demande grâce pour mademoiselle de Lavallière, mon ancienne amie.

— Le Marquis. Grâce pour M. de Lauzun, mon ancien compagnon d'aventures et de plaisirs.

— Arsinoé. Madame, épargnez la royauté sévère de madame de Maintenon, mon ancienne protectrice.

— Éliante. A l'époque bienheureuse où j'eus l'honneur de connaître mademoiselle Louise de Lavallière, elle avait seize ans au plus, et déjà c'était une femme remarquable et une chrétienne d'élite; quoiqu'elle fût spirituelle et jolie, elle brillait bien moins par l'éclat de sa figure et de son esprit que par un enthousiasme divin qui ressemblait souvent à l'extase, et par une précoce raison qui ressemblait à une haute sagesse. Louise était fière et modeste à la fois, indulgente pour tout le monde, sévère pour sa propre personne, simple et toujours parée, à force de goût et d'élégance naturelle, dévote sans hypocrisie, railleuse sans méchanceté, bonne sans arrière-pensée, charitable sans bruit, prodigue sans ostentation; n'était-ce point là une jeune fille accomplie?

Louise avait pourtant deux grandes faiblesses, que l'on ne trouve guère dans les jeunes femmes de cet âge, et moins encore quand elles sont pauvres, pieuses et ignorées : elle avait de l'orgueil et de l'ambition. A quinze ans, elle disait bien des fois : Si je ne suis pas grande je tâcherai d'être élevée! Quelques années plus tard, mademoiselle de Lavallière parut à la cour; elle fut attachée, par la grâce de Dieu, à la maison princière de *Madame;* elle avait promis de grandir ou de s'élever : elle tint sa promesse... elle s'éleva!

Vous le savez aussi bien que moi, la douceur, la naïveté, le charme naturel de mademoiselle de Lavallière inspirèrent au cœur du roi une tendre et précieuse faiblesse; bientôt, les fêtes, les spectacles, les magnifiques plaisirs qui préludaient aux avénements amoureux de ce règne, commencèrent à troubler le solennel silence du palais et des jardins de Versailles. Quel honneur pour mon ancienne amie! Racine, le poète des passions élégiaques, consentit à jeter des fleurs de rhétorique dans la cassolette amoureuse qui brûlait aux pieds de mademoiselle de Lavallière! Il y jeta sa plus galante tragédie, un bouquet tout entier, comme il convenait à un poète de génie, à un poète amoureux, à un poète prodigue de son génie et de son amour.

Louise devint une reine d'un jour, une petite reine sans couronne; elle exerça une douce puissance qui dura autant qu'un rêve; elle eut des amis qui ne durèrent pas davantage, et des ennemis qui devaient durer plus longtemps. Un jour, sous l'influence d'une de ces révélations soudaines dont le ciel nous illumine pour nous effrayer et nous instruire, mademoiselle de Lavallière se prit à rougir de son bonheur et de son pouvoir; abattue dans un triste silence, dans ce désespoir muet que nous lèguent les désordres du cœur et de l'esprit, elle crut entendre des voix mystérieuses qui lui disaient tour à tour :—Qu'as-tu fait de ton nom? —Qu'as-tu fait de ton honneur? — Qu'as-tu fait de ta conscience? — Qu'as-tu fait de ton Dieu? — Ce jour là, sans doute, mademoiselle de Lavallière s'agenouilla derrière le rideau de charmille qui avait entendu ses premiers

soupirs amoureux; elle s'écria, les yeux tournés vers le ciel : O mon Dieu! désormais je laisse bien loin de moi, là-bas, là-bas, dans le palais de Versailles, toute mon ambition, tous mes coupables désirs, toutes mes folles espérances; oui, maintenant je suis digne de vous; marchons ensemble, ô mon Dieu! et conduisez-moi aux Carmélites!

Quoi que vous en disiez, Célimène, mademoiselle de Lavallière a été tout le charme, toute la grâce, tout le sentiment, toute la poésie des amours de Louis XIV; ayez un peu de pitié pour une sainte fille qui a porté pendant trente ans, avec une foi et une résignation sublimes, le surnom de sœur Louise de la Miséricorde.

— Le marquis. Que votre justice distributive, ô doux juges du grand siècle et du grand Roi! daigne s'étendre jusque sur la personne calomniée de M. le duc de Lauzun, de spirituelle et galante mémoire; avez-vous donc oublié ce que c'était véritablement que le bienheureux duc de Lauzun? C'était l'esprit, la galanterie, l'amour, l'audace, la dissipation, la folie, sous les traits du plus beau gentilhomme de France et de Navarre ? En voilà bien plus qu'il n'en fallait, de notre temps, pour mériter l'estime des hommes et la douce adoration des femmes. Il est vrai que le duc de Lauzun ne sut mettre à profit ni ses qualités ni ses défauts, ni rien de tout ce qu'il appelait lui-même son petit mérite : il abusa de sa beauté pour devenir un coureur de ruelles, un aventurier de boudoirs; de sa verve joyeuse pour devenir un fat et un bavard ; de son patrimoine pour devenir un joueur et un prodigue; de sa témérité pour devenir un spadassin, un infatigable duelliste; de sa galanterie pour provoquer

un scandale royal, en devenant l'adorateur, l'amant, le maître et presque le mari de la grande *Mademoiselle*. Voilà un homme à bonnes fortunes qui sait attaquer et séduire une femme ; la prendre, l'aimer et la quitter ; la séduire encore, la reprendre, finir avec elle comme il a commencé, et lui dire adieu comme il lui a dit bonjour... en riant ! M. de Lauzun est peut-être, après M. de Bassompierre, le héros galant du XVIIe siècle qui a su marcher le plus spirituellement et le plus audacieusement dans le domaine difficile de la *carte de Tendre;* il réalisait à ravir ce joli mot de

M. de Villarcaux : Mon cher, je travaille beaucoup avec les dames !.....
Vous lui devez votre sympathie, votre admiration et votre respect, Célimène : dans l'histoire de la cour de Versailles, M. de Lauzun représente la coquetterie.... chez les hommes !

— Arsinoé. Je vous demande, à mon tour, un peu d'honnêteté et d'indulgence pour la vie de madame la marquise de Maintenon. Certes, la dernière amie de Louis XIV était une femme belle, imposante... — Célimène. Prétentieuse et guindée. — Arsinoé. Elle était bonne, vertueuse... — Célimène. Et prude. — Arsinoé. Elle était une chrétienne à l'épreuve... — Célimène. Et une bigote insupportable. — Arsinoé. Elle était charitable en public.... — Célimène. Et avare, en secret. — Arsinoé. Elle était juste, sévère.... — Célimène. Et envieuse. — Arsinoé. Elle a inspiré la poésie divine d'Esther à Racine.... — Célimène. Et la prose sanglante des persécutions religieuses à Louis XIV. — Arsinoé. On lui doit la maison de Saint-Cyr.... — Célimène. Et les dragonnades. — Arsinoé. Entre nous, madame, il fallait quelque vertu, quelque esprit, et même quelque génie pour faire, de mademoiselle Françoise d'Aubigné, la compagne bien-aimée, la femme légitime du roi de France. Voyez un peu à quoi tiennent les grandes choses, les grandes destinées, de la terre : grâce à sa pauvreté, mademoiselle d'Aubigné épouse un bel esprit impotent, un littérateur cul-de-jatte, le poète Scarron ; la mariée écrit, à propos de son mariage : C'est une union où le cœur entre pour peu de chose, et le corps, en vérité, pour rien.

En 1660, grâce au souvenir poétique de son mari, la veuve de Scarron reçoit une pension littéraire de Louis XIV.

En 1669, elle est chargée de l'éducation secrète des enfants de France, nés de madame de Montespan et du Roi.

En 1674, elle est nommée marquise de Maintenon.

En 1685, mademoiselle Françoise d'Aubigné devient reine de France ! Jugez un peu du mérite de cette femme que vous avez dédaignée !

— Célimène. Tout cela est fort beau, sans doute ; mais vous souvient-il des scènes scandaleuses qui se passèrent aux funérailles de Louis XIV ?... des blasphémateurs séditieux furent arrêtés par la police et questionnés par un juge spécial : un d'eux, celui qui s'était fait remarquer dans la foule par la vivacité de son langage et le cynisme de ses injures, interrogé par le magistrat sur les motifs qui l'avaient porté à outrager la mémoire du grand Roi, répondit aussitôt : En ma qualité de gentilhomme, ce n'est pas le roi de France que j'ai voulu insulter ; c'est le mari de Françoise d'Aubigné, marquise de Maintenon ! — Je n'ai plus rien à dire d'affreux sur votre ancienne protectrice.

— Philinte. En vérité, mes bons amis de cour, vous parlez à l'envi des héros célèbres, des grands seigneurs amoureux, des coquettes, des favorites, des poètes et des savants du siècle de Louis XIV ; vous oubliez, ce me semble, de prononcer, en quelques mots, l'oraison funèbre des courtisans, des véritables courtisans de Versailles. Le courtisan émérite du grand Roi était un gentilhomme dégénéré du règne de Louis XIII, le fantôme, l'ombre de cette puissante noblesse de France que la politique de Richelieu avait saignée sur l'échafaud de Cinq-Mars et de Montmorency. Le courtisan de Louis XIV n'avait plus ni orgueil, ni pouvoir, ni ambition ; il n'avait plus que le désir d'être heureux, le droit de ne rien faire et la force de se laisser vivre. Montmorency n'était plus qu'un valet-de-chambre du Roi ; n'ayant à s'inquiéter ni du passé, ni de l'avenir, il ne songeait guère qu'au présent ; comme il n'avait que faire de la gloire, il ne pensait qu'au bien-être, au repos, au plaisir tranquille : Montmorency n'était plus qu'un égoïste.

Le courtisan de Louis XIV était capable de tout, et même d'un peu d'esprit et de courage, dans l'intérêt de sa petite personne ; c'était un valet, capable d'un véritable dévouement pour son maître, à la condition que le dévouement lui rapportât quelque chose ; pourvu qu'il obtînt un sourire et un peu d'argent de Louis XIV et de la fortune, il se moquait de tout et de tout le monde ; la preuve qu'il était un égoïste, c'est qu'il prenait le soin peu coûteux d'être l'homme le plus poli de France.

— Alceste. Ah ! Philinte, Philinte, vous me rappelez bien tristement cette phrase de Labruyère : la cour est un édifice de marbre, je veux dire qu'elle est composée d'hommes durs et polis.

— Philinte. Labruyère n'avait point tort ; je continue.

Pendant la vieillesse du grand Roi, la corruption du courtisan prépara les désordres de la régence ; nous allions nous enivrer dans les petites maisons pour expier la tempérance hypocrite de la cour de Versailles. Ruiné par le luxe, la dissipation et les vices cachés, le courtisan de Louis XIV livra la France tout entière aux agioteurs, aux usuriers, aux financiers, aux maltôtiers, aux traitants, rien que dans l'espérance de détourner dans sa cassette un filet d'or de l'océan des richesses publiques : Montmorency devenait l'ami intime de Turcaret. Tout était bel et bon au courtisan de Versailles, pour demander, pour recevoir et pour prendre ; le trafic des corps et des âmes ne lui faisait aucune peur ; et il s'écriait gaiement, à côté des ruines qui commençaient à gâter la royauté de Versailles : Qu'importe, pourvu que cela dure autant que moi ?

J'étais de cet avis-là, messieurs, et l'on m'a dit que le successeur de mon maître, Sa Majesté Louis XV le Bien-Aimé, pensait à peu près comme le courtisan de Louis XIV. Que Dieu soit loué ! la France a duré autant que nous et autant que Louis XV.

Louis XV, qui n'est pas bien loin, a dû entendre les dernières paroles de Philinte, et j'imagine qu'il a daigné répondre ainsi à ce misérable égoïste :

— Oui, vous avez raison, monsieur; je disais autrefois, sur le trône de France : Qu'importe, pourvu que cela dure autant que moi! Lorsque je succédai à mon auguste bisaïeul, je ne songeai point à faire une royauté assez grande pour le palais de Versailles; je ne pensai qu'à bien arranger le palais de Versailles pour ma petite royauté; les amours tiennent si peu de place!

On m'a blâmé d'avoir donné le Parc-aux-Cerfs à ma bonne ville de Versailles; mais, en revanche, ne lui ai-je pas donné une église, des rues nouvelles et des faubourgs magnifiques? Mieux que cela : est-ce que je ne lui ai pas offert, grâce au talent de mon architecte Gabriel, la délicieuse résidence du Petit-Trianon?

On m'a reproché d'avoir installé, dans le palais de Versailles, madame de Châteauroux, madame de Pompadour et madame du Barry; mais, vraiment! est-ce que ces trois reines du plaisir et de l'amour ne méritaient pas l'honneur de remplacer, sur le trône de France, madame de Fontanges, madame de Montespan et madame de Maintenon?

On m'a reproché ma vie; pourquoi n'a-t-on rien dit de ma mort qui fut édifiante? Je murmurais, en me sentant mourir : Je suis fâché d'avoir donné du scandale à mes sujets; je veux encore vivre pour le soutien de la religion et le bonheur de mes peuples! — Il était trop tard : je mourus, en regrettant de ne pouvoir pas manquer à la promesse que je venais de faire.

Qui est-ce donc qui m'a forcé de reparaître aujourd'hui dans le palais de Versailles? Je ne sais trop pourquoi, ni comment, tout ce que je vois, tout ce que j'entends m'ennuie, m'attriste et m'épouvante; j'ai peur de rencontrer, dans cette résidence royale, mon bisaïeul Louis XIV et mon petit-fils Louis XVI; j'ai peur de retrouver ici mon ancien ministre le cardinal de Fleury; et, surtout, j'ai bien peur de revoir Marie Leczinska, cette pauvre reine de France qui est peut-être moins indulgente que Dieu : elle ne m'a rien pardonné, sans doute, quoique j'aie su beaucoup aimer! Je vous laisse à Versailles, messieurs; je vais, de ce pas, me souvenir et regretter, à l'ombre et dans le mystère du Parc-aux-Cerfs. N'oubliez pas que j'ai gagné la bataille de Fontenoy; et, sur ce, je prie le ciel qu'il vous ait en sa sainte garde!

Si Alceste et ses amis continuent à se promener, en babillant d'autrefois, dans les salles et dans les galeries du palais de Versailles, ils s'arrêteront à coup sûr dans une petite chambre, un peu sombre, triste, mystérieuse : c'est la chambre d'une reine de France qui est morte sur un échafaud.

— Hélas! pourrait s'écrier à son tour la belle et malheureuse Marie-Antoinette, en s'adressant à ces personnages du xviie siècle qui babillaient devant nous tout à l'heure; moi aussi j'ai brillé, j'ai régné dans le palais de Versailles, à la cour de Louis XVI, mon auguste époux. Mais ce vaste et magnifique palais me faisait peur, et, sans vouloir l'abandonner pour toujours, je le quittais le plus souvent qu'il m'était possible. S. M. Louis XIV l'avait rendu trop beau, trop brillant, trop splendide pour ma modestie ; S. M. Louis XV l'avait rendu trop équivoque pour ma vertu. Je ne me trouvais à merveille, je ne me sentais véritablement chez moi que dans la simple et jolie résidence de Trianon, non pas dans le Grand-Trianon de Louis XIV, mais dans le Petit-Trianon que Louis XVI m'avait donné. Le Grand-Trianon a peut-être oublié Louis XIV ; mais, il me semble que le Petit-Trianon se souvient encore de Marie-Antoinette.

Je me croyais presque heureuse dans ce petit pavillon, dans ces petits jardins qui sont des chefs-d'œuvre d'élégance et de goût ; sur

ce petit lac qui conduisait à un petit moulin, à une petite laiterie, une reine de France déguisée en laitière ; que de fois, mon Dieu ! j'ai ressemblé à la *Perrette* de la fable, et comme j'ai rêvé, tout éveillée, des plus belles choses du monde, en portant le pot au lait sur ma tête!... Le pot au lait de Marie-Antoinette, c'était une couronne, et la foudre révolutionnaire devait emporter, du même coup, du même éclat, le pot au lait de Perrette et la tête de la reine de France! Chose bien terrible et bien étrange : je me suis avisé une fois de planter un pauvre petit arbre dans la terre royale de Trianon, et cet arbre... c'était un saule pleureur!

J'aperçois encore, par cette croisée entr'ouverte, le bosquet du petit parc où se joua, contre l'honneur de l'église et de la loyauté, la comédie du *Collier de la Reine*. Le cardinal de Rohan, grand aumônier de France, se laissa jouer, à mes dépens, par deux femmes, deux intrigantes, mademoiselle d'Oliva et madame de Lamotte. Mademoiselle d'Oliva, qui me ressemblait à s'y méprendre, osa me prendre mon nom et ma couronne pour duper le pauvre et audacieux cardinal : la nouvelle Marie-Antoinette donna un rendez-vous à monseigneur de Rohan, dans le petit parc de Versailles; elle lui présenta une rose qu'on lui avait promise de ma part, — et le grand aumônier, persuadé qu'il avait eu affaire à la reine de France, consentit à livrer le fameux *collier* à mademoiselle d'Oliva et à madame de Lamotte. Ce fut, m'a-t-on dit, le charlatan Cagliostro qui dirigea toute cette affreuse et incroyable intrigue qui me causa bien du mal!

Dans ce temps-là, j'étais encore une jeune souveraine, jolie, spirituelle, prodigue et coquette; je commandais aux femmes par l'autorité de mon esprit, aux hommes par l'autorité de mes charmes, à tout le monde par l'autorité de ma grandeur; je disposais à mon gré des trésors de l'État, de l'influence de la royauté, de toutes les ressources magiques de la suprême puissance, et ma voix seule opérait des prodiges. Mais, hélas! Marie-Antoinette avait beau dire et beau faire pour ressembler tout-à-fait à une Française : l'*Autrichienne*, comme l'on m'appelait déjà dans les faubourgs de Paris, se souvenait encore de sa véritable patrie, de la patrie de son enfance et de sa jeunesse. N'avais-je pas raison, je vous le demande? Le pays que l'on a vu, du fond d'un berceau, en ouvrant pour la première fois les yeux au soleil; le pays où nous avons grandi, joué dans les fleurs et murmuré devant Dieu notre première prière; le pays où notre bouche a commencé de parler, où notre esprit a commencé de comprendre, où notre cœur a commencé de sentir et de battre, n'est-il pas toujours le pays le plus poétique et le plus admirable de ce monde? Bien souvent la reine de France se prenait à regretter l'Allemagne, l'Autriche, les palais de Vienne, les ombrages fleuris du Prater et les vapeurs mystérieuses du Danube; seule, les yeux fixés sur des portraits de famille, la main sur une couronne qui pesait trop sur ma tête, je me laissais aller à ces regrets impatients, à ces plaintes de la mémoire, à ces mirages du cœur si cruels et si doux, que l'on appelle le mal du pays; alors j'oubliais ma patrie d'adoption; et, pour me guérir de ce mal affreux, je recherchais, j'adorais, je protégeais à plaisir les modes, les coutumes, le langage, les arbustes, les livres, les tableaux, la musique de ma première patrie, tout ce qui m'apportait un ruban, une épingle, une parole, une fleur, une page, un trait, une note, un rien de ma chère et bienheureuse Allemagne!

Un jour, je voulus avoir un clavecin de Vienne, et, bientôt, je reçus dans mes petits appartements de Versailles, un clavecin magnifique emprunté, pour me plaire, au mobilier somptueux d'une résidence impériale; je résolus de ne chanter, sur ce précieux instrument, que des élégies allemandes; et, afin que nulle gloire ne manquât à l'inauguration, au sacre lyrique, si je puis dire ainsi, du clavecin royal, je daignai mander à la cour de France un musicien dont j'avais été l'écolière, un homme de génie qui avait composé des chefs-d'œuvre, un illustre Allemand qui se nommait le chevalier Gluck. Mon piano et mon maître de musique me valurent plus d'inimitiés, plus d'injures et plus de haines que toutes les fautes que l'on a reprochées au cœur et à l'esprit de la reine de France; la cour et la ville firent de l'opposition à l'élève du chevalier Gluck, en louant, en admirant, en roucoulant les mélodies longoureuses de l'italien Piccini.

Les chants de mon piano cessèrent bien vite! Ils furent remplacés par l'éloquence populaire de Mirabeau, par les vociférations de la foule, par le retentissement des fusils de la garde nationale, par la voix de M. de Lafayette, par les refrains et les cris monarchiques de ces malheureux gardes-du-corps qui croyaient encore que tout finissait en France par des chansons! Oui, je me repens d'avoir provoqué, d'avoir encouragé du geste et du regard les derniers défenseurs du trône de Marie-Antoinette: pardonnez-moi, ô mon Dieu! dans ma jeunesse impériale, nul ne m'avait appris que j'aurais affaire, tôt ou tard, à la nouvelle majesté d'un peuple roi.

Un soir, un triste soir, il n'y eut que du silence et de l'obscurité dans le palais de Versailles: les appartements tout entiers n'étaient plus qu'une sombre solitude, qui commençait à se peupler de fantômes, de souvenirs, de regrets et de terreurs; la reine était au Temple, où elle jouait déjà le cinquième acte de sa tragédie, et Louis XVI se préparait noblement à exhaler le dernier soupir de la royauté. Paris révolutionnaire inonda les places publiques, les avenues, le château et les jardins de Versailles; on brisa toutes les portes de la résidence royale; le peuple se prit à saccager, avec une terrible préférence, les appartements de l'ancienne reine de France. En une minute, en un froncement de sourcils, en un éclair de rage populaire, tout fut brisé, déchiré, éparpillé dans les salons de Marie-Antoinette; je me trompe: mon clavecin d'Allemagne était encore debout, toujours brillant, toujours radieux et prêt à chanter encore les plus beaux airs du chevalier Gluck ! Soudain, un orateur de la foule, un tribun frappa du pied sur l'instrument de musique, et le clavier se mit à gémir et à se plaindre ; mais, hélas ! il eut beau dire et pleurer ; des mains vigoureuses soulevèrent le piano jusqu'aux bords d'une croisée.... et bientôt il tomba sur le pavé de la cour, en faisant entendre une plainte mystérieuse, comme s'il eût voulu protester, dans l'intérêt de l'art et de la poésie, contre les profanations de la violence et de la prose.

Bienheureux et malheureux piano, qui sortit un jour du fond d'un palais de Vienne, en chantant les notes les plus douces de ce monde ; qui fut baptisé en France à grands flots de mélodie ; qui eut pour baptistère un splendide salon de Versailles, pour marraine une souveraine jeune et jolie, et pour cortége d'honneur toutes les beautés célèbres, toutes les grâces, tous les sourires, tous les nobles esprits, toutes les gloires de la cour de Marie-Antoinette, la pauvre Autrichienne, la pauvre reine de France !

Je ne comprends rien aujourd'hui à tout cet éclat, à tout ce bruit, à tout cet appareil, à toute cette royale magnificence qui m'environnent ; pourquoi me trouvé-je encore dans cette chambre que j'ai habitée, et que je reconnais tout entière, dans ses moindres détails, dans ses merveilles les plus charmantes ? Qui est-ce donc qui a déposé, à leur place d'autrefois, et ma couronne, et mes fleurs, et mes livres, et mes tableaux, et le pot au lait de la Perrette de Trianon, et jusqu'à ce cher piano d'Allemagne ? et pourtant, la royauté de Versailles est bien morte : que s'est-il donc passé aujourd'hui dans le palais de Louis XVI et de Marie-Antoinette ?

Un seul des visiteurs, un seul des hôtes du nouveau palais de Versailles peut répondre à la question de Marie-Antoinette : il ne me sied point de le nommer, de peur d'être accusé de vouloir faire de la flatterie avec la royauté quand je ne songe à faire que de la justice avec l'histoire.

— Madame, pourrait-il dire à la Reine, il s'est passé un miracle dans ce palais, et ce miracle, ce n'est rien moins que la résurrection de Versailles ! La nation tout entière est venue frapper à la porte de cette demeure silencieuse, et la vieille royauté, endormie dans ce vaste sépulcre, s'est réveillée tout-à-coup pour recevoir la majesté de l'histoire ! c'est la France, madame, qui a daigné prendre votre place et celle de Louis XV, et celle de Louis XIV ; il n'y avait que la France qui fût assez grande pour ne pas se perdre dans cette immensité royale. Dans ce palais, madame, vous ne connaissiez autrefois que la gloire d'une monarchie : vous y allez connaître maintenant la gloire de tout le monde, et vous saluerez les grands hommes du pays dans les sujets et dans les princes. Vous aurez fort à faire, madame, pour les bien voir, pour les bien connaître. Jugez : les morts les plus illustres de tous les temps, de tous les siècles, ressuscitent autour de vous; oui, la mort a consenti à rendre à la vie tout ce qu'elle lui redemandait pour la résurrection de Versailles. Les premiers rois chrétiens, les grands hommes de fer du moyen-âge, les héros, les artistes, les poètes et les femmes de la renaissance, la cour de Louis XIV, le siècle de Louis XV, la royauté de Louis XVI, le peuple, une révolution terrible et glorieuse, l'empire d'un soldat heureux qui a réalisé des prodiges ; en un mot, toute l'histoire nationale jusqu'au règne du souverain qui a l'honneur de vous parler. Voilà, madame, la nouvelle royauté qui se prépare à trôner dans le palais de Louis XIV.

C'est aujourd'hui seulement, madame, que Versailles peut s'écrier, avec un noble orgueil : la France, c'est moi !

Louis Lurine.

BOIS DE BOULOGNE.

n grand nombre d'historiens et de chroniqueurs s'est souvent préoccupé de savoir où avait commencé Lutèce. Qui de nous pourrait dire où finira Paris? Paris est un fleuve de pierres qui tend, chaque jour, à sortir de son lit. Voyez-le rouler incessamment des flots de maisons sur toutes les grèves environnantes. C'est un perpétuel débordement d'hôtels, de casernes, de palais, de théâtres, d'églises, d'édifices de tout genre et de monuments de toutes sortes qui rappelle les formidables empiétements des eaux courroucées, durant les quarante jours et les quarante nuits du déluge. — C'est en vain, croyez-le, qu'on essaie de resserrer Paris dans une enceinte continue; le fleuve impétueux ne tardera pas à briser cette digue impuissante. Autant vaudrait enchaîner un lion de Numidie avec la cordelière, délicatement tressée, d'une robe de chambre de jolie femme.

Ce sera, certes, une grande et magnifique chose que Paris dans cent ans! Jusqu'où s'étendra-t-il? et jusqu'où ne s'étendra-t-il pas? Vaste problème que la mort prématurée de mademoiselle Lenormand laisse sans solution possible. C'est bien alors que le treizième arrondissement cessera d'être un mythe à l'usage des vaudevillistes en belle humeur. Qui sait même si, à l'époque dont nous parlons, Paris ne comptera pas ses arrondissements par centaine? Pour moi, j'imagine que Paris sera borné, au nord, par les pommiers de la Normandie, et au sud, par les vignobles du Loiret. La voie de fer aidant, Rouen et Orléans seront englobés dans la banlieue parisienne. Les villes intermédiaires, Étampes, Poissy, Mantes, Versailles, Saint-Germain, Saint-Denis et tant d'autres, s'abimeront au milieu de cet océan de maisons, comme on voit d'humbles ruisseaux disparaître dans la mer. Viennent ces temps apocalyptiques, et la course en omnibus ne coûtera pas moins de quinze francs, et les journaux paraîtront deux fois par jour, et les appartements les plus vastes et les plus commodes se composeront d'une petite pièce pour tout faire ; et l'écu de cinq francs ne représentera plus qu'une valeur de cinquante sous et il faudra posséder quinze mille francs de rentes pour se permettre un cigare après son dîner. Quant à la province, existera-t-elle encore? Il est permis d'en douter. A Lyon, à Bordeaux, à Nantes, à Marseille, l'herbe croîtra dans les rues solitaires. Paris aura tout attiré, tout accaparé, tout absorbé, et les têtes et les bras, et ceux qui travaillent et ceux qui pensent. — Et n'allez pas croire que ce soit là un tableau purement fantastique, un rêve à la plume inspiré par la contemplation des rêves au pinceau du peintre anglais Martinn. S'il ne survient pas quelque grande catastrophe impossible à prévoir, quelque horrible bouleversement sans exemple, avant deux cents ans, Paris ce sera la France. Pour qu'il en fût autrement, il faudrait que celui qui, seul, peut mettre un frein à la fureur des flots, voulût bien refréner aussi cette fureur sans cesse envahissante des architectes, des spéculateurs, des entrepreneurs et des maçons. Et encore, sans être taxé d'athéisme, est-il permis de douter qu'il parvînt à y réussir!

C'est donc une idée excellente et, en même temps, une idée tout-à-fait opportune, que de raconter, dans un beau livre, l'histoire des environs de Paris tels qu'ils sont aujourd'hui. Comment seront ils et où seront-ils demain? Le poète Burger prétend que les morts vont vite. Nous sommes en droit d'affirmer que les démolisseurs vont bien plus vite encore. C'est pourquoi il nous faut nous hâter ; car ceux de nos petits-fils qui, demeurant à Paris, dans le ving-sixième ou le vingt-septième arrondissement (arrondissement de Versailles), et passant quelque jour, dans la rue de Neuilly (actuellement avenue de Neuilly) ne se douteront guère qu'à leur gauche, à la place même où s'élèveront sans doute le square Boulogne, la rue Boulogne et la cité Boulogne, existaient autrefois de petits villages pittoresques et une promenade poudreuse où, du temps de leurs bons aïeux, il était du dernier bien de se montrer, chaque après-midi, caracolant à cheval ou roulant en voiture.

Pour la première fois de ma vie littéraire, je vais être savant. Je dois interroger de gros volumes à l'aspect rébarbatif, inscrire des dates et appeler à mon aide quelques vieux noms historiques. Peut-être me faudra-t-il parler latin! Les barbes de ma plume, peu faite à ces allures de bibliophile, se hérissent de terreur; aussi j'ai grande envie de vous adresser, en commençant mon treizième travail d'Hercule, cette humble prière, que les poëtes espagnols réservent d'ordinaire pour la fin de leurs pièces : « Excusez les fautes de l'auteur. »

En sortant de Paris par la barrière dite des Bons-Hommes, — nom ironique s'il en fut, car elle est gardée par d'impitoyables douaniers qui fouilleraient sans pitié jusqu'aux poches de leur mère, — vous tombez dans Passy. Au dire des Parisiens, Passy est un village. N'en croyez rien. C'est une véritable petite ville, et je connais des chefs-lieux de préfecture, comme Tulle, par exemple, qui ne seraient pas dignes de lui servir de faubourg. Avant de s'appeler Passy, Passy se nommait *Paciacum*. — Hélas! voici déjà que je parle latin! — Vers le milieu du XIIIe siècle, Paciacum n'était pas une ville; ce n'était même pas un village; c'était un hameau. Dans l'un des gros livres dont je vous entretenais tout à l'heure, il est bien fait mention d'un certain maître Simon, *de Passiaco*, lequel vivait au XIIe siècle, ce qui surchargerait de cent ans environ l'extrait de baptême de notre Passy; mais rien ne prouve que ce Passy soit le même qui nous occupe. Il en est du nom de Passy comme du nom de Martin; on en trouve plusieurs à la foire et à la chambre des députés.

Le véritable fondateur de Passy fut le roi Charles V. Que dis-je? Il en fut bien mieux que le fondateur : il en devint la providence. O ingratitude humaine! Il n'y a peut-être pas, à cette heure, dans tout Passy, un habitant, y compris le maire, ses adjoints et le conseil municipal, qui se doute seulement des immenses bienfaits dont il est redevable à ce monarque généreux. Jusque-là, Passy n'avait été qu'un misérable hameau, composé d'une douzaine de bicoques branlantes, exposées de toute part à la fureur des ouragans et aux coups de main des tire-laine. Un jour qu'il passait par là, le roi Charles V s'émut au spectacle de ce complet délabrement et de cette profonde misère; aussi s'empressa-t-il d'accorder, par lettres patentes, à ses amés sujets de Passy, la permission de clore leurs héritages de murs faits à chaux et à sable. Bien plus! il leur concéda, en outre, le précieux privilège de prendre, d'étrangler et de manger les conils (quadrupèdes plus vulgairement connus sous le nom de lapins) qui leur feraient du dégât.

Est-il besoin d'ajouter qu'à dix lieues à la ronde la nouvelle d'une si royale munificence se répandit avec la célérité d'une commotion électrique ? Tous ceux qui aiment la gibelotte, et le nombre en est grand, transportèrent leurs pénates dans cette heureuse contrée où l'on avait droit de vie et de mort sur les conils. La meilleure preuve que cet animal est doué d'une fécondité fabuleuse, c'est qu'il en reste encore dans le bois de Boulogne, après la rude guerre que les habitants de l'endroit lui firent jour et nuit. — Et, à ce propos, je me permettrai d'adresser une simple question à ceux de mes confrères qui sont savants : comment s'y est-on pris pour faire du mot conil le substantif lapin ? Moi, qui ne suis pas savant, je comprends encore que Passy descende en ligne directe de Paciacum. Paciacum-Passy, Passy-Paciacum, c'est clair, c'est facile à concevoir c'est à la portée de tout le monde. Quant à sonder les mystères de la transformation de conil en lapin, mon intelligence ne va pas jusque là. Que voulez-vous ? Je n'ai pas eu l'honneur d'être élevé à l'école des Chartes.

N'en déplaise aux fouriéristes, aux saint-simoniens, aux républicains, aux phalanstériens, aux égalitaires et à tous les autres utopistes passés, présents et à venir, partout où vingt hommes sont réunis, il y a dix-neuf esclaves et un tyran. L'homme a été créé pour l'obéissance. C'est la condition nécessaire, indispensable, fatale, de notre existence et de notre société. Les tyrans eux-mêmes ne font pas exception à la règle. Imitez-moi : plongez-vous courageusement dans la lecture des gros livres, et ils vous apprendront que les rois les plus absolus se sont constamment laissé maîtriser par quelque endroit. Une femme les a toujours dominés beaucoup plus qu'ils n'ont dominé les hommes. S'ils étaient d'abominables tyrans tant que le jour durait, ils ne manquaient pas de devenir esclaves humbles et soumis sitôt après le coucher du soleil. — Voyez Néron et Poppée.

A ces causes, la petite république de Passy ne tarda pas à se transformer en une véritable monarchie. Peu de temps après, Passy avait déjà son seigneur. Quel était ce seigneur ? d'où venait-il ? l'histoire est muette à cet égard. Ce dut-être le plus sournois et le plus rusé de la bande. Peut-être était-ce tout simplement le plus grand tueur de lapins de l'endroit. Vers la fin du xvie siècle, le seigneur de Passy fit acte d'autorité ; il bâtit une chapelle dédiée à Notre-Dame-de-Grâce. Cette chapelle dura jusqu'en 1667, époque où elle fut remplacée par l'église qu'on voit encore aujourd'hui.

La cure de Passy appartenait à l'ordre des Barnabites et relevait de Saint-Germain-l'Auxerrois. Quand venait la fête patronale de la commune, fixée au jour de l'Annonciation, le chapitre de Saint-Germain-l'Auxerrois dépêchait un chanoine pour y dire l'office. Il était même stipulé que ledit chanoine prendrait, pendant ce jour, son repas chez les pères Barnabites, qui y possédaient une maison. On avait soin de choisir, pour cette circonstance solennelle, celui de tous les chanoines qu'on savait être le plus friand de la chair du lapin. Ce jour-là, l'heureux chanoine pouvait, tout à son aise, s'en régaler jusqu'à indigestion. On lui

en servait sous toutes les formes et accommodé à toutes les sauces : lapin rôti, lapin bouilli, lapin en pâté et lapin en gibelotte. Durant plusieurs siècles, on ne soupçonna pas d'autre nourriture à Passy.

Une circonstance fortuite mit le comble à la fortune de ce joli village. On y découvrit, en 1658, une source d'eaux thermales qui acquirent une grande célébrité. A dater de ce moment, on ne choisit plus, pour officier à la fête de l'Annonciation, le plus gourmet des chanoines, mais bien celui qui avait le plus de rhumatismes. — Les étrangers accoururent en foule à Passy, dont les limites s'étendirent rapidement, et bientôt un château s'éleva en amphithéâtre sur le penchant de la colline qui domine la route de Versailles. Pauvre château ! les ans avaient glissé sur son épaisse carcasse de pierre sans seulement l'ébrécher, et les habitants de Passy affirmaient qu'il durerait jusqu'à la fin du monde. Ces bonnes gens comptaient sans 1815 et sans la visite bienveillante que nous firent, à cette époque, nos excellents amis les alliés. Occupé tour-à-tour par les Prussiens et par les Anglais, Passy fut ravagé, ses monuments pillés et son château dévasté. — Honnêtes alliés !

Passy, en l'an de grâce 1844, est une petite ville agréablement située et qui tend à s'agrandir de jour en jour. L'air pur qu'on y respire et le voisinage du bois de Boulogne, y attirent, durant la belle saison, une foule de citadins que leurs occupations retiennent forcément à Paris. Les littérateurs et les artistes ont surtout un faible pour ce séjour. C'est à Passy que Brazier est décédé en murmurant sa dernière chanson. Franklin, de qui l'on a dit qu'il sut dompter la foudre et les tyrans,

Eripuit cœlo fulmen sceptrumque tyrannis.

Franklin a légué son nom à une rue de Passy. Le théâtre y est représenté par Lepeintre aîné, par Ferville et par beaucoup d'autres. M. Jules Janin y possède une maison de campagne, et c'est-là que le boa du feuilleton vient digérer en paix, le dimanche, les comédies, drames et vaudevilles qu'on lui a fait avaler dans la semaine. Un autre citoyen de Passy, et celui-là, certes, n'est pas le moins glorieux, c'est Béranger, ce poète si honnête homme, qu'on ne sait ce qu'on doit admirer le plus en lui, de son beau caractère ou de son grand talent.

Quant aux eaux thermales de Passy, il y a longtemps qu'il n'en est plus question. Convenez que l'oubli où elles sont tombées n'a rien que de très-naturel et de parfaitement justifié. Nul n'est prophète dans son pays, dit un proverbe, et le proverbe a raison. Si les eaux de Passy se trouvaient aussi bien quelque part en Suisse, en Allemagne ou tout au moins au beau milieu des Pyrénées, elles auraient peut-être un succès fou ; mais elle sont à la porte de Paris, et l'on n'y cultive ni la roulette, ni le trente-et-quarante, ni aucun autre jeu de hasard. Or, il est bien avéré que les cinq sixièmes des baigneurs qui font, chaque année, le pèlerinage d'Ems, de Bade ou de Hombourg, n'y sont attirés que par un seul espoir, celui de prendre un bain d'or.

Après Passy, voici Auteuil, nom charmant qui rappelle à l'esprit la plupart des illustrations littéraires du grand siècle. Ici, encore, j'ouvre les gros livres sus-mentionnés, et je lis qu'Auteuil était déjà connu en l'an 1160, sous la triple appellation d'*Attoulium*, d'*Attolium* ou d'*Autolium, ad libitum*. La seigneurie d'Auteuil appartenait à l'abbaye de Sainte-Geneviève. Chose bizarre et qui semble difficile à expliquer : en ce temps-là, les vignes d'Auteuil jouissaient d'une immense réputation, à ce point que les chanoines de Sainte-Geneviève se composaient un très-gros revenu, grâce au produit annuel de leur récolte. L'archevêque de Paris, entre autres, raffolait de cet excellent vin d'Auteuil, *optimo vino Attolii*. Que faut-il conclure ? le terrain a-t-il perdu ses qualités, ou bien notre palais est-il plus délicat que celui de nos ancêtres ? Je pencherais volontiers en faveur de la seconde hypothèse, car il me paraît qu'Auteuil est bien près de Suresne!

Auteuil est situé sur le prolongement de la colline dont Passy occupe une partie, à la droite de la grand'route et de la Seine, et à environ une lieue et demie de Paris. C'est tout-à-fait un village d'opéra-comique. Les maisons y sont carrées, hautes de deux étages, avec des jalousies peintes en vert, des portes à claire-voie, un *banc de gazon* à côté de la porte et un *berceau de verdure* sur le second plan. Tout cela est propre, lavé, peigné, soigné et tiré à quatre épingles. Les paysans d'Auteuil vont aux champs en bottes, en paletot et en chapeau Gibus; quant aux paysannes, elles sont vêtues comme des modistes de la rue Vivienne. Vous ne trouveriez peut-être pas, dans tout le village, une seule Jeanneton

ni un seul Nicolas. Toutes les filles s'y nomment Évélina, Angèle ou Ernestine, et les hommes, Adolphe, Ernest ou Alfred. On m'y a montré un gardeur de dindons qui s'appelle Arthur.

Durant six mois de l'année, Auteuil est une véritable contrefaçon de Pompéia ou d'Herculanum; les rues sont désertes, les portes sont closes, les jalousies strictement baissées, les maisons silencieuses et inhabitées. C'est à peine si l'on aperçoit, à travers les carreaux d'une fenêtre, quelque Angèle, quelque Ernestine ou quelque Évélina se brodant un col au plumetis ; c'est tout au plus si, de loin en loin, on rencontre un Alfred, un Adolphe ou un Ernest fumant mélancoliquement son cigare. Les habitants d'Auteuil sont alors à Paris où ils passent l'hiver. Ce sont des familles anglaises, des notaires en retraite, d'anciens avoués et des banquiers retirés des affaires. Viennent les beaux jours, et tout ce monde va reparaître avec son cortége obligé de cuisiniers, de palefreniers, de cochers et de valets-de-chambre. A partir de cet instant, Auteuil sort brusquement de son sommeil léthargique, comme la princesse Isabelle au quatrième acte de *Robert*. Voici les jalousies qui se lèvent et les portes qui s'ouvrent. On joue au billard chez le notaire; la fille cadette du banquier fait gémir les touches de son piano; l'ancien avoué a du monde à dîner, et les Anglais donnent une soirée dans leur jardin, illuminé avec des verres de couleur. Écoutez : un orchestre venu de Paris exécute les quadrilles les plus nouveaux de Tolbecque et les galops les plus entraînants de Musard. A minuit, Ruggieri tire un feu d'artifice qui réveillerait les voisins, si les voisins étaient couchés. A trois heures du matin l'on danse encore.

Voilà ce que c'est qu'Auteuil, lieu charmant qu'embellit en outre la magique poésie des souvenirs. Quand on songe que Molière, Boileau (la maison de Boileau existe encore à Auteuil; vous la trouverez dans la

seconde rue, à gauche, après l'église, sur la route de Saint-Cloud),

Racine, Lafontaine, Chapelle, Helvétius et le chancelier d'Aguesseau ont erré dans ces prairies et se sont promenés sous ces ombrages, on se sent saisi d'un respect involontaire, et l'on se prend à aimer ce joli village, qui semble copié d'après quelque toile chaudement colorée de Philastre et de Cambon.

Dépêchons-nous de consacrer quelques lignes à Boulogne qui, au train dont on y va, ne tardera pas à se confondre avec Saint-Cloud. La Seine les sépare; mais qu'importe? Avant dix ans, Saint-Cloud aura épousé légitimement Boulogne, qui ne sera plus connu que sous le nom générique de Saint-Cloud (rive gauche).

En venant au monde géographique, Boulogne fut baptisé Menus-lès-Saint-Cloud. Le premier acte qui fasse mention de son existence est de 1134. C'était alors un hameau fort inoffensif et qui ne faisait pas plus parler de lui qu'une académie de province.

Quelques habitants de Paris et des villages voisins, en revenant d'un pèlerinage par eux accompli à Boulogne-sur-Mer, obtinrent, en 1319, de Philippe-le-Long, la permission de construire une église dans le village des Menus et d'y établir une confrérie. Cette église, bâtie sur le modèle de celle de Boulogne-sur-Mer, prit le nom de Notre-Dame-de-Boulogne-sur-Seine, ou Boulogne-la-Petite, nom qui fit oublier, peu à peu, celui de Menus-lès-Saint-Cloud. Vingt-quatre ans plus tard, en 1343, l'église de Boulogne fut démembrée de la cure d'Auteuil pour être érigée en paroisse.

On remarque, dans le voisinage de Boulogne, de nombreuses maisons de campagne, entre autres celle de Cambacérès, cet archi-chancelier de l'Empire, qui, selon moi, serait infiniment mieux nommé l'archi-cuisinier de l'Empire.

Au temps où régnaient les rois de la première race, tout le pays compris entre Paris et Saint-Cloud était occupé par une forêt connue sous le nom de *Roveritum*, dont on fit plus tard Rouveret ou Rouverai, traduction libre qui se conçoit bien mieux que celle de conil en lapin. Les gros livres, dont je suis solennellement entouré, m'apprennent que Louis XI, dans sa tendresse pour son barbier-ministre, Olivier-le-Daim, lui avait confié le poste important de capitaine du pont de Saint-Cloud. et la garde spéciale de la garenne de Rouverai. Lorsqu'il fut généralement reconnu que Menus-lès-Saint-Cloud ne s'appelait plus que Boulogne, la forêt de Rouverai abdiqua son ancien nom et se mit sous l'invocation du village, son voisin.

Consacrons quelques lignes aux divers châteaux qui s'élevèrent successivement dans l'intérieur du bois de Boulogne, afin d'en venir tout de suite à la partie la plus importante de notre tâche, celle qui consiste à daguerréotyper, pour ainsi dire, la physionomie de cette promenade essentiellement parisienne. En agissant ainsi, nous épargnerons un rude travail aux Saumaise futurs.

Le château de La Muette, rebâti par Louis XV, eut pour premier constructeur le gracieux monarque Charles IX ; c'était alors un rendez-vous de chasse, et il est probable que le héros de la Saint-Barthélemy venait y chasser le cerf et le sanglier, en attendant qu'il se donnât le plaisir de chasser au huguenot, du haut des balcons du Louvre. C'était une façon de se *faire la main*, comme disent ces duellistes de profession qu'on rencontre chez Lepage, où, faute de mieux, ils massacrent chaque jour un nombre considérable de figurines en plâtre.

Marguerite de Valois, première femme d'Henri IV, offrit, en 1616, le château de La Muette au Dauphin qui fut plus tard Louis XIII. Soit que ce prince le vendît, soit qu'il en fît cadeau à l'un de ses favoris, La Muette cessa d'appartenir à la famille royale. La duchesse de Berry, cette aimable fille du régent, l'acheta, un siècle plus tard, à un sieur Fleuriau d'Amenonville, qui reçut en échange le château de Madrid. Ce furent les beaux temps de cette charmante demeure.

Pauvre princesse! comme si elle devinait qu'elle allait mourir peu après, à peine âgée de vingt-quatre ans, elle s'empressa, ainsi qu'on disait à l'époque, de vider, jusqu'à la lie, la coupe des plaisirs. Spectacles, concerts, festins et nuits d'amour, s'y succédaient sans relâche ; c'était à se croire transporté dans le palais d'Armide.

A la mort de la duchesse, qui eut lieu en 1719, le château de La Muette resta au domaine royal ; il fut entièrement réparé, surhaussé d'un étage, et ses jardins s'accrurent aux dépens du bois de Boulogne.

Ces murs galants qui avaient donné asile aux folles orgies de la Régence, abritèrent, quelques années plus tard, les chastes amours de Louis XVI. C'est là que fut reçue Marie-Antoinette à son arrivée en France. Elle y coucha, dit le journal de Verdun, pour obéir aux lois de l'église, et le jeune couple y passa, dans un tranquille bonheur, les premiers mois qui suivirent son avénement au trône.

Le 14 juillet 1790, lors de la fédération célébrée au Champ-de-Mars, la commune de Paris offrit, dans les jardins de La Muette, un banquet homérique à plus de vingt-cinq mille fédérés. Quel professeur de statistique serait assez patient pour évaluer la quantité de veau qui dut être absorbée dans un pareil banquet politique ?

La Muette fut vendue et démolie en grande partie, pendant la révolution. Il n'en reste plus aujourd'hui que deux gros pavillons et quelques autres lambeaux transformés, je rougis de le dire, en un établissement d'orthopédie ! — M. Vitet et M. Mérimée étant inspecteurs et conservateurs des monuments historiques.

Le château de Madrid est attribué au roi François I*er*, qui l'aurait

Le bois de Boulogne.

construit en souvenance et sur le modèle de celui où Charles-Quint le tint captif après la défaite de Pavie. Il s'y rendait fréquemment, et disait qu'il s'y complaisait plus qu'en aucun autre lieu de la terre. Henri II et Charles IX le réduisirent aux proportions galantes d'une véritable petite maison amoureuse. Henri III le consacra à des plaisirs moins innocents. Il y faisait élever des lions, des ours et d'autres bêtes féroces qu'il aimait à voir aux prises avec des taureaux. C'était sa barrière du Combat. Mais, une nuit, il rêva que ces animaux voulaient le dévorer ; le lendemain, il donna l'ordre de les tuer et de les remplacer par des meutes de petits chiens. Madrid fut démoli sous le règne de Louis XVI. Vers le même temps, le comte d'Artois fit construire, en soixante-quatre jours, un château qui, par les uns, fut baptisé Folie d'Artois, et, par les autres, Bagatelle. Ce dernier nom a prévalu, et c'est fort heureux ; ce prince en a fait tant d'autres durant sa vie politique (je ne parle pas de châteaux, mais bien de folies), que, si l'on avait continué à dire la Folie d'Artois, il eût fallu, à chaque instant, interrompre son interlocuteur et lui demander : « Laquelle ? » — Bagatelle portait inscrits, au-dessus de la porte, ces trois mots latins en guise d'épigraphe : *Parva sed apta*.

Que vous dirai-je de Longchamps que vous ne sachiez tout aussi bien que moi, et même beaucoup mieux que moi ? Longchamps était une abbaye de femmes qui date du xiiie siècle, et qui fut fondée par Isabelle de France, sœur de Louis IX. On y faisait la plus ravissante musique qui se puisse imaginer, disent les historiens de l'époque, et l'on y accourait en foule de Paris et des environs, le mercredi, le jeudi et le vendredi saints, rien que pour entendre, dans les leçons chantées aux ténèbres, des voix si mélodieuses qu'elles semblaient descendre du ciel, et se répandre sur l'assistance comme une divine et harmonieuse rosée. Il ne reste plus une seule pierre de cette abbaye, ce qui n'empêche pas les Parisiens de se rendre processionnellement chaque année à Longchamps. — O moutons de Panurge !

Et, maintenant, fermons les gros livres et parlons du bois de Boulogne, ce bois qui n'existera plus dans cent ans d'ici, selon la prédiction que nous avons faite en commençant. Or, croyez-moi,

Cet oracle est plus sûr que celui de Calchas.

Il y a dans Paris plusieurs endroits où l'on se promène ; mais, en réalité, il n'y a qu'une seule promenade, et c'est le bois de Boulogne. Le jardin du Palais-Royal est un passage planté d'arbres, et quels arbres ! Le Boulevard n'est, à tout prendre, qu'une longue rue un peu plus large que les autres ; aux Tuileries, il manque deux choses essentielles pour être une promenade : plus d'espace et moins de soldats en faction ; le Luxembourg est la propriété des étudiants, qui en ont fait une succursale de la Grande-Chaumière; et le Jardin-des-Plantes n'est qu'une ménagerie enjolivée d'arbustes çà et là. Quant aux Champs-Élysées, je déclare n'y avoir jamais humé que de la poussière.

Reste donc le bois de Boulogne. Là, du moins, on peut aller et venir en toute liberté; lancer son cheval à fond de train ou lui mettre la bride sur le cou; se mêler à la foule ou errer solitairement sous d'obscures allées. Là, seulement, vous pourrez aspirer les divines senteurs de la feuille qui bourgeonne et de la fleur qui s'épanouit, effeuiller des marguerites et cueillir des bluets. Là aussi, vous entendrez l'oiseau chanter sur la branche et la cigale crier dans les touffes d'herbe. Là, le gazon que vous foulerez sera bien du gazon. Vous prend-il fantaisie de vous rouler sur la mousse? Faites quelques pas, écartez ces branches d'aubépine, et voyez un peu quel beau tapis de mousse vous avez là, poli comme une glace et chatoyant comme une émeraude! Est-ce tout? Non, certes; les promenades de Paris ont les mœurs tranquilles et réglées des bourgeois de province. Sitôt que sonnent neuf heures, elles vous mettent poliment à la porte de chez elles, se couchent vertueusement et dorment jusqu'au lendemain. Tout au contraire, le bois de Boulogne reçoit ses visiteurs et le jour et la nuit. Chose triste à songer : c'est le seul endroit de Paris où il soit possible de contempler la lune et les étoiles, passé minuit. Je ne parle ni des rues, ni du boulevard, ce serait gratuitement s'exposer à être ramassé par une patrouille grise et risquer de continuer son cours d'astronomie au violon.

Et puis, je le confesse, je ne suis point de cette école de trappistes littéraires qui vont criant partout : « Frères, il faut mourir! » qui font fi du luxe et de la richesse et qui voudraient proscrire toutes les choses sensuelles et matériellement belles de la vie. Ceux-là, dit-on, sont des puritains. Puritains, soit! mais ce puritanisme ressemble furieusement à de l'envie mal déguisée. J'aime voir de belles femmes, des toilettes somptueuses, d'éblouissants équipages, des chevaux de race, des laquais dorés sur tranches, tout l'attirail enfin de la fortune et du bonheur. Apercevez-vous ce jeune homme qui passe là-bas, monté sur un cheval de pur sang? Tout en faisant piaffer son cheval avec grâce, il s'approche de cette calèche armoriée dans laquelle apparaît, languissamment couchée sur des coussins soyeux, une de ces jolies fleurs blondes comme il ne s'en cultive que dans les serres-chaudes parisiennes. Ce doit être le vicomte de Rastignac et la baronne Delphine de Nucingen. Le vicomte n'est pas seulement bien mis, ce qui est un mince mérite; son élégance est irréprochable et parfaite. O puissance de l'imagination! Voici que je saute en croupe derrière Rastignac; je m'insinue dans ses bottes vernies, je m'introduis dans sa redingote, je me faufile dans ses gants jaunes, je loge mon âme dans son corps, et je continue avec la baronne la causerie commencée. Et la baronne, en femme d'esprit qu'elle est, me ramène dîner avec elle ; puis, le soir, elle m'offre une place dans sa loge aux Italiens ou à l'Opéra, — ce qui vaut toujours mieux, j'imagine, que de se mal nourrir chez un empoisonneur de troisième ordre et que d'assister au spectacle, obscurément adossé à la porte de l'orchestre ou perché sur les dernières marches de l'amphithéâtre.

Cette digression, que mon lecteur voudra bien me pardonner, n'était cependant pas inutile, puisqu'elle doit servir à expliquer le fin mot de mes sympathies pour cette merveilleuse promenade. Courez donc au bois de Boulogne, vous tous qui êtes mécontents du présent et qui vous vengez de la misère actuelle, en rêvant d'un opulent avenir ; allez-y par une belle journée de printemps ou par une belle soirée d'automne, à ces heures privilégiées où, dans ces poétiques allées, tout est luxe, parfums et beauté, et si vous n'en revenez pas consolé à demi, c'est qu'il y a, dans les bas-fonds de votre cœur, les germes de l'envie, vice odieux qui les engendre et qui les résume tous.

Le bois de Boulogne est un théâtre fashionable sur lequel se déroulent, durant douze mois de l'année, tous les drames et toutes les comédies de la vie parisienne. — Qui pourrait énumérer les horribles tragédies qui se sont accomplies derrière ses massifs de verdure ? que de sang répandu sur ce terrain tout parsemé de fleurs ! Et la porte Maillot ? Ne trouvez-vous pas qu'il y a dans l'accouplement de ces trois mots : *la porte Maillot*, quelque chose qui tinte lugubrement à l'oreille comme un glas de mort ? Pour moi, j'ai beau faire, je ne passe jamais sous cette porte fatale sans qu'il ne me semble y voir des traces de mains sanglantes, comme dans la pièce de Calderon. Qui sait si de pauvres blessés ne s'y sont pas appuyés avant de mourir ? — Contraste bizarre après tout ! A la place même où glisse ce briska, plus rapide qu'une hirondelle, deux hommes se sont coupé la gorge ce matin ; et l'arbre au pied duquel vous venez de vous asseoir se transformera peut-être en potence, et pas plus tard que cette nuit, pour le compte de quelque pauvre diable dégoûté des hommes et des choses. Qui donc a osé léguer l'odieux héritage de Montfaucon et du Pré-aux-Clercs à cette forêt si avenante et si jolie, que le bon Dieu doit avoir plantée uniquement pour les rêveurs et pour les amoureux ?

Les marchands de vin et d'eau-de-vie ont un entrepôt ; les marchands de farine ont une halle au blé, et les marchands d'argent ont le palais de la Bourse. Le bois de Boulogne est tout à la fois la bourse et l'entrepôt de la fleur des pois parisienne. L'esprit, les succès, la vertu, le crédit et la beauté y sont cotés, à un centime près, tout comme le blé de Turquie à la halle, le cours de la rente à la Bourse, et le cognac à l'entrepôt. Là, tout le monde se connaît, chacun se sait par cœur, soi, son voisin et sa voisine. Aussi, comme l'esprit s'y aiguise en épigrammes! comme les phrases y sont à double tranchant et à triple sens! Il y a de la méchanceté jusque dans le plus imperceptible balancement de tête, jusque dans le moindre sourire. Allez au bois de Boulogne et tendez l'oreille, vous qui voulez savoir l'âge précis de madame la marquise, le nom de son dernier amant et le nom de celui qu'elle va prendre; vous entendrez y raconter en outre l'histoire scandaleuse d'hier et celle de demain; on y prédit aussi les faillites de notaires, les disparitions d'agents de change, les procès en séparation de corps, et généralement toutes les catastrophes sociales ou privées. C'est tout-à-fait l'esprit et la médisance des *nouvelles à la main* de l'autre siècle, avec les circonstances aggravantes du geste, du clignement, de l'intonation et du sourire.

Si jamais il vous tombe sur les bras un de ces malencontreux amis de province, affamés du désir de voir Paris, de connaître Paris et d'apprendre les noms propres de Paris, conduisez-le au bois de Boulogne; et, pour peu que la journée soit belle et l'heure bien choisie, vous pourrez, en moins d'une heure, remplir consciencieusement votre office de cicerone. Voici madame Aguado, cette veuve appétissante, qui compte autant de millions que de printemps; je reconnais la livrée bleu et or des Rothschild; inclinez-vous devant la calèche de M. le comte de Castellane, le Mécène bourgeois de notre époque constitutionnelle. Ce couple modeste, qui passe pédestrement dans une contre-allée, ce n'est rien moins que M. et madame Thiers, l'union d'une vaste intelligence et d'une suave beauté. Lorgnez madame Liadières, l'une des lionnes de notre temps. Cette amazone élégante, qui manie son cheval avec la vigueur et la dextérité d'une écuyère du Cirque, s'appelle tout simplement la duchesse de Valençay. Voici madame de Lariboissière, célèbre par l'énormité de ses bouquets; la comtesse Duchâtel, la femme du ministre; madame de Girardin, qui vient demander aux échos du bois les éléments de son prochain *Courrier de Paris;* madame de Pontalba, cette duchesse qui se fait bâtir des palais de sultane dans le faubourg Saint-Honoré; et tant d'autres que j'oublie.

Votre provincial veut-il envisager les célébrités contemporaines? Ici, encore, nous n'aurons que l'embarras du choix: le barreau, la littérature, la politique, le théâtre, les arts, la finance vont défiler devant nous. Ce tilbury est celui de l'auteur de la *Muette* et du *Domino Noir.* Que de verve, d'inspiration et de jeunesse il y a encore sous les cheveux blancs de M. Auber! Dans cette calèche, vous pouvez voir M. et madame Scribe, heureux époux qui en sont toujours à la lune de miel. Avez-vous reconnu ces deux femmes qui viennent de se saluer en passant? L'une est madame Stoltz, l'autre mademoiselle Rachel, deux intelligences rivales qui furent sœurs par l'infortune avant d'être sœurs par le succès. M. de Lamartine galope à nos côtés en méditant un de ces discours qui font sa prose égale à ses vers. Cette flèche qui fend l'air, c'est Horace Vernet sur son magnifique cheval arabe; mais, si rapide que soit sa course, plus rapide encore est son pinceau. Eugène Sue se repose, en devisant avec Gudin, du laborieux enfantement des *Mystères de Paris*. Madame Doche du Vaudeville, mademoiselle Ozy des Variétés, et mademoiselle Nathalie du Gymnase, trois charmantes femmes, parbleu! remplissent ces trois coupés dont vous voyez les glaces étinceler au soleil. — Après une journée passée au bois de Boulogne, votre provincial aura le droit de monter en diligence, en s'écriant : « J'ai vu Paris. » — Pourvu, toutefois, que ce soit un jeudi et que vous l'ayez introduit au Ranelagh.

Situé dans le bois, et tout près de Passy, le Ranelagh est une petite salle enfumée où l'on danse aux sons d'un orchestre équivoque. Mais, sous ces lambris jaunes et crasseux, quelle gaieté, quel entrain, quelle pétulance! comme on s'y amuse, bonté divine! et où donc rencontrerait-on, je ne dis pas à Paris, je ne dis pas en France, mais en Europe, mais dans tout l'univers, une joie plus franche, une verve plus entraînante, de plus jolies filles et de plus séduisants garçons?

Le Ranelagh est le rendez-vous favori des lorettes les plus en vogue, des Madeleines les plus courues et des impures les plus généralement demandées. La partie masculine se recrute parmi l'aristocratie nobiliaire la plus noble et l'aristocratie d'argent la plus riche de ce temps-ci. C'est du fond du Ranelagh que se sont élancées la plupart de ces inventions chorégraphiques qui stupéfient Paris depuis douze ans. Un des titres de gloire de cet établissement sans pareil, c'est d'avoir été le berceau du *Cancan*. — Là, toutes les femmes sont jeunes, jolies et coquettement attifées. Les plus anciens habitués ne se souviennent pas d'y avoir jamais vu une seule vieille femme. C'est à croire que les mères, les tantes et autres grands parents sont déposés au vestiaire. — En revanche, les vieillards y abondent. Ils viennent là, comme leurs confrères de la Bible, pour voir Suzanne se déshabiller, — ce qui arrive parfois, mais seulement dans les coins.

Le bois de Boulogne n'existe que six jours par semaine. Le septième jour, qui est le dimanche, il ne se ressemble pas plus à lui-même que la Vénus de Milo, couverte d'un peignoir et d'un tartan et coiffée à la chipie, ne ressemblerait au chef-d'œuvre de la statuaire antique. Ce jour-là, cette chère promenade est envahie par toutes sortes de gens mal bâtis et mal vêtus qui fondent sur ses pelouses comme des nuées de sauterelles. Les femmes se font voiturer triomphalement en cabriolet-milord, et les hommes les accompagnent, d'un air majestueux et solennel, montés sur des ombres de chevaux loués moyennant quarante sous l'heure, c'est-à-dire deux francs de plus qu'ils ne valent. Le soir venu, ces barbares ne rougissent pas de souiller le gazon au contact impur de leur charcuterie, de leur salade et de leur fromage de Gruyère.

Ce jour-là, les dryades du bois de Boulogne se couvrent la tête de cendres, les hamadryades se meurtrissent le sein, et les faunes versent des larmes amères..... — Je m'arrête... je ne me croyais pas faune à ce point-là !

Albéric Second.

VALLÉE DE MONTMORENCY.

Quel nom charmant, et que de souvenirs divers il réveille! Comme ils viennent en foule assaillir l'esprit lorsqu'on s'égare sous les longues avenues où tant d'hommes d'armes ont chevauché, qui retentirent de tant de bruits terribles, où de si jolis pieds ont foulé chaque brin d'herbe, où de si douces paroles ont soupiré! C'est une vallée bénie que la main de Dieu a semée des plus gracieuses merveilles; nid d'aigles au commencement, alors que les premiers barons chrétiens montaient sur leurs chevaux de bataille et lançaient leurs soldats dans la plaine; plus tard nid de colombes, au temps que les mondaines récluses du château de la Chevrette promenaient leurs grâces souriantes dans les bois; puis, enfin, ruche bruyante où, quand fleurissent les lilas, viennent en foule rire, chanter et s'égarer tous les oisifs de la grande ville! D'En- -ghien, penché sur son lac voilé de saules comme une nymphe coquette jus- qu'au morne château d'Ecouen, c'est une terre poétique tout embellie de mille prestiges. Depuis les jours lointains où, sur la plainte de Vivien, évêque de Saint-Denis, le roi Robert fit raser la forteresse que la veuve de Hugues Basseth avait apportée en dot à Burchart le Barbu, jusqu'à l'heure où l'âme harmonieuse de Grétry s'envola, que d'aventures et de doux mystères! Mânes redoutables des Montmorency, ombre morose de Jean-Jacques, fantômes adorés de mesdames d'Épinay et d'Houdetot, spectre mignard de Grimm, et vous esprit tendre et mélancolique de Grétry, dites, ne venez-vous pas souvent errer sous les ombrages séculaires que peuplent vos souvenirs ?

Quelle étrange destinée n'eut pas la vallée de Montmorency! Elle commence par un château-fort et finit par une auberge! Ce fut d'abord un grand tumulte, des cris de guerre, de nocturnes expéditions, un funèbre cliquetis d'armes, après que Burchart le Barbu eut bâti sa forteresse près de la fontaine de Saint-Walaric, au lieu que les anciennes chartes désignent sous le nom de *Montmorenciacum*; et, maintenant, c'est l'asile chéri de toutes les folles amours ; c'est l'Eden des étudiants, l'Eldorado des grisettes ; c'est le parc des rendez-vous d'été ! On rencontre des danseuses où se promenèrent des châtelaines; il n'y a guère plus que des ânes où hennirent tant de palefrois; et l'enseigne du traiteur Leduc, ce fameux *Cheval blanc* peint par Gérard en un jour de débauche, se balance aux mêmes lieux où flotta la bannière des Montmorency !

Au commencement du xie siècle, la ville d'aujourd'hui n'était rien qu'un pauvre hameau, quelques chaumières que commandait le fort en bois de Burchart. Bientôt à la forteresse s'adjoignit une église dédiée à saint Martin, et toute la pompe féodale entoura plus tard l'église et le château. De ces premiers monuments du moyen-âge, il ne restait déjà rien lorsque Montmorency fut érigé en duché-pairie. L'église actuelle est du xvie siècle, et, dans chaque détail de son architecture comme dans sa flèche élancée, on reconnaît les formes charmantes de la renaissance. C'est là, à deux pas du château de la Chevrette, que s'élevait le mausolée d'Anne de Montmorency, bâti par Magdeleine Savoye de Tende, sa femme, en 1557. Mais le mausolée est allé au musée des Petits-Augustins ; et, des splendeurs de l'église et du château, vitraux, statues, cascades, bassins, vases, peintures, il ne reste rien ou presque rien. La révolution, et la bande noire après elle ont passé par là.

Toutes ces pensées, et mille autres encore, agitaient le cœur de deux jeunes gens qui suivaient, il y a quelques années, un sentier perdu au fond des bois d'Andilly. On était alors au mois de septembre ; les feuillages se coloraient des teintes chaudes que reflète la robe empourprée de l'automne; l'air frais circulait entre les branches toutes frémissantes d'un doux bruit, et l'on voyait parfois reluire, par les échappées de la forêt, le lac d'Enghien étincelant comme une armure d'acier poli. Cent clairières s'ouvraient dans l'épaisseur des massifs, où les pas s'étouffaient sur un tapis d'herbes molles; les ravins creusaient leurs abîmes pleins d'ombre et de verdure, les routes moussues prolongeaient au loin leurs arcades silencieuses où s'illuminaient çà et là quelques vieux troncs frappés d'un rayon d'or. Déjà Montmorency avait disparu derrière un pli de la forêt, mer verdoyante toute remplie de murmures confus; la flèche même de Saint-Martin s'était noyée dans le feuillage, lorsque le sentier où marchaient les deux voyageurs se partagea soudain en trois branches dont les sinuosités s'effaçaient entre les contours du bois.

Tous deux s'arrêtèrent. Aussi loin que le regard pouvait aller on ne voyait rien que les vagues profondeurs de la forêt où la lumière et l'ombre se jouaient. Les sons de la cloche qui passaient dans l'espace venaient-ils de Saint-Gratien ou d'Eaubonne?

Les deux touristes, que nous appellerons Jean Desprez et Pierre Lenoir, — ces noms appartiennent à tout le monde, — les deux touristes se consultèrent un instant. Les imprudents! Aussitôt qu'ils se furent consultés ils ne s'entendirent plus.

— Prenons à droite, dit Jean Desprez; Écouen est là-bas.

— Écouen est par ici, prenons à gauche, répondit Pierre Lenoir.

— Écouen n'est ni à droite ni à gauche, interrompit un vieillard qui venait de surgir du milieu des arbres; Écouen est devant vous.

Pierre et Jean considérèrent l'inconnu qui, si brusquement, leur donnait tort à tous deux. C'était un vieillard sec, nerveux et dont la haute taille un peu courbée ne manquait pas de noblesse; il avait sur la tête un assez mauvais chapeau de feutre gris, sur le corps des vêtements de gros drap, des guêtres aux pieds et à la main un vigoureux bâton de houx.

— En êtes-vous bien sûr? demanda Pierre.

— Comment ne le serais-je pas? M. Rousseau lui-même m'a indiqué ce chemin, un jour que je m'étais égaré comme vous.

— M. Rousseau! lequel? s'écria naïvement l'autre voyageur.

— Je croyais qu'il n'y en avait eu qu'un à Montmorency, répondit le vieillard d'un air de bonhomie narquoise; là où Jean-Jacques a passé il ne peut être question de Jean-Baptiste.

— Vous avez connu Jean-Jacques, le philosophe de Genève?

— Précisément; le philosophe de Genève, comme on l'a surnommé, *mon ours*, ainsi que l'appelait madame d'Épinay.

— Ah! ça, monsieur, quel âge avez-vous donc? reprit l'un des touristes, après avoir salué le contemporain de Jean-Jacques Rousseau.

— Mon âge ne fait rien à l'affaire, dit le vieillard avec un sourire; qu'importent les années! ce ne sont pas elles qui font la vieillesse, ce sont les souvenirs. Or, j'ai vu sept ou huit révolutions, M. de Voltaire,

Jean-Jacques, Robespierre et Napoléon. Je suis plus vieux que mon extrait baptistaire.

— Au moins, monsieur, nous ferez-vous l'honneur de nous apprendre votre nom? dit Pierre Lenoir.

— Quand je vous l'apprendrais vous n'en sauriez pas davantage! Mon nom est une lettre morte; de tous ceux qui l'ont connu il ne reste que moi.

Tout en parlant le vieillard s'était mis en marche; les deux jeunes gens le suivirent; le sentier où ils s'enfonçaient rampait comme une couleuvre entre les taillis.

— Tenez, reprit l'inconnu en frappant de son bâton contre le tronc rugueux d'un hêtre, voici l'endroit où M. Rousseau me rencontra; je n'étais, ma foi, en ce temps là, guère plus haut que ce néflier, et je me vois encore le nez en l'air, les bras battants, regardant à droite et à gauche, et ne sachant vers quel côté du bois porter mes jambes qui commençaient à être fort lasses de marcher sans savoir où elles arriveraient.

— Que faites-vous là, mon jeune ami? me demanda tout-à-coup un

certain personnage en habit gris, qui venait de me surprendre planté au beau milieu du sentier.

—Parbleu! monsieur, lui dis-je en me grattant l'oreille, j'attends que quelque bûcheron passe par ici, pour lui donner un petit écu, afin qu'il me conduise à Écouen.

— Gardez votre petit écu et suivez-moi, reprit le monsieur en habit gris.

Nous voilà partis tous deux, côte à côte, et les meilleurs amis du monde, moi cueillant des fraises, lui ramassant des fleurs qu'il flairait d'un air charmé, tout en fredonnant du bout des lèvres de la musique d'opéra. Tandis que nous cheminions je lui adressais mille discours, fort extravagants j'imagine, auxquels il répondait sans se presser et doucement. Nous apercevions déjà les pignons d'Écouen lorsqu'une voiture parut sur la route ; elle allait grand train, menée par quatre chevaux et deux postillons.

A peine avais-je reconnu la livrée des piqueurs que je m'écriai : Regardez donc, monsieur, c'est la voiture de monseigneur le prince de Conti !

En ce moment, et comme je courais pour mieux admirer l'équipage, le prince lui-même pencha la tête à la portière ; sur un signe de sa main, les postillons arrêtèrent, le prince sauta sur la route et s'avança vers nous.

— Je m'estime heureux de vous rencontrer, monsieur Rousseau, dit-il à mon guide ; vous voilà bien loin de votre ermitage ; je vais à Montmorency, souffrez que je vous ramène.

M. Rousseau voulait s'en défendre, prétextant l'embarras et surtout l'offre qu'il m'avait faite de me ramener à Écouen. Le prince de Conti insista, fit approcher un piqueur avec un cheval sur lequel il me pria de monter, à quoi je me rendis sans hésiter, et j'avais à peine franchi la route que la voiture du prince disparut dans un tourbillon de poussière.

Tout jeune que j'étais j'avais senti mon cœur battre au nom de M. Rousseau ; c'est qu'il y avait, à cette époque, des noms qui soulevaient autour d'eux un bruit et un éclat incroyables. Il en était question partout ; c'était la gloire du pays ; M. Rousseau comptait au premier rang dans cette réunion d'hommes éminents dont les écrits préoccupaient la cour et la ville, la France et l'Europe ; on se ferait difficilement aujourd'hui une idée de ces grandes renommées et du tumulte qu'excitaient leurs ouvrages ; mais alors, pour si peu qu'on eût vu le monde, on savait leurs noms et leur histoire, et l'esprit s'habituait à les considérer comme les représentants d'une puissance souveraine de qui toute intelligence émanait.

J'arrivai donc à Écouen tout étourdi d'être resté une heure ou deux en présence d'une de ces puissances qui m'était apparue sous la forme d'un bon homme en habit gris. Que de fois ne l'ai-je pas revu depuis lors ! mais quelle admiration pour les écrits du grand philosophe n'a pas succédé plus tard à l'enthousiasme irréfléchi que m'inspirait le nom de l'homme !

A mesure que le vieillard parlait il s'animait ; ses yeux, perdus sous d'épais sourcils gris, avaient le doux rayonnement d'une étoile au bord d'un nuage ; sa voix frémissait sous l'empire des souvenirs ; sa grande taille se redressait. Pierre Lenoir et Jean Desprez le regardaient, muets tous deux.

— Il n'y a pas un arbre, reprit bientôt leur guide, pas un ruisseau, pas une retraite, pas un rocher de ces bois qui ne garde l'empreinte de ses pas, et des vôtres aussi, ô divines femmes qu'il a aimées ! C'est qu'alors la vallée de Montmorency était un coin de terre où les grâces, l'esprit, la jeunesse, la bonté, l'intelligence, le génie s'étaient réfugiés ! Que d'asiles ouverts à la poésie et à l'amour, ces deux sources éternelles des belles œuvres et des nobles actions ! Dans cette vallée semée de tant de charmants villages bâtis pour le plaisir des yeux, tels que Sannois où les rois de la première race rendaient justice aux manants dans leur château du Mail ; Eaubonne et son frais ruisseau ; Soissy (1), avec ses terres seigneuriales passées aujourd'hui aux mains de M. le duc de Valmy ; Franconville, vendu au seigneur de Villiers par le fils du marquis d'O, le débonnaire mari de cette spirituelle marquise, *amusante, plaisante, complaisante, et toute à tous,* comme a dit M. le duc de Saint-Simon ; Andilly où M. Lantier a terminé sa carrière illustrée par *le Voyage d'Antenor ;* Groslay, dont l'origine remonte au temps des croisades ; Montmagny, remarquable jadis par le château et le parc de la famille Larochefoucault, village où s'est retirée une des beautés de la cour impériale, la veuve du général Sahuc, femme d'esprit et de caractère, qui se consacre tout entière à l'étude après avoir brillé dans le grand-monde. Saint-Gratien, calme retraite où le maréchal de Catinat oubliait la cour et son ingratitude ; Enghien-les-Eaux, charmant paysage que la baguette d'une fée a ravi à la Suisse ; dans cette campagne dont les ombrages abritèrent tant de vertus et de renommées, s'élevaient vingt habitations où se réunissait la plus élégante et la meilleure société de Paris. Alors le château de Luxembourg n'était pas détruit ; on voyait encore les fières murailles du château de Montmorency ; le moyen-âge, la renaissance, le grand siècle avaient laissé leurs traces glorieuses en cent endroits, et maintenant que j'ai vécu plus d'années que le destin n'en dispense aux hommes, je ne sais pas encore d'asile où les paysages soient plus doux, l'air plus frais, les eaux plus abondantes, les bois plus solitaires que dans cette chère vallée de Montmorency où tout invite à la rêverie et à l'amour !

(1) Le château et le parc de Soissy n'existent plus.

— Voilà deux mots dont vous ne connaissiez guère la valeur quand le hasard vous mit sur la route de Jean-Jacques, dit Pierre Lenoir.

— On pressent parfois ce qu'on ignore; et d'ailleurs croyez-vous qu'il faille avoir âge d'homme pour sentir battre son cœur? Quand on a vu Jean-Jacques, n'est-ce pas dire qu'on a vu madame d'Houdetot?

— Quoi! tout enfant, l'auriez vous aimée?

—Eh! mon Dieu! fit le vieillard en frappant de son bâton sur le sentier, madame d'Houdetot était de ces femmes qu'on aime toujours, avant, pendant et après, sans le savoir. Sitôt qu'on l'avait vue le cœur se donnait.

— Etait-elle jolie?

— Je n'en sais rien; mais ce dont je suis sûr, c'est qu'elle était ravissante. Lady Morgan, qui ne l'a connue qu'à l'âge de quatre-vingts ans, ne disait-elle pas, elle, qui était une femme, qu'on ne pouvait l'entendre sans l'aimer? Elle avait dans le regard ce charme qui agit sur l'âme comme le magnétisme sur le corps; dans le geste cette harmonie qui captive; une voix douce et pénétrante, quelque chose d'ineffable dans le sourire, l'accent onctueux, la démarche souple, toutes les séductions de l'esprit et du cœur, une parole tendre, une manière de se mouvoir que nulle autre ne possédait, mille façons de s'exprimer qui donnaient du prix à ses moindres discours; bonne, sensible, affectueuse à tout le monde, puis encore douée de cette modestie qui prête un parfum à toutes les qualités. Mille femmes ont ces mérites et la beauté par dessus, mais madame Elisabeth-Françoise-Sophie de la Live de Bellegarde, comtesse d'Houdetot, avait de plus qu'elles ce je ne sais quoi qui n'a de nom dans aucune langue, cet inexprimable don du ciel qui fait qu'on est aimée entre toutes et toujours.

Les deux jeunes gens sourirent de l'enthousiasme du vieillard.

— Oh! vous souriez; dit-il, que sont cependant mes paroles auprès des pages brûlantes écrites par Jean-Jacques lui-même dans le livre des *Confessions?* C'est là que cet amour éclate dans toute sa magique ardeur; madame d'Houdetot n'est-elle pas l'incarnation vivante de Julie, et n'est-ce pas à cette Julie, que chaque jour il voyait et que chaque jour il aimait davantage, que le chantre de la nouvelle Héloïse a, sous le voile du roman, adressé les plus sublimes, les plus passionnées inspirations de son cœur?

Cet amour, à qui notre littérature doit de si belles pages, c'est à Montmorency qu'il est né. On se souvient que, le 9 avril 1756, Jean-Jacques Rousseau, sur les instances de madame d'Épinay, quitta pour se fixer à l'Ermitage, l'hôtel du Languedoc, où il habitait, rue de Grenelle-Saint-Honoré, avec madame Levasseur et Thérèse. Mais, au lieu de la méchante maisonnette et du petit potager que Rousseau connaissait, il trouva une charmante habitation et un jardin que la marquise avait préparés discrètement pendant le voyage du philosophe à Genève.

L'Ermitage touchait par le parc au château de la Chevrette que possédait alors la famille d'Epinay. C'était en ce temps-là le plus divin château qui se pût voir aux environs de Paris. La meilleure compagnie le hantait; les plus séduisantes femmes et les écrivains les plus illustres s'y rencontraient. Il y avait des jours où, sur ce petit coin fleuri du royaume, toutes les gloires de la France se trouvaient réunies; tandis que les meutes du prince de Condé battaient la forêt, et que les héritiers des plus nobles maisons couraient le cerf des côteaux d'Ermont aux étangs de Saint-Gratien, les encyclopédistes causaient dans les salons de la Chevrette. Parfois tout ce monde illustre par le nom ou les écrits, gentilshommes et philosophes, femmes de cour et femmes d'esprit, grands seigneurs et poètes, se réunissaient dans le parc. M. d'Holbach pérorait lourdement d'un air docte, à cheval sur quelque principe d'un matérialisme bien carré; Diderot improvisait à la hâte quelque discours tout plein de fougue, décochait çà et là une douzaine d'épigrammes, brillait comme une fusée, éclatait comme une grenade, puis s'enfuyait pour écrire une bien longue épître à son amie; M. de Lauraguais répondait à tort et à travers, ce qui faisait dire à mademoiselle d'Ette que le cher duc avait laissé son esprit chez mademoiselle Sophie Arnould; Marmontel griffonnait un acrostiche sur le portefeuille de madame de Lismore ; M. d'Alembert soutenait une discussion fort vive avec M. de Soubise ; celui-là parlait économie politique et celui-ci danses et ballets ; l'abbé Galiani, qui venait d'arriver à Paris, se glissait derrière madame d'Epinay, les lèvres tout emmiellées de madrigaux : M. Grimm, fardé, pommadé, bichonné, peint et repeint, le sourire à la bouche, le chapeau sous le bras, s'inclinait devant toutes les dames, saluait tous les hommes, se mêlait à toutes les conversations, allait et venait, écoutant à propos, répondant à son tour, poli comme un diplomate, spirituel comme un pamphlétaire, et après avoir assez longtemps papillonné, s'arrêtait enfin auprès de l'inconstante marquise où M. de Francueil ne le voyait pas arriver sans froncer le sourcil. M. de Saint-Lambert complimentait le maréchal de Luxembourg ; et Jean-Jacques, orgueilleux et sauvage, offusqué à la vue de tout ce tumulte, au bruit de toutes ces paroles, voulant s'échapper, et n'osant quitter des lieux où la présence de madame d'Houdetot l'enchaînait, finissait par s'éclipser derrière une charmille, heureux comme un écolier, lorsque la tendre comtesse y fuyait avec lui ! Ah ! c'était un beau temps !

— Qui ne dura guère ! dit Jean Desprez.

— Ma foi, continua le vieillard, il dura ce que durent les belles choses ; en savez-vous beaucoup qui aient duré plus d'une année ? La joie calme et sereine s'envola sur les ailes de l'été ; la confiance mourut avec les dernières roses, et les premières larmes tombèrent avec les premières feuilles. Entre l'amour et l'amitié vint se jeter la jalousie, et tout disparut. Que d'orages ce furent alors ! La guerre était allumée, et l'on sait ce que c'est que la guerre entre philosophes, quand deux femmes s'en mêlent surtout ! Au printemps tout finissait par des comédies ; à l'automne tout finit par des médisances. La pauvre madame d'Houdetot ne savait auquel entendre au milieu de ce tohubohu de colères, de plaintes, de récriminations, de désespoirs, de bouderies ; elle allait de Saint-Lambert, qui jetait les hauts cris au moindre soupçon d'infidélité, à Jean-Jacques dont l'âme appelait Julie ; elle rassurait celui-là et consolait celui-ci ; à peine avait-elle donné un beau baiser au poète, qu'elle courait embrasser le philosophe, afin qu'il ne fût pas trop malheureux ; mais que sont les gouttes d'eau de l'amitié à qui a soif de l'amour, un Océan ? Rousseau se réfugiait dans les bois, errait au hasard, poursuivi par l'image adorée de son idéale amante, aigri par ses rancunes, déchiré par les épines dont ses ombrageuses susceptibilités hérissaient sa vie, puis, las enfin et brisé de douleur, tombait au pied d'un arbre où sa misanthropie éclatait en sanglots.

— Et madame d'Epinay ?

— Oh ! madame d'Epinay faisait la plus admirable moue qui se pût voir. Rousseau avait commis le crime le plus irrémissible aux yeux d'une femme. Il l'avait oubliée.

— Ainsi vous croyez... ?

— Qu'il l'aimait au commencement. Je sais bien qu'il a dit tout le contraire; mais en cette affaire, comme en quelques autres, j'imagine que Rousseau n'a pas avoué toute la vérité. N'était le respect que je dois à sa philosophie, je dirais même qu'il y a un peu de fatuité dans sa confession. Madame d'Epinay n'était pas femme à n'être point aimée; elle l'a bien prouvé; et *son ours*, tout sauvage qu'il était, s'était fort bien aperçu qu'elle avait des grâces et des attraits. Je n'en voudrais pas de meilleur témoignage que la sourde colère de Grimm, qui était un amant trop spirituel pour prendre de l'ombrage mal à propos. Mais madame d'Epinay ressemblait à tant d'autres adorables filles d'Ève qui veulent, chez les hommes, tous les mérites de la constance et se réservent assez volontiers tous les bénéfices de l'infidélité. Quand elle comprit que le cœur de son ours privé avait passé de l'une à l'autre des deux charmantes belles-sœurs, elle fronça ses jolis sourcils, et tout fut perdu. Madame d'Houdetot aurait bien voulu lui ramener ce cœur volage, elle qui en bonne conscience ne pouvait se partager, mais toutes les séductions de sa tendresse n'y faisaient rien. Il y eut des lettres anonymes, et il ne serait pas impossible que les doigts de madame la marquise se fussent tachés d'encre dans cette circonstance. Quant à ceux du philosophe, peut-être saint Pierre, qui voit tout au Paradis, les a-t-il trouvés plus noirs encore. Les sarcasmes de Grimm s'en mêlèrent; mademoiselle d'Ette lâcha son mot de temps en temps, choisissant fort adroitement ses heures en méchante personne qu'elle était. M. Valory, poussé par elle, glissa le reproche d'ingratitude; la figure de M. de Saint-Lambert se rembrunit de plus en plus comme un jour d'hiver. Jean-Jacques se cuirassa dans ses chagrins d'amour et son ombrageuse méfiance, et les choses en vinrent à ce point que l'intimité dut être rompue. Dans cette brouille à qui sont les torts? J'ai assisté à toutes les scènes de cette comédie où tant de larmes furent versées et je n'en sais vraiment rien. Ils sont à madame d'Epinay, si l'on veut, à Grimm, au besoin, à Saint-Lambert peut-être, à Jean-Jacques surtout; pourquoi ne seraient-ils pas aussi à cette bonne comtesse qui ne pouvait s'empêcher d'être aimée par tout venant? Bref, ils sont à tout le monde, ce qui revient à dire qu'ils ne sont à personne, si ce n'est au bon Dieu à qui il a plu de pétrir le cœur humain d'une si étrange façon !

— Mais après l'Ermitage vint Mont-Louis, dit Pierre Lenoir.

— Comme le fruit après la fleur. A l'Ermitage les lettres ont dû la pensée et l'exécution de *la Nouvelle Héloïse*, mais au Petit-Mont-Louis Jean-Jacques écrivit la *Lettre à d'Alembert sur les spectacles*, le *Contrat social*, *Emile* enfin. C'est au Petit-Mont-Louis encore que Jean-Jacques mit la dernière main à ces lettres enflammées où toute son âme s'épancha.

Après sa rupture avec madame d'Épinay, Rousseau, s'il quitta l'asile qu'une tendre amitié lui avait ménagé entre les coquettes allées d'un parc et les mystérieuses solitudes d'une forêt, ne put cependant se résigner à déserter cette vallée de Montmorency où se rattachait le souvenir de tant d'émotions diverses, que peuplaient mille témoins muets de son amour. Il y avait dans la ville une méchante habitation appelée le Petit-Mont-Louis; elle menaçait ruine et ne pouvait être occupée que par un misanthrope peu soucieux des vains agréments de la vie. Jean-Jacques s'y installa. Si le plancher de son unique chambre était toujours prêt à s'effondrer, du moins avait-il la vue de ces beaux ombrages tant aimés. On sait la visite que lui fit un jour M. le maréchal de Luxembourg. Le réduit où l'*ours* de madame d'Épinay s'était blotti n'était point habitué à porter une nombreuse compagnie; Rousseau s'épouvanta et se hâta d'entraîner, malgré le froid qu'il faisait, dit-il lui-même, le maréchal et sa suite à son donjon. Ce donjon était un pavillon en mauvais état, ouvert et sans cheminée, situé dans le jardin.

— Un abominable trou où il pouvait se faire qu'une blanche robe s'aventurât parfois, dit Jean Desprez.

— Eh! je ne jurerais pas le contraire! Est-ce que le cœur et l'esprit de Rousseau n'avaient plus de mémoire? Est-ce que la folle du logis n'était point là pour donner des souvenirs, des regrets et des rêves au poétique philosophe du *Petit-Mont-Louis?* Est-ce que l'auteur des *Confessions* n'avait pas le pouvoir d'évoquer, en un clin d'œil, dans sa misérable bicoque, toutes les créatures charmantes qu'il avait immortalisées, en se confessant devant les hommes beaucoup plus que devant Dieu? Est-ce qu'il ne voyait pas bien des fois glisser sous le ciel de son triste lit une belle courtisane de Venise, dont il nous a parlé dans l'histoire de ses voyages? est-ce qu'il lui était défendu, au fond de cette affreuse retraite, de babiller du matin jusqu'au soir et du soir jusqu'au matin avec les demoiselles Gallais, ces deux jolies *Vierges-aux-Cerises?* Est-ce qu'il n'appelait pas, au secours de son ennui, l'aimable héroïne des *Charmettes*, en ayant soin de laisser Claude Anet à la porte du *Petit-Mont-Louis?* Mais si, en réalité, quelque robe passa le seuil de la masure, bien certainement elle cachait la taille flexible de madame d'Houdetot; la bonne sœur de charité ne renonçait pas volontiers à son ministère de consolation. Quant à madame d'Épinay, Grimm avait si bien embrouillé les choses, sans avoir l'air d'y toucher, qu'elle n'aurait osé rendre visite au vilain ingrat qu'elle n'avait pas oublié, et Jean-Jacques, qui n'avait rien oublié non plus, se vengeait, action honteuse et déloyale! en la clouant toute vivante, et de la façon qu'on sait, dans ses *Confessions*.

— Son humeur indiscrète n'a pas non plus épargné la tendre comtesse; et cependant avait-il rien à lui reprocher?

— Ce n'est pas la moindre peine qu'il lui ait causée : madame d'Houdetot avait l'humeur trop compatissante pour aimer le bruit; le tapage que ce livre occasiona lui fit courber la tête, et un instant on put craindre qu'elle ne s'ensevelît dans sa maison d'Eaubonne ou de Sannois, comme une tourterelle dans son nid; mais elle s'habitua petit à petit à toutes ces rumeurs, et se consola en disant que l'amitié ne serait bonne à rien, si elle n'apprenait à pardonner. Sa belle-sœur, la marquise, n'était pas femme à s'émouvoir pour si peu. Quand on a correspondu avec Necker, Diderot, d'Alembert, Voltaire et quelques autres de ce renom, on ne redoute pas un peu de scandale. L'orage éclate, on secoue les oreilles, et plus tard rien n'empêche qu'on ne mérite le prix Monthion par un livre de morale et d'utilité, ainsi qu'elle le prouva bien en 1783.

— Au milieu de toutes ces querelles érotico-philosophiques, à quel parti vous étiez-vous donné? demanda Pierre Lenoir au discoureur.

— A celui que les sages de la Grèce eux-mêmes auraient adopté; entre tous les partis, je m'arrêtai à celui de n'en choisir aucun. Ma jeunesse me sauva de l'immortalité; si j'avais eu cinq ou six ans de plus, je figurerais certainement dans un chapitre des *Confessions*, et je serais peut-être un personnage historique. Quelles grâces ne dois-je pas rendre à Dieu de m'avoir fait naître trop tard! A l'âge que j'avais alors on ne réfléchit pas, on sent, et voilà tout; c'est bien d'ailleurs ce qu'il y a de plus sage et de plus agréable.

Un jour que nous cheminions par les bois, un ruisseau se présente; il ondulait comme une ceinture d'argent sur un tapis d'émeraudes. La compagnie s'arrête au bord; il s'agissait de le passer, mais comment faire? M. d'Holbach, qui rêvait à je ne sais quelle théorie, voulait qu'on allât chercher des ouvriers et qu'on bâtît un pont.

— Nous arriverons le mois prochain! dit en riant madame d'Houdetot, et, légère comme une bergeronnette, elle retrousse sa robe, pose le pied sur les cailloux et franchit le ruisseau.

En un bond je suis à ses côtés. Madame d'Epinay veut nous suivre, mais la pierre sur laquelle elle s'appuie tourne et l'eau cristalline caresse la cheville de la marquise. Elle pousse un petit cri d'oiseau effarouché.

— Monsieur Grimm, soutenez-moi! dit-elle.

Mais M. Grimm avait meilleure envie de s'en retourner que de pousser plus avant. *Tyran-le-Blanc*, ainsi que l'avaient surnommé les railleurs du temps, avec sa poudre, son carmin, sa céruse, ses manchettes et son jabot, s'efforçait de sourire, mais donnait au diable la campagne et les torrents. Tandis qu'il hésite, je m'élance, saisis la marquise, et, tout palpitant sous mon précieux fardeau, je dépose madame d'Épinay sur le gazon fleuri. Mes pieds avaient des ailes; où ne l'aurais-je pas portée?

Mais quand elle fut arrivée sur l'autre rive, mes bras s'ouvrirent et je n'osai la regarder, tant le cœur me battait.

— Ceci vaut un baiser, me dit-elle; et je sentis soudain deux lèvres fraîches sur mon front.

— Mais voyez donc comme il est rouge! s'écria madame d'Houdetot, et un autre baiser effleura ma joue. Un éclair passa devant mes yeux; je ne sais quelles divines sensations inondèrent ma poitrine; mes jambes fléchirent et je serais tombé, si l'amante de Saint-Lambert ne m'avait soutenu.

— Pauvre enfant! reprit-elle.

— *Per Dio!* murmura l'abbé Galiani, *Questo bambino è un uomo!*

— Mais ce n'est pas de moi qu'il s'agit, continua le vieillard après un instant de silence. Voyez-vous ce gros chêne? sous son ombre, moins élargie alors, deux hommes se rencontrèrent un soir. L'un était dans toute la force de l'âge et portait la tête inclinée; l'autre avait atteint la vieillesse et portait haut le front. A la clarté fauve du crépuscule, tous deux se regardèrent; il y avait des rides sur leurs deux visages, mais un doux et calme sourire rayonnait sur les lèvres du vieillard ; l'homme était morne.

— A quoi donc songiez-vous, Monsieur Rousseau? dit le vieillard, en ôtant son chapeau d'une main tremblante. Vous méditiez quand je vous ai surpris. Nous devrons à cette méditation une belle pensée, sans doute.

— Moi, penser! répondit le philosophe avec un amer sourire; j'oublie, Monsieur.

— Et moi je me souviens, reprit le vieillard ; et il passa.

C'était le vainqueur de Girone et de Philipsbourg, le ministre le plus intègre du xviiie siècle, M. le maréchal de Noailles.

Cependant, une nuit, la porte vermoulue du Petit-Mont-Louis céda brusquement passage à deux grands seigneurs que des chevaux de poste venaient de conduire au galop à Montmorency. Ils entrent dans la chambre de Jean-Jacques, et son premier regard reconnaît M. le prince de Conti et M. le maréchal de Luxembourg. Ils accouraient pour le soustraire au décret de prise de corps lancé contre lui par le Parlement de Paris, après la publication d'*Emile*.

Il était alors deux heures après minuit; l'arrêt était de la veille, 8 avril 1762; le lendemain le philosophe de Genève quittait Montmorency et retournait dans sa patrie.

— Et tout l'éclat de Montmorency disparaissait avec lui, dit Jean Desprez.

— Le soleil se couchait, il est vrai, mais vingt étoiles charmantes brillaient dans la vallée. Madame d'Houdetot n'habitait-elle pas toujours sa maison de Sannois, et n'était-on pas sûr de trouver Saint-Lambert à Eaubonne? Madame d'Epinay ne continuait-elle pas à résider à la Chevrette? Le château de Bel-Air avait-il cessé d'être le rendez-vous de chasse des princes de la maison de Condé? M. de Tressan n'exerçait-il pas toujours la plus aimable hospitalité dans sa retraite de Franconville? Et puis, en outre, la vallée de Montmorency, si bien hantée par des femmes aimables et des hommes d'esprit, ne comptait-elle pas un roi parmi ses illustrations? Un vrai roi, ma foi, sans cour ni trône, qui faisait bon accueil à tous, et plantait dans son jardin les deux premiers arbres de liberté qui se soient vus en France, en un temps où l'on ne savait guère ce que c'était que la liberté? N'était-ce pas à Franconville que M. Camille d'Ablon, le dernier des rois d'Yvetot, avait sa résidence? Quel pauvre n'a pas vu ce roi face à face? Cependant je dois avouer que, tout philosophe qu'était ce bon roi, il ne se doutait guère, alors qu'il plantait si bénignement deux arbres en l'honneur de Guillaume Tell et de la liberté, que sept ou huit ans plus tard le bonnet phrygien se balancerait à leur sommet.

— La république à Montmorency! s'écria Jean Desprez, mais c'est comme si Sparte avait habité Gnide!

— Ah! Monsieur, reprit le conteur, vous figurez-vous quelque vilain Huron dans les bocages de Trianon, le brouet noir sur la table d'un marquis, une tricoteuse tout au milieu d'un boudoir, la guillotine à la Chevrette! Moi, qui vous parle, j'ai vu tout cela. Quel temps, Monsieur!

— Quoi! vous n'aviez pas quitté Montmorency?

— Et le pouvais-je? Suis-je donc un Alkonquin, pour emporter la patrie à la semelle de mes souliers? La révolution vint, je restai; il en vint dix, il aurait pu en venir trente! Quand la terreur arriva, je fis comme le roseau de la fable, je pliai; elle passa. Le couteau coupait la tête aux hommes, il ne décapitait pas les souvenirs: le vent dans les arbres, les fleurs de la prairie, le frémissement des eaux me disaient les noms charmants qui semèrent tant de poésie dans la vallée; j'avais quitté l'habit de soie pour les vêtements de bure, et je vivais, à l'ombre de mon obscurité, comme Jean-Jacques aurait voulu que vécût Emile. En ce temps-là, l'Ermitage était devenu propriété nationale. Concevez-vous bien cela! quelque chose qui était au peuple après avoir été à un misanthrope. Mais la nation tout entière, comme un fleuve, aurait pu passer sur la maisonnette sans effacer la trace de Rousseau; et cependant un homme qui était plus qu'une révolution passa à l'Ermitage; - quel homme! l'incarnation vivante d'un système, la Terreur en chair et en os, la tête du Comité de salut public, une idée organisée et agissante, Robespierre!

Oui, Messieurs! Voilà Robespierre au beau milieu de Montmorency. Quelle ombre redoutable ne venons-nous pas d'évoquer du sein de la coquette vallée! C'est une hache parmi des fleurs. La nuit se faisait; une nuit chaude et déjà baignée de pâles clartés. Au loin, sur la route, un bruit de grelots sonna; le gravier criait sous les pas précipités des chevaux; une voiture parut dans les teintes brunes du soir et s'arrêta bientôt devant l'Ermitage; quelques enfants accoururent à demi-nus; des jeunes filles, penchées derrière les haies, regardaient; la portière s'ouvrit et un homme descendit sans hâte ni lenteur, comme un homme qui sait que le temps ne lui échappera pas. Il avait un habit marron à boutons d'acier, une large cravate blanche, un jabot flottant sur son gilet, des manchettes autour des poignets, une culotte de nankin et des souliers à boucle. Tout cela était propre, frais, luisant, tiré à quatre épingles. L'homme rajusta son habit, toussa et tendit sa main, une main petite et frêle, au maire de la commune qui venait en écharpe et en sabots le saluer. Ce citoyen mignard, c'était un représentant du peuple. Quel visage et quel regard! Un masque de marbre éclairé par deux yeux de chat étincelants et fauves qui distillaient la volonté. Les lèvres souriaient d'un sourire froid, le geste était poli, l'allure hautaine, le coup-d'œil rapide comme l'éclair d'une épée, la parole aiguë et lente, les mouvements secs ; c'était moins un homme qui marchait qu'une théorie ; on comprenait, rien qu'à voir cette physionomie compassée, illuminée par la flamme du regard sans en être échauffée, qu'à la place du cœur cet homme avait un principe.

Les enfants restèrent silencieux, les jeunes filles sentirent mourir l'éclat de rire sur leurs bouches, les hommes frissonnèrent, et les curieux se retirèrent à pas muets, tout pleins d'une inquiétude sans nom.

Les lumières disparurent une à une dans la vallée; une seule clarté demeura rayonnante derrière les vitres de l'Ermitage. Combien de regards avides et tremblants ne l'interrogèrent-ils pas dans le silence de la nuit? Combien d'âmes s'épouvantèrent à la vue de cette flamme immobile, devant laquelle passait quelquefois la silhouette anguleuse du conventionnel !

Aux blanches lueurs de l'aube, la lampe s'éteignit : la même voiture parut devant la porte, le même homme descendit sur le seuil; son visage n'était ni plus pâle, ni son regard moins étincelant, ni son jabot moins

bien plissé, ni ses manchettes plus froissées. Il salua le maire, lui remit un papier, monta dans la voiture et disparut.

C'était Robespierre qui, sur la table où les premières lettres de Saint-Preux à Julie étaient écloses, venait de dresser une liste de proscription.

On était alors au 7 thermidor an II. Quatre ans après, le troisième jour complémentaire de l'an VI, Grétry se rendit acquéreur, pour dix mille francs, de la propriété que le domaine public avait d'abord louée à Regnault de Saint-Jean-d'Angély. La musique s'installa où si longtemps l'éloquence avait régné.

— M. Dorat aurait pu dire qu'Euterpe succédait à Calliope, fit observer l'un des jeunes gens.

— N'était-ce pas un doux spectacle que de voir ce bon vieillard se promener dans ce même jardin qui avait abrité Jean-Jacques, arroser de sa main tremblante le rosier planté par le philosophe, s'endormir près du laurier que le Génevois avait cultivé, et caresser les touches harmonieuses du clavecin aux lieux embaumés du souvenir de madame d'Houdetot! Que de fois n'ai-je pas aperçu le vieux Grétry passer sur la lisière du bois, aux rayons du soleil couchant; sur ses lèvres souriantes flottait une mélodie inachevée; il aspirait l'air frais du soir et semblait livrer avec ivresse, aux pures haleines des brises, moins douces encore que ses chants, sa couronne de cheveux blancs! De Jean-Jacques et de Grétry, il ne reste plus que deux arbrisseaux et deux bustes; deux bustes et deux arbrisseaux à l'Ermitage où le philosophe a aimé, où le musicien est mort: un peu de marbre et quelques fleurs!

— Écouen! s'écria tout-à-coup Pierre Lenoir.

Les fières murailles du château se dressaient tout proche d'eux; aucun bruit ne venait de sa masse imposante et morne.

— Écouen! répéta le vieillard! Le grand château dort aujourd'hui. Se réveillera-t-il jamais? La ruche a perdu son essaim. Et tenez, continua-t-il, quelle gloire a failli à ma chère vallée? Après Jean-Jacques, Robespierre et Grétry; après Catinat, Saint-Lambert et madame d'Houdetot; voici maintenant l'Empereur. Quel nom pouvait mieux couronner tant d'illustres souvenirs! Après l'éloquence, la beauté, l'esprit, la poésie, les vertus, la gloire militaire, la musique, après toutes les renommées et au-dessus d'elles, Napoléon! La France se souvient de ce capitaine qui datait ses institutions des capitales de l'Europe. Après la bataille d'Austerlitz, l'Empereur, reconnaissant envers son armée, décréta que les filles, sœurs et nièces des légionnaires morts sans fortune seraient élevées aux frais de l'État. Écouen dut être le chef-lieu de cet établissement qui avait pour succursales Saint-Denis, Paris, les Loges et les Barbeaux.

Écouen était alors ce qu'il est aujourd'hui, un noble château tout plein des souvenirs du passé. Des domaines de la maison de Montmorency, il était entré dans les domaines de la maison de Condé, lorsque, après la décollation du duc Henri II, tous les biens de cette famille furent confisqués par le roi Louis XIII, en 1633. La révolution le prit aux Condé; la restauration le leur rendit.

Écouen avait été le château favori du duc Anne de Montmorency, ce grand connétable qui ne savait pas écrire, et qui, pendant cinq règnes que dura sa longue vie, assista à huit batailles rangées, à deux cents combats et prit part à plus de cent traités. Le rude et vaillant soldat qui, après avoir fait ses premières armes sous François Ier, mourut sous Charles IX, à la bataille de Saint-Denis, avait fait considérablement embellir Écouen par l'architecte Bullant, élève de Pierre Lescot. De riches vitraux, des fresques, des sculptures l'embellirent; sa cour immense, ses galeries, sa magnificence devinrent dignes de l'illustre famille à qui il appartenait; toutes sortes de richesses vinrent s'entasser dans ces salles immenses où l'on admirait les deux belles statues de Michel-Ange que le roi François Ier, après les avoir reçues de Robert Strozzi, avait données au puissant connétable. Puis un jour vint où, dans ce château splendide qui vit Henri II signer le fameux édit du mois de juin 1559 punissant les luthériens de la peine de mort, une troupe de jeunes filles, têtes blondes et souriantes, accourut se grouper autour de madame Campan. Elles y restèrent jusqu'au jour où l'ordonnance du 19 juillet 1814, qui réunit Écouen à Saint-Denis, en chassa les jeunes pensionnaires, comme la révolution en avait proscrit les gentilshommes étourdis et roués, comme la main de Richelieu en avait banni les rudes soldats et les barons indomptés.

Le dernier prince de Condé voulait en faire un asile ouvert aux fils des Vendéens morts pour les Bourbons. M. le duc d'Aumale, qu'en fera-t-il?

Puisse-t-il, quoi qu'il arrive, se rappeler que Napoléon a passé par Écouen. Ce souvenir consacre le château.

Le vieillard s'arrêta sur la pelouse.

— Vous êtes arrivés, jeunes gens, dit-il à ses deux compagnons. Vous le voyez, il n'y a guère de Montmorency à Écouen que deux heures et une conversation. Adieu, maintenant.

— Retournez-vous à Montmorency?

— Où voulez-vous que j'aille? Ne dois-je pas mourir où je suis né, où j'ai vécu? Et cependant il y a des jours où j'ai peine à reconnaître Montmorency dans cette vallée toute semée de villas et de cottages, où les agents de change en retraite, les notaires retirés des contrats, les boutiquiers démissionnaires, les avoués en vacance viennent traîner leur morgue et leurs ennuis! Ah! Messieurs, comme on aurait perdu ma jolie vallée, si rien pouvait perdre Montmorency! Ce ne sont plus que clercs d'huissiers et grisettes cueillant des cerises, figurantes et dandys égarés dans les bois, étudiants et modistes péchant sur l'herbe au clair de lune. Quand vient le printemps, c'est la bourgeoisie qui émigre aux

Montmorency.

champs. Au xix° siècle, Jean-Jacques ne serait pas resté une heure à Montmorency. Moi qui ne suis pas un misanthrope j'y resterai toujours. Quoi qu'on fasse pour la gâter, ce sera toujours la plus charmante vallée du monde.

Ce qui jadis était la propriété d'une famille est aujourd'hui la propriété de mille familles. On a divisé les parcs, maintenant on subdivise les jardins. Pour avoir le droit de bâtir une villa propre à loger les Lilliputiens, il faut payer le prix d'un château en Touraine. Chaque brin d'herbe vaut de l'or. C'est un dédale de boulingrins, de bocages, de labyrinthes, de charmilles, de pièces d'eau, de tonnelles à ravir un Anglais. Chacun veut avoir son lac et sa forêt; un rayon de soleil boirait le lac, un coup de hache abattrait la forêt. Chaque royaume a ses frontières d'aubépines fleuries, ses remparts de haies vives. Ce sont partout des cottages tapissés de lierres, de blanches maisons avec leurs ceintures de rosiers; et, derrière chaque buisson, le long de tous les sentiers, à l'ombre des acacias, au détour des bosquets, près des fontaines cristallines, entre les persiennes vertes, devant les chaumières, ce sont mille charmantes femmes, gracieux visages qui sourient, beaux yeux qui brillent doucement, voix fraîches qui chantent. Les bords de l'Illysïus n'ont pas eu plus de naïades; moins de nymphes foulèrent de leurs pieds nus les fleurs de Tempé! Quand les naïades en robe blanche de Montmorency ne sont pas comtesses ou baronnes, elles sont parfois coryphées du Grand-Opéra; quand les nymphes en peignoir de mousseline d'Enghien ne blasonnent pas leurs mouchoirs, il peut se faire qu'elles soient amoureuses du Vaudeville. Mais, que leurs rentes viennent de la bourse ou du théâtre, toutes ces colombes de l'été ont des gérants responsables qui ont payé de cinquante à cent mille francs le droit de posséder une bonbonnière qui rapporte dix mille francs d'entretien.

Jadis c'était Sannois que la mode égayait; aujourd'hui c'est Enghien. Enghien-les-Eaux ne guérissait personne au temps de madame d'Épinay; maintenant on a découvert à sa source des vertus merveilleuses; les actrices en renom, les grands artistes, les riches banquiers, les étrangers illustres y possèdent des châteaux en miniature et des parcs grands comme un mouchoir de poche. Les soirs d'été mille concerts s'élèvent des bords du lac argenté; les cygnes nagent sans bruit sur l'onde immobile; le rossignol chante sous l'aubépine, et, comme les esprits des eaux, on voit glisser, portant une flamme à leur proue, les nacelles qui fuient le long des rives : c'est le Mont-d'Or dans la banlieue, Spa aux portes de Paris. Mais c'est un beau lieu que l'on s'efforce de gâter. On y bâtit des châlets copiés d'après le quatrième acte de *Guillaume Tell*, des ajoupas en planches vernies, des carbets imités des keepsakes, des villas à la mode de Naples. Tout cela est peint, brossé, lustré, brillant.

On a planté des dalhias tout autour du lac ; dix mille personnes y pêchent à la ligne, et cinq cents Parisiennes s'y guérissent, en jouant au piano, des valses qu'elles ont dansées l'hiver !

Et les étés se suivent sans que la vogue diminue. Chaque été ne ramène-t-il pas ses mêmes ombrages, ses mêmes fleurs, ses mêmes parfums. Quelle femme célèbre n'a-t-elle pas vue cette vallée de Montmorency toujours jeune et parée ? Toutes y sont venues à leur tour, depuis madame Tallien jusqu'à mademoiselle Taglioni, depuis la duchesse de Dino jusqu'à mademoiselle Mars ; depuis la reine Hortense jusqu'à madame Sand ; depuis madame Récamier jusqu'à Fanny Essler. La princesse de Lamballe a déjeûné dans ce pavillon ; mademoiselle Guimard s'est perdue sous ce bocage ; madame de Staël a passé sous ces beaux arbres quand, petite fille, elle suivait son père au château de la Chevrette ; madame Malibran a chanté dans cette villa ; madame Krudner s'est reposée dans ce kiosque ; l'impératrice Joséphine a répandu ses bienfaits dans toutes ces chaumières ; et, naguère encore, on y pouvait rencontrer mademoiselle Rachel trottant par la forêt assise sur un âne !

Quant à l'hôtel du *Cheval-Blanc*, à cette auberge cosmopolite qui fait cuire à la même flamme le roastbeef des Anglais, le pilau des Turcs et l'olla-podrida des Castillans, on pourrait l'appeler le caravansérail du monde. A sa table universelle se sont assis Rostopdchin et Walter Scott, le général Lamoricière et M. Berryer, Fenimore Cooper et le baron Taylor, Victor Jacquemont et le général Allard, M. Martinez de la Rosa et Tonny Johannot, lord Brougham et Rubini, M. Meyerbeer et le père Enfantin, l'amiral Dumont-d'Urville et Gavarni, Artim-Bey et M. Alfred de Musset, et bien d'autres encore !

Quand vient le dimanche, c'est une invasion ; il n'y a pas une lingère de la rue Vivienne, pas une vierge folle du quartier latin, pas une Aspasie au petit pied de la place Saint-Georges qui ne s'abatte dans la forêt, aux bords du lac ou dans l'auberge. Or, où trotte une Parisienne, passe un Parisien. Une femme représente toujours deux personnes. On chante, on crie, on danse, on court, on tombe, on s'égare. Tout commence par des beefsteaks et tout finit par des courbatures. Les bois sont tout pleins de mystères ce jour-là, mystères de la vie intime et champêtre. On mange des salades de homards sur l'herbe, messieurs !

L'aristocratie et les lettres ont fait leur temps à Montmorency. C'est maintenant le tour de la bourgeoisie. Ne faut-il pas que toute chose y passe ? Montmorency se transforme et ne meurt pas !

En achevant ces mots le vieillard disparut.

Amédée Achard.

CHANTILLY.

Une lettre de madame de Sévigné, dix lignes de Saint-Simon, un mot de Bossuet, voilà Chantilly. Viennent maintenant les révolutions, vienne la bande noire, meure la royauté, Chantilly ne peut mourir. Qu'est-ce donc que Chantilly? — Rayez Louis XIV, Chantilly c'est Versailles; mettez la couronne de France au front du grand Condé, Versailles s'appellera Chantilly. L'un est le palais d'un roi, l'autre est le palais d'un prince. Le Roi disait au prince : mon cousin. Chantilly disait à Versailles : mon frère. Condé visait au trône, a-t-on dit; c'est une médisance; mais ce qui est plus vrai c'est que Louis XIV ambitionnait Chantilly. Le Roi voulait détrôner le prince; il le pria de lui céder Chantilly, le laissant maître d'en fixer le prix. « Il est à Votre Majesté pour le prix qu'elle déterminera elle-même, dit Condé; je ne lui demande qu'une grâce : c'est de m'en faire le concierge. — Je vous entends, mon cousin, répondit le Roi, Chantilly ne sera jamais à moi. » Louis XIV se trompait; il n'avait pas prévu qu'un jour Chantilly serait à tout le monde, et ce jour-là est arrivé.

Maintenant qu'il n'y a plus en France ni grandes fortunes, ni grands seigneurs; maintenant que nous avons des chiens pour garder nos maisons, au lieu de valets pour garder nos chiens; maintenant que nous sommes libres, enfin, Chantilly est à nous comme Versailles, comme Saint-Germain, comme Paris.

Oui, certes, Chantilly est bien à nous, voyez plutôt.

Nous sommes au mois de mai; le ciel d'un bleu pâle rougit déjà des clartés du matin; Paris s'éveille, alourdi par les vapeurs du sommeil, il s'agite, il murmure; on dirait un géant endormi. Bientôt il a secoué le dernier engourdissement de la nuit, Paris se lève enfin. Il est levé, il s'habille. Au bruit de mille refrains joyeux, il revêt ses habits de fête; il passe son frac à l'anglaise et visse des éperons d'argent à ses bottes vernies, il lace son corset et ses brodequins, il prend sa cravache et son ombrelle, emplit ses poches d'or, place un bouquet à son fichu, une rose à sa boutonnière et s'élance libre, content, joyeux, la chanson ou le cigare aux lèvres; la chaise de poste est à la porte, le postillon a chaussé ses grosses bottes, la voiture s'ébranle, le fouet éclate; Paris est déjà loin.

Comme il va, comme il court, comme il vole, à cheval, en poste, en coucou, il ébranle les pavés et fait danser les vitres; au bruit, la ville entière se met à sa fenêtre pour voir passer ce joyeux Paris qui la quitte; le faubourg Saint-Denis, manches et tablier retroussés, les bras croisés sur sa poitrine velue, la pipe à la bouche, est sur sa porte et regarde. Il assiste, spectateur muet, le robuste travailleur, à cette invasion des heureux et des riches. Habitué qu'il est au bruit, au tumulte, aux émeutes, il croit voir passer une émeute à cheval, et il sourit. C'est une émeute, en effet, l'émeute du plaisir, Paris va inaugurer le printemps, Paris se rend aux courses de Chantilly.

Contenu d'abord entre les hautes maisons du faubourg Saint-Denis, le flot s'épanche en rase campagne; la flèche de Saint-Denis apparaît comme un point à l'horizon. — Retournez-vous, le point est derrière nous. Rien n'est beau, rien n'est fertile, rien n'est riche comme la campagne des environs de Paris au mois de mai. Quelle vigueur de coloris! quelle variété de tons! quelle composition grandiose! Comme ces lignes courent, se fondent et se perdent dans les dégradations infinies de la lumière! Comme les horizons se prolongent! Comme ces terrains sont solides et fermes! Combien ce ciel a de transparence et de fluidité! Quel paysage sublime, et comme le bon Dieu est un bien plus grand peintre qu'on ne pense. Neuf lieues de paysage, un chef-d'œuvre de trente-six kilomètres d'étendue, une toile qui se déroule comme un peloton de fil, voilà certes un tableau qui vaut bien le musée du Louvre ; ce tableau, c'est l'antichambre. Passons au salon.

Ce lac de verdure qui coule si majestueusement devant nos yeux, c'est la pelouse de Chantilly, c'est l'hippodrome, le salon des chevaux ; depuis que la révolution a passé par là, il n'y a pas d'autre salon à Chantilly. Et là bas, les pieds noyés dans l'herbe odorante, cette ligne blanche, haute, éclatante, cette tranche de marbre qui a les colossales proportions d'un palais, c'est l'écurie, la chambre à coucher des chevaux. Les chevaux, voilà la seule tradition vivante qui relie le présent au passé ; les courses de Chantilly, c'est une fête, au moins, et l'histoire de Chantilly ne doit s'écrire qu'avec des fêtes.

Paris le sait ; au premier signal il accourt ; trouvez-moi donc une fête, je vous prie, où Paris ne coure pas dès qu'on l'appelle. Paris est à la fois le spectateur obligé et l'acteur indispensable. Il aime voir et être vu ; il paie de sa personne partout et toujours. Il raffole de courses et de chevaux ; il a un club où l'on ne s'occupe que de cela. Attendez un instant, et il va engager sa fortune sur les quatre fuseaux d'un cheval, ou risquer sa vie dans un *steeple-chase* pour faire admirer la coupe de sa casaque de satin.

Les chevaux sont amenés ; des jokeys les promènent en attendant les préliminaires indispensables de la course, le pesage des cavaliers et des selles ; les juges du camp se réunissent dans leur tribune ; là se trouve rassemblée l'élite de la jeunesse parisienne; blondes moustaches mêlées de cheveux gris. Que voulez-vous ? la jeunesse est si longue aujourd'hui, qu'on a le temps de vieillir sans cesser d'être jeune. La cloche sonne, la cloche est le boute-selle des jokeys.

Au bruit, toute cette multitude qui sert de cadre au tableau, s'agite et se presse, la lutte va commencer ; cavaliers et chevaux sont rangés côte à côte. Ils vont partir, ils partent, ils sont partis !

A cette course une autre course succède, puis une troisième. Le jour baisse, il faut songer au départ. Dans quelques heures il ne restera plus, de toute cette foule animée et bruyante, de tout cet éclat, de tout ce monde, de tout ce bruit, que quelques soupeurs attardés, viveurs insatiables qui croient qu'il n'y a pas de bonne fête sans champagne frappé, et pour lesquels Chantilly n'est que la succursale du café de Paris. Insensiblement la dernière calèche se détache, la dernière lumière s'éteint ; la lune pâle et mélancolique monte lentement dans l'azur transparent du ciel. Nous voilà seuls à Chantilly, seuls avec le passé, qui s'éclaire lentement aux yeux de notre esprit, et revêt comme le paysage, aux fantastiques clartés de la lune, des formes vaporeuses et grandioses.

A cette heure, la campagne se transforme, le château de Chantilly, avec ses tourelles démantelées qui se reflètent en noir dans les eaux dormantes du grand canal; les sombres profondeurs de la forêt qui l'étreignent ; les murmures du vent dans les hautes cimes des arbres ; ces mille accidents d'ombre et de lumière, ces parfums inconnus qui s'exhalent de la terre et des plantes; ce mystérieux travail de la végétation que l'on croit entendre et que l'on entend en effet, tout conspire pour vous plonger dans une de ces enivrantes hallucinations qui vous font assister, spectateur d'un autre âge, aux choses qui ne sont plus.

L'histoire se montre dépouillée de sa lourde enveloppe chronologique, écorce rugueuse qui lui enlève toute poésie. C'est alors, qu'assis au bord des étangs silencieux, vous apparaît la grande ombre de ce château féodal, qui fut au xe siècle la demeure des descendants de Charlemagne.

Écoutez ; minuit sonne à l'horloge du château ; le vieux donjon, flanqué de ses tours gothiques, se confond dans l'ombre avec les noirs massifs de la forêt: tout dort. Une lumière, une seule, pâle et voilée, luit au front du palais, derrière les vitraux épais. On n'entend dans le silence opaque de la nuit que le pas éperonné d'un homme d'armes: Approchez ; voyez-vous ce vieillard à la démarche lente et grave, au visage si pâle qu'on croirait voir en lui le masque de marbre de la statue du commandeur dans le *Festin de Pierre*. Cet homme, géant bardé de fer, c'est le vieux connétable Anne de Montmorency qui fait sentinelle à la porte de son honneur.

CHANTILLY.

Le roi François Ier, *ce roi sacré chevalier par Bayard*, l'illustre vaincu de Pavie, vient de donner passage à son vainqueur, le roi Charles-Quint, empereur d'Allemagne. Paris s'est mis en fête pour le recevoir; mais le roi d'Espagne a eu peur de ces fêtes et de cette joie; il ose à peine se confier à ce vaincu de la veille, qui pourrait en ce moment lui infliger une facile et cruelle vengeance. Charles-Quint, qui gouverne la politique, ne comprend rien à l'honneur de ce roi de France qui commande à la chevalerie, c'est-à-dire à tous les nobles cœurs, à tous les nobles esprits, à tous les nobles courages; Charles-Quint a peur de François Ier à Fontainebleau; il a peur de son hôte dans le palais du Louvre; il s'est réfugié à Chantilly, et le connétable veille nuit et jour au seuil de son hôte couronné, de ce roi Charles-Quint qui a exigé, pour sa rançon à lui, le connétable, des sommes fabuleuses : cent cinquante mille écus d'or, le prix d'une province.

Quel est cet autre vêtu de noir, immobile, tenant d'une main sa tête coupée qui saigne goutte à goutte et rougit le gazon. C'est Henri de Montmorency, décapité à Toulouse, pour cause de rébellion. Ce fut le dernier de cette maison qui posséda la terre de Chantilly. Son sang servit à raviver la pourpre du cardinal de Richelieu.

Chantilly confisqué par Louis XIII, le Roi mit cette bague au doigt de Henri de Bourbon, père du grand Condé. Situé entre deux forêts, celle de Chantilly et celle de Dalatre, c'est un diamant entouré d'émeraudes; bijou vraiment royal et qui ne devait point déroger en changeant de mains.

Quant à l'origine de Chantilly, que nous importe; c'est une question de date que nous sommes peu jaloux d'obscurcir de nos lumières; nous pourrions, comme un autre, joindre nos suppositions à toutes les suppositions qui ont été émises à ce sujet. Nous savons fort bien que la généalogie de ce château remonte aux premiers siècles de la monarchie française; qu'il a appartenu, en 974, à Hébert, comte de Senlis, et qu'à sa mort, Rotholis de Senlis, seigneur de Chantilly et d'Ermenonville, en devint propriétaire. Nous n'ignorons pas qu'au commencement du xie siècle, les Bouteiller, comtes de Senlis, le possédaient encore; et qu'en 1360, Guillaume, sixième du nom, céda sa terre de Chantilly au sire d'Esquerie. Dès-lors, cette propriété sortit de la maison de Senlis. Si nous étions le d'Hosier des châteaux de France, nous ne manquerions pas d'ajouter que la même année, le sire d'Esquerie en fit présent à Jean de Laval, seigneur d'Attichy; que, vingt ans plus tard, Guillaume Bouteiller fit embellir le château de Chantilly et y construisit une chapelle dans laquelle il fut enterré; que le 28 mai 1386, Gui de Laval le vendit à Pierre d'Orgemont pour une somme de 8,000 livres tournois, et qu'enfin les descendants mâles de Pierre d'Orgemont étant éteints, la terre de Chantilly passa par alliance dans la maison de Montmorency. Grâce à Dieu, telle n'est point notre tâche. L'histoire est pour nous bien plus dans la philosophie des faits que dans la précision des dates. Un grand nom marque plus dans l'histoire d'une maison, que dix siècles de la plus antique obscurité.

Aussi Chantilly commence-t-il véritablement au connétable Anne de Montmorency; c'est à lui qu'on doit les premiers embellissements de cette terre; ce fut lui qui traça ces belles routes de la forêt qui n'ont pas moins d'une lieue de longueur et qui convergent toutes vers des centres communs. Mais la vie active et occupée du vieux connétable ne lui permit pas de consacrer beaucoup de temps et beaucoup de soins à ces pacifiques travaux; il préférait les rigueurs des champs de bataille aux douceurs de la villégiature, et ne laissa d'autres traces de son passage à Chantilly que la grande avenue qui porte son nom, et la halte de chasse située au milieu de la forêt et qu'on nomme la Table, ou le Carrefour du Connétable.

François de Montmorency avait donné des fêtes brillantes à Charles IX, dans sa terre de Chantilly; Henri IV y visita souvent Henri duc de Montmorency; mais ce n'est que sous les Condé qu'il devint ce qu'on l'a vu depuis. Louis de Bourbon, surnommé le grand Condé, bouleversa Chantilly de fond en comble; le château fut réparé par Mansard, l'architecte de Versailles. Lenôtre avait dessiné les jardins de Versailles, Chantilly eut ses jardins desinés par Lenôtre: jardins enchantés où se promenèrent si souvent Molière, Bossuet, Racine, Boileau, Santeuil, Bourdaloue. Dans ces réunions littéraires où se trouvaient les plus beaux et les plus grands esprits de ce temps, Condé dépouillait la majesté du héros pour devenir un causeur érudit et profond. Il lui arrivait bien parfois de se cabrer aux réflexions satiriques de Boileau; le sang du soldat montait à la tête du grand seigneur; mais c'était du plus rare. Dans ces circonstances, Bossuet gardait son calme et froid sourire, Racine abaissait onctueusement ses molles paupières, et la bourrasque passait, n'atteignant guère dans son impétuosité que l'irascible et tenace contradicteur.

Un jour, Boileau fut tellement effrayé par une de ces tempêtes subites qui vint effaroucher les échos jaseurs des bosquets de Sylvie, que, se penchant à l'oreille de Racine, il lui dit tout bas : « Dorénavant je serai toujours de l'avis de M. le prince, quand il aura tort. » Mais à la première occasion, Boileau s'empressa d'oublier sa promesse, comme M. le prince avait oublié son emportement.

Nous venons de nommer Santeuil; Santeuil fut en effet le commensal habituel du prince de Condé, l'hôte privilégié de Chantilly. Il tenait à cette maison comme l'arbre tient au sol. Les jardins, le parc, la forêt, les charmilles, sont remplis du souvenir de M. de Santeuil, la fine fleur des poètes du bel air. C'est incroyable la quantité de vers latins et français que les naïades, les ondines et les hamadryades, les faunes, les satyres et les nymphes de Chantilly ont inspirés à M. de Santeul. Tantôt il burinait ses vers sur l'écorce des hêtres avec une épingle d'or tombée des

cheveux de mademoiselle de Clermont, tantôt il les écrivait sur ses tablettes. Sans tablettes, alors, il n'y avait pas de poète; on reconnaissait un poète à ses tablettes, comme un abbé à son petit collet, un grand seigneur à son carrosse. Pour revenir à M. de Santeul, il était le premier enthousiasmé de ses vers; et, quand il avait fait quelque chose qui lui plaisait, il disait, dans le paroxisme de son délire, qu'il allait faire tendre des chaînes aux ponts de peur que les autres poètes, en passant, ne se jetassent dans la rivière, de désespoir de n'en pouvoir faire d'aussi bons que les siens. Ses impétuosités le rendaient parfois ridicule à bien des gens. Tantôt il brusquait l'un, tantôt il injuriait l'autre, faisait une mauvaise raillerie de celui-ci, agaçait celui-là, courait et s'agitait, roulant de gros yeux et lançant au ciel des gestes de possédé, comme un homme qui a perdu l'esprit. Ses contemporains, ses amis, son frère, lui firent souvent des reproches. Santeul ne répondait pas. D'abord on pensa que le démon de la poésie s'emparait de lui à ces heures de fièvre, et on ne lui en parla plus; mais un jour, dans un de ses instants d'épanchement naïf, il ouvrit son cœur au tendre et mélancolique Racine, le seul peut-être, dans cette brillante cour de Chantilly, qui fût capable d'écouter les chastes aveux de ce pauvre homme.

Santeul expliqua que ses extravagances ne partaient pas tant d'un fond de folie que de la nécessité où il se voyait de faire son salut; que son tempérament le portait aux femmes; que saint Antoine et saint Hilaire s'étaient roulés sur des charbons ardents pour se défendre de leurs charmes; mais que lui, qui n'avait pas tant de vertu, il se contentait de faire diversion par d'autres objets aux pensées qui lui en venaient souvent. Or, on sait que Santeul était chanoine de Saint-Victor, et condamné par état à un célibat absolu. Je connais une petite anecdote sur Santeul que je ne puis me dispenser de rapporter ici.

Arlequin Dominique ayant fait faire son portrait, voulut avoir des vers latins pour mettre au bas. Il savait que M. de Santeuil passait pour le poète qui en faisait le mieux; il fut le voir à Chantilly, où il était; et comme il en fut mal reçu, car M. de Santeul, tenant la porte de sa chambre entr'ouverte, lui fit brusquement, et coup sur coup, cent questions l'une après l'autre : savoir qui il était, pourquoi il venait, s'il avait quelque chose à lui dire, comment il le connaissait, de quelle part il venait, et où il l'avait vu, et tout cela sans attendre aucune réponse, après quoi il lui ferma la porte au nez.

Dominique, surpris, ne se rebuta point; il concerta en lui-même comment il viendrait à bout d'un homme si brusque; et, ayant imaginé ce qu'il pourrait faire, il se retira, résolu d'y revenir un autre jour dans son habit de théâtre. En effet, quelques jours après, s'étant habillé de pied en cap, ayant mis sa sangle, son épée de bois, son petit chapeau et un manteau rouge par dessus qui le couvrait, il arrive à Chantilly et s'en va frapper à la porte de M. de Santeul, quoiqu'elle fût entr'ouverte. Qui est là? cria M. de Santeul qui composait. Dominique ne répondant rien; mais, continuant de frapper de la même manière, M. de Santeul, qui avait déjà demandé cinq ou six fois : qui est là? et qui avait même dit : entrez, importuné par le bruit et ne voulant pas se lever de son siége, dit en colère : Oh! quand tu serais le diable, entre si tu veux! Dominique prend la balle au bond, rejette son manteau rouge en arrière, met son masque, jette son chapeau et entre. Santeul, stupéfait, tend les bras, ouvre de gros yeux et se tient immobile quelque temps, bouche béante, croyant effectivement voir le diable.

Après avoir joui de l'embarras du poète, Dominique commença de courir d'un bout de la chambre à l'autre en faisant mille postures. M. de Santeul, revenu de sa surprise, se leva et fit les mêmes tours. Dominique, voyant que le jeu lui plaisait, tira son épée de bois, et allongeant et raccourcissant le bras, lui en donnait sur les joues, sur les doigts et sur les épaules. M. de Santeul, irrité, lui tendait de temps en temps des coups de poing, que l'autre savait esquiver fort adroite-

ment. Ensuite, Arlequin détachant sa sangle, et M. de Santeul prenant son aumusse, ils se firent sauter l'un l'autre jusqu'à ce que celui-ci, commençant à se lasser de cette comédie, lui dit : Mais quand tu serais le diable, encore faut-il que je sache qui tu es.

— Qui je suis? répondit Dominique.
— Oui, répliqua le poëte.
— Je suis le Santeul de la Comédie italienne.
— Oh pardi! si cela est, reprit M. de Santeul, je suis l'Arlequin de Saint-Victor; et ils s'embrassèrent.
— Ah ça! que demande Arlequin? dit gaiement Santeul, que toute cette mascarade avait mis en belle humeur.
— Je veux des vers de Santeul pour mettre au bas du portrait de Dominique.

Santeul, sans mot dire, prit une plume et traça sur la batte d'Arlequin ce seul vers, qui fut ensuite placé sous le portrait de Dominique, et qui tire une partie de sa finesse de la circonstance dans laquelle il fut écrit:

Castigat ridendo mores.

Santeul mourut à Dijon, toujours attaché à la maison de Condé, dont il avait célébré les splendeurs. Ce pauvre homme, dont la vie avait été si remplie d'originalités, de bizarreries, devait mourir comme il avait vécu, d'une façon brusque et bizarre. M. le duc était allé cette année-là tenir les États de Bourgogne, en place de M. le prince, son père. Tout le luxe de Chantilly fut transporté à Dijon. C'étaient tous les soirs des soupers que M. le duc donnait ou recevait, et toujours Santeul à sa suite, qui faisait tout le plaisir de la table. Un soir que M. le duc soupait chez lui, il se divertit à pousser Santeul de vin de Champagne, et de gaieté en gaieté, il trouva plaisant, dit Saint-Simon, de verser sa tabatière pleine de tabac d'Espagne dans un grand verre de vin, et de le faire boire à Santeul, pour voir ce qui en arriverait. La plaisanterie était un peu forte, la tabatière un peu grande, si bien que les vomissements et la fièvre s'emparèrent du pauvre poète, qui mourut empoisonné après quarante-huit heures de souffrances, le 5 août 1697, âgé de soixante-quatre ans. La mort de Santeul fut une grande perte pour Chantilly. M. le prince le regretta beaucoup; M. le duc fut inconsolable. Santeul avait été témoin oculaire de cette belle fête donnée par le grand Condé au roi Louis XIV, et dans laquelle Condé déploya une magnificence telle, que Paris se trouva pendant trois jours sans musique et sans spectacles. Qui, mieux que Santeul, pouvait nous raconter cette fête? Quelqu'un que Santeul lui-même ne récuserait certainement pas, madame de Sévigné! Parlez donc, de grâce, madame, ou mieux, écrivez; vos lettres ne sont-elles pas la plus charmante, la plus vive, la plus spirituelle des causeries. Parlez; nous vous écoutons avec les yeux.

« Paris, dimanche 26 avril 1671.

« Il est dimanche 26 avril; cette lettre ne partira que mercredi; mais
» ce n'est pas une lettre, c'est une relation que Moreuil vient de me faire
» de ce qui s'est passé à Chantilly touchant Vatel. Je vous écrivis vendredi
» qu'il s'était poignardé : voici l'affaire en détail. Le Roi arriva le jeudi
» au soir; la promenade, la collation dans un lieu tapissé de jonquilles,
» tout cela fut à souhait. On soupa; il y eut quelques tables où le rôti
» manqua, à cause de plusieurs dîners, à quoi l'on ne s'était point at-
» tendu : cela saisit Vatel; il dit plusieurs fois : Je suis perdu d'honneur;
» voici un affront que je ne supporterai pas. Il dit à Gourville : La tête
» me tourne; il y a douze nuits que je n'ai dormi; aidez-moi à donner
» des ordres. Gourville le soulagea en ce qu'il put. Le rôti qui avait
» manqué, non pas à la table du Roi, mais aux vingt-cinquièmes, lui re-
» venait toujours à l'esprit. Gourville le dit à M. le prince. M. le prince
» alla jusqu'à la chambre de Vatel, et lui dit : Vatel, tout va bien, rien
» n'était si beau que le souper du Roi. Il répondit : Monseigneur, votre

» bonté m'achève; je sais que le rôti a manqué à deux tables. Point du
» tout, dit M. le prince, ne vous fâchez point, tout va bien. Minuit vint;
» le feu d'artifice ne réussit pas, il fut couvert d'un nuage; il coûtait
» seize mille francs. A quatre heures du matin, Vatel s'en va partout,
» il trouve tout endormi, il rencontre un petit pourvoyeur qui lui ap-
» portait seulement deux charges de marée; il lui demande : Est-ce là
» tout? Oui, Monsieur. Il ne savait pas que Vatel avait envoyé à tous les
« ports de mer. Vatel attend quelque temps; les autres pourvoyeurs ne
» vinrent point; sa tête s'échauffait, il crut qu'il n'aurait point d'autre
» marée; il trouva Gourville, il lui dit : Monsieur, je ne survivrai point
» à cet affront-ci; Gourville se moqua de lui. Vatel monte à sa chambre,
» met son épée contre la porte et se la passe au travers du cœur; mais
» ce ne fut qu'au troisième coup, car il s'en donna deux qui n'étaient
» point mortels; il tombe mort. La marée cependant arrive de tous
» côtés; on cherche Vatel pour la distribuer, on va à sa chambre, on
» heurte, on enfonce la porte, on le trouve noyé dans son sang, on court
» à M. le prince, qui fut au désespoir. M. le duc pleura; c'était sur Vatel
» que tournait tout son voyage de Bourgogne. M. le prince le dit au Roi
» fort tristement : on dit que c'était à force d'avoir de l'honneur à sa ma-
» nière; on le loua fort, on loua et blâma son courage. Le Roi dit qu'il y
» avait cinq ans qu'il retardait de venir à Chantilly, parce qu'il comprenait
» l'excès de cet embarras. Il dit à M. le prince qu'il ne devait avoir que
» deux tables, et ne se point charger de tout; il jura qu'il ne souffrirait
» plus que M. le prince en usât ainsi; mais c'était trop tard pour le
» pauvre Vatel. Cependant Gourville tâcha de réparer la perte de Vatel;
» elle fut réparée, on dîna très-bien, on fit collation, on soupa, on se
» promena, on joua, on fut à la chasse; tout était parfumé de jonquilles,
» tout était enchanté. Hier, qui était samedi, on fit encore de même; et
» le soir le Roi alla à Liancourt, où il avait commandé *media noche;* il
» doit y demeurer aujourd'hui. Voilà ce que Moreuil m'a dit, espérant
» que je vous le manderais. Je jette mon bonnet par-dessus les moulins,
» et je ne sais rien du reste. »

Que dire après cela? quelles réflexions vaudront jamais ce naïf et charmant récit. Comme le grand siècle se peint tout entier dans cette page
écrite par la femme la plus spirituelle de cette cour qui fut la plus spirituelle cour du monde. Quel fou sublime que ce Vatel, se tuant parce
que la marée se fait attendre. *Le rôti a manqué à deux tables*, et Vatel se
croit perdu d'honneur; noble orgueil! susceptibilité exagérée, mais respectable pourtant, qui donne à la fois une haute idée de la grandeur du
monarque, de la magnificence du prince et du dévouement aveugle, désintéressé surtout de ceux qui l'approchent. Y a-t-il bien loin de l'action
de Vatel à l'héroïsme du prince jetant son bâton de maréchal dans les

lignes ennemies, pour forcer la victoire à lui ouvrir les portes de Fribourg. Quant à nous, nous ne savons lequel il faut le plus admirer du Roi, du prince ou du sujet.

Des historiens, qui ont fait de l'histoire avec du roman et de la vraisemblance avec un peu d'imagination, n'ont-ils pas voulu donner à la mort de Vatel une cause petite, le motif le plus vulgaire de ce monde : un amour malheureux pour une grande dame de la cour de Louis XIV!.....
Non, non ; Vatel n'est pas un galant qui se tue aux pieds d'une femme ; Vatel est un véritable héros trahi par la fortune... et par la marée ; Vatel se souvient de la noble maison qu'il a l'honneur de servir ; il veut être digne du grand Condé, et il meurt en murmurant peut-être : tel maître, tel valet !

La grandeur est le premier apanage de cette colossale maison de Condé dont nous n'avons encore esquissé que les premiers traits. Chantilly, c'est le livre d'or de cette noble famille, dont chaque membre a laissé sa trace en passant. L'un a rebâti le château, l'autre a fait le village, celui-ci a creusé les canaux, cet autre a fait surgir les écuries d'un coup de baguette ; tous ont rivalisé de luxe et de magnificence.

Madame de Sévigné nous a raconté la fête offerte par le grand Condé à Louis XIV. Un chroniqueur inconnu nous a conservé la relation d'une autre fête donnée vingt ans plus tard, au fils de Louis XIV, par le fils du grand Condé.

Le vainqueur de Rocroi était mort ; le Roi avait pleuré en apprenant cette nouvelle ; et pour que rien ne manquât à la gloire du vaillant capitaine, Bossuet avait prononcé son oraison funèbre et donné un pendant à ce magnifique morceau d'éloquence chrétienne, l'oraison funèbre de madame Henriette d'Angleterre. L'héritage était lourd pour le fils du grand Condé ; mais, s'il n'hérita pas de la valeur paternelle, du moins égala-t-il son père en magnificence ; Chantilly nous l'atteste. C'était, s'il faut en croire Saint-Simon, un singulier original que M. le prince : petit, maigre, laid, il tenait plus du singe que de l'homme ; mais, lorsqu'il était amoureux, et il l'était souvent, rien ne lui coûtait ; c'étaient les grâces, la magnificence, la galanterie mêmes, c'était un Jupiter transformé en pluie d'or. Un épisode de ses amours avec madame de Nevers, fille de madame de Thianges, en est la preuve.

Le prince était fort épris, la dame fort coquette et le mari fort jaloux ; de plus, il avait, dit-on, sujet de l'être. Quoi qu'il en soit, sitôt que M. de Nevers se croyait en danger de ridicule, il se servait d'un moyen ingénieux, mais violent, pour exorciser le mauvais génie qui, sous la forme d'un muguet de cour, en voulait à son chef. M. de Nevers était beau diseur et visait très-fort au phœbus ; il avait en outre une façon d'agir qui n'appartenait qu'à lui ; entre autres singularités, il avait coutume

de partir pour Rome de la même manière dont on va souper au cabaret, et on avait vu madame de Nevers monter en carrosse, persuadée qu'elle allait seulement se promener, entendre dire à son cocher : à Rome. Mais, comme avec le temps, elle connut mieux monsieur son mari, et qu'elle se tint plus sur ses gardes, elle découvrit qu'il était sur le point de lui faire faire le même voyage et en avertit M. le prince. Celui-ci, inventif comme un homme d'esprit, magnifique comme un grand seigneur, imagina de donner une fête à monseigneur le Dauphin à Chantilly. Il la proposa ; on l'accepta. Mais une pareille fête nécessite un poëte ; il alla donc trouver M. de Nevers, et feignit avec lui un extrême embarras pour le choix du poète qui ferait les paroles du divertissement, lui demandant en grâce de lui en trouver un ou de s'en charger lui-même ; sur quoi M. de Nevers se confondit en excuses, alléguant son peu d'habitude et son inexpérience. M. le prince insista, et M. de Nevers, qui grillait de se rendre, finit par accepter. M. le prince l'avait prévu ; la fête se donna, elle coûta plus de cent mille écus ; mais.... madame de Nevers n'alla point à Rome.

La relation de cette fête, imprimée en 1688, va nous fournir la description exacte d'une partie du château aujourd'hui détruite, et que nous ne connaîtrions guère sans cela. La voici dans la forme et dans le style de l'époque.

« Monseigneur arriva à Chantilly par une des grandes routes de la forêt, au bout de laquelle on trouve une grande demi-lune par laquelle on entre dans une avant-cour qui n'est pas encore entièrement achevée ; elle est toute entourée d'eau et située entre un étang nommé *l'étang de Sylvie* et le grand château. On voit deux pavillons à droite et à gauche du pont-levis. Cette demi-lune aboutit à un fer-à-cheval par lequel on monte sur une grande terrasse, au milieu de laquelle est une statue équestre de bronze du dernier connétable de Montmorency. Cette statue se trouve vis-à-vis de l'entrée du grand château ; c'est un édifice fort ancien et très-irrégulier, assis sur une roche, au milieu de grosses sources qui forment un grand fossé ; cependant plusieurs grosses tours ne laissent pas de le rendre très-agréable à la vue. M. le prince fait travailler présentement à rendre le dedans de la cour régulier, et à donner au dehors une face toute nouvelle, soit par l'ouverture de trois rangs de fenêtres et deux grands balcons qui régneront tout autour du château, soit par les combles qui seront tous d'égale hauteur, et à la mansarde. A côté gauche du fer-à-cheval est un grand logement détaché du château, dont le rez-de-chaussée est à fleur d'eau du grand fossé. C'est dans ce lieu que le logement de Monseigneur avait été marqué, de même que celui de madame la Duchesse et de madame la princesse de Conti, la douairière. Ce second château avait été autrefois bâti par M. de Montmorency, et on l'appelait la *Capitainerie*. Les ornements de dehors sont des pilastres d'ordre corinthien ; ils composent la porte d'entrée de la cour et la façade du côté du petit parterre. Tout le retour est soutenu d'un grand balcon en manière de fausse braie. Le logement d'en bas du petit château est composé de deux appartements, dont la salle est commune à l'un et à l'autre. Cette salle est ornée de tableaux représentant les plus belles maisons de campagne de Paris. Toutes les pièces des deux appartements auxquels elle sert de communication sont ornées d'autres tableaux, représentant diverses fables de l'antiquité; en sorte que l'une des chambres fait voir l'histoire de Vénus ; une autre, celle de Diane; une autre, celle de Flore; une autre, celle de Bacchus; et une autre, celle de Mars.

» Toutes ces chambres, qui sont percées en enfilade, règnent le long du balcon en fausse braie dont on a parlé, et aboutissent à un grand salon en retour. Tout cet espace est rempli de diverses fables curieuses, de bustes avec leurs gaînes et de meubles très-singuliers. Outre cela, il y avait plusieurs tables pour toutes sortes de jeux. De ce logement, lorsqu'on a passé par un vestibule qui est ouvert par deux grandes arcades, du côté de la cour et du petit parterre, on monte dans l'appartement qui est au-dessus, et qui se trouve situé en plain-pied au rez-de-chaussée de le cour du grand château, auquel il est joint par un pont qui traverse le grand fossé. Cet appartement est composé d'un grand salon qui n'est pas encore entièrement fait; de ce salon, on entre dans une grande antichambre après laquelle il y a un cabinet, dont la vue donne d'un côté sur les jardins, et de l'autre sur une grande pelouse qui borde la forêt. Après ce cabinet, on en trouve deux autres de moindre grandeur ; l'un donne entrée dans une galerie qui est percée du côté de la forêt. On voit, dans cette galerie, des tableaux représentant, chacun par ordre des temps, une campagne de feu M. le prince. La principale action de la campagne, soit siège ou bataille, peinte en grand, occupe le milieu du tableau ; les autres actions de la même campagne sont peintes en petit, tout autour, dans des cartouches. Le premier tableau représente la campagne de 1643, c'est-à-dire la bataille de Rocroi; dans le second tableau est représentée la campagne faite en Allemagne en 1644. Les combats donnés devant Fribourg, les cinquième et dixième août, sont peints dans le milieu, avec les retranchements de l'armée bavaroise qui furent forcés par celle que commandait feu M. le prince, alors duc d'Enghien. Dans un grand cartouche au bas est le plan de Philipsbourg ; dans les six cartouches qui sont au côté droit du tableau sont représentés Oppenheim, Benigen, Lichtnau, Dourlac, Mayence et Landau. Dans les six du côté gauche on voit Worms, Spire, Kreutzenach, Bacharach, Neustadt et Baden. Au troisième tableau, qui représente la campagne de 1645, est la bataille de Nordlingen, donnée le 3 août, entre l'armée du roi, commandée par

M. le prince, et celle de l'empereur. Le quatrième tableau fait voir la campagne de 1646; au milieu est la ville de Dunkerque et, à droite et à gauche, on voit d'autres actions qui regardent le siége de la même ville. Les autres campagnes doivent être peintes sur d'autres tableaux pareils, dont les places sont marquées dans la même galerie, mais qui ne sont pas encore dessinés.

» Tout cet appartement était éclairé par un nombre infini de lustres et de girandoles de cristal. Lorsqu'on eut soupé, monseigneur tint appartement, etc. »

Nous ne suivrons pas monseigneur le Dauphin à travers les capricieux détours de la forêt; nous ne parlerons ni de la chasse, ni de la pêche, ni de l'opéra pour lequel on construisit exprès une salle magnifique; nous laisserons notre minutieux chroniqueur achever seul la description de cette fête pompeuse qui dura huit jours, et pour laquelle M. de Nevers fut forcé de faire une telle dépense d'imagination, qu'il ne lui resta pas un moment pour être jaloux de sa femme; ce qui, à parler franchement, n'eût été d'ailleurs qu'un excès de ridicule. Mais ce que notre narrateur ne dit pas, ce qui vaut cependant la peine qu'on en parle, c'est que la fête de M. le prince eut aussi son Vatel. Cette fois, ce ne fut pas la marée qui manqua, mais le cerf, qui se forlongea si bien dans la plaine qu'il fallut renoncer à le prendre. Jamais pareille déconvenue n'était arrivée à Chantilly. Après avoir passé huit heures à cheval sans débrider, il fallut rentrer au château de guerre lasse. Il y avait là de quoi ternir à tout jamais le blason des Condés. M. le prince se montra inconsolable, mais il jura qu'il aurait son cerf. Rendez-vous fut pris pour le lendemain au carrefour du Connétable; toutes les mesures avaient été arrêtées à l'avance pour que le malencontreux animal ne pût échapper.

La meute du prince de Condé était la plus considérable de France; à la tête de son chenil se trouvait, entre autres, un chien de haute renommée, qui comptait ses jours par des victoires.

C'était le Nestor du chenil et le Nemrod des chiens de meute; il se nommait Faro et avait eu le grand Condé pour parrain.

De grand matin, M. le prince fit appeler le commandant de sa vénerie et lui désigna Faro comme le seul espoir de la journée, celui à qui appartenait l'honneur de relever la gloire des équipages de Chantilly.

— Monseigneur, lui répondit le commandant, depuis hier Faro n'a pas reparu.

La consternation du prince fut à son comble; Faro lui avait coûté deux cents louis; M. le prince en eût donné mille avec joie pour le retrouver à l'instant même. Il se promenait avec agitation, frappant du pied, et, dans sa rage impuissante, déchirait de ses éperons le tapis de sa chambre, lorsqu'un piqueur vint lui annoncer que le cerf de la veille était en bas.

En deux bonds, le prince est sur le perron de la cour d'honneur. Le cerf, étendu sur une civière de feuillage, gît à côté de son vainqueur; ce vainqueur, c'est Faro.

Faro qui, entraîné par son instinct, a suivi le cerf à outrance et l'a forcé seul; Faro qui n'a pu survivre à l'honneur du chenil, et qui a conservé juste assez d'énergie pour se voir réhabiliter avant de mourir.

Des paysans de Gouvieux, vassaux du prince de Condé, avaient trouvé la veille au soir, en revenant des champs, le cerf épuisé, se débattant dans une lente agonie sous la dent implacable de Faro. La réputation du chien leur étant connue, ils comprirent tout; M. le prince pleura Faro comme il avait pleuré Vatel. Les obsèques de Faro furent magnifiques; la meute entière y assista; les valets de limiers prirent le deuil, et Santeul composa son épitaphe en latin. On la voyait encore, il y a quelques années, gravée en lettres d'or sur une plaque de marbre noir, au-dessus de la principale entrée du chenil de Chantilly.

On ne sera pas surpris d'un tel luxe de douleur pour la perte d'un chien, si l'on considère que non-seulement les Condé ont toujours eu pour la chasse une véritable passion, mais encore que, chez quelques-uns d'entre eux, cette passion est devenue de la folie. Celui dont nous parlons, l'heureux vainqueur de madame de Nevers, était sujet à des vapeurs d'un caractère singulier. Pendant ses accès, il se croyait transformé en chien de chasse, et sa maladie s'annonçait par des aboiements réitérés. Peut-être qu'en rendant à Faro les derniers honneurs, M. le prince croyait accomplir un devoir de famille et honorer en lui une des illustrations de sa race.

Ce n'est pas du reste la seule singularité de ce genre dont nous ayons retrouvé la tradition à Chantilly. Pendant longtemps on célébra chaque année, dans la chapelle du château, à l'occasion de la Saint-Hubert, une cérémonie religieuse qu'il nous est impossible de désigner autrement que sous son véritable titre : *La Messe des chiens de Saint Hubert.*

C'était une cérémonie puérile, il est vrai, comique dans la forme, mais sérieuse au fond, et d'autant plus intéressante qu'elle témoigne de la foi vive et de l'adorable naïveté de nos pères. Aujourd'hui les chiens, s'il y avait encore un chenil à Chantilly, les chiens refuseraient d'aller à la messe ; ils diraient, eux aussi, dans leur aboiement philosophique :

    Les prêtres ne sont pas ce qu'un vain peuple pense.

Voltaire et l'*Encyclopédie* les ont perdus. De nos jours, les chiens jouent au domino et marchent sur leurs pattes de derrière. Décidément Jean-Jacques avait raison : *Le chien savant est un homme dépravé.*

Madame de Nevers avait inauguré le règne des femmes à Chantilly ; à partir de ce moment l'amour se mit de moitié dans toutes les fêtes.

Mesdemoiselles de Charolais, de Sens et de Clermont ont tour-à-tour, ou toutes ensemble, habité Chantilly. Ce fut à Chantilly, le jour même d'une fête donnée en son honneur, que mademoiselle de Clermont apprit au bal la mort du comte de Melun, son amant, tué par un cerf, quelques heures auparavant. Elle était d'un caractère si indolent, que la duchesse de Bourbon, sa mère, demanda naïvement, en entendant raconter cet accident : « Cela a-t-il causé quelque émotion à ma fille ? »

Le duc d'Orléans et la duchesse de Berry, sa fille, vinrent plus d'une fois cacher, sous les ombrages du parc de Sylvie, le mystère de leurs scandaleuses amours. C'est sans doute à l'époque de leur séjour à Chantilly qu'on doit faire remonter l'inauguration de ce délicieux boudoir connu sous le nom de Cabinet de Watteau, et qui est bien le monument le plus licencieux, la peinture la plus exacte et la plus folle des folles mœurs de ce temps. Quelle femme assez hardie a posé devant le peintre, si ce n'est une des filles du régent ? et pourquoi Watteau, si peu scrupuleux d'ordinaire, hésiterait-il à nous montrer son visage, s'il n'y avait presque un crime de lèse-majesté derrière la transparence de cette allégorie ?

La révolution, qui a si peu respecté Chantilly, a conservé le Cabinet de

Watteau et le petit château dont il est incontestablement le plus curieux ornement. Le souvenir du vieux connétable n'a pu sauver le *grand château* de la destruction ; les beaux vers de M. de Santeul n'ont pu retenir les dryades et les hamadryades du parc de Sylvie dans leurs retraites profanées. On a mis en coupe réglée les beaux ormes plantés par la main du grand Condé. La chapelle, l'orangerie, le château de Buquam, qui servait de reliquaire glorieux aux armures de la pucelle d'Orléans et du connétable de Montmorency, la salle de spectacle, improvisée dans une nuit de splendeurs, et qui était bien en effet la splendide réalisation d'un songe des Mille et une Nuits, l'île d'Amour, l'île du Bois-Vert, le Temple de Vénus, la grande Cascade, celle de Beauvais, la Faisanderie, le Pavillon de Manse, la Ménagerie, la Laiterie tout a disparu ; mais le Cabinet de Watteau est resté. Le pamphlet a protégé le château. En conservant cette peinture, la révolution en a fait un châtiment impérissable, comme le talent de Watteau en avait fait un chef-d'œuvre.

Au nombre des femmes les plus remarquables qui ont régné à Chantilly par les grâces de l'esprit et de la beauté, il en est deux que nous devons nommer : madame de Prie sous la régence, madame de Feuchères sous la restauration. Leur histoire à toutes deux est trop connue pour qu'il soit besoin de leur accorder plus qu'un souvenir.

Dailleurs l'histoire de Chantilly finit avec la monarchie française ; les Condé tenaient au trône de trop près pour n'être pas frappés du coup qui atteignit Louis XVI. Aujourd'hui Chantilly est sorti de la maison de Bourbon ; il appartient à M. le duc d'Aumale, légataire universel du dernier des Condé.

Nous l'avons dit en commençant, l'histoire de Chantilly est une longue suite de fêtes. Chantilly a toujours eu un œil fixé sur Versailles ; chaque fête donnée à Versailles avait un écho à Chantilly ; chaque fusée tirée là-bas venait éclater ici. Louis XIV, le Dauphin son fils, Louis XV, le roi de Danemarck, Joseph II, empereur d'Allemagne, Paul Ier, grand-duc de Russie, Gustave III, roi de Suède, voilà quels sont les hôtes de la maison de Condé.

Un jour le roi Louis-Philippe eut l'heureuse idée de ressusciter Versailles par une fête ; il appartenait au premier prince du sang, au duc d'Orléans, prince royal, de fêter la renaissance de Chantilly. Cette fois le héros de la fête ne fut ni un grand roi ni un grand seigneur ; ce fut tout bonnement le peuple français, représenté par tout ce qu'il y avait de plus jeune, de plus élégant, de plus spirituel, de plus aimable, non pas à la cour ; il n'y a plus de cour, mais à la ville ; en un mot, ce fut Paris tout entier qui se rendit à l'invitation du prince.

Le 13 mai 1841, Chantilly sembla renaître de ses décombres.

M. le duc et madame la duchesse d'Orléans, M. le prince de Joinville et leur suite, étaient installés au château depuis la veille. Chantilly se peuplait de minute en minute; la grande rue était prise d'assaut, les villas étaient envahies par escalade; c'était une invasion en poste et à cheval qui arrivait à Chantilly. Le jockey-club avec ses chevaux, ses cuisiniers, ses domestiques; le Vaudeville et le Gymnase avec leurs artistes privilégiés; les plus jolies femmes à la mode dans leurs plus délicieuses toilettes, voilà quels étaient les acteurs promis de ces fêtes princières.

Quant aux spectateurs, ils étaient accourus de toute part; de Paris d'abord, des campagnes environnantes et des villes voisines. Viarmes, Mareil, Valdampierre, Groslay, Chaumont, Gouvieux avaient envoyé à Chantilly leurs députations rustiques; les carrioles d'osier arrivaient à la file pêle-mêle avec les calèches armoriées; le bavolet de la paysanne luttait de coquetterie avec les délicieux chapeaux de Maurice Beauvais, et le fermier de la vallée du Therain trottinait sur son petit cheval de charrue à côté du dandy sur son alezan de pure race.

Creil, qui était déjà une ville au IXe siècle, Creil, qui fut pillé deux fois par les Normands et assiégé par les Anglais, Creil, qui montrait encore avant la révolution la chambre où fut enfermé, pendant sa démence, le malheureux Charles VI, Creil avait envoyé des représentants à Chantilly, comme Royaumont, comme Liancourt, comme Ermenonville.

Le samedi 15, on publia le programme d'une chasse qui ne manquait pas d'une certaine témérité grandiose, d'une forfanterie de bon aloi.

S'il est quelque chose d'imprévu au monde, c'est le résultat, quelque probable qu'il soit d'ailleurs, d'une chasse à courre. Qui peut savoir, en effet, où l'ardeur du laisser courre peut entraîner chiens, chevaux et cavaliers? Qui peut calculer avec une précision mathématique l'heure du débouché, de l'attaque, du relancé et de l'hallali? M. le prince de Condé lui-même n'eût pas osé l'entreprendre. Eh bien! M. le duc d'Orléans l'a fait. Avouons que cette fois il fut plus heureux que sage.

L'hallali, annoncé pour quatre heures aux étangs de Courcelle, eut lieu à l'heure dite, en présence de MM. le prince de Joinville, le prince de Wagram, de Cambis, de Bérenger, qui avaient constamment suivi la chasse, et devant cinq mille spectateurs qui assistaient, couchés sur les berges de l'étang, perchés au sommet des arbres, à ce magique spectacle.

Rien ne peut rendre la splendeur d'un pareil tableau. Le site des étangs de Courcelle est à lui seul un des plus délicieux paysages qu'on puisse voir. Figurez-vous, au milieu de la forêt de Chantilly, une vaste nappe d'eau resserrée entre deux coteaux boisés et touffus; le soleil resplendit derrière les hautes cimes des peupliers, et darde ses rayons obliques sur la façade d'un petit château gothique qui baigne ses pieds dans les eaux transparentes de l'étang. Ce château, c'est la loge de Viarmes, autrement dit le château de la reine Blanche. Quand saint Louis fonda la célèbre abbaye de Royaumont, la reine Blanche venait souvent prier dans cet oratoire silencieux, qui semble avoir conservé jusqu'à ce jour un mystique parfum d'amour et de dévotion.

Flanqué de quatre tourelles élégantes, enrichi de colonnettes sveltes et élancées, ce petit édifice date évidemment de la même époque que la Sainte-Chapelle de Paris; on y retrouve cette richesse de détails et cette grâce exquise qui caractérisent l'architecture au retour des croisades.

Eh bien! c'est là, dans cette fabrique élégante et restaurée avec beaucoup de goût, que M. le duc d'Orléans avait fait préparer une collation somptueuse pour toutes les personnes qui avaient suivi la chasse. Ce fut là aussi que se termina cette journée où un cerf dix cors, cerf dégénéré au point de s'être fait courtisan, se laissa forcer, à heure dite, par un équipage de soixante chiens L'ombre du duc de Bourbon dut sourire, en songeant aux vertes années de sa jeunesse, et l'ombre de Faro, devant une pareille profanation, dut faire entendre un aboiement plaintif sous le marbre où ses os sont scellés.

La fête dura cinq jours; elle fut complète. Il y eut chasse, bal, médianoche, courses de chevaux, concerts et feu d'artifice; tout fut pour le mieux; on brûla beaucoup de poudre, on but beaucoup de vin de Champagne. Il y eut prise d'eau aux étangs de Commelle et curée, aux flambeaux, le soir, dans la cour d'honneur du château; mais, hélas! il manqua deux choses à cette fête, deux choses qu'on ne remplacera jamais, et sans lesquelles Chantilly, le vrai Chantilly des Montmorency et des Condé ne peut revivre : des grands seigneurs et des vassaux.

Les grands seigneurs, on sait ce que la révolution en a fait; les vassaux sont devenus des citoyens. Du temps que Chantilly appartenait à la maison de Condé, il y avait encore des vassaux en France ; aujourd'hui les garde-chasses de ce temps-là ont fait souche de propriétaires ; ils appartenaient autrefois à la terre, c'est la terre qui leur appartient maintenant.

En 1814, quand le duc de Bourbon revint en France, il eut peine à reconnaître Chantilly. Du splendide palais de ses pères il ne restait que des débris ; mais ce qui dut le plonger dans un étonnement plus douloureux cent fois, ce fut de ne retrouver debout aucun des anciens priviléges de son rang. Ce n'était pas seulement Chantilly qu'on avait détruit, c'était encore la noblesse qu'on avait abolie du même coup.

Tout d'abord il dut s'arrêter, pensif, inquiet, au seuil de sa demeure, cherchant du regard ses eaux jaillissantes *qui ne se taisaient ni jour ni nuit*, ses parterres ornés de bassins, ses bosquets où le buis se taillait en boule et s'alignait au cordeau, ses marbres mutilés, ses statues absentes, son perron seigneurial et sa cour d'honneur veuve de ses vassaux.

Autrefois, quand M. le prince ou M. le duc revenaient à Chantilly, ils trouvaient leurs vassaux rangés en haie sur leur passage. Voilà le maître revenu, où sont donc les vassaux ?

Sans doute ils sont allés rendre grâces à Dieu, dans la chapelle du château, du retour de leur bon seigneur qui revient de l'exil ?

Hélas ! non, monseigneur; il n'y a plus de chapelle, il n'y a plus de vassaux à Chantilly!

Des pierres, du plomb, du fer, du marbre de la chapelle on a construit cette belle manufacture de porcelaine dont vous voyez fumer d'ici la haute cheminée de briques rouges ; et ce n'est pas à Dieu qu'est consacrée cette basilique industrielle, c'est au travail, un saint d'origine révolutionnaire et que vous ne connaissez pas, monseigneur.

Allons! dit avec un soupir de regret le vieux seigneur émigré, puisqu'il ne me reste ni chapelle, ni vassaux ; je retrouverai du moins mes belles cascades, mes eaux vives et mes carpes centenaires.

Hélas! non, monseigneur; l'eau des cascades fait mouvoir aujourd'hui une machine hydraulique, à l'aide de laquelle cette même eau se répartit entre les divers habitants de la commune. Vos carpes centenaires seraient mortes de faim dans leur viviers, si elles n'avaient servi depuis longtemps à nourrir l'industrieuse population du pays. Et de tout ainsi : la *faisanderie* n'existe plus ; mais nous avons une filature de coton qui occupe deux cents ouvriers ; un moulin à laminer le cuivre, qui remplace avantageusement le *temple de Vénus* ou la *ménagerie*, et une fabrique de dentelles qui n'a pas de rivale au monde.

Qu'en pensez-vous? Cela n'a-t-il pas dû se passer ainsi, le jour où le dernier des Condé revint prendre possession du château de ses pères, après une absence de plus de vingt années ?

Alors, sans doute aussi le vieux duc de Bourbon fit un triste retour vers le passé, et il se souvint qu'autrefois, bien longtemps avant la révolution, on voyait à Coye un vieux château gothique, ruine féodale dont le prince de Condé abandonna la propriété en 1787, à la condition de le convertir en usine. C'était le premier pas de l'industrie dans le domaine de la noblesse ; l'industrie ne devait pas s'arrêter en si beau chemin.

Aujourd'hui, la révolution a rasé le château du vieux connétable Anne de Montmorency ; le dernier des Condé n'est plus. Que reste-t-il de tant de grandeur et de puissance ? Il reste ce qui sera toujours impérissable, ce qu'aucune révolution ne pourra détruire ; il reste l'industrie : dans l'histoire du progrès, l'industrie, c'est encore la noblesse. Personne n'oubliera que c'est un prince de la famille de Condé qui eut la gloire d'ouvrir le premier à l'industrie la porte de Chantilly, comme son aïeul, le Condé de Maëstricht, l'avait ouverte avant lui au roi Louis XIV. L'industrie n'est-elle pas la grande reine, la seule reine du xixe siècle?

Ch. Rouget.

VINCENNES.

Que sont devenues tant de tours antiques et majestueuses qui s'élevaient sur toute la surface de la France? Où sont tant de citadelles, tant de châteaux forts, témoignages en pierre d'un pays sans unité, d'une puissance fractionnée? La faux du temps a passé par là; les hautes tours se sont écroulées; les vieux châteaux ont disparu, démantelés, sapés, dispersés, leurs fondations ont été arrachées des entrailles de la terre; et les villages se sont élevés à leur place, et les manufactures signalent un bien-être, un progrès partout où apparaissaient ces jalons des époques féodales, et les enfants du laboureur jouent où régnèrent ducs, comtes et hauts barons. Mais, au milieu de cette destruction générale, comme symbole de la royauté, qui a survécu même aux grands coups de la révolution, le donjon de Vincennes, ce premier manoir royal, est resté debout, quoique fortement ébranlé sur sa base.

En 1818, plusieurs tours, servant de complément au donjon, furent abattues pour cause de réparation, de même que le pouvoir despotique de la vieille royauté se vit dépouillé de plusieurs de ses attributs. Le reste du donjon fut alors réparé, restauré; les monuments ont leur destinée, ils se lient aux institutions d'un pays.

Est-ce de *vita sana*, latin altéré, que l'on a fait *Vincennes?* Les propriétaires du bourg et de ses environs sont volontiers de cet avis. — Est-ce des deux mille arpents ou vingt fois cent arpents (vingt cents) que dérive ce nom? — Est-ce enfin parce que Vincennes était éloigné de *vingt stades* de la ville de Paris alors enfermée dans l'île du Palais? L'incertitude plane sur le sens et l'origine de l'appellation d'un bois qui, avant la naissance de J. C., servait déjà de promenade aux habitants de Lutèce. Les Romains avaient établi dans ce bois un collége consacré au dieu Sylvain. On voyait encore des traces de cet établissement quand existait le prieuré occupé d'abord par des ermites ou religieux de l'ordre de Grammont, appelés par Louis VII; puis par des Minimes, dits *Bons-Hommes*, à cause du nom de *bonhomme* donné par Louis XI à saint François de Paule.

Clovis purgea le bois de ces prêtres païens et en fit une de ses chasses favorites.

La première construction élevée par les rois de France dans le bois de Vincennes fut un rendez-vous de chasse. Dès l'année 1270, il y avait une ménagerie située là où est la porte du Bel-Air; elle exista jusqu'à Louis XIV, qui fit transporter tous les animaux à Versailles.

Philippe-Auguste, roi chasseur, voulut avoir des bêtes fauves. Henri II d'Angleterre lui expédia cerfs, daims et chevreuils. Alors le roi, jaloux de son gibier, fit élever des murailles autour du bois, et Vincennes devint ainsi le premier parc que la France ait possédé.

Quels que soient les plaisirs goûtés par Philippe-Auguste dans le bois de Vincennes, plus doux étaient ceux de saint Louis y rendant la justice à son peuple. Ce roi était grand entre tous au pied d'un chêne, ayant pour trône un tertre de gazon, pour gardes l'amour et la vénération, pour cour les paysans. « Approchez, approchez-vous tous, petits, qui avez affaire au roi. Venez à lui, *aucun huissier ou autre ne vous en empeschera*. » Aussi, dit Omer Talon, le roi était-il aimé comme *un bien public*. Le chêne, que l'on montrait encore il y a deux siècles, est tombé de vieillesse ou brisé peut-être par l'orage.... nul n'a pensé à en faire un trône pour nos rois! — C'est de Vincennes que Louis IX partit pour la Terre-Sainte ; c'est à Vincennes que la reine reçut la nouvelle de sa mort.

Philippe-de-Valois fit tracer le plan du donjon et le commença en 1337, sur les ruines du vieux château de Philippe-Auguste. La construction en fut continuée par le roi Jean et terminée par Charles-le-Sage. Les rois de France avaient bien des habitations momentanées en divers endroits de leurs états ; mais Vincennes était le seul manoir royal hors de leur capitale. C'était le lieu des *soulas et ébattements princiers*. Ce château était composé de neuf tours égales ; une dixième, la tour du donjon, habitation ordinaire du roi, de la reine et de leurs enfants, dépassait ces neuf tours où logeaient les princes et les seigneurs.

Bien que Vincennes n'ait été prison d'État qu'à partir du règne de Louis XI, comme les enfants qui trahissent de bonne heure leurs futurs penchants, le donjon, jeune encore, devança son avenir. Pierre de la Brosse, cet homme de basse extraction, ce précurseur d'Olivier-le-Daim, ce barbier du roi saint Louis, devenu chambellan de son fils, fut enfermé à Vincennes d'où il sortit pour être pendu en 1276.

Enguerrand de Marigny passa aussi par ce château ; il y fut rivé par *bons liens et anneaux de fer* jusqu'au jour où on le mena au gibet de Montfaucon qu'il avait lui-même fait construire.

Louis X, Philippe V et Charles-le-Bel meurent à Vincennes, le premier à la suite d'une partie de paume.

Mais le château commence à être utile à la royauté. Après la mort de Charles V, l'oncle de l'héritier du trône, régent du royaume, augmente les impôts. Les bourgeois de Paris prennent les armes, et le jeune roi se réfugie dans son manoir. Alors les troupes royales se mettent à ravager les environs de la ville révoltée, et, après une longue résistance des bourgeois, tout se calme et on leur tire l'argent demandé ; ils n'y gagnent que les horions.

En 1382, Charles VI fait transporter à Vincennes les chaînes des rues de Paris, qui servaient à la sûreté des bourgeois et qui entravaient les évolutions des soldats. Sur la promesse de surseoir à l'exécution de plusieurs chefs arrêtés, la sédition s'apaise, et le prévôt de Paris reçoit l'ordre de faire jeter dans la Seine l'avocat général Desmarest et douze malheureux bourgeois.

Oh ! sous le triste règne du fou couronné, le château et ses environs furent le théâtre d'événements majeurs et de drames honteux. Dans les appartements de la reine, dit Juvénal des Ursins, se passaient des choses très-déshonnêtes, quelque guerre qu'il y eût en France. La folie du roi se déclara sur le chemin entre Vincennes et Paris. C'est là que Bois-Bourdon, successeur du duc d'Orléans dans les faveurs d'Isabeau de Bavière, rencontra l'époux de sa royale maîtresse. Fier de son titre de favori, il dédaigna de mettre pied à terre ; le roi indigné le montra du doigt à Tanneguy-Duchâtel qui lui courut sus et l'arrêta. Bientôt l'amant

fut mis à la question, puis lié dans un sac de cuir et jeté en plein jour dans la Seine. Isabeau reçut au donjon la nouvelle de la mort de Bois-Bourdon et l'ordre de son propre exil ; elle en sortit furieuse et humiliée... Hélas ! elle y rentra plus tard triomphante et plus coupable encore : les Anglais, conduits par cette reine perfide, demandèrent à occuper la forteresse. Vincennes alors fut la cage autour de laquelle rôdait Jean de Bourgogne pour enlever l'otage royal que la reine et les Anglais y tenaient renfermé. Pris et repris par nos troupes et par celles de l'ennemi, le château est donné un jour par Charles VI... à qui, grand Dieu ! au duc d'Exeter !... horrible démence !...

Sur une colline d'où la Marne se déploie aux regards, au milieu de cinquante-deux arpents de chênes et d'ormes séculaires formant de magnifiques bouquets, s'élevait en ce temps là le château *de Beauté*. Ce château fut donné à Agnès Sorel par Charles VII. Le surnom de *dame de Beauté*, que beaucoup attribuent aux charmes séduisants d'Agnès, est donc un simple titre de châtelaine. C'est là que l'amoureux Charles vint se délasser de ses travaux guerriers avant son entrée triomphale à Paris. L'imprudent !... il osa, en ce jour de fête nationale, faire chevaucher auprès de lui sa belle maîtresse... Le peuple en fut indigné ; et Agnès, furieuse et humiliée, regagna bien vite le château, déclarant, la dame de Beauté, que les habitants de Paris étaient des vilains.

Deux ans après, Agnès mourut dans son domaine, empoisonnée, dit-on, par le dauphin. Ainsi débuta peut-être Louis XI. Quel avenir promettait un tel coup d'essai !

Il était presque inutile de le dire : le donjon de Vincennes devint prison d'État sous ce tyran farouche, sous ce politique profond. Toutefois le roi ne cessa pas de venir s'y *esbattre*; il y coucha souvent; il était de ceux qui dorment au bruit des fers rivés de leurs mains.

L'empire de Charlemagne démembré, le pouvoir central détruit par le triomphe de la féodalité, la royauté vivait alors en hostilité avec ses grands vassaux. Les souverainetés locales visaient à une indépendance qui amenait insensiblement la ruine du pays. Louis XI voulut y porter un remède efficace ; et la royauté, appuyée sur le peuple, combattit pour l'unité nationale. Les rois et les peuples ont ensemble écartelé la féodalité.

Louis XI agissait pour le peuple contre les gentilshommes, et le peuple, tout en tremblant devant le roi, n'ignorait pas ses antipathies ; car le roi ne les tenait pas secrètes.

Le 20 avril 1474, Louis XI fait la revue des troupes de la bourgeoisie

de Paris dans la plaine entre Vincennes et Picpus, et elle se trouve réunir

80,000 hommes, tous vêtus de hoquetons rouges avec une croix blanche. Le bourgeois de Paris aimait déjà, à cette époque, à parader et à jouer au soldat. Quelques jours après, le roi passe la revue des gentilshommes, et n'en trouvant aucun en équipage de guerre, il leur fait distribuer des écritoires en leur disant qu'ils se servissent d'une plume puisqu'ils n'étaient pas en état de se servir de leurs armes.

D'autres ont dit les heures terribles de Louis XI. Racontons un de ses moments d'indulgence. Le président Lavaquerie refuse d'enregistrer des arrêts injustes; il va, en tête du parlement, au bois de Vincennes : « Sire, nous venons remettre nos charges entre vos mains et souffrir tout ce qu'il vous plaira plutôt que d'offenser nos consciences. » Le roi révoqua les édits.

— Quel bon vent soufflait à Vincennes? — Louis XI serait-il un roi calomnié? — Non, non; il a trop souvent ouvert le sépulcre dont nous parlons, pour y enterrer l'innocent. Le *droit* et la *puissance* sont deux choses distinctes : Louis XI les confondit toujours. Combien de crimes inutiles a-t-il commis sous prétexte de raison d'État! Toutefois il ne faut pas oublier la situation de la France et, dans l'appréciation de ces atrocités, mettre de côté la dureté barbare de cet âge de fer. Les peines, les châtiments doivent varier avec les circonstances, avec l'état des esprits; le poids des chaînes doit dépendre des époques, et, à ce titre, on peut réserver le blâme le plus sévère pour les vengeances royales des temps postérieurs.

Alors Vincennes dut recevoir quelques-unes de ces petites cages de fer que Commines trouvait fort utiles comme moyen de gouvernement; qu'il conseillait contre plus d'un seigneur, et qui ne déméritèrent pas dans son opinion après y avoir été renfermé lui-même. Semblable à cet officier allemand qui disait, quelques siècles plus tard : « Quant aux coups de bâton, j'en ai beaucoup donné, j'en ai beaucoup reçu et je m'en suis toujours bien trouvé. »

Louis XI était généreux envers ses bons serviteurs; il donna à son complaisant conseiller Olivier-le-Daim deux pièces d'eau : l'étang et le vivier du bois de Vincennes.

Louis XI enfin était superstitieux et dévot; c'est à Vincennes qu'il installa François de Paule, et qu'il humiliait chaque jour la royauté tremblante aux pieds de la vertu et de la piété.

Au nombre des prisonniers d'État enfermés au château de Vincennes sous le règne de François Ier, se trouve un nom illustre : Philippe de Chabot, amiral de Brion. Il fut disgracié, moins peut-être pour s'être enrichi aux dépens du pays, que pour avoir osé dire qu'il avait plus belle maison, plus belle écurie et plus belle femme que le roi.

Et maintenant, par une digression nécessaire, reprenons la description du parc et des bâtiments; et, comme le château a changé de destination, entrons aussi dans ses cachots mystérieux et sombres.

Le parc, d'une étendue de 1467 arpents, est planté en futaie de chênes, de charmes et d'ormes. Les arbres du bois primitif furent abattus dans l'année 1419. La disette fut si grande à Paris qu'on brûlait les solives des maisons; le roi fit faire une coupe à Vincennes et vendit le bois aux Parisiens à un prix exorbitant. En 1754, comme l'indiquent les inscriptions de l'obélisque d'ordre rustique placé au centre des neuf routes du bois, les arbres anciens furent arrachés et la nouvelle plantation eut lieu.

Deux pont-levis, un très-petit pour les gens à pied, un plus grand pour les voitures, s'abaissant l'un et l'autre sur des fossés de 40 pieds de profondeur, laissaient pénétrer dans le donjon; alors deux portes s'ouvraient par le concours nécessaire du porte-clef et du sergent de garde; mais nous ne sommes pas encore dans les tours; pour y arriver, il fallait franchir trois nouvelles portes; puis trois portes encore conduisaient auprès des détenus, et la seule que ces malheureux pouvaient toucher était en fer. Les murs ont seize pieds d'épaisseur; les voûtes trente pieds d'élévation; des lucarnes étaient gardées par de triples barreaux et par de forts grillages. Autour du donjon, se multipliaient les précautions vivantes, gardes-clefs, officiers et sentinelles, rondes de demi-heure en demi-heure....; et le curieux, l'étranger ne pouvaient s'arrêter, en dehors même du château... La sentinelle leur criait de sa rude voix : « passez votre chemin ! »

Le donjon est carré, divisé en cinq étages composés d'une grande salle dont la voûte est soutenue, au centre, par un pilier. Les cachots sont autour. Le comble du donjon forme terrasse. Au rez-de-chaussée est la *salle de la question;* des anneaux de fer, des siéges de douleur, un lit de charpente où le patient reprenait haleine pour souffrir plus longtemps, s'y voyaient encore en 1790. D'ordinaire les prisonniers d'État étaient amenés la nuit. Au bruit solennel du pont-levis, à la voix rauque des verrous, au ronflement des portes tournant sur leurs gonds solides, aux pas répétés par les échos des voûtes, à la vue des escaliers longs et tortueux, à la clarté pâle et vacillante de la lanterne qui allait devant, à la contemplation du cachot, meublé de deux chaises et d'un grabat, à la visite honteuse du guichetier, enfin à ses dernières paroles : *c'est ici la maison du silence!* combien de malheureux, coupables ou innocents, ont dû dire, à peine tombés dans l'isolement : *que n'est-ce ici l'asile de la mort!*

Neuf tours, servant aussi de prison, environnaient le château. Une seule subsiste : *la tour du Diable.* Les autres sont rasées jusqu'à hauteur du mur d'enceinte. Cette enceinte forme un parallélogramme régulier d'une grande étendue. L'aspect du château, sous Charles V, était très-pittoresque. Des gravures nous sont restées qui le représentent dans son intégrité. Catherine de Médicis y apporta de grands changements ; elle fit dresser, en 1560, le plan du nouveau château. Marie de Médicis fit construire, en 1610, les bâtiments du côté de Paris. Louis XIV éleva les deux grands corps de bâtiments du côté du parc. Napoléon y exécuta quelques changements commandés par les impérieuses exigences de sa tyrannie ; enfin de nouveaux bouleversements, de nouvelles précautions sont prises qu'il ne nous est pas possible de décrire, car il ne nous a pas été permis de les mesurer du regard.

C'est à Vincennes que Louis XI institua l'ordre royal et militaire de Saint-Michel ; et les assemblées de cet ordre eurent lieu à la Sainte-Chapelle du château, située dans la seconde cour à droite. Fondée par Charles V, continuée par François Ier, elle fut terminée sous Henri II.

Le seul souvenir que ce roi ait laissé à Vincennes est écrit dans ce lieu saint, en caractères bien profanes, sur les vitraux de Jean Cousin. Diane de Poitiers y est représentée toute nue, et la lettre H s'y unit amoureusement au croissant de Diane.

Nous voici à l'époque où des noms glorieux vont se presser sous notre plume pour le martyrologe du donjon de Vincennes. Nous allons voir figurer tour à tour princes et généraux d'armée, évêques et cardinaux, empoisonneuses célèbres, femmes inspirées et princesses du sang royal, philosophes illustres et avocats célèbres, écrivains immortels et membres des parlements ; que de grands hommes nationaux, que de héros étrangers ont passé sur le pont-levis, escortés de hallebardiers, de mousquetaires, de suisses ou de gendarmes ! Malheureusement les scènes intérieures y furent moins variées que les noms, que les rangs, que les professions des victimes. Dans une prison, les jours se traînent fatigans, mortels et surtout monotones. C'est à peine si nous aurions une fraîche *picciola* à signaler auprès d'un captif, une araignée à suivre de l'œil, comme Pélisson sous les verrous de la Bastille.

La Bastille !.... Elle était à Vincennes ce que la bourgeoisie était à la noblesse. Vincennes était la grande prison et la prison des grands. A la Bastille, il y eut plus de criminels d'antichambre et de boudoir que de criminels d'État.

Ayez de l'esprit, et faites une épigramme contre un ministre, contre une courtisane titrée ; soyez un chansonnier, et rimez un couplet politique ; soyez un philosophe, et hasardez une théorie sociale : à ces causes, vous irez à la Bastille ; mais, soyez un gentilhomme puissant, et osez regarder en face la royauté, épée à la main ; soyez le frère d'un roi, et refusez d'obéir à votre auguste maître ; soyez un cardinal audacieux, et avisez-vous de perdre votre bréviaire dans la mêlée chantante de la Fronde ; soyez un chef de parti, un chef de secte, un chef d'école entreprenant, un ennemi redoutable : à ces causes, vous aurez l'honneur d'aller à Vincennes. Encore une fois, si vous n'avez que de l'imprudence et de l'esprit, vous coucherez à la Bastille ; si vous avez de la volonté et de la force, voilà le donjon de Vincennes !

Les premiers flots soulevés de la ligue vinrent battre autour du château de Charles V. Les Guise, à peu près maîtres de la personne du roi, l'y retenaient prisonnier. Patience ! Charles IX n'était pas roi à rester sans vengeance? Le duc d'Alençon et le roi de Navarre furent conduits à Vincennes, et la reine-mère les rudoya vertement durant tout le chemin. Charles IX les tint enfermés sous ses yeux; car le complot de La Mole et de Coconas venait d'être déjoué, et les choses allèrent au point qu'on parla de faire aussi le procès aux deux princes. La Mole et Coconas, enfermés au donjon, payèrent seuls de leur tête ce complot de famille. Mais le roi qui, depuis longtemps, avait pour idée fixe la strangulation de La Mole, fut contrarié dans cette bénigne espérance; le conspirateur en fut quitte pour la décapitation..... La Mole légua sa tête à la reine Marguerite qui l'enleva du poteau, l'emporta dans son oratoire et la baisa amoureusement durant plusieurs jours. Coconas pensa, en mourant, à autre chose qu'à ses amours : « Messieurs, dit-il au peuple, avant de se livrer à l'exécuteur, vous voyez que les petits sont pris, et les grands demeurent, eux qui ont fait la faute. »

Ainsi finit la conspiration des *malcontents,* qui se noua et se dénoua à Vincennes.

Henri de Navarre était peu poltron de sa nature. Il eut peur cependant une fois.... et ce fut à Vincennes, le jour de la mort de Charles IX. Le roi désira le voir, et Catherine, craignant que son fils ne voulut conférer la régence au Béarnais, chercha à intimider son ennemi. L'Italienne ordonna à Nancey, capitaine des gardes, de faire passer Henri sous la galerie des voûtes, entre les soldats en haie et en posture menaçante. Le roi de Navarre tressaillit de peur et recula. Nancey le rassura, lui jurant qu'il n'aurait aucun mal. Henri se fia à sa parole, monta l'escalier du donjon et arriva auprès de Charles IX qu'il trouva délirant, mourant, et s'écriant avec des sanglots : « Ah! ma nourrice, ma mie, ma nourrice, » que de sang et que de meurtres ! Ah ! que j'ai suivi un mauvais » conseil, nourrice !... O mon Dieu, pardonne-les moi et fais-moi misé- » ricorde, s'il te plaît ! O nourrice ! tire-moi de là, je ne sais où j'en suis, » tant ils me rendent perplexe et agité. Que deviendra tout ceci !... Que » ferai-je ? Je suis perdu ! Je le vois bien ! » — Que de sang ! Que de meurtres ! s'écriait le moribond..... Le spectre de Coligny était là, une blessure au cœur, et montrant d'une main les eaux de la Seine rougies et roulant des cadavres sans nombre.

Henri III monte sur le trône et cache dans les appartements royaux de

Vincennes ses orgies et ses mignons. Oh! détournons nos regards... où les porter, grand Dieu! Le crime et le vice nous enveloppent.... Quelle époque! Guerres, révolutions, trahisons, perfidies, meurtres, empoisonnements, croyances opposées. La Ligue, voilà le drame; la Fronde en fut plus tard la parodie.... Catherine domine ce tableau.... Catherine, élevée à l'école de Machiavel et toute préoccupée de la politique de Florence, arrive en France au moment où tout était en question : la branche de Valois presque éteinte, les Guise ayant deviné que pour être fort, un prince n'avait plus qu'un moyen : la popularité; et puis les controverses religieuses renforçant les controverses politiques. Bourgeois, magistrats, hommes d'église, hommes d'épée, tous se mesurant de l'œil, se provoquant de la voix, se heurtant de la parole et de l'épée. Voilà ce que la reine Médicis avait mission de vaincre par des fêtes et des supplices, par l'or et par la prison, par l'astuce et par la force.... Et Vincennes fut le confident de ses projets, le sombre exécuteur de ses desseins, sa citadelle inexpugnable. A Vincennes, en effet, est le palladium de la royauté. Ce château, dit un historien, est un monument que tous les rois, successeurs de Charles V, ont respecté, habité, conservé, embelli, entretenu, fortifié. Nos rois le regardent comme leur principal manoir, comme le fief de leur couronne le plus nécessaire à garantir de tout événement.

Le 12 juin 1590, Henri IV attaque inutilement, et pour son propre compte, le château de Vincennes, qui fait sa soumission le 27, le même jour que la Bastille sa succursale. Bientôt Gabrielle d'Estrées y accouche d'un enfant qui, sous Louis XIII, y meurt prisonnier et empoisonné; là fut le berceau et la tombe du grand prieur de France. Son frère, César de Vendôme, prisonnier comme lui, fit, plus tard, sa soumission à Richelieu; et l'on remarqua qu'à sa sortie du donjon, il ne donna aucune gratification aux geôliers. Peut-être avait-il pensé que c'était l'affaire du cardinal et non la sienne.

A mesure que nous avançons, notre œil s'habitue et sonde les profondeurs des cachots; les traits se dessinent, et nous reconnaissons des figures familières. Voici d'Ornano, ce maréchal d'antichambre, que Louis XIII vient d'y jeter après lui avoir prodigué tout un jour ses caresses les plus tendres. D'abord servi au donjon par les officiers de la bouche du roi, un beau matin, d'Hécourt, le gouverneur, lui donna ses gens. Ce changement étonne, effraie le maréchal qui refuse de manger; ce que voyant, d'Hécourt lui dit avec la gentillesse d'un geôlier : « Guérissez-vous de la crainte du poison; car, le jour que le roi le voudra, je vous poignarderai de ma main, sans m'amuser à faire couler goutte à goutte un philtre dans vos veines. » On présume que ces paroles ne dounèrent pas de l'appétit au maréchal. Au reste, il n'eut pas le temps de mourir de faim; il fut emporté par *une fièvre pourprée*.

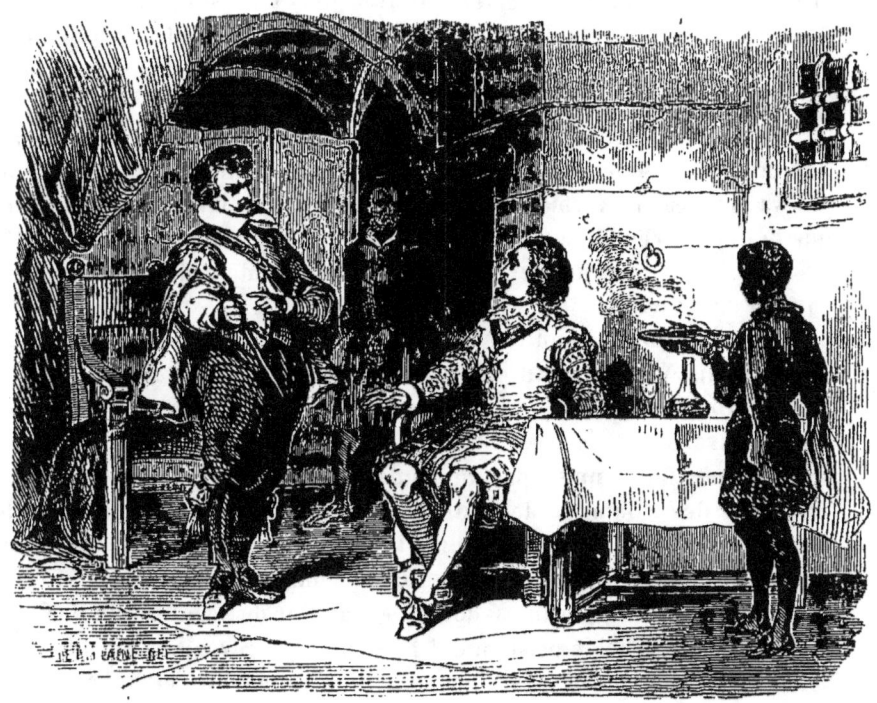

Quel est ce prisonnier précédé et suivi par les respects des gardiens? C'est *Monsieur*, que le roi son frère fait enfermer, en 1629, sur le refus de le suivre en Italie.

Bientôt après, Puilaurens, favori de Gaston, est appelé au Louvre pour répéter un ballet. On l'arrête avec Dufargis, Ducoudray, Montpensier et Besari... un de plus qu'un quadrille de danseurs! Puilaurens et Dufargis, les plus importants des cinq, sont conduits à Vincennes, où Puilaurens meurt comme étaient morts le maréchal Ornano et le prieur de Vendôme, d'une *fièvre pourprée*.

Qu'en disent les étymologistes? Comme on trépasse dans ce pays si sain dont le nom dérive de *vita sana*. Richelieu, parfois plaisant, fit avant nous cette remarque. « Voilà un air bien merveilleux que celui de Vincennes, qui fait ainsi mourir les gens de la même façon. »

Mais voici venir deux femmes... Louise-Marie de Gonzague, par ordre de Marie de Médicis, pour l'empêcher d'épouser ce Gaston d'Orléans, si fatal déjà à ses amis; puis la duchesse d'Aiguillon; celle-ci, au moins, y trouve un asile assuré contre les violences de la reine-mère.

Ce n'était pas assez des femmes pour ce sombre labyrinthe, au fond duquel un autre Minautore semblait réclamer tous les jours de nouvelles victimes. L'abbé de Saint-Cyran y entra sous prétexte de jansénisme; et Jean de Werth, que nous verrons arriver plus tard sous ces voûtes néfastes, disait, à propos de l'emprisonnement du docte abbé et du goût de Richelieu pour les spectacles, qu'en France on voyait les cardinaux à la comédie et les saints en prison.

Jean de Werth était exact de moitié : les cardinaux allaient aussi au donjon de Vincennes; témoin, plus tard, le cardinal de Retz, auquel on enleva *son bréviaire* formé d'un manche et d'une fine lame. Plus généreux que le duc de Vendôme, le coadjuteur donna, en sortant, à la chapelle de Vincennes, les calices et les burettes d'argent dont il s'était servi durant sa détention.

Et pendant tout ce mouvement de fers rivés, de tortures infligées, que faisait Louis XIII ? Il tirait de l'arquebuse; ce qui fit dire, par allusion à son surnom de *Juste,* que l'esclave de Richelieu était juste.... au tir de l'arquebuse.

Mais nous ne sommes pas au bout des luttes ruineuses, des guerres civiles et des calamités de toute sorte occasionées par les princes du sang, constamment occupés à flairer la couronne de France. Place! place aujourd'hui au prince de Bourbon Condé, dont l'épouse dévouée partage le cachot. Place encore au roi des halles, au duc de Beaufort, fils de César de Vendôme, l'ancien prisonnier! Le donjon lui revenait de droit; aussi semble-t-il en prendre possession comme d'un manoir patrimonial. Mais cinq ans, c'est trop de prison!.... Et le roi des halles échappe au roi de France. Les prisonniers d'État passaient des châteaux forts au donjon de Vincennes quand ils avaient un parti, quand on leur savait de nombreux adhérents, quand enfin ils étaient à redouter ou quand une puissance amie les recommandait au roi de France. C'est à ces divers titres, qu'après la bataille de Sens, on y mit les prisonniers de marque; que Jean de Werth y fut renfermé à la suite de sa défaite de Rheinsfeld; que le prince Casimir y fut transféré du château de Sisteron; que le comte palatin l'y suivit de près; que Rantzaw y expia ses triomphes, après avoir dispersé sur vingt champs de bataille ses membres et sa gloire.

Singulier contraste des destinées humaines ! jeu bizarre des révolutions! Nous avons vu des princes, Henri IV, entre autres, prisonniers dans leur futur manoir royal. Voici Chavigny, qui ne fait qu'un saut de ses appartements de gouverneur dans le cachot le plus obscur. Bournonville eut le même sort après avoir eu la même qualité; et Bassompierre, que nous avons oublié de signaler pour avoir escorté de la Bastille à Vincennes le prince Henri de Bourbon Condé, le voici qui arrive, triste et penaud, au milieu des gardes; c'est pour lui, cette fois, que le pont-levis s'abat et se relève, sur lui que se referment les triples portes d'un cachot, en son honneur enfin, que sont mises en jeu toutes les précautions tyranniques.

Vide un instant de princes du sang, le donjon réclamait sa proie habituelle. Il en reçoit une magnifique fournée : le prince de Condé, le prince de Conti et le duc de Longueville. « Oh le beau coup de filet ! s'écria le duc d'Orléans ; on a pris du même coup un lion, un singe et un renard. » Les trois princes ne contemplèrent pas du même œil les sombres murailles de leur prison. Le duc de Longueville était fort triste et ne disait mot ; le prince de Conti pleurait et ne bougeait presque du lit ; Condé jurait, chantait, jouait au volant, s'instruisait dans des livres au grand art de la guerre, entendait la messe et faisait maigre les vendredis. Le héros cultivait des fleurs aussi ; et mademoiselle de Scudéry, accourue à Vincennes, comme tout Paris, pour voir le jardin du grand Condé, composa ce madrigal mille fois cité :

> En voyant ces œillets qu'un illustre guerrier,
> Cultiva d'une main qui gagna des batailles,
> Souviens-toi qu'Apollon a bâti des murailles,
> Et ne t'étonne plus que Mars soit jardinier.

Un jour le prince de Conti pria le gouverneur de lui envoyer l'Imitation de Jésus-Christ. — « Et vous, M. le prince ? demanda le gouverneur à Condé ; — Moi, reprit celui-ci, je vous prie de me faire passer l'imitation de M. de Beaufort. » Pour que son prisonnier ne pratiquât pas cette imitation, le gouverneur redoubla de surveillance ; il était de cette espèce de courtisans dont M. le prince disait qu'ils tiendraient un certain vase aux personnages en faveur, et qu'ils le lui renverseraient sur la tête au jour de la disgrâce. Celui qui fut le grand Condé dut se rappeler plus d'une fois le mot de Cromwell visitant le donjon qui déjà avait servi de prison à Henri IV et aux Vendôme : « On ne doit toucher les princes qu'à la tête. »

Les captifs issus d'un sang royal n'étaient pas traités au château de Vincennes, comme les prisonniers *du commun*. On leur faisait bon lit et bonne table ; ils étaient servis par les gens du roi ou par ceux du gouverneur... Le coadjuteur cardinal de Retz y fut reçu comme un prince ; la chère de sa table était exquise, on lui donnait même la comédie. Mais les fers, pour dorés qu'ils soient, n'en sont pas moins des fers ; comme les princes du sang, le prince de l'église tenta plusieurs évasions qui échouèrent.

Le règne brillant et désastreux de Louis XIV, fastueuse et funeste époque, marquée par tant d'éclat et de gloire, par tant de revers et d'oppressions, laissa des souvenirs d'un genre moins lugubre au château et au bois de Vincennes. On croit Versailles né avec Louis XIV ; il n'en est cependant que le fils ou plutôt le favori. Favori ruineux, *favori sans mérite*, comme on l'appelait à l'époque où il dévorait tout l'or de la France. La jeunesse de Louis XIV se passa à Vincennes ; Vincennes et

ses frais ombrages virent naître et grandir les premières amours du roi;
le parc réclame à celui de Versailles la plus belle fleur de sa couronne.
Voyez, voyez Louis et Beringhen suivre d'arbre en arbre, de taillis en
taillis un essaim de jeunes filles. Elles pénètrent dans *le petit parc* voisin
de Saint-Mandé. Est-ce l'amour qui les y conduit? Oui l'amour, mais

l'amour naïf encore, le simple désir de se reconnaître, de se rendre
compte d'un premier battement de cœur. Écoutez le doux roucoulement
qui s'échappe de cette nichée de blanches colombes.

— Quel est le plus aimable, le plus beau des danseurs du dernier
ballet de la cour?...

— C'est M. d'Armagnac.

— C'est le marquis d'Alincourt.

— C'est le comte de Guiche.

— Et vous, Louise, pourquoi nous taire votre secrète préférence?
Craindriez-vous de vous confier à vos amies ; car vous ne pouvez être insensible au point de n'avoir remarqué aucun gentilhomme.

— Eh! qui peut-on remarquer auprès du roi?

— Du roi... Ah! Louise, il faut donc être roi pour vous plaire?

— Non, car je l'aimerais... s'il n'était pas roi.

C'était le roi qu'aimait Lavallière, et non la royauté... Fêtes, comédies,
chasses, tournois, tout fut prodigué pour vaincre de pudiques résistances.

Le ciel même sembla venir en aide au pouvoir royal. La cour se promenait dans le parc de Vincennes. Tout à coup la pluie tombe par torrents. L'étiquette est submergée; on se disperse, et chacun court à un lointain abri... — Lavallière était boiteuse, elle resta la dernière... ou plutôt, ils restèrent deux.... Un amant règle toujours son pas sur celui de sa maîtresse. Fatal orage!.... mais n'était-ce point une averse préparée, une pluie machinée?... Louis en était bien capable.

Fouquet, un jour, voulut disputer au roi la faveur de soutenir les pas inégaux de Louise de Lavallière.... Ce fut Fouquet qui glissa.... et Vincennes est l'une des cinq prisons dans lesquelles il expia son orgueilleuse folie. D'Artagnan le conduisit à Pigneroles et, quelques années plus tard, le capitaine des gardes fit le même voyage avec le présomptueux Lauzun, auquel le roi avait donné Vincennes pour retraite provisoire. On s'étonne, au passage rapide de tant de prisonniers, que l'énigme vivante du règne de Louis XIV n'ait pas visité un seul jour le donjon sous son terrible masque de fer.

Là était mort Mazarin, en restituant au roi des trésors immenses, fruit de ses rapines. Le roi, toujours prodigue des deniers de la France, rendit l'héritage aux parents du ministre.

Des négociants français obtiennent à Vincennes l'autorisation de fonder la compagnie des Indes. Bientôt après, une chambre y siége pour juger les financiers déprédateurs; enfin la célèbre chambre ardente y tient ses premières séances contre cette bande d'empoisonneurs et d'empoisonneuses, qui formaient une chaîne depuis le cabinet magique de Lesage et le confessionnal du père Guibourg jusqu'aux hôtels de Bouillon, de Luxembourg et de Soissons, en passant par les laboratoires de la Voisin, de la Vigoureux et de la Brinvilliers.

Oh! les lettres de cachet fonctionnèrent pour Vincennes : une d'elles y conduit le comte de Thunn, par cela seul qu'il est l'ennemi personnel de d'Argenson; et le fils y rejoint bientôt le père, pour avoir osé élever la voix contre un tel acte de tyrannie. Bien plus, le comte Kunisberg y est plongé, convaincu *d'avoir commerce avec ses parents en Allemagne!*

Le roi vieillit. Aux plaisirs mondains succèdent les terreurs divines : madame Guyon, l'ennemie de Bossuet, pourra se livrer, dans un cachot de Vincennes, à ses subtilités théologiques; ridicule prélude à la révocation de l'édit de Nantes! Ce décret barbare est signé dans ce fatal château que l'intolérance peuple soudain de calvinistes. Encore si les catholiques romains avaient eu du répit! Mais non; des chanoines de Beauvais y arrivent, sous la prévention de conspiration contre l'État. Justifiés et leur calomniateur pendu, ils sont remplacés par un modeste frotteur accusé d'avoir empoisonné Louvois... Où diable le soupçon va-t-il se nicher! Ce que le roi redouta pour ses ministres, il le craignit bien plus pour lui-même, et le donjon abaissa son pont-levis pour plus d'un bavard de cabaret, soupçonné de mauvais desseins contre Louis vieux et poltron.

La régence fut assez bénigne; toutefois les noms de Polignac et de Clermont figurent sur les registres d'écrou du donjon, à l'époque correspondante au procès des princes légitimés. La conspiration de Cellamare y amena aussi quatre personnes dont les noms et la patrie sont demeurés inconnus; enfin, l'abbé Lenglet y précéda l'abbé Margon, celui-ci, vil espion du cardinal Dubois, l'autre, honnête habitué des prisons d'État, et qui répondait à chaque visite de l'exempt: « Ah! bonjour M. Tapin... attendez que je prenne mes livres, mon linge et mon tabac. »

Jansénius fut alors le grand pourvoyeur du donjon. Les conseillers du parlement de Paris qui, contrairement à la défense du roi, veulent connaître des affaires ecclésiastiques, y sont jetés pêle-mêle avec les jansénistes de tout froc et de toute robe, moines, curés, diacres, prêtres de l'Oratoire, chanoines... sans excepter ceux de la Sainte-Chapelle de Vincennes... Et puisque ce nom se représente, rentrons un instant à cette Sainte-Chapelle pour y recueillir un souvenir du règne de Louis XV, et y réparer un oubli. Sous un ancien roi, un des chanoines tomba amoureux d'une demoiselle de qualité; la demoiselle résistait à la séduction et à son propre penchant. « Il est défendu aux prêtres d'aimer les femmes, disait-elle. — Oui, répliqua le chanoine, mais il n'est pas défendu aux femmes d'aimer les prêtres, » La noble demoiselle céda. Le chanoine avait inventé, avant Tartufe, les accommodements avec le ciel. Louis XV se souvint de cette anecdote le jour qu'il permit aux chanoines de Vincennes d'avoir une servante. Cette tolérance contrasta avec la sévérité qu'afficha le sultan du Parc-aux-Cerfs, quand il fit mettre Crébillon fils au donjon, après la publication du roman *Tauzaï et Néardané*.

En Angleterre, le bon ordre s'appelle *la paix du roi*; en France, le bon ordre, c'est la paix des favorites; la tête sacrée entre toutes, ce fut la leur, sous le règne du *Bien-Aimé*. Malheur à qui touchera à leur beauté, à leur fraîcheur, à leur fard, à leurs mouches! Un bâtard du duc de Vendôme, désireux, sans doute, de prendre sa part de l'héritage de ses aïeux, se fait mettre au donjon comme auteur de la brochure des *Trois Maries*, où sont dévoilés les amours du roi avec les trois sœurs de Mailly. — Malheur à qui dira une parole légère sur Cotillon! Le simple *soupçon* de cette énormité conduit à Vincennes! — Malheur à qui mettra obstacle aux razzias de jeunes vierges faites pour le compte du satyre couronné: un père essaie de s'opposer au déshonneur de sa fille... il entre à Vincennes, et sa fille entre au Parc-aux-Cerfs! — Malheur à qui se jouera de la crédulité de la concubine royale! Mazers de Latude est plongé trois fois dans ses sombres cachots par la haine implacable de madame de Pompadour et des fidèles exécuteurs de ses vengeances posthumes. Deux fois le malheureux se sauve de Vincennes et, repris deux fois, on l'accouple aux scélérats de Bicêtre, on l'enferme dans un cabanon de Charenton.

Après avoir osé toucher aux grandes dames, voici que les audacieux touchent aux grands principes. Richelieu et Mazarin avaient dégagé la royauté des ambitions princières; le pouvoir n'ayant plus de bras forts à enchaîner, essaya de river aux cachots la pensée plus puissante. Diderot, l'homme de la conversation, ce propagateur qui jetait ses idées dans un salon comme un prodigue fait de son or, et qui fut l'un des athlètes les plus formidables et peut-être le plus influent penseur du dernier siècle; Diderot, prince de la pensée opposante, y succède aux princes conspirateurs. Mais ce destructeur de toute superstition, un cachot le rendit superstitieux : « Moi-même, écrivit-il plus tard à Madame
» Volland, moi-même j'ai tiré une fois les sorts platoniciens. Il y avait
» trente-huit jours que j'étais enfermé dans la tour de Vincennes; j'a-
» vais un petit Platon dans ma poche et j'y cherchai à l'ouverture quelle
» serait encore la durée de ma captivité, m'en rapportant au premier
» passage qui me tomberait sous les yeux. J'ouvre et je lis en haut d'une
» page : *Cette affaire est de nature à finir promptement.* Je souris, et un
» quart d'heure après j'entends les clefs ouvrir les portes de mon cachot.
» C'était le lieutenant de police Berryer qui venait m'annoncer ma déli-
» vrance pour le lendemain. »

L'abbé Morellet y suit Diderot, pour une brochure intitulée *la Vision*, bien malheureux peut-être de ne pouvoir avant tout mettre en pratique son dicton favori : *Une indigestion pousse l'autre...*

Ce mot d'un gourmand rappelle, par le contraste, Leprévôt de Beaumont mis au donjon pour avoir découvert le *pacte de famine.* Voyez comme chaque arrestation est un outrage au bon droit; comme chaque jour de prison est une insulte à l'humanité... Patience! nous marchons à grands pas vers la ruine des abus monarchiques et judiciaires. Le comte de Mirabeau, l'ami des hommes, y expie son *Traité des Impôts*; et le tribun de 1789, Mirabeau son fils, y burine ses pages éloquentes sur *les Lettres de cachet et les prisons d'État.* Dès lors, les abus que les puissants génies sont allés reconnaître dans l'ombre des sépulcres périssent un à un à la lumière de la publicité, semblables à ces prisonniers qui, longtemps enfermés dans les ténèbres, expirent en voyant le soleil.

En 1784, les prisonniers du donjon sont transférés à la Bastille. Le jour où Vincennes cessa d'être prison d'État, la royauté commit une grande imprudence. Le despotisme y était bien plus tranquille; il lui était permis d'y opérer avec sécurité, sans qu'aucun cri des victimes arrivât au cœur de la grande cité.

A part une émeute, en 1791, dans laquelle Lafayette commença à compromettre sa popularité en dispersant le peuple du faubourg Saint-

Antoine qui voulait faire subir à Vincennes le sort de la Bastille, le château n'offre rien de particulier durant la période révolutionnaire. Les saints mystères avaient été profanés ; le grand arcane du gouvernement royal devait suspendre sa fonction.

Napoléon ouvrit le donjon et ses cachots à de nouvelles victimes : de honteuses manœuvres, des violences arbitraires, des soupçons érigés en preuves, des paroles incriminées comme des actes, des complots suscités par la provocation, couvés par l'espionnage, trahis par la délation, voilà les procédés et les conséquences de la police politique. Le duc d'Enghien, le dernier des Condé, amené à Vincennes dans la nuit du 20 au 21 mars 1804, y fut aussitôt interrogé, jugé, condamné et fusillé. Les cardinaux et les prélats qui manifestèrent une opinion contraire à celle du Pape et de l'Empereur visitèrent la nouvelle prison d'État. On y tint renfermés aussi le général Palafox, défenseur de Sarragosse ; les chefs de la garnison de Valence, Mina, bien jeune encore ; des prisonniers de guerre autrichiens et anglais ; enfin plusieurs conspirateurs ou prétendus assassins de Napoléon.

Détruisons ici, quoique à regret, une erreur populaire. On a dit et l'écho public a répété, qu'en 1814, le général Daumesnil, dont *la jambe de bois* attestait les glorieux services, résista, en sa qualité de gouverneur de Vincennes, aux menaces d'un assaut et à des offres d'argent considérables qui lui auraient été faites par l'ennemi. Certes le brave général eût vaillamment défendu son poste militaire et repoussé, sans nul doute, une proposition déshonorante ; mais il ne fut mis à même de prouver, ni la fermeté de son courage ni son désintéressement. La place de Vincennes ne valait pas qu'on l'achetât, car elle ne valait même pas qu'on la prît. — Pourquoi, dira-t-on peut-être, pourquoi détruire une erreur glorieuse ? — Parce que l'erreur est toujours funeste. C'est en laissant circuler ce qu'il est facile de contredire, qu'on arrive à faire douter de la vérité même. Grâce au ciel, la France est assez riche en hauts faits authentiques, pour qu'elle puisse rejeter l'erreur sans appauvrir son histoire.

Les derniers prisonniers politiques qui aient habité le donjon, sont les ministres signataires des ordonnances de juillet 1830. On jugea prudent, avant et après leur condamnation par la Chambre des Pairs, de les éloigner de Paris.

En ce moment une trentaine de millions se dépensent à Vincennes : 6 millions pour fortifications nouvelles, 1 million pour un arsenal d'artillerie, 1 million pour une fonderie, 1 million pour une manufacture d'armes, 500,000 fr. pour un arsenal du génie, 3 millions pour des casernes, 12 millions pour des hôpitaux, 4 millions pour une manutention de vivres pour 100,000 hommes, 1 million et demi pour magasins destinés à divers usages.

Moulin-Joli.

Avant de quitter le château, montons sur la plate-forme du donjon. L'empire en avait fait une cage aérienne, pour que les prisonniers ne cherchassent pas, nouveaux Dédale, leur liberté à travers les airs. De ce point culminant, le coup-d'œil est magnifique, immense. Nos investigations ne s'étendront pas aussi loin que le paysage. Bornons-les, dans la direction du nord de Vincennes, à *Montreuil* ou *Moustier*, dont les pêches veloutées et succulentes sont les plus renommées de France. Plus près, remarquons Fontenay-sous-Bois, riche de ses sources d'eau qui allaient alimenter le château de Beauté dont notre œil cherche et parcourt l'emplacement avant de se porter dans la péninsule formée par la Marne, non loin du bois de Vincennes. Dans ce gracieux crochet d'argent est enchâssé le village de Saint-Maur, célèbre par l'abbaye des savants Bénédictins dont Rabelais obtint la prébende. Mais ce n'est pas assez pour ces sites riants d'avoir donné naissance à Pantagruel, ils furent encore le berceau du théâtre français. C'est là, en effet, qu'après la représentation solennelle d'un mystère, Charles VI donna aux confrères qui venaient de jouer la *Passion de Jésus-Christ* des lettres-patentes qui leur permirent de s'établir à Paris.

Toujours en virant de gauche à droite, et en reportant au loin nos regards, signalons, bien au-delà de la Marne, le joli village de Créteil. Charles VI y fit bâtir une petite maison pour Odette, cette pauvre fille d'un marchand de chevaux, dont la douce voix avait le pouvoir de la harpe de David. Plus près de nous est Alfort et son école vétérinaire ; puis trois anciens villages n'en formant qu'un aujourd'hui. D'abord Charenton et les Carrières ; ensuite Charenton-le-Pont, ainsi nommé à cause de son pont sur la Marne, où se sont passés tant de faits d'armes, depuis l'année 865 que les Normands le rompirent, jusqu'au 30 mars 1814 qu'il fut vaillamment défendu par les élèves de l'école voisine ; enfin Charenton-Saint-Maurice, où était le célèbre temple protestant, construit avec l'autorisation de Henri IV et renversé par l'intolérance de son petit-fils. C'est encore à Charenton-Saint-Maurice, qu'en 1741, Sébastien Leblanc fonda la triste maison où, depuis cette époque, languissent tant de malheureux privés de ce qu'il y a en nous de noble et de divin : l'intelligence.

Avant de quitter ce panorama ravissant, voyez, voyez au *confluent* de la Marne et de la Seine, le somptueux *Conflans*, maison de plaisance des archevêques de Paris, riche surtout en traditions mondaines depuis le mondain François de Harlay. Voyez, encore plus près de nous, Bercy et ses riches caves que le voisinage de la Seine n'a pas préservées, en 1820, d'un affreux incendie ; voyez enfin, au sud-ouest de Vincennes, Saint-Mandé et son avenue du Bel-Air ; Saint Mandé et son cimetière. — Double souvenir toujours présent et toujours douloureux ! — C'est dans une maison de cette avenue, qu'après une longue agonie dont nous fûmes témoins, cessa de battre un noble cœur, cessa de penser une puissante tête; c'est dans le modeste cimetière de ce village que s'élève une statue devant laquelle le visiteur prononce les mots : gloire! patrie! courage! liberté! en lisant sur le socle le simple nom d'*Armand Carrel*.

J'ai fini... et tout le passé m'apparaît, et mille et mille infortunes s'encadrent sous mes yeux entre ces murailles que l'on restaure, et ma poitrine se gonfle de douleur et d'indignation! Nous sommes entrés dans les cachots de Vincennes pour les apprécier, de même qu'il faut entrer dans la pensée d'un homme pour le connaître... Que de hideuses pages de l'histoire il nous a été donné de toucher dans notre visite rapide! Ici des maximes cruelles, là des abus tyranniques! Pour quelques souvenirs glorieux qui sont restés, pour quelques images riantes qui nous sont apparues de loin à loin, que de douleurs! que de tortures! que de larmes! que de sang!...

L'histoire d'une prison d'État, c'est le martyrologe des nobles cœurs, des hommes de progrès et d'avenir!

ÉTIENNE ARAGO.

SCEAUX
ET
SES ENVIRONS

Lorsque Louis XIV, infidèle à Saint-Germain qui l'avait vu naître, mais d'où malheureusement on apercevait la flèche de Saint-Denis, eut doté Versailles de son palais doré et de ses eaux miraculeuses ; dès qu'il eut planté ces arbres aujourd'hui deux fois séculaires, tous les courtisans voulurent imiter un luxe qui flattait la vanité du maître ; tous demandèrent des plans à Mansard, des plafonds à Lebrun, à Lenôtre des jardins. Colbert, le sage Colbert céda à l'entraînement général, et il ne s'attacha pas à un favori sans mérite comme avait fait Louis XIV ; il tourna les yeux du côté du sud, prit le chemin qui mène à Orléans, dépassa Arcueil aux fraîches arcades, laissa derrière lui Bourg-la-Reine tout rempli encore des souvenirs d'Henri IV et de Gabrielle, et, à une demi-lieue de ce Fontenay où foisonnent les roses, il acheta, en 1670, la terre de Sceaux qui appartenait alors au duc de Tresme, lequel la tenait de Louis Potier de Gesvres, son frère, tué en 1621 au siége de Montauban. Le duc de Tresme avait eu le crédit de faire transporter à Sceaux des foires et des marchés de bestiaux, qui se tenaient auparavant à Bourg-la-Reine, et il est probable que ce fut une des raisons qui décidèrent l'habile ministre. Colbert employa toute son influence à favoriser les marchés de Sceaux, qui ont résisté à toutes les révolutions, à tous les changements de gouvernement, de dynastie, et qui sont encore aujourd'hui des marchés rivaux de ceux de Poissy.

Le premier propriétaire, Potier de Gesvres, avait fait bâtir un château dont la tradition raconte encore des merveilles. Colbert ne voulait que des merveilles écloses sous le règne du grand roi ; il fit abattre le château. Tout fut abattu et remué ; il semblait que, pareil au laboureur de La Fontaine, le ministre dût trouver un trésor sous chaque motte de terre : c'était tout simplement pour faire place nette aux architectes et à Lenôtre.

Le nouveau château s'éleva comme par enchantement. On y arrivait par une longue avenue qui partait du chemin d'Orléans pour ne finir que

devant la grille de la cour d'honneur. Sept pavillons disposés en demi-lune, et communiquant l'un à l'autre, par des galeries, formaient l'édifice entier. Colbert avait cédé au goût de son temps, et avait permis qu'on donnât aux divers pavillons, les noms : de Pavillon de Flore, de l'Été, du Printemps, de l'Aurore. Il ne reste plus aujourd'hui que le pavillon de l'Aurore. C'était Girardon qui avait sculpté la Minerve qui brillait sur le fronton du pavillon principal ; la déesse était représentée assise et, par un artifice du sculpteur, de quelque côté qu'on la regardât, on la voyait tout entière. Ainsi Colbert laissait au roi Bellone, Vénus, Mars et Jupiter lui-même, il permettait aux courtisans de se partager tous les dieux, tous les demi-dieux de l'Olympe, il ne se réservait que Minerve. La chapelle, l'orangerie, répondaient à la magnificence du château, et les jardins, moins vastes que ceux de Versailles et de Chantilly, ne le cédaient en élégance, dit un historien de l'époque, qu'à ceux que planta Lenôtre à Clagny quelques années plus tard. Le jardinier courtisan réservait les prodiges les plus exquis de son art pour la maîtresse du roi ; aussi voyez ce qu'en dit madame de Sévigné :

« Nous fûmes à Clagny ; que vous dirai-je ? C'est le palais d'Armide. Le » bâtiment s'élève à vue d'œil ; les jardins sont faits... ! Vous connaissez » la manière de Lenôtre. Il a laissé un petit bois sombre qui fait fort bien. » Il y a un bois entier d'orangers, dans de grandes caisses ; on s'y pro- » mène, ce sont des allées où l'on est à l'ombre ; et, pour cacher les cais- » ses, il y a des deux côtés des palissades à hauteur d'appui, toutes fleu- » ries de tubéreuses, de roses, de jasmins et d'œillets. C'est assurément » la plus belle, la plus surprenante et la plus enchantée nouveauté qui » se puisse imaginer... On aime fort ce bois. »

Les petits bois obscurs pouvaient convenir à madame de Montespan ; ce n'était pas l'affaire de Colbert : aussi Lenôtre entoura-t-il le château de Sceaux d'arbres de haute futaie. Sur l'un des côtés du parterre était l'orangerie ; de l'autre, s'élevait un massif de marronniers qui formaient un vaste carré ; on l'appelait *le salon des marronniers*. Le milieu était occupé par un bassin auquel deux figures représentant Carybde et Scylla fournissaient de l'eau. L'élément liquide s'échappait par torrents de la bouches des deux monstres placés l'un vis-à-vis de l'autre ; il tombait en écumant dans le bassin, dont la surface n'était jamais tranquille. On raconte que Colbert allait quelquefois dans *le salon des marronniers* et qu'il jetait des morceaux de pain dans le bassin. Si le pain atteignait le bord opposé sans être englouti par Carybde ou par Scylla ni dévoré par les carpes, alors le ministre quittait Sceaux satisfait de son épreuve ; dans le cas contraire, il n'abordait le lendemain Louis XIV qu'en tremblant. Faiblesse commune aux grands hommes et qu'ils ont pratiquée ailleurs qu'à Sceaux. Quoique Louis XIV ait visité Sceaux et qu'il y ait entraîné plusieurs fois toute sa cour, les jours les plus brillants de cette résidence princière ne datent que de la régence.

Après la mort de Colbert, Sceaux devint la propriété du duc du Maine, qui l'acquit en 1700. Ce prince, l'élève chéri de madame de Maintenon, n'avait aucune des qualités nécessaires au rôle qu'il voulait jouer; et, d'ailleurs, suivant l'expression de Philippe d'Orléans, il craignait les coups. A la mort de Louis XIV, le duc du Maine voulut disputer la régence au duc d'Orléans; il fallait du courage, de la résolution et même de l'éloquence pour y parvenir; toutes ces qualités lui manquaient, et la régence lui échappa. La duchesse du Maine, le surprenant un jour durant ces débats, occupé dans son cabinet à traduire l'*Anti-Lucrèce*, lui dit:

— Monsieur, un beau matin, vous trouverez en vous éveillant que vous êtes de l'Académie et que M. d'Orléans est à la Régence.

Le duc ne sut conserver ni le commandement des troupes de la maison du Roi, ni la surveillance de la personne du jeune monarque, qui lui étaient attribués par le testament de Louis XIV; il se laissa même dépouiller de tous les priviléges attachés à la qualité de prince légitimé, et il ne fut pas de l'Académie. Alors il ne parut plus à la cour et se retira à Sceaux qui devint un centre de conspirations contre l'administration du Régent et même, assure-t-on, contre sa vie. Le duc du Maine n'était pour rien dans toutes ces menées, auxquelles on aurait pu donner le nom de factions, si elles avaient été conduites avec plus de sérieux et plus d'habileté, et que sa femme, la duchesse, a empreintes d'un caractère de puérilité. Cette princesse était fille de Henri-Jules de Bourbon, fils du grand Condé, personnage qui a passé les vingt dernières années de sa vie dans une démence qui le rendait quelquefois furieux et toujours ridicule; c'est lui qui, au cercle du Roi, se cachait dans l'embrasure d'une fenêtre pour satisfaire le plus mystérieusement possible le besoin qu'il éprouvait d'aboyer. La duchesse du Maine, sans avoir l'esprit aliéné comme son père, était cependant sujette à des accès passagers de déraison qu'on appelait des moments de vapeur : elle battait alors ses gens, sa femme de chambre et jusqu'à son mari; du reste, femme d'esprit, qui aimait les lettres, et recherchait avec passion ceux qui les cultivaient. Hardie jusqu'à la témérité et aussi faible qu'un enfant, elle avait la taille d'une fille de dix ans et n'était pas bien faite; mais de beaux yeux, un teint blanc et des cheveux blonds embellissaient sa figure; si on ajoute à cela une grande activité, un rang élevé, une immense fortune et l'art d'attirer à soi les mécontents, on comprendra qu'elle ait pu se former un parti dans un moment de régence. Son principal confident fut le cardinal de Polignac, qui passait pour son amant; son complice, M. de Cellamare, ambassadeur d'Espagne à Paris; il ne s'agissait de rien moins que de faire disparaître le duc d'Orléans et de mettre la régence et le royaume dans les mains du roi d'Espagne. Ce complot fut tramé à Sceaux, dans le château qu'avait bâti Colbert, sous les arbres qu'il avait plantés. On sait comment il fut découvert par les soins de Dubois et l'intermédiaire de la Fillon, personne que les mauvaises mœurs de Dubois lui faisaient fréquenter, et dont nous nous abstiendrons ici de dire le métier. Le duc du Maine fut arrêté à Sceaux même. S'il n'était l'instigateur du complot, s'il en avait laissé à sa femme la conduite et l'exécution, il y avait, sans aucun doute, donné les mains ; cependant, une fois arrêté et conduit à la forteresse de Doullens, où il fut plutôt détenu que prisonnier, il montra la plus grande pusillanimité et rejeta tout sur sa femme et sur ses complices. — Ce n'est pas en prison, écrivait-il à sa sœur la duchesse d'Orléans, qu'on devait me mettre, c'est en jaquette, pour m'être laissé mener par le nez ainsi que je l'ai fait.

La duchesse du Maine, arrêtée à Paris, eut aussi peu de courage le jour de l'épreuve qu'elle avait eu de hardiesse avant le danger. Les deux époux avouèrent tout ; et, par leurs aveux, ils compromirent leurs serviteurs et leurs amis : Polignac, Laval, Malezieu, Magny, de Mesmes. Les uns furent mis à la Bastille, les autres exilés ; une seule personne montra dans cette affaire autant d'esprit que de courage, autant d'adresse que de générosité, ce fut mademoiselle de Launay, une femme de chambre ! Il est vrai que mademoiselle de Launay, depuis madame de Staal, n'était pas une femme de chambre ordinaire. Sceaux ne fut pas longtemps désert ; ses cascades ne tarirent pas ; l'absence de ses hôtes fut trop courte pour que les statues de son parc eussent le temps de se couvrir d'une mousse verdâtre. Quoique le crime fût capital, on ne voulait pas sévir contre un fils de Louis XIV et une fille des Condé ; et, si l'on épargnait les plus coupables, il fallait faire grâce aux autres. Le Régent, d'ailleurs, n'était ni vindicatif, ni sanguinaire ; il se contenta d'exiler la duchesse du Maine à Dijon, puis à Châlons-sur-Saône, et, après avoir exigé d'elle un aveu humiliant, il lui permit d'habiter de nouveau l'asile verdoyant de Sceaux et de reprendre, non pas le cours de ses intrigues, mais celui de ses fêtes, qu'embellissaient la présence et le talent des hommes les plus remarquables d'alors. C'est là que Voltaire est venu réciter ses premières tragédies, Chaulieu ses derniers vers ; Fontenelle, quoiqu'ami du Régent et employé par Dubois dans les bureaux du ministère, y a lu son *Histoire des Oracles;* Lamothe récité ses Odes, plus tard si amèrement critiquées par Voltaire ; enfin, c'est à un souper à Sceaux que M. de Saint-Aulaire fit, pour la duchesse du Maine, ces vers qui composent à peu près tout son bagage littéraire et qui l'ont fait recevoir à l'Académie : la duchesse venait de le comparer à Apollon et lui demandait je ne sais quel secret, M. de Saint-Aulaire répondit :

> La divinité qui s'amuse
> A me demander mon secret,
> Si j'étais Apollon, ne serait point ma muse ;
> Elle serait Thétis et le jour finirait.

La disgrâce du duc du Maine dura plus longtemps; on lui permit cependant d'habiter sa terre de Chavigny, près Versailles, et, peu de temps après, il put aller rejoindre la duchesse à Sceaux. La Régence était trop occupée avec la banque de Law pour ne pas mettre en oubli deux conspirateurs aussi peu dangereux que le duc et la duchesse du Maine. Toute l'activité que madame du Maine avait déployée à intriguer et à conspirer, elle l'employa à trouver de nouveaux plaisirs, à inventer de nouvelles fêtes. Colbert, n'avait pas fait de Sceaux un séjour assez magnifique, la duchesse l'embellit encore; elle orna les jardins d'un des chefs-d'œuvre du Puget, l'Hercule gaulois; elle y fit placer une copie en bronze du Gladiateur et deux statues antiques, une Diane et un Silène élevant Bacchus, morceaux qui, plus tard, ont orné le Musée national. Madame du Maine fit enfin construire, sur le pavillon principal du château, une espèce de lanterne vitrée qu'elle appelait sa chartreuse, retraite aérienne où elle se retirait pour se livrer seule à toute l'amertume de ses projets déçus : là, l'horizon s'étendait pour elle, et ses tristes regards pouvaient voir Paris et ce Palais-Royal qui lui était fermé. Peu à peu cependant sa douleur se calma, son agitation s'éteignit, et Sceaux redevint ce qu'il avait été avant la conspiration de Cellamare, et, pour employer le style du temps, il fut de nouveau le séjour des jeux et des ris. Nous avons parlé de M. de Malezieu qui, compromis par la duchesse, passa quelque temps à la Bastille ; c'était un bel esprit savant, un mathématicien poète, qui avait été précepteur du duc du Maine et faisait des vers pour la duchesse. On a de lui les *Amours de Ragonde*, opéra qui a joui dans son temps d'une longue vogue, et plusieurs ouvrages scientifiques dont nous ne parlerons pas. M. de Malezieu était le poète de Sceaux, l'ordonnateur de toutes les fêtes; il faisait de petits opéras qu'il jouait et chantait lui-même, de petites satires dialoguées, où l'on n'osait pas persiffler le gouvernement du Régent, mais où l'on tombait sans pitié sur l'Académie, qui n'avait point de Bastille pour se venger de ses détracteurs : témoin *Polichinelle demandant une place à l'Académie*, petit vaudeville mordant et incisif dont M. de Malezieu amusa d'abord les seigneurs de Sceaux et qu'il livra ensuite aux rires des Parisiens, en le faisant représenter par les marionnettes de Brioché. Madame du Maine était la principale actrice de son théâtre; elle s'était réservé l'emploi des grandes coquettes et celui des soubrettes; tour à tour *Célimène* ou *Dorine*, *Cidalise* ou *Laurette*, c'était surtout sous ce dernier nom que les Chaulieu, les Lafare, les Saint-Aulaire la célébraient dans leurs vers; ils comparaient *Laurette* à la Laure de Pétrarque, et il est inutile de dire à laquelle des deux ils donnaient la préférence. Les nuits de Sceaux étaient alors des nuits enflammées; on illuminait le parc, les jardins, on plaçait des lampions autour des bassins, dans les anfractuosités de toutes les cascades; cela s'appelait marier Vulcain et ses Cyclopes avec les naïades et les hamadryades. Un sieur de Villeras, ancien officier d'artillerie, pétrissait le salpêtre et le soufre et improvisait des feux d'artifice rivaux de ceux de Versailles et de la Place-Royale. Malezieu, qui s'était dévoué toute la vie aux plaisirs et aux intérêts de la famille du Maine, fut magnifiquement récompensé par elle; madame du Maine n'oublia pas son poète, elle l'enrichit, elle le fit seigneur de Châtenay (dont nous parlerons ci-après), lui donna une belle maison et partagea ses loisirs entre les plaisirs de Sceaux et ceux que la spirituelle galanterie de Malezieu lui préparait à Châtenay.

La dévotion outrée dans laquelle tomba le duc du Maine suspendit d'abord ces plaisirs et finit par les interrompre tout à fait; l'âge, d'ailleurs, avait aussi glacé la verve de Malezieu et dégoûté du théâtre la duchesse elle-même. On rapporte que l'abbé Genest lui apportant une tragédie qu'il voulait faire représenter sur le théâtre de Sceaux:

— Allez aux comédiens du roi, lui dit-elle, Sceaux en est aux litanies... Apportez-nous des sermons.

Après la mort du duc du Maine, Sceaux devint la propriété de son fils, le prince d'Eu, le prince aux longues lèvres, comme l'appelait la mère du Régent. Celui-ci vendit ces lieux enchantés au fils du comte de Toulouse, le duc de Penthièvre. Ce prince, dont la bonté était plus réelle et plus vraie que celle d'Henri IV lui-même, n'avait pas les autres qualités du Béarnais : il n'était ni guerrier ni vert galant. Grand-amiral de France, il ne put jamais s'accoutumer à la vie aventureuse et pénible des marins ; grand-veneur, il n'aima pas la chasse. Marié à Marie-Thérèse-Félicité d'Este, fille du duc de Modène, il vécut avec elle dans l'union la plus intime et ne se consola jamais de l'avoir perdue. D'un tempérament qui le portait à l'esprit ascétique, sa dévotion égalait celle du duc du Maine, sans avoir cependant l'égoïsme et la dureté qui faisaient le fond des croyances acerbes du fils de madame de Montespan. Le duc de Penthièvre n'aimait pas le séjour de Sceaux, et il y a passé sa vie retenu par le bien qu'il y faisait et par l'empressement du public à visiter ses jardins. Comme le duc du Maine, il eut un Malezieu, un poète aimable, serviteur dévoué et ami fidèle : nous avons nommé Florian, parent de Voltaire, page du duc, et bientôt, par le crédit de son protecteur, capitaine de cavalerie dans le régiment de Royal-Penthièvre. Florian, né d'une mère espagnole, eut toute sa vie un attrait particulier pour la langue que parlait sa mère et pour une littérature plus riche qu'on ne le croyait généralement alors. Il traduisit et imita les pastorales de Cervantes, et, quoiqu'on lui ait spirituellement reproché de n'avoir pas mis de loups dans ses bergeries, elles eurent un grand succès ; il traduisit *Don Quichotte* avec plus d'élégance que de fidélité, et s'il resta fort au-dessous d'un original inimitable, sa traduction se lit néanmoins encore aujourd'hui avec plaisir. Il y avait à Sceaux un théâtre qui avait retenti des accents de la duchesse du Maine et des vers adulateurs de M. de Malezieu ; Florian, distributeur secret des aumônes du duc de Penthièvre, eut le bon goût de ne pas imiter son devancier et de ne pas louer la bienfaisance du prince dans son palais même. Malezieu avait égayé les soirées de la duchesse du Maine avec les facéties de Polichinelle ; Florian rajeunit, pour plaire au duc de Penthièvre, le personnage d'Arlequin. Tout en laissant au Bergamais ses balourdises et sa bonhomie, il lui donna de la grâce et de la sensibilité ; et, semblable encore à M. de Malezieu, il joua lui-même ses pièces avec talent. En 1783, Louis XVI vint à Sceaux ; ce domaine princier lui plut, il témoigna le désir de l'acheter. Le duc de Penthièvre vendit Sceaux au Roi pour la somme de dix-huit millions et se retira à Vernon ; ce fut là le premier malheur de Florian, qui vint alors habiter Paris. Cependant la révolution éclata, et tandis que les princes de la maison de Bourbon quittaient la France, le duc de Penthièvre, protégé par une popularité depuis longtemps acquise, vécut tranquille et vénéré dans l'asile qu'il s'était choisi. Il mourut à Vernon, en 1793, trente-cinq jours avant le décret de la Convention qui condamnait les Bourbons à l'exil et mettait leurs biens sous le séquestre. La mort de M. de Penthièvre fut aussi douce que sa vie. Florian a été moins heureux ; emprisonné en 1793 et transféré à la Bourbe, qu'on appelait alors Port-Libre, il composa dans sa prison *Guillaume Tell*, le plus faible de ses ouvrages ; et, enfin rendu à la liberté, il courut, pour rétablir sa santé compromise, sous les ombrages où il avait vécu si content et si libre; mais la mort l'y attendait : il mourut en 1794, un an après son bienfaiteur et à peine âgé de trente-huit ans. Ses Fables l'ont placé au rang des littérateurs qui laissent après eux un souvenir durable; elles occupent une place distinguée après celles de La Fontaine. Une pierre tumulaire marque à peine sa place dans le cimetière de Sceaux ; on y lit cette simple épitaphe qu'y a fait graver Mercier :

ICI
REPOSE LE CORPS
DE FLORIAN
HOMME DE LETTRES

Dans le même champ de repos est enterré Cailhava, auteur de quelques comédies remarquables par une gaieté dont la tradition se perd tous les jours au théâtre; il mourut à Sceaux en 1813.

C'est en vain qu'on chercherait aujourd'hui à Sceaux les merveilles de l'art, les miracles dus au génie de Lenôtre et au pinceau de Lebrun. Le château bâti par Colbert et, à grands frais, embelli par deux princes du sang, a été démoli durant la tourmente révolutionnaire. Les naïades ont quitté leurs cascades taries ; le parc lui-même, le parc de sept cents arpents, a subi les outrages de la hache et les blessures de la cognée. Une bibliothèque précieuse et riche en livres rares et en éditions remarquables a été dispersée et livrée à l'avidité des spéculateurs. Néanmoins, lorsqu'en 1798 le domaine de Sceaux fut vendu comme bien national, il se trouva un homme qui, plus jaloux de l'intérêt de la commune que de son intérêt particulier, acheta les jardins du château et le lieu qu'on appelait la ménagerie; M. Desgranges, maire de Sceaux, fit cette acquisition avec l'aide de quelques amis, et il abandonna au public un terrain planté de beaux arbres et sur lequel croissait une pelouse verdoyante. A l'entrée de ce lieu, on lisait les vers suivants :

De l'amour du pays ce jardin est le gage ;
Quelques uns l'ont acquis, tous en auront l'usage.

Telle fut l'origine des bals de Sceaux qui, pendant quarante ans, ont eu une vogue qui dure encore. Quoique les bals se soient multipliés à l'infini dans les environs de Paris, quoiqu'on danse partout, Sceaux l'emporte toujours sur les localités rivales, et il semble que l'esprit gracieux de madame du Maine y voltige toujours dans les bosquets, et y rende plus doux et plus complet le plaisir de la musique et celui des danses champêtres.

Non loin de Sceaux se trouve Berny, lieu charmant où étaient rassemblées les fleurs les plus rares, les eaux les plus pures et les plus jaillissantes, les plus grasses prairies, prés de moines, c'est tout dire. Berny était jadis la maison de plaisance des abbés de Saint-Germain-des-Prés; c'était là que venaient s'ébattre les religieux de l'abbaye, quand septembre dorait les fruits et jaunissait en même temps et le pampre et la grappe de la vigne; et si, comme les maisons princières, Berny ne brillait pas par les statues éparses dans ses jardins, on y trouvait un autre luxe plus approprié aux goûts des jeunes abbés; à l'extrémité de toutes les allées, étaient des jeux de boules, des escarpolettes, des jeux de bagues, des arènes préparées pour la lutte, le saut, la course et tous ces exercices gymnastiques qui séduisirent jadis la dame des Belles-Cousines, et la rendirent infidèle au féal Jehan de Saintré. En 1696, cependant, ces délassements monastiques éprouvèrent une fâcheuse interruption : il s'agissait d'amuser le grand Roi qui, au dire même de madame de Maintenon, était devenu inamusable. Les courtisans mettaient leur esprit à la torture pour dissiper la torpeur maladive qui s'était emparée de Louis, et les plus habiles inventèrent l'ambassade de Siam. On fit la leçon à un vieux forban retiré, lequel s'entoura de huit ou dix drôles échappés de Fez ou de Maroc, et on annonça l'ambassadeur de Siam qui venait, de la part de son maître, baiser les pieds du grand sultan français et lui offrir l'aloès, la myrrhe et l'encens. Louis XIV fut la dupe de cette comédie, qui l'amusa quelques jours; il traita royalement le prétendu ambassadeur, lequel, en attendant le jour de sa présentation, fut logé avec sa suite à Berny. Ces hôtes nouveaux, sectateurs fanatiques de Mahomet et pleins d'horreur pour tout ce qu'avait touché la main impure des *giaours,* dédaignèrent la cuisine des abbés de Saint-Germain-des-Prés, ne voulurent pas même du bois empilé sous les hangars, et, détruisant les escarpolettes, mettant en pièces les jeux de bagues, ils firent rôtir leurs moutons et bouillir leurs pilaus de safran au pied des hêtres : les allées de Berny furent saccagées par les infidèles, ses charmilles dévastées, ses fleurs foulées aux pieds, et, à trois lieues de Paris, le croissant insulta la croix; mais Louis XIV étala les diamants de la couronne devant une douzaine de maugrebins; et, le soir, assis dans son grand fauteuil, vis-à-vis de madame de Maintenon, il eut quelque chose à lui dire.

Si vous voulez voir un joli village, ombragé de beaux châtaigniers qui lui ont donné leur nom, sortez de Berny pour aller à Châtenay, qu'on appelait autrefois Châtenay-les-Bagneux, à cause de Bagneux qui est tout près. C'était encore un fief clérical; les Templiers y avaient une seigneurie. Bâti sur un coteau qui reçoit les premiers rayons du soleil, Châtenay étale aux regards le luxe de ses maisons de campagne et de ses ombrages verdoyants. Si la Ferté-Milon a vu naître Racine, Château-Thierry La Fontaine ; si le petit village de Crosne se vante d'avoir donné le jour au satirique Boileau, Châtenay peut s'enorgueillir d'une illustration aussi glorieuse : un homme qui a rempli de son nom tout le xviii° siècle, Voltaire y est né le 20 février 1694. Le village de Bagneux a inspiré beaucoup de fables aux historiens des environs de Paris : on a prétendu qu'il existait déjà aux temps de la domination romaine ; le père Daniel nous parle de Bagneux, à propos du vi° siècle, et la tradition nous assure que Bagneux nous a légué des médailles qui portent l'effigie du roi Caribert. L'église

de Bagneux est très-remarquable; elle date du xiii° siècle et reproduit, dans de petites proportions, le vaisseau de Notre-Dame de Paris. Aunay-les-Chatenay n'est pas loin, et plus bas se trouve la Vallée-aux-Loups, vallon étroit et entouré d'ombrages délicieux. C'est dans cette vallée qu'a longtemps vécu, livré aux charmes de l'étude, le poëte qui a entrepris d'opposer la poésie du christianisme à celle d'Homère et de Virgile, d'entourer la Vierge des saintes amours de plus de grâces et de séductions que n'en eurent jamais les créations du génie antique. Après avoir achevé son voyage en Palestine, M. de Châteaubriand fit bâtir, dans la Vallée-aux-Loups, un château gothique avec tourelles, mâchicoulis, fossés et ponts-levis. Déjà, en Angleterre, lord Walpole avait exécuté un projet semblable; mais l'ami de madame du Deffant était aussi sceptique que vain, et il entrait dans son œuvre autant d'orgueil aristocratique que de moquerie. L'auteur du *Génie du Christianisme* obéissait au contraire à une conviction profonde : amoureux de la gloire militaire des siècles chevaleresques, il s'entourait par goût, par religion de famille, de souvenirs féodaux, et, comme il convenait à un gentilhomme breton, il cherchait à reproduire dans sa demeure les images guerrières qui, trois cents ans auparavant, avaient dû frapper les regards des Clisson et des du Guesclin. Un parc entoure le château et reproduit, assure-t-on, quelques sites de la Palestine, dont M. de Châteaubriand était jaloux de garder plus fidèlement le souvenir. C'est dans ce château qu'ont été composés les *Martyrs,* et que, sous des ogives sarrasines, sont apparues à l'auteur les ombres de Démodocus, d'Eudore, de Cymodocée, d'Hiéroclès et de Velledha. Ce château singulier et si bien approprié au génie

du maître, M. de Châteaubriand fut obligé de le vendre. Il lui avait coûté des sommes immenses ; il comprit que peu d'acheteurs pourraient s'accommoder de ses fantaisies poétiques ; il le mit en loterie et proposa chaque billet pour mille francs : quatre-vingt-dix mille francs le château du poète ! Une page des *Martyrs* avait été payée plus cher qu'un billet. Trois seulement furent pris ! La propriété fut vendue cinquante-et-un mille francs, valeur foncière du terrain ; le château fut compté pour rien ! Ce château, plein de souvenirs si littéraires, est aujourd'hui la propriété de M. Sosthène de Larochefoucault. C'est aussi de la Vallée-aux-Loups que sont datées les plus gracieuses poésies de M. H. de Latouche, qui l'a longtemps habitée.

Tous les lieux qui entourent Sceaux sont enchantés et portent des traces du luxe de nos aïeux, qui se sont plu à les habiter. A Laï, ou Lhay, on voit une tour remarquable par sa solidité et par un escalier qui, placé en dehors, mettait ainsi les habitants des environs dans la confidence des rapports journaliers des propriétaires ; elle date du xe siècle. On raconte que, cinq cents ans plus tard, une des nobles châtelaines de Laï, dont le mari était parti pour des guerres lointaines, étant fatiguée de l'affectation qu'on mettait à compter les visites d'un jeune page, fit élever dans la tour même un escalier intérieur pour parer à cet inconvénient. Le châtelain de retour fit détruire l'escalier, et depuis ce temps la tour n'a plus été habitée ; il était difficile, en effet, de rétablir l'escalier sans éveiller les soupçons, et fâcheux d'habiter une tour où l'éducation des pages était impossible.

Antony n'a pas une date aussi ancienne que Laï ; il a cependant subi le double joug de la noblesse et du clergé et gémi sous la même oppression qui pesa longtemps sur Berny et sur Châtenay ; la Ligue y a secoué son flambeau et les guerres de religion en ont plusieurs fois décimé les habitants. On y admire encore, dans l'église paroissiale, le chœur qui a été bâti dans le xive siècle. On appelait alors ce village *Antoigny* ; depuis longtemps une certaine douceur de mœurs et de langage ont converti ce nom en celui plus euphonique d'Antony. Plus loin est Verrières, célèbre par ses bois et par ceux de Malabry qui l'avoisinent ; bois chéris des Parisiens, qui en parlent beaucoup moins qu'ils ne parlent de ceux de Montmorency et de Romainville, mais qui y vont davantage. C'est là que l'amour discret aime à se cacher ; c'est là qu'il s'égare sous le dôme verdoyant de mille allées sinueuses. Ces beaux bois ont eu leurs jours de désolation et de gloire. En 1815, ils furent occupés par les Prussiens ; le brave général Excelmans attaqua ces ennemis ; suivi seulement du 5e et du 15e de dragons, il les défit, les dispersa, les poursuivit jusqu'à Versailles, où ils tentèrent vainement de lui résister : fait d'armes glorieux, mais, hélas ! inutile, et qui ne nous empêcha pas de subir le joug des puissances alliées. Vingt ans auparavant, les bois de Verrières servirent d'asile au malheureux Condorcet et ne surent pas le sauver. Il fuyait, déguisé en maçon, le visage blanchi d'un plâtre récent, les mains chargées d'une truelle et d'un marteau qu'il ne savait pas manier ; affamé comme un homme qui a passé la nuit à errer d'un lieu à un autre, il entra le matin dans une petite auberge établie sur la lisière du bois et demanda à manger. — Que veux-tu manger, citoyen ?

— Une omelette.

Et la Léonarde du lieu tenait sa poêle d'une main, et de l'autre attei-

gnait à un panier où étaient rassemblés tous les œufs de sa basse-cour.
— Combien d'œufs? demanda-t-elle.

Condorcet, accablé de fatigue, l'esprit plein de terreur, et d'ailleurs distrait comme un philosophe, répondit :

— Une omelette de douze œufs.

Or, un homme seul ne fait pas faire une omelette de douze œufs, et les individus rassemblés dans ce méchant cabaret pensèrent qu'un plat pareil dépassait, sinon l'appétit, du moins les moyens d'un maçon de village. On entoura Condorcet, on l'interrogea, on exigea ses papiers et il fut bientôt regardé comme suspect. On le conduisit alors à Clamart, et de Clamart à Bourg-la-Reine, où il dut passer la nuit pour être conduit le lendemain à Paris. Dans la nuit, il s'empoisonna; et ceux-là mêmes qui l'avaient arrêté lui rendirent les derniers devoirs et ignorèrent quelle victime ils avaient faite. Ainsi périt, à deux pas de la maison de Gabrielle, un homme qui avait contribué à l'abolition de la monarchie. Bourg-la-Reine s'appelait alors Bourg-Libre. Les historiens les plus exacts, les antiquaires les plus érudits ont tous ignoré quelle reine lui avait fait donner ce nom; on en est réduit, pour trouver une étymologie raisonnable, à recourir à un conte de fées ou de chevalerie, ce qui revient à peu près au même. Il y avait donc une fois une princesse plus belle que le jour, dont deux fils de rois devinrent amoureux; la belle princesse était coquette, chose assez simple chez une jolie femme, qu'elle porte ou non une couronne; elle déclara qu'elle épouserait le plus vaillant ou le plus heureux; et les princes d'assembler deux grandes armées et de convier leurs peuples à s'entr'égorger, afin que l'un d'eux eût pour femme une blonde aux yeux bleus. C'était l'usage alors, et les peuples dociles se formèrent en bataillons et s'assemblèrent, prêts à en venir aux mains, dans une vaste prairie appelée le *Pré-Vert*, premier nom qu'ait porté Bourg-la-Reine. Le combat allait commencer, lorsque les Nestor des deux camps s'abouchèrent; et, peu jaloux sans doute de se faire tuer, eux et leurs enfants, pour une nouvelle Hélène, ils furent d'avis que les deux princes devaient vider leur querelle dans un combat singulier; des manans, des vilains étaient-ils dignes d'avoir l'honneur de se battre pour une belle princesse? il ne fallait d'ailleurs qu'un maladroit, dans chacun des deux camps, pour tuer les deux princes, et alors personne ne profiterait du fruit de la victoire. L'avis était sage, il fut suivi. Les deux princes se battirent courageusement; l'un fut tué, l'autre perdit un œil et l'usage d'un bras, mais il épousa la princesse; et le bourg qui, avant ce mémorable événement, s'appelait *Pré-Vert* ou *Briquet*, s'appela Bourg-la-Reine. L'archevêque Turpin n'a pas seul recueilli cette chronique; de plus graves personnages que l'aumônier de Charlemagne s'en sont emparés : on la trouve dans presque tous les historiens qui ont parlé de Bourg-la-Reine.

Vers le milieu du bourg, à gauche, en venant de Paris, s'ouvre une longue et étroite avenue qui conduit à la maison de cette maîtresse d'Henri IV, dont une chanson a rendu le nom si populaire; elle est bâtie en briques rouges, elle est grande, spacieuse, et, quoique l'art de l'architecte ait suivi les progrès du siècle et qu'on sache aujourd'hui tirer meilleur parti de l'espace et du terrain, on reconnaît aisément, en parcourant la maison de Gabrielle, qu'un roi pouvait l'habiter sans déroger et ne pas s'y trouver trop à l'étroit, même après avoir quitté le Louvre. La chambre de Gabrielle est toujours intacte; mais, quand nous l'avons visitée, elle était livrée aux ébats d'une douzaine d'enfants qui jouaient à cache-cache dans les parois de l'immense cheminée. Cette maison princière était louée à un instituteur.

Nous ne dirons rien de Bièvre, célèbre seulement par ses manufactures de toiles peintes et par une rivière dont les eaux teintes de mille couleurs ne se dépouillent que difficilement de l'indigo et du vermillon qu'y dépose l'industrie. Non loin de là, est le village de Cachant, où le jeune Camille Desmoulins a passé de si douces heures auprès de la femme qu'il adorait; heureux si cette obscure retraite avait pu le dérober à la prison du Luxembourg et au fer de la guillotine !

Fontenay, qu'embellissent les roses, est encore une dépendance de Sceaux. Là, la fleur si chérie des orientaux est cultivée avec les soins qui jadis, à Pœstum, lui faisait deux fois l'an couronner les jardins de Clynéas. Ce village odorant, qui date du xi° siècle, tire son nom des sources qui

l'arrosent et le fertilisent. Autrefois Fontenay, qu'on appelait Fontenay-les-Bagneux, avait le privilège exclusif de fournir de roses la reine de France, les princesses et la cour tout entière ; aujourd'hui les parquets de nos palais ne sont plus, comme autrefois, jonchés de verdure et de fleurs, et les meilleures pratiques des cultivateurs de Fontenay sont les pharmaciens. La rose est apportée à Paris dans de vastes corbeilles, et au lieu d'être foulée par les pieds des reines, au lieu d'être tressée en couronnes pour orner le front des jeunes princesses, elle est mise au mortier et broyée par le pilon. Si les roses ne doivent vivre qu'un jour, qu'importe leur destin ! Mourir dans une officine ou se flétrir dans un palais, c'est tout un, puisqu'il faut aller où vont toutes choses, puisque la rose d'une saison tombe comme le château séculaire.

Fontenay se fait gloire d'avoir donné le jour à Scarron et à Chaulieu. On lui dispute le premier. Morin, ce compilateur si souvent inexact, mais dont on adopte quelquefois les erreurs, faute de contrôle, prétend que Scarron naquit à Paris, en 1610, dans une petite maison du Marais ; le fait n'est pas certain. Ce qui est hors de doute, c'est que le père de l'auteur du *Roman Comique*, conseiller au parlement et homme riche, avait une maison de campagne à Fontenay, où s'écoula l'enfance de son fils, parmi des sentiers parsemés de roses, présage menteur de la vie qui l'attendait. Mais Scarron était doué d'une gaieté qui devait résister à l'abandon, à la pauvreté et à la maladie. Son premier malheur fut la mort de sa mère : le conseiller au parlement se remaria, et Scarron comprit parfaitement que là où se trouve une marâtre, le fils d'un premier lit doit renoncer aux biens paternels ; il prit le petit collet et le titre d'abbé qui, n'entraînant alors aucune obligation, donnaient, dans le monde, aux rejetons de la magistrature et de la noblesse, un passe-port indulgent pour les fredaines de jeunesse. Il fit ses premières armes sur la Place Royale, c'est-à-dire dans la société de Marion de Lorme, de Ninon de Lenclos, de la comtesse de la Suze et de mademoiselle de Lude ; il était le compagnon de plaisirs des jeunes seigneurs débauchés de son temps ; il partageait sa vie entre les ruelles et la villa de son père, à Fontenay. Jusqu'à vingt-sept ans, il ne s'occupa que de galanteries, d'études littéraires et, s'il faut tout dire, de débauches ; alors les drogues de quelques charlatans, ou une aventure de carnaval, l'arrêtèrent tout à coup. Une lymphe corrosive attaqua ses nerfs ; la sciatique, le rhumatisme, escortés de souffrances aiguës, vinrent l'enchaîner sur son fauteuil de cul-de-jatte et le rendirent, comme il l'a écrit lui-même, un raccourci des misères humaines. Ni le séjour de Fontenay, ni deux ou trois voyages aux eaux de Bourbon ne purent le guérir, et alors il demanda à la reine d'être son malade en titre d'office ; Anne d'Autriche, que les troubles de la Fronde n'occupaient pas encore, accepta, et le malheureux ne signa plus que : — Scarron, par la grâce de Dieu, malade indigne de la reine. En relisant le portrait qu'il a tracé de lui-même, on voit que jamais charge ne fut mieux remplie.

« Lecteur, dit il, qui ne m'as jamais vu, et qui, peut-être, ne t'en soucies guères, à cause qu'il n'y a pas beaucoup à profiter de la vue d'un homme tel que moi, sache que je me soucierais aussi peu que tu me visses, si je n'avais pas appris que quelques beaux esprits facétieux se réjouissent à mes dépens et me dépeignent d'une autre façon que je ne suis fait. Les uns disent que je suis cul-de-jatte ; les autres que je n'ai pas de cuisses et que l'on me met sur une table, dans un étui, où je cause comme une pie borgne ; et les autres que mon chapeau tient à une corde qui passe dans une poulie, et que je le hausse et baisse pour saluer ceux qui me visitent. Je pense être obligé, en conscience, de les empêcher de mentir plus longtemps. J'ai trente ans passés, et, si je vais jusqu'à quarante, j'ajouterai bien des maux à ceux que j'ai déjà soufferts depuis huit à neuf ans. J'ai eu la taille petite, quoique bien faite, ma maladie l'a raccourcie

d'un bon pied; ma tête est un peu grosse pour ma taille; j'ai le visage assez plein pour avoir le corps très-décharné; des cheveux assez pour ne pas porter perruque, j'en ai beaucoup de blancs. . . . . . .
. . . .

Mes jambes et mes cuisses ont fait premièrement un angle obtus, et puis un angle égal, et puis enfin un angle aigu. Mes cuisses et mon corps en font un autre, et ma tête, se penchant sur mon estomac, je ne ressemble pas mal à un Z. J'ai les bras raccourcis aussi bien que les jambes. Enfin je suis un raccourci de la misère humaine. »

Mazarin donna au malade de la reine cinq cents écus de pension; mais la Fronde arriva, Scarron ne pouvait être que de l'opposition, il fit *la Mazarinade*: le ministre supprima la pension. On a dit que si Mazarin, au lieu d'être Italien, avait été Français, il l'aurait doublée. Ce fut alors que la nécessité de vivre et le besoin de se distraire de ses souffrances par le travail amenèrent Scarron à écrire pour le théâtre. On a joué pendant plus de cent ans *dom Japhet d'Arménie*, *Jodelet*, *Maître et Valet*, et autres farces dont la grossièreté fait voir en quel état le théâtre était réduit avant les chefs-d'œuvre de Molière. Cependant le théâtre lui doit l'invention d'un personnage que des auteurs ont exploité après lui avec succès: c'est dans une de ses pièces, l'*Écolier de Salamanque*, qu'a paru le premier *Crispin*. Scarron a d'autres titres à la gloire littéraire; il a laissé des nouvelles et un roman écrits avec ce style naturel et libre qui distinguent les œuvres de Rabelais et de Montaigne. Aussi les meilleurs esprits du temps, le cardinal de Retz, Ménage, Villarceaux, se réunissaient-ils dans son petit salon jaune pour écouter la lecture de ses ouvrages. Il demandait à ses protecteurs un bénéfice, mais si simple, si simple, qu'il ne fallût que croire en Dieu pour le desservir; il ne l'obtint pas, mais le hasard lui ménageait une compensation. Ninon lui fit faire la connaissance de mademoiselle d'Aubigné, orpheline qui vivait des dures charités d'une tante avare; Scarron lui proposa de l'épouser, et quelque difforme qu'il fût, il parut à la jeune fille moins laid que le couvent. Quand on dressa le contrat, le notaire demanda le chiffre de la dot que le futur reconnaissait à sa fiancée :

« Écrivez, dit Scarron, quatre louis d'or, deux grands yeux très-mutins, un très-beau corsage, une belle paire de mains et beaucoup d'esprit. »

Vingt ans plus tard, Louis XIV épousa la veuve du cul-de-jatte; mais le douaire de madame de Maintenon fut plus considérable.

Scarron mourut à Paris, en 1660, d'un accès de hoquet contre lequel il n'eut pas le temps de faire une satire ainsi qu'il en avait le projet. Il expira en regrettant les ombrages de Fontenay, sous lesquels il avait passé les seules années de sa vie qui aient été sans douleurs.

En 1639, naquit à Fontenay Chaulieu qui, comme Scarron, prit le petit collet au sortir de l'enfance et fut un des hommes les plus heureux de son temps. Tandis que son compatriote et son contemporain ne pouvait pas obtenir le plus léger bénéfice, Chaulieu, protégé par la puissante famille de Vendôme, fut nommé d'abord abbé d'Aumale et posséda, en outre, les prieurés de Saint-Georges en l'île d'Oléron, de Poitiers, de Chenel, de Saint-Etienne et autres lieux. Comme la résidence lui eût été difficile, il se fixa au Temple, voluptueux séjour du grand-prieur de Vendôme, et là, riche et oisif, il faisait ces vers faciles qui lui ont assigné, dit Voltaire, la première place parmi les poètes négligés. Il a vécu sans soins, s'abandonnant à ses goûts épicuriens et se laissant aller à tous les caprices de son caractère qui, de son aveu, était impatient, colère, glorieux, actif et paresseux en même temps. Recherché des personnages les plus considérables de son temps, libertin décent et buveur toujours raisonnable, il atteignit les bornes de la plus extrême vieillesse sous ce règne brillant qui vit naître les chefs-d'œuvre de Corneille, de Molière et de Racine. Quand les grands hommes eurent disparu, Chaulieu, toujours brillant et heureux, partagea encore les joies de la régence. Nous avons parlé de mademoiselle de Launay, cette spirituelle femme de chambre de la duchesse du Maine; mademoiselle de Launay fut son amie et adoucit, pour cet Anacréon octogénaire, les douleurs de la seule maladie dont il ait été atteint: la goutte.

« Il me fit connaître, dit mademoiselle de Launay dans ses mémoires, qu'il n'y a rien de plus heureux que d'être aimé de quelqu'un qui ne prétend rien de vous. »

Ainsi, jusque dans cette dernière liaison, Chaulieu eut le bonheur et le bon goût d'éviter le ridicule et les déboires qui suivent les vieillards amoureux.

Dans cette longue vie, Fontenay ne fut jamais oublié; Chaulieu s'y retirait avec délices, et la meilleure de ses odes, celle que préfère La Harpe, est l'ode sur la Solitude de Fontenay. Il mourut en 1780, et, selon son vœu, il a été enterré à Fontenay *près des arbres qui l'ont vu naître*.

J'ai nommé deux fois dans cet article mademoiselle de Launay; je vais la nommer une troisième fois, si vous voulez bien me le permettre. Mademoiselle de Launay était une pauvre fille assez laide, quand on la voyait dans une première rencontre, et presque charmante, quand on avait le plaisir de la revoir. — Mademoiselle de Launay était un dragon de vertu, mais un dragon qui se défendait avec toute la douceur d'une honnête femme à l'épreuve. — Mademoiselle de Launay, qui était si bien faite pour commander aux autres, passa ses meilleures années à obéir à tout le monde; elle aurait eu le droit de répondre à ses supérieurs, en faisant une variante à un mot spirituel de Figaro : « aux qualités qu'il me faut avoir pour vous servir; connaissez-vous beaucoup de maîtres qui soient dignes d'être mes serviteurs?» Madame la duchesse du Maine, par exemple, aurait été bien embarrassée de lui répondre. — Mademoiselle de Launay nous a légué des mémoires charmants tout remplis de délicatesse, de sentiment et d'intérêt; c'est un livre que tout le monde devrait connaître et adorer. — Mademoiselle de Launay, qui avait résisté aux prières galantes de bien des gens d'esprit, se laissa prendre à la galanterie d'un homme peu spirituel : elle épousa M. de Staal.

Allez donc à Fontenay dans le mois des roses, lorsque mai fait épanouir toutes les fleurs, vous y trouverez l'ombre de Chaulieu et peut-être l'ombre de mademoiselle de Launay ; allez à Fontenay, et, si vous avez cinquante mille livres de rentes, achetez une des jolies maisons qui le décorent, vous vivrez heureux au milieu des plus attrayants souvenirs et dans le lieu le plus favorisé entre mille, tous gracieux, tous enchantés, qui environnent Paris.

MARIE AYCARD.

MONTMARTRE

ET

SAINT-DENIS.

Montmartre est sans contredit l'un des villages de la banlieue de Paris les mieux connus, les plus populaires. Je n'en voudrais pour preuve que les proverbes auxquels ce village a donné lieu et qui attestent la vieille réputation dont il jouit. Voici quelques-uns de ces adages, de ces dictons populaires :

>C'est du vin de Montmartre;
>Qui en boit pinte en pisse quatre.

C'est un devin de Montmartre, qui devine les fêtes quand elles sont venues.

Je t'enverrai paître à Montmartre et boire au Marais.

Il y a plus de Paris à Montmartre que de Montmartre à Paris.

Le premier de ces proverbes fait allusion à la qualité inférieure du vin qu'on recueillait sur ces carrières à plâtre, dont le terrain gypseux, formé de bancs de marne et d'argile, n'était pas propre à la culture de la vigne. Les deux suivants s'appliquent aux personnes ignorantes, comparées à des ânes qui se rencontraient fréquemment sur ces hauteurs, portant de la mouture aux moulins ; c'est au plâtre qu'on va chercher dans les carrières de Montmartre que le dernier proverbe fait allusion, parce qu'en revenant chargé de cette lourde provision, bêtes et gens marchaient beaucoup moins vite qu'en allant la chercher.

Grâce aux envahissements multipliés que la grande ville a faits, Montmartre ne doit plus être considéré que comme un faubourg de Paris. Une fois sur le boulevard des Italiens, le promeneur qui désire connaître cette *butte* célèbre, dont il aperçoit la cime au-dessus de la petite église de Notre-Dame-de-Lorette, n'a qu'à monter, devant le passage de l'Opéra, dans un *omnibus*; en peu d'instants cette voiture le conduit, vers le nord; à la barrière Blanche, et il touche aux premières maisons de Montmartre. Mais ce n'est pas là qu'il doit s'arrêter : en suivant vers la gauche une rampe assez raide, qui serpente au flanc de la colline, le promeneur atteindra bientôt le sommet où le tableau singulier qu'il aura devant les yeux le dédommagera de sa course. En effet, presque sous ses pieds, il verra Paris dont les bruits immenses, indéfinissables, viendront aussi frapper son oreille. Un spectacle curieux, c'est de gravir les hauteurs de Montmartre quand ces épais brouillards, fréquents sous notre ciel, obscurcissent la lumière du soleil jusque vers le milieu du jour. Vous montez sans même apercevoir ces moulins fameux qui tournent depuis tant de siècles à tous les vents; puis, soit à droite, soit à gauche, vos regards sont arrêtés par une brume épaisse à travers laquelle une lueur rougeâtre se distingue à peine. Peu à peu cette lueur augmente, l'air fraîchit, la brume se dissipe et dégénère en gouttes d'eau imperceptibles, le disque du soleil, éclatant de mille feux, s'élargit dans les airs, et le voile qui cachait l'horizon se lève comme le rideau d'un théâtre. Tout à coup se déroule vers la droite un assemblage immense, singulier, indéfinissable, de palais, de dômes, de clochers, de maisons, de bâtiments de toute sorte qui vous révèlent que Paris, le grand Paris est là devant vous! Ce n'est pas un paysage, car l'œil n'y aperçoit ni prairies, ni nappes d'eau ; à peine quelques bouquets d'arbres viennent-ils y rappeler la verdure; c'est un panorama admirable. L'œil s'arrête sur cet assemblage confus, l'esprit reste pensif, inquiet, et l'on réfléchit à tout ce que renferme de grandeur et de misère, de destinées glorieuses et triomphantes, de souffrances et de malheurs inconnus, cette cité immense, cette cité modèle.

Ce n'est pas seulement par la singularité de sa situation que Montmartre se recommande aux curieux; des souvenirs historiques de toute nature, et qui remontent jusqu'aux premiers temps de notre histoire, ajoutent encore à la célébrité de ce lieu. Ces souvenirs ont une ancienneté si grande que les savants n'ont pu découvrir la véritable origine du nom donné à cette colline. Les uns, toujours entichés des obscurités de l'histoire des Gaulois et des Celtes, ont vu, dans le nom de Montmartre, une altération de celui de *Mercure (Mons Mercurii)* en changeant *mer* en *mar*, les autres, se rapprochant des temps modernes et se reportant au culte des martyrs, y trouveront l'origine probable et naturelle du nom qu'il porte; enfin quelques historiens, sur l'autorité d'Abbon qui, dans son poème du siège de Paris, appelle ce lieu Mont de Mars *(Mons Martis)*, se sont arrêtés à cette dernière origine. Déjà, vers 886, quand les Normands vinrent assiéger Paris, cette colline était occupée par quelques habitations chétives et une petite chapelle consacrée au culte des saints martyrs, sur les noms desquels on est loin de s'accorder. Quoi qu'il en soit, déjà, vers 770, il est question du culte de saint Denis, et ce fut en son honneur que Louis-le-Gros, roi de France, et la reine Adélaïde, son épouse, fondèrent, vers l'année 1133, un monastère de religieuses de l'ordre de saint Benoît, après avoir racheté des moines de l'abbaye Saint-Martin les droits que leur avait donnés, sur l'ancien oratoire, Guillaume, soixante-troisième évêque de Paris. Le roi fit construire non-seulement un monastère avec dortoir, réfectoire, cloître et salle capitulaire, mais encore il détruisit la vieille chapelle et fit élever une église sur le sommet de la butte, à la place même qu'elle occupe aujourd'hui. Pendant les premiers siècles de leur institution, les Bénédictines de Montmartre suivirent avec exactitude la règle sévère qui les régissait. La position du monastère exposait les religieuses à toute la rigueur de l'hiver, et l'on fut obligé de leur accorder des indulgences et de les autoriser à se départir de la sévérité de leur institut. Ainsi, vers l'année 1231, l'abbesse Helisende leur permit de porter des bottes garnies de fourrure et de se chauffer au feu de la cuisine et du réfectoire. Les richesses que les religieuses devaient à l'adoration des pèlerins apportèrent le désordre dans le couvent, et ce désordre était à son comble à la fin du xv⁰ siècle; Jean Simon, évêque de Paris, essaya de le faire cesser. Étienne Poncher, son successeur, y établit d'autres religieuses de l'ordre de Fontevrault qu'il appela des environs de Senlis. Mais le désordre recommença quelques années plus tard et, à la fin du xvi° siècle, le monastère fut qualifié d'un nom infâme que les amours célèbres d'une des abbesses avec Henri IV ne justifia que trop bien.

Le monastère établi au sommet de la montagne devint, en 1559, la proie d'un violent incendie qui le détruisit presque tout entier; il fut réédifié cependant; mais, en 1598, abandonné aux soldats de l'armée royaliste, il se trouva ruiné une seconde fois, et dans les premières années du xvii° siècle, quand l'abbesse repentie, Marie de Beauvilliers, essaya de réunir son troupeau dispersé, elle préféra s'établir au bas de la montagne, non loin d'une petite chapelle qui avait toujours dépendu de la grande abbaye. D'autres religieuses rentrèrent dans cette ancienne maison, et cette double communauté éprouva, de la part des supérieurs, quelques difficultés; mais Louis XIV ayant fait bâtir, tout près de la chapelle, un cloître destiné à toutes les religieuses, la communauté de l'ancienne abbaye obtint, le 12 août 1681, de l'archevêque de Harlay, l'autorisation de venir habiter le nouveau cloître et d'y transporter les reliques qui se trouvaient dans l'église primitive.

Jusqu'à la fin du xviii® siècle, la butte Montmartre, ainsi que les carrières à plâtre dont elle est environnée, ont été l'objet de superstitions étranges et dont l'origine se perd dans la nuit des temps. Le démon et les êtres malfaisants qui l'accompagnent a toujours hanté ces lieux ; dès 944, le chroniqueur Flodoart nous raconte qu'un vent impétueux ayant soufflé sur la ville de Paris, vint s'abattre sur le *mont des Martyrs*, en y renversant des maisons d'une grande solidité. On assure, ajoute Flodoart, que l'on vit dans l'air plusieurs démons, sous la forme de chevaux, qui secouaient les murs de l'église et qui arrachaient toutes les vignes du coteau ; depuis ce temps, les carrières et les endroits écartés de cette colline ont toujours été visités par le diable. A la chapelle des Saints-Martyrs, le peuple renvoyait, par dérision sans doute, les maris trompés par leurs femmes ou qui souffraient de leur méchante humeur. Les femmes aussi avaient dans cette église un saint miséricordieux, dont elles invoquaient le secours dans l'intérêt de leurs ménages ; *saint Raboni* avait, disaient-elles, le pouvoir de rabonir les maris. Cette légende populaire était fondée sur celle de sainte Anastasie qui, ayant épousé un méchant homme, raconta à saint Crysogone les tourments qu'elle endurait, et lui demanda de prier Dieu pour elle. Le saint homme pria et le mari mourut. A la bonne heure ! Lamonnoye, dans l'édition qu'il a donnée du *Menagania*, raconte ainsi cette légende : « Une femme entreprit de faire une neuvaine à *saint Raboni* pour demander la conversion de son mari ; quatre jours après, le mari étant mort, elle s'écria :

> Que la bonté du saint est grande.
> Puisqu'il donne plus que n'lui demande. »

Les faits historiques relatifs à la butte Montmartre commencent avec la fin du ix® siècle : en 886, pendant le siège de Paris par les Normands, le comte Eudes, qui était allé chercher du secours auprès de Charles-le-Gros, se montra sur ces hauteurs pour engager les Parisiens à faciliter, par une attaque imprévue, son entrée dans la ville. Ce fut là que Charles-le-Gros campa, quand il vint avec son armée au secours de Paris assiégé ; enfin, des hauteurs de Montmartre, les deux frères Thierry et Alderan fondirent avec six cents hommes sur les Normands, auxquels ils firent éprouver des pertes considérables.

L'empereur Othon II, avec son armée, occupa Montmartre en 978 ; il défendit que l'on détruisît les chapelles élevées en l'honneur des saints martyrs ; il se contenta d'accomplir la promesse qu'il avait faite au roi Hugues-Capet, renfermé dans Paris, « que l'*Alleluia* qui serait dit pour remercier Dieu de ses victoires, serait chanté si haut et si fort qu'on n'en aurait jamais entendu de semblable ». C'est pourquoi ayant réuni, au sommet de la montagne, une quantité considérable de clercs, il fit entonner l'*Alleluia. te Martyrum candidatus laudat exercitus*, par des voix si nombreuses et si criardes, que les habitants de Paris, surpris de ce chant solennel, se préparèrent à un siège aussi long que terrible.

Depuis une époque très-reculée, l'église haute de Montmartre et la chapelle située au pied de la colline étaient le but de processions fréquentes de la part des différentes églises de Paris; parmi les anciennes stations du clergé de la métropole, en carême, l'on trouve la chapelle de Sainte-Marie de l'église de Montmartre. Pendant l'hiver de 1392, un spectacle singulier fut offert aux regards du peuple de Paris : déjà il commençait à connaître la triste destinée de son roi bien-aimé, atteint d'une maladie mystérieuse que le démon semblait avoir soufflé dans tout son être; on vit partir de l'hôtel Saint-Paul les seigneurs de la cour, les princes du sang royal en habit de deuil et pieds nus, précédés par le clergé du palais. Au milieu des princes, sur un cheval noir, était assis le pauvre roi, le teint pâle, l'œil égaré, n'ayant plus de sourire pour répondre aux acclamations de la foule qui, triste, épouvantée, se pressait sur son passage. Charles VI, disait-on, se rendait malgré les rigueurs de la saison à la chapelle des Martyrs, au bas de Montmartre, pour y remercier Dieu d'un grand malheur auquel il avait échappé.

Chacun se répétait tout bas que le roi de France était au nombre des seigneurs qui, peu de jours auparavant, dans l'hôtel de la reine Blanche, avaient vu le feu prendre au déguisement d'hommes sauvages qu'ils n'avaient pas craint de revêtir pour danser aux secondes noces d'une certaine veuve, dame de la maison d'Orléans. La veille, un service funèbre avait été célébré en l'honneur des deux gentilshommes victimes de ce déplorable accident ; Charles VI, tout surpris encore de la commotion violente qu'il avait ressentie, jetait sur la foule un regard indéfinissable, dans lequel on pouvait lire tous les malheurs qui ont signalé son règne. (Voyez l'*Histoire de Jean-Jouvenel des Ursins,* année 1393.)

Toutes les fois que des troupes ennemies ont investi la capitale, elles n'ont pas manqué de s'emparer des hauteurs de Montmartre. Il en fut ainsi pendant les guerres du xv* siècle et lors du siège malheureux que Charles VII et Jeanne d'Arc vinrent mettre devant Paris en 1425 ; à la fin de 1598, Henri IV s'empara des hauteurs de Montmartre et profita d'une terrasse assez large qu'il y trouva pour établir plusieurs pièces de canon dont les premiers coups firent connaître sa présence aux ligueurs. Au 10 août 1792, l'Assemblée nationale, qui avait décrété la formation d'un camp de 20,000 hommes sous les murs de Paris pour contenir la capitale, autorisa les canonniers des sections à établir des batteries sur les hauteurs de Montmartre. Mais ce fut pendant les années désastreuses de 1814 à 1816 que ces hauteurs devinrent le théâtre d'exploits remarquables qui, pour n'avoir pas été couronnés de succès, ne méritent pas moins d'être signalés à l'estime publique. En 1814, les désastres éprouvés par Napoléon engagèrent les habitants de Paris à élever des fortifications contre les armées ennemies. On y travaillait avec beaucoup de zèle, quand on vit nos soldats se replier sur les hauteurs qui entouraient la capitale. Joseph Buonaparte occupait Montmartre avec son corps d'armée ; assailli par les bombes et les boulets des troupes coalisées, il se vit contraint de battre en retraite et confia à quatre cents dragons la défense du poste qu'il abandonnait : « Vingt mille hommes de l'armée de Silésie s'avancèrent alors fièrement contre cette poignée de Français, et ces Français qu'animaient également et l'amour de la patrie et celui de la gloire, bien loin de chercher à fuir, s'obstinèrent à vouloir défendre le poste confié à leur courage. Forts seulement de leur audace, ils chargèrent l'ennemi avec leur impétuosité ordinaire et eurent la gloire de repousser plusieurs fois cette masse effrayante d'assaillants.... Cependant, à chaque seconde, les rangs de ces nouveaux Spartiates s'éclaircissaient, et bientôt, comme ceux des Thermopyles, ils allaient tous périr victimes de leur généreux dévoûment, quand le colonel qui les commandait s'apercevant qu'ils allaient être tournés par la plaine de Neuilly, fit sonner la retraite et laissa l'ennemi stupéfait d'une audace qui, durant cette journée mémorable, s'était montrée la même dans tous les rangs de l'armée française. » (*Dictionnaire topographique, militaire, etc.*)

Les Russes, devenus maîtres de Montmartre, trouvèrent un grand nombre de caissons et vingt-neuf pièces d'artillerie qu'ils allaient tourner contre la capitale au moment où ils apprirent la capitulation signée à Belleville par le duc de Raguse. Ils respectèrent les conditions du traité et ne se rendirent coupables d'aucuns des excès qu'on reproche ordinairement aux armées victorieuses.

Montmartre est aujourd'hui une commune très-considérable qu'on peut regarder comme le prolongement d'un faubourg de Paris. Elle est surtout fameuse par ses cabarets, ses carrières à plâtre et ses moulins à vent. Les meuniers de l'endroit vendent à boire au peuple du faubourg, qui s'en va, durant la belle saison, festoyer sur les hauteurs de Montmartre. Je ne dois pas oublier un établissement digne de la reconnaissance publique : c'est l'*Asile de la Providence*, hospice particulier dans lequel sont entretenus, aux frais des membres de l'association de la Providence, des vieillards et des orphelins. Aux portes de Paris se trouve aussi le cimetière de Montmartre, le plus ancien de tous ceux qui furent ouverts en dehors de la capitale à la fin du siècle dernier. Pendant la première révolution on le nommait *Champ du Repos*. Formé sur des carrières à plâtre, ce cimetière est composé d'une vallée profonde environnée de trois collines, plantée d'arbres verts et de romarins ; il ne manque pas de sites pittoresques, que les monuments funéraires qu'il renferme varient à l'infini.

SAINT-DENIS.

La grande célébrité dont a joui, dans tous les temps de notre histoire, l'abbaye royale de Saint-Denis a jeté, sur les lieux où ce monastère est situé, une renommée que l'aspect monotone du paysage ne leur aurait jamais donnée. La petite ville qui porte ce nom s'élève dans une vaste plaine dont aucun accident naturel ne vient rompre la triste étendue ; heureusement, cette plaine a été rafraîchie par les eaux d'un canal destiné à faciliter la navigation entre la Seine et le canal de l'Ourcq, où il vient se terminer par un bassin en demi-lune. Les commencements de la ville de Saint-Denis remontent aux premiers siècles de notre ère et se rattachent au martyre que les trois saints confesseurs, Denis, Rustique et Eleuthère ont souffert aux portes de Paris. Ce fut, comme on l'a dit précédemment, au pied de la butte Montmartre que le supplice des trois apôtres eut lieu. Denis, ainsi que le raconte

SAINT-DENIS.

Hilduin, agiographe du IXᵉ siècle, quoique décapité, prit sa tête dans ses deux mains et continua de marcher l'espace d'environ une lieue. Une dame

gauloise, touchée de ce miracle, enivra les gardiens des dépouilles mortelles des martyrs et s'empara de ces restes sacrés pour leur donner la sépulture.

On attribue à sainte Geneviève l'honneur d'avoir, la première, élevé une chapelle sur le tombeau de saint Denis. Plusieurs miracles s'opéraient en faveur de la jeune fille. Elle guérissait les démoniaques, chassait l'esprit malin avec le signe de la croix. A plusieurs reprises, le diable ayant éteint le cierge qui brûlait dans la chapelle, ce cierge était à l'instant rallumé par le souffle d'un ange. Bien plus, ce cierge, toujours enflammé, ne se consumait pas ; en le touchant, plusieurs personnes atteintes de la fièvre guérissaient aussitôt. Quelques habitations s'élevèrent peu à peu autour de cette chapelle et formèrent une bourgade qui, sous le nom de *Catalaucum*, s'étendait sur l'ancienne route de Pontoise. Dès la fin du vi᷉ siècle, le petit oratoire construit par les soins de sainte Geneviève avait été remplacé par une basilique, et le tombeau de saint Denis était orné d'étoffes de soies garnies d'or et de pierreries qui tentèrent la cupidité des soldats de Sigebert. Grégoire de Tours nous raconte qu'ils entrèrent dans la basilique, et qu'un de leurs officiers s'empara des étoffes qui garnissaient le tombeau de saint Denis. L'un des soldats étant monté au sommet de ce tombeau, pour détacher une colombe d'or, défaillit tout à coup et mourut de sa chûte.

Ce fut principalement sous le roi Dagobert que la grandeur et les magnificences de l'abbaye royale de Saint-Denis commencèrent véritablement. Ce prince eut pour la vieille basilique une vénération toute particulière : non-seulement il la reconstruisit presque tout entière, mais encore il établit un monastère qu'il dota richement, afin que rien ne détournât les religieux des prières continuelles qu'il voulait qu'on récitât sur le tombeau des saints martyrs. Frédégaire, chroniqueur du ix᷉ siècle, nous a parlé des travaux de Dagobert dans l'ancienne basilique de Saint-Denis : ils consistaient en décorations d'or et de pierreries qu'il fit exécuter par son ministre saint Éloi. Les légendaires ont prétendu que la prédilection de ce prince pour l'église de Saint-Denis était le résultat d'un vœu qu'il avait fait dans sa jeunesse. Ils ont dit que ce prince, fatigué des vexations qu'il éprouvait de la part de son gouverneur, prit la résolution de s'en venger; profitant de l'absence de son père, il saisit le magister à la barbe, la lui coupa, écorcha quelque peu le menton du patient, et ensuite, aidé de ses familiers, il l'accabla de coups. Pour éviter la punition de sa faute, le jeune prince se sauva dans une forêt, puis dans la chapelle du saint martyr Denis, qui empêcha les soldats du roi de s'emparer du coupable. « Pendant les allées et venues des gens du roi, dit un vieil auteur, Dagobert s'endormit, auquel saint Denis s'apparut en vision, lui promettant de le garantir contre la fureur de son père, et l'assurant même qu'il lui succéderait au royaume, pourvu qu'il lui fît bâtir un mausolée et un temple. » En reconnaissance de cette céleste protection, Dagobert fit élever la basilique de Saint-Denis, qu'il voulut enrichir des matières les plus précieuses. Ce n'est pas la seule légende racontée par les chroniqueurs sur le même sujet; et ces récits augmentaient encore à leurs yeux cette vénération que les fidèles portaient à la sainte basilique.

Pepin et Charlemagne reconstruisirent à peu près l'église de St-Denis; et la dédicace eut lieu au mois de février 775. Dans le cours du siècle suivant, on rétablit une crypte qui, sous le roi Dagobert, avait été creusée au pied du tombeau des saints martyrs. Cette crypte devint plus tard la sépulture de la famille des Bourbons. Mais c'est dans la première moitié du xii᷉ siècle que la belle cathédrale qui existe aujourd'hui, et qui eut tant de célébrité, fut bâtie et décorée, sous la direction et par les soins de Suger, cet abbé auquel Louis-le-Jeune, en partant pour la croisade, confia le soin et le gouvernement du royaume. Doublet, historien de l'abbaye, s'est appliqué à recueillir, d'après les mémoires que Suger nous a laissés sur sa vie, le détail exact de ce qu'a fait ce moine illustre pour l'église confiée à ses soins. Voici quelques-uns de ces détails dans le style naïf du vieil historien : « Il commença par l'entrée, bastissant deux grandes portes s'ouvrant en deux parties, en après le devant de l'église, puis les deux hautes tours du clocher ayant fait oster ce que sainct Charlemagne avoit fait bastir afin d'enclore le tombeau du roi Pepin son père dedans l'église.

« Je ne passeray sous silence en cest endroit une chose qui est à noter, a scavoir que la monstre de l'horloge est une rose faite lorsque le frontispice et devant de l'église furent bastis, pour servir de fenestres à la nef d'icelle, laquelle rose est divisée en vingt-quatre parties esgales et es environs sont marquées les heures de douze en douze, les dictes marques enlevées de pierres et faites avec icellui bastiment d'icelle sorte que les deux bouts de l'esguille monstrent en mesme temps quelle heure il est.....

« Il fist venir plusieurs fondeurs et sculpteurs bien expérimentés pour orner et enrichir les battants de la porte principale de l'entrée de l'église sur laquelle se voit la Passion, Résurrection, Ascension et autres histoires (avec la représentation dudit abbé en terre), le tout de fonte et qui luy a convenu faire de grands frais tant pour le métal que pour l'or qui y a esté employé. »

Après avoir cité les inscriptions que Suger fit placer sur différentes parties du monument, le vieil historien continue de rapporter les paroles de Suger lui-même, à propos de l'achèvement de son église.

« Ensuite il parle de l'augmentation de la partie supérieure et dit qu'ayant achevé la première partie qui est le devant, jusques au chœur et à la chapelle du Ladre, la même année il commença la partie supérieure d'icelle qu'on appelle le chevet, afin d'y consacrer journellement la sacrosaincte hostie, et en ce lieu il reconnoit la grande faveur de Dieu, qui lui a permis d'achever en trois ans une œuvre si remarquable tant par la hauteur des voûtes que par l'élévation et la multitude des arceaux et des colonnes.

» Puis mettant tout son soin au parachèvement des tours de la partie de devant, les autres estant achevées, il fut porté par la persuasion d'aucun et aussi attiré de Dieu à renouveller les voultes du milieu de l'église qu'on appelle nef, et icelles, conformer et esgaler à l'un et l'autre edifice nouveau, *reservée toutes fois une partie et portion des vieilles parois auxquelles le pontife des pontifes Nostre Seigneur Jésus-Christ, suivant le tesmoignage des anciens escrivains, avoit mis et apposé sa divine et sacrée main aussi et* jetté la lèpre du lépreux, afin que la révérence de la double consécration fut gardée et que pareillement la liaison de l'ouvrage se trouvast bien faicte. »

Suger n'a pas manqué de nous parler de ces superbes vitraux qui, de nos jours encore, font l'admiration des curieux, et sur lesquels il est représenté lui-même.

« Il raconte, ajoute Doublet, et met entre les choses admirables advenues en ce superbe et magnifique bastiment, comment il a trouvé des faiseurs de vitres et compositeurs de verre de matière très exquise, à scavoir des saphirs en grande abondance qu'ils ont pulverisez et fondus parmi le verre pour donner la couleur d'azur, ce qui le ravissoit véritablement en admiration ; comme encore il admire la bonté de Dieu en ce qu'il trouvoit de l'argent promptement, bien que les frais fussent grands pour les payer, et ce dans le tronc (ou *gazophilacion*) que remplissoient les fidèles, tant la devotion étoit grande à cette époque. »

On me pardonnera, je l'espère, la citation qui précède en faveur du grand intérêt qui s'y rattache. Suger lui-même nous fait connaître, non seulement les parties différentes de l'église de Saint-Denis, qu'il a construites, mais encore les procédés mis en œuvre par les artistes, les ressources dont il pouvait disposer pour l'achèvement de son œuvre.

Ce n'est pas tout : après avoir ainsi veillé à l'érection de son église cathédrale, sous le rapport de l'architecture, Suger voulut que les ornements intérieurs, les autels, le jubé, les croix, les vases, et tous les objets nécessaires au culte fussent en harmonie avec les sculptures des colonnes et les brillantes couleurs des vitraux. Le maître-autel, déjà paré d'une table en or massif, due à la munificence du roi Charles-le-Chauve, fut couvert par ses soins de trois autres tables pareilles, l'une à gauche, l'autre à droite, la troisième au-dessus ; elle était en outre tout environnée d'émeraudes et de pierreries. Suger fixa aussi, de chaque côté de cet autel, les chandeliers d'or de vingt marcs pesant que Louis-le-Gros avait donnés autrefois. Il eut soin de les enrichir de toutes sortes de pierres précieuses. Les jours de cérémonie, quand on célébrait l'office divin à ce magnifique sanctuaire, une grande croix d'or, chef-d'œuvre dû à l'habileté de saint Éloi, s'élevait au milieu des chandeliers et d'autres croix plus petites toutes resplendissantes d'ornements précieux. Le ciboire, la patène, enfin tout ce qui servait à consommer ce somptueux sacrifice, répondaient par la valeur du métal et le fini du travail à la richesse du sanctuaire.

Suger parle de la magnificence d'un second autel en marbre noir, autour duquel il avait fait sculpter plusieurs personnages en marbre blanc, qui représentaient la passion et la mort de Saint-Denis. Il parle aussi du chœur de l'église tout en marbre et en cuivre, mais trop froid pour l'hiver, et qu'il aurait fait reconstruire plus large et plus commode. Il avait

encore fait couvrir de l'or fin le plus pur le grand aigle de cuivre qui servait de lutrin, agrandir et rajuster le pupitre fixé au jubé, destiné à la lecture du saint Évangile, sur lequel étaient fixées de belles tablettes d'ivoire représentant des personnages et histoires entremêlés d'animaux de cuivre.

Qu'on juge, par cette rapide description des principaux objets d'art que l'abbé de Saint-Denis avait placés dans son église, du coup d'œil imposant que devait offrir l'une de ces grandes cérémonies dont l'abbaye de Saint-Denis était le théâtre. Qu'on se représente Philippe-Auguste ou saint Louis venant, au milieu de cette pompe, assister au sacrifice de la messe et recevoir des mains de l'abbé l'oriflamme, ce gage précieux de nos victoires. Par un beau jour du printemps, le soleil jette sa lumière dans la campagne et perce de ses rayons l'obscurité majestueuse et mystique des vitraux ; le maître-autel, resplendissant d'or et de pierreries, reflète d'éblouissants rayons ; l'abbé, son bâton pastoral à la main, sa mître sur la tête, est assis sur son siège, entouré de tous ses chanoines et d'un clergé nombreux, encore augmenté par une députation de l'église cathédrale. Au milieu du chœur flotte l'oriflamme et, près de lui, se tiennent debout le chevalier chargé de la porter, ses écuyers et ses sergents d'armes, fiers de la mission qui va leur être confiée. Toute la nef est remplie par les membres des cours souveraines, par les magistrats municipaux et les élus de la bourgeoisie parisienne ou de Saint-Denis, par les officiers de l'Université et les élus des Quatre-Nations. Tout à coup le clairon retentit dans la campagne, les cloches de la grande cathédrale et des églises environnantes s'ébranlent et l'orgue vient mêler ses graves accents à ces bruits d'allégresse. Le roi, couvert d'une brillante armure, le casque couronné sur la tête, monté sur un cheval de bataille, se présente aux portes de l'église. Il est suivi des princes du sang, des ducs et pairs, des comtes, barons, chevaliers qui doivent le suivre dans son expédition. Tous mettent pied à terre ; le roi lui seul fait quelques pas à cheval dans l'église, puis s'arrête ; il est reçu par l'abbé qui s'avance à sa rencontre et le conduit sous le dais royal placé en face de l'oriflamme qui s'agite au moment où le souverain passe devant lui. Les acclamations du clergé, de la noblesse et du peuple, les fanfares de la trompette des hérauts d'armes se mêlent à la grande voix des cloches, et tout un peuple réuni salue avec orgueil l'étendard, symbole de son honneur. Le silence est bientôt rétabli ; l'abbé remet aux mains du roi l'oriflamme ; le prince y pose ses lèvres et la donne au comte du Vexin français qui a le droit de la porter. Enfin, une grande messe solennelle commence !..... Je vous le demande, cette antique cérémonie, dont je cherche à reproduire à grands traits les principales circonstances, n'était-elle pas bien faite pour donner aux soldats de la France un saint enthousiasme qui devait les soutenir au milieu des combats ?

Ce n'est pas seulement par les richesses qu'elle renfermait ni par le beau privilége qui lui était réservé de garder l'oriflamme, le sceptre et la couronne des rois de France, que l'abbaye de Saint-Denis a joui d'une grande célébrité; le droit qui lui fut attribué, dès les premiers temps de la monarchie française, de servir de sépulture aux rois, aux reines, aux princes et princesses du sang royal, aux hommes illustres par leur grande bravoure ou leur habileté, suffisait seul à sa renommée. Bien qu'un fils de Chilpéric ait été, dit-on, enterré vers l'année 580 dans la basilique de Saint-Denis, Dagobert, mort en 638, fut le premier roi de France qui eut son tombeau dans l'abbaye royale. Après lui, Pepin, Charles-Martel, Clovis II, Charles-le-Chauve et quelques autres rois des deux premières races y furent portés. Depuis Hugues Capet jusqu'aux derniers Bourbons, tous les rois de France et plusieurs princes ou princesses de leur famille y ont reposé.

Suger, en reconstruisant la vieille basilique, fit réunir, derrière le chœur, les tombes royales qui se trouvaient éparses dans l'église; mais ce fut sous saint Louis et Philippe-le-Hardi, son fils, que les galeries funéraires, qui existaient des deux côtés du chœur furent construites. Ces caveaux étaient généralement disposés suivant les races et les descendances; mais l'ordre ne fut rigoureusement suivi que dans les derniers siècles de la monarchie. C'est dans l'ancienne crypte de la basilique romaine, construite sous Dagobert, que le premier des deux caveaux qui servit de sépulture aux Bourbons a été établi; Anne de Bretagne, femme de Louis XII, y reposa la première. En 1683, le caveau se trouva trop petit, et, à l'occasion des funérailles de Marie-Thérèse d'Autriche en 1683, on creusa, sous le chevet de l'église, un caveau spacieux, de neuf toises de long sur deux et demie de large, qui communiquait avec l'ancien par un petit corridor. Le corps de Louis XIII resta seul dans la vieille crypte du temps de Dagobert; les autres, au nombre de trente-et-un, furent inhumés dans le nouveau : ils étaient rangés sur des barres de fer, à trois pieds de terre.

La description des tombes royales qui étaient déposées dans l'abbaye de Saint-Denis avant la révolution de 1789, et dont une restauration intelligente exécutée dans ce moment nous fera connaître l'aspect, ne saurait trouver ici une place digne d'une aussi vaste sujet. Je me contenterai d'ajouter aux détails sommaires qui précèdent, l'analyse et des extraits de la triste exhumation qui eut lieu dans le mois d'octobre de l'année 1793. Les communautés religieuses ayant été supprimées dans toute la France l'année précédente, l'abbaye royale de Saint-Denis disparut comme toutes les autres, le nom même en fut effacé : celui de *Franciade* remplaça le saint martyr qui avait protégé la monarchie pendant une si grande succession de siècles. Les bâtiments de l'ancien monastère et la royale église qui renfermait tant d'objets d'art furent heureusement respectés. Ils attiraient même beaucoup de curieux au moment où les membres de la municipalité du nouveau bourg de *Franciade* jugèrent à propos de violer la sépulture des races royales qui avaient gouverné la France et de plusieurs grands hommes qui l'avaient illustrée, pour en arracher le plomb nécessaire à la fonte des balles.

Voici, en résumé, le curieux procès-verbal qui en a été dressé :

« Le samedi 12 octobre 1793, les membres de la municipalité de *Franciade* ordonnèrent, conformément au décret rendu par la Convention nationale d'exhumer, dans l'abbaye de Saint-Denis, les corps des rois, des reines, des princes, des princesses et des hommes célèbres qui y avaient été inhumés, afin d'extraire les plombs que renfermaient leurs tombeaux. Les ouvriers, impatients de contempler les restes d'un grand homme, s'empressèrent d'ouvrir le cercueil de Turenne.

Le corps fut trouvé dans un état de conservation tel, que les traits du visage, parfaitement conformes à ceux des portraits qui existaient, n'étaient pas même altérés ; aussi les spectateurs étonnés crurent-ils voir l'âme du grand capitaine, dont ils admiraient les restes, s'agiter encore pour défendre les droits de la France. Le corps, qui était à l'état de momie sèche et de couleur de bistre, fut remis au nommé *Host*, gardien du lieu, qui conserva cette momie dans une boîte de bois de chêne et l'exposa dans la petite sacristie de l'église aux regards des curieux. Les restes de Turenne furent ensuite transportés au Jardin des Plantes, puis dans le musée des Monuments, et enfin dans le temple de Mars (*l'église des Invalides*), le 1er vendémiaire an IX, conformément à l'arrêté des consuls.

On ouvrit ensuite le caveau des Bourbons, du côté des chapelles souterraines, et l'on commença par en tirer le cercueil de Henri IV.

Le corps de ce roi s'est trouvé dans une telle conservation que les traits de son visage n'étaient point altérés. Il fut déposé dans le passage des chapelles basses, enveloppé dans son suaire, qui était également conservé. Chacun eut la liberté de le voir jusqu'au lundi matin 14, qu'on le porta dans le chœur au bas des marbres du sanctuaire où il est resté deux heures après midi, et il fut transporté de là dans le cimetière dit *des Valois*, ensuite dans une grande fosse creusée dans le bas à droite, du côté du nord. Ce cadavre considéré comme momie sèche, avait le crâne scié, et contenait à la place de la cervelle, qui en avait été ôtée, de l'étoupe enduite d'une liqueur extraite d'aromates qui répandait encore une odeur tellement forte, qu'il était presqu'impossible de la supporter.

Un soldat, qui assistait à l'ouverture du cercueil, tira son sabre, et après avoir admiré les restes du vainqueur de la Ligue, coupa une longue mèche de la barbe encore fraîche de Henri, et s'écria : « Désormais je n'aurai plus d'autre moustache. »

Le 14 octobre on continua d'exhumer les autres cercueils des Bourbons, savoir : de Louis XIII, de Louis XIV, de Marie de Médicis, d'Anne d'Autriche, de Marie-Thérèse, épouse de Louis XIV ; de Louis, dauphin, fils de Louis XIV.

Quelques-uns des corps étaient bien conservés, surtout celui de Louis XIII, mais la peau de Louis XIV était devenue noire comme de l'encre.

On reprit, le 15 octobre 1793, l'extraction des cercueils des Bourbons, mais cette opération n'offrit rien de remarquable ; seulement, on retira du caveau les cœurs de Louis, dauphin, fils de Louis XV, et de Marie-Joseph de Savoie, sa femme. Le plomb, en figure de cœur, fut mis à part, et l'on porta ce qu'il contenait au cimetière, avec tous les cadavres des Bourbons. Les cœurs de plomb, couverts de vermeil et d'argent, et les couronnes furent déposés à la municipalité. Quant au plomb, il fut remis aux commissaires du gouvernement.

Le 16 octobre, on ouvrit, dans la chapelle dite des *Charles*, le caveau de Charles V et celui de Jeanne de Bourbon, son épouse. On retira du cercueil de Charles V une couronne de vermeil bien conservée, une main de justice en argent et un sceptre en vermeil d'environ cinq pieds, surmonté d'un bouquet de feuillage, du milieu duquel s'élevait une grappe de corymbe, ce qui lui donnait à peu près la forme d'un thyrse. Ce morceau d'orfévrerie avait conservé beaucoup d'éclat.

Dans le cercueil de Jeanne de Bourbon on trouva un reste de couronne, un anneau d'or, des débris de bracelets ou chaînons, une quenouille de bois doré à demi pourrie, des souliers de forme pointue, semblables à ceux connus sous le nom de souliers *à la poulaine*. Ils étaient en partie détruits; cependant on pouvait y voir encore les broderies en or et en argent dont on les avait ornés. Les tombeaux de Charles VI et d'Isabeau de Bavière, qui furent ouverts le 17 octobre, ne renfermaient plus rien de précieux; ils avaient été brisés au mois d'août précédent et complétement dépouillés.

Le 18 octobre, on découvrit les restes de Louis X, dit *le Hutin*, renfermés dans une pierre creusée en forme d'auge et tapissée en dedans de lames de plomb. Parmi les ossements desséchés se trouvèrent des fragments de sceptre et de couronne de cuivre rongés par la rouille.

Le corps de Louis VIII, que l'on exhuma le 19 octobre, était presque consumé; sur la pierre qui couvrait son cercueil était sculptée une croix en demi-relief. On n'y trouva qu'un reste de sceptre de bois pourri et un diadème qui consistait simplement en une bande d'étoffe tissue en or avec une grande calotte d'une étoffe satinée assez bien conservée; le corps avait été enveloppé dans un drap ou suaire en or dont quelques morceaux furent retrouvés intacts, puis cousu dans un cuir fort épais qui avait encore toute son élasticité. Ce fut le seul corps, parmi ceux qu'on exhuma, qui fut trouvé enveloppé de cuir.

Après avoir décarrelé le haut du chœur pour chercher les cercueils cachés dans la terre, les ouvriers trouvèrent celui de *Philippe-le-Bel*. Ce cercueil était de pierre, creusé en forme d'auge et renfermait, avec le squelette tout entier, un anneau d'or, un reste de diadème d'étoffe tissue en or, et un sceptre de cuivre doré, de cinq pieds de long. Ce sceptre était terminé par une touffe de feuillage, sur laquelle était un oiseau aussi de cuivre, revêtu de ses couleurs naturelles, et qui ressemblait à un chardonneret.

Le soir, à la lumière des torches, les ouvriers procédèrent à l'ouverture du tombeau en pierre du roi Dagobert, mort en 638. Après avoir brisé la statue qui fermait l'entrée du sarcophage fait en pierre de Bourgogne, on trouva un coffre de bois d'environ deux pieds de long, garni de plomb à l'intérieur, qui renfermait les ossements de ce prince avec ceux de Nanthilde, sa femme, enveloppés dans une étoffe de soie, et les corps séparés par une planche intermédiaire qui partageait le coffre en deux parties. Sur un côté de ce coffre était une plaque de plomb avec cette inscription : *Hic jacet corpus Dagoberti;* sur l'autre côté, une autre lame de plomb chargée de celle-ci : *Hic jacet corpus Nanthildis.*

Le dimanche 20 octobre 1793, après avoir détaché le plomb qui tapissait le dedans du tombeau en pierre de *Philippe-le-Bel*, les ouvriers reprirent leurs travaux auprès de la sépulture de Louis IX; on n'y trouva qu'une auge de pierre sans couvercle.

Dans la chapelle dite des *Charles*, ils retirèrent le cercueil de *plomb* de Bertrand Duguesclin, mort en 1380; son squelette fut trouvé intact, la tête bien conservée, les os tout à fait desséchés et très-blancs.

Après de longues recherches, on parvint à découvrir l'entrée du caveau de François Ier; ce caveau fort grand, très-bien voûté, contenait six corps enfermés dans des cercueils de plomb, posés sur des barres de fer, savoir : celui de François Ier et ceux de Louise de Savoie, sa mère; de Claude de France, sa femme; de François, dauphin, mort en 1536, âgé de dix-neuf ans; de Charles, son frère, et de Charlotte, leur sœur, morte à l'âge de huit ans. Tous ces corps étaient en putréfaction; une eau noire, infecte coulait à travers les cercueils. Les restes de François Ier étaient ceux d'un homme d'une taille extraordinaire et d'une forte structure; l'un des fémurs de ce prince portait, des condyles à la tête de l'os, vingt pouces.

Le 23 octobre, on continua les travaux qu'on avait commencés la veille pour découvrir les tombeaux du sanctuaire. Celui de *Philippe-de-Valois* fut trouvé le premier. Ce tombeau contenait une couronne et un sceptre surmonté d'un oiseau de cuivre doré. Plus près de l'autel, on ouvrit le cercueil de *Jeanne de Bourgogne*, première femme de Philippe-de-Valois, et l'on y trouva l'anneau d'argent que portait cette princesse, sa quenouille et son fuseau.

Le tombeau de *Charles-le-Bel*, qui était auprès de celui de Philippe-de-Valois, renfermait une couronne d'argent doré, un sceptre de cuivre doré haut de sept pieds, un anneau d'argent, un reste de main de justice, un bâton d'ébène et un oreiller en plomb sur lequel reposait la tête du roi.

On trouva, dans le tombeau en pierre de *Philippe-le-Long*, son squelette revêtu d'habits royaux; sa tête était entourée d'une couronne d'argent doré enrichie de pierres, son manteau orné d'une agrafe d'or en forme de losange et d'une autre plus petite en argent; une partie de ceinture d'étoffe satinée, garnie d'une boucle d'argent doré, et un sceptre de cuivre doré furent également retirés du sarcophage.

Le même rapport fait aussi mention d'un grand nombre d'autres princes et princesses du sang royal, dont le cercueil fut brisé impitoyablement. La lecture de ce document historique des plus curieux attriste ; on est surtout effrayé de cette violation des tombeaux, crime affreux que toutes les nations condamnent, exécutée légalement par les autorités elles-mêmes, sous le prétexte de découvrir quelques livres de plomb ; on se prend à réfléchir à l'impitoyable succession des événements de ce monde, qui ne laissent rien exister et ne permettent pas même à cent générations de rois qui ont fait la gloire d'un grand peuple de reposer tranquillement dans un sépulcre !

Il est facile de comprendre comment les priviléges remarquables dont jouissait l'abbaye de Saint-Denis concoururent à augmenter toujours sa puissance et ses richesses ; ces dernières ne pouvaient manquer de devenir bien considérables, et la description du trésor de la royale abbaye, tel qu'il existait au commencement du XVIIe siècle, serait le sujet d'un grand ouvrage et des plus curieux ; déjà, du vivant de Suger, ce trésor renfermait les objets les plus singuliers, les meubles les plus précieux.

Suger parle de sept grands chandeliers d'argent donnés à l'église par Charles-le-Chauve ; d'un vase très-exquis taillé en forme de navire, de couleur perse avec des fleurons d'or, provenant de la couronne de l'impératrice Mathilde, fille de Henri I, d'un très-excellent vase de porphyre, admirable de sculpture et de polissure, dont il fit changer la forme pour lui donner celle d'un aigle avec la tête, les ailes et les pieds d'or massif. Il parle encore de plusieurs autres objets aussi précieux par la matière que par le travail dont ils étaient composés.

Ce n'était pas seulement quelques reliques singulières, et sans aucun doute apocryphes, qui faisaient la célébrité de ce fameux trésor ; il renfermait aussi un certain nombre d'objets d'art antiques qui avaient été donnés à l'abbaye par les rois Mérovingiens. Dans leur ignorance, les possesseurs en exagéraient certainement l'ancienneté, mais ils n'avaient pas tort d'y attacher le plus grand prix : de ce nombre étaient le calice et les burettes en béryl, garni d'argent doré, ornés de pierres précieuses, avec lesquels, disait-on, saint Denis avait célébré le sacrifice de la messe.

Une des hydres ou cruches dans lesquelles Notre-Seigneur, aux noces de Cana, transmua l'eau en vin.

Un miroir fait d'une pierre de jais, que l'on regardait comme ayant appartenu au poëte Virgile.

Ce trésor était placé dans une grande salle joignant le côté méridional de l'église ; la voûte, assez élevée, était soutenue par une colonne de marbre formant le milieu. Une lampe y brûlait sans cesse par respect pour les saintes reliques renfermées dans ce trésor. Les objets différents qui le composaient étaient placés dans cinq grandes armoires, dont Félibien, dans son histoire de l'abbaye, a fait graver une représentation assez exacte.

La bibliothèque de l'abbaye, riche en manuscrits de tout genre, mais principalement en chroniques latines ou françaises relatives à notre histoire, n'était pas la partie la moins précieuse de ce trésor. Doublet décrit, avec un soin minutieux, jusqu'à six volumes renfermant les saintes écritures, dont la reliure était dans le goût suivant : « Un très-beau livre en parchemin couvert d'or et sur ledit or un crucifix d'ivoire, et à ses costez les images de Nostre-Dame et de Saint-Jean, d'ivoire, plus exquises que l'or pour estre délicatement taillées. Ce livre aussi enrichi de grenats, saphirs, grisolites, ametistes, ermeraudes et quantité de perles. »

Quant aux chroniques latines, relatives à notre histoire, conservées dans l'abbaye de Saint-Denis, elles jouissaient, dès la fin du XIIe siècle, d'une grande célébrité. Ce qui le prouve, c'est que, dans leurs poèmes héroïques en langue vulgaire, dont quelques uns remontent à cette époque, nos trouvères ne manquent jamais d'invoquer le témoignage des anciens récits conservés dans la royale abbaye, et qu'ils prétendent avoir été consulter.

Philippe Mouskes lui-même, qui, dans le XIIIe siècle, composa une histoire de France en vers français, plus sérieuse que les chansons de gestes de nos trouvères, dit en commençant son récit :

> En l'abbaye Saint-Denise,
> De France,... ai l'estore prise,
> Et de latin mise en roumans.

Ce n'est pas tout : quand on était embarrassé dans les cérémonies publiques pour la manière dont certains usages devaient être suivis, aussitôt on envoyait à Saint-Denis consulter les anciennes chroniques qui servaient d'autorité. C'est ainsi que le roi Charles VI, voulant faire faire dans Paris une entrée magnifique à la reine Isabeau, s'adressa à la seconde femme de Philippe-de-Valois, comme la plus ancienne dame du royaume et la mieux instruite du cérémonial. La reine Blanche, avant de répondre, envoya consulter les chroniques de Saint-Denis. Ces chroniques mises en français dès la fin du XIIIe siècle, et composées par les hommes les plus éminents du royaume, jouissent avec raison d'une grande autorité. Il est certain, par exemple, que pour le règne de Charles V, elles ont été rédigées par Pierre d'Orgemont, chancelier du royaume, et avec les conseils et peut-être même la participation du monarque. Plus tard, un moine de Saint-Denis, qui ne s'est pas nommé, a écrit en latin une chronique qui fait connaître dans le plus grand détail tous les événements si curieux, si tristes du règne de Charles VI. Il avait été précédé dans la même tâche par Guillaume de Nangis, chroniqueur célèbre, amusant à lire parce qu'il se plaît aux détails, quelle qu'en soit la nature, et qu'il nous a conservé des anecdotes parfois très-piquantes sur le règne de Philippe-le-Bel, de ses fils et des rois qui les ont suivis. Ce Guillaume de Nangis eut lui-même deux continuateurs dont l'un fut aussi moine à l'abbaye de Saint-Denis, et dont le second, Jean de Venette, écrivait son histoire à Paris dans le couvent de la place Maubert; mais il dut plusieurs fois se rendre à Saint-Denis pour y étudier l'œuvre de ses devanciers; du reste, Jean de Venette, ami du peuple et véridique historien de ses misères, a bien mérité que son livre, conservé dans le trésor de la royale abbaye, passât à la postérité.

Il ne faut pas être surpris si, avec ce beau privilége de conserver à la France la mémoire de ses grandes actions, les moines de Saint-Denis ont, plusieurs fois dans le même siècle, rencontré parmi eux des hommes savants et remarquables; le dépôt de l'histoire officielle confié à leur garde joint à la conservation de l'oriflamme et à la surveillance des dépouilles mortelles de tant de rois, ne pouvait manquer d'entretenir dans leur esprit des sentiments nobles et grands.

Au nombre des plus beaux priviléges que les moines de Saint-Denis avaient obtenus des rois de France, il faut compter la célèbre foire du Landit, qui devint une source de richesse et de prospérité pour tout le pays des environs. Les moines de l'abbaye, qui ont traité des antiquités de leur couvent, ont fait tous leurs efforts pour constater que cette foire remontait au règne de Dagobert, et que ce prince en était le fondateur; mais les recherches de plusieurs critiques ont prouvé, d'une manière irrévocable, qu'entre cette assemblée célèbre et le marché que les rois de la seconde race autorisèrent les habitants de Saint-Denis à ouvrir, il n'y avait rien de commun.

Ce fut seulement dans les premières années du xii° siècle que la translation des saintes reliques, de Jérusalem dans la cathédrale de Paris, donna lieu à l'établissement du Landit, et voici à quel propos. Ceux qui rapportaient ces reliques étant revenus de Palestine par la Grèce, la Hongrie, l'Allemagne et la Champagne, passèrent, pour se rendre aux lieux de leur destination, à Saint-Denis et s'y arrêtèrent. A la nouvelle que des reliques aussi précieuses étaient apportées de la Terre-Sainte, le peuple se précipita en foule au-devant des messagers; la réception solennelle ayant eu lieu le premier jour d'août 1109, dans la cathédrale de Paris, le clergé, pour satisfaire à l'empressement des fidèles, indiqua une vaste plaine où chacun pût contempler à son aise le trésor sacré dont la France venait de s'enrichir. La plaine de Saint-Denis fut considérée avec raison comme un lieu très-propice à cette cérémonie. Le premier jour de juin ayant été désigné, l'évêque de Paris, assisté de tout son clergé, des congrégations religieuses, des curés des églises de Paris, quitta la métropole, au lever du soleil, et se rendit au cimetière des Innocents. Après quelques prières pour les morts, la procession gagna le lieu *indiqué*, tout en récitant les psaumes. C'est au milieu de cette campagne, ouverte de tous côtés, éclairée par un soleil éclatant, que l'évêque de Paris, du haut d'une tribune, exposait les saintes reliques aux regards d'un peuple im-

mense et plein de foi. Après un sermon sur les souffrances de Jésus-Christ, il bénissait l'assemblée. Cette imposante cérémonie se renouvela tous les ans. Elle attira autour du monastère un grand concours de peuple. Des marchands de toute nature profitèrent de la circonstance, et une foire se trouva bientôt naturellement établie. Il paraît que les officiers de l'Université de Paris, suivis des élèves des Quatre Nations, se rendaient en même temps que l'évêque et son clergé dans le champ du Landit. La présence de cette jeunesse turbulente et joyeuse n'attira pas seulement les vendeurs de parchemins; il y vint encore tous ceux qui trafiquaient de la parure et qui vivaient des excès de la bonne chère et du plaisir.

A peine la foire du Landit commençait-elle d'exister, qu'il se trouva plusieurs juridictions féodales, ecclésiastiques ou séculières, pour s'en disputer la propriété. Les moines de Saint-Denis, sur le terrain desquels la foire avait lieu, commencèrent par établir des barrières, un bureau d'octroi qu'ils nommèrent le château du Landit, et un officier qui, sous le nom de prévôt, fut chargé de prélever un droit sur tous les genres de marchandises qui se trouvaient à ce marché. L'évêque de Paris, qui avait joué le premier rôle dans cette institution, prétendit avoir le droit de percevoir une redevance pour la bénédiction solennelle qu'il donnait à l'ouverture de la foire. Le prévôt de Paris demanda aussi une somme assez forte pour envoyer ses archers, afin de maintenir le bon ordre et d'empêcher les voleurs de dévaliser les marchands. De tous ces droits prétendus, justifiés par des titres plus ou moins véritables, il résulta une suite non interrompue de procès qui, commencés avec le XIII° siècle, duraient encore au XVI°. Ceux qui plaidaient, défendaient leur cause avec d'autant plus d'acharnement que la foire du Lendit croissait chaque année en importance et en prospérité. Les registres des marchandises inscrites pendant le cours du XV° siècle en font foi, et des poésies populaires, antérieures au moins de cent années aux registres, nous ont transmis le nom des denrées de toute nature qui abondaient dans ce marché temporaire. L'auteur dudit rimé du *Landit*, après avoir rappelé l'exposition des reliques faites par l'évêque de Paris et la bénédiction solennelle qu'il donnait aux marchandises, passe à l'énumération de tous les métiers qui s'exerçaient dans ce lieu. On y rencontrait des barbiers, des vendeurs de bière ou de vin, des tapissiers, des merciers, des parcheminiers et des libraires. Puis, dans un autre quartier, se trouvaient les corroyeurs et tous les ouvriers employant le cuir ou le fer ; non loin des changeurs étaient réunis les joailliers et les épiciers dont le commerce se bornait alors aux productions de l'Orient. Une ruelle étroite renfermait les marchands de toile et de drap et les fabricants de vaisselle et de pots d'étain. Enfin, dans un grand parc séparé, se trouvaient assemblés les vendeurs de bêtes à cornes ou de chevaux. La puissance et l'habileté persévérante des moines de Saint-Denis avaient fini par triompher de ceux qui leur contestaient le droit de faire tourner à leur avantage la grande assemblée du Landit ; et, dès le milieu du XV° siècle, il était reconnu par les diverses cours souveraines du royaume, que toutes marchandises destinées à ce champ de foire ne devaient payer aucun impôt, à l'exception du droit perçu par les officiers de l'abbaye. Une pareille jurisprudence explique comment toutes les marchandises du royaume, et même celles des pays voisins, affluaient à la foire du Landit. Les invasions des troupes anglaises au XV° siècle arrêtèrent cette prospérité ; et, de la grande plaine de Saint-Denis, cette foire fut transportée dans l'intérieur de la ville, à l'abri des remparts qui protégeaient la royale abbaye. Plus tard, Louis XI voulut rendre au Landit toute sa splendeur ; il en conserva les anciens privilèges et même les augmenta. Le résultat qu'il obtint ne fut que passager, et les guerres de religion, aussi bien que l'établissement de la foire Saint-Germain, en 1570, portèrent au Landit les derniers coups. Ce ne fut plus qu'un champ de foire sans animation, dont l'ouverture était chère aux écoliers qui avaient congé pendant ce jour, en souvenir de l'ancienne procession dont j'ai parlé précédemment.

Ce n'est pas sans quelque raison que l'Université de Paris conserva le dernier souvenir de la solennité du *Landit*. Cette procession, dont tous les membres de ce corps puissant et nombreux faisaient partie, devint à plusieurs reprises l'occasion de rixes violentes qui donnèrent lieu aux désordres les plus graves. Originairement, la présence des écoliers, dans cette circonstance, avait pour but l'accomplissement d'un devoir religieux. Un peu plus tard, quand cette procession eut dégénéré en un rendez-vous des principales branches de commerce cultivées en France, les membres de l'Université s'arrogèrent le droit de prélever, avant tout autre acheteur, le parchemin qui était nécessaire à leur consommation de chaque année. Ce droit, consacré par un acte de l'année 1291, donna lieu à des contestations, et à un procès qui n'était pas terminé dans le siècle suivant.

Le 1er juin de chaque année, l'on voyait donc se réunir avant le jour, sur la grande place de Sainte-Geneviève, les écoliers, tous à cheval, rangés sous la bannière de la nation à laquelle ils appartenaient. Le recteur, les maîtres ès-arts et tous les suppôts de l'Université s'y rendaient aussi dans le même équipage. Aux premiers rayons du soleil, cette immense cavalcade descendait lentement la rue Saint-Jacques et, traversant la Seine aux voûtes du Châtelet, montait la grande rue Saint-Denis et ne tardait pas à gagner le champ du *Landit*. Des fanfares joyeuses, des hourras qui retentissaient longtemps dans les airs annonçaient son arrivée. Jusque-là rien ne troublait la solennité de ce jour, et cette réunion brillante était vivement accueillie par les acclamations de la foule. Mais la sainte bénédiction de l'évêque une fois donnée, quand les crieurs-jurés avaient annoncé l'ouverture de la foire, chaque écolier, suivant la nation dont il faisait partie, cherchait querelle à celui qu'il regardait comme un étranger; des paroles on passait bien vite aux voies de fait, et l'arène pacifique consacrée au commerce ne tardait pas à être ensanglantée. Ces discordes et la présence des filles et femmes de mauvaise vie qui, déguisées en garçons, se mêlaient à cette jeunesse turbulente, provoquèrent un arrêt du parlement, daté de l'année 1554, qui défendait la cavalcade, réduisait à douze par nation le nombre des écoliers qui accompagneraient le recteur et les autres officiers. Cet arrêt, loin d'apporter aucun remède à ces violents débats, ne fit que les augmenter; les écoliers cessèrent de se rendre officiellement à la suite du recteur dans le champ du Landit; mais ils y vinrent par petites troupes, suivant que leur passion ou leurs amitiés particulières les réunissaient, et le sang coula de nouveau. Un second arrêt de la Cour accuse les écoliers de paraître au Landit sans leur costume ordinaire, mais en manteaux courts, en chausses déchiquetées, l'épée et la dague au côté, ayant sur leur tête des chapeaux de couleur, afin de mieux se reconnaître. Ces troupes, qui se nommaient les *petits Lendits*, attaquaient parfois le cortège de l'Université, et ce ne fut qu'avec beaucoup de peine que

Montmartre. — Saint-Denis.

ces désordres furent arrêtés. C'est principalement à la splendeur dont jouissait la royale abbaye que la ville de Saint-Denis a dû son importance et sa prospérité. Charles-le-Chauve, pendant le carême et les fêtes de Pâques de l'année 869, ceignit cette ville de murailles. Les priviléges nombreux que les rois de France accordèrent à la communauté et qui s'étendirent à la ville furent la cause principale du développement qu'elle a pris. Défendus par cette abbaye toute puissante, les habitants se livrèrent avec sécurité au commerce, et les foires célèbres et nombreuses qui avaient lieu non loin de ses murs, et même dans son enceinte, donnèrent encore à ce commerce une grande activité. La draperie, la teinture, le tissage des draps de soie ou de laine occupèrent à Saint-Denis des ouvriers nombreux, et, dans un catalogue des proverbes usités à Paris à la fin du XII° siècle, on trouve celui-ci : *Saie de Saint-Denis*. L'on disait encore, à propos de cette ville, *mesure de Saint-Denis plus grande que celle de Paris*, ou bien *il n'est tel bourc que Saint-Denis*. Dans le *dict des pays* joyeux, composé au XVI° siècle, on trouve :

Les bons pastez sont à Paris.
Ordes (sales) trippes à Saint-Denis.

Deux cents années auparavant, *li privé de Saint-Denis*, c'est-à-dire, les moines, étaient au nombre des dictons populaires.

La royale abbaye a été mêlée à tous les faits importants de notre histoire : qu'on se souvienne, en effet, que, depuis la troisième race, chaque fois qu'un de nos rois montait sur le trône, ou se préparait à une expédition guerrière, il venait dans cette cathédrale pour y déposer son sceptre, ou pour y prendre l'oriflamme. Il y venait encore si la mort frappait sa femme, ses enfants, quelques membres de sa famille ou même un de ses sujets illustres par la victoire ou le génie. Enfin, quand sa dernière heure venait de sonner, il était porté à Saint-Denis, à côté de la tombe où dormaient déjà ses aïeux.

Pendant les guerres d'invasion, sous le règne de Charles VI et de Charles VII, la ville de Saint-Denis tomba entre les mains des Anglais ; elle fut reprise en 1436, mais on la trouva ruinée à un tel point, qu'il fallut l'exempter, en 1451, de toute espèce d'impôt. Louis XI et Charles VIII continuèrent ces immunités pour rendre à cette ville, dévastée par la guerre, une partie de sa population. A peine avait-elle retrouvé un peu de son ancienne opulence, qu'elle tomba aux mains des Calvinistes qui, non contents de la piller de nouveau, ne craignirent pas de profaner la royale abbaye et de la dépouiller de ses richesses. Ils occupèrent Saint-Denis en 1561, dévastèrent la cathédrale en 1567, et ne furent chassés, par Henri IV, qu'en 1590. Les troubles de la Fronde s'y firent aussi quelque peu ressentir : la ville, assiégée par le prince de Condé, fut obligée de capituler; mais la seconde expulsion de Mazarin ayant eu lieu peu de jours après, elle rentra sous l'obéissance du roi. Saint-Denis, à cette époque, souvent en proie aux malheurs de la guerre, n'avait plus la même importance qu'aux xii° et xiv° siècles. Son commerce avait considérablement diminué. Cependant, à l'ombre de la riche et puissante abbaye, les églises et les communautés religieuses abondaient dans son enceinte : l'on y comptait, avant la révolution de 1789, un chapitre sous le titre de Saint-Paul, sept paroisses, un couvent de Récollets et plusieurs autres maisons religieuses telles que les Carmélites, les Annonciades, les Ursulines, les Filles-Sainte-Marie, dites de la Visitation et de l'Hôtel-Dieu. Quand la révolution de 1789 vint changer l'aspect de la vieille France, l'antique abbaye fut supprimée avec toutes ses paroisses. Par un arrêt de l'année 1792, ainsi que je l'ai dit plus haut, les royales sépultures se trouvèrent détruites. En 1794, il fut question de renverser la cathédrale de fond en comble ; heureusement on se contenta de démolir la couverture pour avoir le plomb qu'elle renfermait. Bonaparte devenu empereur s'empressa, le 20 février 1806, d'assurer la conservation de ce monument et de rendre le décret suivant : « L'église de Saint-Denis est consacrée à la sépulture des empereurs. Un chapitre composé de dix chanoines est chargé de desservir cette église ; ces chanoines sont choisis parmi les évêques âgés de plus de soixante ans, et qui se trouvent hors d'état d'acquitter l'exercice des fonctions épiscopales. » Les bâtiments qui dépendaient de l'ancienne abbaye, élevés sur les dessins de Robert Cotte, sont remarquables par leur étendue et leur belle construction ; ils forment un double carré ; la façade qui regarde la ville est décorée d'un grand fronton orné de sculptures représentant saint Maur, implorant Dieu pour la guérison d'un enfant déposé à ses pieds par la mère affligée. L'Empereur assura la conservation de ces bâtiments, en y plaçant la maison d'éducation destinée aux filles, sœurs, nièces et cousines des membres de la Légion-d'Honneur. Ces jeunes filles, âgées de six à douze ans au moment de leur entrée dans cette maison, y reçoivent une éducation très-complète, sans payer aucune rétribution. Elles en sortent à dix-huit ans. La direction de l'établissement est confiée à une dame surintendante qui a sous elle sept dames dignitaires, dix dames de première classe, trente de deuxième et vingt novices. Ces novices, ainsi que les dames dignitaires, sont presque toujours choisies parmi les jeunes filles sans fortune élevées dans cette maison, qui y trouvent ainsi pour toute leur vie un asile assuré.

Dans les temps modernes, la ville de Saint-Denis a retrouvé cette ancienne prospérité commerciale qu'elle avait acquise aux xii° et xiii° siècles. Des fabriques de drap, des ateliers de teinture, des lavoirs de laine, des fabriques de toiles peintes, de plomb laminé, de papier mécanique et des usines de différente nature y sont en pleine activité.

SAINT-DENIS.

Si la ville de Saint-Denis et la vaste plaine au sommet de laquelle elle est située ne présentent au promeneur aucun aspect agréable, aucun frais paysage, qu'il remonte vers le sud, en suivant les bords du canal qui vient se jeter dans la Seine.

Bientôt se présentera devant lui, environnée de tous côtés par les eaux de la Seine, une île dont le riant aspect et les frais ombrages l'invi-

teront toujours à descendre sur ses bords. Cette île qui, depuis le xiv° siècle, était la propriété de l'abbaye, prit à cette époque le nom d'*Ile Saint-Denis*. Auparavant elle se nommait du *Chastelier* ou du *Castelet*, sans doute à cause d'une forteresse établie dès l'année 998, et possédée par un certain Hugues Basseth qui, en mourant, la donna à sa femme. Cette dernière ayant épousé en secondes noces Bouchard-le-Barbu, lui apporta la jouissance de l'île du *Chastelier*. Bouchard, du haut de ce manoir féodal, surveillait les voyageurs, pèlerins ou marchands qui se rendaient, soit à Paris, soit à l'abbaye, et les rançonnait sans pitié. Les moines se plaignirent au roi Robert, qui fit raser le Castelet. Mais Bouchard n'en tourmenta que plus fort les gens de l'abbaye, et ne cessa même de les inquiéter jusqu'au moment où le roi, pour l'éloigner, lui accorda la propriété d'une colline escarpée, plus au nord, nommée Montmorency. Les descendants de Bouchard-le-Barbu ne s'inquiétèrent pas de la promesse que ce dernier avait faite au roi; ils rétablirent la forteresse et recommencèrent leurs excursions. Elle fut renversée de nouveau et, par un acte de l'an 1209, Mathieu de Montmorency, connétable de France, s'engageait devant Philippe-Auguste à ne faire construire aucune forteresse dans le *Chastelet*, consentant, s'il manquait à sa promesse, à voir sa propriété détruite par le roi. Les seigneurs de Montmorency paraissent avoir profité de la position que leur donnait la propriété de cette île, jusqu'au moment où Philippe-le-Hardi en déclara les moines de Saint-Denis seigneurs suzerains, et obligea les sires de Montmorency à leur rendre hommage. Enfin, l'an 1373, Charles V acheta cette île et en assura la jouissance aux moines de Saint-Denis.

Dans ces temps reculés, l'île n'était habitée que par des pêcheurs dont les chétives cabanes, rangées sur les bords de la Seine, laissaient sans culture les terres pleines de ronces et de bois sauvages. Par les soins des vassaux de l'abbaye, la civilisation s'introduisit peu à peu dans l'île : les terres incultes disparurent, les maisons se multiplièrent ; elles s'étendaient à l'orient, ayant chacune un petit jardin. Une confrérie de Saint-Pierre fut instituée dans l'Ile par les habitants, pêcheurs de profession ; quelques privilèges leur furent accordés : entre autres, celui de ne pas payer le sou pour livre aux jurés-vendeurs de poissons de la halle de Paris, quand le gain de leurs marchandises ne s'élevait pas au-delà de treize livres.

Les inconvénients qui résultaient de leur position au milieu de la Seine et l'absence d'un pont qui leur permît de gagner facilement la terre des environs, se firent bientôt sentir aux habitants de cette île, quoiqu'ils fussent pêcheurs et mariniers ; pendant l'hiver, ils trouvaient difficilement un prêtre pour desservir leur petite chapelle de Saint-Pierre qui dépendait de la paroisse de Saint-Marcel-lès-Saint-Denis. C'est pourquoi ils sollicitèrent, en 1624, l'archevêque de Paris pour qu'il érigeât en paroisse cette chapelle, et, en 1668, après une enquête sur le nombre de feux qui se trouvaient dans l'île, la nouvelle paroisse fut créée. L'industrie ne tarda pas à mettre à profit la fécondité de ce petit coin de terre qui, aux aspects les plus riants, aux accidents les plus variés, joignait encore un sol riche et fécond. Peu à peu des maisons de plaisance y furent construites ; des guinguettes et d'autres rendez-vous de plaisir y attirèrent les promeneurs de Paris. Aujourd'hui de bons restaurants ont remplacé les guinguettes et, pendant la belle saison, des compagnies nombreuses s'y rendent et joignent au plaisir de courses sur l'eau, celui de respirer sous des ombrages frais et tout à fait poétiques.

Le Roux de Lincy.

SAINT-CLOUD ET SÈVRES.

En l'an du seigneur 533, un enfant à la chevelure blonde et bouclée, aux yeux d'azur inondés de larmes, fuyait à travers les épaisses broussailles qui couvraient la rive gauche de la Seine. Dans sa course rapide, et guidé seulement par l'effroi, il devançait de beaucoup le courant du fleuve ; mais, au moindre bruissement de la feuillée, au plus léger souffle du zéphir caressant l'églantine frémissante, l'innocent fugitif se tapissait, comme un lièvre timide, sous une touffe de bruyère qui le cachait en entier. Puis, lorsque cessait le bruit qu'il avait pris pour le galop des chevaux ou le retentissement des armes, il se reprenait à fuir et, sur les sombres massifs du bois, glissait furtivement sa robe blanche aux longs plis, semblable à celle dont les patriciens de Rome revêtaient la jeunesse masculine, avant l'âge où la toge prétexte devait lui être solennellement permise. Les Romains n'étaient plus dans les Gaules qu'un souvenir ; mais ce souvenir, reflet étincelant de splendeur, régnait après eux sur les Gaulois et même sur les Francs. La vraie grandeur n'est jamais vaincue.

Pourquoi cet enfant fuyait-il? qu'était-il arrivé? Nous allons vous l'apprendre. La veuve de Clovis, longtemps agenouillée, à Tours, devant le tombeau de saint Martin, l'avait quitté pour venir à Paris, avec les trois fils de Clodomir, réclamer l'héritage du royaume de Bourgogne. Clotilde habitait le palais des Thermes, où subsistaient peut-être, dans quelques appartements retirés, les traces du luxe voluptueux des impératrices, et les dernières émanations des parfums d'Arabie qu'on y avait brûlés pour elles. Or, un jour la reine déposait son baiser matinal sur le front de ses petits-fils, lorsqu'un soldat sicambre, la francisque appuyée à l'épaule, fut introduit et remit à cette princesse le message le plus étrange, mais le plus significatif : une paire de ciseaux et un poignard.

Clotilde comprit trop bien l'horrible choix qu'on lui assignait pour la destinée des jeunes princes... Indignée, elle s'écria, avec des sanglots dans la voix et du feu dans le regard : « J'aime mieux les voir morts que tondus. » Cette exclamation imprudente fut l'arrêt fatal des jeunes princes. Une heure après, l'aîné et le puîné inondaient de leur sang les dalles du palais, qu'il tachait à peine. Clotaire et Childebert venaient d'égorger deux des héritiers de Clodomir ;... ces rois, ainsi que leur père, savaient se passer de bourreaux.

Mais *Clodoald*, le plus jeune des enfants, sauvé par des officiers fidèles, s'échappa seul du palais. Ses sauveurs, en l'accompagnant, eussent appris aux assassins la direction de ses pas... Il fuyait donc sur cette plage que blanchissent aujourd'hui les villages de Vaugirard, de Grenelle, d'Issy. Peut-être, sur le sol où tombèrent les guerriers de Camulogène avec leur général, *Clodoald* heurta-t-il du pied les ossements épars de ces héroïques martyrs de l'indépendance gauloise. Enfin, le petit-fils de Clovis, après avoir franchi le territoire semé de halliers sauvages que devait occuper un jour Sèvres, s'arrêta, haletant d'une fatigue étrangère à son âge autant qu'à sa condition illustre, au penchant d'un coteau boisé qui, par une pente douce, venait expirer au bord du fleuve. Là s'élevait, au milieu des chênes druidiques, une bourgade appelée *Novigentum* (Nogent ou plutôt Nouvelles gens). Avait-il existé originairement en ce lieu quelque *mansio* romaine, poste avancé de Lutèce vers le pays des Carnutes; ou les habitans de *Novigentum* étaient-ils, ainsi que ce nom semble le prouver, une colonie nouvellement établie sur ce littoral? C'est ce qu'il est difficile de reconnaître, à travers le nuage dont s'enveloppent presque toutes les origines, et que nos vieux *fabulators* seuls essaient intrépidement de pénétrer.

Quoi qu'il en soit, les habitans de la bourgade, en voyant le jeune prince tout éploré, tout pantelant encore de frayeur, l'entourèrent avec sollicitude. Amalgame de chrétiens et de sectateurs du paganisme, les uns le prirent d'abord pour un ange cachant ses ailes sous sa robe virginale; les autres se plurent à voir, dans l'enfant royal, un amour banni de la cour de Vénus. Mais bientôt *Clodoald* leur apprit le massacre de ses frères, sa fuite du palais des Thermes, et la nécessité de dérober sa vie aux rois de Soissons et de Paris pour se soustraire à leur ambitieuse fureur. « Seigneur Dieu! » s'écria ce pauvre enfant, dont la raison venait d'éclore sous les premières atteintes du malheur, « qu'ils gardent mon royaume terrestre, je n'en veux point, puisque les trônes se cimentent avec des larmes et du sang. Bons villageois, cachez-moi dans l'épaisseur de vos bois, nourrissez-moi du pain noir que je vous aiderai à gagner; et quand ma voix sera devenue assez forte pour monter jusqu'au ciel, je consacrerai mes jours à la prière, pour appeler sur vous la bénédiction du Très-Haut et de monseigneur saint Martin. »

Clodoald obtint des habitans de *Novigentum* plus qu'il n'avait demandé : il fut l'objet de tous leurs soins, de toute leur vénération. Il grandit parmi eux, sans donner un soupir de regret à la pourpre souveraine dont il était dépouillé, sans jeter un regard de convoitise sur cette splendide demeure qu'il voyait, à l'horizon, étreindre d'une ceinture d'élégantes constructions, ce mont *Locuticicus,* que couronnait déjà l'abbaye de Sainte-Geneviève, sépulcre gigantesque de Clovis.

Cependant l'exilé du coteau, que vous voyez maintenant si richement paré de palais, de villas, d'eaux jaillissantes et de luxuriante végétation, avait révélé sa vie, en 551, à l'évêque de Paris Eusèbe; un matin, on vit, descendant le cours tortueux de la Seine, une barque au-dessus de laquelle ondulaient les bannières du siége et du chapitre métropolitains, tandis que les premiers rayons d'un beau soleil de mai se brisaient sur l'or et les pierreries des châsses sanctifiées : c'était le prélat et son clergé qui venaient ordiner *Clodoald*, avec toute la pompe due au rang qu'il allait abjurer.

Depuis, le prince, devenu moine, fit bâtir, au lieu où son hermitage s'était caché jusqu'alors sous la voûte des forêts, un monastère dont il fut le premier abbé, et dans lequel il finit sa vie, au sein de la pénitence et de la prière. Ce pieux personnage fut inhumé dans la maison qu'il avait fondée; vous croirez sans peine que des miracles s'opérèrent sur sa tombe, et les habitants, qui l'honoraient comme un saint, changèrent le nom de *Novigentum* en celui de *Sanctus-Clodoaldus*, dont la traduction et la corruption firent plus tard *Saint-Cloud*.

Dans la suite, le couvent où reposait Clodoald fut érigé en collégiale, et, vers l'an 1428, le chapitre fit exécuter une châsse magnifique pour recevoir les reliques du bienheureux. On y joignit successivement une phalange d'un doigt de saint Jean, une dent du même apôtre, le corps de saint Probus et celui de saint Mammès, trésors dont assurément vous ne contesterez pas l'authenticité, encore que d'autres églises prétendent être en possession de Mammès et de Probus; vous savez que l'ubiquité des saints est admise comme article de foi et que la raison n'a que voir en ceci.

Ces richesses étaient productives : l'importance du bourg de Saint-Cloud dut augmenter rapidement lorsqu'elles y furent réunies. On sait que, dès l'année 1218, un pont était jeté sur la Seine, à peu près à la hauteur de ce bourg; mais ce n'est que dans la seconde moitié du xiv° siècle que cette localité est mentionnée par l'histoire. En 1358, Charles-le-Mauvais, ce diable incarné dont la fin prématurée devait commencer pour lui, au milieu des flammes, le supplice de l'enfer (1), Charles-le-Mauvais s'étant avancé jusqu'à Saint-Cloud, avec des troupes anglaises, incendia ce village et fit passer une partie de ses habitants au fil de l'épée.

Cette catastrophe donna lieu de remarquer que le pont de Saint-Cloud offrait une issue aux ennemis vers la capitale; on se hâta d'en défendre l'entrée par une forteresse imposante, qui fut armée de canons dès qu'on sut, par la combustion du nitre, se jouer des paladins bardés de fer comme la raquette se joue du volant. Le boulet heurta souvent ce fort durant les guerres des xiv° et xv° siècles; le pont lui-même, construit moitié en pierres, moitié en bois, fut ébranlé par ces fréquentes attaques; on songea à le faire reconstruire sous le règne d'Henri II; les travaux commencèrent en 1556. Les chroniqueurs superstitieux racontent, à cette occasion, que le diable, ayant apparu à l'entrepreneur, s'engagea à terminer le pont, pour l'obliger, avec une brièveté merveilleuse, s'il promettait de lui livrer le premier être vivant qui passerait dessus; mais saint Cloud, du fond de sa châsse, veillait au grain,

---

(1) On sait que ce prince fut brûlé vif dans un drap imprégné d'esprit de vin, dont il s'était fait envelopper pour ranimer en lui les désirs charnels, et que son valet enflamma par mégarde; d'autres disent sciemment.

comme disent les matelots... Ce pont étant achevé, Satan n'eut pour récompense qu'un chat qui, le premier, le traversa...Si l'esprit malin convoitait une âme, il dut être singulièrement désappointé.

Dans le cours des guerres religieuses du xvie siècle, Saint-Cloud fut pris et repris plusieurs fois par les catholiques et les protestants, les royalistes et les ligueurs. Là aussi s'accomplit l'une des grandes péripéties de ce long drame, durant lequel la nef de la religion eût pu voguer sur un fleuve du sang versé en son nom. C'est à Saint-Cloud, vous le savez, que le poignard de Jacques Clément brisa la couronne au front de la maison de Valois, en éteignant la vie d'Henri III. Faut-il croire que la duchesse

de Montpensier échauffa encore du feu de ses transports amoureux le fanatisme du jeune moine et qu'il sortait des bras de cette princesse lorsqu'il frappa le monarque dans une maison appartenant à la famille de Gondy? On est tenté d'accueillir le récit de cette assistance, donnée par la prostitution à l'esprit de parti, lorsqu'on lit dans les pages d'Anquetil, le plus optimiste des historiens : « La duchesse de Montpensier sauta au cou de celui qui lui apporta la première nouvelle du meurtre, en s'écriant, transportée de joie: Ah! mon ami, soyez le bien venu! Mais est-ce bien vrai, au moins? Ce méchant, ce perfide, ce tyran est-il mort? Dieu! que vous me faites aise! Je ne suis marrie que d'une chose, c'est qu'il n'ait pas su, avant de mourir, que c'est moi qui l'ai fait tuer. » Celle qui s'exprimait ainsi pouvait bien avoir prodigué au jeune régicide des faveurs dont elle n'était pas avare, et dont elle se fût elle-même enivrée jusqu'au délire, en songeant à cette immense félicité de la vengeance que son amant d'une nuit lui eût promise... Car elle avait à se venger, madame de Montpensier : Henri III avait méprisé ses charmes.

Nous écartons de notre cadre, qu'elle encombrerait de pâles détails, la mention des titulaires féodaux du fief de Saint-Cloud qui remontait loin dans le moyen âge. Nous dirons seulement qu'en 1660, l'histoire de cette localité se rattacha à celle de la maison royale : ce fut alors que Louis XIV fit l'acquisition d'un domaine sur ce territoire pour le duc d'Orléans, son frère; et le cardinal Mazarin apporta, dans ce marché, la subtilité qui fut le mobile de toutes ses actions et le principal élément de sa renommée.

Le roi, ou plutôt son ministre, avait jeté les yeux sur un château très-ancien qui, après avoir appartenu à Catherine de Médicis, était devenu la propriété du sieur Hervard, contrôleur des finances. Cet homme d'État avait de l'or pour embellir cette propriété; mais il lui importait que, dans un poste où la probité des fonctionnaires est facilement suspectée, le cardinal ignorât le chiffre des dépenses folles faites à Saint-Cloud. Vaine précaution! l'éminence italienne était trop subtile pour rien ignorer et elle savait profiter de tout. Or, un jour Mazarin, ayant l'air de visiter l'Eldorado-Hervard par curiosité, en admira toutes les beautés, toutes les séductions, et se répandit en compliments sur le bon goût qui avait présidé à la disposition de ces embellissements.

— Cette terre, dit enfin l'habile prélat, doit bous rébénir à douze cent mille écous.

— Ah! monseigneur, s'écria le contrôleur des finances, je ne suis pas assez riche pour avoir fait une pareille dépense.

— Combien donc céla peut-il bous coûter; zé parierais qué c'est au moins deux cent mille écous.

— Loin de là, monseigneur.

— Alors zé bois qué céla bous rébient à cent mille écous.

— Votre éminence a rencontré juste.

— Zen souis sarmé, monsou lé contrôleur; car zé né boudrais pas qué bous fissiez, avec sa mazesté, oun marcé dé doupe.

— Je ne comprends pas votre éminence.

— C'est qué lé roi désire aboir bostre château per monsou lé douc d'Orléans.

— Mais, monseigneur...

— Allons, boilà qui est convenou.

Le lendemain le notaire de la cour, porteur d'un acte de vente tout

Saint-Cloud.

dressé, se présenta chez Hervard, et le pauvre financier, pris dans son propre filet, dut céder au roi, pour trois cent mille livres, une terre qui lui coûtait près d'un million. Le cardinal se prévalut audacieusement chez la reine Anne d'Autriche de cette trigauderie renforcée.

—Ah! monsieur le cardinal, s'écria la veuve de Louis XIII, ce n'est pas bien.

— Qué dites bous, madame; z'aurais pou faire rendre gorze à cé contrôleur des finances avec broutalité; zé m'y souis pris poliment; boilà tout.

Après l'acquisition que nous venons de signaler, on joignit à l'hôtel Hervard trois maisons appartenant à MM. de Gondy, Fouquet et Monnerot, puis les architectes Mansard, Lepautre et Girard réunirent leurs combinaisons pour faire de ces quatre hôtels un palais unique; et ce fut dans cette situation que M. le duc d'Orléans en prit possession.

A partir de 1661, l'histoire de Saint-Cloud devient une mosaïque nuancée de tous les tons : tantôt les teintes rosées de la galanterie y dominent, tantôt les sombres couleurs du drame en brunissent les aspects; quelquefois le regard glisse sur les nuances chatoyantes de la folie. Saint-Cloud est, durant plus d'un siècle et demi, un parterre diapré de roses et de soucis; un champ où croissent tour à tour, souvent pêle mêle, les myrtes et les cyprès.

Ce fut à Saint-Cloud que Louis XIV s'éprit de mademoiselle de la Vallière, fille d'honneur d'Henriette d'Angleterre, première femme du duc d'Orléans. Le grand roi convoitait fraternellement les charmes de sa belle-sœur, lorsqu'en essayant de parvenir jusqu'au cœur de la belle anglaise, son amour s'arrêta dans l'antichambre de cette princesse.

S'il est vrai, comme l'ont rapporté témérairement peut-être les chroniqueurs du temps, que les bosquets de Saint-Cloud furent alors témoins des tendresses de la jeune duchesse d'Orléans et du comte de Guiche; s'il faut admettre que les rochers environnants eurent des échos pour leurs soupirs, voilà bien les roses et les soucis du parterre... Mais le duc d'Orléans... mais le chevalier de Lorraine... Ah! fi!...

Entendez-vous maintenant, dans l'espace des siècles, la voix de Bossuet qui crie encore : *madame se meurt!... madame est morte!...* Oh! ceci voyez-vous, est une lamentable histoire... *madame* était une suave et belle créature, dont Walter Scott a semblé depuis retrouver le souvenir dans sa poétique imagination; toutes les fois qu'il livra au burin les esquisses toutes colorées de ses délicieuses figures de femmes... Eh bien! cette adorable princesse qui, le 29 juin 1671, était rayonnante de jeunesse, de beauté, le 30, n'offrait plus qu'un horrible cadavre, qu'un atelier de décomposition où le ver travaillait déjà... *madame* était morte subitement, empoisonnée, après avoir bu de l'eau d'une aiguière autour de laquelle on avait vu rôder le marquis d'Effiat, l'un des gentilshommes de *monsieur*.

Or, voici ce qu'on lit dans les mémoires du xviie siècle : « Le lendemain du sinistre événement, le roi fit amener devant lui un contrôleur de la bouche de Madame, appelé *Morel*.

— Regardez-moi, lui dit Sa Majesté, et comptez sur la vie, si vous êtes sincère.

— Sire, je dirai la plus exacte vérité.

— Rappelez-vous cette promesse ; si vous y manquez, votre supplice est prêt.

— Sire, reprit avec calme le contrôleur, après votre parole sacrée, je serais un fou si j'osais vous mentir.

— Bon... répondez, maintenant : *madame* est-elle morte empoisonnée ?

— Oui, Sire.

— Qui l'a empoisonnée ?

— Le marquis d'Effiat et moi.

Le Roi frémit.

— Qui vous avait donné cette horrible mission, et de qui teniez-vous le poison ?

— Le chevalier de Lorraine est la cause et le premier instrument de cet attentat : c'est lui qui nous a envoyé de Rome la drogue vénéneuse que j'ai préparée, et que d'Effiat a jetée dans le breuvage de son Altesse royale.

— Mon frère, continua le Roi d'une voix presque éteinte, mon frère a-t-il eu connaissance du complot ?

— Non, Sire.

— L'affirmeriez-vous par serment ? poursuivit Louis XIV d'un accent plus libre.

— Sire, j'en jure devant Dieu que j'ai offensé.... *Monsieur* ne connut point le secret.... nous ne pouvions compter sur lui.... il nous aurait perdus.

— Ah ! je respire.... voilà tout ce qu'il m'importait de savoir.... Allez, malheureux, je vous laisse la vie ; mais sortez de mon royaume.

« Le marquis d'Effiat était en fuite, dit le mémorialiste du xviie siècle, et rien n'annonçait qu'on songeât à le poursuivre. La mort de *madame*, après moins d'un mois, paraissait être pour *monsieur* et pour le Roi lui-même un événement déjà ancien.... Voilà les cours. »

Deux ans après la mort de la première duchesse d'Orléans, le bruit courut que cette princesse *revenait* dans un bosquet où, durant sa vie, elle aimait à se reposer au déclin des beaux jours. Un laquais du château, en allant puiser de l'eau dans une fontaine voisine de ce petit bois, avait vu l'*esprit*, et le pauvre diable était mort des suites de cette apparition. Tout le monde au château tremblait de frayeur; pas une dame du service de la seconde duchesse d'Orléans ne voulait coucher seule dans sa chambre, et l'on peut croire que beaucoup de *corps* s'offrirent en cette occurrence pour rassurer les belles effrayées contre la visite de l'*esprit*. Cependant quelques gentilshommes eux-mêmes ne traversaient le parc qu'en chantant bien haut, comme les enfants qui ont peur.

Enfin, madame d'Orléans qui, pour nous servir d'une expression vulgaire, n'avait pas froid aux yeux, madame d'Orléans déclara qu'elle voulait se rendre au bosquet à l'heure où l'ombre d'Henriette d'Angleterre apparaissait.

En effet, la princesse, accompagnée d'un capitaine des gardes résolu, exécute un soir son projet. A peine *Madame* et son conducteur ont-ils pénétré sous la feuillée que le fantôme paraît. L'officier s'élance vers cette figure, en jurant que, spectre ou diable, il en aura raison. Le revenant cherche alors à s'esquiver; mais notre militaire, le saisissant à bout de bras, déclare que cette ombre est pourvue d'une charpente osseuse qu'il va briser à coups de canne, si elle persiste à ne pas parler…. C'était une pauvre vieille femme longtemps maltraitée, prétendait-elle, par les courtisans, et qui avait voulu se venger de leur insolence en s'amusant à les effrayer.

« Mon cher capitaine, dit la duchesse, ne punissons point cette singulière Nemesis; une revanche de la malice des petits contre la méchanceté des grands est de bonne guerre, et peut être un utile avis. » A ces mots l'altesse s'éloigna, après avoir donné quelques louis à celle que, dans son robuste bon sens germanique, elle avait nommée la Nemesis du parc de Saint-Cloud.

Je vous l'ai dit, les fastes de cette résidence royale sont une incessante bigarrure. Voici venir la régence de Philippe d'Orléans, ce prince auquel il ne manqua que l'exercice des bonnes qualités qu'il avait pour faire excuser les travers qui ne lui manquaient pas. Saint-Cloud fut souvent le théâtre de ces derniers; et pour vous en offrir l'esquisse, il faudra jeter une gaze sur notre récit. Les fêtes adamites, la monstrueuse pratique des *flagellants* ne doivent pourtant pas être passées sous silence : la physionomie de l'époque est là. Les modes du grand monde n'étaient plus assez prodigues de nudités pour combattre l'atonie d'une jeunesse blasée; madame de Tencin laissa tomber un jour son habit de religieuse, et le costume négatif dont elle fournit ainsi le modèle, devint la parure des petits soupers de Saint-Cloud…. Bientôt ce fut encore trop peu : le régent savait l'histoire; il se rappela les fustigations des *flagellants*, folie grave du moyen âge, qu'il renouvella comme dernier expédient de la débauche. Alors princes, simples gentilshommes, pages, princesses, actrices, duchesses, danseuses, présidentes, pensionnaires de la Fillon, s'engagèrent, une poignée de verges à la main, dans un pêle-mêle inqualifiable, dont les saturnales de Néron et d'Héliogabale même n'avaient pas légué l'exemple aux temps modernes. Laissons retomber le voile sur ce hideux tableau, sans rechercher pourquoi le régent, complétement ivre, voulait un soir que le marquis de Lafare lui coupât la main droite au sortir d'une de ces orgies.

En 1784, M. le duc d'Orléans céda le château de Saint-Cloud à la reine Marie-Antoinette. L'opinion fut sévère envers cette princesse avant 1789 : nous pensons que les légèretés d'une jeunesse imprudente peut-être attirèrent sur la fille de Marie-Thérèse un blâme que le ressentiment de ses dépenses excessives avait fait dégénérer jusqu'à la plus âcre calomnie. Nous scellons donc les pages de l'histoire de Saint-Cloud où des plumes contemporaines, mal guidées ou dirigées avec passion, peuvent avoir consigné des fables accusatrices sur la malheureuse épouse de l'infortuné Louis XVI : la palme du martyre recouvre ces feuillets ; ne l'écartons pas.

Entendez-vous maintenant de belliqueuses fanfares ; entendez-vous les tambours battant une marche rapide? C'est une armée de réformateurs qui s'avance vers Saint-Cloud ; nous sommes au 18 brumaire.... Parvenue à peine à sa huitième année, la République française va mourir ; son agonie a commencé!.... Mais depuis quelques jours une rue de Paris a changé de nom : elle s'appelait rue Chantereine ; c'est à présent la rue de la Victoire, parce que Buonaparte l'habite.

Ce général a compris que ces triomphes militaires lui ont conquis l'esprit public; et qu'il peut tout oser avec lui; il s'est dit, dans le silence de ses méditations hardies : « Commençons à régner ; l'épée d'Octave doit me donner la pourpre d'Auguste.... Et le vainqueur de Lodi, d'Arcole, des Pyramides, qui avait exilé le corps législatif à Saint-Cloud, marcha, le 19 brumaire, vers ce bourg où les deux conseils siégeaient du matin même ; il les surprit, dans l'embarras d'un déménagement, engagés jusqu'à perte d'haleine dans une discussion sur le placement d'un canapé, lorsque la foudre écrasait la maison.... Cette foudre, c'était Buonaparte, entouré de Berthier, Lefebvre, Murat, Moncey, Lannes, Morand, Berruyer, Macdonald, Beurnonville, Serrurier; le *cedant arma togæ* eut tort cette fois ; et l'on vit les bosquets de Saint-Cloud émaillés, au mois d'octobre, non pas de fleurs, mais des toges d'un sénat désemparé et fugitif.... La République ne mourut pas alors ; mais le premier consul lui fit prendre doucement des allures monarchiques ; un beau matin il la couronna, et bientôt après elle expira sous le poids de sa couronne.

Pendant dix ans, on a dit : la cour de Saint-Cloud, comme on avait dit la cour de Versailles; pendant dix ans, le tapis du cabinet de Saint-Cloud couvrit successivement tous les bureaux diplomatiques de l'Europe, un seul excepté. Plus de fidélité dans les alliances que l'Empereur avait faites avec les puissances hyperboréennes, et la clef du cabinet de Saint-Cloud ouvrait enfin le sanctuaire politique de Saint-James : les Anglais eux-mêmes vous l'on dit. Mais un jour les destinées du grand homme se démentirent ; son étoile étincelante s'éclipsa ; le vent de l'adversité souffla sur ses lauriers, et les cohortes du Nord vinrent les arracher jusque dans les jardins de Saint-Cloud.

Heureux qui n'a pas vu cette résidence impériale, que Napoléon avait rendue si belle, polluée par des chefs tartares : l'un d'eux, Blucher, se fit un plaisir brutal d'insulter, en les souillant, aux magnificences de ce palais. Parodiste affecté de Souvarow, il couchait tout habillé, tout botté, dans le lit de l'Empereur. Les draperies, les franges, les rideaux de la couche impériale étaient souillés par les bottes du général prussien ou déchirés par ses éperons. Suivi partout d'une meute de sales barbets, il

les faisait coucher sur un canapé dans le délicieux boudoir de l'impératrice. Napoléon avait rendu radieux Charlottembourg et Schœnbrun ; Blucher se plut à faire un bouge de Saint-Cloud.

Mais ce n'est pas là ce qui dégrada le plus cette demeure.... N'avez-vous pas frémi, vous, loyal Français qui lisez ces pages, en voyant à Saint-Cloud le bureau sur lequel fut signée cette convention dite de Paris, que démentit honteusement, après quelques mois, le supplice d'un maréchal de France et d'une élite de héros !

Les fils ainés d'Henri IV firent en France un voyage de quinze années ; Saint-Cloud fut, en 1830, leur dernier relais. Les susceptibilités politiques sont irritables ; nous tairons l'agonie d'une race illustre qui, par malheur, *n'avait rien appris et rien oublié.* Parlons du château où Charles X avait commencé de régner en 1824, et qui ne put abriter sa puissance évanouie six années plus tard.

La reine Marie-Antoinette, devenue propriétaire de Saint-Cloud, y fit des additions et des embellissements qui rajeunirent l'édifice et renouvelèrent les somptuosités de l'intérieur. Mais la révolution, en passant comme un torrent dans ce palais, le dévasta. L'Empereur y prodigua les millions de la conquête pour éblouir son cortége de rois ; la Restauration fit repriser les accrocs faits par les éperons de Blucher ; Sa Majesté Louis-Philippe rendit à Saint-Cloud sa splendeur.

Dans son état actuel, le château, auquel on arrive après avoir traversé deux cours, dont la dernière seulement fermée par une grille, présente une façade principale ornée de quatre colonnes corinthiennes, surmontées de quatre statues : la Force, la Richesse, la Prudence et la Guerre. Girard ordonna la disposition de cette façade, qui proteste éloquemment contre le mauvais goût de la fin du xviiie siècle. Deux ailes se détachant en retour d'équerre du corps-de-logis principal, offrent une heureuse combinaison des ordres dorique et toscan ; des niches creusées dans leurs façades contiennent huit figures : à droite, la Jeunesse, la Musique, l'éloquence, *la Bonne chère;* à gauche, la Comédie, la Danse, la Paix, l'Abondance. Ces huit statues doivent remonter au temps où jouir était l'unique affaire des grands ; quant à celles du frontispice, la Force, la Richesse, la Prudence et la Guerre, n'étaient-elles pas là pour apprendre aux rois courtisans de Napoléon quels éléments de puissance il réunissait contre ceux qui se faisaient ses ennemis.

Les ailes du château s'harmonient bien avec le pavillon du milieu ; elles sont dues à l'architecte Lepautre. Neuf appartements composent l'intérieur du palais : il faut citer le salon et la galerie de Diane, la galerie d'Apollon, les salons de Mars, de Louis XVI, des Princes et le grand salon, toutes pièces renfermant, avec un mobilier somptueux, des tableaux de Michel-Ange, de Rubens, de Lesueur, de Mignard, de Prud'hon et d'une multitude d'artistes modernes, dont le faire savant ou la touche gracieuse se fait remarquer au milieu des chefs-d'œuvre que nous venons de citer.

Le parc de Saint-Cloud doit être vu pour être apprécié ; le décrire minutieusement serait ressembler à ces voyageurs officiels qui l'ont visité dans leur investigation, sous prétexte d'art, de littérature et de science.

Sèvres.

La grande cascade, Niagara par ordre d'un fontainier, et qui peut tomber en bouillonnant trois heures par quinzaine ; le grand jet, que le même enchanteur fait élancer, en filets de cristal, à cent vingt-cinq pieds au-dessus du bassin ; les bosquets où les modernes Lenôtre ont le bon esprit de laisser la nature ressaisir ses droits ; enfin, la lanterne de Démosthènes, copie du monument de ce nom, que M. de Choiseul-Gouffier fit jadis modeler dans les ruines d'Athènes, sont une providence d'itinéraire que nous négligeons un peu.

Mais la grande allée qui communique de Saint-Cloud à Sèvres mérite une mention particulière : c'est sous la voûte de ses grands marronniers que se tient particulièrement au mois de septembre cette solennité foraine qui, pour les habitants de Saint-Cloud, est plus productive que la présence de la cour durant six mois. Aussi, chaque année, la population, spéculativement dévote, prie-t-elle avec ferveur afin d'obtenir un soleil protecteur pendant les trois dimanches consécutifs que dure cette migration argentifère de Paris à Saint-Cloud ; vous pourriez voir peut-être les *ex voto* de l'intérêt attachés à l'autel paroissial.

Alors le bourg, le château et le parc se parent de toutes leurs séductions, de toutes leurs magnificences ; les eaux jouent, les appartements sont ouverts au public ; mille récréations variées sont offertes partout à la foule, et les bosquets se diaprent d'une multitude de beautés parisiennes, au grand danger de l'innocence trop confiante. A toutes les heures du jour, la rivière, ce chemin qui marche, comme dit Pascal, blanchit sous les rames des bateliers ou bouillonne sous les roues du bateau à vapeur, tandis que les voitures, en roulant sur la route, couvrent d'un déluge de poussière le modeste Parisien réduit au plus naturel moyen de locomotion.

Les riches dînent à grands frais chez le restaurateur du parc ; l'humble employé, le petit boutiquier et l'artisan aisé étendent sous les ombrages un couvert champêtre, et mangent, appuyés sur le coude, sinon aussi splendidement, du moins plus gaiement que l'aristocratie gastronome attablée chez Legriel. Le soir, une société quelque peu mitigée forme des quadrilles dans la grande allée ; une active surveillance en éloigne toutefois la danse proscrite. Cette année, n'en doutez pas, on y dansera la *Polka*, qui n'est que le cancan sous un autre nom ; mais le cancan ayant reçu des lettres de noblesse au faubourg Saint-Germain.

Le bourg de Saint-Cloud a grandi d'importance plus que d'étendue depuis que des princes du sang, puis les souverains eux-mêmes y ont une maison de plaisance ; il se développe en amphithéâtre sur le penchant du coteau qui domine la rive gauche du fleuve ; et plusieurs habitations élégantes, groupées autour du château, en accompagnent heureusement la splendide ordonnance. Toute cette masse blanche de constructions plus ou moins nouvelles, plus ou moins décorées de ciselures sur pierre ou d'œuvres capitales de la statuaire, produit, en s'appuyant sur les massifs de verdure qui couronnent la colline, une fabrique enchanteresse, cent fois reproduite par le paysagiste enivré.

Un nouveau pont en pierre, fini durant la restauration, remplace celui construit sous le règne d'Henri II avec l'assistance du diable. On n'a point attaché à ses arches ces fameux et inutiles filets si plaisamment célébrés dans *le Voyage de Paris à Saint-Cloud par terre et par mer*.

Maintenant qu'une double ligne de chemin de fer touche à Saint-Cloud et darde comme un trait, dans le sein de sa colline, ce bourg que la nature, l'art et l'histoire ont rendu si intéressant, si poétique, est une annexe des Tuileries, du Luxembourg, du Jardin-des-Plantes, une continuation des Champs-Élysées. On s'y rend de Paris à la moindre invitation d'un rayon de soleil; mais l'air de la banlieue est vif, il excite l'appétit, et nous pourrions nommer des habitants de Saint-Cloud qui classent la vapeur parmi les erreurs funestes, et vouent Denis Papin aux divinités infernales par respect pour leur budget.

Napoléon affectionnait Saint-Cloud; il aimait à gravir, seul avec sa pensée travailleuse, le coteau boisé. Parvenu au point culminant, il promenait lentement son regard songeur sur la délicieuse vallée où serpente ce bandeau d'argent limpide qui a nom la Seine; et quelquefois il se disait : « Qu'il est glorieux de régner sur cet admirable pays!.. » Mais lorsque Charles X, au jour où les pavés de Paris pulvérisaient son sceptre, vit de ces hauteurs le peuple se ruer contre sa garde, il dut s'écrier avec amertume : « Qu'il est cruel de perdre un si beau royaume! »

Sèvres, qui n'est séparé de Saint-Cloud que par le parc, est-il le *Savara* des anciens? C'est ce que nous nous garderons bien de discuter; le public auquel ce livre s'adresse n'admet guère que la dernière moitié de *l'utile dulci* d'Horace, et n'accueille la raison qu'en tunique brodée de paillettes. L'abbé Lebœuf (quel nom monstrueux de gravité avons-nous prononcé là), l'abbé Lebœuf, puisqu'il faut le citer, assure que Saint-Germain, évêque de Paris, fit bâtir une église en ce lieu au VI° siècle, église qui aurait été reconstruite au XIII°, mais dont la physionomie actuelle annonce une reconstruction moins ancienne.

Les rois de la première race eurent-ils à Sèvres un de ces palais dont la splendeur n'égalait pas celle d'une ferme moderne de la Beauce, et dans lesquels Dagobert, aidé des conseils du bon saint Éloi, faisait éclore des poulets? En vérité, nous n'oserions l'affirmer ni le nier, et la terre, ces archives du vieux temps, n'en dit absolument rien.

Nous retrouvons, dans le *Trésor des Chartes*, les noms de quelques seigneurs de Sèvres : Roger, l'un des bannerets du chevaleresque Philippe-Auguste; puis, au XVI° siècle, les sires de Lives et de Longueil. Le château du premier, dont les ruines se cachent sous les ustensiles d'une tannerie, était un édifice quadrangulaire, flanqué de tours, entouré d'un large fossé, et que surmontait un formidable donjon, panache monumental qui couronnait tout manoir féodal. Dans la seconde moitié du xviie siècle, le duc d'Orléans acheta de la famille Longueil la seigneurie de Sèvres et réunit ce fief à celui de Saint-Cloud.

Toute notice industrielle est aride; mais ce n'est pas quand on parle de l'admirable manufacture de porcelaine établie au xviiie siècle à Sèvres, sous les auspices du fameux Lauraguais, qui disait quelquefois des choses spirituelles et favorisait les institutions utiles, quand il n'était pas trop occupé à se ruiner avec des demoiselles d'opéra. Aujourd'hui l'art règne en souverain dans la manufacture royale dont nous vous entretenons. De cet établissement, sans égal en Europe, rayonne une de nos gloires. L'habile chimiste Brongniart n'a presque rien eu à faire pour égaler, surpasser même les porcelaines de la Chine et du Japon, quant à la finesse et à la transparence de la pâte; ce résultat avait été à peu près obtenu avant lui; mais ce savant a perfectionné l'art de fixer les couleurs de manière à calculer d'avance les variations de tons, les fusions de teintes qui doivent se produire après l'action du four. La fabrique royale de Sèvres complète nos musées de peinture, et, grâce au progrès moderne, le feu s'y est fait artiste.

Vous attendez, sans doute, que nous vous parlions de cette verrerie dite de Sèvres, dans laquelle on voit le soir de noirs cyclopes s'agitant au milieu d'un tourbillon d'étincelles; mais cet Etna de la banlieue n'est pas dans notre domaine. La toile sur laquelle doit être peint le paysage charmant de Meudon est déjà sur le chevalet d'un de nos collaborateurs, et la verrerie ne peut être omise sur un coin du tableau. Le peintre vous dira, sans nul doute, si, maintenant que les *gentilshommes verriers* ne soufflent plus dans les bouteilles fabriquées aux bords de la Seine, le vin qu'elles contiennent a moins de qualité qu'au temps de cette insufflation titrée.

Le vieux pont de bois jeté jadis sur la Seine à Sèvres faisait mal à voir; c'était une tache hideuse empreinte sur une fabrique grandiose, échappée au pinceau de Claude le Lorrain. Ce pont, que l'on voyait perpétuellement en réparation, chancelait toujours. Voulez-vous savoir ce qui, surtout, contribuait à l'ébranler? A l'époque où Versailles était un faubourg de Paris, faubourg peuplé de quatre-vingt mille âmes, tourbillonnant autour de la cour la plus fastueuse de l'Europe, il ne s'écoulait pas cinq minutes le jour, pas un quart d'heure la nuit, sans qu'un équipage roulât sur cet assemblage de poutres et d'ais mal joints. La reine Marie-Antoinette, avec son escorte poudreuse, traversait deux ou trois fois par semaine le bourg de Sèvres en brûlant le pavé; c'était ordinairement pour se rendre à l'Opéra ; et Sa Majesté faisait le trajet de Versailles à Paris en trente-cinq minutes... La vapeur ne l'emporte aujour-

d'hui que de cinq minutes sur la vélocité royale du xviiie siècle. Il y avait à Sèvres un relais et une escorte fraîche.

En 1812, l'empereur Napoléon fit commencer un pont en pierre à Sèvres, un peu au-dessus de l'ancien ; il venait d'être terminé, lorsqu'en 1815 les généraux français durent en faire sauter une arche pour couper à l'ennemi le chemin de la capitale... Alors on se battit avec acharnement sur ce point. Les habitants, réunis à un faible détachement de troupes, défendirent pied à pied le sol sacré contre les Anglo-Prussiens, quoiqu'une batterie, placée sur les hauteurs de Bellevue, foudroyât ces héroïques défenseurs. L'ennemi étant parvenu à forcer l'entrée du bourg, une lutte sanglante, corps à corps, s'engagea dans les rues, puis dans les maisons ; la mort plana de toutes parts sur ce champ de carnage étroit. Enfin, les Français durent céder au nombre toujours croissant de leurs adversaires ; ils s'étaient au moins conquis une retraite honorable... Ces désastres sont oubliés. Sèvres, ville de trois à quatre mille âmes, centre d'une industrie active, s'enrichit par le débit de ses guinguettes, par le produit des sons que ses orchestres jettent aux vents.

G. Touchard-Lafosse.

COMPIÈGNE.

Si Compiègne n'était qu'une ville, si même ce n'était qu'un château, Compiègne serait une honnête sous-préfecture qui ferait peu parler d'elle et s'endormirait avec tranquillité dans sa solitude, en évoquant les souvenirs de son antique origine;

mais Compiègne, c'est plus qu'une ville et qu'un château, c'est une forêt.

Quand les légions romaines traversaient victorieusement la Gaule sous la conduite de Jules-César, elles s'arrêtèrent dans une plaine immense environnée d'arbres séculaires et, faisant halte un instant dans leur carrière triomphale, elles élevèrent, à côté des huttes sauvages qui existaient déjà, des maisons solides, une tour fortifiée, des remparts à créneaux qui furent, qu'on me permette cette image, les langes romaines dont le bourg gaulois fut pour ainsi dire enveloppé.

Les druides, traqués dans leurs plus secrètes demeures, abandonnèrent alors la forêt de Compiègne, emportant avec eux la serpe d'or et les vases sacrés. La civilisation romaine pénétrait dans les Gaules par la conquête et, pour adoucir les mœurs, commençait par les corrompre.

Après plusieurs siècles de guerres, la monarchie française sortit enfin de ces limbes sanglantes; les rois fainéants, satisfaits des loisirs que l'ambition des maires du palais leur imposaient, avaient tracé la route qui conduisait de la capitale à Compiègne. Charles-le-Chauve y voulut avoir une maison de chasse et, sous le nom de Carlopolis, le pavillon royal s'éleva comme par enchantement. Bientôt le pavillon fut jugé insuffisant; on lui adjoignit un château. A partir de ce moment, Compiègne marche à la conquête de la célébrité : l'ambition lui est venue; d'ailleurs, Carlopolis ne peut-il pas prétendre à tout?

Clotaire Ier vient y mourir; Eudes vient s'y faire couronner; Louis-le-Bègue y prend la couronne et y trouve son tombeau; Carloman y convoque les seigneurs français et leur demande secours contre l'invasion des Normands. La tombe de Louis V, le *fainéant* par excellence, y coudoie celle de Louis-le-Bègue. Bref, couronnes et tombeaux, Compiègne ne sait rien refuser à ses maîtres.

Jusqu'au règne de Philippe de Valois, la forêt porta plusieurs noms. D'abord forêt de Servais, elle fut appelée forêt de Halatte; puis, divisée en deux parties, on la désigna sous la double dénomination de Brie et de Cuise.

Aux combats meurtriers que s'y livrèrent les Francs, en **715**, succédèrent bientôt des luttes moins meurtrières et moins farouches. La chasse, cette passion vraiment royale, attira successivement à Compiègne tous les rois de la première et de la seconde race. A ces rois bardés de fer il fallait des loisirs pleins de périls et des plaisirs pleins de fatigue. Les loups et les sangliers de la forêt de Cuise n'étaient que des jouets d'enfants et d'aimables distractions pour ces colosses des générations passées.

A cette époque, l'art de la vénerie n'était point encore arrivé à ce degré de perfection qu'il a acquis de nos jours : les armes à feu n'existaient pas. La chasse était donc une véritable guerre; guerre brutale, où les instincts des bêtes fauves n'étaient pas toujours les plus féroces.

COMPIÈGNE.

Par une belle matinée de printemps ou d'automne, de tumultueux préparatifs se font à la maison royale. Là bas, par de là les plaines, la forêt brille d'une majestueuse splendeur ; les prairies, les haies odorantes, les hautes futaies étincellent; les légers branchages des arbustes secouent doucement les pluies de la rosée ; de molles vapeurs montent vers le ciel et semblent couvrir la campagne d'une gaze transparente. L'alouette chante sa chanson matinale, le rossignol fait entendre son trille éclatant, tandis que la bergeronnette, au corsage azuré, gazouille ses heureuses amours, au bord de l'étang silencieux. Bientôt un bruit lointain se fait entendre : c'est un murmure confus d'abord, puis éclatant. Le bruit des voix, le galop retentissant des chevaux, le cliquetis des armures, le roulement des chariots, les aboiements des chiens, le son grave des cornes recourbées, trompes primitives des temps carlovingiens, tout annonce l'arrivée prochaine du maître. Le roi va chasser à Compiègne, et quel roi ! non pas un de nos roitelets efféminés du moyen âge, non pas un fils dégénéré de Catherine ou de Marie de Médicis, non pas, vraiment ! mais un des plus vigoureux rejetons de Charlemagne, un géant de fer, au cœur de diamant ; Carloman, ce Nemrod français qui se fit tuer plus tard par un sanglier, dans la forêt de Rambouillet, commence à Compiègne l'apprentissage de ce rude métier de chasseur qui devait lui coûter la vie. Des seigneurs, des valets de chiens, des palefreniers, des hommes d'armes, des grands vassaux, des paysans, une multitude à pied, à cheval, débouche de tous côtés par les mille avenues de la forêt.

La battue va commencer; le roi, vêtu à la légère, monte un cheval plein de feu; un page lui remet ses javelots, un autre se tient à ses côtés pour lui présenter sa lance ; une miséricorde de fer est passée dans sa ceinture et sa hache d'armes pend à sa selle.

Le signal est donné. Allons! manants, battez les taillis, forcez le sanglier ; en avant! en avant! Le roi s'élance le premier, tous le suivent. Des hourras, des clameurs, des rugissements éclatent de toutes parts ; l'enceinte formée par les batteurs se rétrécit. Les sangliers, traqués de tous côtés, se réunissent sous des couverts impénétrables; enfin, effrayés de nouveau, irrités par le bruit assourdissant des trompes et des boucliers qui se heurtent, ils s'élancent en troupe furieuse et viennent, tête baissée, tomber aux pieds des chevaux qui se cabrent.

C'est alors un spectacle imposant. Le roi est le plus avancé, le péril est au roi! Un sanglier, l'œil sanglant, les défenses nues, le poil hérissé, s'est élancé sur Carloman, que son cheval a protégé. Le noble animal, fixe d'horreur à la vue d'un pareil monstre, a reçu le choc. Son poitrail décousu laisse échapper ses entrailles. Il est debout, mais il chancelle ; une seconde encore et il entraînera son cavalier dans sa chûte. Le roi le sent fléchir sous sa cuisse nerveuse; prompt comme la pensée, il saute à terre, sa miséricorde aux dents, sa hache d'une main, son javelot de l'autre ; il bondit droit à la bête qui, la gueule écumante d'une mousse ensanglantée, fait entendre des grognements horribles.

La chasse prend dès lors toutes les apparences d'un duel corps à corps : le sanglier, acculé au taillis, s'y enfonce en cédant le terrain pied à pied. Le roi, rayonnant d'une mâle intrépidité, le suit dans le fourré en faisant tournoyer sur sa tête son redoutable javelot. On veut s'élancer au devant de lui : « Arrière ! s'écrie Carloman, qui approche meurt ! » et nul ne bouge, laissant se dénouer ce drame sanglant à la volonté de Dieu.

Un silence de mort a succédé au tumulte ; la forêt a fait taire sa grande voix. Pendant quelques minutes, on n'entend que le bruit des branches brisées et la respiration haletante de l'animal. Enfin, tout à coup, un cri sauvage retentit, un rugissement terrible lui succède, le tronc des jeunes ormes se brise en éclats sous le poids d'une lourde masse, et Carloman, le bras droit ensanglanté, les cheveux en désordre, la poitrine déchirée par une griffe puissante, reparaît enfin traînant après lui son ennemi vaincu qui porte encore au front le fer d'une hache que nulle force humaine ne pourrait détacher.

Après une chasse de ce genre, on conçoit aisément que le roi éprouvât le besoin d'aller rendre grâces à Dieu, à l'abbaye de Saint-Corneille. Charles-le-Chauve, en témoignage de l'estime qu'il avait des chanoines de Notre-Dame, leur avait fait don des corps de Saint-Cyprien et de Saint-Corneille.

L'abbaye prit, sous ses successeurs, une grande importance et acquit d'immenses richesses ; mais le Christ a dit : « Mon royaume n'est pas de ce monde. » Les chanoines de Saint-Corneille oublièrent trop cette parole du divin Maître. Les causes de leur grandeur devinrent celles de leur décadence : avec l'opulence, la fainéantise, la gourmandise et bon nombre d'autres péchés capitaux entrèrent à l'abbaye. On dit même, mais la malignité humaine aime à répandre et à ajouter foi à de semblables bruits, on dit que les clercs de Saint-Corneille se mariaient sans trop de façon, et que les chanoines, ne pouvant se marier, ne se faisaient point trop faute de gentes damoiselles. L'absolution de ces légèretés, toujours d'après les chroniques, leur aurait du reste été garantie par une licence en forme du bon roi Louis-le-Gros. Encore une fois, nous ne garantissons rien, car nous n'avons rien vu ; mais toujours est-il que l'abbaye de Saint-Corneille ne tarda pas à déchoir de son ancienne importance et qu'il en reste à peine un souvenir aujourd'hui.

Mais, silence ! un affreux souvenir s'est dressé devant nous. Compiègne, c'est là le plus triste et le plus mémorable épisode de ton histoire !

La démence fatale de Charles VI et les intrigues de l'exécrable Isabeau de Bavière n'avaient légué à Charles VII qu'une couronne sans royaume.

Compiègne.

COMPIÈGNE.

Les Anglais possédaient la plus grande partie de notre territoire. La voix d'Agnès Sorel parvenait avec peine à réveiller par instant l'indolence de son royal amant. La France était perdue! Tout à coup une jeune fille, une simple paysanne arrive à la cour : elle se présente comme envoyée par Dieu lui-même pour délivrer le royaume. Était-ce une hallucination sublime? Était-ce, en effet, un souffle divin qui animait cette jeune fille? Qu'importe! à cette époque la cour, l'armée, le peuple tout entier devaient puiser une ardeur nouvelle, pour le salut du pays, dans une circonstance qui paraissait providentielle. Le clergé et les principaux capitaines mirent habilement à profit l'enthousiasme général. Jeanne-d'Arc elle-même fut animée d'une fermeté, d'un courage, d'un génie surhumains. Elle se mit à la tête des troupes, leur promit la victoire, et, les remplissant de sa propre confiance, elle les conduisit au combat : c'était les conduire à un triomphe certain.

La cathédrale de Rheims vit ses portes s'ouvrir pour la cérémonie du sacre, et le front de Charles VII reçut l'onction de la Sainte-Ampoule. Le roi dérisoire de Bourges fit place au roi de France, et la France fut sauvée.

Jeanne, persuadée que sa mission était accomplie, voulait reprendre obscurément sa pauvre et modeste existence d'autrefois; mais les Anglais n'étaient pas définitivement chassés; on avait encore besoin de l'héroïne. Aux supplications de l'armée vinrent se joindre les prières royales : Jeanne resta.

Ah! que ne les laissait-elle tous, ces lâches seigneurs, ces prêtres sans entrailles, ces capitaines envieux, ce roi pusillanime! Que n'échangeait-elle l'épée qui avait délivré Orléans contre la houlette de Vaucouleurs! Elle eût à jamais épargné à la France une lâcheté et une honte; à l'Angleterre un crime atroce, une tache ineffaçable; à elle-même un supplice horrible.

Compiègne avait été repris aux troupes du duc de Bedford; mais celles-ci menaçaient de nouveau de s'en emparer après l'affaire de Pont-l'Évêque. Jeanne, toujours généreuse, court à Compiègne et s'y enferme. Elle apprend bientôt que Saintrailles, le maréchal de Boussac et le comte de Vendôme se dirigent vers cette ville. Pour faciliter leurs opérations, elle fait une sortie, attaque les Anglais, en tue un grand nombre de sa propre main, les disperse et se dispose à rentrer victorieusement dans Compiègne. Mais, tandis que la place reçoit les six cents hommes qui ont opéré la sortie, Jeanne, restée la dernière pour assurer le salut de ses compagnons d'armes, voit tout à coup la herse du pont-levis s'abaisser devant elle et lui barrer le passage. Guillaume de Flavi, gouverneur de Compiègne, feignant de croire que les Anglais ralliés touchaient aux portes de la ville, avait donné l'ordre qui livrait sans défense à ses cruels ennemis la libératrice du royaume. Jeanne s'écria : « Je suis trahie! » Et, dès ce moment, la faiblesse de son sexe sembla la reprendre. Un gentilhomme picard, qui avait autrefois servi sous le duc de Bedford, s'empara d'elle, la garotta et alla la mettre en vente sur la place publique d'un village voisin. Il est à regretter que l'histoire n'ait pas conservé le nom de cet indigne Français : la postérité l'eût cloué au pilori de Guillaume de Flavi.

La rançon de Jeanne n'était que de quelques écus. La femme la plus pure, la plus illustre et la plus grande peut-être de tous les temps pouvait être sauvée. L'ingratitude, l'envie, la couardise lui firent subir un indigne abandon et la laissèrent périr. Jean de Luxembourg acheta cette noble fille et la revendit aux Anglais. On sait ce qu'ils en firent!....

Oui, opprobre éternel à tous ceux que Jeanne délivra et qui ne voulurent pas délivrer Jeanne! Opprobre et honte à ceux-là qui virent froidement livrée aux tortures de cannibales furieux et impitoyables, celle à qui ils devaient la vie et la liberté, celle à qui nous devons, nous, qu'il y ait encore un peuple français et une terre de France!

C'est à la porte du Vieux-Pont que la pucelle d'Orléans fut faite prison-

nière. Le pont existe encore ainsi que la tour qui le défendait. Au-dessus de la porte de cette tour est écrite l'inscription suivante, seul monument qui reste à Compiègne de cette déplorable catastrophe :

> Cy fust Jehanne d'Ark, près de cestui passage
> Par le nombre accablée et vendue à l'Anglais
> Qui brûla, le félon, elle tant brave et sage.
> Tous ceux-là d'Albion n'ont fait le bien jamais.

Tirons un voile funèbre sur cette fatale époque ; tournons les yeux vers un tableau dont le riant aspect efface ces lugubres pensées, ces regrets, je dirais presque ces remords.

Le fameux camp de Coudun va déployer ses magnificences à nos regards émerveillés. Soixante mille hommes, réunis par les ordres de Louis XIV, campaient entre ce petit village et Compiègne. « Le Roi, dit Saint-Simon, avait voulu étonner l'Europe par une montre de puissance qu'elle croyait avoir épuisée par une guerre longue et générale, et en même temps de donner, et plus encore à madame de Maintenon, un superbe spectacle sous le nom de monseigneur le duc de Bourgogne. » Spectacle animé et nouveau, en effet, d'une armée, d'un siége simulé, d'une petite guerre. L'arrivée des troupes, le campement, la distribution des différents corps, les détachements, les marches, les fourrages, les exercices, les attaques de convois, tous les mille détails de la vie guerrière passèrent sous les yeux de la cour. Les plus beaux noms de la noblesse française concoururent à l'illustration de ces fêtes militaires. Le roi d'Angleterre lui-même y vint dîner trois ou quatre jours. Les ambassadeurs, quoique invités, n'y parurent pas, et Saint-Simon, à qui nous devons la relation de ces fêtes, donne à leur absence un motif assez original. Comme tous les villages, toutes les maisons, à quatre lieues à la ronde, étaient envahies par la foule de ceux que ces brillants spectacles avaient attirés, on avait logé tout le monde comme on avait pu. Lorsqu'il fut question de faire venir les ambassadeurs, quelques uns d'entre eux réclamèrent un usage d'étiquette établi en leur faveur et appelé le *pour ;* cet usage consistait à écrire avec de la craie, sur le logement destiné à chacun d'eux et à leur suite, la note : *Pour monsieur l'ambassadeur de tel État.* Cet usage, oublié souvent, pouvait d'autant moins être ressuscité en cette circonstance que la place manquait presque complétement. Les ambassadeurs brillèrent donc par leur absence. Saint-Simon ne dit pas le degré de mélancolie que cette absence jeta sur ces journées éclatantes ; mais, en revanche, il s'étend sur les prodigalités qu'elles inspirèrent au maréchal de Boufflers. Pour en donner une juste idée, nous n'avons rien de mieux à faire que de laisser parler le noble chroniqueur.

« ... Le maréchal de Boufflers étonna par sa dépense et par l'ordre surprenant d'une abondance et d'une recherche de goût, de magnificence et de politesse qui, dans l'ordinaire de la durée de tout le camp, et à toutes les heures de la nuit et du jour, put apprendre au Roi même ce que c'était que de donner une fête véritablement magnifique et superbe, et à M. le Prince, dont l'art et le goût y surpassait tout le monde, ce que c'était que l'élégance, le nouveau et l'exquis. Jamais spectacle si éclatant, si éblouissant, il faut le dire, si effrayant, et, en même temps, rien de si tranquille que lui et toute sa maison dans ce traitement universel, de si sourd que tous ces préparatifs, de si coulant de source que le prodige de l'exécution, de si simple, de si modeste, de si dégagé de tout soin, que ce général qui néanmoins avait tout ordonné et ordonnait sans cesse, tandis qu'il ne paraissait occupé que du soin du commandement de cette armée. Les tables sans nombre et toujours neuves et à tous les moments servies, à mesure qu'il se présentait des officiers, ou courtisans, ou spectateurs; jusqu'aux *bailleurs* les plus inconnus, tout était retenu, invité et comme forcé par l'attention, la civilité et la promptitude du nombre infini de ses officiers, et pareillement toutes sortes de liqueurs chaudes et froides, et tout ce qui peut être le plus vastement et le plus splendidement compris dans le genre des rafraîchissements; les vins français, étrangers, ceux de liqueur les plus rares y étaient abandonnés à profusion, et les mesures y étaient si bien prises, que l'abondance de gibier et de venaison arrivait de tous côtés, et que les mers de Normandie, de Hollande, d'Angleterre, de Bretagne et jusqu'à la Méditerranée fournissaient tout ce qu'elles avaient de plus monstrueux et de plus exquis, à jour et à point nommés, avec un ordre inimitable et un nombre de courriers et de petites voitures de poste prodigieux. Enfin jusqu'à l'eau, qui fut soupçonnée de se troubler et de s'épuiser par le grand nombre de bouches, arrivait de Sainte-Reine, de la Seine et des sources les plus estimées, et il n'est possible d'imaginer rien dans aucun genre qui ne fût là sous la main, et pour le dernier survenant de paille comme pour l'homme le plus principal et le plus attendu. Des maisons de bois meublées comme les maisons de Paris les plus superbes, et tout en neuf et faites exprès, avec un goût et une galanterie singulière, et des tentes immenses, magnifiques, et dont le nombre pouvait seul former un camp. Les cuisines, les divers lieux et les divers officiers pour cette suite, sans interruption de tables et pour tous leurs différents services, les sommelleries, les offices, tout cela formait un spectacle dont l'ordre, le silence, l'exactitude, la diligence et la parfaite propreté ravissaient de surprise et d'admiration... »

« ..... Presque tous les jours, les enfants de France dînaient chez le maréchal de Boufflers; quelquefois madame la duchesse de Bourgogne, les princesses et les dames, mais très-souvent des collations. La beauté et la profusion de la vaisselle pour fournir à tout, et toute marqué aux armes du maréchal, fut immense et incroyable. Ce qui ne le fut pas moins, ce fut l'exactitude des heures et des moments de tout service partout. Rien d'attendu, rien de languissant, pas plus pour les bailleurs du peuple, et jusqu'à des laquais, que pour les premiers seigneurs, à toutes heures et à tous venants. A quatre lieues autour de Compiègne, les villages et les fermes étaient remplies de monde, Français et étrangers, à ne pouvoir plus contenir personne, et cependant tout se passa sans désordre. Ce qu'il y avait de gentilshommes et de valets-de-chambre chez le maréchal était un monde, tous plus polis et plus attentifs les uns que les autres à leurs fonctions, de retenir tout ce qui paraissait, à les faire servir depuis cinq heures du matin jusqu'à dix et onze heures du soir, sans cesse et à mesure, et à faire les honneurs, et une livrée prodigieuse avec grand nombre de pages. J'y reviens malgré moi, parce que quiconque l'a vu ne l'a pu oublier, ni cesser d'en être dans l'admiration et l'étonnement de l'abondance, de la somptuosité et de l'ordre qui ne se démentit jamais d'un seul moment ni d'un seul point. »

Pendant que Saint-Simon y est, laissons lui encore raconter, à sa manière, une piquante anecdote.

« Il arriva, sur cette revue, une plaisante aventure au comte de Tessé. Il était colonel-général des dragons. M. de Lauzun lui demanda deux jours auparavant, avec cet air de bonté, de douceur et de simplicité qu'il prenait presque toujours, s'il avait songé à ce qu'il lui fallait pour saluer le Roi à la tête des dragons, et là-dessus entrèrent en récit du cheval, de l'habit et de l'équipage. Après les louanges.

— Mais le chapeau, lui dit bonnement Lauzun, je ne vous en entends point parler?

— Mais non, répondit l'autre, je compte d'avoir un bonnet.

— Un bonnet! reprit Lauzun, mais y pensez-vous? Un bonnet! cela est bon pour tous les autres, mais le colonel-général avoir un bonnet! monsieur le comte, vous n'y pensez pas!

— Comment donc? lui dit Tessé, qu'aurai-je donc?

— Lauzun le fit damner et se fit prier longtemps, en lui faisant accroire qu'il savait mieux qu'il ne disait; enfin, vaincu par ses prières, il lui dit qu'il ne lui voulait pas laisser commettre une si lourde faute; que cette charge ayant été créée pour lui, il en savait bien toutes les distinctions, dont une des principales était, lorsque le Roi voyait les dragons, d'avoir un chapeau gris. Tessé, surpris, avoua son ignorance, et, dans l'effroi de la sottise où il serait, sans un avis si à propos, se répand en actions de grâces, et s'en va vite chez lui dépêcher un de ses gens à Paris pour lui rapporter un chapeau gris. Le duc de Lauzun avait bien pris garde de tirer adroitement Tessé à part, pour donner cette instruction, et qu'elle ne fût entendue de personne; il se doutait bien que Tessé, dans la honte de son ignorance, ne s'en vanterait à personne, et lui aussi se garda bien d'en parler.

» Le matin de la revue, j'allai au lever du Roi, et, contre sa coutume, j'y vis M. de Lauzun y demeurer, qui, avec ses grandes entrées, s'en allait toujours quand les courtisans entraient. J'y vis aussi Tessé avec un chapeau gris, une plume noire et une grosse cocarde qui piaffait et se pavanait de son chapeau. Cela, qui me parut extraordinaire, et la couleur du chapeau que le Roi avait en aversion et dont personne ne portait plus depuis bien des années, me frappa et me le fit regarder, car il était presque vis-à-vis de moi, et M. de Lauzun assez près de lui, un peu en arrière. Le Roi, après s'être chaussé et avoir parlé à quelques-uns, avise enfin ce chapeau. Dans la surprise où il en fut, il demanda à Tessé où il l'avait pris. L'autre, s'applaudissant, répondit qu'il lui était arrivé de Paris.

— Et pour quoi faire? dit le Roi.

— Sire, répondit l'autre, c'est que Votre Majesté nous fait l'honneur de nous voir aujourd'hui.

— Eh bien! reprit le Roi de plus en plus surpris, que fait cela pour un chapeau gris?

— Sire, dit Tessé, que cette réponse commençait à embarrasser, c'est que le privilége du colonel est d'avoir ce jour-là un chapeau gris.

— Un chapeau gris! reprit le Roi, où diable avez-vous pris cela?

— C'est M. de Lauzun, Sire, pour qui vous avez créé la charge qui me l'a dit; — et à l'instant, le bon duc à pouffer de rire et à s'éclipser. — Lauzun s'est moqué de vous, répondit le Roi un peu vivement, et croyez-moi, envoyez tout-à-l'heure ce chapeau au général des Prémontrés. — Jamais je ne vis homme plus confondu que Tessé : il demeura les yeux baissés en regardant ce chapeau avec une tristesse et une honte qui rendirent la scène parfaite. Aucun des spectateurs ne se contraignit de rire, ni des plus familiers avec le Roi d'en dire son mot. Enfin Tessé reprit assez de sens pour s'en aller; mais toute la cour lui en dit sa pensée et lui demanda s'il ne connaissait point encore M. de Lauzun, qui en riait sous cape quand on lui en parlait. Avec tout cela, Tessé n'osa s'en fâcher, et la chose, quoique un peu forte, demeura en plaisanterie, dont Tessé fut longtemps tourmenté et bien honteux. »

Le siége de Compiègne se fit le 13 septembre 1698. On établit des lignes, des tranchées, des batteries, on creusa des fossés et des mines, on donna enfin l'assaut. La ville fut prise, comme de raison, après une honnête résistance.

L'épisode le plus remarquable du siége, ce fut de voir madame de Maintenon y assister en chaise à porteurs, ayant à sa droite le Roi qui se penchait continuellement vers elle pour lui expliquer les diverses opérations des assiégeants et des assiégés. L'air était frais et les glaces de la chaise de madame de Maintenon étaient levées; à peine baissait-elle de quatre ou cinq doigts celle de droite, lorsque le Roi voulait lui parler. Pendant ce temps, les princesses ne parvenaient que difficilement à arracher quelques paroles distraites à Sa Majesté. On n'était pas encore habitué à la faveur miraculeuse dont jouit plus tard la veuve de Scarron ; aussi fut-ce un étonnement général. « On en parla dans toute l'Europe, » dit Saint-Simon, qui pourtant ne se scandalise pas facilement d'habitude.

Après de semblables fêtes, Compiègne, réveillé un instant, ne tardait pas à retomber dans sa torpeur accoutumée. Mais Louis XV allait venir, Louis XV qui devait en faire son séjour de prédilection et lui donner ce luxe, cet éclat, cette magnificence de cour qui contribua si puissamment à sa prospérité. Tout d'abord le Roi se fit recevoir membre de la compagnie des arquebusiers de Compiègne, compagnie fameuse à cinquante lieues à la ronde, et qui comptait dans son sein les plus habiles tireurs de l'époque. Puis, en véritable petit-fils de Louis XIV, il ordonna à l'architecte Gabriel d'élever, sur les ruines de l'antique maison de chasse, un château d'une splendeur toute royale. C'est en 1755 que ce palais fut commencé, et, bien qu'il ne date que d'hier, son histoire est déjà riche en souvenirs.

Les petits appartements du château, et les délicieux bosquets dessinés par Le Nôtre, sont encore remplis de la présence de madame Dubarry. Jeanne Vaubernier, la jolie modiste de la rue de la Féronnerie, a foulé d'un pied leste et grivois le sable fin de ces allées, le vert gazon de ces pelouses. N'est-ce pas d'ailleurs pour elle et par elle que furent inaugurés les ravissants et licencieux boudoirs du château de Compiègne.

Toute l'histoire de madame Dubarry est là, sur ces indiscrètes murailles, sur ces tapisseries des Gobelins dont les dessins ont été fournis par Oudry. Sur ces tableaux allégoriques peints par Desportes, dans ces mystérieuses alcôves que le pinceau de Boucher décora, et jusque sur ces sophas dont l'élasticité moelleuse et lascive semble avoir inspiré Crébillon fils, à chaque pas, on se souvient, en parcourant le château de Compiègne, de ce mot adressé par Louis XV à son architecte : « Des pierres, du marbre, des dorures, pour elle ! que ne puis-je lui donner un palais digne d'elle, un palais de diamant ! » Ce rêve des *Mille et une Nuits*, le Roi devait le réaliser en faisant construire, pour sa favorite, le château de Luciennes.

Ce fut à Compiègne que madame Dubarry éprouva les plus vives jouissances de la coquetterie satisfaite et les plus cruelles souffrances de l'amour-propre blessé. A Compiègne, elle vivait dans l'intimité de Richelieu, de d'Aiguillon ; elle assistait au conseil en cornette et en jupon court, ou, pour mieux dire, le conseil assistait à son petit lever ; le couvre-pied du lit de la favorite remplaçait le tapis vert de la chambre du conseil.

Ce fut à Compiègne que l'élève de la Gourdan eut l'honneur de souper avec la jeune dauphine, fille des Césars. Marie-Antoinette avait invité le Roi à souper. Il s'y rendit avec sa maîtresse à qui il donna la main : la princesse alla au-devant de lui, en lui disant : « Oh! papa, je ne vous

avais demandé qu'une grâce et vous m'en accordez deux. » Le mot fit fortune, et madame Dubarry fut désormais acceptée ; ce qui n'empêcha pas cependant la cour de se partager en deux camps, celui de la favorite et celui des princes. A l'occasion du procès intenté par le parlement de Rennes au duc d'Aiguillon, procès que madame Dubarry eut seule l'influence de faire tourner à son avantage, le duc, pour témoigner sa reconnaissance à sa protectrice, lui avait fait cadeau d'une voiture d'un luxe inouï. Madame Dubarry ne put résister au désir de se montrer aux fêtes de Compiègne dans ce fastueux équipage. Dès le lendemain, circulait dans les salons du parti de M. le duc de Choiseul et jusque dans les antichambres du château, une épigramme sanglante qui vaut bien la peine d'être rapportée, ne fût-ce que pour servir d'estampille aux mœurs de cette curieuse époque :

> Pourquoi ce brillant vis-à-vis ?
> Est-ce le char d'une déesse,
> Ou de quelque jeune princesse ?
> S'écriait un badeau surpris.
> Non ; de la foule curieuse
> Lui répond un critique, non :
> C'est celui de la blanchisseuse
> De cet infâme d'Aiguillon.

L'amour et la galanterie avaient inauguré le château de Compiègne, la galanterie et l'amour devaient l'habiter de nouveau. En 1808, le roi d'Espagne Charles IV, à la suite des deux abdications successives que lui imposa Napoléon, trouva dans ses murs une prison que la politique impériale qualifiait pompeusement d'asile hospitalier. Mais Charles IV n'était pas seul ; sa femme et Godoï, *leur* favori, l'accompagnaient. Nous jetterons un voile sur ces amours qui tentaient de rappeler au xixe siècle les tristes faiblesses du xviiie. C'était le même scandale, moins l'esprit. La Dubarry outrageait la morale ; l'épouse de Charles IV outrageait le malheur. De la reine ou de la courtisane, laquelle fut la plus coupable ?

Combien de fois le vieux roi, dans ses promenades solitaires sur la terrasse, ne dut-il pas tourner les yeux vers le midi, interroger l'horizon qui lui cachait sa belle patrie, et laisser tomber des larmes en portant ses regards vers ce château sombre et humide où le reléguait une défiance ombrageuse ! Un peu de pitié cependant lui accorda, pour l'hiver, le séjour et le climat de la Provence, l'Italie française. Charles IV partit pour Marseille. C'était le chemin de Rome.

Le 27 mars 1810, la cour d'honneur du château de Compiègne s'ouvrit pour recevoir l'archiduchesse Marie-Louise. C'était la fatale consécration du divorce de l'empereur Napoléon et de Joséphine Beauharnais. De funestes présages semblaient planer sur un mariage fait aux dépens du bonheur de la meilleure et de la plus noble des femmes. Murs du château de Compiègne, vous seuls eûtes alors le secret des pensées importunes qui vinrent plisser le front impérial, dans cette première nuit qui le réunit à l'étrangère !...

La contrée qui entoure Compiègne a aussi ses souvenirs historiques. Châteaux, abbayes, villes et villages sont semés dans cette verte et admirable campagne qui fut le Valois, et ils racontent au voyageur les légendes, les chroniques et les grandes épisodes des quatorze siècles de la monarchie.

Chartreux de Mont-Renault, abbés d'Ourscamp, Templiers de Lagny, qui nous racontera vos curieuses et antiques annales ? La mort de sainte

Brigitte illustre le bois de Candor, et deux mille personnes, depuis lors, y font un pèlerinage annuel pour en rapporter la santé de leurs bestiaux. La tombe de Clovis III repose modestement dans l'église rustique de Choisy-au-Bac, et Beaulieu se glorifie d'avoir un instant tenu Jeanne-d'Arc prisonnière dans ses murs.

Longueil-Sainte-Marie humilie Passel, qui rivalise avec ses eaux minérales, en évoquant l'ombre de Ferret, de ce simple soldat qui défendit tout seul le château de Longueil contre les Anglais, et les chassa au moment où ils se croyaient vainqueurs.

Dans cette construction qu'on dit avoir été élevée par Mansard pour le maréchal de Lamothe-Houdancourt, et dont les jardins ont été dessinés par la main savante de Lenôtre, Louis XIV s'est arrêté, en allant au-devant de la reine Christine de Suède, en 1656. Château de Fayel, n'as-tu pas d'autres souvenirs? Sont-ce bien tes murs détruits qui ont été té-

moins de cette sombre et dramatique aventure de Gabrielle de Vergy? On en doute. Mais, qu'importe! Nous aimons à nous figurer qu'en effet ce drame lugubre, que Croquemitaine et Barbe-Bleue n'eussent pas désavoué, s'est accompli là sous nos yeux.

Il paraît que les sires de Coucy étaient d'aimables sacripants, volant un peu par-ci, violant un peu par-là, et généralement peu chéris de leurs voisins. Un des châtelains de Coucy, joli garçon probablement et meilleur certainement que ses aïeux, partit un jour pour la Terre-Sainte, afin, sans doute, d'y racheter, par les saints horions qu'il distribuait aux infidèles, les fautes et les légèretés paternelles. Mais voici qu'au siége de Saint-Jean-d'Acre, en 1191, le vertueux sire de Coucy est blessé mortellement. Lors il fait venir son écuyer, et il lui avoue que, s'il a respecté, contrairement aux traditions de sa famille, la vertu des jeunes jouvencelles du Valois, c'est grâce aux bontés d'une belle et charmante châtelaine dont son cœur était épris. En conséquence, l'écuyer est prié de vouloir bien, quand son maître sera passé de vie à trépas, ouvrir sa poitrine, y prendre ce cœur énamouré, le saler proprement, le mettre dans une boîte et le porter, avec une lettre annonçant l'envoi de l'objet, à la dame de ses pensées. L'écuyer exécuta de point en point les ordres de son maître. Mais, voyez le malheur! Comme il arrivait tout près du château de Fayel, le seigneur de cet endroit, qui avait eu vent du message, et qui savait qu'il était destiné à sa femme, se trouva sur le chemin de l'écuyer, lui prit sa boîte et sa lettre et rentra ténébreusement dans son manoir. Il alla trouver incontinent son cuisinier, et, après s'être concerté avec lui sur la meilleure sauce qui pouvait convenir à ce cœur salé depuis plusieurs mois, il fit servir ce plat atroce à sa femme, la douce Gabrielle de Vergy. — Comment trouvez-vous ce mets? lui demanda-t-il, en le lui voyant manger avec beaucoup d'appétit. — Délicieux, répondit-elle. — Eh bien donc, maintenant, lisez cette lettre, ma belle, et sachez-moi gré de vous avoir fait faire un si bon repas! — Je n'en ferai plus d'autres, dit la pauvre femme après avoir lu,... et elle se laissa mourir de faim.

Il est vraiment dommage que cette absurde histoire ait une si abominable odeur de cuisine; sans cela, elle ne laisserait pas que d'être assez touchante.

Mais quoi! Voici Noyon, Noyon où César institue un préfet romain; Noyon où Charlemagne se fait couronner en 768; Noyon, la capitale de l'empire de Charlemagne! Glorieuse destinée! Jours de splendeur! il n'en reste plus rien : vous n'êtes plus qu'un songe! Et si Hugues-Capet ne s'y était fait élire roi, en 887, si Charles-Quint et François Ier n'y eussent conclu un traité, si les ligueurs et Henri IV ne se le fussent souvent disputé, Noyon n'aurait plus rien à raconter que le démêlé de ce bourgeois turbulent avec l'évêque Baudry de Sarchainville. Mais aussi, que voulez-vous que devienne une ville, quelque florissante qu'elle soit, quand elle est, à quatre reprises différentes, brûlée et pillée par les Normands et par les Espagnols? Noyon ne se glorifie donc plus guère de grand'chose, si ce n'est cependant de la maison où est né Jean Calvin, le fils d'un pauvre tonnelier ; puis d'avoir donné le jour à Jean Sarrazin, sculpteur célèbre du xvi° siècle ; puis encore d'avoir été le siége épiscopal de saint Médard.

Le nom de saint Médard, cependant, ne se rattache qu'accessoirement à l'histoire de Noyon. C'est dans la patrie du bon évêque, c'est à Salency que le nom de saint Médard est en honneur depuis des siècles. Et tout cela, grâce à une fête simple, modeste et naïve, comme celle qui en est l'objet, grâce à la fête de la Rosière.

Cette fête est trop universellement connue pour que nous tentions de la décrire. Bornons-nous, chemin faisant, à rappeler que le seigneur de Salency était obligé, envers la plus sage de trois jeunes filles choisies entre les plus sages, à une redevance de vingt-cinq livres tournois. Le jour de la fête, on venait chercher la Rosière, tambours et galoubets en tête, pour la conduire à l'église où s'accomplissait la cérémonie religieuse, et où le curé lui mettait sur la tête le chapeau de roses et au doigt l'anneau d'argent, tandis que la voûte sainte retentissait des notes triomphantes du *Te Deum*. Le cortége se rendait ensuite à un petit terrain appelé le *Fief de la Rose* et là, après une collation, les vassaux du fief offraient à la Rosière un bouquet de fleurs, deux balles de jeu de paume, deux flèches entourées de rubans blanc et un sifflet. Quel sens cachaient ces présents ? Quels symboles représentaient-ils ? Nous ne savons. Peut-être le bouquet de fleurs était-il un hommage rendu à la sagesse présente de la jeune fille ; les balles, un avertissement que la morale humaine est élastique ; les flèches, une allusion à la légèreté et à la rapidité avec lesquelles la sagesse fuit, si l'on cesse d'écouter les conseils de la morale divine, et aussi aux meurtriers effets de l'abandon des bons principes ; le sifflet, enfin, une menace, si le scandale futur d'une mauvaise conduite était donné par la Rosière. Quoi qu'il en soit, la mode des Rosières prit bientôt une extension incroyable, jusque-là que le chancelier Duprat, le bienfaiteur du village de Varesne, avait établi cette fête dans ce village et dans six autres lieux voisins, en faveur des trois filles les plus vertueuses de chaque endroit. Total des Rosières du chancelier Duprat : vingt-une jeunes filles sans tache dans une circonscription de trois ou quatre lieues. Pauvre chancelier ! que deviendrait-il, s'il vivait de nos jours, et s'il tenait absolument à avoir son compte de Rosières !

Quittons Noyon, et Saint-Médard, et Salency, et le chancelier Duprat. Dirigeons-nous vers ces ruines imposantes qui se dressent là-bas et témoignent de la grandeur d'un de leurs anciens maîtres. C'est Pierrefonds dont les seigneurs furent plus puissants que le roi de France pendant deux siècles. Aujourd'hui, plus rien de cette énorme et inconcevable fortune. Le temps a achevé ce que Philippe-Auguste a commencé. Mais, avant la ruine du château de Pierrefonds, un ligueur fameux y a inscrit son nom en caractères sanglants. Rieux, le fils d'un maréchal-ferrant, occupait le château sous la Ligue. Audacieux et entreprenant, il faisait de fréquentes sorties et répandait la terreur dans tout le pays environnant. Le duc d'Epernon et, après lui, Biron, envoyés pour le réduire, furent repoussés. Enivré d'orgueil, enhardi par ces victoires successives, Rieux tenta un beau jour d'enlever Henri IV lui-même; mais, cette fois, il fut pris au piège qu'il avait tendu. Pendu haut et court à quelque carrefour patibulaire, Rieux mourut comme il avait vécu, en véritable héros de grand chemin.

Du temps de la guerre des Armagnacs et des Bourguignons, Bosquiaux, célèbre orléaniste, défendit vigoureusement Pierrefonds contre le comte de Saint-Pol. Cet habile capitaine, non content des hauts faits dont il avait rendu témoins ses murailles crénelées, voulut encore s'emparer de Compiègne. La ruse aidant, cette audacieuse entreprise fut couronnée d'un plein succès. Sous le règne de Louis XIII, Pierrefonds fut démantelé.

Cette forteresse ne pouvait servir qu'à des sujets rebelles. On en fit des ruines.

Compiègne est aujourd'hui une paisible petite ville qui paraît à peine se souvenir du rôle assez important qu'elle joua jadis dans nos guerres civiles. Tout ce qui n'est pas écrit en pierre de taille y est presque considéré comme non avenu. Compiègne vous montrera volontiers son château; puis son hôtel-de-ville, édifice gothique estimable, flanqué de tourelles octogones et dont les fenêtres sont parées de ces belles dentelles de pierre qu'on faisait si bien autrefois ; puis les églises Saint-Jacques et Saint-Antoine ; puis le tombeau du comte de Toulouse, érigé aux Carmélites par Lemoine ; puis, c'est tout.

Quelque savant de la localité vous dira que certains hommes célèbres y sont nés. De ce nombre sont Pierre d'Ailly, Jean Fillion de Venettes, Jacques de Billy, Marc-Antoine Hersan et enfin Claude-François Mercier, auteur de romans assez immoraux, qu'il faut se garder de confondre avec l'auteur du *Tableau de Paris* dont il fut le contemporain.

Oui, quoi qu'il en soit de la splendeur que ces illustrations doivent nécessairement jeter sur le pays, Compiègne n'est, il faut bien le répéter, qu'une ville assez maussade, sans couleur et sans physionomie.

Compiègne s'est réveillé quelquefois de nos jours au bruit des fanfares dont les chasses de Charles X remplissaient la forêt. Décidément la chasse porte malheur aux rois de France. Charles X et Carloman en ont fait la triste expérience.

De tant de hauts faits, de tant de gloire, d'une si noble origine, de tant d'hôtes illustres, quelles figures saillantes dominent ces souvenirs ? Celles des deux jeunes filles de Vaucouleurs : Jeanne la Pucelle et Jeanne Vaubernier ; l'une qui fut le salut de la monarchie, l'autre qui en fut la perte.

Marquis DE MONTEREAU.

J'ai fait un peu partout le métier de touriste; quand une montagne m'a présenté sa base, j'ai posé le pied dessus avec joie. Je dois à la vérité de dire que je suis rarement parvenu au sommet.

S'il s'est agi d'escalader la cabane du sorcier du Puy-de-Dôme, ou le nid de pierre du Gitano des Pyrénées, j'ai marché en avant : je n'ai pas hésité d'entrer dans nos belles Alpes de l'Isère et de me mettre à la recherche du grand cloître de Saint-Bruno, qui jamais n'a inspiré au barde nomade une seule pensée, un seul vers qui fussent le reflet de sa sévère poésie.

J'ai trouvé à concilier mes ardeurs pour les excursions montagneuses et mon aversion pour les habitations qui se penchent ou, plus prosaïquement, qui se perchent à la file les unes des autres sur les collines, côte à côte, comme les jeunes filles qu'on voit gravir une rue du Poitou ou de la Saintonge. C'est que pour moi l'aspect de la demeure de l'homme rompt cette harmonie de lignes hardies qui courent du pied au front des montagnes, et que le regard suit avec tant de plaisir, soit qu'elles se roulent en cônes serrés, ou bien qu'elles déploient leur ceinture de larges et capricieuses arabesques. Cette aversion que je professe pour la montagne habitée est telle que, si un ami me propose de faire une excursion à Montmartre et à Belleville, je me sens pris subitement d'un dégoût de la promenade; mon corps pèse à mes jambes, mes articulations tournent à l'oxyde; je suis statue devant ces masses gypseuses devenues maisons, et je ne consens à continuer le voyage qu'aux conditions que je vous impose à vous, lecteur; c'est de tourner la position, ou, si vous l'aimez mieux, de prendre une autre route.

Ainsi donc, pour satisfaire mon dada, vous voudrez bien me suivre à travers champs dans l'exploration que nous allons faire de Belleville et de ses environs.

Comme je me relâche un peu de mon antipathie pour les rues de montagne quand il s'agit de les descendre, nous retrouverons, au retour, le bas Belleville ou la Courtille.

De tous temps, les ministres ont aimé à éterniser ce qui, de sa nature, n'a rien de vivace : leur action temporaire sur le grand mouvement politique du monde. Ils ont cherché à buriner leur passage insaisissable sur le disque politique. Enguerrand de Marigny voulut, dit-on, laisser un *monument* à la postérité. Il fit élever *Montfaucon;* mais la faveur du ministre baissant à mesure que l'édifice grandissait, la fortune vint en aide à son orgueil en lui préparant une fin tragique qui fit plus, pour la longévité de sa mémoire, que n'aurait fait la promulgation d'une bonne loi ou un acte de noble justice. Sans Montfaucon dont il fut la première proie, Enguerrand de Marigny serait, de nos jours, un de ces noms perdus que les romanciers exhument des légendaires vermoulus, pour donner du mordant à la couleur historique. Un gibet fait vivre un homme public cinq siècles ; peu de grandes actions le portent aussi loin.

Ce serait une danse macabre d'un grand effet, sous une plume magnétique, que la sarabande des morts exécutée par les hôtes de Montfaucon : les ministres des finances feraient les honneurs du bal satanique ; il y a eu là jusqu'à cinq de leurs squelettes que la brise a balancés. Après eux, le chiffre d'honneur appartient de droit aux magistrats qui ont vendu la justice aux riches et l'ont refusée aux pauvres. C'est de la vieille histoire, lecteurs. N'allez pas y chercher maligne allusion. Puis viendrait le barbier ministre de Louis XI, seigneur Olivier Ledain, qui, après règlement de compte, fut livré au bourreau étonné d'avoir à exercer ses mains sur un maître plus expert que lui en pareille besogne. Le bal pourrait se dresser sur le massif de pierre qui servait de base à l'odieux édifice et de voûte à

une vaste cave fermée d'une grille de fer, où tombaient pêle mêle les débris humains qui se détachaient des chaînes de Montfaucon et les chairs des malheureux exécutés aux autres gibets. Bien des grands du monde et peut-être bien des innocents ont apporté là leurs os.

Montfaucon eut la destinée de ces instruments terribles que l'humanité a créés pour de justes représailles, mais dont elle abuse et abusera longtemps encore dans ses jours de fièvre et de vertige. Le gibet reçut l'amiral de

Coligny, comme plus tard la hache frappa Stuart et Louis XVI; mais ce fut là le dernier trophée de Montfaucon, et vers 1760, il ne restait plus sur pied que deux ou trois piliers de cet échafaud, dont les derniers vestiges disparurent complétement avant la fin du xviii° siècle.

De nos jours, la destination de Montfaucon a changé. Lieu d'horreur autrefois, aujourd'hui c'est un lieu de dégoût. C'est le dépôt des immondices de Paris, et pendant longtemps les opérations de l'écarissage se firent sur cet emplacement (1); c'était là le grand ossuaire des animaux domestiques qui secondent l'homme dans ses travaux et le servent dans ses plaisirs et dans son luxe; c'est vers Montfaucon que les chevaux de bataille de Napoléon et de ses lieutenants ont terminé leur existence, après avoir subi de multiples transformations sociales. Il n'y a pas d'exemple, dit-on, qu'un cheval du *Cirque Olympique* soit mort à l'abattoir. Tant mieux! C'est une pensée consolante, elle prouve en faveur de l'art professionnel. Quand on apprend un métier, ne serait-ce même que celui d'acrobate, il en reste toujours quelque chose et on en tire profit jusqu'à l'infini. Le cheval du Cirque Olympique, vieilli sous les coups de cravache des écuyères parisiennes, s'exile dans les troupes nomades. Plus vieux encore, de la petite ville il passe à la foire communale, et il travaille jusqu'à ce qu'il meure sur la pelouse d'une fête champêtre. Les chevaux de banquiers, de grandes dames et d'actrices vont à Montfaucon. Il est vrai que quelquefois leurs maîtres ne finissent guère d'une manière plus brillante.

En 1814, lors de l'invasion des armées étrangères, plus de 4,000 cadavres de chevaux ennemis furent consumés à Montfaucon. L'autodafé dura quinze jours.

Je n'engagerais pas plus avant avec moi le lecteur sur cette route, si je n'avais que des tableaux repoussants à lui mettre sous les yeux; mais sur ce morne triste sans végétation, que des infiltrations nauséabondes cicatrisent, et que le promeneur et l'oiseau de la plaine ne visitent jamais, la science veille. Dans les flancs de ces mamelons, l'industrie a creusé des usines; d'intrépides ouvriers y passent leurs jours. Frappez, et si les arts ne vous ont pas révélé leurs mystères, vous vous croirez transportés dans une de ces grottes forestières que la nature s'est plu à tapisser de brillantes stalactites; là vous êtes dans la fabrique de sel ammoniac de M. Figuera; cette mine féconde donne chaque jour au commerce 2,000 kilos de produits.

En gravissant sur le plateau le plus élevé et qui domine tous les monuments de Paris, vous auriez vu, il y a quelques mois, comment la chimie sait grandir les ressources des arts, en transformant les restes jadis inutiles des animaux.

Le promeneur aurait pu se convaincre qu'en prenant place sur un divan,

(1) Depuis quelques mois, un abattoir pour l'écarissage a été élevé dans la plaine des Vertus, près le village d'Aubervillers.

il foule peut-être le crin de son ancien coursier, que les os du quadrupède ont produit le vernis de ses bottes; les chairs, l'azur de ses foulards; les parties musculaires, le brillant éclat des émaux qui ornent ses armoiries et ses bijoux, et la chanterelle qui vibre sur son violon.

De nos jours, Montfaucon a été et est encore un grand laboratoire, et ce qui s'y passe vaut bien qu'on risque quelques aspirations ammoniacales.

Patience, avant peu, ce mamelon qui est l'épouvantail de la population sera tout à fait transformé; le travail de l'homme y prépare de nouveaux miracles; ces marais de Lerne seront purgés par des artères souterraines; tout ce qui peut blesser la vue et l'odorat disparaîtra avec la rapidité de la magie; le sol s'affermira, la terre végétale reprendra la surface. Les buttes Saint-Chaumont présenteront à Montfaucon leurs riches et vertes mamelles, dont elles épancheront à son profit la sève et la vie, et peu à peu elles usurperont son nom, elles étoufferont son état civil dans le leur, et Montfaucon sera rayé de la carte cadastrale. Ce jour là, la voix du passé s'arrêtera et cessera d'envoyer la tradition aux générations insouciantes qui viendront danser là où jadis on pendait.

Tout ce territoire que vous voyez à vos pieds, du haut des buttes Saint-Chaumont, a ses mystères que les chroniqueurs ne nous ont pas révélés, et sur lesquels la tradition se tait. Quand César porta la guerre dans les Gaules, le bassin dans lequel se trouve les buttes Saint-Chaumont fit-il partie de l'espace occupé par le lieutenant Labiénus, et le village de Romainville (*Villa Romana*), a-t-il reçu son baptême de ces événements? C'est ce que nous ne chercherons pas à résoudre; mais quand, à la fin du cinquième siècle, l'empereur Charles-le-Gros accourut avec une armée au secours de Paris assiégé par les Normands, nulle doute que les buttes Saint-Chaumont ne servissent de remparts naturels contre l'aggression.

En 1814, comme au ve siècle, les hommes du nord vinrent encore planter leurs lances aux portes de Paris. L'honneur national fit alors des efforts impuissants pour sauver la première ville de France. Les buttes Saint-Chaumont devinrent le théâtre de cette lutte du désespoir contre la force. La France alors n'avait plus d'armée; les hommes avaient été décimés par les frimas et la mitraille avait tout détruit ou mutilé; il ne restait plus que des invalides, des conscrits et des enfants. Les invalides, les conscrits et les enfants firent comme leurs aînés et comme leurs pères; ils s'offrirent à la mort, elle en accepta un grand nombre!.. Ils tombaient en chantant! A ces dernières heures d'agonie auxquelles la France a échappé, le caractère national ne s'est pas démenti. Le soir, ce n'était pas l'issue de la bataille qui préoccupait le plus, c'était le détail de la mort du ventriloque Fitz-James, qu'un boulet de canon avait enlevé des rangs de la garde nationale.

Au nombre des élèves de l'École Polytechnique qui offrirent leur sang à la France se trouvait un jeune soldat qui, plus tard, inspiré, devint le pape ou père suprême des Saint-Simoniens. Trente années séparaient alors le jeune homme du moment où il devait poser, dans le voisinage du champ de bataille, *la première pierre de sa fragile église.*

Dans la direction des buttes Saint-Chaumont, en avançant vers le nord, le regard s'étend jusqu'aux abords de la forêt de Bondy, de si effrayante mémoire :

> Savez vous ce qu'on raconte
> Des brigands d'la forêt de Bondy ?
> Ça fait frémir tout c'qu'on en dit,
> Et c'qu'on en dit n'est pas un conte.

S'il faut en croire cette légende, cette vieille forêt de Bondy *jouissait* jadis d'une très-mauvaise réputation. Peut-être y avait-il un peu à en rabattre. Quoi qu'il en soit, les mœurs forestières sont bien changées ; de nos jours, messieurs les brigands vivent peu dans les bois ; ils font économie de frais de voyages ; le crime en plein air expose à des engelures, et, sur vingt crimes qui se commettent, il y en a quinze qui se pratiquent au milieu de la bonne ville de Paris, à la corne même du chapeau du sergent de ville. Si les forêts n'étaient pas de temps en temps le théâtre de quelque rapt de lapins ou de quelques escarmouches entre gardes et braconniers, je ne sais vraiment pas à quoi serviraient les bois. Je demande qu'on abatte les forêts ou qu'on y exporte l'assassinat comme en son lieu natal.

En attendant, je redis, d'après un vieux chroniqueur, que le mauvais renom de la forêt de Bondy pouvait venir d'ailleurs que de *tuerie*, car le roi Henri IV avait donné ordre secret qu'on laissât subsister et même qu'on renforçât encore l'opinion dans laquelle vivaient la cour et la ville, du danger que présentait *le bois de Bondy*; et, à certains jours, il aimait à s'y rendre accompagné seulement de plusieurs officiers ; souvent il entrait dans les fourrés, et on l'entendit raconter qu'il avait promis à une belle abbesse de Montmartre de lui faire visiter le bois de Bondy. Au jour marqué, un coche fut préparé et l'abbesse s'enhardit jusqu'à venir réciter son rosaire en société du roi. Le roi ayant dit à l'abbesse, quelque temps après, que pas un méfait n'avait été commis dans le bois depuis le jour où le rosaire avait été dit par elle, l'abbesse demanda à renouveler l'exorcisme des mauvais manants ; une nouvelle caravane fut organisée. Le roi proposa un troisième pélerinage à quinze jours de distance ; il employa ce temps à faire bâtir un pavillon qu'il transforma en galant oratoire, et quand il y eut fait entrer l'abbesse, il lui dit que les voleurs n'auraient pas l'audace de toucher à rien de ce qui serait en aussi saint temple. — A quoi l'abbesse répliqua : Le roi de France serait-il aussi honnête ?

Le pavillon Henri IV existait encore sur la lisière de la forêt de Bondy, sous la fin du règne de Louis XV. C'est le quatorzième chastelet, dit l'historien à qui j'emprunte ce récit, que le roi de France a fait bâtir pour nonnes ou gentilles dames, aux dehors de sa bonne ville de Paris.

Gabrielle d'Estrées ignora-t-elle, à son pavillon de Pantin, les pélerinages que le Béarnais faisait à l'oratoire de Bondy? L'abbesse dont je viens de faire mention était, sans doute, Claudine de Beauvilliers.

Près de deux siècles après, la fameuse Fillion, ayant mis dans sa tête d'avoir un bénéfice, pour certains services de cour qu'on payait alors en toute sorte de monnaie, amena l'abbé Dubois dans la direction de Montmartre; elle étendit le bras vers le cloître dont l'abbesse de Beauvilliers avait été directrice et demanda à l'abbé s'il consentirait à lui donner ce qu'elle désignerait du doigt. Oui, dit l'abbé, à l'exception de deux choses : ma tête et l'abbaye. — Vieux singe, répliqua la Fillion, il est plus fin que fouine qui a faim; c'était le langage familier de l'époque.

Quelques historiens ont voulu mettre en doute l'épisode du levrier d'Aubry de Montdidier, dont la forêt de Bondy était le théâtre. Ce trait tient trop essentiellement au sol que nous explorons pour le passer sous silence, et nous le reproduisons sur la foi du Théâtre d'honneur et de chevalerie de la Colombières.

Le Bénédictin Bernard de Montfaucon l'a extrait tel que nous le donnons; il rectifiera les écarts dans lesquels les romanciers ont dû tomber.

« Il y avait un gentilhomme que quelques uns qualifient avoir été archer du roi Charles V, et que je crois devoir plutôt qualifier gentilhomme ordinaire ou courtisan, parce que l'histoire latine d'où j'ai tiré ceci le nomme *Aulicus*. C'était, suivant quelques historiens, le chevalier Macaire, lequel étant envieux de la faveur que le roi portait à un de ses compagnons, nommé Aubry de Montdidier, l'épia si souvent, qu'enfin il l'attrapa dans la forêt de Bondy, accompagné seulement de son chien (que quelques historiens et nommément le sieur d'Audignier disent avoir été un levrier d'attache), et, trouvant l'occasion favorable pour contenter sa malheureuse envie, le tua et puis l'enterra dans la forêt, se sauva après le coup et revint à la cour tenir bonne mine. Le chien, de son côté, ne bougea jamais de dessus la fosse où son maître avait été mis, jusqu'à ce que la rage de la faim le contraignit de venir à Paris où le roi était, demander du pain aux amis de son maître, et puis tout incontinent s'en retournait au lieu où le misérable assassin l'avait enterré; et continuant assez souvent cette façon de faire, quelques uns de ceux qui le virent aller et venir tout seul, hurlant et plaignant, et semblant, par des abois extraordinaires, vouloir découvrir sa douleur et déclarer le malheur de son maître, le suivirent dans la forêt, et, observant exactement tout ce qu'il faisait, virent qu'il s'arrêtait sur un lieu où la terre avait été fraîchement remuée; ce qui les ayant obligés d'y faire fouiller, ils y trouvèrent le corps mort, lequel ils honorèrent d'une plus digne sépulture, sans pouvoir découvrir l'auteur d'un si exécrable meurtre. Comme donc ce pauvre chien était demeuré à quelqu'un des parents du défunt, et qu'il le suivait, il aperçut fortuitement le meurtrier de son premier maître, et, l'ayant choisi au milieu de tous les autres gentilshommes ou archers, l'attaqua avec une grande violence, lui sauta au collet et fit tout ce qu'il put pour le mordre et pour l'étrangler. On le bat, on le chasse, il revient toujours; et comme on l'empêche d'approcher, il se tourmente et aboie de loin, adressant les menaces du côté qu'il sent que s'est sauvé l'assassin. Et comme il continuait ses assauts toutes les fois qu'il rencontrait cet homme, on commença de soupçonner quelque chose du fait, d'autant que ce pauvre chien n'en voulait qu'au meurtrier et ne cessait de lui vouloir courir sus pour en tirer vengeance. Le roi étant averti par quelques-uns des siens de l'obstination du chien qui avait été reconnu appartenir au gentilhomme qu'on avait trouvé enterré et meurtri misérablement, voulut voir les mouvements de cette pauvre bête; l'ayant donc fait venir devant lui, il commanda que le gentilhomme soupçonné se cachât au milieu de tous les assistants qui étaient en grand nombre. Alors le chien, avec sa furie accoutumée, alla choisir son homme entre tous les autres; et comme s'il se fût senti assisté de la présence du roi, il se jeta plus furieusement sur lui, et, par un pitoyable aboi, il semblait crier vengeance et demander justice à ce sage prince. Il l'obtint aussi; car ce cas ayant paru merveilleux et étrange, joint avec quelques autres indices, le roi fit venir devant lui le gentilhomme et l'interrogea et pressa assez publiquement pour apprendre la vérité de ce que le bruit commun et les attaques et aboiements de ce chien (qui étaient comme autant d'accusations) lui mettaient sus; mais la honte et la crainte de mourir par un supplice honteux rendirent tellement obstiné et ferme le criminel dans la négative, qu'enfin le roi fut contraint d'ordonner que la plainte du chien et la négative du gentilhomme se termineraient par un combat singulier entre eux deux, par le moyen duquel Dieu permettrait que la vérité fût reconnue. Ensuite de quoi, ils furent tous deux mis dans le camp, comme deux champions, en présence du roi et de toute la cour; le gentilhomme armé d'un gros et pesant bâton et le chien avec ses armes naturelles, ayant seulement un tonneau percé pour sa retraite, pour faire ses relancements. Aussitôt que le chien fut lâché, il n'attendit pas que son ennemi vînt à lui; il savait que c'était au demandeur d'attaquer; mais le bâton du gentilhomme était assez fort pour l'assommer d'un seul coup, ce qui l'obligea à courir çà et là à l'entour de lui pour en éviter la pesante chute; mais enfin, tournant tantôt d'un côté, tantôt de l'autre, il prit si bien son temps que finalement il se jeta d'un plein saut à la gorge de son ennemi et s'y attacha si bien qu'il le renversa parmi le camp et le contraignit à crier : miséricorde! et supplier le roi qu'on lui ôtât cette bête et qu'il dirait tout. Sur quoi les escortes du camp retirèrent le chien, et les juges s'étant approchés, par le commandement du roi, il confessa devant tous qu'il avait tué son compagnon, sans qu'il y eût personne qui l'eût pu voir que ce chien duquel il se confessait vaincu.

« L'histoire de ce chien, outre les honorables vestiges de sa victoire qui paraissent encore à Montargis, a été recommandée à la postérité par plusieurs auteurs, et singulièrement par Julius Scaliger, en son livre contre Cardan, 209. J'oubliais de dire que le combat fut fait dans l'île Notre-Dame.

« Ce duel, ajoute Montfaucon, se fit l'an 1371. Le meurtrier était réellement le chevalier Macaire et la victime s'appelait Aubry de Montdidier. Macaire fut envoyé au gibet.

La forêt de Bondy fut aussi la pépinière où la basoche eut le droit de venir prendre chaque année, au mois de mai, l'*orme* aux harangues; qui était transporté à Paris au son des timbales, des trompettes et des hautbois. N'eût-il pas mieux valu choisir l'arbre de Normandie, qui produit la pomme symbolique de discorde ?

Laissons les temps anciens et la forêt de Bondy et revenons aux mœurs modernes et aux Prés-Saint-Gervais, coquet échiquier planté d'arbres fruitiers et de lilas, qui s'étend du nord à l'est avec ses dômes de noyers, dont chaque case est bordée par la grappe d'argent de l'aubépine ou le grain pourpre de la groseille sauvage.

Les Prés-Saint-Gervais, comme le jardin de Tibur, devaient avoir leur poète, Désaugiers, qui a chanté ces Champs-Élysées de l'enfant du peuple, ce joyeux temple champêtre de saint Dimanche et de saint Lundi, cette terre promise à la grisette qui la convoite tout l'hiver. On vous a bercé, lecteurs, des jolis contes des temps primitifs, âge où les roses naissaient sous le parfum fécondant de l'haleine des jeunes filles ; qui de vous, pauvre écolier, n'a pas cru qu'un jour, sur les bancs de l'école, la magie blanche républicaine accomplirait cette ère promise où le riche viendrait dire au pauvre : prends la moitié de mes joies, de mon or et de mes fleurs? Eh bien ! il y a peu d'années encore, ce songe se réalisait, quant aux fleurs, dans la vaste corbeille des Prés-Saint-Gervais.

Après la grande Pâque des chrétiens, quand arrivait le dimanche de la Quasimodo, aux premiers feux du jour, d'innombrables caravanes partaient de toutes les issues de Paris et couronnaient bientôt les collines qui servent de rempart aux Prés-Saint-Gervais. Chaque soldat de l'armée envahissante portant un couteau comme arme offensive d'expédition, faisait irruption sur le territoire, but de l'expédition ; on eût dit qu'il s'agissait de la levée d'une de ces dîmes que le vasselage consacrait au moyen âge, et que des myriades de suzerains venaient prélever l'hommage d'une branche ou d'une botte monstre de lilas. Chacun avait ou prenait le droit de branche vive ; c'était un pêle-mêle, une cohue, une mêlée nourrie d'éclats de voix, de roulements de rire qui se croisaient, se heurtaient et allaient se perdre dans l'atmosphère parfumée des lilas et des roses.

Chaque heure amenait de nouvelles bandes, et le lilas, loin de diminuer, se multipliait comme les pains de l'Évangile. La branche de fleur coupée semblait renaître sur sa tige pour contenter les nouveaux venus. Dans les ruelles qui conduisaient aux faubourgs de la grande ville, on ne comptait plus jeunes filles ni jeunes hommes; la rue était encombrée par une masse mouvante de feuillage; la caravane était un buisson compact et serré. La fable de Philémon et de Baucis se réalisait; les promeneurs s'étaient faits lilas et les indigènes regardaient ces îles flottantes passer devant leurs portes et battaient des mains. Si un lilas mourait pendant un rude hiver, vous entendiez alors un propriétaire dire : il faut que je remplace l'arbre, afin que les jeunes filles aient des fleurs aux lilas prochains. Un propriévaire qui eût enclos de murs ses lilas, eût passé pour un mauvais citoyen et un homme voué à toute la haine; aucune compagnie d'assurance n'eût voulu mettre sa plaque de fer-blanc à sa porte. Revenue à sa mansarde, la grisette faisait avec orgueil le partage de son butin à ses vieux parents ou à ses compagnes éloignées de la fête, et, avant d'emplir de ses trophées tous les vases de sa cellule, elle isolait une petite branche, la plaçait en

croix au chevet de son lit sur la branche de buis bénite quelques jours auparavant au dimanche des Rameaux.

La semaine de Quasimodo ne voit plus le peuple aux Prés-Saint-Gervais; *il ne va plus aux lilas.* Ce n'est pas l'envie qui en manque aux jeunes filles; les Prés-Saint-Gervais sont toujours aussi verts, leurs gazons aussi frais qu'à l'époque où Desaugiers les chantait, mais l'aristocratie bourgeoise a placé le Code pénal comme épouvantail au milieu des champs, et les étourneaux qui grapillaient ont pris leur volée de crainte du garde-champêtre. Quand la vieille noblesse avait des manoirs, il lui arrivait quelquefois de penser à ceux qui n'en avaient pas, et elles permettait que le pauvre prît, dans ses parcs, des roses pour couronner la Vierge ; dans ses bois, du lierre et des pervenches, s'il fallait chaumer la fête des morts. Le bourgeois a changé tout cela ; il vend sa fille au noble, sa voix au député et ses fleurs à la fruitière. Voilà pourquoi on ne va plus aux lilas des Prés-Saint-Gervais, et comment les jeunes filles sont réduites à faire leur provision chez la bouquetière ; et de ce qu'on n'alla plus aux Prés-Saint-Gervais pendant la semaine de Quasimodo, l'habitude se perdit d'y venir pendant les autres semaines. Maintenant les Prés-Saint-Gervais sont une Chartreuse, c'est le bas Luxembourg, moins les dalhias de M. le duc de Cazes et moins les couches crayeuses des débris de pipes de messieurs les vétérans.

C'est cependant un joli champ de promenade que ces vergers solitaires. Des hôtes illustres en recherchèrent les ombrages, et parmi eux je retrouve le promeneur de la rue Picpus, Jean-Jacques Rousseau, dont la tasse à lait fut brisée par le fanatisme de la restauration. Les Prés-Saint-Gervais furent aimés de lui ; c'était là qu'il passait de longues heures en compagnie de Bernardin de Saint-Pierre. Ce sont les fleurs champêtres de ces prés que ces deux amis de la nature aimaient à respirer ensemble; c'est sous leur ciel parfumé qu'ils s'aidaient à la solution des hautes questions morales que leur âme déliait, plus souvent encore que leur haute intelligence. Jean-Jacques s'animait au feu de la discussion quand elle était dégagée des entraves de l'étiquette. Comme Platon, il trouvait la parole dans l'air pur ; son éloquence, fluide électrisable, se chargeait de l'éloquence de son adversaire et telle était la nature homogène de ces deux interlocuteurs, qu'elles échangeaient entr'elles une égale puissance d'inspiration ; la pensée s'élevait, suivant son lest, dans les régions plus ou moins hautes, comme devait le faire bientôt le globe de Montgolfier. Jean-Jacques et Bernardin de Saint-Pierre passaient d'une haute question sociale à des causeries familières, et Jean-Jacques est convenu que, souvent prosterné devant les sublimes appréciations que le peintre des Antilles animait de son style de feu, il se sentait blessé à l'épiderme de la supériorité qu'il lui reconnaissait dans l'art de préparer le café.

Les Prés-Saint-Gervais furent le champ de bataille de ces luttes puériles de deux grands hommes, et la table d'une modeste auberge de village, après avoir servi de laboratoire aux expériences culinaires, se transformait en une académie d'où s'échappait bientôt quelque vif rayon de lumière sur la terre que la philosophie n'éclairait souvent que d'une lueur incertaine.

Il y a sur la lisière qui sépare la commune des Prés-Saint-Gervais de Pantin une citerne qui porte le nom de Regard-Saint-Pierre, élevée vers l'époque ou l'auteur de Paul et Virginie était un habitué de ces promenades. Il eût été possible qu'on eût donné à ce monument modeste d'utilité publique, le nom d'un homme populaire.

Je fais mention de ce fait, parce qu'il sert de transition naturelle à une anecdote à laquelle se rattache le nom d'un écrivain dont les lettres et l'amitié pleurent la perte récente, et qui a laissé sur les prés que nous parcourons une trace ineffacée que j'aime à retrouver ; c'est comme un souvenir des temps lointains.

A mon début dans la carrière des lettres, Charles Nodier me favorisait d'une bienveillance paternelle qu'il étendait, du reste, sur tous les jeunes gens qui sollicitaient son patronage. Quelques années après la représentation du *Vampire*, que Nodier écrivit en société du spirituel marquis de Jouffroy, aujourd'hui à la veille d'opérer une révolution dans le système des chemins de fer, comme alors il tenta sur la littérature scénique une réaction qui n'éclata que plus tard. J'eus la pensée de mettre à la scène le roman fantastique *Smarra* que Charles Nodier venait de terminer ; je demandai à l'auteur sa collaboration ; il accepta ma proposition avec enthousiasme, prit une semaine pour rêver à l'exécution, et il fut convenu que chaque jour, c'était au printemps, nous irions promener pour faire le plan de l'œuvre. Nodier, comme Jean-Jacques, comme Bernardin de Saint-Pierre, aimait les bois de Montmorency et les Prés-Saint-Gervais, mais la proximité de ces derniers leur attribuaient souvent la préférence ; on partait avec la ferme volonté de parler du drame en germe, mais la marche ne le fécondait pas. Pour qui a connu Nodier, le charme de sa causerie, la sève active de son inspiration, il deviendra compréhensible que pendant trois ans je n'aie jamais songé à lui rappeler, dans nos excursions, que je venais là pour autre chose que pour écouter la douce mélodie de ses récits et la formule persuasive de sa philosophie tolérante et résignée.

Un jour, nous nous étions avancés plus que de coutume dans les Prés-Saint-Gervais ; Nodier s'était assis sur l'angle d'une citerne peu élevée, et sa main avait écarté quelques tiges de lierre qui cachaient une inscription presqu'effacée par le temps ; il laissa échapper un de ces sourires sublimes qu'une femme lui eût enviés ; il prit un caillou, et, joyeux comme un enfant qui prépare une espièglerie, il mutila une lettre de manière à ce que les fragments laissassent penser qu'ils avaient complété les dernières lettres du nom de *Bernardin* : quant au nom *de Saint-Pierre*, il était parfaitement lisible. Le premier archéologue qui passera, dit Nodier, prouvera, s'il n'a rien de mieux à faire, que le père de Paul et Virginie a été parrain de ce monument. Il se fit alors près de nous comme un frôlement d'herbes. Nous sommes trahis, dit-il, et il aperçut, blotti au soleil dans un fossé, un jeune paysan qui tenait un livre à la main ; notre présence ne l'avait pas interrompu.

Tu sais lire, mon ami ? lui demanda Charles Nodier. — Pas tant que je voudrais, dit l'enfant, levant sur nous deux grands yeux noirs expressifs. — Vas-tu à l'école ! — Tous les deux jours, ma sœur et moi y allons à tour de rôle. — Pourquoi pas tous les deux ensemble ? — Parce que ça coûterait quatre francs pour deux, et que ma mère, qui garde les ânes, ne peut pas donner tant d'argent.

Nodier fit quelques pas, il aperçut un nid dans un embranchement de cerisier. — Sais-tu monter aux arbres ? — Oui, monsieur, mais ce nid est vieux.

— Je voudrais l'avoir. — L'enfant s'était déjà élancé sur le cerisier et avait atteint le nid peu élevé. — Il est tout plein, tout plein, avait-il dit en criant, mais ce ne sont pas des oiseaux. L'enfant était déjà à terre et regardait avec étonnement sa prise qui consistait en une vingtaine de pièces de monnaie d'argent, et l'enfant appela sa mère qui venait à sa rencontre, et lui montra ce qu'il avait trouvé dans le nid de pinson. — Oh ; oui, mère, bien sûr ! Et étendant les bras vers Nodier, il ajouta : mère, le pinson, je crois que le v'la ! En effet, le bon Nodier n'avait eu qu'à élever le bras, pour déposer son offrande dans l'aumônière de mousse que le hasard avait placée à la portée de sa haute stature.

Bien des années passèrent; Nodier dépensa en travaux sévères une vie dont la renommée lui tiendra compte. La dernière fois que je le vis, c'était aux premiers jours du dernier automne dont se leva pour lui le pâle soleil ; il était assis sous l'ombrage des grands peupliers voisins de l'Arsenal qui abritent l'emplacement où fut l'île Louviers ; c'était déjà un spectre, son sourire seul semblait ne pas vouloir mourir, il était encore jeune et heureux; on aurait dit un reflet de son âme ; le malade rappela à lui les souvenirs qu'il avait eus en commun avec moi, comme s'il eût voulu les saluer d'une douce et dernière pensée. Et les Prés-Saint-Gervais, me dit-il! et *Smarra!* et le regard de Bernardin de Saint-Pierre ! Que faites-vous de tout cela ? j'y pense encore quelquefois. Il se rappelait tout, excepté l'acte de bonté et de pitié intelligente dont la citerne *historique* avait été témoin.

Maintenant franchissons la limite qui nous sépare de Romainville, dont le nom sent encore la conquête romaine ; ce bourg, ce village, ce bois, comme il vous plaira de l'appeler, a conservé de son origine l'amour de l'envahissement. Longtemps rival des Prés-Saint-Gervais, il a lutté avec eux de séduction et de parfum. La tradition nous enseigne les mystères de ces coquettes parures de rosiers dont son territoire était couvert encore il y a quelques années ; comme Provins et comme Fontenay, Romainville avait un culte pour les roses. A l'époque où Louis XIV érigea cette terre en baronnie, une cérémonie existait, *c'était la fête de la rose-nommée*. Chaque fille du village, mentionnée honorablement en chaire par le curé, aux jours de l'Ascension, de l'Assomption, de Noël, de Pâques, de la Pentecôte et de la Toussaint, avait le droit de planter dans le champ communal un rosier auquel le pasteur venait, l'aspersoir à la main, donner le nom de la privilégiée. Romainville devint alors un bois sacré, le culte chrétien y fraternisa avec les dieux de la mythologie, les arbustes se personnifièrent, le curé baptisa des amadryades.

Les seigneurs de Romainville se réservèrent aussi le privilége de haute bouture et concédèrent le même droit au bailli dont ils voulurent relever l'importance, et auquel fut confié le registre d'état civil de cette colonie végétale. La plantation marcha si rapidement, et tant de gens usurpèrent la puissance d'ajouter aux roses-nommées, que, vers l'année 1675, on comptait plus de 5,000 rosiers ayant tous noms de filles brevetées sages du comté de Romainville.

C'était là un légendaire pour les pauvres gens, un armorial pour les vilains. Pourquoi le souvenir des vertus ne se transmettrait-il pas aussi bien par une fleur vivace que par les écus écartelés d'émaux ou semés d'hermine? Une feuille de rose est un joli blason, et la naïveté des temps anciens relevait encore son prix, en consacrant la croyance que la feuille

Les prés Saint-Gervais.

se tacherait l'année où un membre de la famille aurait dérogé à la vertu de ses ancêtres ; malheureusement, sur les degrés plus élevés de l'échelle héraldique, cette superstition ne devint pas un article de foi.

Sous l'Empire et la Restauration, Romainville a eu ses joyeuses kermèses, rendez-vous des insouciants enfants des ateliers parisiens ; les caravanes y affluaient le dimanche aux gais refrains des chants du poëte qui vantait aux amants le charme de ses bois de coudrier. Là était le terme obligé de la visite aux Prés-Saint-Gervais, la halte forcée du promeneur. Le parisien aimait à visiter son beau château qui eut des destinées variables, et dont les titres, après avoir passé dans les portefeuilles de Jacques Romey, de M. de Machant et de la famille des Ségur, furent mis un jour comme enjeu dans une blouse de billard ; le dernier propriétaire fut un Noailles. Chaque guinguette était un *Élysée*, un *Prado*, un *Vauxhall*. Les gibelottes du *tournebride* faisaient contre-poids dans la balance de la renommée avec les lapins sautés de la grille de Saint-Maur. Quand l'indigène de Romainville craignit que le parisien ne se fatiguât de l'uniformité de cette vie joyeuse, on fit un changement à vue, on morcela le vieux château, on le transforma en villas nombreuses, dans lesquelles le bourgeois de la rue Saint-Denis et du Marais put élire son domicile champêtre et se soustraire au recensement de la garde nationale parisienne, derrière un treillage rustique comme celui qui encadre le domicile des hôtes du jardin du Roi ; on alla même jusqu'à obtenir d'un romancier populaire qu'il devînt colon, et tous les dimanches la grisette eut la facilité de voir gratis M. Paul de Kock. Tout allait pour le mieux : à défaut de la course au clocher, on avait inauguré la course au sac ; on parlait déjà de replanter les bois de lilas qui jadis avaient couvert une partie du sol de Romainville. Le conseil municipal n'aurait pas tardé à remettre en honneur la fête de la rose-nommée. Romainville allait renaître plus brillant, plus coquet, plus attractif que jamais, quand le carcan de pierres des fortifications est venu l'étreindre au milieu du corps. L'ancien camp romain s'est fait camp français ; le château qu'on a joué au billard est aujourd'hui une citadelle qu'on jouera peut-être au canon. Les créneaux couronnent les arbres comme naguères les nids de pie ; vous cherchez un rossignol sur les branches, vous apercevez un factionnaire ; la fauvette ne chante plus, mais, le soir, vous êtes poursuivi du qui vive ! qui module son rithme en accent auvergnat ou bas-breton. Les serres chaudes sont un arsenal, le garde du génie occupe le colombier, et les étables sont devenues des ouvrages à corne ; le citadin a déserté, il a quitté sa maison des champs sans même oser mettre l'écriteau, cette dernière consolation du proscrit. L'*île de Calypso*, le *château de mon père*, *mes délices*, l'*Élysée*, tous ces rendez-vous de nos Taglioni de magasins seront au printemps occupés militairement. Romainville est une cantine.

La population marchande lutte contre l'invasion militaire ou plutôt elle l'exploite; le style des enseignes a changé, les jeux ont pris une physionomie nouvelle : des tirs, des cibles ont remplacé les tombolas de macarons; pour cinq centimes payés d'avance, le soldat français met six artilleurs russes à bas, d'énormes mortiers en carton, chargés sur les tables des étalagistes, lancent pour un sou, toujours payé d'avance, douze bombes françaises qui ébrèchent, à tout coup, un des forts de la *perfide Albion*. Près d'un corps de garde, l'enseigne d'un cabaret représente un soldat pionnier ou mineur buvant avec un chalumeau de paille dans un tonneau sans canelle; on lit au bas : *au Génie français*. Ailleurs, c'est un canonnier qui vide un de ces verres de vin auxquels le peuple donne un sobriquet guerrier, et l'enseigne porte ces mots : *Au Canon fortifiant*. Double et flatteuse allusion à la pièce d'artillerie qui couvre le rempart et au breuvage qui réchauffe l'estomac du guerrier.

Le soldat se laisse prendre au miel, c'est une amorce dont Napoléon lui-même a fait une ample consommation. Puisse-t-il sauver Romainville et ramener le temps où le poète disait : *Qu'on est heureux, qu'on est joyeux, tranquille à Romainville!*

En laissant Romainville, et en avançant dans les vastes vergers bordés à l'est par les espaliers de Montreuil-aux-Pêches, vous foulez une terre sur laquelle les rois mérovingiens eurent un palais. Ce fait semble résulter de la révélation de quelques pièces de monnaie de cuivre, dont la rouille du temps a respecté l'effigie, et sur la face desquelles on a pu lire *Savy* qui, au dire des numismates, signifie *Savia* et même *Savigium*, ancien nom du territoire attenant à Belleville, que les vieux historiens appelaient *Savie*. Quant à Ménilmontant, si les chroniques en font mention, c'est seulement comme d'un exutoire, océan dans lequel se jetaient tous les fleuves de boue de Lutèce. Dans un diplôme octroyé par Childebert, on trouve cité, pour la première fois, Ménilmontant, comme limite d'une pêcherie accordée par le Roi à une abbaye.

De nos jours, Ménilmontant est devenu célèbre par l'établissement de l'*Église Saint-Simonienne*; ce fut la crèche où il ne manqua au nouveau *Messie* que l'adoration *des mages* du parquet et de la magistrature, pour réaliser les miracles que son évangile promettait. Ce ne fut pas sans projet que le père Enfantin planta sa croix, coiffée d'un bonnet de Lorette, sur un des points culminants de Paris, car s'il rêvait une grande révolution dans les mœurs, et la conciliation de deux natures humaines bien différentes, celle qu'un lien d'affection ou d'habitude satisfait, et celle qui ne vit heureuse que de sa constante mobilité, il avait aussi d'immenses bouleversements matériels à opérer dans la grande ville, cette œuvre des siècles, qu'il allait bientôt remanier et disposer, suivant ses plans, comme un joueur soulève et promène à sa guise le cavalier ou la tour sur les cases de l'échiquier.

Du haut de l'esplanade, sous laquelle bout Paris, que les Saint-Simoniens nommaient une *chaudière de cendres*, un des apôtres, que son dieu inspirait, s'écriait :

« Paris ! Paris ! c'est sur les bords de ton fleuve que j'imprimerai le
» cachet de mes nouvelles largesses et que je scellerai le premier anneau
» des fiançailles de l'homme et du monde.

» C'est où je parle que reposera la tête de ma ville d'apostolat, de mer-
» veille, d'espoir et de désir, que je coucherai, ainsi qu'un homme, au
» bord de ton fleuve.

» Les palais de tes rois seront son front, leurs parterres fleuris son
» visage ; je conserverai sa barbe de hauts marronniers et la grille dorée
» qui l'environne, comme un collier. Du sommet de cette tête, je balaie-
» rai le vieux temple chrétien, usé et troué, et son cloître de maisons
» en guenilles, et sur *cette place nette* je dresserai une chevelure d'arbres
» qui retombera en tresses d'allées sur les deux faces des longues gale-
» ries ; et je chargerai cette verte chevelure d'un bandeau sacré de palais
» blancs, retraite d'honneur et d'éclat pour les invalides des établis et
» des chantiers.

» Vieux temple des Juifs, ruines de Thèbes et de Palmyre, Parthénon,
» Alhambra, dômes de Saint-Pierre et de Saint-Paul, clocher du Krem-
» lin, mosquées des Arabes, pagodes de l'Inde et du Japon, palais de mes
» rois, temples de mes Christs, morts et vivants, pliez le genou !... »

Heureusement pour Notre-Dame et bien d'autres chefs-d'œuvres de notre vieux Paris, la ville nouvelle ne tarda pas à devenir une Thébaïde ; heureusement aussi les indigènes des environs n'avaient pas encore eu le temps de s'accoutumer au bizarre accoutrement moyen-âge des disciples, ni à la langue de la foi nouvelle.

Aujourd'hui, le père suprême vit en ermite ou en philosophe, à quelques lieues de la Grande-Chartreuse de Grenoble ; il est descendu de son nuage, et quand ses disciples envoient demander ce qu'ils doivent faire, le père répond : *Je bêche mon jardin, faites comme moi.* Grand nombre des apôtres ont ainsi traduit cette phrase : Cherchez à vous blottir le plus possible dans le nid velouté des emplois publics. Aujourd'hui on trouve dans la diplomatie et dans les bureaux ministériels autant de Saint-Simoniens qu'on rencontre de Saint-Simoniennes au Ranelagh et à la Chaumière.

Quelques mois après le départ des Saint-Simoniens de la villa Ménilmontant, cet établissement était devenu une maison de santé que le docteur Pinel ouvrait pour le traitement des aliénés. Un des pensionnaires se faisait remarquer par une manie singulière. Je ne sais s'il trouvait les œuvres humaines dignes de son admiration, mais il blâmait avec amertume et colère la plupart des ouvrages du Créateur, et surtout la coupe et la forme des feuilles d'arbres qui ne lui paraissaient pas convenables.

Le pauvre diable, armé d'une paire de ciseaux, passait innocemment sa vie à corriger les feuilles des arbres et à leur donner une autre physionomie.

Un jour il vint à moi, et, me montrant une large feuille de lilas, il dit : Dieu n'y entend rien, monsieur ; quand on ne sait pas faire les feuilles, il ne faut pas s'en mêler.

— C'est mon avis, lui dis-je sérieusement.

— Que Dieu fasse des arbres, c'est son affaire, je ne m'y oppose pas, continua le fou, mais les feuilles, jamais! Voici, monsieur, comme je comprends la coupe des lilas ; puis il donna un coup de ciseau circulaire qui fit la feuille toute ronde, et il s'enfuit en riant et alla faire d'autres corrections à quelques milliers de feuilles.

Vous voyez, me dit le docteur, que cette maison est destinée à des novateurs hardis ; celui-ci me paraît un peu plus avancé encore que les Saint-Simoniens.

Aujourd'hui, la villa des Saint-Simoniens est devenue la demeure d'une célébrité dont les produits sont bien connus dans Paris. C'est le temple d'un dieu, rival d'Esculape, qui ne se révèle aux mortels que sous la forme de *moutarde blanche*. C'est une oasis où l'on traite toutes les infirmités humaines, au moyen de *cette graine*, dont les vertus ne peuvent être mises en doute, car, à vingt lieues à la ronde, de jeunes philanthropes, organisés en bandes nomades, charbonnent sur tous les murs cette formule de reconnaissance et d'enthousiasme : *Vive la moutarde blanche*. On trouve cette inscription jusques sur les tombes du Père-Lachaise.

De Ménilmontant à Belleville, c'est un long cordon de guinguettes qui borde les routes, et donne des facilités d'existence aux rentiers célibataires, ou aux colons économes qui habitent l'ancienne *Poitronville*; ainsi se nommait ce village qui, dans les temps plus anciens, eut un nom romain, et qui, aux époques modernes, a reçu de sa position aérée et pittoresque le joli nom de Belleville.

Cette localité, ancienne dépendance de la paroisse de Saint-Merry, et qui s'est émancipée, grandit chaque jour en population, et la ligne de ses coquettes maisons se prolonge au loin.

C'est le champ d'asile du rentier, le sol nourricier de l'employé, qui y trouve économie dans les besoins de la vie, profit hygiénique dans l'exercice qu'il est obligé de faire deux fois par jour, pour aller aux diverses administrations publiques, qui sont au pôle opposé. Belleville est la retraite du poëte, le jardin de convalescence de la petite propriété qui vient prendre l'air, ne pouvant se rendre aux eaux.

L'Ile-d'Amour, cet élégant restaurant qui, dans l'origine, n'était qu'un coquet cabaret sur le bord d'un lac abrité par des saules pleureurs, a soutenu, en vainqueur, toutes les luttes de concurrence ; l'*arc-en-ciel* a disparu ainsi que les *deux moulins*. Les *deux moulins* près desquels habitaient Merville, le modeste et spirituel auteur *des deux Anglais*, et Xaintine le romancier, poète qui nous a dit si bien les douleurs du *Mutilé*, et Michel Masson, dont les contes sont l'histoire des vertus du peuple.

C'est à l'Ile-d'Amour que se réunissent les joyeuses goguettes où chaque trouvère vient, deux fois par année, consommer le total d'une masse sociale, formée d'une cotisation hebdomadaire de trente centimes. Là se font ces repas de noces de la classe ouvrière, où le plat

d'argent circule autour de la table, au dessert, pour réunir l'offrande des invités qui font les frais de *lendemain de noces*. Il n'y a pas de parasites chez le peuple, quand on lui donne, il rend.

Le lac de l'Ile-d'Amour, élevé de trente-six mètres au-dessus du niveau de la Seine, a été longtemps sans rival, mais la nature a voulu faire en miniature, pour Belleville, ce que l'art a réalisé jadis pour Versailles, et une belle nappe d'eau argentée et limpide promène aujourd'hui ses courbes sur le point culminant de la ville, où le propriétaire, M. Machuré, élève des carpes monstres, comme jadis François Ier, au vivier de Fontaine-Belle-Eau; seulement, un courtisan n'est pas encore venu dire au rentier de Belleville ce qu'un flatteur aimait à répéter au roi de France :

Sire, vos *carpes reconnaissent votre voix, elles maigrissent et meurent quand Votre Majesté est absente.*

La Courtille est au bas des murs de Belleville comme un de ces appas de vers et de chairs que le pêcheur jette là où il veut attirer l'anguille vorace, le pauvre y mord.

Grâce à la Courtille qui, toute la journée, a ses cabarets ouverts et ses danses en action, grâce aux plâtrières de Pantin et des buttes Saint-Chaumont, qui offrent leurs excavations à qui n'a pas de logis, Belleville réunit sur son territoire tout ce qui peut alimenter le vice et pousser à l'état de Bohême. Et quand la maladie sévit sur ces corps minés par les excès, c'est à la commune que les colons demandent du pain et un asile qu'elle ne peut leur donner. Le lit de l'hospice de Paris n'est pas fait pour le malade de la banlieue; si Belleville parvient à attendrir les administrateurs en faveur d'un octogénaire que la fièvre brûle sur son grabat, savez-vous où la philantropie envoie le malade faire sa convalescence ou achever ses jours?.... au dépôt de mendicité de Saint-Denis ou à celui de Villers-Cotterets. Avant 89, les biens de l'hôpital général de Paris secouraient la ville et la banlieue. A la révolution, la commune de Paris a tout pris, et aujourd'hui, le parvis Notre-Dame, chef-lieu du département des secours publics, montre les dents à sa voisine, à sa sœur, comme la lice de la *fable*. Les catacombes de Pantin sont l'Hôtel-Dieu de la banlieue.

Si les bornes de ce chapitre n'étaient restreintes, nous pourrions étendre notre excursion dans le voisinage. Là, nous trouverions les traces de la maison Pelletau, cet œil de bœuf du Directoire, jardin-restaurant, où l'architecture complaisante avait bâti des kiosques et des tourelles dont les desservants étaient invisibles. Le service de table s'opérait par des moyens mécaniques. L'entrée et l'issue étaient hors des atteintes de la curiosité. Sous les premiers temps de la Restauration, cette maison subsistait encore, moins sa mise en scène et son matériel féérique ; nous trouverions le souvenir de Ramponneau, batelier, en faveur sous Louis XV, dont le nom s'appliquait alors à tous les objets en vogue et qui est encore aujourd'hui celui d'une barrière de Paris. Et si nous prenions à droite et à gauche la ligne des boulevards qui s'étend à la base de l'escarpement de la Courtille, soit la barrière des Trois-Couronnes, où les agapes en plein vent sont dressées pour une population sans cesse avinée, soit le boulevart de la Chopinette et plus loin le boulevart du Crime, où le vagabondage et le vice sont en complet deshabillé, nous trouverions abondance de ces épisodes et de ces types dont les romanciers d'aujourd'hui sont avides.

Dans ce coin mystérieux de Paris que nous désignons à l'enquête, la fiction ne sera jamais aussi avancée que la réalité, l'imagination du peintre sera longtemps écrasée par l'énergie du modèle.

Maurice Alhoy.

LA MALMAISON.

Une petite route détournée qui conduisait de Madrid à l'Escurial et qu'affectionnait l'infortunée Louise d'Orléans, reine d'Espagne, avait été surnommée par elle le *Chemin des Souvenirs.* Cette route présentait à la malheureuse reine quelque analogie avec celles de Compiègne et de Fontainebleau. On sait avec quel amour (et elle paya cet amour de sa vie) la noble fille de France aimait sa patrie. Cette touchante dénomination pourrait s'appliquer, de nos jours, à la route si magnifiquement pittoresque qui mène de Paris à la Malmaison. En effet, il n'est pas au monde d'espace aussi court qui présente autant de souvenirs à l'imagination du voyageur, de l'historien et du promeneur.

On traverse d'abord ces Champs-Élysées, création merveilleuse des règnes de Louis XIV et de Louis XV, ces Champs-Élysées que nos anglomanes déprécient avec tant de constance, mais qui sont réellement aussi au-dessus du parc de Saint-James à Londres, et du Prado à Madrid, que le Louvre et Versailles sont au-dessus de Windsor et de l'Escurial. On laisse à gauche le pauvre village de Chaillot qui se trouve enclavé dans Paris depuis un demi-siècle, ce Chaillot où Catherine de Médicis se fit bâtir un palais où l'on arrivait par une quadruple rangée d'arbres qui prenait à quelque distance des Tuileries. Cette longue et belle avenue fut appelée *Cours la Reine*: le nom lui en est resté. Sous le règne suivant, le voluptueux et splendide maréchal de Bassompierre l'embellit encore de tout le prestige des arts. Cette demeure devait un jour se transformer en maison religieuse et recevoir les premiers repentirs de la belle duchesse de la Vallière. Ce fut aux *dames de la Visitation*, couvent fondé par la reine d'Angleterre en 1652, que madame de la Vallière, déjà sacrifiée par Louis XIV à une rivale altière, vint se réfugier pour échapper à ses tourments et aussi à ses remords. Colbert alla l'y chercher par ordre du roi et la ramena à la cour, malgré ses larmes et ses prières.

A Chaillot se trouvait aussi la maison des champs de ce président Jeannin, que Henri IV appelait le *bonhomme*, et à qui l'histoire et la postérité ont décerné le titre de juge intègre et de vertueux citoyen. Là habitait encore Mézeray, le Salluste de notre France, et, vers les bords du fleuve, la Savonnerie où les riches tapis de la Perse, de la Turquie et de Trébisonde ont été, grâce à Henri IV, imités et surpassés.

L'arc-de-triomphe de la grande armée, ce colosse de pierre, moniteur impérissable de nos victoires, une fois dépassé, on arrive par une des plus belles routes de l'Europe à Neuilly; mais Neuilly, qui est aujourd'hui une résidence royale, mérite les honneurs d'un chapitre spécial dans cette magnifique histoire des *Environs de Paris*.

En tournant sur la gauche, après avoir quitté Neuilly, on aperçoit le village de Suresne dont le nom paraît dériver des mots *sur Seine*, à cause sans doute de sa position renommée jadis pour l'excellence de ses vins (les temps ont bien changé depuis)! Suresne possédait un château qui avait appartenu au ministre Colbert; mais la plus remarquable de toutes ses habitations était celle que le duc de Chaulnet avait acquise de la marquise de Flamanville. Au-dessus de Suresne est situé le *mont Valérien*. Nous ne nous arrêterions pas sur ce site enchanteur, sur cette montagne digne de la Suisse et de l'Écosse, quoiqu'elle en vaille la peine sous beaucoup de rapports historiques, si le mont Valérien ne faisait partie intégrante de la commune de Nanterre où nous allons arriver tout à l'heure, et s'il ne frappait pas tout à la fois, par les souvenirs qu'il rappelle, le cœur, l'esprit et les yeux.

Cette montagne, la plus élevée de toutes celles qui circonscrivent l'horizon de Paris, tire probablement son nom du capitaine romain qui commandait ce poste important dans les derniers temps de l'occupation romaine. Les Romains, en stratégistes habiles, aimaient à se camper sur les hauteurs qui dominaient les fleuves et maîtrisaient les plaines. Toute la France est remplie de collines jadis fortifiées qui portent encore le nom de camps de César. Le mont Valérien était un camp important, et peut-être ce nom de *Valérius* était-il celui d'un de ses lieutenants.

Abandonné par les soldats de Rome, le mont Valérien, lors de l'invasion dans les Gaules d'une puissance bien autrement civilisatrice, le christianisme, devint le refuge des anachorètes et des ermites, le séjour délectable de pieux solitaires qui échappaient, par la prière, à la douleur de voir leur patrie asservie et inondée par des nuées de barbares qui, sous le nom de Huns, de Goths, d'Ostrogoths et même de Normands, vinrent s'abattre, comme les sauterelles d'Égypte, sur la terre de France, et firent désespérer un moment de l'étoile radieuse des enfants de la Gaule, des fils de Brennus et de Vercingétorix.

De l'an 250 de notre ère à l'an 1400, les solitaires se succédèrent sans interruption sur ce plateau inabordable, défendu qu'il était par des forêts, des précipices et des marais infestés de couleuvres et de bêtes venimeuses. Les solitaires défrichèrent le plateau, car les chrétiens et les moines surtout furent les premiers laboureurs, les premiers vignerons, les premiers agriculteurs de la France et rendirent à la nourriture de l'homme un terrain qui, depuis des milliers d'années, était le repaire des êtres les plus malfaisants et les plus immondes de la création.

Quelques noms des derniers solitaires sont venus jusqu'à nous. En 1400 il y eut un ermite nommé Antoine; en 1506, une femme Guillemeste Faussard; et en 1527, un jeune homme du nom de Jean Housset se concilia la vénération et les hommages des populations environnantes par son humilité, sa foi ardente et la pratique constante des bonnes œuvres.

Tous ces reclus avaient élevés çà et là des croix sur le plateau et sur les versants de la montagne. Un jeune licencié de Sorbonne, Hubert Charpentier, eut l'idée de réunir à cette place une communauté, dans le but de maintenir le culte de la croix que les calvinistes avaient, dit-on, l'intention d'abolir. Il obtint de Louis XIII la permission de bâtir une église de la Sainte-Croix sur le mont Valérien et un couvent pour les prêtres qui la desserviraient. Cette fondation eut un succès prodigieux. La dévotion publique prit cet établissement sous son patronage, et bientôt il ne fut plus question à la cour, à la ville, dans les campagnes même, que de pèlerinages au Calvaire du mont Valérien. Mais comme, au milieu de ces pratiques d'une piété plus fervente qu'éclairée, il ne manqua pas

de se glisser de notables inconvénients, comme dans les pèlerinages nocturnes, surtout et principalement dans la nuit du jeudi au vendredi saint, il se passait des choses fort peu orthodoxes, l'archevêque de Paris défendit aux religieux d'ouvrir leurs chapelles *la nuit*, mais *le jour* seulement. Les scandales cessèrent et la dévotion continua encore pendant un siècle.

Le décret de l'Assemblée constituante du 18 août 1791 supprima ces deux communautés : celles des confrères et des ermites.

Les bâtiments du Calvaire, bien que ravagés dans le premier accès de fièvre révolutionnaire, subsistaient encore lors du concile convoqué en 1811 à Paris par Napoléon, lorsque celui-ci apprit que ces bâtiments servaient à quelques hauts dignitaires de l'église à tenir des conciliabules. L'empereur, disons-nous, donna l'ordre à un bataillon de grenadiers de sa garde de se rendre sur le mont Valérien, de s'emparer des *conspirateurs* et de *raser* jusqu'aux fondements le couvent et l'église. L'ordre fut exécuté à la lettre : tous ceux que les soldats rencontrèrent furent arrêtés et envoyés sans autre forme de procès à Vincennes ; puis les bâtiments tombèrent sous la hache des sapeurs, et tout fut dit.

Napoléon eut un moment l'idée d'élever sur ces ruines une succursale de la maison d'Écouen ; plus tard il changea d'avis et se détermina à y établir une caserne. Il la fit commencer, mais il ne la vit point achever.

Les Jésuites, sous le nom de *Pères de la foi*, s'emparèrent du mont Valérien, à la Restauration, et prirent possession de la caserne commencée qu'ils transformèrent en une spacieuse maison de campagne, et continuèrent les pratiques religieuses et les cérémonies nocturnes des anciens possesseurs. Le cimetière situé sur le plateau de la montagne devint une nécropole catholique et aristocratique où l'on n'était enterré qu'à prix d'or et par faveur spéciale.

Le canon populaire de juillet 1830 a renversé une seconde fois cet établissement fort louable dans son principe, mais qui, de nos jours, ne pourrait être heureusement ou malheureusement qu'un contre-sens religieux et social.

Aujourd'hui, à l'instant même où nous écrivons ces lignes, le mont Valérien est transformé en citadelle inexpugnable. Des fortifications formidables ont ajouté une nouvelle force à cette position déjà si forte par sa nature même. Une vaste et magnifique caserne se déploie sur le sommet du mont et dominera trois cents pièces de canon qui feront du mont Valérien un volcan de salpêtre, de plomb et de fer. Si ce cratère n'éclate jamais que sur les ennemis de la patrie, tant mieux! Mais s'il fallait qu'un jour les obus et les bombes du mont Valérien vinssent incendier la capitale ou ses faubourgs, les âmes timorées ne verraient-elles pas dans ce déluge de feu, dans ce cataclysme de bitume et de bronze la punition effroyable de la double violation des asiles sacrés, et de la foi jurée aux ancêtres?

Nanterre (*Nemetodorum*) qui, comme son nom l'indique, était consacré à un culte public, même du temps des Gaulois, reçut au ve siècle, par les vertus d'une simple bergère, un lustre et une renommée qui de France s'étendit aux contrées les plus lointaines. Adamson, voyageur anglais, affirme avoir vu en Abyssinie une église sous l'invocation de sainte Geneviève. A Jérusalem, une chapelle est consacrée à cette sainte. Le nom de sainte Geneviève que, dès le commencement du xvie siècle, la ville de Paris avait adopté pour patrone, passera comme Minerve, patrone d'Athènes, jusqu'aux dernières générations des hommes. Le temple que lui a élevé dans la capitale le génie de Soufflot (le Panthéon) aura beau masquer, sous une dénomination païenne, le vrai titre du gigantesque monument, nos petits neveux retrouveront un jour, dans les entrailles même de cette somptueuse basilique, le nom vénéré de la sainte bergère à laquelle la reconnaissance des peuples a dédié des autels.

L'immense concours des pèlerins de toutes les provinces de France et de toutes les nations de l'Europe, de l'Asie et de l'Afrique, firent, au vııı⁵ siècle, du village de Nanterre une ville importante ; des fortifications, des remparts, des tours et des poternes dont on voit encore aujourd'hui les débris et des vestiges, prouveraient que Nanterre était rangée au nombre des cités. Ces fortifications ont été métamorphosées en promenades et en jardins particuliers. Mais il existe encore, çà et là, quelques pans de murailles, quelques cintres démantelés que nous avons nous-même exploré l'année dernière, et qui attestent suffisamment l'ancienne force de la ville.

Éginhart, dans la vie de Charlemagne, parle avec éloge de *cette aimable et pieuse cité* : « Où, dit-il, la consommation du pain et du vin est, à diverses époques de l'année, comparable à celle de la capitale. » L'origine des gâteaux de Nanterre vient de là. Les pèlerins qui venaient à jeun faire leurs dévotions à la maison de Geneviève achetaient pour un double ou pour un agnelet (la valeur d'un centime d'aujourd'hui) de ces petits pains. Au surplus, Gonesse et Suresne, qui avoisinent Nanterre, étaient deux pays célèbres du temps de Charlemagne, le premier pour son pain (et il a conservé sa réputation), le second pour son vin. On lit, dans le même Éginhart, que le roi réservait ses pièces de vignes, situées à Suresne et à Argenteuil, pour l'usage exclusif de sa maison. Or, la maison de Charlemagne, outre ses serviteurs et ses gardes, se composait d'un grand nombre de princes, ducs et barons, et de plusieurs rois captifs ou alliés.

Il y avait jadis deux églises à Nanterre. La première, sous le titre de Saint-Maurice, dont la tour fort curieuse existe encore et date du règne de Philippe-le-Bel au xıııᵉ siècle, et la seconde, sous l'invocation de sainte Geneviève, plus ancienne de sept siècles que l'église.

Cette chapelle, dont les murailles noires et humides étaient couvertes des *ex-voto* les plus riches, des étoffes les plus précieuses, des ornements les plus travaillés, était bâtie sur l'emplacement même de la maison de Geneviève.

Le roi d'Arménie Lusignan, qui vint en France sous le règne de Charles V, offrit à sainte Geneviève une coupe d'onyx, enrichie d'émeraudes et de saphirs, en mémoire de son heureuse traversée et du secours que la sainte lui avait donné dans ses périls. Cette coupe se voit au Musée, dans la salle dite des Émaux. Louis XI, Charles VIII, Henri III, lui consacrèrent aussi de riches offrandes. Enfin Louis XIII et Anne d'Autriche, sa femme, vinrent pour la remercier, l'un du retour de sa santé, l'autre pour lui demander un dauphin. Des présents magnifiques accompagnaient ces remerciements et ces vœux.

A l'entrée de cette chapelle Sainte-Geneviève, il y avait un puits dont l'eau possédait une vertu miraculeuse et qui guérissait d'une grande quantité de maladies. La chapelle est tombée avec la foi, mais le puits existe toujours dans une petite cour sombre et fangeuse qui est ouverte constamment aux rares pèlerins fidèles aux croyances de leurs pères. Sur ce puits, qui porte, en effet, tous les caractères de l'antiquité la plus reculée, se trouvait un tronc pour recevoir les dons, hélas! bien minimes aujourd'hui. Un gobelet de fer attaché à une chaîne de fer, et une statue de sainte Geneviève assez rudement sculptée, voilà tout ce qui reste des trésors, des *ex-voto* royaux, des munificences civiques qui ornaient jadis l'humble crèche de celle qui, comme Jeanne d'Arc, sauva la France; la vierge du XVe siècle par l'épée et par le courage, la vierge du Ve par les vertus et par les prières, ces épées célestes qui ne se brisent jamais dans les mains de celles que Dieu inspire et soutient.

Une route presque droite, ombragée d'arbres séculaires, conduit de Nanterre au village de Ruel qui, si l'on en croit Grégoire de Tours, fut le lieu de plaisance de nos rois de la première race. On le désigna en latin sous le nom de *Rotalajum, Rosalasencis villa*. Dans quelques chartes du VIIe siècle et même du IVe, ce lieu, situé dans le pays appelé Pincerais, est nommé *Rivilum, Rivilus, Riogilus*, d'où l'on a fait le mot *Ruel*.

En 817, Louis-le-Débonnaire donna au monastère de Saint-Germain-des-Prés une pêcherie située sur la rivière de Seine, dans le lieu de *Rivilum*, nom que tous les érudits traduisent par Ruel. En 870, Charles-le-Chauve fit don à l'abbaye de Saint-Denis du lieu de Ruel, qui était devenu métairie royale, avec toutes ses dépendances, à condition que les moines de Saint-Denis feraient après sa mort, nuit et jour, dans leur église, brûler sept luminaires.

Le château de Ruel fut témoin d'événements bien remarquables : assassinats juridiques, fêtes dignes des plus belles époques artistiques et papales de l'Italie, intrigues de cour, conspirations, représentations d'ouvrages dramatiques, aventures romanesques; il fut le théâtre de mille épopées tragiques, lugubres, plaisantes ou comiques.

Le 26 mai 1632, le maréchal de Marillac fut condamné par une commission au château de Ruel. Convaincu de péculat, il n'encourait que le bannissement et la dégradation; le cardinal voulut qu'il fût accusé de trahison, et il fut condamné à mort.

La même année, le 18 novembre 1632, un homme qui eut une grande part à la fortune politique du cardinal de Richelieu mourut au château de Ruel : ce fut le capucin Joseph. Doué d'une vaste intelligence et d'une dextérité rare, ce religieux, exempt d'ambition pour lui-même, se voua pendant trente ans à la gloire, à la grandeur, à la suprématie politique du cardinal de Richelieu, qui l'en récompensait par une confiance sans bornes et par une familiarité presque fraternelle. L'histoire, jusqu'à ce jour, n'a su, selon nous, ni apprécier, ni juger le caractère du père Joseph, dont les opinions démocratiques voulaient faire triompher la cause populaire en passant par le despotisme d'un seul, et l'anéantissement de l'oligarchie. Danton, qui avait étudié la correspondance de cet homme avec le cardinal de Richelieu, appelait le père Joseph *le premier sans culotte de France.* « Le capucin Joseph, disait-il, a couvé la révolution française. C'est lui, lui seul, qui a inspiré au cardinal de Richelieu la haine des grands seigneurs, qui étaient les grands oppresseurs de la France, et la condamnation des Montmorency, des Marillac et des autres grands conspirateurs et tyrans de cette trempe. »

Après avoir passé par bien des mains et avoir échappé à la rage démolissante de la bande noire, qui était le tribunal révolutionnaire des châteaux, Ruel échut au maréchal Masséna qui le releva de ses ruines et en fit un séjour digne du grand capitaine que les soldats avait surnommé *l'Enfant chéri de la Victoire.* Richelieu et Masséna, voilà les deux illustres noms qui rendront Ruel à jamais célèbre dans les fastes de notre histoire.

A Ruel aussi, mesdames de Bression et de Saint-Pierre, *Ursulines*, attirées par madame de Maintenon, fondèrent une pension de demoiselles nobles sous la protection du roi. Cette institution donna à madame de Maintenon l'idée de fonder Saint-Cyr, comme, un siècle après, l'institution de madame Campan donna à Napoléon l'idée de fonder Écouen. Le but était le même ; il était seulement modifié par les circonstances et la marche du temps.

Le village de Ruel eut à soutenir, à toutes les époques, de rudes atteintes. En 1346, il fut pillé et brûlé par les Anglais ; en 1815, ces mêmes Anglais, aidés de leurs alliés les Prussiens, en saccageant la Malmaison, étendirent leurs déprédations et leurs violences jusqu'à Ruel. Maintenant c'est un village florissant, dont la population, déjà ascendante sous le cardinal de Richelieu (elle comptait sept cents feux), monte aujourd'hui à plus de trois mille âmes.

Dans l'église de Ruel se trouve un monument visité par les étrangers et par les nationaux avec un sentiment de respect mêlé d'admiration pour celle à qui il est consacré. C'est le tombeau de Joséphine de Beauharnais, première femme de Napoléon. L'impératrice est représentée à genoux, priant Dieu, sans doute, pour la France et pour ses enfants. Ce mausolée, élevé à la mémoire de la meilleure des femmes et à la plus aimée des souveraines, a été érigé par la piété filiale de la reine Hortense, sa fille, duchesse de Saint-Leu, qui repose depuis 1836 à côté de sa mère et du prince Eugène qui fut vice-roi d'Italie. Ce tombeau, d'une exécution élégante et d'une exquise simplicité, est l'œuvre de Cartellier. Il a été achevé en 1825.

A l'entrée du village, du côté de Paris, on remarque aujourd'hui une magnifique caserne d'infanterie. Elle fut bâtie par Louis XV, à qui la capitale et ses environs doivent de si utiles et de si beaux monuments ; cette caserne était réservée aux régiments suisses à la solde de la France. Sous la république, elle servit de magasin militaire; sous l'empire, on y logea un des régiments des grenadiers à pied de la vieille garde impériale; sous la Restauration, elle servit de nouveau au casernement de la garde suisse; enfin, aujourd'hui, on y a logé un régiment de ligne. En 1814, cet édifice avait été transformé en hôpital militaire, encombré de soldats autrichiens, russes et prussiens qui avaient été blessés à l'attaque de Paris par les coalisés, le 30 mars de la même année.

Maintenant, si nous suivons la grande route ombragée d'une double rangée d'arbres qui mène de Ruel à Saint-Germain-en-Laye, nous arriverons enfin à *la Malmaison*, dont l'origine se perd dans la nuit des temps.

Au xie siècle, s'il faut en croire nos antiquaires, et lors de la première irruption des Normands, un chef de ces barbares, nommé Odon, s'établit avec quelques-uns de ses soldats sur la crête d'une des collines qui dominent la Seine et qui avoisinent Nanterre. Posté là, comme dans une aire

inaccessible, le hardi brigand s'élançait sur les voyageurs ou sur les marchands qui passaient sur la route, les rançonnait et souvent les entraînait dans son hideux repaire où il les égorgeait sans pitié, lorsque sa rapacité n'avait point été satisfaite.

Les femmes et les filles des environs payaient un tribut d'une autre nature à ce scélérat; ses exactions et ses crimes de tout genre frappèrent d'une telle épouvante la population de la contrée, qu'on appela l'espèce de grange fortifiée qu'Odon avait fait élever dans ce lieu *mala domus*, c'est-à-dire *la mauvaise maison*, d'où l'on fit, par ellipse *la Malmaison*.

La superstition, comme c'était l'usage dans ces temps de ténèbres, s'empara de cette renommée sanglante et, longtemps après la mort d'Odon et la dispersion de ses satellites, les villageois n'approchaient qu'en tremblant des ruines du manoir abandonné. Bientôt on raconta mille histoires lamentables arrivées sur ce territoire maudit; des apparitions d'esprits et des bruits inouïs firent croire que le diable en personne avait fait élection de domicile dans la bicoque d'Odon. Malheur au pèlerin qui affrontait, par audace ou par ignorance, les embûches dressées par Satan autour de ce domaine de l'enfer! Il payait cher l'abri qu'il avait cherché ou le repos qu'il avait voulu goûter.

Le bâtiment de la Malmaison ainsi frappé d'une réprobation populaire ne présentait plus que des décombres hantés par des animaux malfaisants; les terres étaient en friche, et des flaques d'eaux stagnantes et corrompues empoisonnaient l'air bien loin à la ronde, lorsque les moines de Saint-Denis, en vertu d'une cédule royale, s'emparèrent de ce repaire abominé et résolurent de le rendre à l'agriculture. Grâce à leurs efforts, efforts trop calomniés de nos jours par les jeunes écrivains de la vieille école philosophique, efforts, disons-nous, conduits avec persévérance et courage, ce terrain désolé se couvrit peu à peu, d'arbres, de fleurs et d'épis; et peu à peu aussi ces lieux, qui naguère étaient la terreur et l'effroi des habitants du voisinage, devinrent des modèles de culture et d'amélioration agricole.

Cependant les alentours de la Malmaison étaient encore mal famés à la fin du xive siècle, car nous lisons dans la *Chronique de Saint-Denis*, qu'en 1369, les bagages du connétable Duguesclin furent pillés à quelque distance de la Malmaison. A cette occasion, le brave connétable dit au roi Charles V :

— C'est grand' pitié, Sire, qu'à moins de trois lieues de votre capitale, on ne puisse voyager en sûreté et qu'on soit exposé aux coups de main des larrons. A la paix prochaine, Sire, je ferai, avec mes hommes d'armes, si Votre Majesté le permet, une chevauchée (promenade) durant laquelle je purgerai la contrée de cette vermine.

— Mon cher connétable, répondit le roi, vous ferez bien, et je vous octroye dès à présent le droit de faire main-basse sur ces brigands téméraires qui ne respectent pas même les nippes de mes capitaines et qui dépouillent mon peuple; mais, Bertrand, ajouta le monarque en souriant

Malmaison.

malignement, puisque vous emmenez avec vous les grandes compagnies, je crains qu'à votre retour toute cette besogne ne soit faite.

En effet, ces *grandes compagnies*, conduites par Duguesclin en Espagne et dans d'autres expéditions lointaines, étaient pour la France une sorte de fléau, en ce qu'elles ravageaient et pillaient tout ce qu'elles rencontraient dans leur course.

A la fin du xvie siècle, la Malmaison fut cédée par les moines de Saint-Denis au conseiller Perrot du parlement de Paris. Plus tard, cette demeure tomba entre les mains de Guiton de Forlagues, capitaine des gardes du cardinal de Richelieu. Disons, en passant, que cette compagnie, à la mort de ce ministre, disparut dans la maison militaire du roi et prit le nom de *mousquetaires gris*. Il en fut de même à la mort du cardinal Mazarin, dont les gardes s'appelaient *mousquetaires noirs*. Cette troupe, jointe aux *chevau-légers* et aux *gendarmes*, qui tous étaient gentilshommes, fut qualifiée plus tard de *compagnies rouges de la maison militaire du roi*.

Le cardinal, qui habitait souvent sa maison de campagne de Ruel, avait trouvé convenable, dans des circonstances où sa vie était sans cesse menacée, que son capitaine des gardes se logeât à peu de distance. Forlagues avait agrandi le domaine et fait construire un bâtiment où il logeait une partie de sa compagnie.

La Malmaison, en 1792, fut vendue révolutionnairement comme propriété nationale et achetée par M. Le Coulteux de Canteleu, célèbre banquier de l'époque et qui devint sénateur au temps du consulat. Madame Bonaparte acheta la Malmaison de ce même M. Le Coulteux de Canteleu, en 1798. Napoléon était alors en Égypte.

Joséphine célébra son installation à la Malmaison par une fête charmante. Le jour de l'inauguration de la jolie villa, on reçut à Paris la nouvelle que le général Bonaparte était de retour au Caire de son expédition de Syrie. Comme les bruits les plus alarmants avaient couru sur le siège de Saint-Jean-d'Acre, la rentrée dans la capitale de l'Egypte du général en chef était regardée, par la nation, comme une sorte de victoire. La fête s'en ressentit. La joie fut générale, et les grâces naturelles de la reine du logis brillèrent d'un éclat plus pur et plus affectueux. Joséphine était heureuse alors, car son bonheur était celui de la France entière.

Lorsqu'il fallut cacher les lauriers d'Arcole, d'Aboukir et de Marengo sous la double couronne de Charlemagne et de Louis XIV, la Malmaison fut abandonnée aux soins de quelques vieux serviteurs fidèles et obscurs. L'aigle avait brisé son œuf, il ne pouvait plus y rentrer : le Capitole avait fait oublier Tibur !

Et lorsque, pour le malheur de la France et du monde, Napoléon posa le diadème qu'il avait forgé à la fournaise des batailles sur le front d'une archiduchesse d'Autriche, la femme excellente qu'un déplorable divorce retranchait de la scène politique, Joséphine de Beauharnais, se retira à la Malmaison avec ses souvenirs, ses enfants et ses fleurs, et y fonda une petite cour d'où les grands de l'empire s'exclurent d'eux-mêmes, mais où l'ancienne, la véritable impératrice recueillit avec bonheur ceux qu'elle y avait reçus jadis, n'étant encore que l'heureuse épouse du consul. Parmi ces courtisans de la disgrâce et du malheur, on remarqua des poètes et des artistes. C'était en effet aux arts et aux lettres à consoler une femme qui, au temps de sa puissance, avait répandu si délicatement ses largesses et ses faveurs sur tous les genres d'intelligence.

Cette noble femme mourut à la Malmaison le 29 mai 1814. Elle expira en quelque sorte avec l'empire dont elle avait contribué, par ses qualités aimables, par sa popularité surtout, à affermir les bases. Son âme quitta la terre au moment même où la fortune de la France succombait au nord et au midi ; au moment où Napoléon, meurtri par ses propres victoires, débarquait à l'île d'Elbe, dont la souveraineté lui avait été dévolue par les rois de l'Europe en échange de l'empire du monde. Les ailes de l'aigle avaient été coupées ; mais ces monarques imprudents lui avaient laissé ses ongles et ses foudres : ils en sentirent les dernières étreintes et les derniers éclats à Waterloo... et la France aussi !

La Malmaison devint un pèlerinage pour les rois étrangers qui venaient y visiter la femme qu'ils avaient saluée impératrice et qu'ils saluèrent encore comme une reine ; mais ces hommages d'un culte désintéressé attestaient l'âme toute française de Joséphine, et elle put se rappeler, dans ces instants souvent bien amers, ces paroles philosophiques qu'elle ne craignit pas d'adresser à Napoléon le jour même de leur séparation définitive :

— Je vous quitte, lui dit-elle, et je n'en fais pas moins des vœux pour le bonheur de la France et pour le vôtre ; mais je crains bien que la couronne dont vous dépouillez mon front ne soit le présage de calamités moins affreuses pour moi que pour vous. Dieu veuille que je me trompe !

Hélas ! elle n'avait que trop bien deviné.

Par une fatalité sans exemple, ou peut-être par un de ces retours secrets que les âmes les plus fortement trempées ressentent pour les lieux témoins de leurs douces heures et de leur placide existence éclipsées, Napoléon, traqué en 1815, par les représentants de la nation, traqué par les colonnes de Blucher et de Wellington, vint poser son pied fugitif dans cette demeure qui devait lui rappeler tant de souvenirs ! Il resta quatre jours entiers à la Malmaison, près de la modeste tombe élevée à sa chère Joséphine, à la seule impératrice digne de ce nom, se débattant encore contre les mille intrigues qui s'acharnaient à lui faire briser son épée, à lui faire abdiquer une seconde fois sa couronne et sa gloire. On y parvint. Napoléon partit de la Malmaison pour Rochefort, de Rochefort pour l'Angleterre, et de l'Angleterre pour.... Sainte-Hélène....

Ainsi les destinées de ce grand homme se nouèrent et se dénouèrent à la Malmaison. Là s'éleva, là tomba son étoile. Ce fut là qu'il foula aux pieds les enseignes consulaires ; ce fut là qu'il perdit sans retour le manteau de pourpre et le sceptre que sa puissante main avait légitimé au baptême de la victoire.

Les héritiers naturels de Joséphine, auxquels appartenait la Malmaison, vendirent à une compagnie de banquiers ce domaine qui devait être cependant bien cher à leur cœur ; et, chose singulière, aucun de ces modernes Turcaret, qui se font à loisir de si belles réputations de patriotisme et de libéralité, pas un de ces Turcaret, disons-nous, ne délia les cordons de sa bourse pour arracher à la dévastation, au morcellement, ce domaine si national. La *bande noire*, cette association d'ignobles spéculateurs, honnêtes gens, électeurs et éligibles, se présenta et la Malmaison fut dépecée, coupée, scindée ni plus ni moins que l'ancien manoir d'un Montmorency, d'un Rohan ou d'un Crillon. Pour ces démolisseurs patentés, la noblesse n'a point d'illustration, les souvenirs n'ont point de portée ; ils sont prêts à acheter, au rabais, les pierres de l'arc de l'Étoile et le bronze de la colonne Vendôme, comme ils achèteraient, à la toise, le palais Bourbon où ils siégent pour la plupart. De façon que la Malmaison a subi deux outrages successifs : pillée par les Prussiens et les Anglais en 1815, elle a été rasée et décimée depuis par ces Français iconoclastes.

La Malmaison n'est plus aujourd'hui que ce qu'elle était, ou à peu près, au XIe siècle, moins Odon-le-Brigand et les superstitions ; mais du jour où, dans notre pays de France, on aura, au lieu de factions stupides, un esprit public national, la Malmaison renaîtra de ses ruines, et l'on inscrira sur une colonne placée au centre de cette noble résidence :

« Ici, le premier consul Bonaparte a passé les plus belles et les plus glorieuses années de sa vie ; car alors la patrie était libre, heureuse et grande, et lui n'en était que le premier citoyen. »

La Malmaison fut pour l'impératrice Joséphine, répudiée par Napoléon, ce que Saint-Cyr avait été pour madame de Maintenon, après la mort de Louis XIV, un refuge contre les ennuis et les déceptions qu'entraîne après soi un subit changement de fortune. Joséphine s'adonna tout entière à ses chères fleurs, aux arts qu'elle savait si bien apprécier, au commerce de quelques amis fidèles, de quelques familiers dévoués, à la tendresse de ses enfants qu'elle idolâtrait. Toujours bonne, expansive, bienfaisante, Joséphine ne semblait regretter la pompe du trône que pour les malheureux qu'elle ne pouvait plus secourir avec autant d'efficacité, que pour les artistes qu'elle ne pouvait plus protéger avec munificence.

A part ces regrets, indices d'une âme généreuse, Joséphine jouissait, dans sa noble et riante chartreuse, des seuls bonheurs que le sort lui avait laissés. Au nombre des plaisirs qui lui étaient restés, il faut compter les visites trop rares mais toujours bien accueillies de l'empereur, qui venait incognito s'asseoir au foyer de sa seule amie, de sa première épouse, et verser peut-être dans son sein les secrètes amertumes d'une union que la politique avait formée en dépit de la France, de l'histoire et peut-être de lui-même! Quand Napoléon était éloigné de la capitale ou se trouvait à la tête des armées, il remplaçait ses visites par une correspondance active où les épanchements les plus doux se mêlaient aux expressions les plus tendres.

A la suite d'un dîner royal que l'impératrice offrit, à la Malmaison, à l'empereur de Russie et au roi de Prusse, l'indisposition qui l'étreignait depuis quelques jours prit un caractère alarmant, et le 29, à midi, elle n'était plus.

L'impératrice conserva, durant ces cinq jours où la mort la marchanda en quelque sorte, toute sa douceur, toute sa résignation et surtout toute sa bonté. *Redouté*, le peintre de fleurs, était venu la voir à la la Malmaison sur son ordre exprès; elle l'engagea à ne pas approcher de son lit,

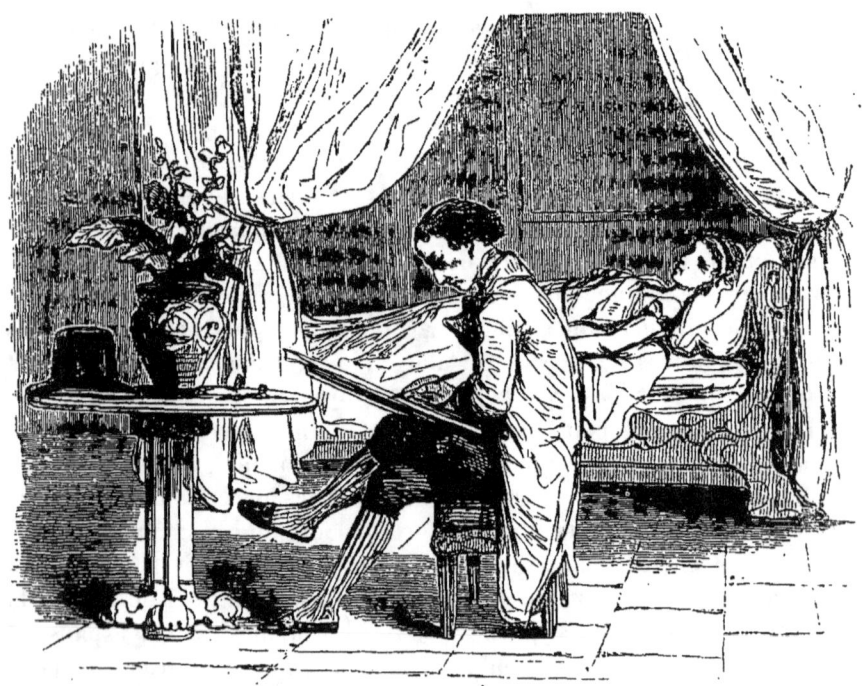

dans la crainte, disait-elle, qu'il ne gagnât *son mal de gorge*. Puis, lui désignant deux plantes qui étaient alors en fleurs, elle lui dit de se dépêcher d'en faire le dessin, car *ces pauvres fleurs*, fit-elle, *ont aussi peu de jours à vivre*. Et elle ajouta, comme pour échapper à cette idée de destruction qui la dominait malgré elle : « J'espère pourtant, mon cher Redouté, être guérie assez à temps pour les revoir encore. »

Illusion, hélas! trop fragile qui, trente heures après, était détruite sans retour : l'agonie commençait.

Les funérailles de l'impératrice Joséphine eurent lieu dans l'église de Ruel, au milieu d'une population dont elle était adorée, et qui manifestait, par ses sanglots et par ses larmes, l'attachement qu'elle portait à celle qui, après avoir été sa souveraine, avait voulu rester sa bienfaitrice. Les deux petits-fils de l'impératrice conduisaient le deuil; les généraux russes Sacken et Czernitscheff s'y étaient rendus sur l'ordre de l'empereur Alexandre, et MM. de Nesselrode, de Humboldt, un grand nombre d'artistes, des maréchaux de France, des officiers supérieurs des diverses puissances suivirent le char funèbre, qui était escorté par un détachement de cavalerie russe et par la garde nationale de Ruel, qui s'était spontanément mise sous les armes. Au cimetière, la reine Hortense, que ses dames et ses officiers n'avaient pu retenir à la Malmaison, se jeta sur la tombe de sa mère pour lui adresser un dernier adieu, et, dans une prière qui arracha des pleurs de tous les yeux, appela sur l'âme angélique de sa mère la miséricorde de Dieu, et sur ses cendres le souvenir et les affections de la France!

La Malmaison vit ainsi ses premiers maîtres descendre, dans l'espace de quelques jours, l'un les degrés d'un trône, l'autre les degrés d'un tombeau!

Je crois avoir oublié, dans cette petite promenade historique, une circonstance qui ne manque pas d'intérêt ; ce fut à la Malmaison, en 1815, après le glorieux désastre de Waterloo, que l'empereur daigna confier, en personne, à M. Jacques Laffitte une somme de six millions dont l'emploi devait figurer, quelques années plus tard, dans l'admirable testament de Sainte-Hélène.

Après le départ de Napoléon, la Malmaison fut saccagée, abymée, déshonorée par les Anglais et les Prussiens : les Normands du IX⁰ siècle auraient eu, sans doute, plus de respect que nos amis les ennemis, pour les chefs-d'œuvre et pour les souvenirs, pour la poésie et pour la gloire.

La Restauration ne donna à l'ancienne résidence de Bonaparte et de Joséphine que le silence d'une affreuse solitude : on laboura le parc; la boue effaça l'empreinte de la sandale impériale; l'eau cessa de jaillir du fond des bassins; l'herbe poussa jusque sur le seuil du château, et la pluie balaya les appartements de l'impératrice.

Dieu soit loué! la Malmaison appartient aujourd'hui à une femme, à une reine : Marie-Christine de Bourbon s'est souvenue de cette bonne et charmante malheureuse qui avait brillé sur le trône de France et qui avait régné sur l'Europe, au bras de l'empereur Napoléon : Marie-Christine d'Espagne a repeuplé cette royale solitude de la Malmaison : elle a offert à l'ombre auguste de Joséphine une cour brillante, du luxe, de l'éclat, des fêtes, de la musique, de la poésie, de nobles plaisirs, tout ce qui était beau et charmant pour l'ancienne maîtresse de cette résidence. Plaise au ciel que Marie-Christine, à force de bienveillance, de douceur et de charité, fasse dire à tout le monde, à Ruel et à la Malmaison : l'impératrice est morte, vive la reine !

Émile Marco de Saint-Hilaire.

MONTLHÉRY.

J'imagine que, du haut de la tour de Montlhéry où nous sommes, le regard de l'observateur peut embrasser un terrain assez vaste et tout rempli de souvenirs historiques. — Voici déjà, à une petite distance de Montlhéry, sur la rive gauche de l'Orge, le village de *Longpont;* j'ai visité, à Longpont, deux

châteaux qui ne manquent pas d'une certaine magnificence : le château de *Lormois*, qui appartient à la famille de Maillé, et le château de *Villebouzin*, qui se vante encore d'avoir appartenu à M. de Montgommery. — Longpont a joué un grand rôle dans l'histoire religieuse de la féodalité : son prieuré, qui est célèbre, fut fondé par Guy, fils de Thibaud-File-Étoupe, qui obtint de l'évêque de Paris, pour prix du monastère de Saint-Benoît, la concession d'une église dédiée à la Vierge. S'il faut en croire les vieux chroniqueurs, Hodierne, femme de Guy de

Montlhery, travailla de ses mains à la construction de cette église. On raconte que la sainte femme allait elle-même puiser de l'eau à une fontaine voisine, pour aider les maçons qui édifiaient la nouvelle maison du bon Dieu. Quelques paysans de Longpont m'ont assuré que cette fontaine, grâce à la mémoire de Hodierne, a conservé le pouvoir de guérir les maladies incurables.

J'ai lu quelque part l'anecdote suivante sur la comtesse de Montlhéry: un jour, en travaillant à la construction de l'église de la Vierge, elle s'avisa de demander à un forgeron le moyen de porter quelque chose de lourd sans se fatiguer ; au lieu de lui indiquer ce moyen impossible, le méchant ouvrier lui jeta une barre de fer rouge à travers les jambes.... Et les jambes de la pauvre comtesse ne furent pas brûlées, grâce au bénéfice d'un miracle. Hodierne ne trouva rien de mieux à faire, pour se venger, que de maudire tous les forgerons. Entre nous, cela n'était pas juste ; mais, pour être une sainte, on n'en est pas moins une femme. Mieux que cela : Hodierne jura devant Dieu, qui ne l'inspirait pas sans doute, que tout homme de ce métier qui viendrait s'établir à Longpont mourrait infailliblement dans l'année. Est-ce un hasard? Est-ce encore un prodige? Je n'ai pas vu, dans le village de Longpont, un seul maréchal-ferrant, un seul serrurier, un seul taillandier, le moindre petit forgeron. Le secret de la concurrence entre l'enclume et le marteau se cache peut-être dans la menace de la comtesse de Montlhéry.

L'église de Longpont a été restaurée en 1820 ; elle est d'un aspect sévère, sans élégance.

L'abbaye de Longpont est devenue, grâce à M. d'Haggue, une très-belle maison de plaisance.

Arpajon est une petite ville qui a déjà oublié, j'en suis sûr, son véritable nom de baptême. Au douzième siècle, elle se nommait Châtres, tout court. A cette époque, le petit bourg de Châtres ne songeait pas encore à figurer dans le monde sous le titre de *Marquis d'Arpajon*. Il fut érigé en marquisat, dans l'année 1720, de par la vanité de M. Louis de Séverac.

Voici, nous a raconté un historien assez fidèle, le moyen ultra-féodal employé par ce seigneur pour obliger les habitants de Châtres à n'être plus que les habitants d'Arpajon : « M. de Séverac se rendait tous les jours sur les routes qui conduisaient à sa petite ville, et il s'adressait à chaque passant pour lui demander le nom du lieu qu'il avait en vue ; s'il répondait *Châtres*, aussitôt le seigneur tombait sur lui et l'accablait de coups de canne ; s'il répondait *Arpajon*, le passant était flatté, caressé, récompensé... La petite ville de Châtres ne tarda point à se nommer Arpajon pour tout le monde. »

Le château de Chanteloup n'est pas bien loin d'Arpajon ; c'était là autrefois une résidence royale que François Ier échangea, en 1518, avec le sieur de Neuville, contre le jardin et la maison des Tuileries, à Paris.

L'abbé Raynal, auteur de *l'Histoire philosophique des deux Indes*, avait une petite campagne tout près d'Arpajon.

Si vous laissez tomber vos regards sur la rive droite de l'Ivette, vous apercevrez le bourg de Longjumeau que traverse la grand'route d'Orléans Longjumeau ne doit-il pas être bien flatté d'avoir fourni un titre à l'opéra-comique le plus populaire du répertoire moderne?

Le village de Chilly, où Chailly, appartenait autrefois à la seigneurie de Longjumeau; sous le règne de Louis XIII, le maître de Longjumeau et de Chailly était le seigneur d'Effiat, maréchal de France, père de l'infortuné marquis de Cinq-Mars. Le joyeux poète Chapelle mourut à Chailly dans une petite maison que l'on peut voir encore.

N'oubliez pas de regarder un instant les ruines du château de Marcoussis; ce château eut l'honneur d'abriter un prisonnier de Mazarin, qui n'était rien moins que Condé.

Vous ne soupçonneriez guère quelle femme illustre et royalement mal-

heureuse a vécu dans le château de Bris-sous-Forge, à une petite distance d'Arpajon. Eh bien ! cette femme s'appelle Anne de Boleyn ; elle fut élevée en France ; elle partit pour l'Angleterre, à l'âge de quinze ans, et vous savez la mort tragique de cette pauvre souveraine !

Et maintenant parlons un peu de la tour de Montlhéry qui vient de nous servir d'observatoire.

— Mon fils, garde bien ce château qui m'a causé tant de peines et de tourments ; car, par la perfidie et la méchanceté de son seigneur, j'ai passé ma vie entière à me défendre contre lui, et je suis arrivé à un état de vieillesse sans en avoir pu obtenir paix ni repos...

— Bien le garderai, répondit au roi Philippe Ier son fils Louis, que l'histoire a nommé *Louis-le-Gros, le Batailleur, l'Éveillé.*

Philippe Ier enviait depuis longtemps la possession de Montlhéry, véritable nid de vipères, plus dangereuses que celles de la forêt de Fontainebleau. Les seigneurs de Montlhéry, depuis Thibaud-File-Étoupe jusqu'à Guy de Trouselle, avaient occupé leurs loisirs, comme les Montmorency desquels ils descendaient, à détrousser les voyageurs qui se rendaient de Paris à Orléans, à dépouiller leurs vassaux, à empiéter sur les droits du roi de France autant que faire se pouvait. Philippe Ier, faible monarque, se mit en devoir d'obtenir par alliance la paix qu'il n'osait pas imposer par la guerre.

Il avait un bâtard ; il résolut d'en tirer profit pour le salut de la monarchie. Il proposa un mariage entre son fils naturel Philippe et Élisabeth, fille de Guy de Trouselle. Soit que le jeune homme eût le cœur occupé d'un autre amour ou qu'Élisabeth n'eût pas d'autre avantage que celui d'être héritière de Montlhéry, il montra quelque résistance ; mais il lui fallut céder à la raison d'État comme s'il avait été prince légitime, après avoir toutefois obtenu de son père, en présent de noces, la ville de Mantes ; il s'appela même depuis Philippe de Mantes. Les clauses de cet hymen assurèrent la propriété de Montlhéry à la maison royale. On confia la garde du château à Louis, frère de Philippe, qui était homme à le défendre contre son frère lui-même, ce qui ne manqua pas d'arriver.

Le rêve de paix universelle rêvé par le bon Philippe Ier ne pouvait guère se réaliser à cette époque ; ce n'était alors que massacres, assassinats ; le XIIe et le XIIIe siècles ne sont remplis que de dévastations ; c'est, de tous les côtés, un saccage perpétuel à feu et à sang... la vie des hommes est comptée pour rien, la propriété est une chimère, la justice est un mot ; il n'y a pas d'autre loi que la loi du plus fort. Le paysan est ruiné à toute heure ; ce n'est jamais pour lui qu'il élève son bétail ! Le peuple est foulé aux pieds, les grands se tuent entre eux ; le meurtre passe dans les mœurs comme le moyen le plus prompt et le plus sûr de se débarrasser de ses compétiteurs ou de ses rivaux. Tel était le temps de la féodalité que les poètes et les romanciers se plaisent à regretter, et dont certains publicistes osent invoquer les chevaleresques souvenirs.

Il se passa à Montlhéry, à l'époque que nous dépeignons, une scène des plus terribles, fidèle tableau de ces siècles de barbarie. Les parents de Philippe de Mantes révoltés, et bientôt lui-même, comme nous l'avons dit, se mirent à guerroyer contre le roi. Louis-le-Gros tenait Montlhéry. Les seigneurs conjurés, à la tête desquels se faisait remarquer, par sa cruauté, Hugues de Crécy, à qui la comtesse avait donné droits sur Montlhéry, vinrent mettre le siége devant cette ville avec des forces considérables. Ce Hugues de Crécy, disent les chroniques, *mangeait les gens*. La chronique de Maurigny trace ainsi son portrait : « Il était l'oppresseur des pauvres, l'assassin des laboureurs ; comme ministre du diable, il était toujours en fureur, et dévastait tout ce qu'il pouvait dévaster. » Ce portrait est, en même temps, celui de la plupart de nos premiers barons chrétiens.

Louis-le-Gros avait fait venir près de lui Milon de Braie, héritier de Montlhéry ; il l'investit de l'héritage et le fit reconnaître par les habitants. Ce fut la perte de ce pauvre Milon ; il s'était pris les mains dans l'arbre comme le célèbre athlète de Crotone dont il portait le nom ; il allait être dévoré par une bête féroce.

Hugues de Crécy, plutôt tigre que lion, fit tomber Milon de Braie dans une embuscade ; au moyen d'une ruse, d'une perfidie, on le lui amena pieds et poings liés. Après l'avoir quelque temps transporté de château en château, il se trouva bien embarrassé de ce prisonnier auquel il ne voulait pas rendre la liberté, et sachant que ses amis se liguaient pour le tirer de ses mains, il prit le parti de l'assassiner de sa propre main.

Ce fut dans une prison de Montlhéry que le crime eut lieu. Le cousin se rua sur le cousin comme une bête fauve ; il le déchira et jeta les lambeaux de son corps palpitants par une fenêtre de la tour de bois (*per fenestram ligneæ turris*) : telle était la force des liens de famille. Voilà le drame qui se passait alors dans beaucoup de châteaux. Hugues de Crécy, une fois son cousin bien mort, songea à l'enterrer avec tous les honneurs qui étaient dus au rang du défunt ; il fit prévenir les moines de Longpont, enrichis par les ancêtres de Milon de Braie, et ils vinrent en grande solennité recueillir les restes de la victime. Milon de Braie fut enterré dans l'abbaye de Longpont.

Hugues de Crécy n'avait pas invité aux funérailles de Milon le roi Louis-le-Gros ; celui-ci y vint pourtant, et, après y avoir assisté, il assiégea et prit le château de Gomet qui appartenait à Hugues. Le meurtrier, en apprenant ces hostilités, éprouva une singulière crainte ; il n'avait eu d'audace que pour le crime ; le courage lui manqua quand il fallut se défendre. Amaury de Montfort le cita devant la cour, pour qu'il se purgeât, par le jugement de Dieu, de l'accusation portée contre lui.

L'assassin, que poursuivait sans doute la vengeance céleste, et qui se sentait accablé du poids de ses iniquités, sentit son cœur défaillir. Le remords y entra sans doute avec la terreur. Les juges du camp se réunirent au jour indiqué. La noble assemblée, au milieu de laquelle figuraient le roi de France, le comte Thibaud et un grand nombre de seigneurs, attendait Hugues de Crécy, persuadée que ce farouche chevalier se battrait à outrance contre ses adversaires; ce fut un moine qui se présenta. Hugues de Crécy avait revêtu l'habit religieux. Était-ce lâcheté? Était-ce grâce d'en haut? Les historiens se sont tus sur les motifs probables de cette conversion subite. Cette scène offre un effet dramatique, imprévu, et nous sommes étonnés que les dramaturges de notre époque n'aient pas encore songé à mettre au théâtre les aventures de Milon de Braie et de son cousin Hugues de Crécy, avec ce dénoûment original. Qu'on se figure l'étonnement de cette illustre compagnie en voyant ar-

river le ministre de Dieu à la place du sombre guerrier; c'est le cilice qui sert d'armure à Hugues de Crécy.

Ces événements se passaient en 1118.

Montlhéry continua à être le théâtre de scènes sanglantes; sa tour, dont nous parlerons tout à l'heure, servit d'asile à la mère de saint Louis et à son fils, durant la révolte des principaux seigneurs de France. Montlhéry fut saccagé et brûlé plusieurs fois par les Anglais. Louis XI et le comte de Charolais se rencontrèrent plus tard au pied de la fameuse tour, contre la volonté du roi. Louis XI voulait éviter la bataille; mais le sénéchal de Normandie, qui commandait l'avant-garde, était d'avis de la livrer; il conduisit le roi par des chemins détournés en face de Charolais : « Je les mettrai aujourd'hui si près l'un de l'autre, avait-il dit, qu'il sera bien habile qui pourra les démêler. » Charolais était à Longjumeau; on lui dépêcha un courrier, aïeul historique des postillons de Longjumeau.

La bataille s'engagea; il y eut des défections des deux côtés; quelques seigneurs lâchèrent pied. Commines rapporte plaisamment que « d'un costé, fut un homme d'État qui s'enfuit jusques à Lusignan sans reparaistre; et de l'autre costé, un homme de bien jusqu'au Quesnoy-le-Comte. Ces deux n'avaient garde de se mordre l'un l'autre! »

Ainsi, dit le spirituel chroniqueur, on cite la désertion du comte de Malen qui abandonna le roi avec huit cents hommes de sa suite. On enterra les morts dans un lieu voisin de la plaine de Longpont, et comme beaucoup de Bourguignons avaient péri dans la bataille, on appela ce lieu *cimetière des Bourguignons*, deux mille soldats y restèrent.

Mais rappelons ici des querelles moins graves; adoucissons l'horreur de ces sombres tableaux par une peinture plus riante. Diverses disputes s'élevèrent entre les moines de Montlhéry et les moines de Longpont; le sujet si important qu'il fût pour des moines et des chanoines, est seulement comique pour nous. Un dîner, voilà la cause de cette épopée. Les chanoines avaient coutume d'aller à Longpont en grande solennité, le jour de l'Assomption, pour y chanter la grand'messe avec les moines, et y dîner ensuite après avoir gagné appétit par la procession et soif par l'exercice du plain-chant. Les moines de Longpont, véritables égoïstes, tout en voulant bien conserver la fête, prétendaient supprimer le dîner. A les entendre, les chanoines de Saint-Pierre de Montlhéry étaient des loups dévorants et insatiables; ils affamaient l'abbaye de Longpont pour huit jours au moins. Jamais, de mémoire de chanoine, on n'avait autant bu, autant mangé. On eût dit qu'ils se préparaient à ce dîner par le jeûne, dont ils n'usaient guère tout le reste de l'année. Telle était la plainte que firent entendre les moines de Longpont. Les chanoines leur reprochèrent vivement cet excès d'ingratitude; leur interdire ainsi le pain et le vin! Ils ripostèrent par une excommunication. La querelle fit du bruit; le seigneur de Montlhéry se vit forcé de s'en mêler. Il crut calmer les moines de Longpont en leur octroyant une rente; mais il n'en obtint pas davantage le dîner de ses chanoines, dont les religieux estomacs ne pardonnèrent jamais à leurs ennemis, même après la réunion forcée qui eut lieu sur l'ordre du roi.

Peut-être est-ce le souvenir de cette dévote querelle qui a fait que l'auteur du Lutrin s'est complu à nommer Montlhéry dans son poème : il a, comme on sait, décrit la *nuit*, laquelle :

> ..... Hâtant son retour,
> Déjà de Montlhéry voit la fameuse tour,
> Ses murs dont le sommet se dérobe à la vue,
> Sur la cime d'un roc s'allongent dans la nue,
> Et, présentant de loin leur objet ennuyeux,
> Du passant qui le fuit semblent suivre les yeux.
> Mille oiseaux effrayants, mille corbeaux funèbres,
> De ces murs désertés habitent les ténèbres.

Voilà une transition toute simple pour vous parler de cette tour célèbre, vouée aux oiseaux de proie; les corbeaux ont remplacé les barons, les hiboux ont remplacé les moines. Elle est située sur le penchant d'une montagne, et ses ruines formidables attestent sa puissance passée; on ne s'étonne pas que cette forteresse ait causé tant de soucis aux rois de France. On y remarque un puits immense et l'ouverture d'un vaste souterrain. Huit siècles n'ont pas seulement aidé à ruiner la solide architecture de la tour de Montlhéry; les hommes y ont un peu mis la main.

Voici ce que Dulaure en dit, dans ses excellentes recherches sur les environs de Paris :

« La hauteur de cette tour, à partir du sol de la plate-forme jusqu'à la cime, est aujourd'hui de quatre-vingt seize pieds; elle paraît avoir été plus haute encore. Au nord, sa cime offre une très-large échancrure, dégradation due à la main du temps. C'est aussi du même côté que le mur d'enceinte de la plate-forme se montre le plus dégradé. Du côté nord-ouest, cette tour et ce mur sont encore conservés. On voit, sur une longueur d'environ cent pieds, ce mur resté presque intact; il s'élève à seize pieds au-dessus du sol de la plate-forme et à trente-six pieds au-dessus du point où la pente de la montagne prend naissance. A la tour du donjon en est accolée une seconde de moindre dimension; elle contient l'escalier qui n'est plus abordable. Aux deux tiers de la hauteur de ce groupe de tours, on voit une ceinture de supports en saillie, en pierres de taille, destinée à soutenir une galerie extérieure que les anciens nommaient *machicoulis*, et, au-dessus de cette galerie, on s'aperçoit que le diamètre de la grosse tour diminue; on voit aussi des pierres qui se détachent de celles qui les supportent et menacent de leur chute les observateurs. »

La main du temps, comme dit Dulaure, n'a pas seule produit toutes ces dégradations; la main des hommes y a contribué. On cite un certain conseiller Belle-Jambe qui se fit donner des lettres-patentes, en 1603, pour exploiter les murs du château, au moyen desquels il se bâtit une agréable habitation. Quoique le sieur de Belle-Jambe se plaçât sur un si bon pied

Montlhéry.

dans le monde, son nom lui déplut. Il sollicita de nouvelles lettres-patentes et les obtint, en sa qualité de conseiller, pour opérer le retranchement d'une syllabe malencontreuse : il obtint la faveur de s'appeler *Belle-Jame*; il fut alors plus fier qu'un ancien seigneur du château.

La châtellenie de Montlhéry dépendait de la vicomté de Paris; cent paroisses et cent trente-trois fiefs appartenaient à sa juridiction. La garde du château était confiée à chaque seigneur suffragant, pendant deux mois, et le gardien, dans l'exercice de ses fonctions, prenait le titre de chevalier de Montlhéry.

« On entrait au château, a dit un minutieux historien, en franchissant cinq portes, cinq enceintes et trois terrasses superposées; chaque terrasse était soutenue par de fortes murailles flanquées de tours. Chaque porte s'ouvrait entre quatre grosses tours rondes; elle était munie d'un pont-levis, s'abaissant sur un large fossé. On trouvait dans la première, la plus vaste enceinte, l'église de Saint-Pierre; à la hauteur de la troisième terrasse, on trouvait une porte plus fortifiée encore que les autres et un bâtiment qui servait de corps-de-garde aux chevaliers; elle communiquait à l'esplanade qui était entourée d'une muraille garnie de tours; là s'élevait le donjon d'où l'on dominait les terrasses, les différents ouvrages, le bourg et un immense pays. »

La ville de Montlhéry, car c'est une ville maintenant, s'étend sur le versant de la colline; les rues sont larges; des maisons d'assez belle apparence et des terrasses les bordent de chaque côté. Il reste une porte de l'ancien bourg, porte qui, si l'on en croit une récente inscription, a été bâtie dès l'an 1015, par Thibaud *File-Étoupe*, ainsi nommé à cause de la qualité de ses cheveux, rebâtie en 1589, sous Henri III, restaurée sous le consulat de Bonaparte, l'an viii de la République française, par les soins de M. Gaudron du Tilloy, maire.

Nous avons cité les vers de Boileau; les poëtes ne disent jamais tout : offrons des renseignements certains sur le côté industriel et marchand de la ville de Montlhéry : les habitants, en rédigeant une pétition adressée à François Iᵉʳ, pour que le roi leur permît de faire entourer leur bourg d'une enceinte de murailles, s'exprimaient ainsi :

« Ce bourg est assis en lieu bon et fertile, sur le grand chemin tendant de Paris à Orléans, Blois, Touraine, Anjou, Poitou et de toute la Guienne, où journellement afairent de se repaistre et loger grand multitude de gens et peuple passant et repassant, et lequel bourg qui est d'ancienne merque (marche) et de noustre vray domaine où il y a prévost, procureur et greffier;... et avec ce y sont, chacun an, tenues plusieurs foires, et chaque semaine deux marchés, vendant et distribuant plusieurs marchandises...... et pour ce que lesdits habitants ont par ci-devant souffert plusieurs maux, pilleries, larcins d'aucuns *mauvais garçons*, gens volontaires, tenant les champs, venant en nostre royaume de France, sans notre adveu qui les ont souvent robbés, pillés, battus et outraigés. »

Il se tient encore à Montlhéry quatre grandes foires par an et un marché considérable le lundi de chaque semaine.

A côté de la fameuse tour s'élève un télégraphe, emblème ailé de notre rapide civilisation. Le télégraphe, les chemins de fer, plus encore que les conseillers Belle-Jambe, portent les derniers coups à la féodalité.

M. Viennet, usant du droit des poètes, a ressuscité, dans un roman plein d'intérêt, l'épisode terrible des querelles de Milon de Braie et de Hugues de Crécy ; il a rétabli, de la seule façon qu'elle puisse l'être, et avec une solidité durable, la fameuse tour de Montlhéry.

Hippolyte Lucas.

MORFONTAINE, ERMENONVILLE.

Les promeneurs, les étrangers, les poètes et les amoureux qui s'en vont à Ermenonville ne s'arrêtent d'ordinaire pour regarder quelque chose, pour apprendre ou pour se souvenir, que dans la fameuse *Ile des Peupliers*

Je ne suis ni un touriste, ni un poétereau, ni un rêveur sentimental, et rien ne me presse d'arriver au but de ce charmant voyage, à travers le joli canton de *Nanteuil-le-Haudouin* : il est dix heures du matin, c'est-à-dire trop tôt ou trop tard pour qu'il me plaise d'aller m'asseoir sur la tombe de Jean-Jacques : le grand jour fait peur aux revenants : laissez tomber sur cette terre poétique les derniers rayons du soleil, et nous irons surprendre, sous les ombrages d'Ermenonville, un illustre fantôme de la poésie et de la gloire.

Dans le pays où nous allons voyager ensemble, sur la grande route de Paris à Soissons, l'observateur se heurte à chaque pas contre un homme ou contre un monument de notre histoire féodale : *Nanteuil-le-Haudouin* se souvient encore d'avoir été baptisé par un petit seigneur suzerain, et il se glorifie de figurer avec un certain éclat dans les actes du VIIIe siècle.

Le magister de l'endroit, un naïf ignorant qui a bien de la science, s'est amusé à composer un livre sur les antiquités de Nanteuil-le-Haudouin; seulement ce beau livre ne sera jamais imprimé; l'auteur n'a pas même songé à l'écrire : il est tout entier gravé dans sa mémoire. Quand il daigne répondre à ceux qui l'interrogent à ce sujet, il ne lit pas son ouvrage, il le récite; le pauvre savant dont je parle consacre ses rares loisirs, et son peu d'argent, et toute son intelligence, à rechercher dans l'herbe, dans la poussière, partout, une médaille, un débris d'armure, une pièce de monnaie, une inscription, des riens historiques, des pauvretés qui sont pour lui de véritables trésors. Un jour, je lui demandai : « Que faites-vous donc là, en plein soleil, étendu sur la terre qui brûle, les mains dans le sable, les yeux fixés sur ce petit tas de ruines ? » — Il me répondit en souriant : « *J'herborise*..... Oui, je cueille les fleurs du passé; la fleur précieuse que je viens de trouver dans cette terre, dans ce sable, au milieu de ces ruines, c'est une relique de saint Valbert; elle manquait à ma collection....; j'allais dire à mon herbier ! »

S'il faut en croire l'innocent magister qui herborisait de la sorte, saint Valbert fut canonisé, après sa mort, pour un miracle qui fait le plus grand honneur à sa vie. Figurez-vous que le bienheureux Valbert, possesseur du fief de *Nanteuil-le-Haudouin*, s'aperçut un jour que des oiseaux de proie, des corbeaux, des éperviers, des vautours, s'attaquaient du matin au soir aux richesses les plus appétissantes de sa volière et de ses jardins; Valbert, qui avait édifié dans les environs de son château l'église Saint-Georges et l'église Notre-Dame, se vantait peut-être d'avoir payé assez cher le droit d'opérer un divin prodige, et le prodige ne se fit pas attendre. Un jour, Valbert s'avança tout simplement vers les oiseaux de proie, qui l'attendaient sans peur mais non pas sans reproche; il les appela de sa voix la plus douce, et les oiseaux se rangèrent autour de lui; il se mit à marcher, et les oiseaux se mirent à le suivre. Valbert se hâta de rentrer au château, et les oiseaux de proie continuèrent à voltiger sur les traces de cet enchanteur, qui avait trouvé le moyen de devenir leur maître ; les nouveaux esclaves se laissèrent cloîtrer dans une salle basse, dans un cachot, et comme ils avaient commis un crime qui n'admettait, dans ce temps-là, aucune circonstance atténuante, ils furent condamnés à mourir de faim.

Ces vautours, ces éperviers, ces corbeaux de Nanteuil-le-Haudouin qui avaient volé, pillé, tué, durant toute leur vie, en véritables seigneurs féodaux du royaume de l'air, furent jetés dans les flammes d'un bûcher, et bientôt la céleste puissance de Valbert renouvela le prodige du phénix qui renaît de ses cendres : sur un mot, sur un regard du maître inspiré, la poussière se ranima par enchantement ; les oiseaux, ressuscités par un miracle, se prirent à battre de l'aile, et ils s'envolèrent en chantant *qu'on ne les y prendrait plus !*....

Le souvenir d'un pareil prodige sanctifia pendant huit siècles la terre de *Nanteuil-le-Haudouin ;* l'on imagina je ne sais quelle pieuse promenade, une espèce de pèlerinage en l'honneur de saint Valbert ; les dévots et les dévotes s'agenouillaient en foule sur le bord d'une petite fontaine dont l'eau transparente reflétait, disait-on, l'image du seigneur de Nanteuil ; les adorateurs de sa mémoire se prenaient à chanter les louanges du saint homme, et en ce moment, raconte la naïve chronique, des oiseaux de proie s'abattaient dans la plaine voisine, à la place même où s'était accompli un miracle. Hélas ! la chronique a raison : partout où il y a des hommes assemblés, il y a des oiseaux de proie, il y a des méchants.

En 1416, la terre de Nanteuil-le-Haudouin, qui appartenait à Louis de Pacy, fut dévastée par les Bourguignons ; en 1556, elle devint la propriété des ducs de Guise. François II et Charles IX séjournèrent quelquefois dans le château de Nanteuil, qui leur servait d'étape quand ils allaient à Villers-Cotterets.

En 1576, Henri de Guise, qui réunissait à Nanteuil les impitoyables meneurs du parti catholique dont il était le chef, reçut un ordre royal qui lui enjoignait de vendre ou d'échanger cette terre. Le duc répondit au roi : « Sire, je ne vendrai pas, je n'échangerai pas ma terre ; mais je vous la donne. »

Henri III daigna donner, à son tour, le château de Nanteuil à Gaspard de Schomberg ; enfin, au XVIIe siècle, il passa de la maison d'Estrées dans la maison princière de Condé.

Le maître d'école que nous avons vu *herboriser* dans le champ des antiquités historiques eut la bonté de me conduire jusqu'au sommet de la vieille tour de Nanteuil-le-Haudouin ; il me dit, en me montrant du doigt un clocher qui dominait la petite rivière d'*Automne :*

— Voilà un village qui porte un joli nom ; on l'a baptisé sans doute dans un des plus beaux jours du mois de mai : il s'appelle Ver, et c'est là, ce me semble, un mot latin qui signifie le *printemps ;* le céleste parrain de ce village n'a guère oublié que de lui donner des fleurs et du soleil toute l'année ; il fait très-froid dans le village du printemps et il n'y fleurit pas grand'chose. Vous ne soupçonneriez pas, j'en suis sûr, que ce petit bourg est la plus ancienne capitale du *Valois ;* les princes du peuple et de l'Église y ont résidé tour à tour. Ver a eu l'honneur d'abriter les rois de France jusqu'au règne de Philippe-Auguste ; les évêques ont tenu des conciles dans ce village, et j'ai trouvé, dans un pan de muraille du palais de Ver, une pièce de monnaie qui porte encore l'effigie de Charles-le-Chauve ; rien que cela !

— Puisqu'il s'agit d'une ancienne capitale du Valois, répondis-je au magister, la ville de Crépy, qui était aussi une grande ville, se trouve-t-elle bien éloignée de Ver et de Nanteuil ?

— Crépy n'est pas loin de nous, monsieur ; par malheur, elle est si petite, après avoir été si grande, qu'il est difficile de la trouver ; autrefois, elle avait besoin de cinq paroisses pour quinze mille fidèles qui composaient sa population ; maintenant, une seule église suffit à la piété de ses deux mille chrétiens. En 1544, un traité fut conclu à Crépy, entre François Ier et Charles-Quint ; la maison qui fut le témoin de cette scène royale sert de tribunal à un modeste juge de paix. La puissance militaire de Crépy, au XVe siècle, est représentée, en 1844, par une brigade de gendarmerie ; et cette place, que Monstrelet appelle la *maîtresse ville de tout le pays,* a consenti à subir le rôle d'un pauvre chef-lieu de canton.

— Que reste-il encore de l'ancienne Crépy ?

— Le souvenir de Henri IV, matérialisé, sur la façade de quelques maisons, dans une initiale couronnée de feuilles de laurier et de chêne ; une porte de défense qui essaie de jouer à la féodalité ; des ruines qui cherchent à faire les superbes, sans prendre garde aux plantes parasites qui les humilient et les déshonorent.

— Un mot encore, pour peu qu'il vous plaise de me répondre ; dites moi, mon cher antiquaire, n'est-ce pas Nanteuil-le-Haudouin qui a servi de théâtre, jusqu'à la fin du XVIIIe siècle, à cette jolie comédie villageoise, à cette tradition charmante que l'on appelle le *Mariage à l'Essai ?*

— Oui, monsieur ; c'était là, pour les garçons et pour les filles de notre pays, un moyen fort raisonnable de se préparer à l'association du ménage, à cette mystérieuse communauté qui a tant besoin de raison, de patience, de sympathie et de dévoûment.

— Connaissez-vous les détails de cette ancienne coutume, le scenario de cette comédie du mariage ?

— Puisque vous avez parlé de comédie, permettez-moi de vous dire que le théâtre représentait une chambre nuptiale, un petit intérieur que l'on avait eu le soin de garnir de tous les objets, de tous les ustensiles nécessaires à un jeune ménage. A un signal donné, la jeune mariée entrait dans la chambre nuptiale : elle essayait de marcher, toute tremblante, sur la pointe des pieds, les yeux à demi voilés par la passion et par la pudeur, à la manière d'une vierge amoureuse qui se trouble et qui désire, qui craint et qui espère, qui veut tout savoir et qui a peur de tout connaître, et dont les souvenirs ne sont guère que l'histoire de ses douces espérances ; au même instant, le fiancé feignait de se réveiller en sursaut ; il s'habillait, il faisait semblant de s'habiller derrière les rideaux de l'alcôve, et sa jolie amoureuse, *sa femme*, commençait à se livrer tout naturellement aux soins et aux travaux du ménage. Elle songeait d'abord à balayer la chambre, à nettoyer les meubles, à lustrer la vaisselle d'étain qui garnissait les dressoirs et les crédences ; ensuite, elle s'occupait, avec une tendresse maternelle, de sa petite famille qui sommeillait encore.....

— Sa famille ?

— Oui, monsieur ; de petites poupées qui représentaient sans doute les futurs petits enfants de la mariée. Elle les emmaillotait en les baisant tour à tour, en les couvrant de caresses, en les berçant, comme s'il se fût agi pour elle de baiser, de caresser, de bercer de véritables et charmantes créatures. Un peu plus tard, la jeune femme redevenait la douce compagne qui s'était engagée, de gaîté de cœur, à plaire à un mari, à le charmer et à le servir. Elle s'asseyait devant un miroir, elle bouclait les touffes de ses cheveux, elle se parait d'un collier d'or ; en un mot, elle se faisait jolie, belle, coquette, séduisante, adorable, à l'intention de son bienheureux mari. Ce n'est pas tout : la jeune mariée n'en était encore qu'à la moitié de sa terrible journée ; elle n'avait abordé jusque là que le côté facile de l'épreuve conjugale, qui devait comprendre tous les accidents, tous les besoins, tous les embarras, toutes les péripéties domestiques d'un mariage à l'essai ; il lui fallait passer des heures entières à coudre, à filer, à tricoter, comme il convenait à une bonne et honnête femme de ménage.

— Nos deux fiancés étaient-ils condamnés, par la coutume, à vivre d'amour et d'eau claire durant toute la journée ?

— Non ; mais, à l'heure du dîner, nos prisonniers amoureux se trouvaient dans un singulier embarras ; jugez : la coutume voulait absolument qu'il n'y eût sur la nappe qu'un seul verre, une seule assiette, un seul couteau, enfin un seul couvert ; elle voulait aussi qu'il n'y eût, tout près de la table, qu'une seule chaise ; or, comment faire ? le moyen de boire, de manger et de s'asseoir à deux, avec l'exigence d'une pareille condition ? Eh ! mon Dieu ! il fallait s'exécuter en souriant et de bonne grâce : le fiancé, qui était le maître, le seigneur de son ménage, se mettait à table sans hésister; l'obéissante fiancée allait s'asseoir sur les genoux de son amant, de son mari, et, ma foi! l'humble exiguité du service ne pouvait

rien enlever ni à l'appétit, ni à la tendresse, ni à la folle ardeur de ces innocents époux qui débutaient ainsi dans la sainte communauté du mariage!

— Est-ce tout?

— Non. A l'issue de ce repas si simple, si misérable et si joyeux, les sons d'un orchestre de village éclataient tout à coup, sous les fenêtres de la fiancée; la jeune fille feignait de s'émouvoir et de tressaillir, au bruit cadencé d'une danse populaire; alors, comme elle était obligée par l'esprit de son rôle à se croire au milieu d'un bal, dans un jour de fête, elle s'asseyait dans un coin de la chambre nuptiale, en ayant l'air d'attendre la venue de quelque beau danseur de l'endroit : le marié se rapprochait soudain de sa femme, voltigeait autour d'elle, lui prenait doucement la main et lui demandait de sa voix la plus galante : mademoiselle veut-elle danser avec moi?

— Est-ce que votre comédie du mariage se dénoue par un faux pas?
— Non. La mariée se levait aussitôt devant le danseur; elle l'enlaçait de ses bras souples et amoureux; elle se prenait à tournoyer, à tournoyer toujours, comme une folle qui adore la danse et qui ne s'arrête jamais qu'au dernier son, à la dernière note, au dernier soupir, j'allais dire au dernier pas de la musique ! Enfin, le soir venu, aux derniers rayons du soleil, la mariée disait adieu à son mari présomptif; elle caressait de nouveau ses petits enfants, les petites poupées qui sommeillaient au fond de leurs barcelonettes; elle s'agenouillait pour prier; puis elle se couchait mollement sur son lit et fermait les yeux, comme si elle eût voulu se reposer et dormir jusqu'au lendemain...

— Eh bien ! l'épreuve du mariage à l'essai avait-elle été favorable à la jeune femme et favorable au jeune mari? Avaient-ils eu le temps de se bien apprécier, de se bien juger et de se bien connaître? Comment s'y prenaient-ils pour s'avouer qu'ils étaient enchantés l'un de l'autre?

— Encore une minute, un seul baiser, et tout sera dit; je continue : l'amoureux s'avançait vers la jeune fille qui dormait bien éveillée, je vous le jure, en tremblant de joie ou de peur; il se penchait sur elle pour lui parler de son amour; il prenait dans ses mains le front de la jeune fille; il la priait de rouvrir ses beaux yeux; il la suppliait de lui adresser un regard, un geste, une parole.... Et si le mariage à l'essai avait réussi, la mariée se réveillait comme par enchantement, et les deux époux s'embrassaient!... En ce moment, les amis, les parents, les alliés des deux familles se précipitaient dans la chambre nuptiale, au milieu des éclats de rire, des fanfares, des compliments et des chansons; on interrogeait les fiancés de la façon la plus solennelle, et les témoins, qui devaient signer au véritable contrat de mariage, se mettaient à lire à haute voix ce que l'on intitulait dans le village : *le procès-verbal du baiser*.

— Grand merci, monsieur le magister; votre histoire est charmante !

Je demandai au maître d'école de Nanteuil-le-Haudouin s'il voulait prendre la peine de me conduire à Morfontaine et à Ermenonville; il me répondit, en dessinant un geste qui avait à la fois quelque chose de grotesque et de sublime :

— Non, monsieur.... je n'aime ni le souvenir des grandeurs de l'empire, ni le souvenir de la philosophie du xviiie siècle. A Morfontaine, on se souvient encore de Napoléon; à Ermenonville, on ne se souvient que de Jean-Jacques Rousseau. Ne me parlez pas de ces deux grands hommes : l'Empereur n'a su que donner de la gloire à l'injustice; le philosophe n'a su que donner de l'orgueil aux passions !..... Puisque vous allez saluer à Morfontaine les rois et les princes de la famille impériale, n'oubliez pas de frapper à la porte du château de *Plessis-Chamant*, qui appartenait à Lucien Bonaparte; adieu !

— Adieu donc! lui répondis-je; je vais rêver à l'injustice glorieuse de l'Empereur et à l'orgueil magnifique du philosophe.

Je me souviens d'avoir lu, je ne sais où, un petit livre intitulé : *les Arbres qui parlent*. L'ingénieux auteur de cet ouvrage presque inédit nous faisait passer, dans une promenade qui durait un jour, à travers les résidences historiques de France; dans les forêts, dans les parcs, dans les jardins où nous marchions sur ses traces, le poétique enchanteur se prenait à souffler la mémoire, le langage, la vie humaine, à des arbres qui avaient abrité la grandeur et la poésie de l'histoire : à sa voix, à sa pensée, les hamadryades revenaient sur la terre pour babiller avec des promeneurs qui n'étaient que des hommes; il nous priait de prendre place au pied d'un arbre, et l'arbre enchanté nous racontait à plaisir, tout naturellement, les choses les plus intéressantes du monde. Ainsi, dans la petite ville de Pau, une nymphe chantait à voix basse, dans le creux d'un tilleul, les naïves amours de Henri IV avec Fleurette; à Versailles, l'oranger du connétable de Bourbon nous dictait, de son haleine odorante, l'amoureuse chronique du règne de François Ier et de la cour de Louis XIV; aux Tuileries, le marronnier du 20 mars nous parlait en soupirant des grandes et tristes choses de l'empire; à Vincennes, un chêne royal se souvenait encore, à notre intention, des arrêts populaires de ce doux juge que l'on appelle saint Louis; à la Malmaison, un saule-pleureur se désolait en murmurant le nom de l'impératrice Joséphine; à Chantilly, un orme savant traduisait, pour les menus plaisirs de notre ignorance, les plus beaux vers latins du poëte Santeul; dans le petit château de Madrid, un platane oublié par le temps nous rappelait, en tremblant, la captivité du roi-chevalier en Espagne; à Chelles, un massif de charmes répétait en chœur, pour nous plaire, les harmonies mystiques de l'ancienne abbaye, avec accompagnement de harpe éolienne; enfin, à Compiègne, à Rambouillet, à Fontainebleau, je ne sais plus quels arbres superbes nous soufflaient à l'oreille les souvenirs les plus glorieux de notre histoire monarchique.

Eh bien! permettez-moi d'emprunter au petit livre dont je parle le cadre charmant de ses récits historiques; interrogeons ensemble quelques arbres enchantés de Morfontaine et d'Ermenonville : les dieux de la fable daigneront peut-être sourire à notre hardiesse, et je traduirai, pour vous instruire ou pour vous distraire, le cliquetis des branches et le mystérieux frémissement du feuillage.

Nous voici dans le parc de Morfontaine; qu'est-ce donc que je vous disais tout à l'heure? N'avais-je pas raison, je vous le demande? Est-ce qu'il ne vous semble pas entendre une voix douce, poétique, un peu plaintive, qui nous salue sans doute du fond de ce massif de verdure? Oui, oui, un arbre, le doyen de cette belle forêt peut-être, le contemporain du grand Condé vient de ployer sur nous ses rameaux les plus verts et les plus fleuris, en nous disant avec un doux murmure que j'ai compris à merveille : soyez les bienvenus dans cette hospitalière maison des ducs de Condé et de la famille Bonaparte !

Asseyons-nous au pied de cet arbre ; aussi bien le voilà qui s'agite, qui s'anime, qui gesticule avec ses branches, qui nous adresse les plus jolies révérences du monde, qui se prépare à nous parler le beau langage de ses anciens hôtes, de ses anciens maîtres !

Je me trompe : il vient de m'adresser trois mots latins qu'il a peut-être entendus, il y a bien longtemps, de la bouche d'un bel esprit, d'un prélat ou d'un savant du xviie siècle ; il m'a dit tout bas à l'oreille : « *Cur ego non?...* En d'autres termes, pourquoi n'aurais-je pas le droit de babiller à mon tour ? Pourquoi ne serais-je pas un historien, un chroniqueur, un annaliste ? Ne suis-je pas assez grand et assez fort pour vous raconter sans flatterie et sans crainte ce que j'ai vu, ce que j'ai appris ? *Cur ego non ?...* Pourquoi les dieux, qui ont fait parler les bêtes, ne prêteraient-ils point aux arbres, aux arbustes et aux fleurs le don précieux, le don céleste de la parole ? »

L'arbre enchanté de Morfontaine continue à s'animer, à gesticuler de plus belle, et je crois qu'il nous tient à peu près ce langage :

— « Si vous venez visiter, à Morfontaine, un château presque royal, tout rempli d'élégance, de richesse, de grandeur et de majesté, votre visite ne s'adressera guère qu'à un château en Espagne : cette ancienne maison des ducs de Condé n'a rien de grand, de riche, de noble, de majestueux, dans l'ensemble de ses apparences extérieures ; tout cela est d'un goût très-équivoque, d'une architecture horrible à force de petitesse ; l'architecte de notre résidence princière a économisé le goût, l'invention, le génie. En revanche, le soleil, la terre, l'eau et la verdure ont donné des trésors charmants, des merveilles délicieuses à l'habitation seigneuriale de Morfontaine. Un parc immense, où je ne joue qu'un rôle misérable, à côté de ces arbres, de ces arbustes, de ces fleurs que l'on a dérobés à toutes les parties du monde ; des viviers et des bassins qui ressemblent à des lacs, et des ruisseaux qui ressemblent à des torrents ou à des rivières ; des collines boisées, des fabriques dessinées avec le plus heureux artifice, des grottes, des rochers, des précipices ébauchés par la nature et arrangés par la main de l'homme ; voilà ce qui est beau, admirable, tout-à-fait royal, dans la résidence de Morfontaine.

« La terre illustre où je figure depuis deux siècles, en qualité de comparse, a eu l'honneur d'appartenir aux ducs de Condé jusqu'à l'avènement populaire de la révolution de 93, à la communauté du peuple jusqu'à l'époque du consulat, à Joseph Bonaparte sous l'empire, au dernier des

Condé pendant la restauration; il y a quelques jours, quelques mois, le château de Morfontaine appartenait à madame la baronne de Feuchères.

« J'ai entendu babiller bien des savants qui se promenaient à l'ombre de notre parc magnifique. Ils parlaient de je ne sais quelle histoire ancienne, l'histoire du château de Chantilly qui appartenait aussi à mes anciens maîtres; les promeneurs répétaient à l'envi ce qu'ils avaient lu dans cinquante volumes, sur la richesse, le faste, l'opulence, la splendeur de Chantilly au xviie siècle, et ils oubliaient, les ingrats, toutes les merveilles modestes de Morfontaine!.... Je ne demande pas mieux que d'admirer la fortune et la gloire de mes rivaux, pourvu que l'on daigne rendre justice à notre petit mérite.

« Au xviie siècle, Chantilly était peut-être le Versailles des ducs de Condé; mais le château de Morfontaine était assurément le Marly des princes de Bourbon.

« Chantilly servait de théâtre aux fêtes publiques, aux solennelles extravagances en l'honneur de Louis XIV; mais, après avoir joué la comédie de l'orgueil pour plaire à un monarque, les nobles comédiens de Chantilly se réfugiaient à Morfontaine, pour y déposer le masque de l'étiquette: on était grand à Chantilly; on était heureux à Morfontaine; là-bas on ne savait vivre que pour les autres; ici, l'on ne vivait que pour soi.

« A Chantilly, M. le prince ne recevait que la royauté, la noblesse, la grandeur officielle; mais, à Morfontaine, il daignait recevoir l'aristocratie de l'intelligence, du talent, de la poésie, Bossuet, Racine, Corneille, Boileau, Bourdaloue et tous les beaux esprits de la cour et de la ville.

« Si vous aimez les détails de la chronique secrète du xviie siècle, voici une anecdote qui date de l'année 1671, et qui se rattache à l'histoire des fêtes de Chantilly en l'honneur de Sa Majesté Louis XIV; il s'agit de ce pauvre Vatel, dont les historiens paraissent avoir très-mal raconté l'aventure tragique.

« Un jour de l'année 1671, M. le prince, des gentilshommes, des savants et des poètes se promenaient dans le parc; ils s'assirent à mes pieds, à l'ombre de mon orgueilleux feuillage, à la place même où vous êtes en ce moment: on parla beaucoup de M. Vatel qui avait eu l'honneur d'être protégé par Fouquet, estimé de Pélisson, loué par La Fontaine et consulté bien des fois par monseigneur le duc de Condé. M. d'Hacqueville se prit à dire à M. le prince :

« — J'ai entendu hier au soir, chez M. de Larochefoucauld, la lecture d'une lettre de madame de Sévigné qui raconte à sa fille le drame singulier de Chantilly; eh bien! cette lettre, d'ailleurs fort spirituelle, est fausse d'un bout à l'autre; moi seul, peut-être, je connais le véritable motif de la mort de ce malheureux Vatel...

Mortfontaine. — Ermenonville.

« A ces mots, je me baissai tout doucement pour mieux entendre, et M. d'Hacqueville continua ainsi :

« — Monseigneur, le pauvre Vatel, n'osant pas s'adresser aux grandes dames de la cour, avait la coutume de s'en prendre aux petites bourgeoises et aux gentilles grisettes des faubourgs; en pareil cas, le maître d'hôtel de votre altesse royale se déguisait à la manière des amants mystérieux, et il portait bien ou mal la petite veste, le petit chapeau, les habits râpés d'un courtaud de magasin qui a revêtu ses hardes du dimanche. Ainsi affublé de son accoutrement d'emprunt, Vatel rencontra, par une belle soirée de l'année dernière, une jeune personne simplement vêtue, simplement jolie, qui marchait à petits pas, en sautillant, dans la rue Saint-Antoine ; il en fut charmé tout de suite et, entre nous, cette jeune fille était charmante ; elle était si propre, si fraîche, si agaçante, si légère, si gracieuse, qu'avec elle, vraiment! le plus sage serait devenu le plus fou, et Vatel perdit, à la première vue, ce qu'il avait encore de sagesse, peu de chose, hélas! presque rien, un éclair, comme dit quelquefois madame la marquise de Sévigné.

« Le lendemain, le surlendemain et les jours suivants, Vatel rencontra sa petite ouvrière dans la même rue, à la même place, si bien qu'ils finirent par ne plus se rencontrer : ils se trouvaient. Les baisers vont vite avec les grisettes de Paris, qui ont presque toutes le cœur sur les lèvres !.. Pourtant, Vatel jouait de malheur dans le succès de son intrigue amoureuse : Denise avait des précautions à prendre, des mesures à garder; Denise n'avait guère la permission de sourire à son bel amoureux qu'une seule fois par semaine : la mansarde de la jolie ouvrière ne s'ouvrait pour Vatel que le dimanche.

« Voici quelque chose de bien étrange : un soir, Vatel aperçut au doigt de Denise une bague enrichie d'une perle précieuse, d'une grosse perle noire. Voici quelque chose de plus extraordinaire que la bague : un matin, dans le petit parc de Versailles, le malheureux Vatel faillit s'évanouir, à force de surprise, à l'aspect d'une grande dame de la cour qui s'en allait, bras dessus, bras dessous, avec un beau gentilhomme..... Denise! Denise! s'écria Vatel; hélas! ce n'était pas Denise..... c'était madame la duchesse de Ventadour!

« Voici quelque chose de plus mystérieux que tout cela : il y a quelques jours, la veille de son départ pour Chantilly, Vatel reçut une lettre de Denise qui lui disait un dernier adieu, un adieu éternel... Quel coup de grâce pour l'esprit et pour le cœur de ce pauvre Vatel!.... Étonnez-vous donc, monseigneur, qu'il ait passé douze longues nuits sans dormir, et que le rôti ait manqué, non pas seulement à la table du roi, mais à vingt-cinq tables du souper royal de votre altesse!

« A Chantilly, nouveau mystère, nouvelle folie : Vatel se prit encore à s'imaginer que madame la duchesse de Ventadour, c'était Denise en deux personnes : l'une qui l'avait aimé dans une mansarde, l'autre qui le méprisait sans doute dans un palais. Notre pauvre diable d'amoureux se persuada que madame de Ventadour avait daigné lui sourire tristement, avec une tendre pitié, et Vatel eut l'audace de balbutier tout près d'elle, le plus secrètement qu'il lui fut possible : Mon Dieu ! dites à la duchesse de disparaître au plus tôt, et à Denise de revenir au plus vite ! — Une voix sévère répondit à Vatel : la duchesse disparaît et Denise ne reviendra pas !

« A quatre heures du matin, Vatel continuait à se désoler dans les jardins de Chantilly ; la tête lui tourna au souvenir de la duchesse. Il monta dans sa chambre, et pour ne plus quitter sa Denise qu'il avait retrouvée dans le parc, sa Denise qu'il croyait voir encore, il se prit

à l'envelopper de sa pensée amoureuse, et il se tua d'un coup d'épée ! Vous le voyez, monseigneur, mon récit ne ressemble pas à celui de madame de Sévigné, et je vous assure que la marée de Chantilly n'a rien à faire dans l'histoire de la mort de Vatel !

« Je me souviens des fêtes brillantes qui célébrèrent, à Morfontaine, le traité conclu au mois d'octobre 1802 entre la république française et les États-Unis d'Amérique. J'oubliai les princes de la maison de Bourbon que j'avais servis de mon ombrage, pour saluer les glorieux roturiers de la famille Bonaparte ; je saluai de mon mieux le premier consul qui commençait à marcher dans tout l'appareil de la royauté ; je saluai le conseil d'État, le sénat, le tribunat et le corps-législatif. Napoléon et M. de Lafayette s'assirent un instant à mes pieds, pour deviser de la révolution française qui était déjà de l'histoire ancienne ; un peu plus tard, j'entendis le premier consul qui daignait parler de musique avec le célèbre Garat.

« Le soir de la première fête de Morfontaine, après le spectacle, après le feu d'artifice, Fleury et mademoiselle Contat, qui venaient de jouer un chef-d'œuvre du Théâtre-Français, se reposèrent longtemps derrière ce massif de verdure, et il me sembla, à tort ou à raison, qu'ils ne jouaient plus la comédie ; Dazincourt et mademoiselle Mézerai s'amusaient, un peu plus loin, à donner une suite charmante à un rôle de valet et à un rôle de soubrette.

« J'ai entendu babiller, dans le parc de Morfontaine, les illustrations les plus éclatantes : les Bonaparte d'abord, et puis madame de Staël, Benjamin Constant, Casti, le poète des *Animaux parlants*, Stanislas Girardin, le propriétaire d'Ermenonville, Rœderer le publiciste, Regnault de Saint-Jean-d'Angély et sa jolie femme, Murat, M. de Cobenzel, Arnault, Andrieux, Boufflers, Fontanes, Marmont, Chauvelin, Mathieu de Montmorency, Palissot, le doyen des beaux-esprits du xviii° siècle, la marquise de Santa-Cruz, que Lucien avait dérobée à la cour d'Espagne, Canova et Paësiello que Napoléon daignait emprunter à l'Italie : j'en passe, et des meilleurs ! Ce fut à Morfontaine que le poète Casti fit la lecture d'un chant inédit de *Vert-vert*, intitulé : *l'Ouvroir*.

« Je crois bien que l'impératrice Marie-Louise s'est promenée dans nos jardins avec la reine d'Espagne ; Marie-Louise était bien soucieuse, bien triste : pensait-elle à Napoléon ou au comte de Neipperg, à Vienne ou à Paris, à la France ou à l'Autriche ? C'était en 1814, et la trahison n'était pas loin, à ce que me racontait autrefois un oiseau du voisinage, un aigle qui s'était caché à Morfontaine après la chute de l'empire.

« La restauration passa bien doucement, bien tristement sur le château de Morfontaine ; je me trompe : en 1820, un noble et riche étranger rendit à notre résidence princière un peu de bruit, de luxe, de bonheur et d'orgueil : je parle de M. le baron Schickler.

« Si j'en crois bien des promeneurs de Morfontaine, M. Schickler n'était pas seulement un homme très-millionnaire, c'était un homme très-distingué, spirituel, généreux et dévoué jusqu'à la faiblesse; on écrirait un petit recueil d'histoires charmantes avec le souvenir, avec le simple récit de ses bonnes œuvres, de ses aumônes et de ses services. La mansarde de l'artiste, le grenier du poète, le gîte de l'ouvrier, la chambre de la veuve et de l'orphelin, la triste demeure des pauvres honteux recevaient bien souvent le visite de M. Schickler. Un provincial demandait un jour au maître de son hôtel l'adresse de M. le baron Schickler; on lui répondit ce mot qui est un singulier et touchant éloge : demandez-la au premier pauvre que vous rencontrerez dans la rue!

« Après le duc de Condé, M. Schickler était l'homme d'Europe qui s'entendait le mieux aux plaisirs fastueux de la grande chasse, aux élégances aristocratiques de la vénerie; M. Schickler avait étudié la science difficile du veneur, en France, en Allemagne et en Angleterre; il disait, en parlant de ces trois écoles : de l'autre côté de la Manche, ce sont des courses; au-delà du Rhin, des massacres; les Français seuls savent chasser.

« L'équipage de M. Schickler, à Morfontaine, égalait presque l'équipage princier de Chantilly : le chef de cette superbe vénerie était le vieil Obry, l'ancien piqueur du duc de Berry; il commandait à quatre piqueurs à cheval, à quatre valets à pied et à cent trente chiens de meute.

« Durant sept années, le bruit des *laisser courre* de M. Schickler ne cessa de retentir dans les bois de Morfontaine, et souvent ce bruit alla réveiller les échos de la Ferté-Vidame et des plus sombres forêts de la Normandie. Les chasses dont je parle ont inspiré bien des fois la verve éclatante d'Horace Vernet, qui était un des chasseurs les plus habiles de Morfontaine; en pareil cas, sans doute, ce grand artiste peignait en courant, en chassant : je m'imagine qu'il chargeait son fusil avec les plus brillantes couleurs de sa palette; il tirait ensuite sur une toile... et voilà un tableau admirable pour la galerie de M. Schickler!

« J'ai vu passer, dans le parc, tout prêts à courir le cerf, le daim et le chevreuil, M. le duc de Fitz-James, M. le comte de Girardin, M. le comte de Mornay, MM. de l'Aigle, M. Achille Delamarre, M. le comte de Grasse, M. le comte de Cambis, M. de Béhague, M. Horace Vernet, M. Félix Weiss, qui tous se souviennent encore, j'en suis sûr, de la noble et gracieuse hospitalité de leur excellent ami.

« Je vous souhaite de voir s'ouvrir devant vous une hospitalière maison qui vaille celle de M. Schickler pour la distinction du langage, des manières, des sentiments et des pensées; je vous souhaite surtout de rencontrer, dans quelque salon de Paris, une femme aussi belle, aussi bonne, aussi charitable, aussi spirituelle que madame la baronne Schickler :

partout où elles passent, les femmes de cet esprit, de cette beauté, de ce caractère, sont de véritables reines sans couronne.

« Adieu, messieurs ! quoique je ne sois pas un saule pleureur, j'ai des larmes, et je vais pleurer sur le dernier des Condé qui se laissa mourir d'une façon misérable, après avoir légué le château de Morfontaine à madame de Feuchères. »

Saluons cet arbre complaisant, qui a daigné se faire pour nous l'historiographe de Morfontaine, et allons interroger les arbres d'Ermenonville, sur le bord de la *Nonette*, sur un rivage tout couvert d'arbustes, de fruits et de fleurs.

Voici un chêne superbe qui doit être le savant de l'endroit ; il porte encore sur son écorce des demi-mots, des lettres, des chiffres qui étaient sans doute de mystérieuses confidences. Un chêne va donc nous parler du château de la famille Girardin ; un peuplier nous parlera tout à l'heure de la mort de Jean-Jacques. Cette fois, ce n'est pas une nymphe, une hamadryade qui babille dans le feuillage : la voix que nous allons entendre est celle d'un oiseau ; oui, notre nouvel historien emprunte la voix d'un oiseau chanteur ; ce petit musicien ailé, qui voltige de branche en branche, c'est l'âme, c'est l'imagination, c'est la mémoire d'un arbre parlant, et me voilà forcé de me souvenir des travaux ingénieux de Dupont de Nemours, pour vous traduire le ramage historique d'une fauvette. Arbre ou oiseau, je vous écoute !

« — Voulez-vous de l'histoire ancienne, mes beaux messieurs ? Voulez-vous que je vous parle du déluge et du xvie siècle ?... Eh bien ! sous le règne de Henri IV, Ermenonville appartenait à un des compagnons les plus fidèles du Béarnais, à Dominique de Vic, qui mourut de chagrin, dans ce domaine, en apprenant l'assassinat de son auguste maître. Mais laissons-là, s'il vous plaît, les rois et les soldats du xvie siècle, et occupons-nous du véritable souverain d'Ermenonville ; seulement, puisque je viens de nommer Henri IV, permettez-moi de répéter, en l'honneur de sa mémoire, la galante chanson qu'il fredonna si souvent, aux pieds de sa maîtresse, dans un des pavillons d'Ermenonville :

> Charmante Gabrielle,
> Blessé de mille dards,
> Quand la gloire m'appelle
> Sous les drapeaux de Mars......

« Le véritable souverain d'Ermenonville, l'enchanteur de cette bienheureuse terre, c'est M. de Girardin ; c'est lui qui nous a donné des sites charmants, des jardins délicieux, des viviers bien limpides, des labyrinthes de fleurs, des nappes de gazon et toutes sortes de choses ravis-

santes qui invitent au repos, à la paresse, à la rêverie, au bonheur.....
Deus nobis hæc otia fecit! Pardonnez-moi, messieurs... je ne sais pas le
grec, mais je sais le latin..... J'ai appris la langue d'Horace et de Virgile en écoutant des promeneurs d'élite qui venaient visiter le temple
de la philosophie; ce temple, le voilà devant vous, sur le sommet de
cette jolie colline....

« De la place où nous sommes, il n'est pas difficile de déchiffrer des
inscriptions sur le frontispice et sur les colonnes de ce monument allégorique : *Rerum cognoscere causas. — Newton, lucem. — Descartes, nil
rebus inane. — Voltaire, ridiculum. — Penn, humanitatem. — Montesquieu,
justitiam. — Rousseau, naturam.*

Je me suis laissé dire que l'on avait gravé, dans l'intérieur du temple,
la dédicace latine que voici :

>   *Hoc templum inchoatum*
>   *Philosophiæ nondum perfectæ*
>   *Michaeli Montaigne*
>   *Qui omnia dixit*
>   *Sacrum esto.*

« On lit encore, sur le chapiteau d'une colonne couchée :

>   *Quis hoc perficiet ?*

« Et plus loin, sur une roche :

>   *Joseph II s'y est reposé.*

« Pourquoi n'a-t-on pas aussi gravé, sur quelque bloc de pierre ou
de marbre :

Gustave III, roi de Suède, a visité le temple de la philosophie, le 24 juillet 1784.

« Notre château a plus de majesté que d'élégance : c'est une construction presque moderne, entourée d'un large fossé, à la manière d'un petit
manoir féodal. Ce pauvre château d'Ermenonville a été bien admiré et
bien méprisé par les visiteurs parisiens : entre nous, il ne mérite ni cet
excès d'honneur ni cette indignité.

« J'ai oublié, à propos de nos jardins, de nos sites, de nos fabriques,
de vous recommander la jolie *tour de Gabrielle*. Cette bienheureuse
tour servait de cachette aux rendez-vous de Henri IV avec sa belle
maîtresse. L'intérieur de cette petite habitation rappelle, dans tous ses

détails, le style du xvi° siècle ; vous y pourrez voir, sur une muraille, les armes de Dominique de Vic.

« Laissons-là le château ; regardez bien ce grand tertre de verdure, cette immense corbeille de feuillage qui se dessine au milieu du lac : c'est l'*Ile des Peupliers*. Allez donc rêver dans cette île mortuaire, mes beaux

messieurs ; adressez-vous, de ma part, au peuplier le plus haut, le plus fier et en même temps le plus mélancolique de l'endroit : il vous parlera peut-être d'un grand homme que j'ai bien souvent abrité de mon ombre, et que l'on nommait, ce me semble, Jean-Jacques Rousseau ; adieu ! mes beaux messieurs.... le vent me fatigue.... Bonsoir ! »

Un saule pleureur nous parlerait mieux sans doute qu'un peuplier sur la mort d'un poëte, d'un philosophe, d'un écrivain de génie ; mais, enfin, que voulez-vous ! Il n'y a pas de saules pleureurs dans cette petite île des larmes : contentons-nous de l'oraison funèbre prononcée... murmurée par le frémissement d'un peuplier.

Le soir, après une belle journée d'automne, le paysage de l'*Ile des Peupliers* est un spectacle charmant qui emprunte je ne sais quelle triste et solennelle grandeur à la poésie des souvenirs : la gloire et le malheur ont passé par là !

Le monument funéraire du philosophe est d'une simplicité qui ne manque pas d'un certain goût; on a gravé, sur ses deux faces, les inscriptions suivantes :

ICI REPOSE

L'HOMME DE LA NATURE ET DE LA VÉRITÉ.

Vitam impendere vero.

HIC OSSA J.-J. ROUSSEAU

Cette dernière inscription a tort : les ossements de Jean-Jacques ne sont plus à Ermenonville; transportés au Panthéon, le 10 octobre 1794, ils furent relégués dans un misérable caveau, par l'ordre d'un ministre de la Restauration, le 3 janvier 1822.

Lesueur a sculpté, sur le monument de l'*Ile des Peupliers*, une femme qui allaite son enfant, le livre d'*Émile* à la main. Une mère qui nourrit son fils, sur la tombe de J.-J. Rousseau !... Quelle affreuse leçon adressée par la morale, quel horrible reproche adressé par la philosophie à ce moraliste sans cœur, à ce philosophe sans entrailles qui a osé écrire certaines pages des *Confessions !*

Le chêne de tout à l'heure avait raison ; voici un peuplier qui nous parle :

« — Soyez les bienvenus ! car vous n'êtes pas de ces promeneurs vulgaires qui viennent folâtrer sur l'herbe de l'*Ile des Peupliers* ; soyez les bienvenus ! car vous ressemblez à des artistes, à des écrivains, à des observateurs; soyez les bienvenus ! car vous venez à Ermenonville pour y rêver, pour y penser autour d'une tombe, les yeux fixés sur le glorieux fantôme de Jean-Jacques.

« En parlant à des visiteurs qui savent quelque chose, ai-je besoin de leur rappeler la vie tout entière de ce malheureux grand homme que j'ai vu descendre et disparaître dans cette petite fosse, dans ce petit trou ? Non, non : vous connaissez, bien mieux que moi, le Jean-Jacques Rousseau qui a vécu à Genève, à Lausanne, aux Charmettes, à Neufchâtel, à Venise, à Londres et à Paris : je ne veux me souvenir que du Jean-Jacques Rousseau qui a souffert et qui est mort à Ermenonville.

« Quand je vis pour la première fois l'illustre philosophe, au mois de mai 1778, il me sembla bien triste, bien abattu, bien désolé ; il se promena longtemps, dans cette petite île, bras dessus, bras dessous avec M. de Girardin, mon excellent maître. Selon sa coupable habitude, Jean-Jacques se plaignit de tout le monde : de Voltaire, de Diderot, de Grimm, de Saint-Lambert, de madame d'Houdetot, de M. de Malesherbes, de Thérèse, des libraires, des gazettes, des ministres, du roi, de la reine, du bon Dieu et du diable; il me parut, en l'écoutant, que la grande faiblesse de Rousseau était de créer à plaisir, autour de sa personne, des envieux, des ennemis, des ingrats, des espions et des persécuteurs ; je compris aisément que la bouche et la plume de Jean-Jacques avaient dû gaspiller bien de l'esprit, bien de la colère, bien de l'éloquence, pour combattre des ombres, des illusions et des rêves.

« Jean-Jacques se fatigua bien vite d'être heureux dans un beau château, de travailler à son aise, quand bon lui semblait, d'herboriser chaque matin dans un parc, de rêver tout éveillé en préparant un nouveau chef-d'œuvre, en devisant d'amour avec *Julie*, de métaphysique sentimentale avec *Saint-Preux*, de musique avec le *Devin du village*, de philosophie pratique avec *Emile*, de religion avec le *Vicaire Savoyard*. Hélas ! ce pauvre Jean-Jacques était aussi ingrat pour le paysage que pour les hommes : il a toujours trahi les beaux arbres qui lui avaient prêté leur ombrage et les bonnes gens qui lui avaient prêté leur fortune ; il ne tarda pas à vouloir quitter Ermenonville, et, sans l'opposition de sa femme, à coup sûr il nous aurait quittés.

« Jean-Jacques s'aperçut bientôt que Thérèse avait de bonnes raisons, c'est-à-dire, des raisons assez mauvaises, pour ne point approuver son projet de retour à Paris : cette malheureuse femme aimait mieux obéir à un valet de chambre qu'à un homme de génie ; Thérèse Levasseur avait épousé un grand écrivain, un grand penseur, un grand philosophe..... mais, chez elle, la caque sentait toujours le hareng. La fatigue, l'ennui, la tristesse, le dégoût s'emparèrent de ce grand homme, et il se tua !... Cela vous étonne, messieurs ?... Oui, le 2 juillet 1778, Jean-Jacques Rousseau se mit à cueillir je ne sais quelles vilaines plantes ; il les fit infuser dans une tasse de café, et il s'empoisonna !... Une heure plus tard, comme il commençait à sentir l'horrible poison qui se hâtait trop lentement, il prit un pistolet et il se brûla la cervelle !.... J'ai bien entendu parler d'une *apoplexie foudroyante et d'un trou que Jean-Jacques s'était fait à la tête en tombant...* Mais, croyez-moi, Rousseau ne fut foudroyé que par l'éclat d'une arme à feu, et le trou qu'il s'était fait à la tête avait tout juste la largeur d'une balle !

« Depuis soixante ans, messieurs, j'assiste aux poétiques audiences que l'admiration et la curiosité viennent demander chaque jour à l'ombre de Jean-Jacques Rousseau. J'ai vu passer, dans l'*Ile des Peupliers*, des princes, des hommes d'État, des poètes, des historiens, des rêveurs et des oisifs de tous les pays ; j'ai vu un roi de Suède, Gustave III, assez noble ou assez ignorant pour rendre hommage à la mémoire de l'auteur du *Contrat Social*; j'ai vu des comédiens qui saluaient, outre-tombe, le philosophe qui avait condamné les spectacles ; j'ai vu des femmes sensibles qui pleuraient, en songeant à l'amant impitoyable de madame de

Warens; j'ai vu les plus belles et les plus nobles dames qui daignaient oublier le mari d'une Thérèse Levasseur, en pensant à *Claire* et à *Julie*; j'ai vu d'honnêtes gens qui ne se rappelaient plus, au pied de cette tombe, l'ingratitude de l'ami intime de Saint-Lambert et de madame d'Houdetot; j'ai vu bien des jeunes mères qui s'agenouillaient dans l'*Ile des Peupliers*, sans donner un seul regret, une seule larme aux malheureux enfants de Jean-Jacques Rousseau, abandonnés par leur père!

« En revanche, j'ai entendu un mot bien sévère et bien juste, prononcé par un pauvre jeune homme de ce pays, par un simple paysan qui avait étudié les œuvres et la vie de Jean-Jacques, par un modeste maître d'école du canton de Nanteuil-le-Haudouin ; ce paysan s'écriait un jour, les yeux fixés sur la tombe de Jean-Jacques : O le moins sage des philosophes ! tu n'as su que donner de l'orgueil aux mauvaises passions ! »

Louis Lurine.

DE CORBEIL A MELUN.

Si la mort n'eût pas brisé la plume poétique et féconde qui s'était associée à notre œuvre descriptive des Environs de Paris, Charles Nodier eût sans doute écrit ce chapitre. Il avait tracé le plan du voyage; sa plume eût couru, capricieuse, à travers les riches campagnes et les vieux monuments des bords de la Seine; il nous eût dit des récits simples et sans art, limpides comme les ondes du beau fleuve et variés comme ses rivages.

Rattachons un moment, à ce chapitre, le nom du grand écrivain qui n'est plus, et copions un coin de l'esquisse délicieuse signée Charles Nodier :

« L'histoire de la *Seine* est, beaucoup plus qu'on ne l'imagine au premier abord, l'histoire de la France elle-même. Il en est des fleuves comme des nations ; inconnus à leur origine, rien ne révèle, dans la source obscure d'où ils s'échappent, la portée de l'espace qu'ils vont parcourir et les différentes vicissitudes de leurs cours. Faibles, à leurs commencements, ils coulent cependant au gré de la pente qui les entraîne, approfondissant peu à peu leur lit, reculant peu à peu leurs rivages, portant avec eux des désastres ou des bienfaits, la fertilité ou la terreur, jusqu'à ce que, parvenus au plus haut degré d'étendue, de richesse et de splendeur, qu'il leur soit permis d'atteindre, et poussés à son terme par leur propre violence, ils se précipitent et disparaissent pour toujours dans l'abîme des mers. Ainsi apparaissent, et s'accroissent, et finissent les empires ; l'histoire de l'homme est tracée partout, dans le tableau magique de la nature.

« *La Seine*, dont le voyageur peut parcourir les bords en peu de jours, réveille plus d'idées imposantes et rappelle plus de grands événements à la mémoire des âges que ce fleuve immense de l'Amérique septentrionale, dont le cours embrasse la moitié du monde... *La Seine !* le fleuve roi de la reine des cités, le fleuve français qui n'a pas appuyé son urne sur une terre étrangère, comme le Rhône et comme le Rhin ; qui ne va pas en transfuge enrichir nos voisins du trésor de ses eaux, comme l'Escaut et comme la Meuse ; qui descend de nos montagnes et se perd dans notre Océan, sans avoir fécondé d'autres plaines, sans avoir baigné d'autres villes, sans avoir miré d'autre ciel.

« Que manque-t-il à sa beauté ? La nature végétale a prodigué sur ses rives fleuries toutes les richesses de sa corbeille ; aucune des rivières qui baignent les contrées les plus célèbres par leurs fastes militaires n'a mêlé plus souvent les rumeurs de ses ondes à celles des combattants ; aucune n'a vu arborer, dans ses plaines dévastées, plus de trophées de batailles ; aucune n'a fourni plus d'eau lustrale au sacrifice sanglant de la guerre.

La Seine a eu son histoire sacrée comme elle a eu son histoire fabuleuse, et notre vieille mythologie nationale ajoute souvent encore quelque chose à leurs délicieux récits. De toute la poésie merveilleuse du moyen âge, il reste des traditions que vous retrouvez à chaque pas ; et partout, sur la route, se confondent les hautes impressions de l'épopée, celles du drame et de la romance. »

Aventurons-nous donc, sur la foi du maître, et glanons dans les souvenirs et les traditions.

Le premier point d'arrêt marqué sur la carte de mon itinéraire est Corbeil ; mais, en remontant la rive droite, comment toucher Corbeil sans faire halte à Petit-Bourg, dont le château rose et vert domine les délices pastorales des belles vallées de la Seine? Petit-Bourg qui eut successivement pour maîtres un chanoine de Notre-Dame, un archevêque de Paris, une favorite de Louis XIV, un bâtard royal, un fermier de roulette et enfin un de ces heureux joueurs à la fortune qui, du plus bas échelon du crédit, s'élèvent et montent jusqu'à ce qu'ils soient assez haut pour poser sur un trône l'appoint d'un escompte.

A Petit-Bourg, Montespan pleura ses royales amours trahies. Le duc d'Antin y gagna, à genoux devant le prie-dieu de la rivale de sa mère, le titre de duc d'Épernon. Avant d'être fils, il était courtisan. Il décora de ses mains le boudoir de madame de Maintenon et fit en sorte qu'il lui rappelât, à s'y méprendre, sa chère retraite de Saint-Cyr. Sur un signe, une forêt qui gênait un paysage disparut comme par enchantement; voilà ce que fit le châtelain de Petit-Bourg pour avoir un sourire de la favorite ; ce qu'il avisa pour conserver la faveur de son père. Voltaire l'a dit :

« Il fit mettre ce qu'on appelle des cales entre les statues et les socles, afin que, quand le roi viendrait à se promener, il s'aperçût que les statues n'étaient pas droites et qu'il eût le mérite du coup-d'œil. En effet, le roi ne manquait pas de trouver le défaut ; M. d'Antin contestait un peu, et ensuite se rendait et faisait redresser la statue, en avouant, avec une surprise affectée, combien le roi se connaissait à tout. »

Les petits soupers, les chasses aux flambeaux, les rencontres imprévues ménagées au roi au détour des charmilles, complétèrent plus tard le bagage de titres que le duc d'Antin put faire valoir aux bonnes grâces de son royal maître.

Un fermier des jeux sauva Petit-Bourg du nivellement révolutionnaire, puis un chef de cosaques coucha dans la chambre où Louis XIV avait reposé, et enfin le beau domaine dont les jardins avaient été dessinés par Lenôtre, les potagers plantés par l'avocat La Quintinie, les galeries peintes par Lebrun, appartint à M. Aguado dont le nom, classé d'abord parmi les commerçants de troisième ordre, devint bientôt célèbre, moins peut-être par l'élévation subite de celui qui le portait que par l'art à l'aide duquel le nouvel enrichi parvint à se faire pardonner sa haute fortune et la conquête diplomatique des titres aristocratiques dont il eut la puérile faiblesse de se parer. M. Aguado était doué de cette qualité, bien rare de nos jours, de savoir faire le bien avec intelligence et esprit. Sans parler d'un hôpital qu'il ouvrit aux pauvres, des écoles où il appela les nombreux enfants de la campagne, des travaux et des aumônes distribués aux populations villageoises qu'il rapprocha de lui en joignant à grands frais, par un pont, les deux rives de la Seine, que de faits on pourrait citer! Racontons en deux :

Un jeune écrivain peu fortuné, et préoccupé d'une pensée bizarre, s'arrêta un matin devant Petit-Bourg. Une seule fois il avait eu occasion de faire un feuilleton sur la propriété bien-aimée du financier, et il espéra que ce fait aurait laissé son nom au souvenir du châtelain. Il se fait annoncer; M. Aguado vient au devant du jeune homme, il le conduit dans sa longue galerie de tableaux ; là, il lui demande en quoi il peut lui être agréable :

« Monsieur le marquis, dit le jeune homme un peu ému, ma visite va vous paraître singulière... J'ai rêvé cette nuit que vous me prêtiez cinq mille francs pour commencer un journal... »

M. Aguado sourit et répondit :

« Monsieur, je n'ai pas reçu encore de là haut la lettre d'avis, mais je vous crois sur parole, » et le jeune homme emporta un mandat à vue sur M. Féreire Laffitte, à Paris.

Un savant malade et nécessiteux adressa un hommage en vers à M. Aguado à l'occasion de sa fête. Le pauvre homme n'était pas familier avec la poésie, et c'était pour lui une œuvre rude et pénible que d'asservir sa pensée au rythme et à la rime. M. Aguado envoya au poète un témoignage de sa gratitude. Une circonstance, due au hasard, mit le financier dans la confidence des tortures intellectuelles que le savant s'était imposées pour accomplir son œuvre ; et, quand une année se fut à peu près écoulée, M. Aguado s'effraya de la peine que son protégé allait peut-être se donner de nouveau pour lui offrir un tribut poétique, et il devança d'un mois l'envoi de son offrande qui arriva à temps pour empêcher le vieillard d'affronter le Pégase, sa bête noire.

N'y a-t-il pas, dans ces deux anecdotes, un sentiment de délicatesse, un parfum de noblesse qui ne s'exhale pas d'habitude des œuvres de la bienfaisance bourgeoise, toujours mesquine? C'est ce qui tuait l'ironie et le sarcasme à l'endroit du blason de M. Aguado ; c'est ce qui faisait qu'on ne paraissait ni surpris ni fâché d'entendre nommer l'ancien marchand de la rue du Mail, marquis de Las Marismas.

Petit-Bourg est aujourd'hui une colonie agricole ouverte aux enfants de la classe pauvre. Dieu lui soit en aide!... nos vœux sont pour elle. Mais, nous l'avouons, ce riche palais nous fait peur ; nous craignons pour l'imagination des petits êtres destinés à la mansarde et à la charrue. Ne trouvera-t-on pas l'atelier des villes bien triste quand on quittera l'école où le luxe et les arts ont laissé leurs traces séduisantes ? Ces jolis plaids écossais coupés par un ciseau fashionable, vêtement d'adoption de la colonie, ne sont-ils pas une provocation, pour l'avenir, au luxe et à la dépense ? Le bail de ce grand domaine doit coûter beaucoup, et, en fractionnant la somme du loyer par chaque élève (ils sont vingt-cinq), ne trouve-t-on pas que ces petits colons là sont des laboureurs un peu gants jaunes ? Je désire me tromper. Dieu veuille que Petit-Bourg prospère et qu'il nous donne des Jacquart et des Grangé !

Nous avons gagné Corbeil par Petit-Bourg et, à l'aspect de la ville, un souvenir de la polémique à laquelle son origine donna lieu se présente. De nos jours les historiens sont de bonne composition, ils écrivent l'histoire comme les journalistes les séances de la Chambre des députés. Le premier qui arrive donne son texte à ceux qui viennent après lui; jadis c'était différent. Tout homme qui descendait, la plume à la main, sur le terrain historique, prenait à tâche de pourfendre celui qui l'avait précédé. A Corbeil, autant d'historiens, autant d'opinions. Le kaléidoscope n'a pas plus de pierres mobiles, que son histoire d'origines contestées ; enfin, les juges les plus accrédités ont décidé que, pour trouver l'étymologie du nom de Corbeil, il fallait choisir entre le Romain *Corbulo*, qui guerroya sous Néron, ou une ferme nommée les *Corbeilles*, appartenant jadis aux moines de Saint-Germain-d'Auxerre... Nos lecteurs opteront. Si l'on n'est pas d'accord sur ce qui lui valut son nom, on l'est un peu plus sur ce qui lui mérita la célébrité. C'est aux reliques de saint Exupère et de saint Loup que Corbeil doit de compter parmi les villes. A l'époque de l'invasion des Normands, c'était chose précieuse que des ossements canonisés; et quand les hommes du nord battirent la campagne et qu'on ne pensait pas à élever des murailles pour protéger les vivants, on avisa de mettre les os des morts en sûreté, et Corbeil vit s'élever ses créneaux. Il fallut un chef à la défense des saints ossements, un gouverneur ou comte fut créé ; ce comte ne fut pas ingrat envers les os de saint Exupère et de saint Loup, et il voulut bien se rappeler que sans eux il n'eût pas été comte. Dans ces temps primitifs, la mémoire du cœur était moins mobile que de nos jours. Aujourd'hui bien des diplomates se feraient des portefeuilles de l'épiderme de leurs protecteurs. Le tribut de reconnaissance des premiers comtes de Corbeil à saint Loup et à saint Exupère fut l'édification de l'église qu'on admire encore aujourd'hui sous l'invocation de saint Spire. Les deux saints ne restèrent pas en arrière avec les comtes de Corbeil, et ils firent des miracles nombreux dont les limites étroites de ce chapitre nous interdisent la curieuse énumération.

Le second comte de Corbeil, Burchard ou Bouchard, trouva les saints un peu trop à l'étroit dans leur palais de pierre ; il pensa qu'ils seraient mieux dans la cité royale de Paris, et il se persuada que lui-même devait les y recevoir aux lieu et place de son maître et roi, Hugues Capet. Il se fit donc armer par sa femme, lui disant : *Noble comtesse, donnez joyeusement cette épée à votre noble baron, il la recevra en qualité de comte et vous*

la rapportera comme roi de France. Burchard fut, malgré lui, infidèle à la promesse faite à saint Exupère, car il ne revint pas du combat où il fut occis.

Les comtes de Corbeil, pendant la deuxième race et au commencement de la troisième, n'eurent d'autre soin, disent les historiens, que le pillage des églises et la guerre des grandes routes contre les marchands. Ils déléguèrent, à l'intérieur, leur autorité à des vicomtes qui, à leur tour, se reposèrent sur des officiers subalternes, et cela marcha ainsi jusqu'à ce que Louis-le-Gros enlevât le comté de Corbeil à son frère Philippe, l'enfermât, donnât le voile à sa fille et retint la ville sous son sceptre.

Après les comtes, vinrent les abbés. Les marchands ambulants ne furent plus inquiétés par les nobles, mais les filles de métairie le furent par les moines ; les chanoines devinrent eux-mêmes tellement nomades, qu'il fallut, sous François Ier, un édit pour les faire assister aux offices; quand on eut obtenu qu'ils voulussent bien s'asseoir dans leurs stalles, il fallut qu'un autre édit vînt leur défendre de causer, de rire et d'aller et venir dans le chœur.

C'était là le règne des priviléges abbatiaux les plus bizarres.

Au jour de la Saint-Jean, de la hauteur qui conduit aujourd'hui à la forêt de Sénart, on voyait descendre une foule nombreuse de villageoises ayant en tête le curé du village voisin (*Seine-Port*) et deux de ses marguilliers. La caravane entonnait des cantiques et venait se ranger devant le prieuré de Saint-Jean, à l'heure où le prieur était à dîner. Le curé et trois des jeunes filles étaient introduits; le prieur recevait des mains du pasteur trois chapeaux de roses vermeilles et trois paires de gants rouges; chacune des jeunes filles mettait une de ces paires de gants et plaçait à tour de rôle un chapeau de roses sur la tête du prieur, puis le curé de Seine-Port restant debout et à jeun, le prieur et les trois jeunes filles se plaçaient à table et le repas continuait. Cette redevance était établie à cause d'une terre située à Seine-Port, nommée les Trois-Chapeaux. Le curé pouvait se libérer en payant cinq sous.

Une des nombreuses églises de Corbeil servit de prison et de cloître à Isemburge, que Philippe-Auguste répudia au sortir de la couche nuptiale. La chambre d'Isemburge se voyait encore à la fin du dernier siècle, on y montrait même le lit écarlate où elle avait cherché le repos. La pitié des générations discute peu l'authenticité des reliques qui portent avec elles le souvenir d'une grande infortune. Deux siècles après, Georges d'Amboise préluda, dans les cachots de Corbeil, à sa vie politique qui le trouva sans orgueil quand il la finit au cloître avec le regret sincère de n'avoir pas été toujours frère Jean.

Aujourd'hui Corbeil vit sur l'ancienne renommée de son église de Saint-Spire, sur le souvenir de ses saintes châsses, des naïves et emblématiques sculptures de ses miséricordes, que la Convention a brisées en enlevant avec trop d'ardeur les trésors d'orfévrerie entassées là de siècle en siècle. Corbeil ne se met guère qu'une fois par an en frais pour attirer les étrangers à la fête patronale de Saint-Spire. Son église semble renaître à son ancienne gloire; les ossements du patron de la ville, qu'un pêcheur cacha, dit-on, au fond de la Seine, pendant les temps révolutionnaires, sont exposés en grande pompe. Ce jour là Corbeil prend ses habits de fête, et la ville naît à l'hospitalité qu'elle semble tout à fait ignorer à tout autre époque. Le chemin de fer n'a pas même inspiré à l'habitant de Corbeil la pensée d'ouvrir des asiles pour le voyageur; l'amour-propre local le plus fanatique n'oserait donner le nom d'hôtel aux gîtes qu'on rencontre çà et là. On en est encore, dans cette ville, au temps des tavernes. Hâtons-nous de passer.

Franchissons le vieux pont de Corbeil, remontons les courbes coquettes du fleuve, et bientôt nous apercevrons le clocher rustique de Morsang qui cache sa pauvreté sous un manteau de lierre, comme l'autel de son saint cache sa misère sous les mantilles de Valenciennes dont l'a recouverte la charitable comédienne, fille du maire de l'endroit. C'est un emprunt rendu, car le théâtre s'est souvent paré de la vieille guipure du cloître.

Placé sur cette longue ligne de châteaux princiers et de riches domaines bâtis par la finance, qui souvent traita de pair avec la royauté, jalon perdu dans ce grand tracé de villas qui court de Choisy à Fontainebleau, Morsang fut jadis modeste seigneurie et il est de nos jours humble hameau. Il méritait plus...; peut-être son nom lui a-t-il porté malheur. Un viel historien croit que Morsang signifie le lieu où les rois de France abattaient les cerfs et les sangliers, lors des chasses dans les bois de Sénart ou de Roujaux. Son nom ne viendrait-il pas plutôt du fait qu'on trouve dans une vieille chronique, duquel il résulte que, par méfait d'hymen, noble dame fut étranglée dans sa châtellenie. L'habitation bourgeoise que dans les temps modernes on a nommée le château de Morsang, eut d'autres souvenirs lugubres.

A aucune époque, les duels ne furent en France plus fréquents et plus terribles qu'à la chute de l'Empire. La France était divisée en deux camps également fanatiques. La foi politique fit couler bien du sang. D'horribles tournois se livrèrent entre ceux que distinguaient la nuance d'une cocarde.

Au château de Morsang vivait alors avec sa vieille mère et sa jeune épouse, nièce de M. de Calonne, un homme dévoué aux principes qui triomphaient alors. Plusieurs messagers arrivèrent un jour à Morsang et repartirent avec précipitation; c'était un cartel qui s'échangeait entre M. le comte de Saint-Morys, officier supérieur des gardes du corps du roi Louis XVIII et le colonel de l'Empire, M. Barbier du Fay. On eût dit, comme aux temps antiques, que la cause de l'aigle et des lis allait se décider par le combat en champ clos, et que chaque parti avait choisi pour la lutte le plus brave parmi ses braves. Le duel fut terrible, à outrance, pas de merci possible. Il y eut parité de procédés chevaleresques, mais les chances de fortune ne furent pas égales : M. de Saint-Morys succomba. Ce coup frappa des cœurs nombreux; peu s'en fallut qu'il ne devînt le signal d'une guerre civile.

Le château de Morsang se couvrit encore d'un nouveau deuil il y a quelques années. Par une brise d'été, toute une jeune et belle famille s'aventura dans un frêle esquif qui glissa quelques moments sur les eaux calmes du beau fleuve. Bientôt la vague devint menaçante, pas une main expérimentée n'était là pour la dompter; quatre existences furent menacées, Dieu marqua trois victimes, trois sœurs, et parmi elles, une nouvelle épousée, madame Saint-Marc-Girardin!

Remontons à d'autres chroniques moins sombres. Disons ce qui se passa, dans des temps reculés, au *chêne de houx*.

Une des nombreuses métairies des chevaliers de Malte, qui avaient commanderie à Corbeil, était située au village de Savigny-le-Temple. Il advint qu'un des chevaliers se rendait fréquemment de la ville à la métairie, par les bois de Roujaux, et qu'il prenait une sente étroite qui conduisait à un chêne vert entouré de taillis épais. Le frère de Malte, disait-on, y rencontrait chaque fois jeune dame d'un manoir voisin. Le mari reçut bientôt avis du fait et voici ce qu'il avisa pour avoir preuve. Il ordonna à nombre de bûcherons de scier sur pied arbres et arbrisseaux qui cernaient le grand chêne, d'attacher longues cordelles à chacun, et quand le jour fut venu où le frère de Malte avait coutume de passer, le seigneur fit cacher de nombreux vassaux tenant les cordelles. A un signal donné, les arbres tombèrent tout autour du chêne, et le seigneur fut bien surpris quand il vit son innocente compagne entourée de nombreuses jouvencelles en bas âge, auxquelles elle montrait à faire œuvre de couture et de filage pour les vêtements des pauvres gens. La tradition ne dit pas si la châtelaine avait été avertie à temps par sa contre-police.

Cette chronique ne serait-elle pas venue à la connaissance du duc d'Antin et ne lui a-t-elle pas donné l'idée d'un plagiat au profit de madame de Maintenon?

Un chêne, nommé chêne de houx, existe encore au milieu des landes mousseuses de Morsang; il est roi de ce beau désert borné par les bois de Roujaux et par la Seine. Personne ne peut dire son âge; les plus vieux du village l'ont trouvé vieux dans leur jeunesse, et leurs grands parents ont parlé du chêne de houx comme du doyen des arbres d'alentour. Est-ce le chêne dont parle la tradition?

On a dit que, dans les temps modernes, le chêne de houx avait continué sa protection aux amours. Placé à une égale distance de plusieurs hameaux, plus d'une fois il reçut, dans ses cavités, les mystérieux messages des châtelaines des environs. Malheureusement, depuis quelques années, des satellites sévères se sont placés d'eux-mêmes à l'entrée de la boîte aux lettres champêtre. Un essaim de frelons veille sans cesse, et son bourdonnement se traduit, en langue de garde nationale, par ces mots: *Passez au large.*

Depuis de longues années, Morsang a pour son premier magistrat le doyen des pensionnaires retraités de la Comédie-Française, M. Dupont, qui créa le rôle d'Abel de la tragédie de Legouvé, et père de la spirituelle soubrette si bonne interprète de Molière. Il vit en philosophe et en patriarche dans le plus délicieux oasis des environs de Paris. J'ai entendu le vieux comédien catéchiser les époux placés sur la sellette conjugale; Fénelon n'eût pas mieux dit. Après la péroraison, le baiser donné par le maire est de cérémonial obligé, et chaque jeune fille l'accepte comme on reçoit une sainte chose qui doit vous protéger dans la vie. Ce souvenir se grave dans la mémoire et dans le cœur.

A Morsang, on ne dit pas *je me suis mariée en* 1835, on dit : M. Dupont *m'a embrassée en* 1835. Quand on demande une jeune fille en mariage, on lui dit : *quand voulez-vous que M. Dupont vous embrasse?*....

Les convives qui portent les plus beaux noms dans les arts sont venus s'asseoir à la table hospitalière du maire comédien. Les derniers jours de Talma furent fêtés à Morsang. Un dîner champêtre fut improvisé dans le bois de Roujaux qui couronne le châlet de M. Dupont. Chaque convive était membre de la Comédie-Française. Talma, joyeux comme un enfant en liberté, fut rappelé malgré lui à ce que la gloire a de solennel et de poétique, quand il vit son nom placé en inscription monumentale sur un chêne qui, à dater de ce jour, devait se nommer l'*arbre de Talma* et jamais n'être abattu, afin de perpétuer le souvenir de sa visite au village.

L'arbre de Talma étend chaque année ses vigoureux rameaux au milieu des bois solitaires. Le peuple des campagnes s'est demandé la signification de ce nom, et quelques-uns l'ont appliqué à un soldat de ces milices saintes auquel l'humanité aime à avoir recours dans ses moments de douleur. C'est ainsi qu'une pauvre femme venant à la rencontre de son fils que le recrutement avait appelé à Corbeil, le revit sans surprise porteur d'un haut numéro. « J'étais tranquille, dit-elle à M. Dupont, j'avais été à l'*arbre de saint Talma*. »

Cette terre, où reste attaché le souvenir du grand tragédien, réunit une colonie d'artistes en tous genres : de l'autre côté de la rive, au village du Coudray, près du château longtemps occupé par le maréchal Jourdan, Firmin, de la Comédie-Française, a son élégante villa dont il fait les honneurs avec courtoisie. Notre célèbre sculpteur Bosio avait près de là son habitation rurale. Le bateau à vapeur, qui glisse sur ces rives, rapporte souvent le feuilleton manuscrit de Jules Janin. Aujourd'hui, c'est Frétillon, c'est Déjazet qui est devenue la châtelaine de l'ancienne retraite du statuaire. Suivons-la, abordons avec elle à Seine-Port; en passant près des *cavaliers*, fragment d'enceinte continue appartenant, dit-on, au système de fortifications de la Ligue. Jetons un coup-d'œil là où fut le pavillon Bouret, monument de folie d'un courtisan qui dépensa quatre millions pour recevoir une visite royale. La bande noire a effacé ce chapitre de la bassesse humaine, et les fragments du pavillon de Croix-Fontaine ont fait des maisonnettes aux bourgeois de Seine-Port.

Il y a, dans la vie de ce financier Bouret, une anecdote charmante : Jeune et pauvre, il donna un blanc-seing à une jolie actrice de la Comédie

Française, en échange d'un peu d'amour; riche et vieux, il reçut un jour le blanc-seing de sa jeunesse, avec ces mots qui précédaient sa signature : *Je promets d'aimer mademoiselle Gaussin, toute la vie, sous peine d'un dédit de vingt mille écus.* — Bouret s'exécuta de la meilleure grâce du monde.

A Seine-Port, mademoiselle Déjazet est presque en pays de camarades; à quelques pas d'elle vécut une grande comédienne, la noble châtelaine de Sainte-Assise, l'épouse du duc d'Orléans, aïeul du roi Louis-Philippe, madame de Montesson, qui eut pour chef de cabale Voltaire à genoux. Éloignons-nous de sa tombe, nous la retrouverons bientôt dans sa châtellenie; mais faisons halte un moment à Seine-Port.

La passion de la pêche à la ligne, qui retrempe sa force dans l'injuste martyre que le sarcasme lui fait subir et qui compta pour apôtres de son culte incompris, Talleyrand de Périgord, Rossini et la Malibran, sans compter de moins célèbres, la pêche à la ligne était le passe-temps des rois fainéants, parce que, placés dans la condition de faire le bien et le mal dans une proportion qui n'eût peut-être pas été au profit du bien, ils préférèrent ne rien faire du tout et se résignèrent à n'inspirer la terreur qu'aux peuples des rivières. Un jour, Louis VII jette sa ligne près du village de Seine-Port, *ça mordit*, le roi ferra, comme disent les praticiens, un superbe barbeau ou barbillon et l'amena. Or, ce barbillon avait une pierre précieuse d'une très-grande valeur dans les intestins. En mémoire de ce fait s'éleva l'abbaye de Barbeau, qui, du village de Seine-port, fut plus tard transportée à Fontaine-le-Port où le royal pêcheur fut enterré. Les barbillons de ces parages ne se nourrissent plus de diamants, ce qui n'empêche pas que Seine-Port ne soit un pays très-recherché, surtout au mois de septembre, grâce à une coutume que le temps n'a pas encore tout à fait détruite et qui date de l'époque où le curé de ce lieu allait porter au prieur de Saint-Jean de Corbeil la coquette redevance dont nous avons fait mention.

Or donc jadis, à Seine-Port, au premier dimanche de septembre, une population nombreuse de visiteurs se ruait sur le pays. Les nouveaux venus prenaient le nom de *Cousins de septembre*. Ce titre donnait le droit d'entrée, de gîte et d'hébergement dans la demeure qu'on choisissait, sans qu'il fût besoin d'être connu du propriétaire. Quand on avait prononcé une formule qu'on peut traduire ainsi :

> Je suis cousin de septembre,
> De la famille sans en être membre,

on devenait l'hôte de la maison pendant toute la durée des fêtes, et il n'était pas rare que le maître du logis fût obligé d'aller demander pour lui-même l'hospitalité à ses poules ou à son bidet. Aujourd'hui la fête de

Seine-Pôrt a encore un lointain reflet de cette humeur hospitalière qui distinguait les anciens indigènes. Aux approches du dimanche chômé, les coches de la haute Seine, les bacs, les batelets riverains, festonnés de verts feuillages, amènent de nombreuses caravanes qui sont reçues avec une cordialité dont on trouve peu d'exemples ailleurs.

Seine-Port est l'avant-jardin de Sainte-Assise (Seine-Assise); en un quart d'heure on a franchi la distance qui sépare le village du château. A Sainte-Assise s'accomplit, entre le duc d'Orléans et madame de Montesson, un mariage que Louis XV ordonna de garder secret aussi longtemps que faire se pourrait; mais bientôt faire ne se pouvant plus, il fallut bien que la cour fût dans la confidence. Le duc d'Orléans, qui avait été réduit jusqu'alors à se faire M. de Montesson, put enfin faire madame de Montesson duchesse d'Orléans. La princesse sembla toute sa vie se préoccuper moins de l'opinion de la cour que de celle du peuple au milieu duquel elle vivait. Rivale des trois meilleures actrices de son temps, avec lesquelles elle luttait, dans la comédie, de naturel, de grâce et de finesse, elle était supérieure à toutes les grandes dames dans sa manière de faire le bien. Pendant un rigoureux hiver, elle pensa qu'il valait mieux laisser geler les orangers que les pauvres gens, et voilà que les belles serres-

chaudes de Sainte-Assise furent transformées en salles d'asile et en réfectoires de charité. C'était là une épigramme en action contre la cour qui donnait une pension au poëte Collé, pour ce couplet sur la prise du Port-Mahon.

>   Plein d'une noble audace,
>   Richelieu presse, attaque une place,
>   Et d'abord il terrasse
>   Ses ennemis jaloux ;
>   Sous ses coups, sous ses coups, sous ses coups,
>   Ni portes ni verroux
>   Ne parent à ses coups.
>   Sans se servir d'échelles
>   L'honneur, l'amour lui prêtent des ailes.
>   Bastions et tourelles
>   Il emporte d'assaut
>   De plein saut, de plein saut, de plein saut.

Le château de Sainte-Assise passe dans la famille du riche et bienfaisant banquier suisse Pourtalès. Aujourd'hui il appartient au prince de Beauvau, qui a confié aux arts les nouveaux embellissements de cette résidence princière.

Une dépendance isolée du château, et plus bas que lui, sur le bord de la Seine, se nomme le pavillon de Sainte-Assise; c'est là que s'est retiré un des fidèles amis du martyr de Sainte-Hélène. Là, M. Marchand est venu réfugier le culte pieux qu'il a voué à la mémoire de Napoléon. Les pêcheurs du rivage passent avec respect devant sa retraite, comme les chrétiens des premiers âges devant la cellule du pèlerin qui avait foulé la terre du saint sépulcre. La demeure du fidèle serviteur est battue par le flot qui a passé à Montereau, la ville à la grande et sanglante bataille après laquelle les alliés fléchirent le genou devant Napoléon, que sa destinée aveugla.

De Sainte-Assise à Melun, les deux rives de la Seine font assaut de séduction et de coquetterie. En regard des deux *Boissise, les Vives-Eaux;* plus haut, *Bellombre* jette ses grands arbres entre le fleuve et *Dammerie.* Dammerie, célèbre par son abbaye du *Lys,* longtemps fière de posséder le cœur de la reine Blanche, sa fondatrice, et la hère dont se flagellait le roi saint Louis.

Ce n'était pas un ordre austère que celui qui rangeait sous sa règle les filles de Cîteaux, et plus d'une fois la censure sévit contre les nonnes et l'abbesse. Les chroniqueurs de la Ligue, conteurs souvent enclins à menterie, ont dit qu'un jour Henri IV, fervent visiteur des cloîtres où il y avait abbesse, vint à l'abbaye du Lys, et, dans la causerie, demanda à Catherine de la Trémouille, la supérieure, combien de religieuses habitaient le monastère, et combien elles avaient de directeurs ; l'abbesse satisfit à ces demandes ; Henri IV lui témoigna sa surprise de ce que le nombre des religieuses excédait celui des directeurs. *Votre étonnement est assez juste*, aurait répondu ingénuement l'abbesse, *mais Votre Majesté ne sait pas qu'il en faut quelques unes pour les survenants, ce qui ne pourrait s'arranger si chacune avait le sien.*

La révolution du dernier siècle a mis les nonnes en fuite et a renversé le cloître ; il ne reste plus que les ruines de l'église qui se montrent encore au milieu d'une délicieuse propriété qui a appartenu à M. le marquis de Latour-Maubourg, mort gouverneur des Invalides. Là où les nonnettes de Cîteaux se relaxèrent souvent de la rigueur de la discipline, le vieux guerrier est venu reposer sa vie glorieuse, jusqu'à la fin soumise à la sévérité du devoir, fidèle sans faiblesse au culte des vertus chevaleresques.

Si nous voulions fouiller les villages qui se groupent autour de Dammerie-le-Lys, nous pourrions demander quelques souvenirs au hameau de *Farcy*; nous pourrions faire de l'archéologie au village *le Mée*, autrefois le Mas (métairie). Je me hâte d'arriver à Melun, c'est notre dernière étape.

Si je voulais caresser la marotte des indigènes, je me dirais ici le jouet d'un de ces phénomènes physiques qui, plus d'une fois (je crois que Marco-Saint-Hilaire l'a dit), fit croire dans les déserts d'Égypte, aux soldats du premier consul, qu'ils revoyaient Paris et les Prés-Saint-Gervais ; ce mirage, avec un peu de complaisance, se reproduirait à Melun. Là, comme à l'entrée de la Seine, dans la capitale, le fleuve coupe la ville en trois parties. De là les prétentions des vieux chroniqueurs qui donnent Paris comme une contrefaçon de Melun ; de là le proverbe, *après Melun, Paris* ; de là les vers dont on illustra jadis le blason de cette ville :

> Melun je suis, qui eus à ma naissance
> Le nom d'Isis, comme des vieux on sait.
> Si fut Paris, construit à ma semblance,
> Mille et un an depuis que je suis fait.
> Dire ne puis ; sur les villes de France,
> Pauvre de bien, riche de loyauté,
> Qui par la guerre ait eu mainte souffrance,
> Et par la faim, de maints rats ay tâté.

Quand on fait tant d'écrire soi-même son histoire et de blasonner ses armoiries, on ne saurait trop les charger de merveilleux et les parfumer de poésie.

Melun a ainsi fait : elle n'a pas pris pour ses pères ou ses patriarches quelques pauvres pêcheurs ; c'est une reine errante, une Égyptienne nommée *Jo*, séduite par la beauté d'une des îles de la Seine, que l'imagina-

Melun

tion des chroniqueurs a choisie pour la fondatrice de Melun. La reine passa à l'état de divinité. Le désespoir des antiquaires de Melun est de n'avoir jamais pu trouver une seule pierre qui certifiât d'un temple à Jo divine, d'un trône, d'un piédestal, d'un simple socle à Jo royale.

Il a fallu que Melun, bon gré mal gré, se résignât, dans l'histoire, à avoir pour parrain Jules-César, ce grand baptiseur des villes et villages gaulois, et le nom euphonique qu'avait su donner la belle Égyptienne ne se retrouvant pas, force fut bien de se contenter de celui de *Melodunum* qui fut transformé en celui de Melun. Là où plusieurs races de rois ont eu leurs manoirs et plusieurs générations de comtes et de vicomtes leurs palais; là où la Fronde a conspiré, où Charles IX a passé, il faut de l'espace pour le sang et les misères. Restreignons notre tâche. A Melun, saluons le sol où fut le camp d'Abeilard, cette académie en plein air et sans cesse harcelée par la persécution, où l'amant d'Héloïse, toujours sur le qui vive, débitait ses leçons de philosophie en dépit des conciles. Donnons une pensée à l'heureuse étoile du pauvre enfant d'artisan, que des moines trouvèrent endormi dans un faubourg et dont ils firent le traducteur de Plutarque. Que de grandes gloires sont peut-être mortes-nées fautes d'un moine qui ait passé à propos sur leur route! Jacques Amyot, après avoir échappé à la faim, eut le bonheur d'échapper au bûcher. Plus heureux en cela que le savant modeste, le magistrat philanthrope qui, deux siècles après, fut traîné de Melun à Paris pour l'échafaud de la république française, Jacques Amyot, comblé de dignités, de bénéfices, de titres, aurait-il pu dire comme Bailly : *Je suis un exemple bien sûr qu'on peut parvenir à tout et aux premiers honneurs sans intrigue.*

Encore un mot sur ce pays; Charles Nodier nous le dira, écoutez-le : « Un ancien proverbe fait froncer les sourcils des habitants de Melun lorsqu'on leur demande à manger des anguilles. De toutes les versions sur l'origine de ce proverbe, on est convenu cette fois d'adopter la plus raisonnable. Un habitant de Melun, nommé Languille, fut chargé de jouer le rôle de saint Barthélemy dans la représentation d'un mystère; le pauvre homme, à la vue du couteau et des pinces dont on se servait pour imiter le supplice du saint, crut que la fiction devenait la réalité et se mit à pousser de grands cris. De là le dicton vulgaire : *Il est comme l'anguille de Melun qui crie avant qu'on l'écorche.* »

Ici notre halte est marquée, malgré l'attrait du paysage qui nous attire au-delà. Plus loin serait la Rochette, jadis solitude aride comme l'indique son nom, que les enfants des hospices ont défrichée il y a près d'un siècle, et dont les beaux ombrages s'élancent aujourd'hui dans la nue et disent ce que peuvent le travail et la persévérance. Plus loin serait le Paraclet, oratoire d'Abeilard, puis cloître d'Héloïse, puis tombeau de tous deux. Plus loin la Seine, cette courtisane qui, à Paris, baise les pieds du Louvre, s'affranchit de sa servitude, et, à Châtillon, coule fière d'avoir résisté à Napoléon, qui voulut en vain la rendre navigable. Après nous arriverions au vieux Moustier, où le fleuve fut placé, par la foi naïve de nos pères, sous la protection d'un bon vieillard dont le pape fit un saint; et, près de là, les collines forestières de Saint-Germain de la Vigne, d'où s'échappe la source lente et muette du fleuve qui grossira l'Océan de ses vagues et mêlera sa note à la voix des tempêtes.

A d'autres touristes ces paysages et ces récits.

MAURICE ALHOY.

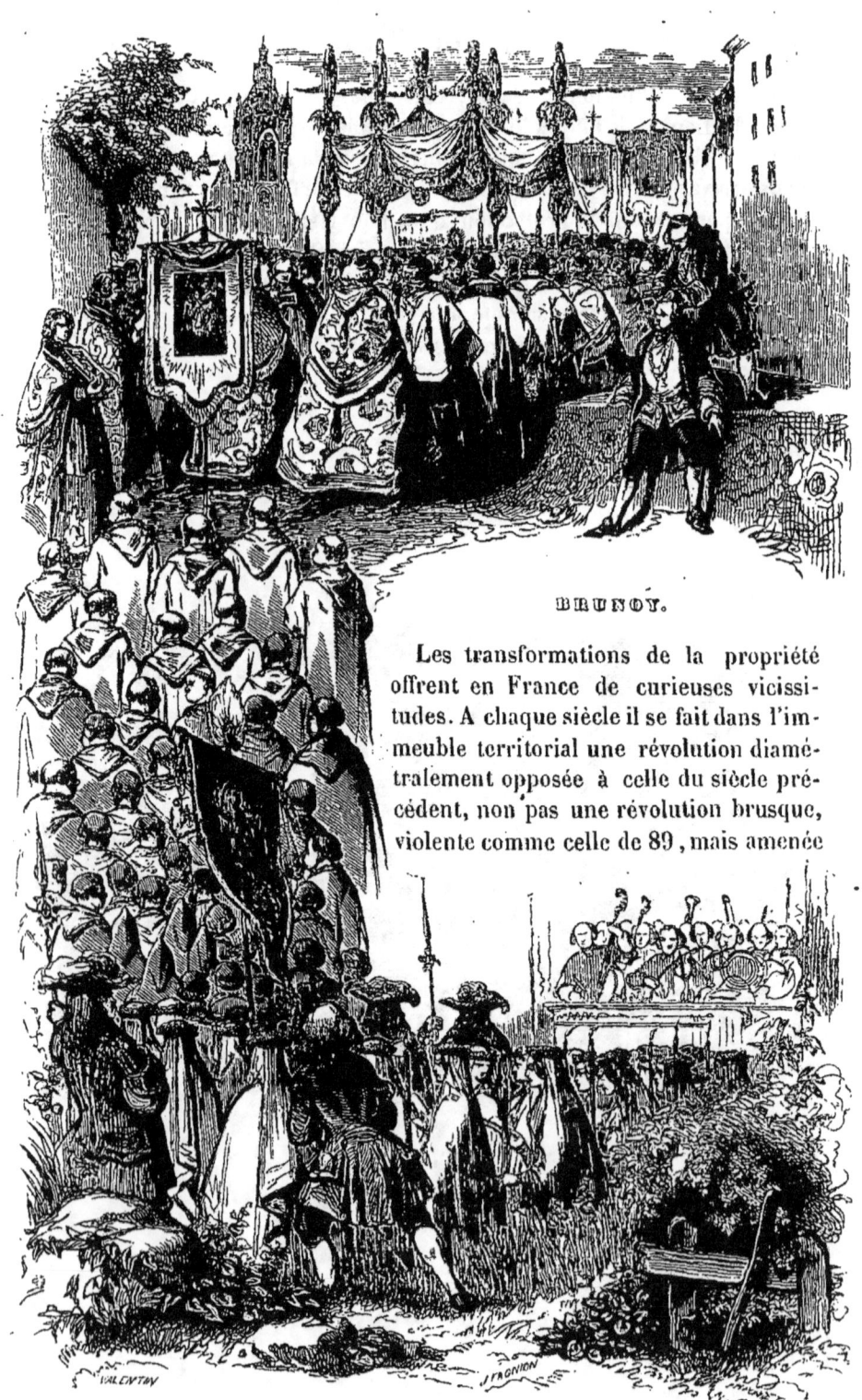

BRUNOY.

Les transformations de la propriété offrent en France de curieuses vicissitudes. A chaque siècle il se fait dans l'immeuble territorial une révolution diamétralement opposée à celle du siècle précédent, non pas une révolution brusque, violente comme celle de 89, mais amenée par des causes d'une logique serrée, et l'on pourrait dire amusante, si l'on osait le dire. Louis XIII ou Richelieu, pour parler plus exactement, prend la hache, le marteau et les coins, et il fend, brise, pulvérise, anéantit la féodalité ; châteaux, manoirs, forêts : l'image est juste au propre comme au figuré. Il tua le seigneur et il divisa autant qu'il le put les vastes seigneuries : une terre en fit jusqu'à deux cents qu'il distribua à ses protégés, partisans et amis ; il enrichit ceux-ci des dépouilles de ceux-là. Laissons la morale et la politique de cet acte pour ne voir que ses résultats topographiques. Les résultats furent que des forêts, qui allaient de Paris aux Ardennes et de Versailles au centre de la Normandie, se trouvèrent partagées en lots de diverses grandeurs, et que les maisons de plaisance devinrent la petite monnaie des châteaux forts détruits.

L'affaiblissement poursuivi par Richelieu effraya Louis XIV qui en recueillait les conséquences. La mort de la féodalité menaçait de tuer la noblesse. En brisant les côtes, le ministre avait blessé le cœur. Il fallut donc sous main essayer de remettre des membres trop brutalement détachés. Louis XIV racheta de ses propres fonds beaucoup de terres et les rapprocha, à titre de donation ou de récompense, des seigneuries principales dont elles avaient été séparées. Il reconstitua ainsi à petit bruit quelques duchés, beaucoup de baronnies, et il parvint par là, non pas à détruire l'œuvre du cardinal, mais à en limiter la portée. Voilà donc les châteaux qui étendent encore les ailes, éparpillent au loin les arbres de leurs forêts et triplent leur horizon. La révolution vint tout à coup arrêter cet essor. Non-seulement elle taille en plein drap dans les anciennes et nouvelles seigneuries, mais elle donne encore les morceaux à qui en veut. C'est alors que les étangs, les prairies, les bois furent déchiquetés. Richelieu avait décimé en grand l'aristocratie, la révolution hacha menu toute la noblesse foncière. Les forêts se façonnèrent en parcs et les prairies en parterres, jardins anglais, potagers, etc. La Restauration, malgré ses arrière-pensées, n'arrêta pas le démembrement ; l'industrie, qui voulait posséder, et qui ne pouvait pas beaucoup posséder, maintint la division de la propriété arrivée de nos jours à ses extrêmes limites. Voici même ce qui se passe. Les petits propriétaires de la Restauration, ou les fils de ces propriétaires étant devenus grands propriétaires à leur tour et commençant à s'ennuyer dans leurs étroits carrés de terre, ont acheté autour d'eux ; ils se sont arrondis ; ils ont acquis là une ferme, là une métairie, là un petit bois, et, de tous ces immeubles réunis, ils se sont formé un bien qui, à son tour, aspire à devenir aussi vaste qu'une ancienne seigneurie, et qui sera réellement une seigneurie de la féodalité marchande.

Ainsi, il est suffisamment prouvé qu'il est dans les destinées de la propriété en France de passer alternativement de l'unité au morcellement et du morcellement à l'unité, selon que la classe qui tire sa force de la possession du sol gagne ou perd en autorité. Si Brunoy, qui avait autrefois titre de marquisat, n'a pas éprouvé de si glorieuses transformations, puisqu'il fut bâti par un simple garde du trésor royal nommé Brunet, il n'en a pas moins, depuis son origine, ressenti les effets de ces bouleversements dont nous avons expliqué la cause. Vendu à M. de Montmartel, l'un des quatre frères Paris, célèbres munitionnaires généraux, il passa de celui-ci à son fils, le prodigieux marquis de Brunoy ; du marquis de Brunoy au comte de Provence, plus tard Louis XVIII ; puis il fut, à la suite de la révolution, déchiré et cédé à diverses notabilités, entre autres Talma et le fameux Véro-Dodat, le propriétaire du passage de ce nom.

La demeure de Talma méritant, selon nous, un travail à part, nous devons nous borner au simple souvenir que nous donnons ici au célèbre acteur. Quoique peu seigneuriale par ses proportions et son antiquité,

cette propriété se pare d'une impérissable illustration. Le nom de Talma est d'ailleurs en grande vénération à Brunoy, où l'on garde la mémoire de ses nombreux bienfaits. Il employa pendant des années à l'agrandissement et à l'embellissement de sa propriété, très-favorablement située, la malheureuse population des Beaucerons. L'homme de bien ne se laissa pas effacer en lui par l'homme de goût. C'est lorsqu'on aura dit, si l'on parvient à les connaître, toutes les belles actions dont il fut prodigue pendant son séjour à Brunoy, qu'on pourra raconter les brillantes réunions de ses salons où la littérature, la politique et les arts se donnaient rendez-vous. A beaucoup d'égards, M. Firmin, cet admirable élève de Talma, a aussi remplacé son maître dans l'art si difficile de bien recevoir. Le château de cet artiste si original est au Coudray, sur les bords de la Seine, à quelques lieues seulement de Brunoy.

Un de ces jours, quelque riche banquier, et le fait a été à la veille de se vérifier, acquerra les morceaux du marquisat de Brunoy et le rendra à son unité primitive. Nous n'aurons à regretter que l'illustre fou qui le posséda pendant neuf ans.

Le marquisat de Brunoy est à vingt kilomètres de Paris. La petite rivière d'Hyère l'arrose, la forêt de Sénart l'avoisine, et il s'élève, ce qui est une façon de parler, car il s'élève fort peu maintenant, entre le grand chemin de Brie-Comte-Robert et celui de Melun.

Ces quatre frères Paris gagnèrent une fortune inouïe dans les fournitures. Ils furent les Rothschild de leur époque et, comme les Rothschild, ils voulurent des titres quand ils furent las des richesses. Louis XV leur en vendit. Paris de Montmartel signa ainsi au baptême de son fils aîné, le seul qu'il ait eu : comte de Sampigny, baron de Dagouville, seigneur de Brunoy, de Villers, de Fourcy, de Toutaine, de Châteauneuf, etc., conseiller d'État, garde du trésor royal. Son père était aubergiste dans les Alpes, ce que ne savait sans doute pas Louis, comte de Béthune, lieutenant général des armées navales, lorsqu'il donna sa fille à Paris de Montmartel.

Le marquis de Brunoy fut l'unique fruit de ce mariage. Il naquit en 1748. Nous aurions à nous reprocher d'avoir fait une sorte de célébrité à ce personnage, en retraçant fidèlement sa courte et phénoménale existence dans notre histoire des châteaux de France (les Tourelles), s'il n'eût été que le possesseur de quarante millions ; mais le marquis de Brunoy méritait une place dans le souvenir des hommes pour avoir été la condamnation presque providentielle des excès du dix-huitième siècle. Son rang, ses richesses, ses folies, son esprit, sa dégradation systématique peignent mieux d'ailleurs que tous les livres une époque qu'il ferma.

Il reçut l'éducation d'un prince, mais il n'en profita guère plus qu'un prince ; car mille distractions somptueuses se pressaient autour de lui pour effacer le sillon de l'étude. La chasse, la toilette, les promenades, les présentations à la cour, l'arrachèrent bientôt à la lisière des maîtres et dévorèrent son temps. Et qu'avait-il besoin de tant savoir ? Avec quarante millions, aurait-il brigué l'honneur d'être avocat au Châtelet ou médecin de quelque hospice ? N'était-il pas sûr de rester toujours riche ? Quand on a quarante millions et qu'on tente de s'agiter, il ne peut arriver qu'une seule chose, c'est de les perdre. Les tours qui s'avisent de vouloir se grandir s'écroulent et tout entières.

Jeune, beau, fou de plaisir, de luxe, de magnificence, il se dit qu'il se contenterait de cela, si le roi Louis XV n'y mettait aucun obstacle. Louis XV ne pouvait haïr un gentilhomme dont les chevaux, les meubles, les équipages, les châteaux étaient cités pour leur exquise élégance. Il aimait le plaisir : qui ne l'aimait pas à cette époque? Il donnait des soupers quelque peu bruyants : pourquoi soupe-t-on? est-ce pour se recueillir?

Quelle amusante histoire, et je ne sais où l'intérêt s'arrêterait, celle d'un homme qui, avec quarante millions, un bon estomac, des sens à l'abri des émotions trop fortes, bref, avec un mauvais cœur, vivrait jusqu'à cent ans, comme aurait pu vivre le marquis de Brunoy ! Avoir quarante millions et n'être pas roi de France ! quelle belle destinée !

Ce jeune homme qui rentre chez lui, ému de colère et de désespoir, qui lacère ses gants, pétrit ses dentelles sous les pieds, jette sa canne d'or contre une glace, et écrit à celui-ci : *je ne reçois pas ce soir, je ne recevrai plus*; à cet autre : *ne m'attendez pas demain matin, je ne chasserai plus de ma vie.* A cette jeune femme : *disposez de vous comme vous l'entendrez, je ne dois plus vous voir*; et qui abandonne un instant la plume pour appeler ses domestiques, les payer, les remercier ou ordonner à quelques uns d'emballer ses meubles et d'atteler quatre chevaux à sa chaise de voyage; c'est précisément ce jeune homme, possesseur de quarante millions, et qui nous semblait, il y a un instant, l'expression la plus complète du bonheur sur la terre.

Que lui était-il arrivé et où allait-il?

Le marquis de Brunoy avait, dit-on, été insulté en pleine cour, raillé sur sa noblesse beaucoup plus jeune, cette noblesse, que les vins délicieux de ses petits soupers, et, irrité de cet outrage, il quittait pour toujours la cour, Paris, son hôtel, ses équipages, ses brillants amis, sa famille, la plus belle existence de cœur et d'esprit qui ait jamais été, pour aller s'enterrer dans son marquisat de Brunoy.

Voici ce qu'il fit dans son marquisat dès qu'il y fut arrivé. Appelant autour de lui des architectes, des charpentiers, des maçons, il agrandit le château qu'il meubla ensuite avec un luxe royal. L'étrangeté de sa conduite n'est pas là; elle est dans la part qu'il voulut prendre aux travaux de constructions, de réparations et d'ameublements qu'il avait ordonnés. On le vit tour à tour maçon, menuisier, tapissier, et s'asseoir à l'heure des repas à la table de tous ses employés. Il prit bientôt ceux-ci en telle affection, qu'eux et lui devinrent inséparables. Jaloux de se les attacher plus étroitement encore, il ne voulut pas avoir d'autres serviteurs autour de lui. Le maçon fut créé son valet-de-chambre et il lui donna dix mille livres de gages; le vitrier passa d'emblée officier des chasses; et les paysans, jardiniers, bûcherons, furent nommés valets de pied et laquais de sa seigneurie. Il les habilla en conséquence. Il semblait dire : la noblesse n'a pas d'autre commencement, témoin la mienne qui se moque de celle des Montmorency, des Rohan et de celle des Bourbons, anciens bouchers de Bourges, selon Montgaillard.

La bizarrerie de sa conduite affligea si douloureusement son père, Paris de Montmartel, qu'elle le conduisit au tombeau. Cette mort, qui aurait dû corriger le marquis auquel il restait encore sa mère, ne fut pour lui qu'une occasion de se jeter dans une extravagance nouvelle et si monstrueusement excentrique, qu'elle a pris place dans les annales contemporaines avec tous les caractères de vérité attachés à un événement public, vu par tous les yeux, gravé dans chaque mémoire.

Cette extravagance éclata dans la manière dont il prit le deuil pour son père.

Tous les domestiques furent habillés de serge noire. Six aunes de la même étoffe furent distribuées à chaque habitant. Voulant donner à son château quelque chose de l'aspect qu'offre le cheval qui suit au convoi funèbre son maître mort sur le champ de bataille, il le couvrit d'un immense crêpe. Les arbres portèrent des pleureuses; le canal coula de l'encre au lieu d'eau, et les figures mythologiques de ses bassins rejetèrent un liquide noir pareillement de circonstance. Il poussa la frénésie du deuil jusqu'à s'informer auprès d'un célèbre chimiste des moyens qui existaient pour obtenir des chevaux des sécrétions lugubres. Bref, il voulut et il obtint que ses chevaux pissassent noir.

Sa mère, madame de Montmartel, vint le surprendre au milieu de sa comédie funèbre. A la prière, aux reproches, aux tendresses, aux larmes de cette malheureuse veuve, qui lui faisait entrevoir qu'elle ne tarderait pas à mourir aussi, s'il ne revenait pas à des sentiments plus raisonnables, il osa répondre :

— Ma mère, si je venais à vous perdre, vous auriez huit Célestins à votre convoi, huit Frères mineurs, six Carmes, quatre Augustins et quatre Jacobins. Je fonderais soixante messes. Vous seriez accompagnée jusqu'à votre dernière demeure par deux cents prêtres, chanoines, vicaires, et la marche serait éclairée par quatre-vingt torches vertes et blanches et trois cents cierges.

Sa mère voulut l'interrompre.

— Je n'ai pas fini. Vous auriez trois bannières de velours violet, trois portières de velours sombre et quatre grands écussons à nos armes.

— Mon fils !

— Je serai bon fils. Je vous promets de faire suivre votre corbillard par mes équipages, qui auront caparaçons et housses traînantes. Ajoutez sept grands manteaux à queue pour les gens chargés de mener le deuil.

Mettons huit aunes d'étoffe pour le drap mortuaire. Quant à votre cœur, il sera soigneusement scellé dans un coffre de chêne.

— Vous me désespérez.

— J'estime que la dépense pour vos obsèques s'élèvera à quatre-vingt-cinq mille sept cents vingt livres.

— Je vous maudis, mon fils.

Le marquis de Brunoy se rappela de cette manière à ceux qui le croyaient parti pour les grandes Indes. On l'accusa de folie ; mais ses extravagances furent l'entretien de tout Paris, où l'on sut encore que l'héritier de quarante millions avait trouvé le secret de les dépenser dans un village de six cents habitants. Ceux qui ne s'amusèrent pas de la folie du marquis en furent scandalisés. La noblesse ne pouvait pas tomber plus bas, pensaient-ils, et ils pensaient encore qu'elle donnait un triste spectacle au peuple, en qui se trahissaient des frémissements d'indépendance.

Il est presque certain qu'en s'avilissant à plaisir comme il allait continuer à le faire, le marquis de Brunoy, très-suivi dans ses hardiesses, avait en vue d'apprendre au peuple jusqu'où l'impunité acquise au rang et le hasard d'une gigantesque fortune pouvaient conduire un homme. C'était une leçon et une vengeance ; une leçon pour le monde, une vengeance contre la cour qui l'avait repoussé du pied au milieu du peuple.

Si les hommes de cour ne manquent jamais d'ennemis, qu'on juge si ceux qui déshonorent la cour doivent en avoir. Ce fut à qui abattrait le plus promptement le trop fameux marquis. Sa réputation fut méprisée, sa naissance honnie, tournée en ridicule; mais comment lui ravir sa fortune? Le plus beau joyau de ses trésors, c'était son joli marquisat de Brunoy. Tous l'enviaient; un seul mit une obstination, une patience inouïe à en déposséder le burlesque possesseur; ce fut le comte de Provence, frère de Louis XVI. Le futur Louis XVIII jetta un long regard de convoitise sur Brunoy qu'il crut une proie facile à saisir entre les mains énervées d'un fou. C'était presque une bonne action de lui enlever, pour en doter une tête royale, un château de si riche, de si gracieuse ordonnance. On lui fit des avances polies; il les repoussa poliment; on insista, il insista. Le marché fut remis.

Complet dans son genre, le marquis se lança tête baissée dans le champ qu'il avait ouvert. La boue ne couvrait encore que ses bas de soie; il y avait encore de l'espace à souiller.

Mes amis, dit-il un jour à ceux qu'il avait tirés de la charrue et du cellier pour faire sa domesticité, on m'accuse à la cour et dans le monde de vivre trop familièrement avec vous, qui n'êtes, dit-on, que des garde-chasses, garde-vert, maçons, menuisiers et charrons. Marquis qu'on méprise, on voudrait que je ne fréquentasse que des comtes et des marquis. Levons la difficulté; je vous anoblis tous et vous concède en vous anoblissant des fragments de mes domaines. Aussitôt le marquis de Brunoy salua son vigneron, marquis de la Chopine-vieille; son tonnelier, marquis de la Futaillère; son sommelier, marquis de la Bouteillerie. Ensuite il distribua des habits, des épées et des accolades aux gentilshommes de sa création, et il se promena avec eux dans ses voitures au milieu du village de Brunoy qui fut ainsi anobli en un jour.

Depuis ce moment on vit dans ce bourg fortuné des marquis étriller les chevaux et aller faire la moisson. Il n'est sorte d'affection que le marquis ne montrât à sa noblesse. Il mariait la fille de celui-ci, élevait un tombeau, car élever des tombeaux était sa manie, à la femme de celui-là. Chaque jour il signalait sa bienfaisance par quelque acte de bizarre générosité. L'Europe riait, car le délire volontaire du marquis devint européen.

Sa famille effrayée voulut tenter une dernière fois de le ramener dans la voie du bon sens, en le mariant à une jeune personne d'antique noblesse. Son oncle lui conseilla de vendre Brunoy au comte de Provence et d'épouser mademoiselle Émilie de Pérusse d'Escars. Le fou s'aperçoit du piège qu'on lui tendait : le marier n'était qu'un moyen, selon lui, le but était de le déposséder de son marquisat de Brunoy. Il eut l'air de consentir; mais son oncle ne fut pas plus tôt hors du château, qu'il appela ses gens, nous devrions dire ses amis, et qu'il leur fit les donations suivantes : André Pressard, palefrenier, eut une pension viagère de 800 livres; Christophe Beaucerf, son garde-chasse, 600 liv. ; François Tremblay, engraisseur de volailles, 600 livres; même somme à ses rôtisseur, portier, pêcheur, suisse, pâtissier, valet de chambre, perruquier et au sonneur de la paroisse; quelques uns reçurent jusqu'à la somme énorme de quarante mille livres; d'autres se virent dotés de six mille livres de rente.

L'acte de donation fut dressé sur la table d'un festin et scellé dessous.

Le mariage du marquis de Brunoy avec mademoiselle d'Escars eut lieu à Paris, le 8 juin 1767; le roi signa au contrat. Tout Paris assista à la cérémonie nuptiale, où le marié fut d'une convenance parfaite. On attendait beaucoup de ce mariage : le comte de Provence en attendait Brunoy.

Ne donnant pas à ce mariage une seule nuit, la nuit de rigueur, il quitta sa femme dès qu'elle eut posé la tête sur l'oreiller, et il partit pour Bru-

noy. Il arrive au milieu de la nuit, éveille tout le monde et livre au ridicule sa femme et les d'Escars, qui, pour des sacs d'écus, lui ont vendu leur fille, à lui, mauvais parvenu. « Je ne veux plus être marquis de Brunoy, s'écria-t-il, mais *Nicolas Tuyau*; ma femme, c'est madame Ni-

colas Tuyau. On l'avait baptisé de ce surnom, à cause de son amour de plus en plus développé pour le vin.

Au jour on vint lui dire que les officiers et les intendants de la maison du comte de Provence verbalisaient au château. Il procédaient méthodiquement à l'acte de vente, au nom du prince, qui s'était imaginé que le mariage du marquis entraînait de droit la cession de Brunoy.

— Il n'aura pas Brunoy, se dit le marquis; il ne l'aura pas.—Il fit venir l'abbé Bonnet, un de ses intimes, et voici ce qu'il lui dit : « L'abbé, notre église de Brunoy est affreuse, c'est la plus laide église de France; je lui donne huit cloches, seize chantres, seize serpents, dix-huit enfants de chœur et quatre sonneurs; ajoutez des orgues, un organiste, un maître de la sonnerie; ajoutez douze chanoines. Je veux un pavé de marbre, cent soixante et seize chapes, trente-trois chasubles, cent quinze tuniques, cinquante-sept étoles, neuf lustres de Bohême, trente-six girandoles, six candélabres à sept branches, quatre-vingt-dix chandeliers en cuivre, huit en argent massif.

— Mais, monsieur le marquis......

— Je donne encore à votre église trente aubes de point d'Angleterre, huit devans d'autel, un ostensoir de vermeil, du poids de vingt-cinq marcs, un ciboire d'or de huit onces, une croix et son bâton en vermeil, deux calices, trois encensoirs de même métal, une lampe d'argent ciselée pesant cent cinquante marcs. Vienne monsieur le comte de Provence, maintenant, et qu'il touche à Brunoy! j'ai pour moi les prêtres. » Philippe II, l'immortel hypocrite, raisonnait-il mieux?

Aucune de ces magnificences, hélas! n'existe plus; un demi-siècle a suffi pour rendre l'église de Brunoy à sa pauvreté et à sa laideur primitives. Il est vrai qu'entre le marquis et nous la révolution a passé.

Tandis qu'il dorait et enrichissait son église, le marquis perdit sa mère. Fidèle à ses promesses, il l'honora du service funèbre dont il l'avait menacée et dont j'ai dit les détails.

Il devient de plus en plus difficile de distinguer ce qu'il y eut de ce qu'il n'y eut pas de volontaire dans les nouveaux et plus grands excès auxquels s'abandonna notre prodigieux personnage après la mort de sa mère. Parmi ces excès deux surtout dominent : l'amour du vin et l'amour des choses d'église. Sa vie se partage entre la sacristie et le cellier; quand il n'entonne pas des chansons à boire, il entonne le *Te Deum*. Du reste, Brunoy l'imite et va comme lui d'une ivresse à l'autre.

Le but sérieux était pourtant atteint; le comte de Provence n'avait pas Brunoy. Il avait reculé devant le bataillon carré de prêtres, au centre duquel le marquis le défiait, l'encensoir à la main.

Il commença à être question d'interdire le marquis. Lui, de son côté, tripla sa cuirasse ecclésiastique : il plut des moines, des carmes,

Brunoy.

des abbés à Brunoy ; on eût dit une Rome nouvelle sortie tout entière du cerveau de Rabelais, comme l'abbaye de Thélème.

Si l'interdiction s'obtenait, monsieur le comte de Provence, il va sans dire, entrait tout de suite en jouissance du marquisat. Restait à l'obtenir. En attendant, le marquis émerveilla la capitale, et par contre-coup toute l'Europe, du spectacle d'une procession comme il n'y en eut jamais. Elle se fit le 17 juillet 1772, à la Fête-Dieu. Tout Paris, tous les environs furent invités ; on serait traité aux frais du marquis. Brunoy fut décoré absolument comme un théâtre ; il eut des coulisses et des frises du haut desquelles des machinistes armés d'arrosoirs étaient chargés de répandre de l'eau sur la tête de ceux qui troubleraient la fête ; le vin y jouait, on n'en doute pas, un rôle important : il en coulait de plusieurs fontaines. Quel bruit ! quel désordre ! Pour réparer celui des coiffures, des perruquiers, le peigne à la main, allaient de place en place offrir leurs services. Le marquis était partout : à l'église, sur la place, dans le château, dans la rue, au clocher, à la cuisine encombrée de gigots, à la procession. La foule allait s'abreuver à trois puits de limonade, trois véritables puits creusés en terre, et puiser de la confiture dans un bassin.

Voici, du reste, ce qu'on lit dans les *Mémoires secrets*, 30 juillet 1772 : « Le public n'a point encore tari sur la fête dévote de M. de Brunoy ; la deuxième procession, exécutée le jour de la petite Fête-Dieu, a donné lieu à beaucoup de scènes et de tumulte. Il y avait cent cinquante prêtres qu'il avait loués à plus de dix lieues à la ronde. On comptait vingt-cinq mille pots de fleurs. Après la procession, ce magnifique seigneur a donné un repas de huit cents couverts, composé de prêtres, de chapiers et de paysans, ses amis. On comptait plus de cinquante carrosses venus de Paris.

Cette belle procession de la Fête-Dieu qui, dans l'esprit du marquis de Brunoy, l'assurait contre les tentatives du comte de Provence, fut au contraire ce qui hâta sa ruine. Les Béthune et les d'Escars s'entendirent pour la présenter comme un puissant motif d'interdiction ; un fou seul était capable de l'avoir imaginée : on l'accusa donc de folie et l'affaire fut portée au Châtelet.

Le fou eut la prudence de passer en Angleterre où il dépensa soixante mille livres en un mois ; mais son extradition ayant été demandée par ordre du roi et obtenue, il parut le 15 septembre 1772, deux mois après la fameuse procession, devant le lieutenant civil et tous ses parents réunis. Le peuple s'était pressé sur son passage, curieux de voir un homme qui avait dévoré vingt millions en six ans à Brunoy ! Il avait alors vingt-quatre ans et demi. On l'accusa d'avoir fait sa société d'un paveur et d'un bourrelier. — Il demanda s'il y avait une loi qui ne le permit pas. — On l'accusa encore d'avoir habitué les gens de Brunoy à l'abondance. — Il répondit que depuis sa résidence personne, en effet, n'était mort de faim à Brunoy.

Le lieutenant civil était embarrassé ; l'interdiction ne se motivait pas.

On lui reprocha aussi d'avoir dépensé deux cent mille livres en chasubles. — Combien faut-il dépenser en chasubles ? répliqua-t-il.

— Qu'alliez-vous faire d'honnête à Londres ? — Me faire prêtre, répondit-il ; cela est assez honnête.

Enfin, il eut réponse à tout. Il n'en fut pas moins interdit ; mais il appela de la sentence du Châtelet au Parlement, qui cassa. Le Parlement lui donnait donc droit et raison. Les Béthune et les d'Escars baissèrent la tête, le peuple battit des mains.

Nouveau délai à subir pour le comte de Provence, qui n'attendit plus longtemps : une ivresse terrible, délirante, coupable de la part de ceux qui la provoquèrent, amena le marquis à signer la cession de Brunoy. Le comte de Provence était arrivé à ses fins. Revenu de son ivresse, le pauvre marquis se désola ; pour l'achever, une lettre de cachet l'envoya au prieuré d'Elmont, près de Saint-Germain-en-Laye. Là, sa consolation était de sonner les cloches. On ne voulut pas lui laisser cette unique consolation. Transféré aux Loges, dans la forêt même de Saint-Germain, il languit dans la privation de chapes et de chasubles. Il se sentit éteindre. Avant de mourir, il se leva et dicta son convoi funèbre. Ses dernières paroles furent : « Je veux que le clergé boive amplement au retour du cimetière. »

Il mourut en mars 1781, n'ayant pas encore atteint sa trente-troisième année.

Allez à Brunoy et citez ce grand nom du marquis : croyez-vous que ceux qui l'entendront se mettront à rire ? Détrompez-vous. — Une douce compassion, une réelle tristesse se lira sur les visages.

Citez ensuite le nom du comte de Provence, plus tard Louis XVIII, et vous verrez une espèce d'horreur remplacer la tristesse et l'intérêt.

Pourtant celui-là était un fou, dit-on, et celui-ci fut un sage. Il fut même roi.

Léon Gozlan.

LUZARCHES
ET CHAMPLATREUX.

I.

Il n'est peut-être pas d'endroit qui réponde mieux à l'idée que l'on se fait de *la petite ville* de Picard, que Luzarches. C'est un chef-lieu de canton du département de Seine-et-Oise; il a une brigade de gendarmerie, la grande route d'Amiens et un bureau de poste; une voiture qui fait le voyage de Paris trois fois par an; on y élève du bétail et l'on y fait de la dentelle. Le paysage est si frais, la colline est si riante et le vallon si profond, tout y est si calme et d'une sérénité si paisible qu'on se dit : « le bonheur est là. » Ce n'est peut-être que l'ennui. Il y a là aussi des ruines sans orgueil, mais qui ont un si vénérable caractère de vétusté, qu'on se prend à les regarder avec le respect qu'on mettrait à écouter les paroles d'un vieillard.

Lorsqu'au sortir de Paris, en s'avançant vers le nord-est, on traverse Saint-Denis et Écouen, on rencontre çà et là d'élégantes et nobles souvenances ; des annales que la religion, la gloire, la magnificence et le plaisir ont rendues illustres et charmantes, chères au cœur et à l'esprit ; elles s'avancent gaiement dans l'histoire, et c'est en se mêlant à nos fêtes d'aujourd'hui qu'elles racontent les exploits du passé. Plus loin on ne trouve que les débris des vieilles et tristes abbayes et les sombres et sanglantes légendes qui entourent le berceau de la monarchie française ; les récits sont âpres et empreints de cruauté et de barbarie. La superstition, l'ignorance et le fanatisme sont au fond de tous les événements ; pour explorer ces ténèbres et ces mystères des campagnes de l'île de France, il faut avoir quelque chose de plus que le zèle et la curiosité de l'historien ; il faut avoir la piété filiale et pratiquer le culte des ancêtres, interroger à la fois l'origine des uns et la fin des autres ; le premier vagissement et le dernier soupir ; c'est la naissance et la mort de ceux qui nous ont précédés et dont les rudes travaux nous ont légué l'héritage de la civilisation.

Après Clovis II et Clovis III, qui, dès le VIIe siècle, tenaient leurs plaids en leurs palais de Luzarches ; après Charlemagne, qui donna ses terres de Luzarches à l'église de Saint-Denis, nous trouvons, au XIIe siècle, une bulle du pape Lucien III qui reconnaît l'existence à Luzarches d'un chapitre de sept chanoines, et leur concède le droit de couper du bois dans la forêt pour brûler ou pour bâtir.

Luzarches avait deux églises, chacune à une extrémité de la ville ; elles étaient sous l'invocation de saint Cosme et saint Damien ; le titre de Saint-Cosme resta à la collégiale ; elle possédait les reliques des deux martyrs. L'humble nef d'une petite ville a partagé ces restes précieux avec les basiliques dont la chrétienté s'enorgueillit le plus. Ce n'est qu'à Luzarches qu'on sait bien l'histoire de ces saints martyrs. Une vieille femme qui avait été attachée au service d'un ancien curé de l'endroit nous donna la version des agiographes.

Saint Cosme et saint Damien étaient frères ; arabes de naissance, ils firent leurs études en Syrie et devinrent fort habiles dans la médecine. Chrétiens tous deux, la charité les portait à donner leurs soins aux malades avec beaucoup de zèle et de désintéressement. Les Grecs les appelèrent *Anargyres*, parce qu'ils ne recevaient pas d'argent de leurs malades; ils vivaient à Cyr, dans la Cilicie, fort attachés à la foi du Christ et cherchant sans cesse à faire de nouveaux prosélytes à cette croyance.

La persécution de Dioclétien les livra à Lysias, gouverneur de la province; il les fit périr au milieu des tourments.

Une partie de leurs reliques est à Rome, dans une église de leur nom, qui confère un titre de cardinal diacre; ces vestiges furent portés dans cette ville du temps du pape saint Félix, bisaïeul de saint Grégoire-le-Grand. Il y en a deux autres parties à Venise, l'une chez les Bénédictins de Saint-George-le-Majeur, et l'autre chez les Bénédictines, dont le monastère fut fondé en 1583. La cathédrale et la paroisse de Saint-Cosme à Paris en possédaient aussi; enfin l'église collégiale de Luzarches avait sa part de ce trésor. Ce n'est pas là une possession sans honneur.

Les médecins de l'ère chrétienne ont honoré saint Cosme et saint Damien, mais sans les imiter, comme, dans l'antiquité, leurs devanciers avaient admiré Hippocrate refusant les présents d'Artaxerce.

Cette légende des deux saints est le plus important chapitre de l'histoire de Luzarches; c'est à elle que se rattache un événement qui a laissé dans la contrée des émotions vives et profondes, et dont le temps n'a point affaibli la mémoire.

C'était sous le règne de Philippe V, que sa taille avait fait surnommer Philippe-le-Long, en 1319, trois ans après son avénement au trône.

Il y avait à Luzarches une jeune fille que la châtelaine du pays avait recueillie au château, comme cela arrive dans un conte des fées. Un jour qu'elle filait sa quenouille en gardant son troupeau là bas près d'Hérivaux, la dame du lieu vint à passer par là et elle fut ravie de tout ce qu'elle trouva de grâce et d'esprit dans la pastourelle, qui n'avait pas encore quinze ans; on l'appelait Jeanne. Quand elle fut au château, elle eut bientôt des maîtres pour lui apprendre ce qu'elle voulait savoir; elle mangeait *du sucre dans de l'or*, c'est ainsi du moins que parle la légende, et elle portait de beaux habits. Jeanne, de paysanne qu'elle fût restée, devint une demoiselle dont on disait du bien et qu'on trouvait agréable et aimante. On la rechercha en mariage; mais, pour remercier la sainte Vierge des grâces qu'elle avait reçues, elle fit vœu de ne jamais prendre de mari!

Jeanne venait d'atteindre sa vingtième année, et c'était la plus attrayante personne qu'on pût imaginer; elle n'avait point sa pareille en gentillesse dans toute l'Ile-de-France et dans la Picardie, la province voisine; on ne parlait que de ses charmes, et déjà la renommée en était portée loin; mais c'était tout près de Luzarches que vivait le mortel fortuné qui devait toucher le cœur de Jeanne. Par une soirée d'hiver froide à outrance, la terre étant couverte d'une croûte de neige glacée et brillante comme du cristal, au moment où les habitants du château de Luzarches se préparaient à aller se reposer et où le chapelain venait d'achever la prière, on frappa rudement à la principale porte du manoir. Peu de temps après cette alerte le vieux Raymond, le plus ancien serviteur des seigneurs de Luzarches, vint avertir le châtelain et la châtelaine que le jeune sire de Champlâtreux, égaré dans la forêt, et quoique séparé de son habitation par une courte distance, leur faisait demander l'hospitalité.

Ceux auxquels cette requête était présentée en furent d'autant plus satisfaits, qu'entre les deux maisons il existait une amitié ancienne et réciproque; c'était avec chagrin qu'on avait vu à Luzarches le jeune sire de Champlâtreux négliger cette affection de famille. L'hôte dont on bénissait l'arrivée fut donc reçu avec l'hospitalité la plus cordiale. Enguerrand de Champlâtreux était un jeune homme de haute et noble stature; dès qu'il entra dans la salle, qu'on appelait alors la salle du foyer, on remarqua la beauté de ses traits, l'énergique expression de ses

traits fortement modelés et le contraste que formaient sa chevelure noire, ses sourcils noirs, sa barbe noire et naissante, avec les teintes blondes, douces, suaves et roses répandues comme une auréole limpide sur toute la personne de Jeanne, et dont les reflets se retrouvaient dans l'azur de ses yeux.

Jeanne ne put se défendre d'un saisissement à la vue du nouveau venu ; elle se sentit étrangement troublée ; le jeune sire n'était pas moins ému qu'elle, et tous deux, Jeanne, fixe et immobile, Enguerrand, frappé d'étonnement, s'arrêtèrent en se regardant ; ils étaient muets, surpris et charmés. Lorsque la réflexion eut fait place à cette première et soudaine impression, Jeanne parut mécontente d'avoir laissé apercevoir le désordre de ses sens et de ses idées ; elle s'irrita contre elle-même, et, pour reprendre un peu de sa dignité compromise, elle affecta la froideur et le silence. Le sire de Champlâtreux, qui ne se doutait nullement de ses dispositions, s'approcha de la damoiselle et lui adressa un compliment qui aurait fait honneur à l'esprit d'un trouvère.

Enguerrand attendit vainement la réponse qu'il espérait ; il ne put obtenir ce soir-là, ni un regard, ni une parole. Le repas destiné au chasseur était servi, l'heure du sommeil approchait, il se retira après avoir de nouveau salué Jeanne qui s'inclina en baissant les yeux.

Cette conduite de Jeanne surprit les seigneurs de Luzarches, qui voulaient faire honneur à Enguerrand, et qui ne comprenaient rien à des façons si loin des manières habituelles de la jeune fille, toujours affable et prévenante envers ceux qui s'adressaient à elle. Ce caprice inattendu et inexplicable les affligeait.

Cependant Jeanne n'avait pas agi étourdiment ; deux motifs puissants s'étaient réunis pour lui conseiller ce qu'elle avait fait. Le sire de Champlâtreux avait dans toute la contrée une réputation formidable ; malgré sa jeunesse, il avait un peu plus de vingt ans, il était déjà célèbre par de nombreux et sinistres exploits. Les mères craignaient sa rencontre pour leurs filles ; les pères, les maris, les frères, les époux et les amants tremblaient lorsque ce seigneur, dont rien ne pouvait modérer la fougue et les ardeurs, se mettait en campagne. On retrouve ces traditions de violence à la base de presque toutes les chroniques féodales. Les hommes de guerre étaient rares dans le pays ; on voyait plus de moines que de soudards, et il y avait peu de protection à espérer contre les passions d'un jeune homme impérieux, et dont la position, le nom, la naissance et la fortune augmentaient encore l'humeur tyrannique. Jeanne savait aussi que l'orgueil d'Enguerrand se révolterait à la seule pensée de prendre pour femme une fille du village ; quant à appartenir au sire de Champlâtreux à un autre titre que celui d'épouse, elle n'y consentirait jamais.

Enguerrand affecta pour Jeanne l'indifférence qu'elle montrait pour lui, et il ne parut plus penser à ces attraits dont on avait pu le croire épris. Cette tactique est si vieille et si banale, que les amants la croient sûre et facile ; elle manque rarement son effet, parce qu'elle s'attaque à la partie la plus sensible de notre organisation, à ce que les moralistes pourraient appeler le défaut du cœur, l'amour-propre ; mais elle veut être mise en œuvre avec une adresse, un tact et un sang-froid qui ne se démentent jamais ; le moindre oubli du rôle qu'on s'est imposé livre au ridicule celui qui s'efforçait d'être intéressant. C'est un personnage difficile que celui de l'indifférent, lorsqu'on aime avec ardeur : il ne faut qu'un cri, un geste, un clin-d'œil pour tout renverser ; cette constante observation sur soi-même est hérissée de surprises, de piéges et d'accidents.

Jeanne était trop simple et trop naïve pour reconnaître la ruse et les artifices qu'on employait contre elle. La jeune fille s'affligea d'abord, puis, avec cette résignation des cœurs droits, elle se dit que de telles fortunes n'étaient point faites pour elle, orpheline du hameau, et dont les parents étaient de si basse extraction. Elle remercia Dieu des biens qu'il lui avait accordés, et ensuite elle renouvela le vœu de chasteté qu'elle avait fait à la Vierge. Jeanne se sentit réconfortée par ces résolutions.

Enguerrand de Champlâtreux n'avait passé que deux jours à Luzarches ; ce temps lui avait suffi pour jeter dans le cœur de Jeanne le germe des sentiments qu'il voulait y développer. Rentré dans son domaine, il ne mit aucun empressement à revoir souvent ses hôtes ; il allait chez eux rarement et il y demeurait peu de temps. La jeune fille ne contemplait pas sans une vive émotion la beauté et les qualités brillantes dont le ciel avait doué Enguerrand ; mais elle résistait de toutes les forces de son cœur à cette passion naissante qui la dominait déjà à son insçu.

Un autre moyen de séduction et dont le succès ne pouvait pas être douteux fut mis en usage par le sire de Champlâtreux. Il se répandit bientôt dans le pays d'alentour que le jeune seigneur, autrefois la terreur de la contrée, en était maintenant l'édification. Il hantait les églises, il avait fait de riches présents aux abbayes, et les moines qu'il avait tant tourmentés, il les accueillait maintenant et leur donnait l'hospitalité. On ne parlait que de ses actions belles et généreuses : au lieu d'enlever les jeunes filles, il les dotait, il faisait du bien aux maris dont il avait été le fléau, et tout le monde le bénissait.

En même temps il faisait prouesse ; on vantait son adresse, sa force, sa grâce et son courage dans tous les exercices qui étaient les attributs de la noblesse et des chefs du peuple. Enguerrand employa deux mois tout entiers à fonder et à bien établir une bonne renommée, si favorable à ses projets ; et cette patience, qui ne lui était pas ordinaire, ne fut pas le moindre des hommages qu'il rendit à la beauté de Jeanne. Des avis secrets qui lui étaient transmis par une des femmes du château de Luzarches, que la nourrice du sire de Champlâtreux avait mise dans les

Champlâtreux.

intérêts du gentilhomme, l'informaient des progrès qu'il faisait sur le cœur de Jeanne. Elle était devenue pensive, rêveuse; le sommeil la fuyait, elle avait renoncé à ses jeux, à ses études, à ses travaux et à ses récréations; le livre, la quenouille et l'aiguille fatiguaient ses doigts; son œil distrait n'avait plus de regards que pour le ciel: elle pleurait sans motifs, priait longuement et souvent; enfin son pâle visage et ses yeux éteints se ranimaient quand on prononçait le nom d'Enguerrand; elle écoutait avec avidité tout ce qu'on disait du sire de Champlâtreux; ces symptômes étaient significatifs, ils annonçaient une crise dont il fallait promptement profiter.

Enguerrand fit à de courts intervalles plusieurs visites au château de Luzarches; il sut se ménager avec Jeanne un entretien, il la surprit un matin dans un endroit retiré des jardins, sous une charmille qui les cachait à tous les regards.

A quoi bon prolonger le récit de ces amours, n'est-il pas le même pour tous les cœurs qui ont aimé; histoire de tous les temps; mais comme ce soleil qu'on a tant vu, comme ce printemps qui revient sans cesse, toujours fraîche, toujours nouvelle.

Depuis deux semaines, le château de Luzarches était plongé dans la douleur et l'affliction; Jeanne l'orpheline, celle que les bons seigneurs avaient ramassée nue sur la colline et qu'ils avaient faite si opulente avait disparu et ne laissait plus que des larmes à ses bienfaiteurs. Elle avait fui, et l'on savait qu'elle habitait avec Enguerrand le château de Champlâtreux, sans que le chapelain eût béni leur union.

Jeanne n'était plus la jeune fille timide qu'on avait élevée à Luzarches; elle voulait plaire à Enguerrand; elle l'avait suivie, entraînée par une force qu'elle attribuait à une volonté céleste; elle était devenue hardie et audacieuse; amazone intrépide, elle parcourait à cheval les monts et les vaux, à la chasse elle maniait la lance et l'épieu comme les veneurs les plus expérimentés. Cette révolution subite opérée dans ses habitudes avait aussi changé ses sentiments; elle bravait tout ce que sa modestie, sa pudeur et sa foi religieuse avaient respecté et adoré; on disait à Luzarches, à Champlâtreux et dans tous les lieux environnants qu'elle était possédée du démon. Ce qui désolait le pays, c'est que, selon l'expression des bonnes gens, elle avait rendu au sire de Champlâtreux toute sa méchanceté et toute sa malice. Jeanne et Enguerrand vivaient dans un épouvantable désordre.

Les choses se passaient ainsi au grand scandale des abbayes voisines et des habitants de Luzarches et de Champlâtreux.

Dans une de leurs excursions, en traversant une de ces forêts qui bordent tout le pays et qui forment aujourd'hui encore son principal agrément et sa richesse, Jeanne et Enguerrand, pendant qu'ils remplissaient de cris, de tumulte et du son des trompes les bois et les vallées, entendirent un bruit lointain qui répondait à leurs ébats; c'étaient les mêmes cris, les mêmes sons, les mêmes aboiements. Dans ces temps de superstition, il y eut un instant de frayeur; la peur est aussi un remords.

Bientôt le bruit de la chasse éloignée se rapprocha, puis on vit à travers les arbres défiler un train nombreux et magnifique d'écuyers, fauconniers, pages et varlets, dames et seigneurs; ils entouraient de leurs services, de leurs respects et de leurs hommages une femme jeune encore, de haute stature, de figure noble et belle; elle montait un cheval blanc caparaçonné de velours bleu semé de fleurs de lis d'or. Le sire de Champlâtreux s'approcha d'elle, et, descendant de cheval, il mit un genou en terre.

La dame le regarda avec des yeux qui exprimaient tout autre chose que le déplaisir et la colère.

— Beau sire, lui dit-elle, ne sommes-nous pas sur vos domaines?

— Non, madame, mais sur les vôtres, la beauté est souveraine partout.

Ce compliment, tout-à-fait dans le goût du temps, fut récompensé par un sourire; puis la dame ajouta :

— Seigneur de Champlâtreux, je n'avais pas douté de votre courtoisie; en venant chasser sur vos terres qui ne démentent point leur réputation d'être abondantes en gibier. Je vous remercie de votre gracieux octroi. Recevez cet anneau, beau sire, et lorsque quelqu'un vous en montrera un semblable, suivez-le, afin que je puisse à mon tour vous recevoir, comme cela convient à la prud'homie dont vous venez de faire preuve.

La dame salua Enguerrand, elle lui présenta l'anneau et ne refusa point de livrer au comte de Champlâtreux une main qu'il baisa; la troupe qui l'accompagnait se remit en chasse.

Le sire de Champlâtreux définissait mal ce qui se passait en lui; après le départ de cette bande qui lui semblait être une vision fantastique, il resta morne et rêveur. Jeanne, de son côté, n'avait pu se défendre d'un sentiment de répulsion pour cette dame que, selon elle, Enguerrand avait regardée avec trop de complaisance.

Les plaisirs de la journée furent interrompus; on rentra silencieusement au manoir.

Huit jours après l'événement de la forêt, un messager introduit dans la cour d'honneur du château de Champlâtreux présentait à sire Enguerrand un anneau semblable à celui que la dame lui avait remis; cet envoyé avait la visière baissée et portait une casaque sans armoiries; il ne prononça pas une seule parole et voulut demeurer seul jusqu'au moment du départ.

Le lendemain, au point du jour, le sire Enguerrand de Champlâtreux, avec sa bannière et suivi d'une escorte nombreuse bien armée, richement vêtue et montée comme il convenait à un seigneur de son rang, quitta le manoir sous la conduite du messager qui marchait en tête de la colonne, dont les armures étincelaient sous le soleil levant. Les habitants de Luzarches étaient accourus en foule et bordaient le chemin. A une des hautes fenêtres du château on eût pu apercevoir deux vieillards dont les regards affaiblis suivaient le cortège.

A Champlâtreux, une femme, Jeanne, se tenait sur une des terrasses

avancées ; sa main crispée serrait convulsivement le parapet du bastion ; son regard était sec et brûlant, sa pâleur était livide, toute son attitude était désespérée.

Au moment où il avait franchi le seuil du pont-levis, Enguerrand ne s'était point retourné pour lui jeter un dernier adieu, il lui semblait même qu'au départ elle avait vu un rayon de joie et de fierté éclairer les traits du sire de Champlâtreux.

Plusieurs mois s'écoulèrent sans qu'on eût aucune nouvelle d'Enguerrand ; il n'avait pas même fait demander à son argentier les sommes dont il devait avoir besoin pendant une si longue absence. Jeanne était en proie à une inquiétude mortelle et à un chagrin qui la tuait : n'écoutant que le besoin d'échapper aux tortures du doute, elle se préparait à partir pour Paris; c'était là que devaient être Enguerrand et celle qui l'avait ravi à son amour, lorsqu'on annonça que la princesse Jeanne de Bourgogne allait venir en pèlerinage à l'église collégiale de Luzarches, aux reliques de saint Cosme et de saint Damien, pour remercier ces élus d'une guérison qu'elle devait à leur intercession.

La cérémonie fut accomplie; Jeanne de Bourgogne baisa dévotement les reliques que lui présentait un évêque, et, les voyant pauvrement enchâssées, elle fit donner à la collégiale une forte somme pour mettre ces saintes dépouilles dans une châsse d'argent magnifiquement ciselée.

Cette libéralité, dont la nouvelle fut aussitôt portée à la connaissance de la foule, excita des transports d'enthousiasme et des acclamations d'allégresse.

En ce moment, une femme échevelée, à peine couverte de débris de vêtements en lambeaux, s'élance jusqu'aux côtés de la princesse; ses traits sont flétris, mais tout le monde a reconnu Jeanne, l'orpheline de Luzarches. L'épouvante la laisse libre de ses actions et de ses paroles, la stupeur est générale; Jeanne de Bourgogne seule est ferme et impassible.

— Rends-moi mon bien, mon Enguerrand, celui que tu m'as volé, s'écria la femme en délire.

— Dieu s'est retiré de toi, malheureuse femme, reprit tranquillement Jeanne de Bourgogne. Prions!

— Et le démon s'est emparé de toi! Tu l'as tué, assassiné, comme tous ceux qui ont servi à tes débauches. Je sais tout, Jeanne de Bourgogne, tout, et à la face des prélats, des seigneurs, nobles et manans ici réunis, je t'accuse d'avoir lâchement mis à mort Enguerrand, sire et seigneur de Champlâtreux.... Je demande le jugement de Dieu....

Elle ne put achever; sa bouche se remplissait d'écume; elle tomba, et, à terre, elle se tordait dans d'affreuses convulsions, avec des hurlements horribles.

On s'éloigna d'elle avec effroi; les prêtres eux-mêmes n'osaient pas s'approcher pour pratiquer l'exorcisme, seul remède qu'on connût alors. Elle se releva, et, sans qu'on songeât à l'arrêter, elle atteignit les bois et les collines.

Longtemps, les gens de la campagne affirmèrent que, la nuit, les échos de la vallée répétaient des cris affreux; on parla d'une femme qu'on avait vue errer dans les rochers où elle habitait une caverne; les croyances populaires, toujours si disposées au merveilleux, prétendirent que la folle de Luzarches rendait des oracles.

L'église paroissiale de Luzarches a des sculptures d'âges différents; on assigne quelques parties du sanctuaire au XIIIe siècle; le portail et la tour du XVIe.

Le château de Luzarches, qui renfermait l'église collégiale, fut assez important; le roi Louis VI, qui l'avait repris à un usurpateur, le rendit à son possesseur légitime avec une forte garnison. Les seigneurs de Luzarches relevaient de l'évêque de Paris, d'un côté, et de l'autre, du comté de Clermont. Le roi Louis IX, dont ils voulaient devenir les vassaux, se refusa à des arrangements qui pouvaient le mettre lui-même dans la dépendance de l'évêché de la capitale de son royaume.

Vers le XVIIe siècle, la seigneurie de Luzarches, composée de deux terres, échut par moitié à une des branches de la maison royale et à la famille Molé; on rendait encore l'hommage à l'archevêché de Paris. Le château seigneurial n'est plus qu'un amas de ruines; dans le siècle dernier, quelques chanoines trouvaient encore à se loger dans les étages inférieurs.

Maintenant, Luzarches, loin des bruits du monde politique, après les événements qui ont agité son existence d'autrefois, n'est plus qu'une colonie agricole, vaste ferme peuplée de 1,800 âmes, dont toutes les émotions se concentrent, chaque semaine, sur le marché du vendredi.

II.

Luzarches et Champlâtreux sont intimement unis par la proximité des lieux et par le lien de l'histoire; une seule famille semble avoir présidé à leurs destinées communes : c'est la race parlementaire des Molé, dont le nom est si souvent cité dans les annales de la Fronde et que nous retrouvons plus tard dans les faits de la politique contemporaine.

Le château de Champlâtreux est un des monuments les plus historiques des environs de Paris, tant les souvenirs qui s'y rattachent tiennent, dans les chroniques intimes de nos révolutions, une place vive et animée. Son aspect et celui de ses abords ont l'air seigneurial; nous ne savons à quel temps remonte sa construction primitive; mais il porte fièrement l'empreinte de l'architecture que le règne d'Henri IV légua à celui de Louis XIII et qui a précédé la grave et pesante majesté du siècle de Louis XIV.

Pour nous, les monuments n'ont une signification que lorsqu'ils parlent des hommes et des choses.

C'est dans un de ses loisirs, au château de Champlâtreux, que M. le comte Molé, actuellement vivant, a écrit lui-même la notice biographique du plus illustre de ses aïeux, Mathieu Molé. Le début de cet écrit présente avec bonheur le sentiment qui l'a dicté :

« Il y a plus de charme à écrire la vie privée d'un grand homme, dit M. le comte Molé, que son histoire. On aime à se reposer de l'admiration causée par le héros. On se console à la fois par le spectacle de ses vertus et par celui de ses faiblesses. On croit vivre dans sa familiarité, tandis qu'on l'observe de si près ; mais s'il arrive que l'écrivain descende de celui dont il s'efforce de consacrer la gloire, si les vertus qu'il peint forment son héritage et lui imposent ainsi de grandes obligations; enfin, s'il ne peut louer, sans qu'il s'humilie, son entreprise montre alors plus de piété qu'elle ne lui promet de douceur, et l'on doit supposer qu'il y a été conduit plutôt par le désir d'acquitter une dette que par l'idée d'amuser son loisir. J'ai donc besoin ici d'une double indulgence ; je souhaite qu'en lisant cet ouvrage on ne songe qu'au sentiment qui l'a dicté; sous ce rapport, l'exemple que j'y donne ne sera pas indigne qu'on le suive; il pourra servir à ranimer le culte négligé des aïeux. Car, pendant que Troie était en flammes, peu de gens ont imité le pieux Énée; pour moi, moins heureux que lui, je n'ai pu sauver mon père, mais je ne me suis jamais séparé de mes dieux domestiques. »

Le biographe parcourt alors un espace de soixante-douze ans, depuis 1584 jusqu'en 1656, avec une verve qu'il semble n'avoir trouvée que pour ce travail ; le flegme habituel à l'écrivain, à l'auteur et à l'homme politique, a fait place à ce que l'amour de la famille peut inspirer de plus fervent. Mathieu Molé, issu de magistrats honorables et considérés, fut en quelque sorte élevé par la Ligue, et le spectacle qui entoura son enfance trempa si fortement son cœur et son esprit, que souvent, dans le cours de sa vie, il dominait de trop haut les faits et les hommes; il ne pouvait pas se baisser jusqu'à l'intrigue. Il avait moins de trente ans lorsqu'il fut nommé, par le roi Louis XIII, procureur général au parlement de Paris; Richelieu ne l'aimait pas, mais il appréciait sa valeur. M. le comte Molé, dans cet asile de Champlâtreux, ne dissimule rien des faiblesses de son austère aïeul ; il avoue qu'en entrant dans le monde il avait contracté des liaisons qu'on ne lui vit rompre que lorsqu'une longue expérience lui en eut appris le danger. L'ami et presque l'élève de l'abbé de Saint-Cyran, il sollicita avec dévouement le cardinal pour obtenir la liberté de cet homme de bien que Richelieu avait fait enfermer à Vincennes. On rapporte que le ministre, impatienté de cette insistance, prit le procureur général par le bras et lui dit : « M. Molé est un honnête homme ; mais il est un peu entier. » La probité de Mathieu Molé est restée héréditaire; son énergie n'est arrivée à ses descendants qu'affaiblie et amoindrie.

Il comprit plus tard la nécessité de tempérer une rigidité excessive ; aussi M. le comte Molé, son descendant, écrit-il ces notes avec une secrète complaisance. « La jeunesse vertueuse mûrit tard: il ne faut pas s'étonner si Mathieu Molé ne connut pas de bonne heure cette modération qui rend *toutes les vertus utiles.* Lorsqu'il la posséda, il n'eut plus rien à recevoir de l'expérience ou du temps.

Dans cette tourmente de la Fronde, que des faits récents ont dépassée de si loin, on sait avec quel courage et avec quelle majesté d'attitude Mathieu Molé, devenu premier président du parlement de Paris, lutta contre le double despotisme de la cour et du peuple. Nul n'a poussé aussi loin qu'il l'a fait ce courage civil, le plus glorieux de tous. Sa rivalité contre le coadjuteur, l'opposition de ces deux hommes si différents l'un de l'autre, et que les circonstances mettaient toujours en présence, sont bien et finement jugées par M. le comte Molé : il fait valoir avec beaucoup d'art et d'habileté les mots de dévouement et de vigueur que le premier président trouvait dans son cœur pour le peuple, ou ceux qu'il demandait à son esprit contre le cardinal de Retz. On l'appelait indistinctement la *grande barbe* ou la *barbe grise*, et ce double nom fut toujours l'épouvantail des méchants et des pervers. Voici la conclusion :

« Né avec une imagination vive et un esprit contemplatif, il n'avait pas même consulté son naturel dans le choix de ses vertus. Sa vie toute dévouée au bien public ne présente pas le moindre retour vers ses premiers penchants. Le magistrat avait remplacé l'homme et ses facultés étaient réglées sur ses devoirs. Au terme de sa carrière on ne vit se réveiller en lui ces regrets si ordinaires aux vieillards. Il n'éprouva pas le besoin d'aller goûter dans la retraite le souvenir de ses sacrifices. Il ignora cette sorte de rêverie des derniers jours, que produisent les illusions détruites et qui consolent de tout ce qui échappe, par le plaisir d'en être détrompé.

» Exempt d'infirmités et de mélancolie, comme un ouvrier robuste vers la fin de sa tâche, il s'endormit. »

Nous étions venus à Champlâtreux pour y interroger des pierres, et c'était une voix humaine qui répondait aux questions que nos pensées adressaient à l'édifice. Cette voix, elle était grave, c'était celle d'un homme qui lui aussi avait traversé avec des fortunes diverses les vicissitudes politiques ; elle nous disait : dans un temps où tous s'abandonnaient d'autant plus impunément à leurs passions, que le scandale était effacé par le désordre, Mathieu Molé avait choisi une vie toute de sacrifices, sous le fer des assassins. C'est là, dans cet asyle de paix, qu'il vint se reposer de cette existence si agitée, cherchant au sein de sa famille les délassements les plus purs, épanchant son âme tout entière en l'ouvrant à ces consolations. L'aîné de ses fils, M. de Champlâtreux, était le meilleur et le plus vigilant des amis de son père.

M. le comte Molé, sur lequel les regards politiques se sont si souvent tournés depuis un demi-siècle, propriétaire actuel du château de Champlâtreux, est le fils unique de Molé de Champlâtreux, président au parlement de Paris, héritier direct d'un nom si noblement porté dans la magistrature.

A l'âge de 20 ans, un premier écrit, *Essais de morale et de politique*, le signala aux regards de Napoléon, qui toutefois n'approuva ni le style, ni les idées de l'auteur, mais qui fut frappé par un talent dont on pouvait obtenir d'autres résultats. Du conseil d'État, où il entra comme auditeur, il passa par la direction générale des ponts et chaussées et fut admis dans l'intimité du travail de l'Empereur. Sa netteté et sa concision plurent au chef de l'État; il se distinguait surtout par ce qu'on a si spirituellement appelé une jeune maturité. Nommé successivement grand juge en chef du conseil de régence, la catastrophe de 1814 trouva M. Molé a Blois, près de l'impératrice Marie-Louise.

Le procès du maréchal Ney, dans lequel M. Molé, un des juges de la cour des pairs, se montra le plus ardent adversaire de *la convention de Saint-Cloud*, qui devait sauver l'accusé, est un de ses plus mauvais souvenirs. On rapporte qu'après la sentence un vieux sénateur qui avait voté l'acquittement frappa sur l'épaule de M. Molé, en lui disant :

— Allez, nous en dormirons mieux ; bien des gens se repentiront ! de nos jours on peut fusiller un prince de vieille race, cela s'oublie ; mais on n'oubliera pas la mort de ce prince de l'épée.

Le triste rôle joué par M. Molé dans la fin déplorable du prince de la Moskowa nous rappelle une anecdote fort singulière, si ce que nous allons dire est vrai. Jugez un peu quelle sensation profonde, quel mouvement de surprise et de terreur le nom seul du maréchal Ney dut causer autrefois dans le salon de M. Bellart, chez le procureur général qui avait demandé et qui avait obtenu la tête de l'illustre proscrit : un soir, quelques jours après l'exécution militaire du malheureux soldat de l'empire, M. Bellart avait réuni dans son hôtel l'élite du barreau, de la magistrature, du monde et de l'armée; on devisait, on riait, on chantait, on dansait au piano. Tout à-coup, un laquais de la maison poussa du pied les deux battants de la grande salle ; il s'arrêta sur le seuil de la porte, et, comme s'il eût annoncé la présence d'un nouveau convive, il s'écria d'une voix retentissante : M. le maréchal Ney !.....

Soudain les quadrilles cessèrent de s'agiter en cadence; les sons mélodieux expirèrent aux lèvres des chanteurs; le piano perdit toutes ses notes, la causerie tout son bavardage, le jeu toute sa curiosité, le plaisir tout son charme, et la politique toute sa puissance; par bonheur, les maréchaux percés de douze balles ne reviennent pas : on se remit bientôt de ce trouble, de cette stupeur lugubre, et le valet maladroit fut congédié sur le champ, pour avoir confondu le nom du *maréchal Ney* avec celui d'un ami de la maison, M. *Maréchal aîné*.

On a voulu que M. Molé fût d'une certaine école politique; il est fort difficile de deviner ses principes par sa conduite qui, sous une apparence de continuité, n'a qu'une gravité factice, creuse et légère; sa parole est sèche, dogmatique et aride; il n'a pas assez *constitutionnalisé* ses formes impériales.

M. Molé a soixante-quatre ans; il est grand, maigre; il a le visage long et osseux, le teint très-brun, le menton avancé; sa démarche est lente, fière et superbement posée. C'est le dernier des grands seigneurs politiques. Il est loin, maintenant, de l'activité des idées nouvelles. Lorsqu'il entra à l'académie française, on fut fort embarrassé de découvrir ses titres littéraires; nous ne saurions comprendre pourquoi on oublia à cette époque la notice biographique qu'il a écrite sur Mathieu Molé.

En 1838, M. le comte Molé, président du conseil des ministres, trônait à Champlâtreux, après la session des vacances politiques. Un jour, c'était le 11 août, le village s'émeut, l'avenue du château se remplit d'équipages; c'était le roi des Français accompagné des autres ministres qui venaient tenir conseil chez le président.

Une ordonnance royale y fut délibérée et signée.

En voici la teneur :

Art. 1ᵉʳ L'intérim du département des finances, confié par ordonnance du 16 juillet 1838 à M. Martin (du Nord), notre ministre secrétaire d'État au département des travaux publics, de l'agriculture et du commerce, cessera, à dater d'aujourd'hui, et M. Lacave-Laplagne reprendra la signature de son département.

Fait au château de Champlâtreux, le 11 août 1838. Signé : LOUIS-PHILIPPE, par le Roi, et contresigné par N. Martin (du Nord).

Le même jour, le Roi, la Reine, madame la princesse Adélaïde, la princesse Clémentine, M. le duc d'Aumale et M. le duc de Montpensier, M. le comte de Montalivet et les aides de camp dînèrent à Champlâtreux.

Dans cette visite le roi se fit précéder par son portrait (*copie d'Hersent*), au bas duquel on lisait cette inscription : *donné par le roi au comte Molé, le 11 août 1838.*

Le roi fit faire aussi par M. Henri Scheffer un petit tableau représentant la salle où s'est tenu le conseil, et reproduisant les portraits du roi et de ses ministres rangés autour de la table.

Louis XV a aussi honoré Champlâtreux de sa présence, ainsi que cela résulte d'une lettre de M. de Lionne au marquis de la Fuente, du 18 mai 1667 :

« Monsieur, j'avais envoyé au Roi, à *Champlâtreux*, la lettre que M. le marquis de Castel-Rodrigo lui a écrite, et Sa Majesté, en me la renvoyant, m'a chargé de faire savoir à V. E. qu'Elle a estimé qu'il serait fort indigne d'elle de répondre à un libelle que ledit marquis, se méconnaissant beaucoup, a eu l'audace de lui adresser en forme de lettre. C'est toute la réponse que j'ai eu l'honneur de recevoir de Sa Majesté. »

Pour ce château ce fut une journée de résidence royale. M. le comte Molé a voulu que la mémoire de ce jour qui avait tant honoré sa demeure et celle de ses aïeux fût intacte, et il n'a pas permis qu'on touchât à rien de ce qui a servi à l'accomplissement de cet acte. La salle du conseil à Champlâtreux restera donc telle que l'a laissée le départ du Roi.

C'est un titre de noblesse que bien des résidences peuvent envier à Champlâtreux; pour ce château l'ordonnance royale du 11 août est comme le décret de Moscou pour le Théâtre-Français, l'apogée de sa fortune.

Eugène Briffault.

I.

Un beau jour de mai venait de se lever. A une aurore éblouissante avait succédé un soleil plus éblouissant encore. Tout était lumière et mouvement, vie et joie dans la campagne. Dans un ciel clair et limpide se déroulaient çà et là, poussés par une brise légère, des milliers de petits nuages blancs aux reflets chatoyants et nacrés, pareils à des volées de cygnes voyageurs, ou à des flocons d'écume, frangés d'or. Ranimées par les ardents baisers du soleil, les fleurs répandaient dans l'air tiède et aromatisé du matin les suaves émanations de leurs calices, où tremblaient, diamants et perles, les larmes de la rosée. Sur le bord de leurs nids de mousse les oiseaux chantaient en chœur l'hymne du réveil de la nature, ou se poursuivaient, joyeux et battant de l'aile, à travers les branches feuillues des chênes, des châtaigniers et des mélèzes, dont un souffle printanier agitait doucement les verts panaches.

Tout-à-coup l'immense forêt qui, au commencement du xiii° siècle, couvrait de ses ombrages séculaires tout le pays aujourd'hui compris entre Sèvres et Rambouillet, résonna d'un grand bruit, confus encore. Étonnés, effarés, les cerfs, les loups, les sangliers, tous les hôtes de ces silencieuses et sauvages solitudes s'arrêtèrent, levèrent la tête, dressèrent et ouvrirent l'oreille et attendirent. Bientôt vingt cors sonnèrent en même temps leurs éclatantes fanfares; l'œil en feu, le poil hérissé, la langue pendante, la dent prête, deux cents lévriers, bondissant à travers les fourrés, répondirent par d'horribles aboiements à cet irritant appel. D'espace en espace, parmi ce fouillis d'arbres et de hautes herbes passait, rapide comme l'éclair, un cavalier. Ici et là, de tous côtés, couraient, essoufflés, des *valets de chiens*, un fouet dans une main, un épieu dans l'autre. Toute la journée les cors retentirent, les chiens aboyèrent, les cavaliers franchirent haies et fossés, les valets haletèrent à les suivre.

Vint le soir. Une vapeur uniforme et grisâtre s'étendit sur la forêt, le voile du crépuscule; puis l'ombre se fit,...... puis le silence.

Dans ce moment, à l'une des sorties de cet inextricable labyrinthe de verdure, un cavalier déboucha d'une sombre allée et s'arrêta brusquement. Il était trempé de sueur et paraissait écrasé de lassitude. Tout ruisselant de sueur aussi son coursier, bel animal à la robe de jais, au large poitrail, aux jambes nerveuses et déliées, semblait comme lui harassé de fatigue. Ce cavalier avait la tête couverte d'un chaperon de feutre relevé sur le front; une plume blanche agrafée par un diamant ornait sa coiffure, d'où s'échappaient les flots bouclés d'une épaisse chevelure noire. Une tunique bleue bordée d'un large galon d'argent tombait de ses épaules jusqu'à ses genoux, fort à l'aise dans des hauts de chausse de fine laine écarlate. Le nœud de la riche écharpe qui la serrait autour de ses reins retenait un poignard et une longue épée nue à deux tranchants. Des bottines de daim, pointues par le bout, s'évasant, à mi-jambe, en entonnoir et armées d'éperons d'or, chaussaient ses pieds. A l'arçon de sa selle pendait dans sa gaîne de chagrin, près d'un cor de chasse, une hache d'armes, surmontée d'une sorte de fer de lance en forme de fleur de lys. Sa taille était élevée et bien prise. Sur sa figure énergiquement accentuée et qui annonçait trente-cinq ans se peignait cette bonté qui naît de la force.

— Plus de trace, dit-il ; et, après avoir jeté un regard autour de lui, il ajouta : où suis-je ? Puis il tira quelques sons de son cor, mais les échos seuls lui répondirent.

Devant ses yeux, entre deux haies d'églantiers et d'aubépines en fleurs se déployait, sinueux et moussu, un étroit sentier ; il s'y engagea à tout hazard.

Arrivé au bas de la colline dans les flancs de laquelle serpentait ce sentier, il se laissa tomber plutôt qu'il ne mit pied à terre. L'herbe était touffue ; il s'étendit sur ce lit agreste, et le sommeil ne tarda pas à clore ses paupières. Quand il se réveilla, il crut rêver. La puissante baguette d'une fée l'avait-elle ravi aux agitations de la terre pour le transporter, sur les ailes d'un dragon magique, dans quelque fraîche oasis du séjour des âmes bénies de Dieu. Le lieu où il se trouvait lui paraissait si rempli de mystérieux enchantements ; il y régnait un calme si profond ; on y respirait un parfum de solitude si pénétrant et si doux ! C'était une vallée fermée par une ceinture de verdoyantes collines couronnées d'arbres centenaires. Bleu miroir d'un ciel étincelant d'étoiles, un étang étalait au centre de cet Eden le tranquille azur de ses eaux. Sur son bord oriental se penchait, comme pour y contempler ses faisceaux de frêles colonnettes, sa délicate et svelte architecture, une ravissante petite chapelle, placée par quelque âme pieuse du siècle passé sous l'invocation de saint Laurent. A l'horizon, dont aucun nuage ne voilait les lumineuses profondeurs, la lune montait, paisible et sereine, et baignait tout le paysage de ses molles clartés. L'aspect de cette poétique nature jeta son âme dans une ineffable rêverie et tourna ses pensées vers Dieu.

Ramené au sentiment de la réalité par le souvenir du rude exercice de sa journée, mais toujours sous le charme de sa vision, il jura, dans un élan d'inspiration religieuse, de faire bâtir un monastère dans ce lieu qui l'avait abrité. Se levant alors, il détacha pour la seconde fois de l'arçon de sa selle le cor qui y était appendu, et sonna un air guerrier. Presque aussitôt retentirent successivement dans le lointain et à d'inégales distances, comme se répondant, plusieurs cors répétant le même air. Bientôt le bruit précipité des pas d'un cheval se fit entendre, et une minute après un lévrier de grande taille vint bondir avec de joyeux aboiements aux pieds du chasseur égaré. Un cavalier le suivit de près, puis un autre, puis un autre, enfin une nombreuse cavalcade.

Et tous à sa vue se découvrirent et s'inclinèrent respectueusement.

— Par Saint-Denis! messeigneurs, fit-il, en les saluant de la main, voilà une journée dont nous garderons mémoire ; et, s'élançant sur son cheval, il ajouta : et maintenant au Louvre!

Ce chasseur égaré était Philippe-Auguste.

Le vœu qu'il avait fait de construire un couvent dans ce lieu où, épuisé de fatigue, il avait goûté un si délicieux sommeil, reçut son exécution.

Ce monastère s'appela Port-Royal.

II.

Aux blanches murailles de Port-Royal imprimez d'abord par la pensée la rouille de deux siècles ; montez ensuite avec moi sur cette colline, et du regard embrassez, dans sa pittoresque immensité, le paysage si riant à la fois et si sévère qui encadre le couvent. Quel magnifique panorama ! De tous côtés des forêts et des bois contemporains des druides, plus antiques que l'antique pavois, trône militaire des rois de la première race, chefs à la longue chevelure, guerriers à la longue épée. — Mais le temps a fait un pas : sous la cognée et sous le feu bien des arbres sont tombés. Voyez! où se balançaient autrefois leurs cimes géantes quelque gracieux hameaux, deux petites villes élèvent déjà leurs maisons à machicoulis, à balcons de pierre, à pignons aigus. De gothiques églises dressent dans les airs leurs flèches dentelées, leurs clochetons à jour; vingt manoirs féodaux, leurs hautes et noires murailles, leurs tours menaçantes, leurs donjons crénelés. A votre droite, c'est Saint-Remy-le-Chevreuse, frais village à moitié caché parmi les chênes, comme un nid de ramiers ; un peu plus loin, c'est Dampierre mirant les toits pointus, les croisées de pierre, les jardins en terrasse de ses rustiques habitations, dans les eaux limpides et profondes du gracieux ruisseau d'Ivette.. A votre gauche, c'est Chevreuse, la *Caprosia* du xe siècle, abbaye autrefois sous l'invocation de saint Saturnin, ville maintenant sous la protection du formidable château fort qui la commande. Par qui fut bâti ce château qui joue un rôle glorieux dans nos annales, on l'ignore. Autour de ses remparts se groupent, dans un rayon très resserré, comme autant de vaillants hommes d'armes autour de leur capitaine, les nobles manoirs de Magny-Lessart, des Loges, de Toussu, de Jouy, de Beauplan, d'Aigrefort; les châteaux de Combertin, de Chevincourt, de Mérillon. Nous sommes en plein xve siècle.

Dès le règne de Robert Ier, nous voyons les seigneurs de Chevreuse

Port-Royal.

compter parmi les hauts barons du royaume. Ils étaient au nombre des quatre grands vassaux qui avaient le privilége de porter sur leurs épaules l'évêque de Paris à son intronisation, singulier privilége, très envié dans ces temps où la crosse primait le glaive, la tiare la couronne.

Ce furent deux seigneurs de Chevreuse que la reine Blanche de Castille chargea de prendre l'investiture des états de Raimond, comte de Toulouse, au nom d'Alphonse, son fils.

Au nombre des morts de la bataille de Mons-en-Puelle où, comme le disait Philippe-le-Bel, *il pleuvait des Flamens*, se trouva Ansion de Chevreuse *qui, par mille prouesses, avait mérité de porter l'oriflamme dans cette mémorable journée.* Parmi leurs descendants, l'un occupe près du roi Charles V la haute charge de maître-d'hôtel ; un autre remplace, dans le gouvernement du Languedoc, le duc de Berry, oncle de l'infortuné Charles VI.

Bientôt la guerre étrangère et la guerre civile déchirent la France. Le duc de Bedford et Jean-sans-Peur, — les Bourguignons et les Anglais, — mettent le royaume à feu et à sang. L'infâme Isabeau de Bavière se ligue avec eux. Partout retentissent les cris de : Vive Armagnac ! Vive Bourgogne ! Le château de Chevreuse, lui, crie : Vive le roi ! Il devient le théâtre de luttes sanglantes. Les Bourguignons s'en emparent par trahison ; le fameux Tanneguy Duchâtel, prévôt de Paris, à la tête de cent hommes d'armes, entreprend de les en chasser. Il les pousse l'épée dans les reins hors de la ville ; mais l'étendard de Jean-sans-Peur flotte toujours sur le donjon du château. Patience ! Montereau paiera pour le château de Chevreuse.

Oui, oui, à Montereau, Jean-Sans-Peur viendra serrer dans ses mains une main royale, et cette main ne le désarmera peut-être que pour mieux le livrer à des assassins : Tanneguy Duchâtel n'aura justice de Jean-sans-Peur que dans le guet-apens de Montereau.

Charles VII acheta le château de Chevreuse d'un capitaine anglais qui en avait fait sa place d'armes.

Le XVIe siècle vient de se lever ; mais la France saigne encore d'un grand désastre. Madrid a expié Pavie.

Le glorieux prisonnier de Charles-Quint débarque à Bayonne. Toute la cour se porte à sa rencontre. Parmi les filles d'honneur de la reine-mère brille une jeune fille. Elle a dix-huit ans ; son nom est Anne de Pisseleu. *C'est la plus belle des savants, et le plus savant des belles.* Clément Marot sera son favori un jour. L'ambition la dévore ; elle se sent née pour commander. François Ier l'aperçoit et il la regarde avec admiration, avec amour. Du vouloir au pouvoir la distance est vite franchie, quand on s'appelle François Ier.

Le lendemain, il se pare des couleurs de son adorée, le surlendemain il lui dit qu'il l'aime, et, huit jours plus tard, Anne de Pisseleu avait dé-

trôné la charmante comtesse de Châteaubriant. Son royal amant s'occupa bientôt de pourvoir à son établissement. C'était l'usage. Pour époux il lui donna Jean de Brosses, duc d'Étampes, gouverneur de Bretagne; et, pour cadeau de noces, le château de Chevreuse qu'en sa faveur il érigea en duché.

Mais toute médaille a son revers.

François Ier mourut, avec lui la fortune de la duchesse d'Étampes. Son château lui fut repris par Diane de Poitiers, maîtresse d'Henri II, qui le donna au cardinal de Lorraine.

Marie de Médicis, régente, l'érigea en duché-pairie, titre qui s'éteignit à la mort de Claude de Lorraine.

En 1692 le duc de Chevreuse (le deuxième de messieurs de Guise portait ce titre) l'échangea avec le roi pour le comté de Montfort-l'Amaury. Louis XIV en fit don alors à la communauté des Dames de Saint-

Louis, établie à Saint-Cyr, sous le patronage de la veuve du poète cul-de-jatte Scarron, de drôlatique mémoire, devenue, de berceuse des bâtards royaux, reine de France.

L'époque même de la donation de l'antique château de Chevreuse à la communauté des Dames de Saint-Cyr nous ramène tout naturellement à l'abbaye de Port-Royal.

III.

Depuis la fondation de Port-Royal, le paysage a changé de physionomie encore; moins sauvage, il est moins poétique. Le niveau de la civilisation a passé là. On y sent le froid du progrès. Des routes ont été frayées par la main de l'homme au cœur de ces profonds abîmes de verdure qui répandaient tant de fraîcheur, de silence et d'ombre sur ce petit coin de terre aimé de Dieu. Quelques maigres villages, quelques villas seigneuriales bruissent et fument; des moutons bêlent, des bœufs mugissent, des enfants crient où vous n'aperceviez autrefois sous le ciel que des arbres ; où vous n'entendiez autrefois que le chant plaintif du vanneau, le chant joyeux du merle siffleur, le roucoulement de la palombe et le ramage des linots, des bouvreuils et des rossignols. Au lieu des aubépines et des églantiers, des chèvrefeuilles et des genêts jaunes, des belles bruyères roses et blanches et des mille fleurettes qui tapissaient jadis de leurs odorants bouquets le versant de ces coteaux, vous voyez aujourd'hui des seigles, des luzernes et des vignes, au milieu desquels se balancent tristement sur leurs longues tiges vertes quelques coquelicots clair-semés, comme pour protester contre la destruction de leurs sœurs qu'ont fauchées la charrue et la bêche. Vainement aussi vous chercheriez du regard la charmante petite chapelle qui baignait ses pieds de pierre dans les eaux bleues de l'étang, silencieux témoin du sommeil de Philippe-Auguste. A deux pas de l'endroit d'où ses ruines mêmes ont disparu a surgi une massive construction sans caractère, sans élévation ni élégance, déjà célèbre pourtant et dont la postérité se souviendra. Au-dessus de la porte d'entrée s'étale une table de marbre noir; levez les yeux, et vous y lirez, écrits en lettres d'or, ces quatre mots : PORT-ROYAL-DES-CHAMPS.

Cet informe édifice est le monastère fondé par Philippe-Auguste. Il s'appela successivement Porrais ou Porrois, *Portus regis* et *Portus regius*. Douze religieuses de l'ordre de Cîteaux, soumises à la règle de saint Benoît, en avaient pris possession en 1204. Très-pauvres, elles furent dotées par Louis IX. Dès l'année 1229, leur communauté jouissait d'importants priviléges; entre autres, de celui de célébrer l'office divin, quand même tout le pays serait en interdit, et de recevoir, à titre de pensionnaires, des séculières que ne lierait aucun vœu. Source de richesses, ce dernier droit, que leur avait octroyé le pape Honorius III, devint bientôt une source de grands désordres. Les loups firent irruption dans la bergerie.

Avant d'aller plus loin dans l'histoire de Port-Royal, pénétrez avec moi sous ces ombrages. Il est midi ; les brûlants rayons du soleil de juin incendient la campagne. Tapis, sous leurs ailes éployées, au plus épais du feuillage que n'agite aucun souffle d'air, les oiseaux se taisent ou sommeillent. Aux rameaux touffus d'un chêne dont le tronc noueux et robuste a déjà vu passer plus d'une génération un jeune homme est venu demander le *frigus opacum* du poète. Il a jeté son chapeau à ses pieds et il s'est étendu sur l'herbe. Sa mise est d'une élégance exempte de toute recherche. Un habit de couleur nacarat, très-ample, à larges basques, embrasse, sans la serrer, sa taille flexible et souple. A son cou bouffe une cravate blanche, au-dessus d'un jabot de dentelle s'échappant d'une veste de soie orange liserée d'argent. Un nœud de rubans écarlates ferme au-dessous du genou ses culottes tabac d'Espagne, sous lesquelles s'enfoncent, suivant la mode du temps, des bas rouges bien étirés et chaussés de souliers carrés par le bout et ornés aussi d'un nœud de rubans. Ses mains délicates et potelées disparaissent à demi sous des manchettes de Malines. Elevé, droit, uni, son front est vivement éclairé par cette lumière intérieure dont le foyer est l'âme. Il y a bien de la malice et en même temps bien de la douceur dans ses grands yeux bruns, pleins de feu, où l'esprit étincelle ; il y a bien de la finesse dans le sourire qui glisse à chaque instant au bord de ses lèvres, bien de la distinction dans les lignes pures de son visage calme et rayonnant. Ce jeune homme n'est point un fils de famille ; il est noble pourtant du côté de sa mère et porte dans ses armes un cygne, emblème parlant de ce qu'il est déjà pour lui peut-être, de ce qu'il sera un jour, bientôt, pour la France, pour l'Europe, pour le monde. Il a dix-sept ans et s'appelle Jean Racine. Le vieux Corneille peut mourir maintenant, l'immortel ! Son laurier rajeuni va reverdir.

Jean Racine tient à la main un livre, un petit chef-d'œuvre, un roman écrit dans la langue du divin Platon. De temps en temps il le ferme et ses lèvres s'agitent alors comme s'il répétait de mémoire ce qu'il vient de lire tout bas. Tout à coup un homme âgé d'environ cinquante ans débouche d'une allée ombreuse, aperçoit notre liseur et s'avance à pas de loup. Pendant qu'il marche avec cette précaution prudente et calculée de l'ennemi qui veut surprendre son ennemi, crayonnons vite son portrait. Il est grand et sec, et vêtu de brun. Sa perruque est ébouriffée, ses vêtements sont en désordre. Un volumineux in-quarto charge son bras. Sa figure osseuse, maigre et jaune, est ridée de science, couturée de veilles, mais une expression d'indulgente bonté en tempère l'ascétisme.

C'est un érudit doublé d'un moine. Racine l'a aperçu, et il a rouvert son livre qu'il paraît dévorer, sans toutefois perdre de l'œil aucun des mouvements de son professeur. Une idée folle lui passe par l'esprit, un mot charmant lui vient à la bouche. Il se lève comme pour fuir; et l'autre de doubler le pas pour lui barrer le passage; mais soudain il se retourne, marche droit au vieillard qui n'est rien moins que Claude Lancelot, sacristain de Port-Royal et l'un des plus savants hellénistes du grand siècle, et s'inclinant respectueusement, il lui dit, en lui remettant *les amours de Théagène et de Chariclée* :

— Mon cher maître, vous pouvez encore brûler celui-ci comme les autres.

— Comment?

— Oui, reprend le jeune poète, il est désormais gravé là et là.

Et du doigt il toucha son front et son cœur.

Mais un carrosse vient de s'arrêter devant la porte de l'abbaye. Quatre hommes en descendent. Le premier qui en sort est un homme de moyen âge et de grande taille, à la physionomie bienveillante et douce; un nuage de tristesse est répandu sur son front; sa mise est d'une simplicité presque rustique. On sent chez lui un grand détachement des vanités de ce monde, une incessante aspiration vers le ciel où plongent ses regards. Un cercle bleuâtre entoure ses yeux noirs rougis par les veilles, mais l'insomnie n'a pu en éteindre le feu. Sous la neige bout toujours le volcan. Autrefois sa parole a fait bien du bruit. Cicéron revivait, Démosthènes tonnait par sa voix vibrante et sonore; mais cette voix s'est tue tout à coup au milieu des applaudissements. Le néant de la vie s'est dressé devant l'orateur illustre. Il a dit à la gloire : tu n'es qu'un vain nom ; tout jeune encore, il a endormi dans la prière et l'abstinence la fièvre de ses sens, muré ses passions, et s'est couvert de cendres comme un pécheur repentant. Le célèbre avocat Lemaître n'est plus aujourd'hui qu'un humble de cœur devant Dieu.

Près de lui s'est élancé à terre, leste et pimpant, la figure épanouie, l'œil vif, le teint animé, le sourire sur les lèvres. un homme de trente-cinq ans environ, chamarré de rubans, de dentelles et d'or, haut monté sur ses talons rouges, paraissant beaucoup moins préoccupé de son salut que de ses plaisirs, sentant d'une lieue son grand seigneur, mais le grand seigneur qui s'éclaire au flambeau de sa conscience et non au soleil de la cour, qui sait vouloir quand nul n'ose avoir une volonté, résister quand chacun plie, et qui a généreusement embrassé la cause du faible contre le fort, de l'opprimé contre l'oppresseur. Le duc de Luynes, car c'était lui, s'était arrêté tout près de la portière du carrosse. S'appuyant sur son épaule avec une familiarité qu'excusait son état de souffrance, un nouveau personnage descendit avec effort. Son costume, de couleur sombre, ne manquait ni de richesse ni d'élégance, mais une robe de bure grossière se fut mieux harmoniée avec l'expression méditative et austère de son visage. Quoiqu'il fût à peu près de l'âge du jeune duc, on l'eût pris pour un vieillard, tant sa poitrine se creusait entre ses épaules ramenées en avant, tant ses traits étaient amaigris et fatigués. Sur sa figure osseuse et longue s'étalait, comme un linceul, une pâleur de mort, plaquée de rouge aux pommettes, dont la saillie faisait paraître plus caves ses grands yeux d'un gris fauve, si pleins de flamme encore, que sa vie tout entière semblait s'y être retirée. Son nez aquilin se recourbait en bec d'aigle sur ses lèvres fines et minces, qui ne devaient plus sourire qu'une fois, à l'heure suprême. Il y avait de l'égarement dans son regard fixe et effaré, comme s'il eût été le jouet, le martyr d'une hallucination terrible. Ainsi que le voyageur perdu dans les ténèbres, qui, au jour, se réveillerait sur la lisière de deux abîmes, il n'osait tourner la tête de peur que le vertige ne l'entraînât au fond du gouffre qu'il voyait sans cesse ouvert à ses deux côtés. A peine eut-il touché le sol du pied, qu'il se plaça entre ses deux amis dont il prit le bras ; l'un, l'avocat Lemaître, qui devait être enterré près de lui à Saint-Étienne-du-Mont; l'autre, le grand seigneur, qui, à ses risques et périls, à prix d'or et de vive force, avait, titre impérissable aux remercîments de la postérité, fait imprimer en Touraine, dans une grotte, les *Provinciales,* ce brûlant stigmate appliqué par l'incisif génie de Blaise Pascal au front des irréconciliables ennemis de Port-Royal, les tout-puissants disciples de Loyola.

Tous trois s'approchèrent de la porte, suivis des deux autres personnages qui étaient venus avec eux. Ceux-là, nous les peindrons d'un trait. C'étaient deux honnêtes figures, sereines et calmes, plissées par l'étude, leur plus grand amour après Dieu, mais illuminées des doux reflets d'une conscience sans reproche. L'un était M. de Sacy, qui avait doté son siècle d'une traduction justement estimée de la Bible et des Lettres de Pline le jeune, auteur de nombreux ouvrages d'éducation et de controverse religieuse : l'autre, par ses *Essais de Morale,* avait conquis à son nom de Nicole une place honorable au-dessous de Montaigne.

Bientôt la porte s'ouvrit et sur le seuil parurent, antithèses vivantes, trois hommes, trois frères. Sur les robustes épaules du premier, jetez une peau de lion, mettez-lui dans la main une massue, et vous aurez l'Hercule de la fable devenu vieux. Mal d'à-plomb sur ses jambes rongées de goutte, il ne marchait pas, il roulait. Ses mouvements étaient saccadés et brusques; un caractère tracassier, turbulent, plus violent qu'énergique, se peignait sur sa large face charnue et rouge. Dans ses yeux éclatait un orgueil indomptable. Il s'était montré très âpre au plaisir dans sa jeunesse; aussi sa conversion avait-elle donné lieu à bien des méchants commentaires. Homme d'esprit du reste et surtout de savoir.

Très petit, le second semblait vouloir se faire plus petit encore ; mais cette humilité n'était qu'un masque : l'ambition lui dévorait le cœur ; *une ambition plus effrénée que toute celle de la maison d'Autriche ensemble.* Aussi froid que son frère était bouillant, il avait la taille épaisse et courte ; son visage rebondi et rose était celui d'un prélat bien nourri ; son geste contenu, son maintien compassé, sa parole doucereuse et fine, son regard pénétrant et voilé étaient d'un diplomate. A son cou pendait la croix épiscopale. Ah ! s'il avait eu le chapeau !

Détachez de son cadre d'or une de ces puissantes têtes de moine que nous a léguées le vigoureux pinceau de Zurbaran ou de Ribeira, sur ce front courbé par la prière et blêmi par les macérations du cloître, faites rayonner, splendide auréole, les flammes du génie ; embrasez ces yeux creusés par les veilles et les larmes des ardeurs dévorantes de la lutte ; revêtez cette imposante figure d'un sévère costume, moitié laïque, moitié monacal, et devant vous posera, dans son olympienne gravité, le dernier de nos nouveaux personnages, le grand docteur Antoine Arnauld, — cet érudit convaincu, ce logicien armé de toutes pièces, ce ferme esprit, cet inébranlable courage, ce Jupiter du syllogisme et du dilemme, dont la foudre était une plume, et qu'a si bien peint, dans ces vers de son âge mûr, le jeune poète que nous avons tout à l'heure laissé avec son professeur ébahi :

> Sublime en ses écrits, doux et simple de cœur,
> Puisant la vérité jusqu'à son origine,
> De tous ses longs travaux Arnauld sortit vainqueur
> Et soutint de la foi l'antiquité divine.
> De la grâce il perça les mystères obscurs ;
> Aux humbles pénitents traça des chemins sûrs ;
> Rappela le pêcheur au joug de l'Évangile ;
> Dieu fut l'unique objet de ses désirs constants,
> L'Église n'eut jamais, même en ses premiers temps,
> De plus zélé vengeur ni d'enfant plus docile.

Sous vos yeux sont maintenant réunis tous les *solitaires* de Port-Royal : le bon Lancelot, qui continue à promener sous les ombrages son in-quarto et ses rêveries, manque seul à cette assemblée de famille, que sont venus augmenter le duc de Luynes, brillant oiseau de passage sur ces bords embrumés de théologie, et l'évêque d'Angers, accouru peut-être, l'habile et prudent diplomate, pour souffler sur l'incendie allumé par la puissante haleine de son frère.

Ceux qui entrent et ceux qui sortent se rencontrent sur le seuil, se saluent, se serrent la main, puis la porte se ferme sur eux ; les voilà dans la cour, ils montent les degrés du péristyle, mais, avant de pénétrer dans l'intérieur de l'abbaye, ils font une pause ; une vive et bruyante discussion s'élève entre eux. De quoi parlent-ils avec tant de feu ? des *Provinciales*, de *la fréquente communion*, du *Petrus Aurelius*, de l'*Augustinus* ; et dans leur conversation reviennent sans cesse, comme la ritournelle au bout du couplet, les noms aimés de Jansenius et de Saint-Cyran, de la duchesse de Longueville et de la duchesse de Chevreuse, du duc et de la duchesse de Liancourt ; les noms maudits du père Garasse et du père Amat, du docteur Lescot, des jésuites Nouet, Brisacier et Meynier, leurs plus ardents persécuteurs.

Mais, comme les disputes théologiques sont fort peu récréatives, nous prendrons congé de nos solitaires et nous irons, si vous voulez bien, saluer dans son oratoire Marie-Jaqueline-Angélique Arnauld, la digne abbesse de Port-Royal.

Angélique Arnauld avait alors cinquante-sept ans. Elle avait été d'une grande beauté ; mais l'inquiétude, le travail, la maladie, l'abstinence, la solitude, les persécutions avaient blanchi de bonne heure ses cheveux et changé le caractère de sa physionomie qui, sans rien perdre de sa noblesse, s'était rembrunie d'une teinte de sévérité claustrale. Dès l'âge de onze ans, elle était abbesse. A dix-sept ans, elle entreprit de rétablir à Port-Royal, dans sa primitive rigidité, la règle de Saint-Benoît et de Saint-Bernard. Son premier soin avait été de faire clore la vieille abbaye d'une solide muraille. Une épidémie s'y déclara bientôt. La mort décimait son troupeau trop resserré dans des bâtiments humides, sans soleil et sans air. Mais où le transporter? Elle était pauvre; sa mère lui vint en aide. En 1625, elle acheta de ses deniers, rue de la Bourbe, dans le faubourg Saint-Jacques, une vaste maison qui, hospice d'abord, prit plus tard le nom d'abbaye de *Port-Royal-de-Paris*. Une partie des religieuses de Port-Royal-des-Champs s'y établit aussitôt, puis toutes y cherchèrent un refuge.

Ce fut alors que le docteur Arnauld et Arnauld d'Andilly, son frère, l'avocat Lemaître, leur neveu, Nicole, Lemaistre de Sacy et Lancelot, leurs amis, vinrent s'abriter sous les solitaires ombrages de l'abbaye abandonnée où nous les retrouvons aujourd'hui. Quelques fervents disciples les y suivirent.

Sur les pressantes instances de la mère Angélique, le nouveau Port-Royal avait été déclaré abbaye élective et triennale et soustrait à la juridiction de l'abbesse de Cîteaux, pour être placé sous l'obéissance de l'archevêque de Paris. Sur sa demande aussi, ses religieuses furent autorisées à joindre le nom de filles du Saint-Sacrement à celui de filles de Saint-Bernard. Vers cette époque, elle connut Duvergier de Hauranne, si célèbre depuis sous le nom de Saint-Cyran, et dont les doctrines formulées dans l'*Augustinus* de Jansenius, son condisciple et son ami, et condamnées en cour de Rome, devaient exercer sur les destinées de Port-Royal une si fatale influence.

Ces doctrines avaient laissé de profondes racines dans l'esprit de la mère Angélique. Ces racines se firent arbre, et toutes *ses filles* s'assirent bientôt à son ombre.

Les Jésuites, cependant, n'attendaient qu'une occasion pour éclater contre Port-Royal; un petit scandale la leur fournit. Écoutons Tallemant des Réaux :

« Un jour la marquise de Sablé dit à la princesse de Guéménée qu'aller au bal, avoir la gorge découverte et communier souvent ne s'accordaient guère bien ensemble, et la princesse lui ayant répondu que son directeur, le Jésuite Nouet, le trouvait bon, la marquise pria le révérend père de lui mettre cela par écrit, après avoir promis de ne le montrer à personne ; ce qu'il fit, l'imprudent! et ce qu'elle ne fit pas, la rusée! »

Cette déclaration signée de lui, fut remise par elle au docteur Arnauld, et celui-ci d'écrire aussitôt son livre de *la fréquente Communion*. Ce factum théologique fut pour les Jésuites un coup de massue. Ils résolurent d'en finir avec les Arnauld. Le père Brisacier accusa les religieuses de Port-Royal, bien qu'elles fussent vouées à l'adoration perpétuelle de l'Eucharistie, d'être *asacramentaires;* le père Nouet, cause de cette croisade très peu sainte, les traita de *vierges folles, désespérées, impénitentes;* le père Meynier, lui, voulut prouver que les solitaires de Port-Royal étaient des hérésiarques pires que Luther et Calvin; qu'ils cherchaient à implanter le déisme en France, et que les troubles de la Fronde avaient été leur ouvrage. La cour prit fait et cause pour les calomniateurs. L'archevêque de Paris, cardinal de Retz, protesta; mais l'on ne tint aucun compte de ses protestations. Les persécutions commencèrent. Tous les solitaires de Port-Royal-des-Champs furent expulsés de leur studieuse retraite; on enleva toutes ses novices et ses pensionnaires à la digne mère Angélique, qui se trouvait alors à Port-Royal-de-Paris. Vers ce temps, une de ses *filles*, mademoiselle Périer, nièce de Pascal, fut soudainement guérie d'une inflammation de l'œil par le simple contact d'une épine de la sainte couronne dans l'abbaye, on cria au miracle; le père Amat, lui, cria au mensonge. Il était confesseur du roi; il fut cru sur parole. Un moment suspendues, les persécutions reprirent leur cours. Angélique Arnauld, ses sœurs, ses nièces et quelques religieuses se retirèrent alors à Port-Royal-des-Champs. Les plus cruelles épreuves les y attendaient. Toute communication avec le dehors leur fut interdite. Défense fut faite à tous les juges de *connaître de leur cause.* On alla jusqu'à leur *refuser les sacrements.* Et pourquoi, bon Dieu! toutes ces rigueurs? Parce qu'elles s'obstinaient à ne pas vouloir admettre comme contenues dans l'*Augustinus* cinq propositions dont les Jésuites avaient obtenu la condamnation en cour de Rome. La mort d'Angélique ne désarma point ses ennemis. L'archevêque de Paris, Péréfixe, fit, en ces deux mots, son oraison funèbre : pure comme un ange, orgueilleuse comme un démon.

Le mardi 29 octobre 1709, à sept heures du matin, le fameux lieutenant de police d'Argenson fut tout étonné de se réveiller, par ordre du roi, général d'armée. A ses côtés marchaient, comme aides de camp, un commissaire du Châtelet et le prévôt de la maréchaussée; trois cents archers obéissaient à son commandement. Il vint fièrement planter sa bannière devant Port-Royal-des-Champs. La garnison de cette imprenable forteresse se composait dans ce moment de vingt-deux religieuses et sœurs converses, toutes épuisées par l'âge ou la maladie. Il la somma de lui ouvrir ses portes, — qui étaient ouvertes; pénétra dans la place et en mit les clefs dans sa poche. La garnison ne fut point passée au fil de l'épée.

Les persécuteurs s'applaudirent de ce burlesque triomphe, mais ils ne s'en contentèrent pas. Il fallait que de l'abbaye il ne restât point pierre sur pierre. Un arrêt de 1710 leur donna satisfaction. On ne respecta pas même les tombeaux.

Port-Royal-de-Paris fut plus heureux. On le laissa vivre : il ne s'y trouvait plus personne du nom d'Arnauld.

Mis à mort en 1790, ce couvent ressuscita en 1801, sous le nom d'*Institution de la Maternité*. C'est aujourd'hui l'*hospice de l'accouchement*.

IV.

Nous voici enfin sortis de cette triste et pédante monographie de Port-Royal, et le château de Chevreuse nous réclame. De hautes herbes et des

ronces, et dans ces ronces et ces herbes quelques pierres, c'est tout ce qui reste aujourd'hui de l'antique manoir. Curieuse destinée que la sienne ! Dans son histoire se réfléchissent, comme dans un miroir, sept siècles de nos annales. La royauté est faible, les grands vassaux se rébellionnent ; on tire l'épée. Chevreuse dresse ses dix tours pour en faire un rempart à la couronne. Fauchée par Louis XI, la féodalité s'éteint dans une mare de sang ; avec elle s'éteignent les sires de Chevreuse. La galanterie trône au Louvre. Une maîtresse royale recueille l'héritage des vaillants et loyaux barons. Les guerres de religion éclatent. Un cardinal succède à la favorite dans la possession de ce magnifique domaine. Viennent les jours radieux du grand siècle, jours de fastueux plaisirs, de ruineuses folies, dont les dernières heures devaient se traîner si lentes dans l'abandon et la prière ; et des mains d'un brillant dissipateur, Chevreuse tombe dans celles d'une abbesse. Où avaient retenti d'abord les rudes clameurs de la bataille, ensuite les molles chansons d'amour mêlées aux graves préoccupations de la politique et aux enivrantes fumées du vin, on n'entend plus que le tintement des cloches et le bruit des saints cantiques. Sa jeunesse s'écoule au milieu des hasards de la guerre ; l'amour, l'ambition, l'orgie remplissent les années de sa maturité ; à bout d'ans et de forces, il se tourne vers Dieu pour mourir, mais il ne descend point tout entier dans la tombe. De son nom il reste un héritier.

Il ne portera, cet enfant de son orgueil, ni la forte épée, ni la lourde cuirasse. Les temps sont passés des luttes de seigneur à seigneur, de seigneur à roi. Il n'y a plus en France que deux pouvoirs : la royauté qui se couche, le peuple qui se lève. C'est la parole qui vivifie et tue aujourd'hui. Les Montmorency de notre époque s'appellent Mirabeau.

Plaire sera sa seule étude, être heureux par les arts, fils du luxe, fleurs de la paix, sa seule ambition. Moins glorieux il sera plus beau.

Le nouveau château de Chevreuse s'élève dans le riant village de Dampierre. Il fut bâti, vers la fin du règne de Henri II, par le cardinal de Lorraine. Le duc de Luynes, fils du connétable, favori de Louis XIII, y fit faire de grands embellissements. Le célèbre architecte Jules Hardouin-Mansard en fut le restaurateur. Il passa, sous Louis XIV, de la famille de Chevreuse, dont il était l'apanage, dans la maison de Luynes.

Voici à quelle occasion.

Mademoiselle Marie de Montbazon, fille d'Hercule de Rohan, duc de Montbazon et de Marguerite de Lénoncourt, avait épousé, à l'âge de dix-sept ans, en 1617, le connétable de Luynes. De cette union étaient nés deux enfants : le duc de Luynes, que nous avons vu si fort engagé avec Port-Royal, et une fille qui entra en dévotion. Après deux ans et demi de mariage, elle devint veuve et se remaria, en 1621, au duc de Chevreuse, nom sous lequel elle acquit tant de célébrité. Nous reviendrons tout à l'heure à la belle duchesse.

Ce duc de Chevreuse était *le second des MM. de Guise et le mieux fait des quatre : homme de la meilleure mine qui se pût voir, il avait de l'esprit passablement, beaucoup de sang froid dans le danger,* et un si grand goût de dépense, que voilà qu'il commande un beau jour quinze carrosses pour essayer lequel serait le plus doux. Il eût dû naître à Sybaris. Ses prodigalités le ruinèrent, vous devez le penser ; si bien que, sur la fin de sa vie, il consentit à céder, moyennant une pension viagère, son château de Chevreuse au duc de Luynes, fils du premier lit de sa femme et du connétable, sous cette restriction, cependant, que ses nouveaux maîtres porteraient alternativement le titre de duc de Luynes et de duc de Chevreuse.

Maintenant, connaissez-vous la duchesse de Chevreuse? Sa vie est tout un roman. Intrigues galantes, intrigues politiques, aventures de grand chemin, folles équipées au grand soleil, complots tramés dans l'ombre, tout s'y trouve. Et quelle merveilleuse héroïne! Séduisante comme une sirène, insaisissable et changeante comme un Protée, — un Machiavel en fontange et en robe à queue. Que lui parlez-vous de la peur? Le danger est son élément. De l'exil? elle en revient. Ses saillies partent comme des éclairs. Nul n'est si haut placé que ses sarcasmes ne l'atteignent. Elle se rit de Louis XIII, qui n'aime ses maîtresses que de la ceinture au front; elle se moque de lord Holland qui soupire pour ses beaux yeux; elle s'amuse de Buckingham qui soupire pour les beaux yeux de la reine. Richelieu, qui ne peut être roi, brûle du désir de donner un héritier au trône; elle s'attaque à Richelieu, chatte qui joue avec le tigre! Tenez-vous sur vos gardes, M. de Mazarin; il est bien doux le velours de cette patte mignonne, mais dessous se cachent des ongles acérés et roses qui vous déchireront.

Un soir, c'est au Louvre, les lustres sont allumés dans la chambre de la reine. Près de la cheminée où pétille un feu vif, dans un fauteuil de damas cramoisi rehaussé d'or, une femme d'une rare beauté est assise. A ses pieds siège familièrement, sur un tabouret, une autre femme également belle. Toutes deux gardent le silence : elles s'ennuient.

La duchesse de Chevreuse sort tout à coup sans rien dire et revient un moment après sans rien dire encore. Anne d'Autriche la regarde. Bientôt la porte s'ouvre; deux hommes paraissent. Le premier qui entre est habillé d'une culotte de velours vert; à ses jarretières pendent des sonnettes d'argent, entre ses doigts des castagnettes; sa physionomie sévère contraste avec ce singulier accoutrement. Le second tient à la main un violon. Sur un signe de la duchesse, l'homme aux culottes vertes danse une sarabande; l'autre accompagne le danseur sur son violon. Et les deux femmes de rire aux larmes.

Le musicien c'était Bocco, le Paganini de l'époque; le baladin..... je vous le donne en mille..... c'était Richelieu! Richelieu à qui l'espiègle duchesse avait soufflé que la reine se mourait d'envie de le voir danser ainsi affublé.

Un matin — c'est sur la route de Fontainebleau — six chevaux emportent un carrosse dont les glaces sont levées et dans lequel nous retrouvons Anne d'Autriche et sa très-chère confidente, la duchesse de Chevreuse, fort animées ce jour-là et fort gaies. Tiré par quatre chevaux, un autre carosse, dont les glaces sont aussi levées, suit à petite distance.

Un homme est dans ce carrosse, c'est Richelieu. Que regarde-t-il donc avec tant d'impatience et de colère? Le cavalier habillé de satin et enrubanné de la tête aux pieds qui caracole autour de la portière de la reine avec toutes sortes de contorsions et de grimaces. Quel est ce cavalier? M. de Châteauneuf. Qu'est-ce que M. de Châteauneuf? Un céladon sur le retour. Pour qui se met-il ainsi en frais de toilette et de galanterie? Pour la duchesse de Chevreuse. Elle veut se délivrer de ses insipides hommages et faire pièce en même temps à Richelieu; car c'est toujours à Richelieu qu'elle s'en prend, l'incorrigible. Elle lui a insinué que le marquis en veut conter à la reine, — pour le lui prouver, elle a ménagé aux deux prétendus rivaux cette plaisante rencontre.

Pris une seconde fois pour dupe, le cardinal se fâche tout rouge: M. de Châteauneuf est mis sous clef à Angoulême; la rusée duchesse exilée à Dampierre.

De Dampierre au Louvre, l'intervalle peut être vite franchi; mais hélas! Dampierre est cerné de tous côtés. Raison de plus pour qu'elle s'en échappe. Cette *demoiselle crottée* qui, presque chaque jour, se glisse *entre chien et loup* dans l'oratoire de la reine, vous l'avez nommée. Cet homme qui, un certain soir, l'en voit sortir, c'est encore Richelieu.

Le ministre l'exile à Tours. Elle y *débauche* l'archevêque.

Il expédie un exempt pour l'arrêter et la conduire au château de Loches; elle grise l'exempt, et pendant qu'il ronfle du sommeil du juste entre dix flacons vides, elle galoppe, métamorphosée en jeune seigneur, vers les frontières d'Espagne, en compagnie d'un écuyer appelé Laboissière que lui a donné le vieux duc d'Épernon.

> Laboissière, dis-moi,
> Vas-je pas bien en homme?
> Vous chevauchez, ma foi,
> Mieux que tant que nous sommes
>   Elle est,
> Au régiment des gardes,
>   Comme un cadet.

Sur sa route, un bon curé de village ouvre de grands yeux, quand elle lui apprend que le jeune seigneur avec qui il a cru partager son lit est la duchesse de Chevreuse.

De la cour d'Espagne, où elle a brouillé bien des cartes, elle passe à la cour d'Angleterre où elle tourne bien des têtes.

La fantaisie lui vient de rentrer en France; mais les limiers du cardinal-ministre ont flairé sa trace; serrée de près par eux, elle se jette tout habillée dans la Somme qu'elle traverse à la nage pour regagner Calais, et de là Londres.

Richelieu meurt. Elle accourt toute joyeuse à Paris.

Port-Royal.

Anne d'Autriche est régente. Mazarin premier ministre. La *Fronde* commence. Vive Dieu ! Le beau jour pour elle ! Elle se ligue avec Mazarin pour se défaire des princes, chefs de cette guerre de portes cochères et de... lisez plutôt Voltaire. Mais voilà qu'il est question du mariage du jeune prince de Conti avec l'aînée de ses filles. Vite elle se ravise. Le coadjuteur, le duc de Beaufort, ce *roi des halles*, le prince de Condé, la duchesse de Montbazon qu'elle a mordus, elle les caresse ; Mazarin qu'elle a caressé, elle le mord à belles dents. Ne faut-il pas qu'il paie pour Richelieu ? Mais arrêtons-nous ; aussi bien nous n'en finirions pas, si nous voulions raconter toutes les imaginations, toutes les témérités, toutes les frasques de cette femme, l'une des plus extraordinaires de son temps.

La duchesse de Chevreuse mourut, quand il ne lui fut plus possible d'intriguer en amour, de conspirer en politique.

Louis XIV était alors dans tout l'éclat de sa puissance et de sa gloire. Elle avait soixante-dix-neuf ans.

On eût pu graver sur sa tombe cette épitaphe célèbre :

Hic tandem quiescit, quæ nunquàm quievit.

Jetons, avant de clore ces pages, un dernier coup-d'œil sur la vallée qu'illustra Port-Royal. Qu'elle est mélancolique aujourd'hui, cette vallée que nous avons vue si riante quand Philippe-Auguste s'y endormit ; si vivante, lorsque les Arnauld et leurs amis y attiraient sur leurs têtes, par la rigidité de leurs doctrines, les foudres de Versailles et du Vatican ! Un petit bâtiment en briques et un fragment d'escalier en noyer sculpté, c'est tout ce qui est venu jusqu'à nous de l'habitation que s'y étaient construite les courageux *solitaires*. Des lierres, des ronces, quelques peupliers, une vieille tour percée de meurtrières, croissent et s'élèvent, stériles et tristes, sur l'emplacement de l'abbaye. L'étang chanté par Racine dans sa jeunesse est devenu un verger. Tout à disparu ; le souvenir seul de l'intelligence et de la vertu qu'ont abritées les ombrages de cette Thébaïde, — ombrages, hélas ! aussi tombés sous la main des hommes, n'a rien à redouter ni du fanatisme ni du temps. Il y vit encore, il y vivra toujours.

Mais Chevreuse, voyez comme, malgré ses soixante lustres, il est rayonnant de jeunesse ! Ne dirait-on pas le palais d'Armide ? Tout y est soie et velours, sculpture, peinture et or ; tout y est verdure et fleurs, parfums et chants ; — un diamant dans un bouquet.

Chevreuse est par sa beauté la gloire de Dampierre ; il en est la richesse par la princière munificence de ses nobles possesseurs. De vastes jardins, du dessin le plus varié, l'entourent de toutes parts de leurs odorantes corbeilles de dahlias et de roses, de leurs vertes pelouses, de leurs ondoyantes aigrettes de feuillage ; et au-delà des jardins se développe, à perte de vue, dans une étendue de douze cents arpents, un double parc clos de murs, planté d'arbres centenaires et traversé par les eaux fraîches et claires de la rivière d'Yvette. L'élégance la plus exquise et la plus imposante majesté s'unissent, dans une radieuse harmonie, pour imprimer à cette somptueuse demeure un caractère de grandeur vraiment royale. Avec ses bassins, ses canaux, ses fleuves, ses naïades, ses fontaines, ses labyrinthes, ses charmilles, ses avenues ombreuses, ses petites îles ; avec la richesse féérique de ses salons, ses galeries de statues et de tableaux, elle nous apparaît comme l'un de ces séjours enchantés dont la plume serait impuissante à décrire les magnificences.

Rien ne manque à l'illustration de Chevreuse ; il a son Raphaël. Ainsi que son divin maître, M. Ingres aura ses *Loges*.

Chevreuse est le Versailles de l'aristocratie.

ALPHONSE BROT.

Quand on quitte la Seine *à regret fugitive*, quand on laisse derrière soi et Saint-Denis, et Louvres et Gonesse, et peu après le village de Pierrefitte et le lieu appelé le Barrage, on est sur les limites des départements de la Seine et de Seine-et-Oise et l'on entre dans un des plus beaux, des plus riches et des plus industrieux départements de la France, que l'Oise traverse du nord-est au sud-ouest et auquel elle a donné son nom.

Rien ne montre mieux le chaos où se trouvait la France avant la révolution de 89 que de suivre sur une carte un peu ancienne les différentes provinces qui composaient jadis ce département : une partie de la Picardie, de l'Ile-de-France, du Noyonnais, du Soissonnais, du Valois, du Beauvoisis, du Vexin et du pays de Bray s'y disputaient le terrain, et des coutumes diverses, des juridictions dissemblables, des intérêts opposés, des droits qui se nuisaient entre eux y soulevaient des haines continuelles et des prétentions soutenues jusqu'à la violence et à l'effusion du sang.

Aujourd'hui tout cela a disparu, et l'Oise est gouvernée suivant la coutume de Paris, qui est celle de la France : il est vrai que les vieilles traditions se perdent, que les châteaux tombent ou sont tombés, et que parmi ceux qui restent aucun n'a conservé le droit de haute ou basse justice, et qu'aucun sénéchal ne peut plus faire pendre un homme dans la cour de son seigneur; mais ces petits désavantages ont leur compensation; les monuments d'une époque passée embellissent toujours le sol qui les a vu s'élever, et le département de l'Oise en renferme de précieux spécimens que déjà nous avons fait passer sous les yeux de nos lecteurs.

Compiègne, dont l'origine remonte, dit-on, jusqu'à Jules-César, Chantilly, domaine splendide de la maison de Condé, ont été décrits; il nous reste à parler de Senlis qui, par son antiquité et les lieux historiques qui l'entourent, ne le cède en rien, pas même à des châteaux royaux, en intérêt et en souvenir.

Sous la domination romaine les habitants de Senlis se nommaient les *Silvanectes*; ils devaient sans doute ce nom aux forêts qui couvraient le pays et qui ne sont point encore entièrement abattues. Les Romains changèrent ce nom et imposèrent à la ville celui d'*Augustomagus*. Pline assure que les indigènes rejetèrent ces deux appellations pour garder celui d'*Ulmanetes* ou *Ulbanectes* qui, dans la langue celtique, signifie *libres* : ces peuples, en effet, ne furent jamais entièrement soumis et n'échangèrent jamais leurs lois contre les lois romaines. Néanmoins les faits qui entourent cette époque sont assez obscurs, et les historiens n'appuyent leurs récits de quelques preuves qu'à partir du moment où les habitants de Senlis se sont convertis au christianisme, et encore leurs légendes sont-elles remplies de miracles qui demandent une foi robuste.

L'apôtre des *Silvanectes* fut un saint prêtre nommé Régulus, dont on a fait saint Rieul, saint toujours en faveur à Senlis; ce Régulus était évêque d'Arles et il quitta les bords embaumés du Rhône pour ceux de l'Oise, dans le dessein pieux de détrôner Teutatès et de faire succéder une religion de paix et de charité au culte sanglant des Druides : l'entreprise était d'autant plus louable qu'elle était plus périlleuse et que le saint courait risque du martyre ; mais les habitants de Senlis étaient vifs et gais, spirituels et faciles à convaincre, amateurs de fêtes, de danses, de jeux, et pourvus enfin de ce caractère aimable qui rend un peuple ennemi de la cruauté et le dispose à accepter volontiers la morale douce de l'Évangile. Saint Régulus, ou plutôt saint Rieul, convertit les habitants de Senlis et, l'imagination cherchant toujours à embellir des faits pareils et à les accompagner de quelques prodiges, on raconte qu'un jour, tandis que le saint prêchait les nouveaux convertis, les grenouilles d'une mare voisine coassaient avec un ensemble si discordant et si bien nourri, qu'elles couvraient sa voix. Le saint les rendit muettes : on n'entendit sur la mare que le léger bourdonnement de quelques insectes, et le saint acheva son sermon au milieu du recueillement de l'assemblée dont ce miracle augmenta la foi. La pieuse exhortation finie, les prières achevées, Rieul s'approcha de la mare et rendit leur voix aux grenouilles, mais à la condition qu'elles ne s'en serviraient que l'une après l'autre, et pendant longtemps dans cette mare, qu'on nomme la mare ou l'étang de Reuilly, on n'a entendu coasser qu'une grenouille à la fois ; aujourd'hui le temps des miracles est passé et les grenouilles ont repris leurs discordants concerts.

Saint Rieul a été le premier évêque de Senlis et son corps est la plus précieuse relique de la ville ; il est vrai qu'Arles prétend avoir le même avantage, et, en supposant qu'aucune de ces deux villes ne soit dans l'erreur, cette dualité est un nouveau miracle.

Senlis est une ville agréablement située sur le penchant d'une colline, un peu au-dessus du confluent des petites rivières de la Bonette et de l'Annette et à peu près au centre des trois forêts de Chantilly, d'Hallate et d'Ermenonville, forêts gracieuses et terribles tour à tour, suivant la nature des arbres qu'on y rencontre ; ici le chêne séculaire et au noir feuillage, là le hêtre, plus loin le charme, et enfin le tremble à l'ombre indécise et changeante, qui se marie avec la blancheur de l'écorce du bouleau. La ville ainsi avoisinée de promenades pittoresques se compose de deux parties : l'enceinte de l'ancienne ville, ou la cité, qui conserve encore des traces des constructions romaines, et trois faubourgs dont l'existence est plus récente.

Sous la première race, quand Paris était loin encore d'être la capitale de la France et que les rois de la première race établissaient çà et là leurs cours errantes, suivant les besoins de leur politique et au gré de leurs triomphes ou de leurs défaites, Senlis a eu, à son tour, l'honneur d'être capitale, ou du moins d'être le siége du gouvernement ; on y a longtemps battu monnaie, et les Carlovingiens, qui l'habitèrent plus tard, y ont bâti un palais dont on voit encore les traces. Charlemagne posa lui-

même la première pierre de la cathédrale, édifice qui fut détruit par la foudre en 1304, que Louis XII releva et dont nous parlerons plus bas.

Nous avons cité saint Rieul dont les reliques problématiques sont en honneur à Senlis, il est juste de parler aussi de Guérin, qui ne fit point taire de grenouilles, mais qui, et cela vaut mieux, abattit l'orgueil de nos ennemis et, par son courage et son talent en stratégie, contribua à sauver la France à Bouvines en 1214. Guérin était un enfant du pays : né à Sainte-Maxence, jolie ville à trois lieues de Senlis, il entra dans les ordres, seul moyen de parvenir alors pour un homme du peuple, et, ayant été nommé évêque, il put approcher de Philippe-Auguste, dont il devint un des favoris. Son génie le portait vers la guerre, et, si le choix d'un état lui eût été laissé, il aurait volontiers mis de côté l'anneau du pêcheur pour recouvrir sa main d'un gantelet. A Bouvines, où il accompagnait le roi, il disposa nos troupes, les rangea en bataille, commanda les manœuvres et contribua puissamment à la victoire, sans toutefois tirer l'épée, parce que l'Église a horreur du sang, *abhorret à sanguine clericus*. Peut-être est-ce par amitié pour ce vaillant évêque que Philippe-Auguste, après avoir été marié à Reims avec Elisabeth de Hainaut, vint célébrer ses noces à Senlis; c'était alors, en effet, la plus joyeuse ville de France, et elle le devait autant au caractère de ses habitants qu'à la confrérie des arbalétriers, qui y avait son siége principal.

Nous ne rapporterons pas ici les statuts de cette confrérie, quoiqu'ils aient été conservés, nous en citerons seulement un des articles qui n'obligeait que le roi seul et qui se rapporte à un événement arrivé à Senlis en 13.... : par cet article, le roi des arbalétriers s'engageait à ne dire du mal d'aucun homme ni d'aucune femme, de la ceinture en bas. Or, comme le roi des arbalétriers était ordinairement un homme dans la fleur de l'âge, qu'il était à Senlis ce qu'on appelait à Rome le prince de la jeunesse, *princeps juventutis*, qu'il présidait à tous les festins, à toutes les fêtes, à tous les amusements, et qu'entouré de joyeux compagnons il était obligé d'écouter leurs discours et d'y répondre, cet article, qui dans la vie ordinaire serait délicat à observer, l'était bien davantage au milieu des plaisirs et des orgies d'une jeunesse folle et hardie, que ses habitudes à demi-guerrières rendait aussi peu scrupuleuse en actions qu'en paroles. En 13..., le plus adroit chasseur de Senlis était le sire Jehan de Villevert, jeune, beau, riche et possesseur d'un fief qui n'existe plus, mais qui a laissé son nom à un village qu'on voit encore auprès de Senlis. Jehan passait sa vie dans la forêt de l'Halatte; l'hiver il laissait la chasse et le manoir de Villevert pour suivre une proie plus douce et qui ne le fuyait pas. Il endormait la vigilance des mères, éloignait avec adresse les pères méfiants, savait l'art d'ouvrir les portes les mieux fermées, et la nuit, quand il rôdait dans une rue déserte, il avait, disait-on, des secrets pour faire taire jusqu'à l'aboiement des chiens. Il arriva cependant que, las de cette vie qui soulevait contre lui toute la bourgeoisie de la ville, Jehan songea à se marier, ou plutôt qu'étant devenu amoureux d'une jeune fille d'une naissance pareille à la sienne, il crut plus convenable de l'épouser que de la séduire. Sur l'emplacement d'un village appelé Aumont, bâti au pied d'une petite colline, à une lieue de Senlis, et dont les premiers arbres de la forêt d'Hallate ombragent encore aujourd'hui les maisons, s'élevait alors le château d'un vieux seigneur allié à la famille de Coucy, et qui vivait retiré derrière ses murailles avec sa fille unique et ses serviteurs. Odette (c'était le nom de la jeune fille) était alors la merveille d'Aumont; de nos jours, sans vouloir nuire le moins du monde aux filles de ce petit village, nous sommes forcés d'avouer que ce qu'on recherche à Aumont, c'est un sable bleuâtre qui, recueilli avec soin et convenablement préparé, sert à la manufacture des glaces de Saint-Gobain. Le sire Jehan de Villevert passait nécessairement devant le château d'Aumont pour aller chasser dans la forêt d'Hallate; il vit la châtelaine, et, dès ce moment les maris et les pères de Senlis purent dormir tranquilles, les chevreuils et les daims de la forêt n'eurent plus à craindre l'arbalète du jeune homme. Il semblait que le sire Jehan n'eût qu'à le vouloir pour se faire aimer ; il avait réussi avec les filles des mégissiers, des drapiers et des gantiers de Senlis, il ne fut pas moins heureux auprès d'Odette qui, simple et naïve comme une bergère, donna son cœur et promit sa main au beau chasseur. Le mariage était décidé et il devait se faire sous peu de jours, lorsque la confrérie des arbalétriers se rassembla à Senlis pour élire un roi. La lice était établie à l'endroit où est aujourd'hui la porte de Compiègne, qui n'existait pas alors, et où s'étendait une longue avenue, à l'une des extrémités de laquelle on avait élevé une cible blanche, but que devaient atteindre les concurrents, tandis qu'à l'autre bout de l'avenue était un cabaret à l'enseigne de Saint-Hubert, où se préparait un dîner que le roi élu devait donner à ses nouveaux sujets. Parmi ceux qui souhaitaient le plus ardemment de remporter le prix de cette journée et qui avaient le plus de chances pour l'obtenir, on remarquait le sire Jehan de Villevert ; il était si riche et paraissait si disposé au plaisir, que parmi ses rivaux beaucoup désiraient qu'il l'emportât sur eux, tellement la royauté d'un jeune homme qui allait faire un brillant mariage devait donner de lustre à la confrérie. Les vœux du plus grand nombre furent accomplis ; tandis que les flèches des arbalétriers s'égaraient çà et là, celles du sire Jehan allaient constamment frapper le petit point noir qui occupait le milieu de la cible. Il fut élu tout d'une voix, et après les cérémonies d'usage la troupe joyeuse entra dans le cabaret ou l'*hostel* de Saint-Hubert, et s'assit autour d'un repas dans lequel la venaison ne fut pas plus épargnée que le vin de Gascogne ; les têtes s'échauffèrent ; on but à la santé du roi ; le roi entreprit de répondre à chaque toast, et bientôt les fumées du vin firent oublier au sire Jehan qu'il avait promis à sa fiancée de finir la veillée auprès d'elle. Le souvenir d'Odette ne l'abandonna cependant pas pour cela ; au contraire, il parla beaucoup de la jeune fille, il vanta ses grâces, sa beauté ; il s'étendit longuement sur la passion qu'il avait pour elle, et avec complaisance, sur l'amour qu'elle ressentait pour lui et, se félicitant de son mariage prochain, il promit à ses sujets de petits rois des arbalétriers qui, dans quinze ou vingt ans, seraient encore plus adroits que lui à manier l'arbalète. Jusque là tout allait bien ; mais parmi les convives il se trouvait un jeune homme qui, comme le sire Jehan, allait se marier et qui, après avoir écouté les louanges que le roi des arbalétriers donnait à Odette, se mit à son tour à vanter la fiancée que lui-même allait épouser : il l'aimait pour le moins autant que le sire Jehan aimait Odette, et, comme une maîtresse paraît toujours à un amant plus belle qu'aucune autre femme, l'arbalétrier mit celle qu'il allait épouser au-dessus d'Odette, ce qui excita le courroux de Jehan ; il ne se contint que par un reste de raison et pour ne pas se commettre avec des gens d'une condition au-dessous de la sienne. — Et quelle est celle que tu vas épouser? dit-il, en portant à ses lèvres le hanap ciselé qu'il avait devant lui.

— C'est, répondit l'arbalétrier, la fille de Remy le mégissier, qui demeure dans la rue Neuve.

Or la fille du mégissier avait été précisément l'objet d'un des caprices amoureux du sire Jehan. Sous le prétexte d'acheter à Remy un justaucorps de Cordoue ou une aumônière à mettre ses écus au soleil, Jehan avait été souvent dans la rue Neuve, avait séduit les servantes, fait connaissance avec les chiens du logis, et plus d'une fois la nuit il était venu deviser d'amour avec la trop crédule fille du marchand de peaux.

— Perrette! s'écria-t-il, Perrette! plus blanche que l'hermine que vend son père et dont les yeux sont plus doux que ceux de la biche blessée qui demande grâce au chasseur.

— C'est elle-même, s'écria le jeune arbalétrier ravi des éloges qu'on donnait à sa fiancée.

— Prends garde, continua Jehan, elle a le genou droit cagneux et sur le satin de la cuisse gauche un petit signe noir qui n'annonce rien de bon à son époux.

Les plus prudents de la compagnie cherchèrent à couvrir ces paroles par le bruit des hanaps qu'ils choquèrent; on changea de conversation, on parla d'un sanglier monstrueux qui désolait la forêt de l'Hallate et qu'il fallait dès le lendemain débusquer de son auge. Le jeune arbalétrier, pensif et la tête baissée, cherchait un moyen pour se venger de cet affront; ses amis indignés le lui fournirent. Sans invoquer l'article de leurs statuts auquel le sire Jehan venait de manquer si brutalement, ils élevèrent contre leur nouveau roi une accusation alors terrible et qui devait flatter l'orgueil des vaincus; ils l'accusèrent de sorcellerie. On avait vu, suivant eux, Jehan de Villevert tirer sa flèche sans presque regarder le but; toutes avaient porté dans le petit point noir qui marquait le milieu de la cible, et cependant, en saisissant son arbalète, il n'avait ni fait le signe de la croix ni récité l'oraison de saint Hubert. La nuit était venue; tous les convives à peu près ivres allaient se séparer et le sommeil apaiserait l'irritation qui avait marqué la fin du banquet; mais le sire Jehan ne voulait pas rester sous le coup d'une accusation de sorcellerie; quoiqu'il sentît chanceler sous lui ses jambes avinées, quoique ses idées commençassent à se brouiller dans sa tête, il comprit néanmoins qu'un homme de haut lignage comme lui ne devait pas supporter qu'on l'accusât impunément de pactiser avec de vils sorciers et qu'il avait besoin de donner à tous les membres de la confrérie des marques évidentes de son adresse et de son orthodoxie.

— Moi sorcier! s'écria-t-il, par saint Hubert, je ferai rentrer ces paroles dans la gorge de celui qui les a dites, mais avant je veux vous prouver à tous que je n'ai pas besoin du diable pour être le plus adroit d'entre vous.

A ces mots, il se leva en chancelant, prit son arbalète, et, suivi de ses compagnons de table, il sortit du cabaret qui, comme nous l'avons dit, était à l'un des bouts de l'avenue. La nuit était fort obscure; cependant on voyait encore à travers les arbres un point blanc que le sire Jehan prit pour la cible, but de ses exploits du matin. Il fit alors le signe de la croix; quoique l'ivresse rendît sa langue pesante, il balbutia l'oraison de saint Hubert, ajusta son arbalète et tira...... Un cri retentit dans l'avenue, le point s'effaça; tous les convives effrayés coururent à ce cri douloureux; Jehan, dont un funeste pressentiment dissipa l'ivresse, les devança et

il arriva pour recevoir le dernier soupir d'Odette, qui venait au-devant de son fiancé, et dont la robe blanche avait servi de but au coupable roi des arbalétriers. Ainsi fut puni Jehan de Villevert pour avoir manqué à sa promesse et violé le serment qu'il avait fait de rester un an sans dire rien qui pût attenter à l'honneur d'homme, femme ou fille. Il se punit comme on le faisait alors, il se fit moine. Odette fut enterrée sur le lieu même où elle avait reçu la mort, et longtemps on a montré la place de son tombeau, qui n'a disparu que sous l'Empire, à l'époque du mariage de l'empereur avec l'archiduchesse Marie-Louise. Une porte d'assez mauvais goût fut construite alors sur cet emplacement : c'est la porte de Compiègne.

Senlis est entourée de verdoyants boulevarts, et jadis c'était une ville très fortifiée, ce qui, sans doute, lui a valu d'être le séjour fréquent des rois des deux premières races. On y marche sur des ruines romaines ; il suffit d'y gratter la terre pour en faire sortir des médailles que les légions ont semées sous tous les empereurs et que le paysan recueille en les attribuant au travail des fées et des magiciens ; des ruines moins anciennes ont laissé moins de traces ; à peine, en effet, si l'on peut reconnaître les linéaments d'un château bâti sous Saint Louis. Le plus beau monument de Senlis est la cathédrale, que la foudre consuma au commencement du XIVᵉ siècle, et que Louis XII fit rebâtir. Louis XII y consacra la retenue d'un denier sur chaque mesure de sel vendue dans le royaume, de façon que l'impôt fut général et que, selon l'usage, la cathédrale bâtie, il est demeuré ; mais ce qui est singulier, c'est que les contemporains et les historiens ont fait honneur au roi d'une munificence qui n'était pas la sienne et qui, au lieu de faire sortir des écus de ses coffres, a contribué plus tard à les remplir. Le vaisseau de cet édifice est vaste et d'une construction aussi hardie qu'agréable à l'œil. Rien de délicat, de délié comme les ornements de pierre de l'intérieur ; ils joignent à la légèreté des évidements les formes gracieuses qui commençaient à paraître dans les sculptures au XVᵉ siècle. Le portail est à plein cintre, décoré de vignes dont le pampre s'enroule autour de grappes de raisins ; de légers oiseaux semblent voltiger au milieu des fruits, et sur d'élégants piliers sont posées les statues des évangélistes et des apôtres, au milieu desquels on distinguait Louis XII ; ces statues sont aujourd'hui mutilées. L'édifice est surmonté d'une flèche élégante dont la pierre, travaillée à jour, se découpe sur l'azur du ciel ; cette flèche a plus de deux cents pieds d'élévation. La bibliothèque publique est une des richesses de la ville, où l'on trouve aussi une jolie salle de spectacle, bâtie dans une ancienne église, autrefois appelée l'église Saint-Aignan. Les indigènes ne démentent pas leur origine celtique : ils sont, en général, robustes et bien faits ; ils ont conservé les yeux bleus et les cheveux blonds de leurs ancêtres ; l'amour du travail et l'instinct de l'industrie qu'ils ont à un degré éminent tempèrent seuls leur caractère vif et irascible et animent une ville qui ne compte guère plus de six mille habitants. La confrérie des arbalétriers n'existe plus à Senlis ; mais on y trouve encore beaucoup de mégissiers, de tanneurs ; les imprimeries y sont nombreuses, et ceux qui, comme Voltaire et l'abbé Delille, aiment la liqueur odorante du Moka et veulent *boire dans chaque goutte un rayon du soleil*, apprendront avec horreur qu'il y a à Senlis une fabrique de café-chicorée.

Senlis est la patrie d'un savant modeste dont les travaux ont affranchi le pays d'impôts qu'il payait avant lui à l'étranger. Antoine Baumé y est né en 1728 ; il était le fils d'un aubergiste mal aisé et s'accommodait peu du régime auquel son père le soumettait ; aussi, privé d'études premières, trouva-t-il de grandes difficultés dans la carrière qu'il avait embrassée, et ses commencements furent-ils très pénibles. Baumé débuta par le plus modeste emploi dans une officine de pharmacie. Un jour son maître, consulté sur un phénomène relatif à la cristallisation des sels, demeura sans réponse ; le jeune Baumé soutint l'honneur du magasin en résolvant le problème et annonça ainsi un futur professeur de chimie. Quelques années après on lui offrit la chaire de chimie au collége de pharmacie à Paris, et il y développa l'excellente méthode qui caractérisa ses ouvrages. On lui doit un moyen pour teindre le drap de deux couleurs, l'art de dorer les pièces d'horlogerie et celui de conserver le blé qui, avant l'emploi du silos, a plus d'une fois sauvé nos récoltes; enfin, le plus grand de ses bienfaits a été l'invention d'un procédé pour blanchir les soies jaunes sans les *écruer*, procédé qui nous a affranchi du tribut que nous payions auparavant à l'Égypte et à l'Inde. La révolution de 89 ravit à Baumé le fruit de ses travaux ; mais, dès que la tourmente fut appaisée, les chefs de l'État s'empressèrent de réparer les malheurs passagers, et dès 1796 il fit partie de l'Institut et fut nommé membre honoraire de la société de médecine. Baumé mourut en 1804, après avoir contribué par soixante ans de travaux à perfectionner la fabrication de la porcelaine, qui est aujourd'hui une des richesses du département de l'Oise. On a de lui un assez grand nombre d'ouvrages et, quoique la science marche sans cesse, on y trouve encore des théories justes et des appréciations si ingénieuses, qu'ils sont toujours utiles à consulter. Plus d'utilité que d'éclat, telle a toujours été la devise de Baumé, auquel nous avons cru devoir consacrer quelques lignes, comme à une illustration glorieuse pour la ville qui l'a vu naître.

Senlis a été dans le moyen âge le théâtre des invasions des Normands, des pilleries des grands vasseaux, des Bourguignons, des Armagnacs et de tous les malheurs que firent naître en France la fatale journée de la Saint-Barthélemy ; ces désastres ont été communs au département de l'Oise tout entier et à Senlis même. En montant à la flèche de la cathédrale, on peut voir deux villes où les fureurs de la guerre civile ont porté leurs ravages, Creil et Crépy. Creil, prise et pillée plusieurs fois par les Normands au neuvième siècle ; c'est vainement qu'on l'entoura plus tard de forteresses; une enceinte continue de bastions appela la guerre dans cette malheureuse ville au lieu de l'éloigner. En 1358, sous le règne de Jean II, le roi de Navarre s'empara de Creil ; en 1434, ce sont les Anglais ; sept ans après, Charles VII l'arrache aux Anglais ; en 1567 elle est pillée par les Calvinistes, et enfin la Ligue elle-même y répand ses fureurs et y fait couler le sang. Crépy, autrefois aussi bien fortifié que l'était Creil, éprouva un sort pareil. Les Bourguignons, joints aux Anglais, en 1431, passèrent la garnison au fil de l'épée, pillèrent la ville et l'incendièrent. Charles VII, en même temps qu'il reprit Creil, s'empara aussi de Crépy, et la garnison anglaise fut sans miséricorde passée par les armes ; les ligueurs l'ont ruinée, Henri IV la rétablit, et aujourd'hui, enfin, la ville, au lieu d'être entourée de fortifications, s'élève au milieu de promenades verdoyantes ; tout vestige de guerre a disparu, tout, si ce n'est quelques ruines gothiques, quelques fragments d'anciennes portes et deux tourelles, ruines gracieuses dont les lichens disjoignent tous les jours les pierres, et qui, loin de pouvoir servir à des entreprises guerrières, sont à peine des modèles suffisants pour défrayer les pages d'un album. Avant la révolution on montrait encore à Creil une chambre gothique dont le balcon était fermé par une grille de fer et où le malheureux Charles VI avait été enfermé lors de sa démence. Aujourd'hui tous ces vestiges douloureux ont disparu. Il existe à Creil une manufacture de porcelaine dont les produits sont estimés, et une fabrique de faïence qui fait vivre plus de mille ouvriers. Crépy, de son côté, fabrique un fil commun, mais très employé, et connu dans le commerce sous le nom de fil de Crépy ; cela vaut mieux que d'être pillée par les Normands, ruinée par les partis et incendiée au besoin par l'orageuse ambition des seigneurs d'autrefois. Notre amour pour l'industrie ne nous empêche pas d'admirer les merveilles du moyen âge qu'on rencontre dans les environs de Senlis. A peu de distance du village de Coye, au milieu même de la forêt de Chantilly, est un petit édifice gothique dont la peinture a plusieurs fois reproduit les proportions légères et hardies ; on l'appelle la loge de Viarmes, ou plutôt le château de la reine Blanche ; sa construction date du même temps que la Sainte-Chapelle de Paris. Situé à l'extrémité des étangs de Commelle, on y retrouve cette grâce, ce fini de détails dont les modèles étaient alors inconnus en France et qui datent des croisades. Les ornements singuliers de ce château prouvent sa destination primitive ; ce sont des limaçons, des lézards, des couleuvres entremêlés de plantes aquatiques, des filets, des lignes : le château de la reine Blanche était un rendez-vous de chasse.

A trois lieues de Senlis est un village populeux appelé Nogent-les-Vierges. On ignore l'étymologie de ce village ; car il serait ridicule de croire que, parmi cette population de sept cents personnes environ, les jeunes filles se soient jamais distinguées par leur amour pour le célibat; elles se marient, au contraire, volontiers, et les mariages sont un branche productive des revenus du curé de Nogent. Clovis, le roi sicambre, passe pour le fondateur de ce village; il y vint, en effet, camper sur les bords de l'Oise, à l'époque où il reculait les limites de son empire en chassant devant lui les restes des légions romaines ; mais Clovis, quoiqu'il ait le premier adopté une religion qui a mis en honneur la virginité, quoiqu'il ait reconnu le Dieu de Clotilde, n'est pas cité pour son respect pour les vierges. Une découverte assez récente a fait croire un moment qu'on était enfin sur les traces d'un secret caché dans la nuit des temps, et qui fait l'objet des recherches des antiquaires du pays; en 1816, sur une partie du territoire de Nogent, au lieu nommé le Retiro, placé dans l'escarpement d'une des collines qui bordent la route d'Amiens, on découvrit une grotte sépulcrale qui contenait deux cents squelettes; aussitôt le bruit se répandit que Nogent avait trouvé ses vierges, et que l'apellation qui embarrassait les antiquaires s'expliquait d'elle-même. Senlis se vante de saint Rieul, Salency de saint Médard, qui est le patron des rosières; sainte Brigitte a été martyrisée dans le département de l'Oise, et Noyon a vu naître Calvin. Nogent allait enfin pouvoir opposer deux cents saintes aux communes dont les protecteurs lui faisaient envie, et sans doute ces vierges étaient des martyres; déjà on attendait des miracles, lorsque l'examen des hommes de l'art vint renverser ces suppositions et anéantir toutes ces espérances : ces squelettes avaient appartenu à des individus du sexe masculin ; des fragments d'épées, des haches de silex, trouvées auprès d'eux, prouvaient que c'étaient autrefois des soldats qui reposaient au sein de notre mère commune, sans doute bien longtemps avant l'époque où l'apparation du christianisme pût faire des martyrs, et Nogent ne sait pas encore pourquoi il s'appelle Nogent-les-Vierges.

Hors de l'arrondissement de Senlis, à dix lieues de Beauvais, est un village nommé Sarcus, qui tire son nom d'une belle fille aimée de François Ier. On y voyait un des plus beaux châteaux de France; c'était, dit un historien qui en parle en témoin oculaire, une véritable merveille; je fus frappé, en l'apercevant, de la richesse et de l'inconcevable travail de la façade à larges cintres pleins qui se déployait à mes regards; c'est, si j'ose me servir de cette expression, une façade de dentelle : on ne voit dans aucune partie du monde un luxe de sculptures et d'arabesques élégantes, égal à celui que les artistes, amis de François Ier, avaient prodigués pour lui plaire. Mademoiselle de Sarcus est oubliée, le château est démoli, mais en ami des arts M. Houbigant en a acheté les débris qu'il a transportés à sa maison de campagne à Nogent-les-Vierges, où ces curieux restes se voient encore.

En 165..., un carrosse s'arrêta sur les bords de l'Oise, un peu en avant de la jolie ville de Sainte-Maxence, et il en sortit une jeune femme qui s'empressa d'ouvrir les portières pour donner de l'air à l'intérieur du carrosse. Un homme de trente ans environ descendit bientôt après, en soutenant un troisième individu, pâle, maigre comme une allumette, comparaison qu'il employait volontiers en parlant de lui, et qui paraissait respirer avec la plus grande difficulté. Ce malade n'était rien moins que Claude-Henry de Fusée de Voisenon, abbé du Jard et ministre plénipotentiaire du prince-évêque de Spire; et les deux personnes qui l'entouraient de soins délicats et d'attention soutenue, qui auraient guéri son asthme, si l'on pouvait guérir d'un asthme et si la gourmandise de Voisenon ne s'y fût opposée, c'étaient... vous les avez devinées, c'étaient Favart et sa femme. On déposa Voisenon sur une pierre moussue, pour que l'absence de tout mouvement lui permît de respirer avec un peu moins de difficulté, et la charmante actrice de l'Opéra-Comique, celle qui devait, quelques années plus tard, enchaîner tout Paris aux pieds de *Roxelane*, pour employer le style du temps, chercha avec son mari un sujet de conversation qui pût distraire Voisenon sans le forcer à parler. Une petite paysanne, blonde comme toutes les filles de l'Oise, courait vers la ville, ses sabots à la main et la figure mouillée de larmes. Madame Favart l'arrêta au passage, et Favart, remarquant les pleurs qu'elle répandait, voulut en savoir la cause.

— Qu'avez-vous, la belle enfant? lui dit-il, en homme habitué à s'adresser à des douleurs d'opéra-comique. Avant que la jeune paysanne eût pu répondre, madame Favart s'était emparée des sabots.

—Les jolis sabots, mon oncle, dit-elle à Voisenon, qui de son côté ne l'appelait jamais autrement que sa nièce ou *l'ardine*; voyez, ils sont neufs... comme ils sont petits... mais quels jolis pieds a donc cette jeune fille?

— C'est un recruteur qui a pris Charlot, répondit à Favart la paysanne dont les sanglots redoublèrent.

Dans ce temps-là les recruteurs parcouraient les foires, les marchés et les villages; ils payaient à boire aux jolis garçons, les enivraient, les faisaient trinquer à la santé du roi, qui, pareils à Candide, se trouvaient alors au service, non du roi des Bulgares, mais de Sa Majesté très chrétienne, et cela au moyen de quelques écus et d'un engagement surpris dans l'ivresse. C'était là ce qui était arrivé à Charlot et ce qui causait les pleurs de Jeannette, ainsi se nommait la jeune paysanne. Tandis que Favart se faisait conter comme quoi Charlot s'était enivré la veille et s'était réveillé soldat, comme quoi Jeannette en mourrait et allait voir passer Charlot qui devait quitter le pays tambour battant et avec quelques jeunes gens enrôlés comme lui, madame Favart s'était assise auprès de Voisenon; elle avait déchaussé son petit soulier à boucle et elle essayait les sabots.

— Mais voyez donc, mon oncle, dit-elle à Voisenon, ils me vont à ravir, on dirait qu'ils ont été faits pour moi.

— Folle, lui dit Voisenon, en tirant avec peine les paroles de sa poitrine, vous ne pourrez pas faire un pas avec cette chaussure. Pour toute réponse, madame Favart se mit à courir sur les bords de l'Oise, puis elle revint rouge de plaisir et toute fière de n'avoir pas trébuché.

— Et combien ce maudit recruteur a-t-il donné à Charlot? demanda Favart. — Dix écus, répondit la paysanne.

— Je parie, dit madame Favart en se rapprochant de Jeannette, que si on lui en donnait vingt, il déchirerait l'engagement, et, en parlant ainsi, elle fouillait dans ses poches.

— Que faites-vous, Pardine? dit Voisenon.

— C'est que cette jeune fille, dit madame Favart, est encore plus jolie que ses sabots, et si son amoureux lui ressemble, c'est un couple qu'il serait fâcheux de séparer.

— Sais-tu, Jeannette, demanda Voisenon, où est ce diable de recruteur?

— Oui, monsieur, répondit Jeannette en faisant la révérence.

Et l'on s'achemina vers Sainte-Maxence, Jeannette nu-pieds et madame Favart toujours dans les sabots de la jeune fille.

Sainte-Maxence était alors ce qu'elle est aujourd'hui, une jolie ville placée à l'extrémité d'une plaine et au pied d'une colline couronnée par la forêt d'Hallate, sur la rivière de l'Oise, et dans une des plus belles situations du département; les rues sont pavées, bien entretenues et bordées de maisons en pierres de taille; çà et là on trouve quelques fabriques construites dans le moyen âge, qui, lors de la visite de Voisenon, devaient être plus nombreuses qu'aujourd'hui. Son nom vient de Maxence, jeune vierge dont on place le martyre au ve siècle. On y fait un commerce considérable en grains, en vins, en bestiaux, et l'on y fabrique des sabots d'une élégance particulière; il n'était donc pas étonnant que ceux de Jeannette eussent attiré l'attention de madame Favart. On traversa la ville et l'on arriva à un petit cabaret situé à l'extrémité d'un faubourg qu'on nomme aujourd'hui faubourg du Nord.

— Vas nous chercher Charlot, dit Voisenon, qui, craignant de respirer l'air enfumé du cabaret, voulut rester à la porte.

Jeannette s'empressa d'obéir, et l'on vit venir un gros garçon réjoui, plein de force et de santé et dont Voisenon jalousa, non pas la bonne mine, mais les manières libres et aisées de respirer. Le recruteur, qui ne perdait pas volontiers sa proie de vue, marchait sur ses pas; il avait à la main l'engagement de Charlot et, le jarret tendu, la moustache relevée, le plumet sur l'oreille, il s'avançait d'un air résolu.

— Qu'avez-vous là, mon ami? lui dit Voisenon.

Le recruteur tendit le papier et Voisenon le déchira.

— Maugrebleu ! ventrebleu ! par le sang ! par la mort ! s'écria le recruteur en tirant son sabre, si ce jeune homme ne signe pas un nouvel engagement, le roi le saura.

Mais le militaire avait à faire à des gens qui savaient ce que valait la colère d'un recruteur. Madame Favart partit d'un grand éclat de rire, Favart imita sa femme, et Voisenon, qui réprima sa gaîté par respect pour son asthme, tira sa bourse.

— Si le roi, dit-il, savait les moyens que vous employez, il vous ferait casser à la tête de votre régiment ; il vous est dû dix écus, voilà cinq louis, laissez ce garçon tranquille.

Il n'en fallait pas tant pour apaiser un recruteur ; celui-ci mit les cinq louis dans sa poche et alla rejoindre les autres recrues en faisant des vœux pour qu'elles lui rapportassent autant.

— Voilà un sujet d'opéra-comique, dit Favart.

— Cela a été fait, répondit sa femme.

Jeannette se jeta dans les bras de madame Favart.

— Très-bien, lui dit celle-ci ; très-bien, mais tu me donnes tes sabots !

— Et qu'en ferez-vous, Pardine, dit Voisenon ?

— Ce sera un souvenir de votre bonne action, mon oncle ; d'ailleurs, je les porterai au théâtre.

Voisenon se leva d'un bond ; Favart fit un écart en arrière ; sa femme venait de dire une des plus grandes hérésies que pût proférer une comédienne.... : car dans ce temps-là les bergères de l'Opéra-Comique étaient en mules de satin, les colins ne portaient que des habits de brocart et n'étaient chaussés qu'en bas de soie ; des sabots au théâtre ! de vrais sabots ! l'imagination se refusait à admettre un fait semblable. Nous ne répéterons pas ici les arguments qu'employa madame Favart pour prouver combien la vérité des costumes devait ajouter de charmes aux représentations théâtrales, nous dirons seulement que madame Favart tint parole, qu'elle parut en sabots et que ces sabots, qui étaient ceux de Jeannette, fabriqués à Sainte-Maxence, firent courir tout Paris.

On remarque à Sainte-Maxence un très beau pont à trois arches, ayant chacune quatre-vingts mètres d'ouverture ; c'est un des ouvrages le plus achevé du célèbre architecte Péronnet.

Il nous reste à parler de Villers-Saint-Paul, encore un de ces villages enchantés qui entourent Senlis.

On trouve à Villers une des plus anciennes églises qui aient été bâties en France, la nef en romane, le chœur en gothique, et l'œil se lasse à examiner les figures d'animaux fantastiques sculptés sur les murs, sur les frises et les chapiteaux ; c'est un des précieux restes d'un art perdu, et peut-être le seul témoignage d'événements et de croyances qui ne sont pas parvenus jusqu'à nous, ou que nous ne connaissons que par le récit défiguré des historiens passionnés du moyen-âge. Non loin de là est la tour d'Anchise, tour ruinée et qui rappelle seulement un établissement des Templiers ; ces moines, riches et guerriers, avaient partout des domaines, des fiefs, des vassaux, et le département de l'Oise, avec ses vastes plaines, ses côteaux boisés, ses vallées arrosées de rivières et de ruisseaux, ne pouvaient pas échapper à leur avidité et à leur désir de domination.

A Villers, enfin, est un château considérable entouré de jardins magnifiques, et que couronne une ceinture de parcs verdoyants ; ce château est ancien ; mais, rebâti dans le dernier siècle, il ne lui reste presqu'aucune trace de son antiquité. Ce qui le recommande à l'attention des voyageurs et à la vénération des communes d'alentour, c'est qu'il est la demeure d'un homme aussi remarquable par ses vertus privées que par une gloire acquise sur les champs de bataille, d'un homme qu'en rêvant un avenir plus heureux Napoléon regardait, ainsi que le général Foy, comme un des futurs soutiens de son armée, et qui n'a pas fait mentir cet augure : le château de Villers appartient au maréchal Gérard.

MARIE AYCARD.

NEUILLY. MEUDON.
BELLEVUE. VILLE-D'AVRAY.

I.

J'ai le bonheur ou le malheur d'avoir beaucoup voyagé dans toutes les parties du monde, et, à l'heure qu'il est, ce qui résulte pour moi de plus beau, de plus charmant de tous ces merveilleux voyages, c'est le mérite de bien connaître, de bien apprécier le pays admirable où j'ai presque toujours vécu, où j'ai grandi, où j'ai souffert, où j'ai aimé.

Il y a des voyageurs vulgaires et prodigues qui ont de l'orgueil, de l'ennui et de l'ignorance à dépenser; il y a des touristes indifférents et blasés qui s'en vont, de gaîté de cœur, d'un bout de l'année à l'autre, répandre la toison opulente de leur fortune sur toutes les broussailles des chemins de l'Europe. Ces gens-là n'ont point de patrie, ou, plutôt, ils dédaignent leur patrie; ils la regardent en pitié et ils l'abandonnent au plus vite, les malheureux!.... Ces gens-là ne se trouvent bien que chez les autres; ils ne connaissent que les lois, les mœurs, les habitudes et les monuments des civilisations étrangères; ils chantent à l'envi les sites pittoresques, le firmament, le soleil, la lune et les étoiles des nations voisines; mais, comme il sied à des Français qui ne savent rien de la France, ils n'admirent ni les choses, ni les personnes de leur pays, ni les coutumes, ni les gloires, ni les merveilles héroïques, ni les magnificences naturelles qui sont françaises.

Ces Bohémiens du monde frivole ont visité les collections, les églises, les académies et les tombeaux illustres de tous les peuples : ont-ils daigné voir seulement nos riches bibliothèques, nos chefs-d'œuvre, nos cathédrales gothiques, nos célèbres musées, nos glorieux sépulcres et la nécropole splendide des ducs de Bourgogne?

Ils ont foulé, avec une sotte et banale curiosité, le néant des dépouilles romaines : ils ont passé, sans les saluer de près ou de loin, sur les reliques de notre immortelle histoire.

Ils ont fait voler devant eux l'orgueilleuse poussière d'Herculanum ou du Capitole : ils ont marché, sans y prendre garde, au milieu des ruines encore debout de notre vieille grandeur nationale.

Ils vantent à plaisir le ciel toujours beau de l'Italie : ils ne songent pas à vanter le ciel toujours étincelant de la Provence.

Ils se souviennent de la campagne de Gênes et des îles Borromées : ils ont oublié la campagne de Nice et les îles d'Hyères.

Ils ont parcouru cent fois les grèves sans lumière et les plaines sans éclat de la Hollande : ils n'ont jamais touché du pied les côtes lumineuses et les prairies éblouissantes de la Normandie.

Ils ont franchi les Apennins et les Alpes; que voulez-vous qu'ils fassent des Pyrénées?

Ils ont caracolé à Bade-Baden et dans toutes les principautés thermales de la roulette germanique; à quoi bon chevaucher encore aux eaux de Biaritz, de Saint-Sauveur, de Gavarnie et de Bagnères?

Je suis sûr que ces beaux ennuyés nomades ne connaisssent ni le jardin de la Marne, ni l'oasis fleurie de la Touraine, ni les caprices pittoresques du Dauphiné, ni les coteaux fabuleux de la Saône, ni les Calabres de la Vendée, ni les mystères poétiques de la Bretagne.

Enfin, ils vous parlent, avec le bavardage des oisifs, des bords de l'Arno, du Danube, du Tibre ou du Tage : ils ne vous parleront jamais des bords magnifiques de l'Adour, du Rhin, du Rhône et de la Loire; il y a des Parisiens qui ont beaucoup voyagé, sur la terre et sur l'eau, et qui ne connaissent pas les bords de la Seine.

Les bords de la Seine! voilà un petit monde que Dieu a laissé tomber, avec des flots de soleil, dans un jour d'indulgence, de contentement et de bonheur; il y a là, tout le long de ce beau ruban vert, déroulé par la main divine, de véritables prodiges qui défieraient, à la première vue, les fantaisies les plus ravissantes de votre imagination et les souvenirs les plus radieux de vos voyages.

Venez çà, sur les bords de la Seine, vous tous, les grands paysagistes : voici du ciel, de l'eau et de la verdure qui sèmeront sur la toile, en passant par votre palette, tous les prestiges de la couleur, de la transparence et de la lumière; voici des chemins sombres, frais et mystérieux, qui serpentent çà et là entre des barrières naturelles, et que les arbres ont couverts, en mariant leurs branches, d'une espèce de toiture de fleurs, de fruits et de feuilles. Pour attrister, pour assombrir, pour élever encore la majesté de vos paysages, voilà des ruines à demi-cachées par un linceul de cyprès et de lierres ; voici de glorieux débris qui rappellent toutes les grandeurs de la vieille France ; voilà des grottes qui ont abrité, pendant l'orage, bien des amours timides et bien des vertus heureuses ; à chaque instant, à chaque pas, à chaque regard, voilà des traces charmantes que nous ont léguées l'histoire, l'épopée, le drame, la chanson et la romance.

II.

Le village de *Neuilly*, sur les bords de la Seine, est véritablement le but de mon petit voyage littéraire ; mais, en suivant l'empreinte des petits pieds de madame de Pompadour, j'ai la meilleure envie du monde de vous conduire d'abord jusque sur le plateau de *Bellevue ;* nous descendrons ensuite, par *Meudon*, jusqu'au seuil de ce village qui fut le berceau de la royauté révolutionnaire de 1830.

En 1749, par une belle matinée du mois de mai, madame de Pompadour, qui s'en allait aimer à Meudon, s'arrêta sur le plateau de Bellevue ; elle monta sur un petit trône de verdure que lui avait préparé la flatterie ingénieuse de M. d'Ile, et, quand elle eut placé sur son front une couronne de fleurs naturelles, la marquise se prit à parler ainsi aux ministres de sa fantaisie :

— Messieurs, en songeant il y a peu de jours au point de vue admirable qu'on découvre, au spectacle merveilleux que l'on contemple de la place où nous sommes, j'ai résolu d'élever une habitation royale dans ce village, sur ce plateau, et j'aurai l'honneur, aux premiers beaux jours de l'année prochaine, de recevoir Louis XV le Bien-aimé dans mon petit palais de Bellevue.

On répondit à madame de Pompadour qu'il y aurait bien des difficultés à vaincre, bien des obstacles à surmonter, bien des sacrifices à faire, bien des extravagances à tenter... Mais la marquise-reine feignit de ne rien entendre de tous ces vilains propos, et le petit palais de *Bellevue* continua de s'élever de plus belle dans la capricieuse pensée de la favorite.

— Messieurs, reprit madame de Pompadour, je veux que la façade de ma nouvelle résidence soit décorée de statues en marbre ; cette façade principale regardera Paris ; chaque fronton sera orné de bas-reliefs par Coustou ; vous prierez Vanloo et Boucher de jeter, dans mes nouveaux appartements, les fleurs les plus brillantes, les nymphes les plus gracieuses et les amours les plus bouffis de leur adorable palette. Mon château de Bellevue aura une salle de spectacle ; ce n'est pas tout : je veux une allée d'ormeaux et une allée de tilleuls, des orangers, des eaux jaillissantes, une terrasse, un labyrinthe, des bosquets, des grottes et un tapis de gazon comme à Versailles. Vous chargerez Pigalle d'exécuter deux belles statues : la marquise de Pompadour et le Roi ; Louis XV trônera sur le tapis de gazon, et la marquise ira se cacher, pour mieux être vue, dans un splendide boudoir de fleurs, de marbre et de rocailles.

Aussitôt dit par le caprice de la favorite, aussitôt fait par la grâce de Dieu et de Louis XV. « Le 24 décembre 1750, rapporte l'auteur des *Chroniques de l'Œil-de-Bœuf*, le roi coucha pour la première fois dans le château de Bellevue ; la marquise, Armide de ce séjour enchanté, y coucha aussi la même nuit ; mais on ne sait trop pourquoi le monarque et la favorite occupèrent les deux extrémités du bâtiment. Le comte de Maurepas écrivit à ce propos un quatrain qui n'avait que le petit tort de ressembler à une médisance. »

Il se joua dans le palais de Bellevue, sous le règne de Louis XV, des scènes fort étranges, très-peu encourageantes pour l'honneur et pour la vertu ; mais, à tout péché miséricorde !... Un beau jour, la justice et la raison daignèrent passer par cette résidence équivoque : ce fut à Bellevue que l'amant de madame de Pompadour consentit à signer un des actes les plus justes de son triste règne, en faisant de la noblesse la récompense du mérite militaire ; dès ce moment, en France, chacun avait le droit d'écrire son nom sur un parchemin avec la pointe d'une épée.

Deux hommes célèbres, à des causes bien différentes, jouèrent un rôle dans une fête lyrique célébrée à Bellevue, sous le règne de la belle reine Marie-Antoinette. Permettez-moi de vous parler de ces deux hommes : le premier commença par être riche, et devint pauvre tout à coup à force d'extravagance, de dissipation et de galanterie ; le second commença par être pauvre et devint riche un beau jour, à force de courage, d'intelligence et de travail. L'un se glorifiait de son titre de grand seigneur ; l'autre vantait, à qui voulait l'entendre, son titre modeste d'ouvrier. L'homme de cour portait, dans son blason, les armes d'une des familles les plus puissantes de la France aristocratique ; l'homme du peuple n'avait, pour armoiries nobiliaires, que les attributs d'un artisan dont la seule puissance était le génie. Le courtisan pailleté des salons de Versailles fit pâlir dans ses mains l'éclat d'une grandeur illustre ; l'hôte laborieux d'un atelier de Paris fit briller sur son front l'auréole d'une illustration nouvelle. L'un expira sur une place publique, sur l'échafaud de 93, condamné par la colère de la nation et renié par le mépris de la noblesse ; l'autre se laissa mourir, sous le ciel de la famille, au milieu de ses amis, de ses ouvriers, de ses admirateurs, couronné par l'industrie, décoré par une main royale et chanté par un poëte. Le premier se nommait Armand de Gontaut-Biron, duc de Lauzun ; le second se nommait tout simplement Sébastien Érard.

Grâce à M. le duc de Lauzun, le premier piano de Sébastien Érard chanta, pour la première fois, dans les salons de Bellevue ; l'amour, la poésie, la musique, la beauté, la mode, toutes les royautés de ce temps-là illuminèrent le front d'un simple ouvrier, aux reflets de leurs étincelantes couronnes.

Ce premier piano de Sébastien Érard, commandé par le duc de Lauzun et destiné à madame de Villeroy, se cachait fièrement sous une enveloppe de laque dorée ; les pédales étaient couronnées d'un groupe mythologique, dessiné par le statuaire Houdon ; les parois intérieures étaient couvertes de petites peintures de Boucher, de Greuze et de Vanloo ; et pour que rien ne manquât au triomphe de l'artisan et de son chef-d'œuvre, le duc de Lauzun fit essayer le piano de son protégé par un musicien célèbre, par un compositeur qui rivalisait avec Gluck, par un étranger qui se nommait Piccini.

Ce soir-là le piano de Sébastien Érard obtint à la fois, dans les salons de Bellevue, tous les genres de succès : il fut applaudi par les illustrations les plus éclatantes de la cour et de la ville ; il résonna d'une façon admirable sous les doigts inspirés de Piccini ; il accompagna, de ses sons les plus doux, la voix si suave, si mélodieuse, si pénétrante de madame de Polignac ; il retentit un instant sous la main féérique du comte de Saint-Germain qui se prit à jouer un morceau de musique infernale fort agréable ; on lui demanda le nom de l'auteur de cette jolie musique, et le fabuleux personnage répondit le plus sérieusement du monde : « Je l'ignore ; tout ce que je puis vous dire, c'est que j'ai entendu exécuter cette marche militaire le jour de l'entrée d'Alexandre-le-Grand dans Babylone ! » Enfin, le piano de Sébastien Érard eut le bonheur de provoquer l'admiration du roi et surtout l'envie de la reine, qui en était encore au régime des petits clavecins d'Allemagne.

Hélas ! de la jolie résidence de madame de Pompadour, de ces allées magnifiques, de ces pavillons élégants, de ces jardins suspendus, de ces grottes, de ces bosquets, de ces rocailles, de ces tableaux, de ces statues, de toutes les petites merveilles embellies par la noblesse, la beauté, l'esprit et la galanterie du xviiie siècle, il ne reste plus rien aujourd'hui !... Les révolutions ont semé de la prose sur la terre poétique de Bellevue : il y a poussé un village.

III.

En déchiffrant à grand'peine les titres nobiliaires de *Meudon*, j'y trouve une ligne des *Commentaires de César*, deux mots celtiques, le nom de Childebert, une relique de l'abbaye de Saint-Germain-des-Prés, une charte du xiii° siècle, un titre de pannetier du roi, les insignes d'un grand veneur, la mitre d'un évêque et la pourpre d'un cardinal. Le bienheureux prélat se nommait Sanguin; Dieu lui donna un grand honneur et un grand plaisir : évêque d'Orléans, il devint cardinal de Meudon et il eut pour nièce la belle et célèbre duchesse d'Étampes.

A peu près à cette époque, un homme d'église, plus modeste, plus spirituel, et peut-être plus heureux encore que l'évêque d'Orléans, reçut avec une bonne prébende, le titre honorifique de curé de Meudon : ne vous semble-t-il pas entendre déjà la voix criarde et le langage caustique de cet audacieux railleur qu'on nomme François Rabelais?.... Rabelais avait commencé par être un moine fort équivoque; il fut ensuite le médecin ordinaire de monseigneur Jean de Bellay, évêque de Paris; je ne sais pas trop s'il fut un bon prêtre dans sa prébende de Saint-Maur-des-Fossés ou dans sa cure de Meudon; mais, à coup sûr, François Rabelais devint un fier bel esprit, un philosophe et un écrivain d'élite.

L'histoire de Meudon ne commence véritablement qu'avec le règne amoureux de la duchesse d'Étampes; la demeure seigneuriale de l'ancien évêque d'Orléans servait aux galants rendez-vous de François Ier. La sainte voix du prélat avait cessé de prier; le manteau du roi de France couvrait discrètement la pourpre du cardinal, et le bienheureux monarque, agenouillé aux pieds de la belle duchesse, devant un prie-dieu qui avait reçu les pieuses confessions d'une éminence, récitait ce joli rondeau, sans doute en guise de prière :

> En mon malheur d'amour je me contente,
> Mais non de toi ; car ta nature, lente
> En mon endroit, est rebelle au debvoir
> Du sentiment que tu debvrais avoir
> De l'égal feu que l'amour nous présente.
>
> La cire fond au feu sans peu d'attente ;
> La fange aussi, en chaleur véhémente,
> Seiche devient ; par moi le puis savoir
>   En mon malheur.
>
> Parfondu suis par désir qui augmente,
> Et tu durcis, ingrate et peu aymante ;
> Moi, serviteur, que puis apercevoir,
> N'avoir nul bien que te faire assavoir,
> Pour t'obéir, la mort m'estre plaisante
>   En mon malheur.

Madame d'Étampes eut un grand tort, selon moi : en 1552, elle céda la terre de Meudon au cardinal de Lorraine qui fit construire, dans ce charmant pays tout profane, le premier couvent de Capucins qui ait attristé le royaume de France.

Le vieux château de Meudon, élevé sur les dessins de Philibert Delorme, fut agrandi plus tard et embelli par le célèbre architecte Mansard, en passant des mains du cardinal de Lorraine dans celles du financier Servien et du ministre Louvois. Les constructions et les ornements de cette résidence reproduisirent tour à tour quelque chose de l'esprit et du caractère des trois maîtres, des trois propriétaires, des trois seigneurs que je viens de nommer : le cardinal de Lorraine lui avait donné, au dehors, une forme sévère, une grandeur imposante; il lui donna, pour sa décoration intérieure, les peintures les plus austères de l'école chrétienne, de sombres tableaux qui rappelaient chaque jour à l'implacable ennemi des protestants les scènes les plus solennelles du *Concile de Trente*. Le financier Servien donna au château de Meudon une espèce d'avant-cour en forme de terrasse, des pavillons, des colonnes, des grilles dorées, des bas-reliefs; l'argent lui coûtait si peu, si peu, qu'il y dépensa la bagatelle de dix millions. Louvois usa de son crédit et de sa richesse, à l'intention de ce château, comme il convenait à un homme du monde et à un homme d'État; il fit orner son cabinet de travail, qui était sans doute son boudoir, d'une façon passablement équivoque : des glaces sur les murs, des glaces au plafond, des glaces sur le parquet. M. de Louvois était donc bien curieux, quand il recevait quelque grande dame !... Un gentilhomme disait, à propos de cette salle : c'est le cabinet montre-tout ! — M. de Louvois perça de nouvelles routes à Meudon; il planta des avenues; il dessina des jardins magnifiques avec l'aide du génie de Le Nôtre; enfin, le ministre de Louis XIV dota le palais de Meudon d'une salle académique : il y recevait l'académie des Inscriptions et Belles-Lettres, des savants, des poètes, des écrivains, la plupart des beaux esprits de la cour et de la ville; il y avait loin de cette salle littéraire au fameux cabinet des glaces.

La veuve du ministre Louvois fut *priée*, par Sa Majesté Louis XIV, de céder à monseigneur le Dauphin la terre de Meudon, en échange de la terre de Choisy-le-Roi. Le dauphin accepta *par ordre* le bénéfice de ce marché; bon gré, mal gré, il établit à Meudon sa petite cour de Choisy, et il ne trouva rien de mieux à faire pour la gloire que de bâtir un nouveau château à côté des constructions du cardinal de Lorraine, de Servien et de Louvois. Louis XIV disait, en parlant de la nouvelle résidence de son fils : cela ressemble à la maison d'un financier plutôt qu'à celle d'un prince.

Louis XIV avait peut-être raison : le palais de Meudon ne ressemblait

Vue d'Auteuil.

guère au palais de Versailles ; à vrai dire, le Dauphin n'avait rien de la royale majesté de son père, et la favorite de monseigneur ne valait pas tout à fait la solide madame de Maintenon. Voici le portrait fidèle de mademoiselle Choin, d'après Saint-Simon : « C'était une grosse camarde brune qui, avec toute la physionomie de l'esprit, avait l'air commun, et qui, longtemps avant d'avoir épousé le Dauphin, était devenue excessivement grasse et encore vieille et rebutante. » —Il est impossible que Saint-Simon ait flatté mademoiselle Choin.

Meudon a vu mourir deux dauphins de France ; et, à ce propos, je ne ferai pas trop mal, ce me semble, d'emprunter de fort curieux détails à un habile chroniqueur des environs de Paris.

« Deux dauphins moururent à Meudon dans le château neuf : le fils de Louis XIV y termina misérablement sa vie, en 1711 ; un jour du mois d'avril, Monseigneur, au sortir de table, alla chasser dans le parc ; il entra dans une maison de paysan, but un verre d'eau et demanda son chemin : il allait partir, lorsqu'il aperçut dans un lit une petite fille malade.... Il s'informa de la maladie de cet enfant, et sa mère lui répondit que c'était la petite vérole et qu'on *la disait fort mauvaise cette année.* Le prince s'éloigna brusquement de la chaumière ; quand ses gens le rejoignirent, il courait à perte d'haleine : il leur parla d'un air préoccupé et ne cessa, jusqu'au château, de les entretenir de la petite fille qu'il venait de voir, en répétant à chaque minute : on dit que cette maladie est mauvaise cette année !...

» Le prince se coucha en rentrant... il ne se releva plus.

» A peine Son Altesse avait-elle rendu le dernier soupir, que toute sa cour fut chassée du château par le maître des cérémonies ; tandis que les officiers et les serviteurs s'éloignaient en toute hâte, on plaçait le royal cadavre dans un cercueil, sans avoir été embaumé ; déposée sur deux tréteaux, cette bière ne fut point recouverte du poêle fleurdelisé ; on envoya chercher à la paroisse celui qui servait aux paysans... le cercueil fut jeté dans un carrosse de velours cramoisi qui, s'étant trouvé trop court pour le contenir, en laissa apercevoir au dehors une partie. Enfin, croira-t-on que le duc de Bourgogne et le duc de Berry, fils du défunt, ne suivirent pas le convoi de leur père !...

» Le second dauphin, mort à Meudon, était le fils aîné de Louis XVI ; le prince succomba à une maladie de langueur, en 1789. Quoique la révolution fût déjà commencée, son Altesse Royale fut exposée dans une chapelle ardente où toute la cour vint rendre hommage à sa dépouille mortelle. L'assemblée nationale y envoya une députation, et lorsque les députés entrèrent dans la chapelle ardente, M. de Brézé, grand maître des cérémonies, dit à haute voix, en s'adressant au prince mort : Monseigneur, c'est une députation de l'assemblée nationale qui vient rendre ses hommages respectueux à Votre Altesse Royale. — L'histoire ne dit pas si le feu Dauphin répondit : Messieurs, je vous remercie. »

En 1793, le vieux château fut enfermé dans une enceinte de fossés, de courtines et de redoutes ; des écriteaux défendaient aux passants, aux promeneurs, aux curieux, de s'aventurer au-delà d'une certaine limite, sous les peines les plus graves. Que se passait-il donc dans l'intérieur de cette vieille résidence ? Il s'agissait d'un mystère national ; il s'agissait de forger en secret des armes et des machines de guerre contre l'Europe, avec le secours mystérieux de Carnot, Monge, Chaptal, Aubry, Fourcroy et Berthollet. Ce fut à Meudon que la science imagina d'envoyer à Jourdan un aérostat pour l'aider à gagner la bataille de Fleurus.

Le vieux château de Meudon disparaît dans les premieres années de l'Empire ; le nouveau château, réparé, embelli par l'Empereur, sert de résidence habituelle à l'Impératrice durant toutes les campagnes de Napoléon. A cette époque, le vainqueur de l'Europe ne parle de rien moins que de fonder, à Meudon, une *école de rois* dans l'intérêt des peuples : il semble possible à l'Empereur, de façonner ses créatures, les futurs maîtres de la terre, à l'image d'un Dieu qui n'est qu'un grand homme.

Puisqu'il s'agit d'un empereur je ne dois pas oublier le séjour de don Pedro au château de Meudon, qui fut prêté à l'empereur du Brésil par l'hospitalité royale de la cour de France ; ce fut à l'ombre de cette hospitalité que don Pedro prépara, pour sa fille dona Maria, la conquête d'un trône usurpé par le fameux don Miguel.

A l'heure qu'il est, Meudon a perdu bien des richesses, bien des splendeurs qu'il devait aux hommes ; mais il a conservé toutes les magnificences qu'il doit à Dieu : Meudon est toujours une des promenades les plus poétiques, les plus délicieuses des environs de Paris.

IV.

Je ne connais guère que Ville-d'Avray qui soit peut-être plus charmant encore que Meudon : Ville-d'Avray n'est pas loin de Sèvres, et vous pourrez en juger à votre prochain voyage à Saint-Cloud.

Ville-d'Avray ressemble au bonheur : il n'a pas d'histoire ; c'est une espèce d'Eldorado qui touche presque aux portes de Paris ; rien ne manque à ce petit paradis terrestre, pas même l'arbre du bien et du mal : le serpent s'y cache sous les fleurs, et bien des jolies femmes y représentent le personnage hasardé de cette pauvre pécheresse qui a nom Ève ; telle mère, telles filles.

Il y a, dans Ville-d'Avray, des merveilles naturelles qu'on voit, qu'on admire sans cesse et qu'on croit admirer chaque jour pour la première fois ; cette bienheureuse campagne a une telle variété dans les arrangements de sa parure fleurie, elle est si coquette, si adroite et si riche pour tout ce qui peut l'embellir, que souvent elle se transforme, elle se métamorphose en un clin d'œil aux regards mêmes de ceux qui l'ont visitée le plus souvent et qui la connaissent le mieux ; elle étale devant vous, aujourd'hui, des toilettes inconnues qu'elle cachait hier encore, et que sans doute elle ne daignera plus montrer demain ; la pluie lui donne une tristesse charmante ; le soleil lui prête une beauté sans pareille ; quand l'orage gronde et que la foudre éclate, elle devient d'une grandeur et d'une majesté admirables.

Ville-d'Avray satisfait à toutes les lois, à toutes les exigences, à tous les caprices du genre pittoresque ; il est impossible de rien imaginer de plus joli, de plus mignon, de plus délicat, de plus gracieux, rien qui contienne plus de prairies, de grottes, de parcs, de pampres, de jolies filles, d'oiseaux et de violettes. On y pénètre par de petites routes tapissées de fleurs, par de petits chemins de traverse ombragés d'arbres magnifiques ; çà et là, des plates-formes toujours riantes, toujours fraîches, toujours parées, qui ressemblent à de véritables jardins suspendus ; à chaque pas, des maisons toutes blanches, bien discrètes, un peu mystérieuses, qui se cachent modestement dans de grandes corbeilles de verdure.

Je vous recommande le château de Marne, qui a tout à fait l'air de la plus merveilleuse décoration de l'Opéra.

En ma qualité d'historien, je me persuade, à propos d'un fortuné pays qui n'a pas d'histoire, que Ville-d'Avray a servi de refuge, de boudoir, dans tous les temps, dans tous les siècles, aux amours faciles, aux passions heureuses de la grande ville ; oui, certes, sous Louis XIII, par exemple, les justaucorps de satin et les robes brochées d'or et d'argent, les petits manteaux de velours et les grandes collerettes, les chapeaux ombragés de plumes et les roses de rubans, venaient se faire chiffonner en plus d'un endroit au milieu des massifs de Ville-d'Avray.

La cour de Louis XIV négligea peut-être les complaisantes cachettes de Ville-d'Avray ; même en amour, la cour du grand roi ressemblait à un paon qui fait la roue au soleil : elle n'aimait ni l'ombre, ni le mystère. En revanche, est-ce que Ville-d'Avray n'a point gâté quelque chose, bien des fois, aux bonnets, aux dentelles, aux coques, aux malines, aux taffetas, aux paniers, aux mouches et à la poudre des grandes dames du xviiie siècle ? Crébillon le fils a écrit un délicieux petit roman de mauvaises mœurs dont l'intrigue se divertit à Ville-d'Avray.

Ville-d'Avray se souvient encore des nombreuses visites que daignaient lui rendre, sous le directoire, les incroyables et les merveilleuses ; le costume grec des Aspasie de ce temps-là faisait un délicieux effet dans les églogues vivantes de Ville-d'Avray

Que vous dirai-je de l'empire et de la restauration? Les colonels et les agents de change ont semé tour à tour, sur la terre de Ville-d'Avray, l'argent qu'ils devaient à la victoire ou à la fortune : les *napoléons* et les *louis d'or* étaient une précieuse semence qui produisait de petits amours en guise de fleurs et de fruits.

Enfin, la révolution de 1830 a bien mérité des dieux bouffis et des déesses engageantes de Ville-d'Avray : la bourgeoisie, le peuple, la noblesse, la finance, la galanterie et la mode ont eu hâte de se partager cette bienheureuse terre où la municipalité n'enregistre que des naissances, sans jamais avoir enregistré un seul mariage ; Ville-d'Avray est le *treizième* arrondissement de Paris.

Oui, voilà un nouveau quartier parisien, un quartier d'été qui a de l'élégance, de la distinction, du plaisir, de la musique, les plus belles femmes et les plus délicieuses paresses du monde ; dans cette spirituelle zône de verdure, dans cette espèce d'oasis qui sert de refuge à l'oisiveté voluptueuse, ce ne sont que soupirs, sonnets, concerts, sérénades et madrigaux : le *Pastor fido* a passé par-là ! — Des habitations petites, mais d'un style et d'un goût charmants ; des ormes et des tilleuls qui s'élancent et s'étalent à toute feuillée ; le spectacle incertain de l'horizon qu'on aperçoit là-bas, là-bas, à travers la découpure des arbres ; des habitants mystérieux qui s'endorment bien après minuit et qui s'éveillent bien après midi ; le *far niente* et le luxe partout ; de l'ombre, un demi-silence et une atmosphère embaumée ; le jour, de jolies têtes qui se hasardent au milieu des fleurs d'une croisée ; la nuit, des silhouettes capricieuses qui se dessinent derrière les tentures de soie ; du matin jusqu'au soir, de suaves mélodies qu'exhalent tour à tour la voix des femmes et la voix rivale des pianos ; n'est-ce point là, je vous le demande, un petit monde enchanté où chacun de nous, pauvres Renaud, serait bien heureux et bien fier de trouver et d'adorer une Armide? Tous les Parisiens sont égaux devant la loi amoureuse de Ville-d'Avray!

Hélas! que je voudrais mourir, le plus tard possible, à Meudon ou à Ville-d'Avray, après y avoir beaucoup rêvé et beaucoup aimé!

V.

Les chartes du xiiie siècle nous parlent du petit port *Lullioco* ou *Luigniacum ;* plus tard, ce petit port s'appela Nully et enfin Neuilly ; voilà quels beaux détails l'on trouve dans les livres les plus gros, les plus sérieux et les plus honnêtes.

Les gros livres dont je parle nous apprennent aussi qu'au xive siècle il n'y avait point de palais, ni de magnifiques jardins dans le village de

Neuilly ; l'on n'y voyait, hélas ! que des cabanes de pêcheurs, de misérables échoppes : les gros livres servent toujours à quelque chose.

Dans les premières années du xviie siècle, la main de l'homme n'avait point encore humilié la *Seine* au village de Neuilly ; en d'autres termes, Neuilly n'avait pas encore de pont à cette époque ; mais voilà qu'un beau jour, en 1606, Henri IV arrive de Saint-Germain, avec sa femme, dans un superbe carrosse qui portait aussi le prince de Conti, le duc de Montpensier, le duc de Vendôme et le cardinal du Perron. Le cocher dirige les chevaux vers un grand bac qui servait au passage de la rivière.... Tout à coup les chevaux se précipitent dans la Seine, et c'en était fait peut-être de la monarchie, sans le secours de deux braves gentilshommes qui sauvèrent la couronne de France, à la nage. Madame de Verneuil disait, à propos du danger qu'avait couru la reine : si j'avais été là, je me serais mise à crier : la reine boit !

Henri IV ne voulut point exposer la reine à boire une seconde fois de la sorte : il donna un pont au village de Neuilly. Réparé sous le règne de Louis XIII, il fut emporté je ne sais où pour céder la place à un pont monumental construit par l'ordre de Louis XV, et qui est le chef-d'œuvre de Perronet. Louis XV en personne inaugura ce pont, le 22 septembre 1772 ; il y passa le premier dans sa voiture, et le peuple battit des mains en reconnaissant, à côté du roi, l'habile ingénieur qui avait donné à Neuilly un édifice utile et un monument remarquable.

Au xviiie siècle, deux maisons opulentes, deux maisons particulières, faisaient l'honneur et le plaisir du village de Neuilly : la maison Saint-Foix, élevée en 1755 par le comte d'Argenson, et la maison Saint-James, construite et baptisée par un célèbre financier, un des personnages du fameux procès du *Collier de la Reine*.

L'habitation Saint-James appartenait, sous l'empire, à la bienheureuse princesse Borghèse, de spirituelle et galante mémoire ; la sœur bien-aimée de l'Empereur se plut à détourner, dans les jardins de cette délicieuse résidence, un filet d'or de l'océan des richesses impériales ; elle se montra gracieuse, prodigue, magnifique jusqu'à l'extravagance ; j'ai vu à Saint-James un énorme rocher dont l'agencement seul coûta deux millions à la princesse Pauline. Je n'ose rien vous dire des appartements, des boudoirs, des salles de bains, des allées mystérieuses, des bosquets équivoques de Saint-James, sous le règne galant de la princesse Borghèse : il faut beaucoup pardonner à tous ceux qui ont beaucoup aimé !... Permettez-moi seulement de vous raconter une jolie aventure qui s'est passée dans la maison, dans les jardins et dans les environs de Saint-James. Marivaux a écrit une comédie intitulée : *le Jeu de l'Amour et du Hasard* ; l'on pourrait intituler cette aventure : *le Jeu de la Pluie et du Beau temps*.

L'héroïne de cette histoire était autrefois l'amie intime, la meilleure amie de la princesse Borghèse; elle n'est aujourd'hui qu'une aimable vieille qui a beaucoup de bonté, beaucoup de franchise et beaucoup d'esprit.

« Dans le beau temps dont je vous parle, me disait cette adorable baronne, j'étais veuve, très-riche et assez jolie. Dans la foule de mes adorateurs, je distinguai deux hommes, un marquis et un baron qui m'adoraient chaque jour, en vers, en regards, en prose et en soupirs : l'un se nommait Armand et l'autre Caliste; le premier était fort beau; le second était très-spirituel : les yeux dupèrent les oreilles, et je sacrifiai l'esprit à la beauté. Mon contrat de mariage avec ce bellâtre de marquis devait être signé à Neuilly, dans la résidence de la princesse Borghèse, et j'avais eu le soin cruel d'inviter à cette cérémonie le spirituel baron qui n'en pouvait mais...

» Quelques heures avant l'arrivée de mes amis, je voulus rêver une dernière fois et je quittai furtivement les salons de ma protectrice; me voilà bientôt toute seule dans le parc, marchant au hasard, sans rien voir, sans rien regarder, au risque de me heurter contre un arbre et de me blesser en tombant... Tout à coup, je chancelai sur le bord d'un fossé, je jetai un cri, et je tombai à ma grande surprise dans les bras de Caliste, dans les bras de ce pauvre baron que Dieu m'envoyait, sans doute, pour me préserver des suites probables d'un faux pas...

» Je remerciai mon sauveur, et je ne sais comment, ni pourquoi, ma main resta dans la sienne; en un clin-d'œil, il s'opéra dans ce jeune homme, naguère si timide, une métamorphose complète; il me parla avec une verve et un entraînement merveilleux; il fit passer devant moi, en me les désignant, non pas par leurs noms, mais par leurs ridicules, la plupart des personnages qui figuraient d'ordinaire dans les salons de la princesse; il esquissa, en se jouant comme un artiste habile, des portraits d'une ressemblance affreuse; nul ne fut oublié dans cette galerie d'originaux dessinés à la parole; il crayonna la figure d'un sot avec une méchanceté si vraie, avec une fidélité si perfide, avec une exactitude si bouffonne, que je reconnus tout de suite, mais tout de suite, M. le marquis, son rival préféré et mon futur mari.

» Distraite d'abord par de singulières idées qu'éveillait en moi la malicieuse éloquence du baron, j'oubliai la route que nous venions de suivre; à la fin, pourtant, je regardai autour de moi, et je demandai sérieusement à Caliste : — Où sommes-nous? — A peu près à une lieue du château, me répondit-il. — Bonté du ciel! m'écriai-je, pourquoi m'avoir entraînée si loin?... Retournons sur nos pas, courons, volons, si c'est possible...

» Par malheur, le soleil se cacha derrière un vilain nuage; j'entendis frémir le feuillage des arbres et je n'entendis plus chanter les oiseaux;

déjà la tempête faisait tomber sur nous d'immenses gouttes de pluie; nous n'avions pas une seule minute à perdre..... Où trouver un refuge, un abri, la plus misérable cachette? Au même instant, nous aperçûmes, à travers les échancrures du bois, une jolie petite maison, une ferme, ou plutôt une arche sainte que Dieu venait de planter là, sans doute, dans une charitable intention.

» La chaumière était déserte : refermer la porte avec soin, avec trop de soin peut-être; déchausser mes petits pieds mouillés et remplacer mes souliers de satin par les sabots de la fermière; couvrir mes épaules toute froides d'un mantelet de molleton qui pendillait à la muraille; allumer quelques fagots; apporter sous le manteau du foyer deux vieux fauteuils qui avaient dû servir de modèle aux fauteuils de Tronchin; me supplier, me forcer de m'asseoir devant un bon feu et se placer lui-même près de moi, tout près de moi, trop près de moi..... tout cela fut pour Caliste l'affaire charmante d'une minute.

» D'abord, une fois assis, notre amoureux garda le silence le plus discret ou le plus habile; je pensai, en souriant, que la pluie venait d'abattre son esprit, sa verve, son éloquence, comme elle avait abattu sous mes pieds le gazon, les fleurs et la poussière; je m'imaginai que Caliste se plaisait à imiter les oiseaux effrayés et qu'il allait se taire jusqu'au retour du beau temps; il n'en fut rien, Dieu merci, et je m'en réjouis encore : l'amant malheureux recouvra bientôt sa brillante parole, avec moins de malice et de raillerie, mais aussi avec plus de chaleur, d'entraînement et de passion.

» Il se mit à dire beaucoup de mal de moi, en disant beaucoup de mal des femmes, et sur ce thème exploité par le désespoir amoureux de tous les hommes, Caliste broda les variations les plus plaintives, les plus larmoyantes du monde; il évoqua, sous mes yeux, d'illustres infortunés qui avaient à se plaindre, comme lui, d'un amour dédaigné; des poètes, des artistes, des savants, des guerriers, des gentilshommes sensibles de tous les temps; il appela à son aide, dans le lyrisme de sa colère élégiaque, je ne sais quels grands hommes solitaires et repoussés, dont la puissance avait été brisée par un regard, le génie éteint par un sourire, l'espérance perdue par un mépris; il forma autour de moi une longue chaîne dont chaque anneau était une infortune, une déception, une misère d'amour; il s'apitoya, avec plus d'esprit que de raison, sur tous les amants dévoués qui avaient souffert sur la terre... Et là-dessus, Caliste se précipita à mes pieds, tremblant, éperdu, hors de lui, les mains jointes, dans l'attitude de la plus fervente adoration...

» Que vous dirai-je? Jamais je n'avais vu quelque chose de plus expressif que cette longue scène, jouée par l'imagination et par le cœur; mon inquiétude était affreuse; impossible de trouver un mot, un geste, un regard, pour répondre à cet adorable malheureux. Que faire? Comment lui parler? Que résoudre? Par bonheur, un rayon de soleil se glissa dans la chaumière; je jetai un cri de joie et je m'élançai vers le seuil de la porte pour me soustraire, par la fuite, à un spectacle tout rempli d'intérêt, de charme et d'illusions... mais, hélas! la femme propose et le mauvais temps dispose! Comme j'allais m'enfuir au plus vite, les éclairs m'aveuglèrent encore; la pluie recommença de plus belle ou de plus laide; je rentrai dans la chaumière, et j'aperçus à la même place, toujours à deux genoux, la tête baissée, pâle et immobile, M. le baron Caliste que mon retour inespéré peut-être, fit tressaillir soudain, comme s'il se fût réveillé en sursaut. Je m'approchai à petits pas; je lui donnai ma main qu'il pressa contre ses lèvres sans oser me regarder, et je lui dis en tremblant : je viens d'apprendre en une heure, en une minute, ce que peut un homme d'esprit quand il parle, ce qu'il souffre quand il pleure, et tout ce qu'il vaut quand il aime!...

» Voyez quel malheur! à ma dernière parole, la pluie cessa comme par enchantement : le soleil rayonna de sa lumière la plus étincelante ; le ciel redevint tout bleu ; les oiseaux reprirent en chœur les refrains de leurs chansons les plus doucés, et moi... moi, je m'écriai, en regardant Caliste : ami, n'est-il pas vrai ?... le beau temps arrive trop tard !

» Grâce à l'officieuse intervention de mon excellente protectrice, la princesse Borghèse, mon mariage avec le marquis fut ajourné, et deux mois plus tard j'épousai le baron Caliste. Madame la princesse Borghèse disait, à ce propos, en donnant une espèce de conclusion morale à ma galante aventure : dans ce jeu de hasard que l'on appelle l'amour, la beauté gagne souvent la première partie ; mais c'est l'esprit seul qui gagne la revanche et la belle. » —

Pauvre princesse Borghèse ! Pauvre maison de Saint-James ! En 1815, lord Wellington, ce triste héros de la bataille de Waterloo, qui n'avait été pour lui qu'une défaite, lord Wellington établit son quartier général dans la délicieuse habitation de la princesse Pauline. Je n'ai pas besoin de vous dire que Saint-James et ses environs furent horriblement dévastés par *nos amis les ennemis*.

A son retour en France, après la chute de l'empire, le duc d'Orléans devint l'intelligent et heureux propriétaire de la maison Saint-Foix, dont j'ai parlé tout à l'heure, et du château de Villiers, situé dans le même village. Son Altesse Royale trouva le moyen de dérober un peu de temps et d'attention à la politique de l'avenir pour ajouter toutes sortes de magnificences aux propriétés somptueuses qu'elle avait acquises : entre les mains du duc d'Orléans, le château de Neuilly ressembla bientôt à une véritable résidence royale, et je suis sûr que le roi Louis-Philippe le préfère encore aux palais de Versailles, de Saint-Cloud, de Fontainebleau et des Tuileries.

La terre de Neuilly est toute remplie de souvenirs, bien doux, bien glorieux ou bien tristes pour la royauté de 1830 : c'est à Neuilly que Louis-Philippe a dû passer les plus belles années de sa vie ; c'est à Neuilly qu'il a préparé l'avénement d'une dynastie nouvelle ; c'est à Neuilly qu'il a travaillé longtemps, pensé, rêvé, espéré, en voyant chanceler le trône de Louis XVIII et de Charles X ; c'est à Neuilly qu'il a senti pour la première fois, sur son front, le poids de la couronne de France ; enfin, c'est à Neuilly que le roi s'est agenouillé pour recevoir le dernier soupir d'un prince qui allait emporter la plus belle espérance d'une dynastie.

Le 13 juillet 1842, à deux heures, un roi, une reine, des princes, des ministres, des généraux étaient réunis dans une petite maison de Neuilly, dans l'arrière-boutique d'un pauvre marchand : le duc d'Orléans se mourait !

A quatre heures, le roi, la reine, les princes, les ministres, les généraux s'agenouillaient en pleurant : le duc d'Orléans était mort !

A cinq heures, Dieu donnait un grand et terrible spectacle aux petits de ce monde : le convoi du prince royal s'avançait dans l'avenue de Sablonville ; et, dans ce funèbre cortège où la royauté coudoyait le peuple devant l'égalité de la mort, chacun put voir couler les larmes d'un roi et d'une reine qui avaient vu mourir leur enfant. Sans doute, en un pareil moment, une voix mystérieuse, plus forte, plus retentissante que celle de l'orateur chrétien, cria au fond de tous les cœurs : Dieu seul est grand !... le monde s'agite ; mais c'est Dieu seul qui le mène !

Je n'ai pas nommé la duchesse d'Orléans dans le simple récit de cette grande scène : S. A. R. était, à cette époque, aux eaux de Plombières où elle attendait, hélas ! le prince royal ! — Qu'il y avait loin, ce jour-là, de Neuilly à Fontainebleau ! En 1837, toutes les grandeurs heureuses de la France d'autrefois et de la France d'aujourd'hui se groupaient en souriant autour d'une princesse étrangère destinée à porter la plus belle couronne du monde : au mois de juillet 1842, la duchesse d'Orléans était peut-être la femme la plus à plaindre de tout le royaume ; je vous laisse à deviner par quelles immenses douleurs fut saluée, à son retour à Neuilly, la noble et brillante mariée de Fontainebleau !

La petite maison mortuaire du prince royal a cédé la place à une chapelle, la chapelle *Saint-Ferdinand*, consacrée par la piété d'une reine, — je me trompe — par la piété d'une mère à la mémoire de son fils.

Louis Lurine.

ANET ET DREUX.

Parmi les sites que les environs de Paris présentent comme objets d'étude ou de curiosité aux amis des arts et de la belle nature, ceux de la vallée de l'Eure, à l'extrémité occidentale de l'ancienne Ile-de-France, méritent une attention particulière. Un sol accidenté y déploie le tableau le plus varié et le plus riche; des champs fertiles, des prairies émaillées de fleurs encloses de buissons parfumés, de majestueuses forêts, des châteaux mutilés, en ruine, mais toujours debout par d'intéressants souvenirs : ici Mézières, là Dreux, plus loin Anet, Ivry-la-Bataille, Sorel, et, au milieu de toutes ces merveilles, l'Eure, dont les eaux limpides décrivent une ligne de cristal sur un large tapis vert.

En 1562, une femme d'un certain âge, mais belle encore, se dirigeait vers ce vallon, en suivant le cours de la Vesgres. Quoiqu'elle n'eût plus cet air de jeunesse fleurie qui n'appartient qu'au printemps de l'âge, ses traits réguliers, son tein admirable, sa chevelure noire descendant sur ses épaules en boucles nombreuses, une taille souple, un port où régnait un mélange heureux de dignité et de grâce, répandaient sur sa personne quelque chose de majestueux et de charmant. Elle montait un cheval jeune et plein d'ardeur qu'elle abandonnait à toute sa fougue, comme aurait pu faire un écuyer hardi, confiant dans son adresse. Un violent écart de l'animal vint pourtant l'arracher aux pensées mélancoliques qui semblaient l'assiéger. Elle leva les yeux et reconnut, dans l'objet qui avait effrayé sa monture, un débris moussu du château où Charlotte de France, fille de Charles VII et d'Agnès Sorel, fut poignardée par son mari. Le souvenir qui se rattachait à cette ruine lui arracha un profond soupir. « Fille d'une mère illustre, dit-elle, et d'un roi qu'elle fit grand, devais-tu avoir une pareille destinée ! » Puis elle ajouta, en poursuivant son chemin : « Mais tu as mérité cette fin, toi qui n'as pas craint de trahir un Brezé pour un misérable valet... Mes ennemis nous ont quelquefois comparées. Ce fut pour moi une injure de plus ajoutée à tant d'autres outrages; jamais ton fils, qui fut mon époux, n'eut à rougir de ma conduite. Ces vêtements de deuil que je porte encore et qui ne m'ont pas quitté au milieu des joies de la cour attestent combien était profond le sentiment qui m'attachait à lui et combien je vénère sa mémoire. Si plus tard on me vit céder aux vœux d'un fils de roi, c'est que, devenue libre, j'eus la noble ambition de ta mère, celle de conduire glorieusement un prince brave comme Charles, mais faible, mais apathique comme lui! Dieu me l'a ôté, et avec lui j'ai perdu cette autorité qui mettait à mes pieds la magistrature, l'armée et l'Église même; qui m'attachait un Montmorency et faisait rechercher ma fille par un prince de la maison de Lorraine. Je m'humilie sous ta main, Seigneur ! Fais-moi grâce en souvenir de mes efforts pour extirper la détestable hérésie qui menace tes autels. » Préoccupée désormais par des pensées religieuses, elle traversa le petit village de Rouvres et, laissant la forêt de Dreux sur sa gauche, elle se dirigea vers les rives de l'Eure. Au bout de vingt minutes, elle était devant une grande et splendide habitation. La porte d'entrée avait la forme d'un arc de triomphe décoré de colonnes et de médaillons sculptés, dans l'un desquels on remarquait une Diane chasseresse entourée de ses attributs. La dame porta ses regards sur le cadran d'une horloge qui couronnait l'édifice. L'aiguille marquait sept heures. Soudain un cerf en bronze, placé au-dessus de cette horloge, leva le pied et en frappa sept fois un timbre sonore, pendant que quatre chiens de même métal semblaient aboyer autour de lui.

Un pont-levis s'abaissa sur un large fossé. Le cheval le franchit en trois bonds et, traversant une longue voûte, porta sa maîtresse dans une cour carrée entourée de bâtiments imposants par leur masse, admirables par

ANET ET DREUX.

leurs belles proportions et leur structure savante. Celui du fond, le plus magnifique de tous, avait un long péristyle orné de vingt-quatre colonnes ; au centre s'élevait ce beau morceau qu'un ami des arts a fait transporter au commencement de notre siècle dans la cour du palais de la rue des Petits-Augustins. On y voit encore sculptés en relief un D et un H que l'architecte avait reproduits sur tous les murs. A ces initiales, l'étranger pouvait reconnaître le château d'Anet commencé en 1552, par Henri II, pour Diane de Poitiers sa maîtresse, et que celle-ci avait étendu, embelli, au moyen des sommes énormes que l'amour du roi accumulait dans ses mains. La dame qui venait d'y pénétrer, au retour d'une promenade matinale, était Diane de Poitiers elle-même. Diane qui avait su captiver le cœur d'un prince adolescent, à l'âge où les femmes doivent renoncer à plaire, et que la mort prématurée de son amant avait exilée de la cour.

Sous le péristyle, se tenait un petit vieillard qui s'empressa de remplir auprès de la duchesse l'office d'écuyer. Celle-ci ne l'eut pas plus tôt considéré qu'elle s'écria : Toi ici, Brusquet! Que vient faire la folie dans cet asile de la douleur? Madame, répondit le vieillard, la folie s'est retirée de moi. Nos dévots ont confisqué tout ce que m'avait valu le privilège de faire rire la cour. Ils ont jeté au feu ma marotte et m'ont menacé de m'y jeter moi-même. Protégez-moi contre leur zèle furieux. — Qu'est-ce, dit la duchesse d'un ton sévère, serais-tu huguenot? — Je suis bon catholique, répondit Brusquet; s'il en était autrement, serais-je venu me mettre sous la protection de celle qui se signala toujours par une pieuse intolérance. Il me semble pourtant que tu as été emprisonné pour je ne sais quelle profanation des choses saintes.

— Ce fut une erreur de notre sainte inquisition, ou, pour mieux dire, un mauvais tour de M. de Strozzi.

Ce nom fit sourire la duchesse. On s'était longtemps amusé à la cour d'une guerre de plaisanteries que le maréchal et Brusquet s'étaient faite avec un acharnement comique.

— Vous vous rappelez, madame, poursuivit le fou, que, durant notre séjour à Rome Strozzi fit parvenir à Paris la nouvelle de ma mort et un faux testament par lequel j'instituais madame Brusquet ma légataire universelle, à la charge d'épouser immédiatement un de mes postillons, de sorte qu'à mon retour je trouvai ma place occupée par messire grand Colas.

— Oui, il m'en souvient. Cette aventure nous a fort divertis, quoi qu'elle fût bien triste pour toi, dont la compagne se trouvait ainsi dégradée.

— Il y avait plus, dit Brusquet, avec une expression de tristesse inaccoutumée. — Quoi donc? fit la duchesse surprise.

— J'étais vaincu, murmura le fou en baissant la tête. Ce tour passait tous ceux que j'avais pu faire à ce damné italien. J'étais vaincu par un maréchal de France, moi qui avais triomphé de tous les bouffons de mon temps... Je voulus réhabiliter mon honneur compromis et ne trouvai rien de mieux que de conduire de grand matin chez Strozzi deux moines à qui j'avais promis cent écus pour l'exorciser. Vous savez que le vieux reitre avait une aversion prononcée pour les gens de cette sorte. En voyant paraître tout à coup mes deux compagnons à son chevet, il fit une grimace et prononça un juron qui acheva de convaincre les bons pères qu'ils avaient affaire à un possédé. Les oraisons commencent. Il crie, il tempête. Mais les religieux voulaient gagner leur argent et faire les choses en conscience. L'un, d'une main vigoureuse, le tient cloué sur son lit, tandis que l'autre lui chante des oremus et l'asperge avec gravité. Il faisait beau le voir inondé de sueur et d'eau bénite se débattre sous l'étreinte du moine. Ses traits bouleversés par la colère, ses blasphèmes, ses cris étouffés lui donnaient bien l'apparence d'un énergumène, et les exorcistes m'ont avoué depuis qu'ils n'avaient jamais rencontré de diable aussi terrible.

Strozzi, jaloux de se venger, m'a déféré à l'inquisiteur de la foi. C'était une plaisanterie tout-à-fait neuve, mais par trop dangereuse. L'homme de Dieu a pris la chose au sérieux, et je courais risque d'être brûlé vif, si, content de la peur qu'il m'avait faite, le maréchal n'était intervenu pour me tirer d'affaire. Voilà, madame, la cause de mon emprisonnement.

Ce récit, accompagné de grimaces et de poses comiques, avait plus d'une fois arraché à la duchesse un sourire qu'elle s'efforçait de comprimer.

— Entrons, dit-elle; il ne convient pas qu'une exilée et un proscrit montrent publiquement de la gaité.... Tu me parleras de la cour...

— Entrons donc, interrompit Brusquet, car il y aura matière à rire.

En discourant de la sorte, ils étaient parvenus à l'entrée des salons. Brusquet lut ce distique inscrit en lettres d'or sur une table de marbre noir :

> Splendida miraris magni palatia cœli ;
> Non hæc humanâ saxa polita manu.

C'est un témoignage de la modestie du grand architecte qui a bâti ce palais, dit Diane; Philibert de Lorme a senti combien ces chefs-d'œuvre du génie de l'homme sont petits au milieu des merveilles de la création.

— Les palais de l'empirée ne m'empêcheront pas d'admirer ces belles productions de l'art inspiré par l'amour, murmura son interlocuteur. Il voulait faire allusion à la passion que Philibert avait, dit-on, conçue pour Diane. Les soins que l'illustre architecte avait apportés à la construction

Anet et Dreux.

du château d'Anet contribuèrent à faire soupçonner une intrigue que rien ne prouve. Comme si l'empire que la favorite exerçait sur toute chose n'expliquait pas suffisamment cet empressement à lui être agréable.

Ce n'était pas, du reste, la première fois que Diane était en butte à des calomnies de ce genre. Du vivant de François Ier, les partisans de la duchesse d'Étampes avaient attaqué son âge, ses charmes, son esprit et ses mœurs. Plus tard, des ennemis que l'éclat de sa fortune n'éblouissait pas, les protestants surtout, contre lesquels elle avait armé son royal amant, lui prêtaient tous les dérèglements d'une courtisane éhontée.

Les plus grands seigneurs cherchaient à lui plaire parce que les emplois et les honneurs comblaient par sa main ceux qui lui plaisaient. C'était chez elle politique très simple d'un pouvoir jaloux, et chez le courtisan calcul de l'ambition; mais il était facile à l'envie de leur supposer un sentiment tout différent. Le maréchal de Saint-André, le beau Brissac et bien d'autres passèrent pour être plus que ses protégés.

Plusieurs historiens modernes, enchérissant sur ces calomniateurs contemporains, ont écrit que, dès sa tendre jeunesse, Diane avait fait aux passions de François Ier un honteux sacrifice pour sauver la vie à son père. C'est une invention absurde qui ne tient compte ni de l'âge, ni de la position de cette dame à l'époque où la peine de Saint-Valier fut commuée. Elle était mariée depuis dix ans et en avait vingt-quatre. Son épitaphe suffit pour démontrer l'absurdité de cette assertion. Elle porte : *Obiit an. 1566, vixit an. LXVI.* La peine fut commuée en 1524.

Brusquet, dans une muette admiration, suivait la duchesse à travers une multitude de salles toutes plus brillantes les unes que les autres. Les pinceaux des maîtres de l'époque et le ciseau de Jean Goujon les avaient enrichies de mille chefs-d'œuvre. Diane s'arrêta devant un écusson sculpté à l'entrée des corridors du château et, montrant au fou l'inscription latine qui accompagnait ce morceau, elle la traduisit ainsi : *Diane reconnaissante, pour consacrer d'une manière durable le souvenir de Brezé son époux, lui a élevé ce monument.* Elle tenait beaucoup à ce que chacun sût qu'elle avait été épouse tendre et fidèle; fière sans doute de pouvoir se donner cet avantage sur son implacable ennemie la duchesse d'Étampes ; mais, quoiqu'elle affectât de se montrer toujours en habits de deuil, la coquetterie n'y perdait rien. *Elle n'était pas*, dit Brantôme, *de ces veuves hypocrites et marmiteuses qui s'enterrent avec le défunt.*

Trop sensée pour se faire illusion sur le caractère volage de son royal amant, trop habile pour confier entièrement au pouvoir de ses charmes le soin de fixer un prince charmant, plus jeune qu'elle de onze années, elle imaginait chaque jour de nouvelles fêtes que sa longue expérience dans la galanterie, son esprit délié, fin, adroit, sa gaîté vive ou sa molle langueur remplissaient de séductions.

Anet était le théâtre ordinaire de ces fêtes. Les courtisans s'y rendaient en foule et y nouaient à l'envi des intrigues galantes que semblait autoriser l'exemple du maître et que les lieux favorisaient. Les bois qui couronnaient les coteaux d'alentour, de petits pavillons, solitudes charmantes répandues çà et là permettaient de multiplier les rendez-vous. Brantôme, qui paraît en avoir vu tous les mystères à travers les fentes des portes et le feuillage des bosquets, nous en a laissé une peinture vraie, mais un peu trop décolletée.

Diane conduisit le fou sur une terrasse d'où l'on pouvait voir l'ensemble

du domaine. Celui qui serait venu ici il y a dix ans, disait-elle, n'aurait trouvé à la place de ces belles constructions qu'un vieux manoir tombant en ruines. Les fortifications de l'ancien château féodal ont été démolies il y a près de deux siècles, lorsque la terre d'Anet fut confisquée sur Charles-le-Mauvais, roi de Navarre. Pierre de Brezé, à qui Charles VII l'inféoda depuis, ne jugea pas à propos de les faire relever, et il ne restait debout qu'un bâtiment sans élégance qui servait de rendez-vous de chasse aux grands sénéchaux de Normandie.

Brusquet arrêta longtemps ses regards sur un vaste parterre entouré de serres où les plantes les plus rares végétaient chacune sous l'influence de son climat natal. De nombreuses statues s'élevaient sur un tapis brillant des plus riches couleurs, et des jets d'eau, symétriquement placés, rafraîchissaient l'atmosphère. Une fontaine se faisait surtout remarquer par une nymphe dont la tunique mouillée trompait les regards, tant était parfaite l'imitation de la nature. Mais le fou oublia tout ce qui l'avait frappé, en voyant la chapelle décorée avec un goût admirable.

Ce temple, dit la duchesse, serait un lieu de sépulture digne d'une personne qui aurait vécu au milieu des grandeurs et de la magnificence et qui les aurait aimées; mais ma place est marquée dans cette autre chapelle beaucoup plus modeste que tu as vue sur la gauche. Ici on prie rarement; là-bas, au contraire, mes bons vassaux se livrent assidûment aux pratiques d'une piété touchante. Je leur ai fait quelque bien. Ils m'en tiendront compte, sans doute; c'est au milieu d'eux que je veux reposer.

Elle exprimait ainsi un désir qui devait se réaliser quatre ans plus tard. Elle mourut à Anet en 1566, et ses filles lui firent ériger dans cette chapelle un tombeau sur lequel on lisait une épitaphe rappelant sa haute fortune, la noblesse de sa postérité et ses droits à une place parmi les justes.

Le tombeau fut placé au milieu du chœur. Sur un socle de marbre noir, quatre sphinx en marbre blanc supportaient un sarcophage. On voyait au-dessus une effigie de la duchesse, les mains jointes, à genoux sur un prie-dieu, ayant devant elle un livre de prières.

J'ai parlé tout à l'heure de Brantôme, permettez-moi d'emprunter à ce galant mémorialiste le portrait de l'enchanteresse d'Anet : « Elle avait les cheveux extrêmement noirs et bouclés, la peau très blanche, les dents, la jambe, les mains admirables, la taille haute et la démarche noble. Elle ne fut jamais malade; dans le plus grand froid, elle se lavait le visage avec de l'eau de puits, et n'usa jamais d'aucune pommade. Elle s'éveillait tous les matins à six heures, montait souvent à cheval, faisait une ou deux lieues et venait se remettre dans son lit où elle lisait jusqu'à midi. Tout homme un peu distingué dans les lettres pouvait compter sur sa protection. Six mois avant sa mort, je la vis si belle encore que je ne sache cœur de roche qui ne s'en fût ému, quoique quelque temps auparavant elle se fût rompu une jambe, allant et se tenant à cheval aussi dextrement et disposément comme elle avait jamais fait; mais le cheval glissa et tomba sous elle. Il aurait semblé que cette rupture et les maux qu'elle endura auraient dû changer sa belle face; point du tout, sa beauté, sa grâce étaient toutes pareilles qu'elles avaient toujours été. C'est dommage que la terre couvre un si beau corps! Elle était fort débonnaire, charitable et aumônière. Il faut que le peuple de France prie Dieu qu'il ne vienne jamais favorite de roi plus mauvaise que celle-là ni plus malfesante. »

L'aînée des filles de la duchesse, Louise de Brézé, femme de Claude de Lorraine, duc d'Aumale, eut la terre d'Anet en partage et la transmit à Charles de Lorraine, son fils ; ce n'était alors qu'une simple châtellenie ; Henri III l'érigea en principauté. En cet état, elle échut à Marie de Mercœur dont la fille Louise l'apporta en dot à César, duc de Vendôme, fils naturel de Henri IV et de Gabrielle d'Estrées. Ainsi elle fut possédée par les enfants de trois maîtresses de roi. D'abord par Charlotte, fille d'Agnès Sorel, ensuite par Louise de Brézé, fille de Diane de Poitiers, et enfin par César, fils de Gabrielle d'Estrées.

La galanterie y fit longtemps son séjour. Aux intrigues de la cour de Henri II succédèrent les orgies des ducs de Vendôme : après l'immoralité qui se cache, la dépravation qui se produit effrontément. C'était là que Louis-Joseph, arrière-petit-fils de Henri IV, venait salir ses lauriers en société de complaisants infâmes avec lesquels il faisait assaut de cynisme. Là aussi se rendait son digne frère le grand prieur de Malte, qui se faisait remarquer par la licence de ses mœurs, sous la régence, à cette époque où tout fut si licencieux.

La maison de Vendôme s'éteignit. Anet, ainsi que Dreux et Sorel, passa à la duchesse du Maine, qui en fit don au prince de Dombes. Le comte d'Eu, héritier de celui-ci, transmit tous ses domaines au duc de Penthièvre.

La révolution survint. Une multitude ardente, qui voyait dans ces monuments de l'orgueil et du faste une insulte à sa fortune et à sa condition, se rua sur le château et le démolit.

Alexandre Lenoir obtint de Napoléon, premier consul, une allocation qui lui permit de faire transporter à Paris et de rééditier quelques débris intéressants, susceptibles d'être encore réunis.

Il ne reste plus de l'ancienne châtellenie qu'un joli village dont la population s'élève à 1,500 habitants ; mais on aime encore à interroger les ruines du château, parcourir les rives de l'Eure, qui les contournent à l'occident, et la forêt de Dreux déployant au midi un vaste rideau de verdure.

En remontant vers le nord, on trouve, à une petite lieue d'Anet, la forêt d'Ivry et les champs illustrés par la bataille que livra Henri IV au duc de Mayenne, en 1590. Le voyageur qui sera venu visiter les ruines du château de Diane ne pourra se dispenser de faire une excursion dans ces plaines témoins du courage de nos pères. Placé entre les villages de Boussez et d'Espieds, un plan à la main, il suivra les combattants à travers la sanglante arène : à gauche, le maréchal d'Aumont culbutant les chevau-légers de Mayenne ; au centre, Biron déconcertant l'ennemi par sa seule présence ; à droite, le Béarnais montrant aux siens son panache blanc et les conduisant à la victoire. Il assistera aux exploits de ces deux mille gentilshommes de l'armée royale, « chose formidable » dit un témoin oculaire. Il verra se jeter dans la mêlée, en avant de leurs escadrons, les Montpensier, les Biron, les Schomberg, et Rosny, proclamé par Henri IV, sur le champ de bataille, brave soldat entre tous et franc chevalier.

Le baron de Rosny, depuis duc de Sully, eut deux chevaux tués sous lui et reçut six coups de lance, d'épée et de feu ; et quoiqu'il perdît son sang par six larges blessures, il fit prisonniers les sieurs de Chanteloup, de la Châtaigneraie, et Cicogne, porte-enseigne du duc du Maine. Ces faits et les autres services qu'il rendit à son roi et à son pays durant une carrière longue, utile et glorieuse, se trouvent rappelés dans l'inscription suivante qu'on lit sur son tombeau, à Nogent-le-Rotrou :

« Ci-gît le corps de très haut, très puissant monseigneur Maximilien de Béthune, marquis de Rosny, lequel, depuis l'âge de quatorze ans, courut toutes les fortunes du roi Henry-le-Grand, entre lesquelles est cette mémorable bataille d'Ivry, qui adjugeait la couronne au victorieux ; où il gagna par sa valeur la cornette blanche et prit icelle plusieurs prisonniers de marque. Il fut par lui honoré, en reconnaissance de ses vertus et mérites, des dignités de duc et pair et maréchal de France, de gouverneur du haut et bas Poitou, de la charge de grand maître de l'artillerie, en laquelle, comme portant les foudres de Jupiter, il prit et remporta la place de Montmélian, qu'on estimait imprenable, et plusieurs places de la Savoie ; et de la charge de surintendant des finances qu'il administra seul avec une prudente économie. Il continua ses services jusqu'au malheureux jour où le César des Français perdit la vie par la main parricide d'un de ses sujets ; après la mort duquel il se retira chez soi où il passa le reste de sa vie dans une douce et paisible tranquillité et mourut au château de Villebon, le 22 décembre 1641, âgé de 82 ans. Son corps est ici, à Nogent-le-Rotrou, dit de Béthune ; et très haute et très illustre dame, madame Rachel de Cochefilet, son épouse, qui mourut à l'âge de 97 ans, en 1659. »

Les ossements de Sully ne sont plus dans ce tombeau : le vandalisme révolutionnaire a passé par là ! Mais le sarcophage qui les contenait se voit encore sur la place publique, et c'est une des curiosités du département d'Eure-et-Loir, un morceau digne de fixer l'attention des artistes.

Un monument plus modeste, une simple pyramide s'élève dans les plaines d'Ivry. On aime à la voir à cause du souvenir imposant qui s'y rattache.

Durant un voyage que le prince Henri de Prusse, frère du grand Frédéric, fit en France à la fin du xviiie siècle, il voulut la visiter, et le duc de Penthièvre, dont il était l'hôte au château d'Anet, lui servit de guide. Lorsqu'ils furent près du monument, une bergère en habits de fête et portant une corbeille de fleurs s'avança vers la compagnie, offrit des bouquets à tout le monde; puis elle présenta au prince étranger une tige de laurier...... Alors Henri de Prusse, aussi modeste qu'ingénieusement inspiré, s'approcha de la pyramide et déposa sur le socle ce symbole de l'héroïsme.

DREUX.

Le territoire de Dreux était anciennement occupé par les *Durocasses*, peuplade gauloise qui faisait partie de la confédération des *Carnutes*. Du nom de cette peuplade s'est formé celui de la ville moderne.

C'était chez les Durocasses, au centre des Gaules, dans les profondeurs d'une vaste forêt que siégeait le tribunal suprême des druides (1). Là, une théocratie redoutable rendait ses décrets au milieu de pratiques quelquefois sanglantes et toujours pleines d'une mystérieuse horreur. Les grands intérêts de la patrie s'y débattaient sous ses yeux, s'y réglaient par son influence.

La civilisation romaine n'a pénétré dans ces contrées sauvages qu'en les défrichant. Elle y fit passer une voie militaire qui traversait toute la province et conduisait de Paris aux bords de l'Océan. Aujourd'hui une route royale, partant de la capitale, suit d'abord la même direction jusqu'à Verneuil et s'en écarte après pour aboutir à Brest.

Le Parisien qui se rend en Bretagne a d'abord le spectacle d'une campagne très boisée. Il aperçoit, non loin de Dreux, une belle forêt qui porte le même nom, et plus près de la ville, le bois de Yon; au-delà ceux de la Couture, de Merville et de Saint-Remy. Ces bois et beaucoup d'autres qui s'étendent dans un rayon de dix ou douze lieues, et que la main de l'homme a évidemment séparés, attestent encore l'état primitif du sol.

Après avoir parcouru une distance de huit myriamètres, il franchira l'Eure, et verra devant lui, dans une vallée fertile, la jolie ville de Dreux entourée presque entièrement par la Blaise dont les eaux distribuées dans différents canaux circulent à travers les maisons où elles maintiennent la propreté et la fraîcheur. Elle a subi bien des transformations. Aux huttes des Gaulois ont succédé les constructions romaines dont la solidité semblait défier le temps et que la barbarie a renversées; puis se sont élevées, à côté d'un château protecteur, les humbles demeures des bourgeois du moyen âge, s'abritant derrière une ceinture de murailles crénelées et flanquées de tours.

Dans cet état, elle fut soumise aux vicissitudes du régime féodal, passa

(1) In finibus Carnutum, quæ regio totius Galliæ media habebatur, considunt in luco consecrato: hùc omnes undique qui controversias habent conveniunt. etc. (César, liv. 6, ch. IV.)

successivement sous l'autorité immédiate des ducs de Normandie, des comtes de Vexin, puis encore des Normands et enfin des comtes de Chartres. Au xii" siècle, ceux-ci l'occupaient ; les ducs de Normandie y prétendaient et avaient construit le château de Tilliers pour la tenir en bride. Les chevaliers des deux partis déployaient incessamment leurs banières, et pendant que les uns désolaient les frontières de la Normandie, les autres ensanglantaient les rives de la Blaise.

Un prince normand, Richard II, ajoutant à tous ces fléaux, convia les barbares du Nord à prendre part au pillage et au massacre. Déjà une multitude de barques chargées de Suédois et de Norwégiens remontaient la Seine. La France entière était dans les alarmes, lorsque le roi Robert éloigna ces hôtes dangereux en ménageant la paix entre les deux rivaux.

La terre de Dreux demeura au comte de Chartres, qui la céda plus tard au roi son seigneur. Un prince du sang, Robert, troisième fils de Louis-le-Gros, la reçut en apanage. C'était le temps des luttes sanglantes entre Philippe-Auguste et Richard Cœur-de-Lion et des démêlés de la bourgeoisie avec ses maîtres. La guerre déchirait au-dehors, au-dedans pesait la servitude, partout la ruine, les déprédations, la disette. Notre ville tomba au pouvoir du bilieux Richard qui la brûla sans pitié.

Cet événement mit le comble au ressentiment que la maison de Dreux avait voué à la race anglo-normande. Jamais elle ne manqua une occasion de lui courir sus, jamais elle n'entra dans le conseil des rois sans y pousser un cri de guerre contre cet objet de sa haine constante.

Philippe, fils de Robert et évêque de Beauvais, signala entre tous son acharnement. La Normandie était en émoi lorsqu'il chevauchait sur ses marches avec les bons chevaliers Dreuxiens.

Le rude prélat avait coutume de se jeter dans la mêlée, armé d'une lourde massue dont il se servait pour assommer ses adversaires, *ne forte accusaretur gessisse operam illicitam*, de peur qu'on ne l'accusât de contrevenir aux prescriptions de l'Église en répandant le sang humain.

Ce fut surtout à Bovines, dans cette lutte du trône contre l'ambition des grands et la jalousie de l'Angleterre, qu'il se montra *beau guerrier et noble au combat*; car, voyant les milices de Dreux fuir en désordre devant Guillaume Longue-Épée, il s'élança sur l'Anglais, *dissimulato præsule*, et d'un coup de son arme terrible le fit rouler dans la poussière.

Le sang dont était issu ce vaillant prêtre donna naissance à une noble dame, qui oublia un jour la timide faiblesse de son sexe comme Philippe avait oublié tant de fois son caractère sacré. Elle était fille du comte Robert II, frère du digne évêque, et se nommait Alix. Mariée à Reynard de Choiseul, elle adorait son époux et en était tendrement aimée. Leur bonheur pesait à Valeran de Corbie dont la maison de Dreux avait dédaigné l'alliance. Poussé par sa rage jalouse, ce Valeran ne craignit pas de calomnier la jeune châtelaine, et porta contre elle à la cour de Philippe-Auguste une accusation d'adultère. Il avait choisi le moment où Reynard guerroyait au loin. A cette époque, le fer seul lavait les injures et justifiait l'innocence. C'est par le fer qu'Alix veut faire triompher la sienne; mais sa tendre sollicitude épargnera un danger à celui qu'elle chérit plus que la vie. Elle ceint elle-même une épée, et méconnaissable sous les armes de son époux, elle défie Valeran au nom de Reynard III. Toute la cour vit cette lutte étrange d'une jeune femme contre un des plus rudes chevaliers du royaume. La dame de Choiseul tua son adversaire, mais en-

suite elle tomba sous les blessures mortelles qu'elle avait reçues durant le combat, et alors seulement on connut la main qui avait puni le calomniateur.

C'est de cette héroïne qu'est sortie l'illustre maison des Choiseul. Un de ses frères, Pierre Mauclerc, devint duc de Bretagne et fut la tige d'une famille dont la grandeur égalait celle des rois.

Cependant, à côté de la puissance des seigneurs, croissaient en dépit d'elle les forces de la bourgeoisie; et avec ces forces venait aux vilains la prétention, alors monstrueuse, de compter pour quelque chose. Robert Ier leur témoigna les sentiments de philanthropie équivoque qu'on a signalés comme le plus beau titre de son père à la reconnaissance du peuple. Il octroya ou plutôt vendit une charte de franchises communales aux habitants de Dreux. La ville eut une magistrature municipale composée d'un maire, de douze pairs bourgeois et de quarante conseillers. Mais bientôt cette charte devint une cause de querelles entre les bourgeois, qui avaient pris au sérieux leur affranchissement, et les seigneurs pour qui une pareille mesure n'était qu'un nouveau mode d'exploitation mis à l'essai. Malheureusement pour ceux-ci, ils avaient incessamment besoin de l'argent et des bras de cette canaille qui se serait fort bien passé d'eux. Force leur était donc de transiger avec elle et de descendre à de nouveaux serments. L'histoire de Dreux offre plusieurs exemples d'accords semblables. Le comte renonçait aux tailles arbitraires et aux violences tyranniques, les bourgeois s'obligeaient à garder, à défendre la ville et le château, à fournir un certain nombre d'hommes armés et de quadriges en cas de guerre. Souvent ils ajoutaient une somme d'argent qui devenait dans l'esprit du maître un appât de plus pour renouveler son parjure. Tous les prétextes lui étaient bons. Robert IV en imagina un, de nos jours souvent mis en usage par les gouverneurs de la Lithuanie contre la bourse des juifs, race sans protection parmi les Slaves et qui rappellerait la bourgeoisie du moyen âge, n'était son attitude humble et rampante. Il accusa ses vassaux d'avoir insulté lui, sa mère et ses gens, et demanda des dommages-intérêts, comme on dirait au palais, confisquant les priviléges de la ville pour sa garantie. Les bourgeois se récrièrent; mais le château ayant fait une démonstration hostile, il fallut s'exécuter. *Robert*, dit la charte qui intervint, *les quitta des injures qu'il leur mettait sus, moyennant une somme de* 8,000 *livres tournois.* Cette expression *qu'il leur mettait sus* insérée dans un acte signé par le comte est frappante de naïveté.

Là ne se bornèrent pas les tribulations des pauvres bourgeois. Ils s'étaient engagés à défendre la ville. Le seigneur prétendit qu'il ne s'agissait pas seulement pour eux de se présenter sur les remparts en cas d'attaque, mais qu'ils devaient encore pourvoir de leur bourse à tous les moyens matériels de résistance. En 1274, les murailles tombaient en ruines, ils durent, bon gré malgré, les relever à leurs frais, curer les fossés et construire de nouvelles portes.

En cet état, la ville fut vendue au roi Charles V par les héritiers de Robert V, dernier prince de la branche aînée de Dreux. Charles VI la céda à la maison d'Albret; Catherine de Médicis l'obtint à titre de douaire; enfin le pays, érigé en duché-pairie fut donné en apanage à François de France, duc d'Alençon.

La guerre éclata entre les protestants et les catholiques. Ce fut non loin de Dreux que les deux partis mesurèrent toutes leurs forces pour la première fois. Ceux-ci étaient commandés par le connétable de Montmorency, le duc de Guise et le maréchal de Saint-André ; ceux-là avaient pour chefs le prince de Condé et l'amiral de Coligny. Les dissidents, venant de Chartres, s'acheminaient vers la Normandie pour recueillir un secours de 2,000 hommes que leur envoyait la reine d'Angleterre. Les catholiques, partis de Paris dans le dessein d'empêcher cette jonction, passèrent l'Eure à Mézières et prirent position à l'entrée d'une vaste plaine qui s'étend au sud, entre le bassin de l'Eure et celui de la Blaise, s'appuyant à droite sur le village de Marville-le-Brûlé et à gauche sur celui de Boulaye. Leur armée se composait de 17,000 hommes d'infanterie et de 2,000 chevaux ; ils traînaient avec eux 22 pièces de canon. Les protestants avaient une infanterie moins nombreuse et une cavalerie supérieure, ils étaient sans artillerie.

Le prince de Condé, voyant qu'il ne pouvait passer outre, prit l'initiative du combat en lançant sa cavalerie contre les Suisses. Montmorency fit aussitôt avancer son corps de bataille pour soutenir le choc ; mais les reîtres du prince le chargèrent avec tant d'impétuosité qu'il ne put tenir devant eux. L'aile droite et partie du centre de son armée furent rompus, ses soldats dispersés et lui-même, démonté dans la mêlée, tomba au pouvoir de l'ennemi.

Les protestants ne doutaient pas que la victoire ne fût de leur côté. Ceux qui s'étaient frayés un passage à travers les rangs de l'armée royaliste et se trouvaient sur ses derrières commencèrent à piller les bagages.

Cependant l'aile droite, commandée par Guise, n'avait point donné. Elle fit d'abord une démonstration qui obligea les pillards à abandonner leur proie et à regagner leur corps de bataille, ce qu'ils exécutèrent en passant pour la seconde fois sur le ventre des Suisses. Ces braves montagnards se reformèrent et, quoique réduits à un tiers de leurs forces, tinrent ferme à leur poste. Guise fit alors sonner la charge, criant aux siens : « Maintenant, amis, marchons, ils sont à nous ! » et s'adressant à l'infanterie ennemie composée de protestants français, il la chassa devant lui comme un troupeau timide et la renversa sur la cavalerie. Celle-ci, fatiguée par les précédents combats, soutint faiblement les efforts de la gendarmerie du roi. Privée de son vaillant chef qui, démonté comme le connétable, avait subi le même sort, elle perdit l'espoir de vaincre.

Néanmoins, l'amiral de Coligny, premier lieutenant de Condé, la rallia et fit bonne contenance, repoussant avec vigueur ceux des catholiques qui le serraient de trop près. Dans une de ces charges fut pris, puis tué de sang-froid, le maréchal de Saint-André. Le duc d'Aumale, frère de Guise, eut le bras cassé. La nuit mit fin au combat qui durait depuis midi.

Telle fut la bataille de Dreux ou, pour mieux dire, cette suite d'actions engagées sans ensemble et sans ordre à une lieue de notre ville, le 19 décembre 1562. Les protestants y perdirent huit mille hommes. La perte des vainqueurs fut encore plus considérable et tomba sur l'élite de leur armée.

On reconnaît encore, à l'extrémité méridionale du bois de Montmousses, quelques vestiges des retranchements que les calvinistes s'y firent à la hâte. Les paysans montrent aux voyageurs la vallée des Tombes, immense ravin où gissent les ossements des soldats morts dans cette fatale journée, et plus loin une excavation profonde qu'ils appellent la fosse Saint-André, où le maréchal fut peut-être assassiné, mais où il ne fut point enterré. On sait que Guise fit porter son corps à Dreux et le fit inhumer dans une chapelle de l'église Saint-Pierre. Naguère encore on voyait son effigie peinte sur la muraille. La vallée des Tombes fut longtemps pour les deux partis l'objet d'un religieux souvenir. Les troupes cantonnées à Dreux s'y rendaient au jour anniversaire de la bataille et, tombant à genoux à un signal de leur chef, baisaient avec recueillement cette terre arrosée d'un sang généreux.

L'acharnement qui avait régné dans le combat et l'indécision de la victoire devaient faire pressentir que la lutte se renouvellerait longtemps terrible et désastreuse. En effet, vingt-huit ans plus tard, elle ensanglantait encore la contrée. Henri IV, après avoir soumis presque toute la Normandie, conduisit ses troupes victorieuses sous les murs de Dreux, mais la résistance des habitants arrêta ses efforts. Il perdit six cents hommes dans un assaut; et Mayenne survenant avec une armée nombreuse, force lui fut de lâcher prise pour aller combattre dans les plaines d'Ivry. Les ligueurs le poursuivirent de plaisanteries grossières et de fades quolibets. Ils criaient du haut de leurs murailles : *Le Béarnais s'en va sans Dreux!* (cendreux).

Le Béarnais leur fit chèrement payer le succès qui les rendait si fiers. Il vint les assiéger de nouveau en 1593.

Derniers et fougueux champions de la sainte union dans le pays chartrain, les Dreuxiens répondirent par des injures aux sommations qui leur furent faites. Mais bientôt la chute de leurs murailles croulant sous le feu de l'artillerie les obligea à se réfugier dans le château. Les royalistes envahirent la ville, la pillèrent et réduisirent en cendres les trois quarts des maisons ; au point culminant du mamelon sur lequel étaient groupés les édifices composant l'habitation des comtes, s'élevait une haute tour, espèce de citadelle où les plus braves se renfermèrent. Ils s'y défendirent pendant quinze jours. Enfin, ce dernier refuge leur ayant été enlevé par l'effet d'une mine, il fallut se rendre. Le vainqueur en fit pendre sept des plus compromis. Leurs biens devinrent la récompense des plus dévoués. Politique excellente pour perpétuer la haine et la discorde.

De tout temps les Dreuxiens avaient signalé leur attachement pour le culte catholique, et leur ferveur religieuse ne se manifestait pas seulement les armes à la main. Sous le règne de Henri III, prince qui, comme tous les fils de Catherine, alliait les pratiques de la dévotion italienne aux plus honteux dérèglements, ils firent une procession mémorable connue sous le nom de procession blanche. Les habitants de la ville et ceux de trente-six paroisses circonvoisines se rendirent à Chartres, au nombre de 15 à 16,000. Ce dut être un spectacle imposant et singulier que cette population s'étendant le long du chemin sur une ligne immense, hommes, femmes, enfants, tous vêtus de blanc, portant tous dans leur mains une croix blanche et un cierge allumé. Le clergé ouvrait la marche. Les gentilshommes suivaient avec leur famille; puis venait la foule. Ils parcoururent ainsi dix lieues en chantant des cantiques. La plupart ne pouvant se loger dans les maisons de Chartres passèrent la nuit dans les églises où les chants continuèrent; et le cortége, toujours chantant, reprit le lendemain le chemin de Dreux.

Les processions furent longtemps en honneur dans le pays. Nulle part on ne célébrait avec plus d'éclat celle que dans d'autres localités on nomme *les Brandons*, et qui consiste à parcourir les champs avec des torches qu'on agite. C'est de cette cérémonie, dont les érudits font remonter l'origine jusqu'aux siècles des Druides, qu'est venu l'usage des flambards. Le flambard est un morceau de bois blanc sans écorce, de la grosseur d'un manche à balai et long de cinq à six pieds. Il est fendu en éclats à l'un de ses bouts, séché au four et tenu en réserve jusqu'à la veille de Noël. Ce jour on y mettait le feu, et à un signal donné on se portait en foule aux halles dont on faisait le tour en courant. La même procession était répétée autour de l'église paroissiale. Enfin, la multitude s'arrêtait devant le grand portail, pour mettre à terre tous les flambards qui continuaient à se consumer au son des cloches, au bruit des hymnes et des cantiques, aux cris mille fois répétés de Noël! Noël! Noël!

Cette étrange cérémonie était fort ancienne, car on en voyait une représentation sur la cloche du beffroi de Dreux, fondue sous le règne de Charles IX. Elle avait sans doute un but analogue à la fête des *Brandons*, celle de préserver les biens de la terre des animaux nuisibles, puisqu'elle se tenait autour de l'édifice où sont accumulées les récoltes. La manière dont elle s'exécutait dans certaines parties de la Normandie, notamment au pays d'Auge, viendrait à l'appui de cette opinion. Là on se servait d'une longue perche nommée couline, au bout de laquelle était fixée une botte de paille. La paille allumée, on se rendait dans les herbages, les enclos et les jardins, où l'on passait la flamme autour des arbres fruitiers en chantant :

    Taupes et mulots,
    Sortez de nos clos.
  Sinon je brûlerai votre barbe et vos os.

Mais ces feux qui, dans l'esprit du peuple, devaient préserver de destruction les fruits des champs, leur faisaient courir le danger d'un incendie. Les magistrats de Dreux obtinrent en 1723 un arrêt qui défendait de porter des flambards dans la ville. La population s'en émut comme s'il se fût agi de sa fortune et de ses plaisirs, et la procession eut lieu avec un concours plus imposant que jamais. Les lumières, en épurant la raison publique, ont eu une autorité qui manqua dans cette circonstance aux décisions de la justice. On ne voit plus briller les flambards et les coulines que dans quelques communes rurales fidèles aux traditions antiques et où dominent encore les idées superstitieuses d'autrefois.

Ces idées avaient une telle force à l'époque où la ville fut prise, qu'elles donnaient des inquiétudes sérieuses au vainqueur. Le roi crut qu'il était de sa prudence d'ôter aux habitants ce qui pouvait servir d'instrument à des inspirations fanatiques. Les murailles du clos seigneurial furent démantelées. On abattit les courtines d'une partie des petites tours de la grande enceinte.

Le manoir resta debout jusqu'en 1793. Il faisait alors partie de la succession du duc de Penthièvre qui, chassé en quelque sorte de son domaine de Rambouillet, y avait transféré les tombeaux de sa famille. La révolution détruisit le château et dispersa les sépultures ; mais, au commencement de la restauration, la duchesse douairière d'Orléans les réunit et les rendit à leur ancienne demeure. Une magnifique chapelle élevée par ses soins recouvre les caveaux où gissent ses aïeux au milieu des ruines. Elle-même y repose depuis 1822. La mort a successivement amené à ses côtés quatre des enfants de son fils Louis-Philippe : le jeune duc de Penthièvre, la princesse Françoise, la princesse Marie, duchesse de Wurtemberg, dont le caractère aimable, les grâces simples et modestes ont fait déplorer si vivement la perte, et qu'un beau talent, consacré à faire revivre une héroïne chère à la France, a rendu populaire. Enfin, Ferdinand-Philippe, duc d'Orléans, prince royal.

Chaque année de douloureux anniversaires amènent là d'illustres hôtels, et ces pieux pèlerinages sont marqués par de nouveaux embellissements. Les travaux ne cessent plus. On déblaie, on aplanit le sommet de la montagne. Un beau pavillon, destiné à recevoir la famille royale, s'est élevé près de la chapelle qui vient elle-même de s'enrichir d'un superbe fronton.

Les soins particuliers que le roi donne à ces constructions ; les recherches historiques qui, par son ordre, sont faites en ce moment sur la localité et surtout un chapitre de chanoines, institué pour desservir la chapelle, permettent de croire que Dreux sera le Saint-Denis de la branche cadette. La mort ne rapprochera pas deux dynasties que la politique et les événements ont poussées dans des voies différentes.

Le monument funèbre occupe l'emplacement de l'ancienne église Saint-Étienne. On y arrive par une rampe qui tourne deux fois sur elle-même autour des ruines du vieux château; et, de la terrasse sur laquelle il est assis, l'œil découvre une étendue de pays considérable. De vastes forêts, des plaines immenses, la vallée des tombes, cet autre champ de repos; l'Eure dans le lointain, la Blaise au pied du coteau, et la ville avec ses toits bleus; le clocher gothique de son église, le vieux beffroi de sa maison commune et son antique Hôtel-Dieu.

Ces trois monuments publics sont les seuls que la tourmente révolutionnaire ait respectés. La majorité des Dreuxiens embrassèrent les nouveaux principes avec une ardeur qui les poussa hors de toute limite raisonnable. On les vit refuser de verser les impôts dans les mains des agents de l'administration centrale, prétendant que le droit de les lever ne pouvait appartenir qu'à des préposés nommés par eux. Plus tard ils envoyèrent des commissaires à Paris, à l'effet de se concerter avec certains meneurs, pour organiser des municipalités souveraines, indépendantes des grands pouvoirs de l'État. La convention fit décréter les commissaires de prise de corps, ce qui causa dans notre ville certaine émotion que les agents des princes voulurent exploiter au profit de leur cause; mais leurs tentatives n'eurent d'autre résultat que de pousser quelques malheureux à leur perte.

Dreux est chef-lieu d'un arrondissement important du département d'Eure-et-Loir. Sa population est d'environ 6,000 âmes. On y fabrique des serges drapées, de très belles couvertures de laine et des chapeaux. Sa situation est des plus heureuses.

Nous avons dit qu'une route royale conduisant de Paris en Bretagne, par Versailles, Houdan, Verneuil, etc., passe au pied de ses murs. Une autre route établie sur une voie romaine la met en communication avec la Normandie et l'Orléanais. Cette route est extrêmement fréquentée et a donné lieu à un proverbe : *à gauche le chemin de Dreux,* qui a soulevé un débat assez ridicule dans l'ancien Mercure. Des personnes étrangères au pays pensaient que ces mots contenaient un sens mystérieux, quelque allusion maligne, tandis qu'ils avaient pris naissance dans la disposition de trois chemins partant de Chartres et dans la nécessité où se trouvaient un nombre considérable de voyageurs de demander lequel des trois conduisait à Dreux.

Dans cette ville naquit et mourut Rotrou, auteur de Venceslas et de Cosroës, non moins recommandable par son courage que par ses talents dramatiques.

Elle donna encore naissance à Godeau et à Metezeau. Le premier dut une grande réputation littéraire au goût de quelques femmes pour les fades galanteries; plus tard, la fantaisie qu'eut un ministre de faire un jeu de mots lui valut un évêché. Apôtre et créature du mauvais goût, il n'en fut pas moins un prélat très digne, et l'un des fondateurs de l'Académie française.

Louis Metezeau était architecte habile et savant ingénieur. Il eut part aux dessins sur lesquels fut élevée la grande galerie du Louvre, et construisit la fameuse digue qui facilita à Richelieu la prise de la Rochelle. Travail remarquable qui fit comparer l'auteur à Archimède.

Dans le siècle suivant, Dreux vit naître un savant et un musicien célèbres : Danican, dit Philidor, auteur de plusieurs opéras comiques, joueur d'échecs sans rival, et Loiseleur-des-Longchamps, le botaniste.

Du reste, la terre où nous marchons en ce moment est riche en illustrations de toutes les sortes. En voici, au hasard, quelques unes qui ne sont pas indignes de notre souvenir : Étienne Aligre, chancelier de France; Allainval, auteur dramatique; Amaury de Chartres, le fameux sectaire du xiiie siècle; le poète Belleau, que Ronsard appelait le peintre de la nature; Brissot, un des chefs du parti girondin; Colardeau, le chantre harmonieux d'Abeilard et d'Héloïse; Collin-d'Harleville, l'un de nos meilleurs poètes comiques, celui qui a bâti de si jolis *châteaux en Espagne*; le littérateur Dussaulx; l'historiographe Félibien; le général républicain Marceau, mort à vingt-sept ans ; Nicole, un des plus célèbres solitaires de Port-Royal ; Panard, le vaudevilliste ; Pétion, le malheureux adversaire de Robespierre ; Mathurin Régnier, le satirique du seizième siècle, cet insouciant poète qui composait, à son lit de mort, cette charmante et joyeuse épitaphe :

> J'ai vécu sans nul pensement,
> Me laissant aller doucement
> A la bonne loi naturelle ;
> Et je m'étonne fort pourquoi
> La Mort daigna songer à moi,
> Qui ne songeai jamais à elle.

Tous ces hommes d'élite, et bien d'autres qui les valent et que j'oublie, naquirent dans ce bienheureux petit monde qu'on appelle aujourd'hui le département d'*Eure-et-Loir*.

Ch. de Pierry.

LE PALAIS ET L'ABBAYE DE CHELLES.

LE PALAIS ET L'ABBAYE.

Le palais et l'abbaye ! Toute l'histoire de Chelles est là, histoire oubliée déjà, où sont en jeu toutes les grandes passions ; — passions religieuses et passions profanes, passions qui se brisèrent au pied de l'autel, passions qui ensanglantèrent les marches du trône. Que de cœurs tendres et faibles qui ont battu là-bas dans ce paysage flamand, entre une forêt et une rivière, depuis Frédégonde, reine de France, jusqu'à Louise d'Orléans, abbesse de Chelles, la belle et terrible épouse de Chilpéric et la belle et charmante fille du régent. L'œuvre commence sous Frédégonde et finit sous la régence, la tragédie avant la comédie.

Chelles était la maison de campagne des rois de la première race ; Chilpéric, qui aimait la chasse, s'y était retiré avec Frédégonde ; la louve lascive et altérée de sang avec le mouton sans défense. On sait que Frédégonde commença son terrible règne à Chelles par l'assassinat d'un fils de Chilpéric. Clovis, après avoir été torturé trois jours durant, reçut par l'ordre de Frédégonde un coup de couteau et fut jeté dans la Marne « afin, dit-elle, qu'il fût à jamais impossible de l'ensevelir comme un fils de roi ». Mais cette barbarie qui ne s'arrêtait pas à la mort de l'ennemi demeura stérile ; les restes de Clovis furent poussés dans un filet tendu par un pêcheur du voisinage ; quand le pêcheur leva ses filets, il reconnut le jeune prince à sa longue chevelure ; « touché de respect et de compassion, dit un historien, il transporta le corps sur la rive et l'inhuma dans une fosse qu'il couvrit de gazon afin de la reconnaître, gardant pour lui seul le secret d'un acte de piété qui pouvait causer sa perte. » Plus tard, le roi Gontrand, tristement préoccupé de la mort violente de son frère Chilpéric et de ses neveux Mérovée et Clovis, se plaignait sans cesse de ne pouvoir donner une sépulture honorable à ces deux jeunes princes. Un homme de la campagne vint au logis du roi et lui dit, selon Grégoire de Tours, « si cela ne doit pas tourner contre moi dans la suite, j'indiquerai en quel lieu est le cadavre de Clovis. » Le roi jura au paysan que, bien loin de lui faire du mal, on le récompenserait s'il voulait dire la vérité. « O roi ! ce que je dis est la vérité : quand Clovis eut été enterré sous l'auvent d'un oratoire, craignant qu'un jour il ne fût découvert et enseveli avec honneur, Frédégonde le fit jeter dans le lit de la Marne ; je le trouvai dans mes filets, car mon métier est de prendre du poisson. J'ignorai qui ce pouvait être, mais, à la longueur des cheveux, je reconnus que c'était Clovis. Je le pris sur mes épaules et le portai au rivage et lui fis un tombeau de gazon. » Le roi feignant d'aller à la chasse se fit conduire par le pêcheur à ce tombeau de gazon. On trouva le cadavre de Clovis couché sur le dos ; le roi reconnut le jeune prince à ses longues tresses pendantes. Il ordonna des funérailles magnifiques ; lui-même il conduisit le deuil jusqu'à Saint-Germain-des-Prés. Grégoire de Tours, le narrateur de ces saturnales du crime, raconte qu'il vit passer dans la ville où il était évêque le trésorier de Clovis qui avait été arrêté en fuite et qui se laissait conduire à la mort, c'est-à-dire, devant la justice de la reine Frédégonde. Touché de compassion, Grégoire de Tours chargea ceux qui conduisaient le trésorier d'une lettre pour la reine. Quand Frédégonde lut cette lettre, où celui qu'elle révérait en dépit d'elle-même lui demandait la vie d'un homme déjà condamné, elle crut entendre une parole divine, elle accorda la vie et la liberté au prisonnier. Comme dit Augustin Thierry, elle eut la clémence du lion, le dédain d'une mort inutile.

Dans sa fureur amoureuse et dans sa soif de sang, peut-être Frédégonde eut-elle épargné le roi Chilpéric, s'il n'avait eu le malheur de sur-

prendre le secret des amours de sa femme. Un matin il entra dans la chambre de Frédégonde ; courbée avec grâce, elle lavait sa belle figure ; le roi la frappa légèrement du bout de sa canne (*in natibus suis de fusti percussit*). Frédégonde s'imagina que le coup partait de la main de son amant. Elle dit sans se retourner : « pourquoi me frappes-tu ainsi, Landri? » Surprise du silence, elle leva la tête, ce n'était que son mari. Elle se troubla et ne sut que dire; le roi furieux partit brusquement pour la chasse. Dès que Frédégonde le vit s'éloigner, elle fit appeler Landri et lui raconta l'événement. S'il faut en croire un historien, Landri, après l'avoir écoutée, lui aurait dit : « voilà un coup de canne qui vaut vingt coups de couteau. » La reine fut de son avis. Prévoyant la vengeance du roi, ils la prévinrent. Chilpéric, en proie à sa rage jalouse, irrité des humiliations sans nombre qu'il avait subies sous le joug honteux de cette femme, de cette femme qu'il aimait pourtant, traversait à grands pas les bois de Noisy, sans souci de la chasse, cherchant sans doute une vengeance digne d'un roi. Il ne rentra à Chelles qu'à la tombée de la nuit; comme il descendait de cheval, il fut saisi par les satellites de Frédégonde et frappé de vingt coups de couteau. Le roi Chilpéric fut inhumé à Saint-Germain-des-Prés. La reine Frédégonde osa pleurer à ses funérailles : elle avait déclaré que l'assassinat venait du roi Childebert. On voit encore aujourd'hui le piédestal d'une croix qui fut élevée sur le lieu même où Chilpéric tomba percé de coups.

La reine Clothilde, qui s'appelle aujourd'hui, grâce aux recherches trop savantes de nos historiens modernes, la reine Crothechilde, beau nom qui détrône à jamais la poétique euphonie du premier, avait fondé à Chelles un petit monastère de filles. Plus tard, la reine Beathechilde, vulgairement nommée Bathilde, fit reconstruire ce monastère et nomma, en l'an 656, pour abbesse, la religieuse Bertiltia ou Bertilana. L'église fut consacrée en l'an 662. Deux ans après, l'évêque de Paris, Sigoberrandus, voulut dicter des lois dans cette abbaye dont il se croyait le maître; les gardes de la reine, qui voulaient aussi de leur côté dicter des lois plus douces aux saintes filles du monastère, se mirent en lutte ouverte avec l'évêque; il les voulut braver, ils le tuèrent. On voit avec surprise, dit un historien qui aimait la satire, un monastère protégé par des gardes de la reine, qui dans leur zèle vont jusqu'à tuer leur évêque.

Des moines, trouvant le lieu bien choisi, vinrent fonder un couvent à côté du monastère. Selon une vie de sainte Bathilde, la même église et le même cloître servaient aux religieuses et aux moines. En effet, pourquoi ne pas faire son salut en si bonne compagnie?

Cette abbaye ne fut jamais guère habitée par Dieu lui-même, du moins l'Esprit-Saint n'a jamais été l'esprit de cette retraite. On y venait moins pour faire vœu d'humilité que pour y retrouver l'éclat et l'orgueil du monde. Les plus beaux noms de la France féodale ont illustré cette abbaye. Ainsi, Giselle, sœur de Charlemagne; Charlemagne lui-même y vint souvent prier et se distraire. Une de ses filles fut abbesse de Chelles; Hegiwich, mère de l'impératrice Judith, dirigea aussi cette maison. Enfin ses abbesses étaient toutes veuves, sœurs ou filles de roi. C'était le couvent à la mode; quand on n'était pas reine de France on voulait être abbesse de Chelles. Aussi, je ne répondrais pas du salut de toutes ces belles pénitentes qui manquaient souvent la messe pour la chasse, et qui se levaient toujours trop tard pour aller à matines. Mais les femmes n'ont pas été mises sur la terre pour y faire leur salut.

Les pénitentes de Chelles pouvaient-elles oublier le monde dans ce couvent, qui n'était séparé du palais des rois de France que par un mur mitoyen. D'un côté le paradis, de l'autre côté l'enfer, du moins en perspective. D'un côté du mur, les joies austères de l'extase, les couronnes d'épines, les lys sans parfum du rivage sacré; de l'autre côté, Satan, ses pompes et ses œuvres, les plaisirs bruyants et les folles équipées. Un jour, cela pouvait-il être autrement, le mur mitoyen tomba en ruines.

Le roi Louis-le-Bègue, qui laissait à d'autres les ennuis de la couronne, avait coutume de se promener dans l'abbaye de Chelles, à peu près comme le roi Louis XV se promenait dans le Parc-aux-Cerfs. Un jour, devenu éperdûment amoureux d'une nonne de seize ans, il l'enleva résolument par-dessus le mur mitoyen; ce fut une brèche irréparable : le roi avait fait tomber la première pierre. Un seigneur du palais fit tomber bientôt la seconde; six semaines après le premier enlèvement, le mur mitoyen n'existait plus, près de cinquante religieuses avaient passé du cloître à la cour.

Il y avait un autre mur mitoyen qui séparait les religieuses des moines; peu d'années après les scandales de la cour, le second mur mitoyen menaça aussi de tomber en ruines; il faut dire, à la louange des religieuses, que les moines étaient pour la plupart d'aimables jeunes seigneurs sans fortune, qui s'étaient voués au célibat à cause du voisinage. Les hôtes des deux couvents vivaient en si parfaite intelligence, que les moines mangeaient les confitures faites par les religieuses. Ce n'est pas tout, ils allaient ensemble en pélerinage dans la forêt. On voit qu'il était impossible de vivre dans la paix du Seigneur à l'abbaye de Chelles, dans ce voisinage de la cour et des moines. A la fin de la seconde race et au commencement de la troisième, les plaids, les synodes, les conciles tenus au palais troublèrent encore la profonde solitude du couvent. L'évêque de Paris et l'abbé de Saint-Victor tentèrent de réformer le couvent. Après quelques vaines tentatives, il y allèrent eux-mêmes pour y prêcher l'amour de Dieu et la haine du démon. A leur retour, ils furent assaillis dans la forêt par d'honnêtes gens qui n'avaient pas trouvé leur compte au sermon. L'évêque de Paris s'échappa, mais l'abbé de Saint-Victor fut assassiné.

Après le roi Robert et la reine Constance, le palais tomba en ruines; les religieuses ne furent pas encore délivrées du démon : d'abord les seigneurs du pays se mirent en devoir de battre en brèche le couvent. En 1358, ce fut le tour des Anglais; épouvantées de leur désordre, les religieuses s'enfuirent à Paris. Elles revinrent bientôt, mais les Anglais recommencèrent le siège du couvent; une seconde fois elles furent chassées à Paris. La belle Alix de Passy était alors abbesse. Où allaient les religieuses à Paris? Grande question que plus d'un historien a cherché à résoudre. Jehanne de la Forêt, une Madeleine repentante du XIVe siècle, réunit le troupeau dispersé et le ramena au bercail. Ce fut sous Jehanne de la Forêt que se passa cette histoire :

LA FONTAINE DE JACQUELINE AUX CHEVEUX D'OR.

En ce temps-là, près de l'abbaye était une fontaine.

Une petite fontaine qui coulait, coulait, coulait dans l'oseraie, l'ajonc et l'herbe fleurie.

Dans la fontaine un grand saule baignait ses cheveux verts ; sous le grand saule Jacqueline venait tous les soirs à l'heure où les fleurs de nuit ouvrent leur calice.

Jacqueline ne venait pas sous le grand saule pour boire à la fontaine.

Car à l'heure où les fleurs de nuit ouvrent leur calice, son ami Pierre était sous le grand saule. Son ami Pierre, un forgeron du pays, le beau forgeron au regard fier et doux.

Tous les soirs ils cueillaient de la même main des petites fleurs bleues qui émaillaient les bords de la fontaine.

Et quand les fleurs étaient cueillies, l'ami Pierre les baisait et les cachait dans le sein de la belle Jacqueline.

Ah ! jamais sous le ciel où est Dieu, jamais on ne s'était aimé avec une pareille joie.

Quand Jacqueline arrivait sous le grand saule, il devenait pâle comme la mort. Ami, disait-elle, jure-moi d'aimer ta Jacqueline aussi longtemps que coulera la fontaine.

A quoi l'ami Pierre répondait : Aussi longtemps que coulera la fontaine, aussi longtemps j'aimerai la belle Jacqueline aux cheveux d'or.

Il jura, mais un jour elle se trouva seule sous le grand saule.

Elle cueillit des petites fleurs bleues en l'attendant ; mais il ne vint pas cacher le bouquet dans la brassière rouge.

Elle jeta les fleurs dans la fontaine et elle s'imagina que la fontaine pleurait avec elle.

Le lendemain elle vint un peu plus tôt et s'en alla un peu plus tard.

Elle attendit ; les rossignols chantaient dans les bois, les bœufs mugissaient dans la vallée.

Elle attendit ; la cloche de l'abbaye sonnait l'Angelus, la meunière de Nogent chantait sa joyeuse chanson.

Huit jours encore Jacqueline vint. « C'est fini, dit-elle, c'est fini ! » Elle alla frapper à la porte de l'abbaye : c'est une pauvre fille qui veut n'aimer que Dieu.

On coupa ses beaux cheveux d'or, on renvoya à sa mère sa brassière rouge et son anneau d'argent.

Cependant il revint, lui, le forgeron. « Où es-tu, Jacqueline, Jacqueline où es-tu ! La fontaine coule toujours, voilà l'heure où les pigeons blancs s'en vont au colombier, l'heure où les fleurs de nuit ouvrent leur calice. Où es-tu, Jacqueline, où es-tu ? »

L'ami Pierre vit un jour passer Jaqueline sous la robe noire des religieuses.

« Pauvre Jacqueline, elle a perdu ses cheveux d'or ! »

Village de Chelles.

Il s'approcha d'elle : « Jacqueline, Jacqueline, qu'as-tu fait de notre bonheur? pendant que j'étais prisonnier de guerre, te voilà descendu au tombeau. Jacqueline, Jacqueline, que ferai-je à ma forge sans toi?

» Toi qui m'aurais donné ton cou pour reposer mes bras, ton front pour embaumer mes lèvres.

» Toi qui m'aurais donné des petits enfants jolis comme des anges pour égayer le coin de mon feu.

» Je les voyais déjà en songe jouant avec leurs petits pieds roses et souriant au sein de leur mère.

» Adieu, Jacqueline, j'irai ce soir dire adieu à la fontaine, au grand saule, aux petites fleurs bleues.

» Et quand j'aurai dit adieu à tout ce que j'ai aimé, je couperai un bâton dans la forêt pour m'en aller en d'autres pays. »

Le soir, quand l'ami Pierre vint à la fontaine, le soleil argentait d'un pâle rayon les branches agitées du saule.

C'était un jour de chasse, l'aboiement des chiens et le hallali des chasseurs retentissaient gaiement sur la Marne.

Quand l'ami Pierre arriva sous le grand saule, il tressaillit et porta la main à son cœur.

Il avait vu une religieuse couchée dans l'herbe, la tête appuyée sur la pierre de la fontaine.

« Jacqueline! Jacqueline! » dit-il en tombant agenouillé.

L'écho des bois répondit tristement : Jacqueline, Jacqueline!

Il la souleva dans ses bras avec effroi et avec amour. « Adieu, mon ami Pierre, lui dit-elle doucement; depuis que je suis à prier Dieu dans le couvent, je me sens mourir d'heure en heure.

» Je suis morte, ami, si mon cœur bat encore c'est qu'il est près du tien.

» J'ai une grâce à te demander, tout à l'heure, enterre-moi ici, je ne veux pas retourner au couvent où l'on a le cœur glacé.

» Enterre-moi ici, mon ami Pierre, j'entendrai encore couler la fontaine et gémir les branches du saule.

» Dans les beaux soirs du mois de mai, quand le rossignol chantera ses tendresses, là-bas dans les bois, je me souviendrai que tu m'as bien aimée. »

Quand elle eut dit ses paroles, il s'écria : « Ma belle Jacqueline est morte! »

La lune qui s'était levée au-dessus de la montagne vint éclairer la fontaine d'une douce et triste clarté.

Pierre reprit son amie dans ses bras, lui disant mille paroles tendres, croyant toujours qu'elle allait lui répondre.

Elle ne l'écoutait plus. Qu'elle était belle encore en penchant sa pâle figure sur l'épaule de l'ami Pierre.

Durant toute la nuit il pria Dieu pour l'âme de sa chère Jacqueline, tantôt à genoux devant la trépassée, tantôt la pressant sur son cœur.

Au point du jour il creusa une fosse tout en sanglottant. Quand la fosse fut profonde, il y sema de l'herbe toute brillante de rosée.

Sur le lit funèbre il coucha Jacqueline pour l'éternité; une dernière fois il lui prit la main et la baisa.

Sur Jacqueline il jeta toutes les fleurs sauvages qu'il put cueillir au bord du bois et de la prairie.

Sur les fleurs sauvages il jeta de la terre, terre bénite par ses larmes.

Il s'éloigna lentement. Les religieuses à leur réveil entendirent les sanglots de l'ami Pierre.

Depuis ce triste jour, jamais le forgeron n'a battu le fer à la forge.

Depuis ce triste jour, Jacqueline a dormi au bruit de la fontaine, bruit doux à son cœur.

Dans les soirs du mois de mai, quand le rossignol chante ses tendresses, là-bas dans les bois, elle se souvient que l'ami Pierre l'a bien aimée.

Et l'on voit tressaillir les petites fleurs bleues qui parsèment sa fosse toujours verte. Ici finit l'histoire de l'ami Pierre et de la belle Jacqueline.

Au commencement du xv° siècle, après avoir subi les éclats du tonnerre, les ravages du luxe, les fureurs de la guerre, l'abbaye tomba en ruines; l'abbesse se fit enlever à temps; il ne resta dans l'enceinte du couvent que quinze religieuses qui bientôt furent réduites à aller mendier leur pain et leurs vêtements dans les pays voisins. Celles-là souffrirent assez pour expier tous les péchés des autres. Dans le même temps, en 1429, les Armagnacs, rencontrant une bande d'Anglais à Chelles, leur firent aussi expier le crime commis à l'abbaye par leurs compatriotes dans le siècle précédent.

Cependant le couvent se repeupla, mais non pas encore pour Dieu. Une belle convertie de la veille, qui devait pécher le lendemain, Élisabeth de Prollye prit le titre d'abbesse. Le couvent redevint une cour de galanterie. L'évêque de Paris parla de réforme. Élisabeth de Prollye lui répondit qu'on ne réformait pas les cœurs. L'évêque ne se tint pas pour battu; il envoya à l'abbaye un prédicateur célèbre, le cordelier Olivier Maillard, dont les sermons cyniques ont servi de modèle à Garasse et à ses pareils. «Mes sœurs, s'écria le cordelier dans le chœur de l'église, si je ne vous connaissais, je dirais : le Seigneur est avec vous; mais comme je vous connais, je dis : le diable habite vos cellules. Vous avez pris le masque de la dévotion, mais vous avez porté dans la retraite toutes les passions criminelles. Vous vous dites des filles de Dieu, et vous n'êtes que des filles de joie. » Quand le prédicateur en fut là de sa péroraison, un grand éclat de rire retentit dans l'église. Sur un signe de l'abbesse toutes les religieuses se dispersèrent dans les promenades de l'abbaye. Le cordelier, ne voulant pas prêcher comme saint Jean dans le désert, retourna à Paris dire à l'archevêque qu'il désespérait du salut des Madeleines de Chelles.

Renée de Bourbon ramena la vertu à l'abbaye. Une fille de Henri IV, Henriette de Bourbon, lui succéda comme abbesse. Enfin, ce fut le règne de Louise-Adélaïde d'Orléans, duchesse de Charolais, la plus belle et la plus aimable de toutes les abbesses. Sa grand'mère, Élisabeth-Charlotte,

fait ainsi le portrait de la fille du régent. Après avoir vanté sa beauté, parlé de ses talents pour la danse et pour la musique, elle ajoute : « Elle convient mieux au monde qu'au couvent. C'est une folie qui s'est plantée dans sa tête, le diable y perdra-t-il? elle a pourtant de vrais goûts de garçon, elle aime les chiens, les chevaux et les calvacades. Toute la journée elle manie la poudre, fait des fusées et autres feux d'artifice. Elle a une paire de pistolets avec lesquels elle tire sans cesse ; elle n'a peur de rien au monde ; elle n'aime rien de ce qui plaît aux femmes, voilà pourquoi je ne saurais m'imaginer qu'elle soit bonne religieuse. » Louise d'Orléans ne tint compte d'aucune remontrance, elle persista dans cette idée singulière. On déposséda Agnès de Villars pour donner le titre d'abbesse à la fille du régent. Elle transporta à l'abbaye l'opéra tout entier, voulant sans doute servir Dieu avec toutes les pompes du démon. Elle mit en œuvre les fêtes galantes de Watteau ; mesdemoiselles Prévost, Sallé et

Camargo vinrent pirouetter dans les prairies du couvent, déguisées en bergères ou en naïades. La célèbre abbesse, déguisée elle-même, comme on le voit à ses portraits, se mêlait à la fête ou partait résolument sur un cheval indompté pour une chasse bruyante à travers les bois. La cour de France se retrouva à Chelles dans toute sa poésie galante et légère. L'abbé Prevost, dans son roman allégorique : *les Aventures de Pomponius*, qui est l'histoire et la satire des premiers temps du xviiie siècle, a voulu peindre le couvent de Chelles quand il a parlé des vestales romaines. L'abbé Prevost avait-il raison, quand il a dit que les vestales de Chelles laissaient toutes éteindre le feu sacré à l'autel de Vesta, pour l'allumer dans leur cœur et s'aimer entre elles? Les charmantes profanes !

A ce tableau sans nom que le peintre Kiustech a reproduit sur les tabatières des roués finit l'histoire de Chelles. Dirai-je que là, comme ailleurs, la révolution s'est montrée sévère et même aveugle? Tous les tableaux furent brûlés, tous les monuments sépulcraux furent détruits, rien n'est resté des tombeaux du roi Clotaire et de la reine Bathilde. L'abbaye n'est plus qu'une ruine sans grandeur et sans majesté : un pan de mur, des chapiteaux dispersés qui servent de bornes, des statues de mauvais style gothique transportées dans l'église du village, voilà aujourd'hui tout ce qui rappelle que les plus belles et les plus folles princesses, celles qui ont fait la joie, l'éclat et la terreur de la cour de France depuis Frédégonde jusqu'à Louise d'Orléans, ont aimé et prié là! Pour épitaphe de cette abbaye à jamais célèbre dans l'histoire, on pourra écrire ce mot de Fontenelle : *L'amour a passé par là*. Mais partout où l'amour a passé ne peut-on pas écrire aussi : *Dieu a passé par là?*

NOGENT.

Je ne veux pas seulement vous promener dans l'histoire et dans le paysage de Chelles, je veux imiter un peu les écoliers qui arrivent tard à l'école, qui s'égarent par les sentiers sans trop se soucier du but, qui, avant de secouer l'arbre de la science, trouvent charmant de secouer l'arbre à fruit de la vallée. Quand je vais à Chelles, je m'arrête longtemps à Nogent, ce gai village qui domine la Marne au bout du bois de Vincennes. Pour moi la poésie de l'histoire est autant à Nogent qu'à Chelles; c'est à Nogent que je retrouve la figure attristée de mon ami Watteau, la physionomie délicate de madame de Lambert, ce charmant bas-bleu du temps de la régence, qui n'eut guère que le tort d'être l'amie de Fontenelle.

Ce nom de Nogent peut se traduire par nouveaux étrangers, nouvelles gens, *novi gentes*, *novi genteles*. Beaucoup de villages en France portent ce nom; ces lieux ont-ils été la demeure de ces peuplades que les Romains exilèrent dans les Gaules en les obligeant à défricher des terres? Bien fou est celui qui s'arrête à ces origines perdues.

En l'an 582, Chilpéric y résidait, car ce fut là que ce fantôme de roi reçut les présents que lui envoya Tibère, empereur d'Orient. Il y avait donc aussi une maison royale qui fut habitée çà et là par les mêmes hôtes jusqu'à la fin du viiie siècle. Après les rois ce furent les moines, nouveaux rois plus absolus, qui courbèrent les habitants sous leur joug de fer. Ces pauvres gens ne furent pas seulement opprimés par les moines, ils le furent encore par les seigneurs du voisinage ; ainsi que par ceux du fief de Plaisance, de la maison des Garlandes, du fief des Moineaux, mais surtout par les moines de Saint-Maur. Dès le ixe siècle, ces pauvres lévites du Seigneur, dont le royaume n'était pas de ce monde, possédaient à peu près tous les revenus du village, c'est-à-dire le blé, le vin, les brebis et les poulets. Au xiie siècle, l'aumônier du monastère de Saint-Maur fit construire à Nogent une vaste maison qui fut, selon un historien, la grange du pays. Les pauvres habitants ne furent jamais délivrés de ces oppresseurs de tous ordres. Au xve siècle, Charles VI et toute sa cour venaient s'ébattre et se reposer au château de Plaisance ou de Beauté, au voisinage de Nogent ; c'était le signe précurseur d'une nouvelle guerre contre ce village : car, aussitôt l'arrivée de la cour, les chevaucheurs porte-chape preneurs du roi se jetaient comme la foudre sur Nogent, et enlevaient « blé, vins, chevaux, avoine, paille, foin, charriots, charrettes, harnais, lits de plumes, nappes, tables, escabeaux, bœufs, vaches, veaux, moutons, pourceaux, agneaux, chapons, chevreaux, fromage, oies, poissons ; » ils laissaient d'ailleurs le reste aux paysans. Ils allaient même quelquefois jusqu'à enlever les femmes, et, il faut bien l'avouer, les femmes faisaient moins mauvaise figure que les hommes. Ces pillages du beau temps de la monarchie forçaient toujours un certain nombre d'habitants à déserter le pays. Après plusieurs suppliques sans résultat, Charles VI exempta Nogent du droit de prise, à condition que les manants du pays lui charriraient du foin à Vincennes pour nourrir ses daims.

L'église n'est remarquable ni par son architecture, ni par ses souvenirs ; il faut cependant noter cette particularité curieuse. Au moyen âge, sans doute que les moines en avaient donné l'exemple, ou pour se conformer aux préceptes du fils de Dieu, les Nogentais, après la communion pascale, buvaient à pleins verres dans l'église le vin du terroir ; et, quand ils étaient ivres, ils allaient en procession à Saint-Maur.

Vers la fin du xviie siècle, la marquise de Lambert, légèrement engouée des bergeries de d'Urfé et de ses complices, voulut goûter un peu de la vie pastorale ; elle commençait à se faire vieille, du moins elle était à ce déclin de la jeunesse qui conseille aux femmes tant de caprices souvent dangereux ; elle se retira à Nogent, dans une belle maison entourée d'un verger, d'un jardin et d'un parc ; dans le verger, elle eut des abeilles ; dans le parc, elle eut des moutons ; dans le jardin, elle eut souvent son berger, vrai berger de la cour de Louis XIV, qui n'avait jamais regardé le ciel que par sa fenêtre, qui n'avait jamais admiré la nature qu'à l'Opéra, qui n'avait jamais aimé les femmes que par l'esprit; car, comme on l'a dit, Dieu lui avait donné deux cervelles au lieu de lui donner une cervelle et un cœur; en un mot, ce berger c'était

M. de Fontenelle. Voici comment madame de Lambert, qui avait le crayon très-léger, a dessiné le portrait de son ami : « Sa figure est aimable, mais voilà tout; esprit lumineux, il voit où les autres ne voient plus; esprit maniéré, il pense finement, il sent avec délicatesse; il a un goût juste et sûr, une imagination vive et légère, remplie d'idées riantes; elle pare son esprit et lui donne un tour; il en a les agréments sans en avoir les illusions; on ne s'unit qu'à son esprit, on échappe à son cœur. » Fontenelle était plutôt une femme de lettres qu'un homme de lettres.

Ce fut à Nogent, sur les bords de la Marne, que Watteau étudia « dame nature parée à la française. » Ce fut là qu'il crut retrouver les verts paysages de son cher pays. Il s'était promené la veille à Nogent, quand il partit pour ce poétique voyage qu'on ne saurait trop raconter, tant il y a de philosophie à recueillir. Un jour donc que Watteau eut le mal du pays, il voulut revoir les pignons de Valenciennes, le seuil de la maison paternelle, cette cheminée silencieuse où sa mère l'avait bercé, ce champ

Chelles.

de colza où son père lui avait dit adieu, ce grand diable de moulin, dont l'aile agitée lui avait fait au loin un dernier signe d'ami. Il partit dans la patache; il retrouva tous ses amis, le moulin le premier. « Je veux vivre dans mon pays, » dit-il, en respirant de toutes ses forces l'air natal. Après avoir embrassé tout le monde, jusqu'à la servante qui ne l'avait jamais vu, mais qui pleurait, bien entendu, Watteau jeta un fagot dans l'âtre, quoiqu'on fût aux plus beaux jours de juillet. « Tu perds la tête, Antoine, dit le père. — Laisse-le faire, dit la mère, notre grand oncle avait bien d'autres caprices. » Watteau alluma le feu, fit asseoir sa mère dans le vieux fauteuil, mit les bésicles au nez de son père, donna un bâton enflammé à sa petite sœur et pria la servante de mettre la cafetière au feu. Le chat vint de lui-même faire la roue près des chenets. « A merveille, dit Watteau, mais je ne l'aurais pas oublié. — Il est fou, dit le père avec inquiétude. — Non, non, » dit la mère, qui croyait comprendre et qui souriait avec une tendresse sereine. Quand Watteau vit tout le monde à sa place, il ouvrit de grands yeux, il contempla encore une fois ce tableau patriarcal qui le ramenait à son enfance; un bon sourire d'autrefois un peu attristé comme le souvenir, épanouit sa figure pâlie. « C'est bien cela, voilà le feu qui flambe, mon père qui lit l'almanach, ma mère qui regarde ses enfants, la servante qui range et qui dérange, le soleil qui promène son rayon, la cafetière qui babille, la vieille horloge qui marque le pas du temps; c'est bien cela, j'ai retrouvé le vieux tableau de ma jeunesse. Cependant, disait-il le lendemain, d'où vient donc qu'il manque quelque chose au tableau ? Il y manque mon cœur de douze ans. J'ai perdu toute la simplicité de mon cœur; je me suis laissé dominer par la gloire, par le bruit, par mademoiselle La Montagne et ses pareilles. Mon cœur est inquiet et agité comme Paris : rien ne pourra l'apaiser. Mon théâtre n'est plus ici, j'y mourrais en moins de six semaines. » Il quitta pour jamais ce pays où il ne pouvait plus reprendre racines.

Vers ce temps-là il se retira du monde. Il alla habiter à Nogent, près de son cher curé, le Moulin-Joli, qui était la maison de plaisance de son ami Lefèvre, l'intendant des Menus-Plaisirs. Mademoiselle La Montagne, dont la beauté avait passé vite comme l'amour à l'Opéra, suivit Watteau dans sa thébaïde. Ces deux amoureux des plus volages ne s'étonnèrent pas trop de se retrouver sous le même toit; mais l'harmonie ne fut pas de longue durée. Watteau, las de s'en prendre à la gloire, s'en prit à l'amour dans ses heures de misanthropie; il sentait venir la mort, il voyait tous les soirs tomber une feuille à l'arbre de sa jeunesse; quand il respira l'odeur de la tombe, il se rattacha de toutes ses forces à la vie. « C'est le travail qui t'a tué, dit mademoiselle La Montagne. — C'est l'amour, c'est toi, » dit Watteau, avec la franchise d'un homme qui n'a rien à risquer. Une fois le premier mot lâché, il parla sans retenue; la ci-devant danseuse, qui mourait de dépit de n'être plus ni jeune ni jolie, répliqua avec amertume. Selon madame de Lambert, ils allèrent jusqu'à se battre, — comme se battent les amants. — C'était un triste tableau que la vue de ces deux amoureux sans amour, déjà morts à toutes les joies de la jeunesse, n'ayant pour dernier sentiment que le désespoir, le regret ou la colère. N'y pouvant plus tenir, mademoiselle La Montagne vint jouer de son reste à Paris. Watteau demeura seul, n'ayant pour distraction que la bonhomie et la gaieté du curé de Nogent.

Il n'alla plus guère à Paris. On le voyait errer, pâle et triste, matin et soir, sur les rives de la Marne; ce n'était déjà plus qu'une ombre. Enfin, brûlé par ce feu de la gloire, du génie et de l'amour, qui aurait dû animer sa vie mais qui la dévorait, il se coucha pour ne plus se relever. Sa mort fut touchante et comique à la fois. Dans la même matinée il fit son testament et sa confession. Par son testament, il légua, qu'avait-il à léguer? des dettes; il légua ses dettes à ses quatre amis, de Julienne, Haranger, Hénin et Gersaint. Ces amis sont dignes de la postérité, car ils acceptèrent la succession du peintre. Tout en se confessant, Watteau n'oublia pas le péché fameux d'avoir pris le bon curé pour modèle de ses meilleurs gilles. Le curé lui donna pourtant l'absolution. Comme il offrait à baiser au moribond un Christ en ivoire, Watteau regarda ce Christ avec surprise, le voyant très-mal sculpté : « ôtez-moi ce crucifix, dit-il, en levant les yeux au ciel, il me fait pitié; est-il possible qu'un artiste ait si mal accommodé son maître. » Ce n'est pas là le dernier mot de Watteau, mais c'est le dernier mot recueilli. Cependant madame de Lambert, qui a aussi habité Nogent, rapporte ceci : au moment de sa mort le souvenir de son pays et de sa famille ranima son cœur. « Ingrat! dit-il, je n'ai jamais pris le loisir dans *tant de temps* perdu, de faire le portrait de ma mère. Voyons, à l'œuvre. » Il traça, avec l'index, des traits dans le vide, s'imaginant peindre sur la toile. Il fut enterré dans un cimetière où il ne connaissait personne. Il avait dit peu de jours avant de mourir : « c'est triste d'être enterré là, je n'y reverrai âme qui vive. » On n'ira jamais chercher l'ombre de Watteau au cimetière de Nogent. Comme tous les grands maîtres, Watteau repose dans ses œuvres.

On ne fait pas l'histoire d'un pays quand on se contente de décrire les monuments qui le dominent, quand on rappelle les guerres qui l'ont dévasté, quand on cite les grands seigneurs qui en ont protégé ou plutôt opprimé les habitants. Ce qui donne surtout l'attrait et la physionomie dans l'histoire d'une ville ou d'un village, c'est la peinture de quelques personnages chers au souvenir de l'intelligence humaine, qui ont passé, qui ont rêvé, qui ont aimé là ou étudié l'historien. Bienheureux est le pays, comme Nogent, qui a été habité par la poésie.

ARSÈNE HOUSSAYE.

RAMBOUILLET

Le nom de Rambouillet réveille toutes sortes de souvenirs, et depuis le roi jusqu'au dernier enfant de Paris, il n'est personne à qui ce nom ne soit familier; il n'est personne qui ne le connaisse ou ne croie le connaître. A ce nom, la royauté se rappelle des lambeaux de son histoire; à ce nom, la littérature française se souvient de sa première initiation à la délicatesse des sentiments et aux habitudes de galanterie; à ce nom, le peuple songe à cette victoire qu'il remporta un jour, à force de témérité et d'enthousiasme, sur une dynastie qui fuyait, pour le compte d'une dynastie qui allait venir. Ainsi, chacun a si bien présents à l'esprit les événements qui se rattachent à l'histoire du château de Rambouillet que les Parisiens qui n'y sont jamais allés s'imaginent l'avoir vu, comme ils ont vu Versailles, Saint-Germain ou Meudon.

Rambouillet est un château royal autour duquel s'est groupée une ville. Cette ville est située sur la grande route de Paris à Chartres, à douze lieues au sud-ouest de la capitale. Ce n'était au xive siècle qu'une seigneurie appartenant à la famille d'Angennes, dont les chefs portaient le nom de Sapin. En 1392, Renaut d'Angennes, seigneur de Rambouillet, chambellan de Charles VI, est préposé par le monarque à la garde du Louvre. Un autre d'Angennes, du même sang, fut capitaine des gardes sous François Ier, Henri II, François II et Catherine de Médicis l'employèrent à des missions diplomatiques; ses deux fils, Claude et Charles d'Angennes, furent successivement pourvus de l'évêché du Mans. Ce fut Charles qui, le premier, porta le nom du château de ses ancêtres, lorsque, décoré de la pourpre, en 1570, par le pape Pie V, il prit le titre de cardinal de Rambouillet.

Le château de Rambouillet, pour le moins aussi célèbre que ses possesseurs, est de toutes parts environné de forêts étendues, favorables aux grandes chasses. D'un côté, c'est la forêt des Ivelines, sillonnée de routes régulières et à perte de vue; de l'autre, la forêt de Rambouillet jointe à celle de Saint-Léger, qui couvre une surface de trente mille arpents, couronne de nombreux coteaux, s'étend jusqu'à Montfort-l'Amaury et va se perdre jusqu'à la vallée de Houdon.

Tel qu'il est aujourd'hui, le château de Rambouillet n'occupe guère qu'une superficie de trois cents toises de terrain; son plan est irrégulier; son architecture est lourde, massive et n'offre aucune richesse de décoration. Tout ce qui est bâti en briques ne paraît pas remonter au-delà du règne de Henri IV. Des anciennes constructions du château, il ne reste que la grosse tour qui puisse être regardée comme antérieure au xve siècle.

Dans cette grosse tour est une chambre où, le dernier de mars 1547,

le roi François Ier vint mourir, on sait de quoi. Depuis dix ans il souffrait,

Rambouillet.

et son humeur s'en était assombrie. A l'âge de cinquante-deux ans, il se retira dans ce château, où on l'entendait gémir et de temps à autre laisser échapper cette exclamation : « Dieu me punit par où j'ai péché. » Cette chambre est la pièce la plus intéressante du château. On y a longtemps conservé le portrait de François Ier, son casque, son épée et sa cotte d'armes; mais ces précieux objets n'y sont plus, et la mémoire du dernier soupir que rendit dans cette chambre un roi fameux y répand seule de la poésie. La tradition de cette mort est une des sources de la fortune des gardiens qui montrent le château de Rambouillet aux voyageurs étrangers toujours affamés de souvenirs.

D'autres habitants, d'autres personnages historiques se succédèrent dans cette royale demeure. La terre de Rambouillet, devenue un marquisat, fut apportée à Charles de Sainte-Maure, duc de Montausier, par sa femme, Julie-Lucine d'Angennes. — Montausier, — Julie de Rambouillet, — deux beaux noms à jamais illustres, auxquels il est impossible de ne pas s'arrêter un instant. On sait que Molière fut *accusé* d'avoir voulu représenter, sous la noble figure du Misanthrope, le gouverneur du Dauphin, et que celui-ci se hâta d'absoudre l'auteur comique en déclarant qu'il eût souhaité de ressembler à Alceste. « L'original devait être bon, puisque la copie est si belle! » Tout nous assure, en effet, que ses détracteurs (car il en eut) ont été injustes. Quel gouverneur de prince a dit après lui à son élève, en lui montrant une chaumière : « Sous ce chaume, dans cette misérable retraite, logent le père, la mère et les enfants, qui travaillent tout le long du jour pour payer l'or dont vos palais sont ornés, et qui supportent la faim pour subvenir aux frais de votre table somptueuse. » Quel courtisan a osé prendre congé d'un fils de roi par des paroles aussi nobles : « Monseigneur, si vous êtes honnête homme, vous m'aimerez; si vous ne l'êtes pas, vous me haïrez, et je m'en consolerai. » *Et je m'en consolerai!* Alceste n'eût pas mieux dit. Certes il dut prêter à rire plus d'une fois aux courtisans de Versailles, celui que Massillon disait n'être pas de son siècle; et, comme l'amant de Célimène, il nous semble l'entendre s'écrier à l'Œil-de-Bœuf :

> Par la sambleu, messieurs, je ne croyais pas être
> Si plaisant que je suis...,...

Le rigide censeur de la licence de la cour et de la ville n'aimait cependant pas les satiriques à titre d'office; il appelait Boileau : « un médisant public qui méritait cent coups de bâton; » il eût fait politesse dans son château de Rambouillet au procureur Lemoyne, auteur de cette épigramme assez ignorée, et plus détestable encore que le sonnet d'Oronte :

> Boileau, ce rimeur satirique.
> Grâce à la vertu du bâton,

A changé de gamme et de ton.
Ce remède, quand on l'applique,
Mille fois mieux qu'une réplique
Range la rime à la raison.

Quant à Julie de Rambouillet, nul n'ignore son illustration dans les fastes littéraires. Le nom du château que les d'Angennes possédaient encore fut donné à l'hôtel qu'ils occupaient à Paris, rue Saint-Thomas-du-Louvre. C'est là que fut le berceau de l'urbanité française et des grâces du langage. Depuis que la chevalerie n'existait plus, l'amour, le culte des femmes n'avait été en France qu'une contre-partie de la guerre. Les galants ne cessaient jamais d'être les soldats de garde, et la langue des ruelles n'était pas autre que celle des camps. On marchait à l'assaut des belles comme à celui des places fortes, et personne ne comprenait l'amour et ses démarches autrement que par le côté sensuel et voluptueux. Des cordeliers, récitant en pleine église l'oraison funèbre d'une dame, trouvaient parfaitement naturel de vanter la belle gorge de la morte, sa jambe bien faite et peut-être aussi le temps perdu. Le matérialisme du XVIe siècle, enfin, avait effacé toutes les nuances de l'amour; il n'en avait connu ni les douces préfaces, ni le langage voilé, ni les mystères; encore moins les vagues rêveries et les émotions secrètes. Absents de la vie privée, le sentiment, l'idéal étaient aussi absents de la littérature; le sensualisme des mœurs s'accommodait de la crudité du style et s'y traduisait parfaitement. La littérature était galante sans être polie.

L'hôtel de Rambouillet fut le lieu où vinrent s'adoucir les habitudes et se civiliser la grammaire. De ce cabinet tendu de velours bleu où trônait l'*incomparable Arténice*, où se réunissait l'élite des hommes d'esprit et des femmes distinguées du temps, de ce cabinet sortirent l'élégance, l'exquise politesse qui se répandirent à la cour, et de la cour dans tout le royaume. Sans doute cette élégance finit par être *précieuse* et partant *ridicule*; sans doute cette politesse se raffina au point d'aller se perdre dans une métaphysique obscure et devint mystique au lieu de rester délicate; mais avant que Molière eût si grandement raison, Balzac et Voiture avaient eu infiniment de grâce et d'esprit; de sorte que la littérature, arrêtée à propos par un homme de génie et de goût suprême, au point où, marchant encore, elle se fût égarée dans des subtilités interminables et des pudicités immodestes, n'en conserva pas moins un vernis d'atticisme, un sentiment des convenances que jamais depuis elle n'a perdu. Mais ce n'est pas à Paris seulement et dans la rue Saint-Thomas-du-Louvre que se réunissaient les Voiture, les Balzac, les Chapelain, les Cotin et les Ménage. Ils égarèrent souvent leurs rêveries sous les beaux arbres du château de Rambouillet; sur les pelouses du parc, ils se livrèrent à leurs doctes entretiens; enfin, dans ces jardins que plus tard dessina Lenôtre, furent cueillies sans doute par tous ces merveilleux esprits les fleurs dont se composa la poétique *Guirlande de Julie.*

Ce château redevint bientôt historique et princier, en cessant d'être littéraire. En 1706, il fut vendu au comte de Toulouse, l'un des fils légitimés de Louis XIV; et en 1711 le marquisat fut érigé en duché-pairie. On sait comment le sang des bâtards passa tout entier dans la maison d'Orléans, et comment, par la mort des deux enfants du duc du Maine, le duc de Penthièvre, fils du comte de Toulouse fut appelé à recueillir l'immense succession qu'avait rêvée Louis XIV. Dans cette succession se trouvait la terre de Rambouillet.

Ce fut là que la duchesse de Berri, fille trop célèbre du Régent, établit l'un des théâtres de ses galanteries. Plus d'une fois M. le duc d'Orléans l'y rejoignit; les secrets entretiens du père avec la fille, leurs tête-à-tête qui duraient longtemps et sans cesse recommençaient, la physionomie même de ces conversations où, suivant le mot du terrible conteur d'anecdotes Saint-Simon, « tout languissait en moins quand il y était en tiers, » avaient fini par ouvrir les yeux au duc de Berri, tout mari qu'il fût. Sa colère éclata enfin et amena entre les deux époux des scènes de la dernière violence. « La dernière qui se passa dans le château de Rambouillet » continue Saint-Simon, à qui nous aimons mieux le laisser dire, « attira un coup de pied dans le cul à madame la duchesse, et la menace de l'enfermer dans un couvent pour le reste de sa vie. »

L'intérieur des appartements, témoins de ces vicissitudes conjugales et princières, n'offre rien d'ailleurs qui mérite de fixer l'attention ou d'être mentionné ici. Quant à l'édifice en lui-même, il a reçu des améliorations notables depuis l'époque où l'on s'y était oublié à ce point. Sur le bord de la route de Paris, le duc de Penthièvre fit bâtir un vaste commun, à gauche du château. D'autres communs, d'une excellente distribution, furent construits plus tard sur un plan si vaste qu'il s'y trouva du logement pour onze cents hommes de peine ou de livrée, et des appartements pour quarante officiers, avec des écuries pouvant contenir jusqu'à six cents chevaux.

Louis XVI avait conçu le projet d'agrandir encore un château qui se trouvait souvent sous les pas de la famille royale, et qui était d'ailleurs consacré par le séjour de plusieurs princes. On lui proposa des restaurations, on lui présenta des plans; mais Louis XVI eut bientôt autre chose à faire qu'à restaurer et à agrandir; il avait à soutenir la monarchie qui s'écroulait. Les plans qui avaient été dressés par l'architecte Renard furent oubliés, et, en attendant la décision du roi, une partie du château fut démolie.

Les jardins de Rambouillet ont été dessinés par Lenôtre. L'illustre jardinier ne pouvant peut-être leur donner cette unité qu'il a si bien observée ailleurs, a su du moins les relier avec le parc et avec la forêt qui les entourent. Une pièce d'eau, en forme de trapèze, de quatre-vingt-dix arpents de surface, y répand la gaîté et la fraîcheur, d'autant qu'elle est partagée en plusieurs canaux par quatre îles ombragées çà et là de bouquets d'arbres touffus et tapissés du gazon le plus vert. « Cette distribution, dit M. Donnet, est on ne peut plus favorable à la promenade sur l'eau, que favorise un embarcadère à la manière de ceux de Venise, construit aux pieds de la terrasse du château. »

Ce fut le duc de Penthièvre qui fit le parc, et ce fut encore Lenôtre qui le dessina. Louis XVI y fit construire la ferme pour l'établissement du premier troupeau de mérinos introduit en France, et qui mourut d'une épizootie dont le pays fut redevable aux bestiaux venus à la suite des armées coalisées.

Non loin de cette ferme, d'une utilité incontestable, était la laiterie où Marie-Antoinette allait battre le beurre comme à Trianon, distraction

moins royale que bucolique, et qui rappelle l'âge heureux où les rois épousaient les bergères.

Durant la révolution, la guerre contre les châteaux n'atteignit pas Rambouillet; elle s'arrêta aux environs. Le Peray est un village situé dans la plaine, des deux côtés de la route de Paris à Chartres. Louis XV y avait fait construire par Gabriel un superbe rendez-vous de chasse qu'on appela le château de Saint-Hubert. Les beaux pilastres corinthiens en stuc, ornements du salon, les consoles et les panneaux représentant des trophées de chasse, et le buste de Diane, ouvrages de Pigalle, de Slots, de Falconnet, de Coustou, tombèrent sous le marteau des anciens braconniers du pays, qui se vengèrent sur des chefs-d'œuvres des vexations princières.

Rambouillet se rattache à l'empire par une triste et poétique scène, souvenir suprême d'une époque glorieuse.

Pourquoi sortir de Paris, jeune mère?.... Quel est ton nom, ton rang, ta fortune? Fille et femme d'empereurs, n'y a-t-il rien dans le passé de ta famille qui te dicte une conduite plus courageuse, qui te prescrive de ne pas fuir devant l'ennemi auquel ton départ va ouvrir les portes de ta capitale? Oh! rappelle-toi ton aïeule; prends ton enfant dans tes bras, parcours la ville et montre-le au peuple en lui criant à ton tour : « abandonnée de mes amis, persécutée par mes ennemis, attaquée par mes plus proches parents, je n'ai de ressource que dans votre fidélité, votre courage et ma constance. Je mets entre vos mains le fils de votre empereur, qui attend de vous son salut. » Courage, jeune mère! va semer ces paroles dans les faubourgs, et tu y récolteras l'enthousiasme et le dévouement. Les enfants du peuple te répondront non en latin, mais en bon français : « Nous mourrons pour *notre empereur*, Marie-Louise; » et l'avenir unira ce nom au nom glorieux de Marie-Thérèse.

Napoléon avait confié sa femme et son fils à la garde nationale. « Plutôt au fond de la Seine qu'aux mains de l'étranger! » Tels avaient été les derniers mots du père et de l'époux. La mère soumise aux lâches conseillers du trône, s'était décidée à un indigne départ; et l'enfant ne voulait pas quitter les Tuileries. En vain offrait-on d'emporter avec lui tous ses joujoux, en vain lui en promettait-on de nouveaux : « Je ne veux pas partir, » s'écriait-il comme par instinct, et il se roulait sur les tapis qu'il ne devait plus fouler, et ses petites mains se cramponnaient aux meubles du palais impérial. On l'emporta de force dans la voiture; et le 29 mars 1814, à onze heures du matin, Marie-Louise et le roi de Rome prirent la route de Rambouillet, où ils arrivèrent à trois heures après midi.

Ce n'était pas un voyage de cour, dit M. de Beausset; et pourtant l'étiquette ne perdit aucun de ses droits : tout le monde était en costume, en uniforme de sa charge et ne cédait rien de ses attributions.

Joseph arriva le soir à Rambouillet, et Marie-Louise partit pour Orléans le lendemain matin. Elle était régente de France encore ; quelques jours après, elle y rentra simple duchesse de Parme, Plaisance et Guastalla. Sa garde n'était plus la garde impériale; des cosaques, brandissant leurs lances, entouraient la voiture : la mère et l'enfant étaient prisonniers!

L'empereur d'Autriche vint les voir. Marie-Louise descendit jusqu'aux dernières marches de la porte du palais, et plaça le roi de Rome dans les bras de son grand père. A ce mouvement du cœur un autre noble sentiment va peut-être répondre.... non, non, Metternich accompagne son maître chez lequel il maîtrise toute sensibilité.

Ce n'était pas assez de cette visite à Rambouillet. L'empereur de Russie y arrive le lendemain; il caresse le fils de Napoléon qui joue sur la pelouse; il l'embrasse, et cette scène est hypocritement renouvelée deux jours plus tard par le roi de Prusse. L'un et l'autre appellent *petit roi* le bel enfant dont ils viennent de briser la couronne!

Le petit roi et la duchesse quittent Rambouillet le 23 mars, celle-ci pour épouser plus tard un obscur général Autrichien, celui-là pour subir une éducation énervante et des leçons menteuses.

Le destin est comme les vieillards, il aime à se répéter. Seize ans après les scènes que nous venons de décrire, des voitures arrivaient aux portes du château de Rambouillet. Dans la première était un enfant endormi entre les bras de son gouverneur et un homme âgé, dont la fatigue et la douleur inclinaient la tête blanchie. Le vieillard, c'était Charles X; l'enfant, c'était le duc de Bordeaux.

Peu de jours avant, le 26 juillet, aussitôt que, des hauteurs de Saint-Cloud, Charles X eut lancé sur Paris les fatales ordonnances, il partit pour la chasse et alla se reposer au château de Rambouillet. Alors, souverain d'un des plus beaux royaumes du monde et doté d'une liste civile considérable, un bon sur son épargne suffisait pour enrichir un souple courtisan ou acquitter une dette de reconnaissance contractée dans l'exil, et quatre jours après, il en fut réduit à vendre son argenterie pour payer les dépenses de bouche de sa maison.

Oh! comme toutes les infortunes se ressemblent? Cette verte pelouse du jardin dessiné par Lenôtre, où avait folâtré le roi de Rome, insoucieux des apprêts de l'exil auquel le condamnaient les Bourbons; la voyez-vous à présent foulée par le dernier des Bourbons, dans une insouciance semblable? Quoique plus âgé de cinq années que le fils de Napoléon, le descendant de saint Louis comprend aussi peu que son cousin ne l'avait comprise la catastrophe qui va l'atteindre...

Cependant un éclair d'espérance se glissa dans le château avec le premier rayon de soleil. La dauphine, à l'aide d'un déguisement de paysanne, venait d'arriver à Rambouillet. Elle était absente de la cour quand éclata l'insurrection parisienne; et quoiqu'avertie à Dijon par le télégraphe, elle arriva trop tard, même pour opposer un moment la digue de sa mâle énergie au torrent populaire. Quoique la famille déchue déjà et proscrite par le fait eût encore autour d'elle une ceinture de 12,000 hommes, il fallut céder aux intrigues particulières et fuir devant l'anathème public.

Château de Rambouillet.

C'est de Rambouillet qu'est daté l'acte d'abdication de Charles X, rédigé (chose étrange) sous forme de lettre au duc d'Orléans, aujourd'hui Louis-Philippe.

« Je suis trop profondément peiné des maux qui affligent ou qui pourraient menacer mes peuples, pour n'avoir pas cherché un moyen de les prévenir. J'ai donc pris la résolution d'abdiquer la couronne en faveur de mon petit-fils.

» Le dauphin, qui partage mes sentiments, renonce aussi à ses droits en faveur de son neveu.

» Vous aurez donc, en votre qualité de lieutenant-général du royaume, à faire proclamer l'avénement de Henri V à la couronne. . . . . .
. . . .

» Nous réglerons ensuite les autres mesures qui seront la conséquence du changement de règne.

» Je vous renouvelle, mon cousin, l'assurance des sentiments avec lesquels je suis votre affectionné cousin.

» CHARLES. »

A cet acte de Rambouillet, le Palais-Royal répondit par l'envoi de quatre commissaires qui furent éconduits. Esclave encore de l'étiquette, le roi déchu refusa de leur donner audience pendant la nuit. Les commissaires revinrent au Palais-Royal où le duc d'Orléans, en caleçon, leur ouvrit lui-même la porte de sa chambre à coucher ; et celui-là fut jugé digne de la royauté populaire, qui recevait les défenseurs du peuple dans le plus simple appareil.

Après cette audience en déshabillé, un marin fut envoyé au Havre pour fréter deux bâtiments de transport, et un général partit pour Cherbourg avec des instructions secrètes.

On était au 3 août. Paris retentissait du cri : « à Rambouillet ! à Rambouillet ! » et le tambour battait, et des agents précédaient les tambours, semant, sinon la peur, du moins l'inquiétude dans les rues, sur les boulevards, le long des quais, partout. L'eau de la vaste fournaise, un instant attiédie, ne demandait pour se remettre en ébullition que le plus faible aliment au feu déjà à moitié éteint. — « Garde royale. — Charles X. » — C'était trop de moitié ! Aussi l'élément populaire se reprit-il à bouillonner et se répandit-il à l'extérieur. Tout Paris se fit soldat ; jusqu'aux indécis des trois jours qui, enhardis par les succès passés, se couvrirent des pieds à la tête d'insignes guerriers. On emprunta aux armuriers et aux marchands de bric-à-brac, casques, cuirasses, sabres et fers de lance ; on dévalisa les manéges, en signant des bons, payables après la victoire ; on mit en réquisition fiacres, cabriolets, coucous et jusqu'aux omnibus, véhicules de nouvelle date tout étonnés de sortir de l'enceinte parisienne.

L'élan se communiquant de proche en proche et de bas en haut; on vit des propriétaires de calèches et de tilburys appeler à leurs côtés des ouvriers aux bras nus et aux mains calleuses; ou si l'âge leur interdisait de se lancer dans les hasards de cette promenade guerrière, ils faisaient place vide pour les hommes du peuple sur les moelleux coussins des plus somptueux équipages.

Plus de quinze mille hommes se mirent ainsi en marche vers Rambouillet, sans ordre, sans argent, sans vivres, sur une route épuisée par le passage des troupes royales; et l'on vit des généraux expérimentés se mettre à la tête de cette expédition improvisée, sans carte du pays, bien plus, sans costume régulier, sans autre insigne de commandement que des épaulettes de consul d'Autriche empruntées à un banquier célèbre.

Certes, nous ne dirons pas cette écume, mais cette mousse de la révolution de juillet, traverse Versailles où elle commande dix mille rations de pain; elle passe à Saint-Cyr d'où elle emmène avec elle huit pièces de canon; elle arrive à Trappes où l'arrière-garde, incessamment grossie est rejointe par les volontaires Rouennais; enfin elle campe auprès de Coignères, sur la route, et dans une plaine où quelques canons et un régiment de cavalerie peuvent la cribler et l'écharper, uniquement défendue qu'elle est à son avant-garde par un rempart de fiacres et de cabriolets.

Que faisait-on, durant ce temps au château de Rambouillet? La terreur y dominait le dévouement. Peu de fidèles étaient d'avis qu'on fît tête à l'orage; les indécis proposaient une retraite sur la Loire, qui leur aurait donné le temps de se décider pour ou contre la monarchie, selon que la Vendée se serait montrée plus ou moins désireuse de recommencer son passé; le grand nombre enfin opinait pour une fuite prompte. L'insurrection, se disait-on, gagne les campagnes, les Parisiens voyent à chaque instant leurs rangs se grossir; l'expédition forme une queue qui va jusqu'à Paris où elle se continuera et poussera en avant, à mesure que vous l'attaquerez à sa tête..... Vous en disperserez les premiers rangs, mais ses débris successifs s'étendront sur les aîles, se réuniront, finiront par vous envelopper, et alors vous n'aurez ni pitié ni merci à attendre de ceux dont votre résistance inopportune et inutile aura provoqué la fureur. Ah! s'écriait-on, dans un dévouement simulé : « Sauvez, sauvez l'espoir suprême de la monarchie, conservez pour un avenir meilleur le dernier rejeton de tant de rois. »

— Mais Charles X, le duc d'Angoulême, les deux duchesses?.... — Ils se tenaient dans le château, invisibles pour les masses, accessibles seulement à quelques privilégiés, dont plusieurs déjà traitaient avec le lieutenant-général.

Un volontaire parisien était venu fièrement planter un drapeau tricolore à quelques pas d'un peloton royal portant au front la cocarde blanche. Un général avait fait répondre à cet acte de témérité par une fusillade; le volontaire était tombé, frappé à la jambe; transporté au château, des soins lui furent prodigués; le même général voulut prendre l'offensive; un autre général vint, de la part du roi, arrêter toute manifestation hostile : le volontaire parisien fut le dernier blessé de la révolution de juillet; son sang fut le seul qui coula dans cette expédition, imprudent coup de tête d'une ville exaltée, et qui pouvait perdre tout le fruit de sa victoire des trois jours.

Dans le parc de Rambouillet, dans la grande avenue, on avait lu aux soldats la lettre de Charles X au duc d'Orléans; on allait de rang en rang dire que le nouveau roi récompenserait la fidélité..... Eh! quel était ce nouveau roi qui devait se montrer reconnaissant? — Henri V. — Mais dès que les quatre commissaires parisiens reparurent, cette dernière illusion se dissipa à leur grave attitude et à leur parole sévère.

— « Que me voulez-vous, messieurs, dit Charles X. Tout est réglé maintenant, et je me suis entendu avec *mon* lieutenant-général.

— « C'est lui qui nous envoie pour supplier que l'on ne s'expose pas aux suites d'une attaque furieuse.

— « Eh! que dois-je faire?

— « Partir.

» — Moi seul...

» — Vous et les vôtres.

» — Mais j'ai formellement réservé les droits du duc de Bordeaux par l'acte d'abdication.

» — Un trône n'est pas solide quand il s'élève dans le sang.

» — Vous avez vu que j'ai encore douze mille hommes pour le soutenir.

» — Ils sont démoralisés; et que feraient-ils contre les soixante mille, tous pleins d'enthousiasme qui menacent Rambouillet?

» — Est-il donc vrai que l'armée parisienne soit composée de soixante mille hommes?

» — Oui, *sire*.....

Et *le roi* ordonna le départ... et dès ce moment il n'y eut plus de roi. »

Alors que, d'après les lois des monarchies, on aurait pu, à quinze ans d'intervalle, réserver le roi de Rome et le duc de Bordeaux pour le trône héréditaire, ces deux faibles créatures se virent, l'une et l'autre, entraînées dans la ruine de leurs familles; et Rambouillet fut le théâtre où s'exerça deux fois, et de la même manière, la loi de la fatalité. Là, l'espoir des deux régences s'évanouit; là, deux royautés croulèrent. Saint-Denis est la dernière étape des vieux rois qui meurent. Rambouillet est la première étape des jeunes prétendants qui s'en vont. Là-bas, la mort; ici, l'exil!... Louis XIV ne pouvait voir sans pâlir le clocher de Saint-Denis... Quel roi osera regarder la tourelle de Rambouillet?

Charles X donna l'ordre du départ; et cet ordre fut communiqué aux chefs de l'expédition parisienne. Aussitôt, sur la route de Paris à Chartres à l'ouest et à l'est de Rambouillet, deux multitudes agglomérées s'ébranlèrent, se mirent en marche et firent voler dans les airs la poussière du chemin. Voici, à l'est, ce cortége triomphal et d'un aspect carnavalesque : des masses d'hommes de tout âge, de tout costume, cheminant en chantant, fraternellement embrassés; d'autres, entassés dans l'intérieur et au-dessus des voitures de place, d'autres enfin se prélassant, sous leurs vestes d'ouvriers, dans les magnifiques équipages de la cour, traînés par huit chevaux et conduits par de beaux valets tenant en main des guides de soie. Et maintenant, contemplez, à l'orient, ce convoi funèbre, régulier encore dans ses mouvements : des chasseurs de la ligne, des hussards, des lanciers, des dragons, des artilleurs, et au centre des gardes-du-corps, escortaient deux voitures dans lesquelles un vieillard priait et un enfant jouait... Cette fois, au moins, ce n'étaient pas, comme à la chute de l'Empire, des cosaques qui caracolaient autour des proscrits!... Était-ce une consolation pour ceux qui partaient?...

M. le baron Schickler qui, sous la Restauration, avait loué le pavillon de Mortefontaine, loua Rambouillet après la révolution des trois jours. M. Schickler aimait à remplacer dans leurs châteaux les royautés déchues.

ÉTIENNE ARAGO.

FONTAINEBLEAU

J'étais à Fontainebleau, il y a trois ou quatre ans, dans une petite maison hospitalière de la *rue de Ferrare*. Il faisait un temps affreux.

A huit heures du soir, après le souper, mon hôte eut la bonté de faire brûler à mon intention un immense bol de punch dont la flamme illumina soudain d'une teinte fantastique le sombre réduit de l'excellent Samuel Varner. Une servante sexagénaire, une jeune fille de vingt ans et le chat de la maison prirent place à nos côtés. Il se fit tout d'abord un long silence, et je n'entendis guère durant un quart d'heure que les sanglots de l'orage, les cris étouffés du vent qui soufflait dans les arbres, qui s'engouffrait dans les massifs pour s'élancer ensuite et monter jusqu'à mon oreille comme une spirale de notes chantées. Aux dernières mesures, aux derniers soupirs mélodiques de cet orchestre invisible, mon hôte parut se recueillir un instant; il regarda je ne sais quel portrait de famille qui s'ennuyait au-dessus d'une porte, et bientôt, fidèle à sa promesse, M. Samuel Varner se mit à me parler de son *ami d'autrefois*, le fameux comte de Saint-Germain.

— Monsieur, me dit-il, cette bibliothèque si riche, si opulente, que vous avez admirée dans mon petit salon de travail, appartenait en 1784 à M. le comte de Saint-Germain ; ce sont des livres choisis, des ouvrages précieux, tout pleins d'esprit et de science, mais qui n'ont ni l'esprit ni la science de leur ancien maître, de mystérieuse mémoire. Cette grande toile peinte que vous voyez là sur le panneau de la porte, c'est le portrait ressemblant de M. le comte de Saint-Germain ; un beau front, n'est-ce pas ? des yeux bien intelligents, un sourire rempli de finesse, une physionomie bien remarquable, n'est-il pas vrai? La reproduction de son costume favori est également d'une exactitude parfaite. Ce vaste fauteuil, que je ne cède jamais à personne, c'est le fauteuil bien-aimé du comte de Saint-Germain ; il s'y est assis bien des fois, monsieur, en souriant à ses amis. Un jour il s'endormit dans ce fauteuil, les yeux fixés sur le soleil qui se couchait dans son beau lit de lumière ; ce jour-là, il nous fut impossible de le réveiller : hélas! monsieur, il était mort !

— Vous croyez donc, lui répondis-je, à la mort du comte de Saint-Germain ?

— Je crois à sa mort et à sa résurrection.

— Il vit encore peut-être?...

— Assurément.

— Où est-il ?

— Je vais vous le dire.

Au bout de quelques minutes de recueillement, Samuel Varner continua de me parler ainsi :

— Le comte de Saint-Germain a joué un rôle singulier dans l'histoire secrète de la ville de Fontainebleau. A la mort de madame de Pompadour, cette pauvre marquise qui eut un si mauvais temps pour faire son dernier voyage, le comte de Saint-Germain se retira le plus discrètement qu'il lui fut possible dans les environs de Fontainebleau, tout près de Nemours...

— Pourquoi cette préférence en faveur de Fontainebleau?

— Vous le saurez plus tard ; je continue : riche, opulent, millionnaire, fatigué de sa marche triomphale parmi les hommes d'élite et au milieu des jolies femmes du xviiie siècle parisien, le comte résolut de consacrer désormais sa grande fortune à l'accomplissement de bonnes œuvres, son temps à l'évocation de sa vie tout entière, et son brillant esprit à la rédaction fantastique de ses mémoires.

Par malheur, le comte de Saint-Germain avait choisi pour refuge, pour thébaïde, le château de la vieille marquise de Manoury. Madame de Manoury raffolait des hommes et des choses qui n'avaient rien de commun avec les prosaïques trivialités de la terre ; elle eut à plaisir et à honneur de recevoir, de fêter, de confisquer au profit de sa maison un merveilleux personnage à la mode, et bientôt le salon de la marquise servit de théâtre aux fééeriques représentations du comte de Saint-Germain.

Une seule personne, une jeune fille, mademoiselle de Manoury avait l'audace de se moquer à la fois du comédien et des spectateurs, de celui qu'elle osait nommer un intrigant, et de l'auditoire qu'elle appelait un parterre d'imbéciles. L'oracle avait beau dire et beau faire, mademoiselle de Manoury fut inexorable pour le comte de Saint-Germain, et chaque jour, la terrible jeune fille puisait, dans son dédain pour le triomphateur, des gestes, des regards, des demi-mots qui signifiaient sans doute : O misérable demi-dieu, tu n'es qu'un homme!

Eh bien! que vous dirai-je? cet infatigable coureur d'aventures, ce sceptique, ce païen, ce don Juan cosmopolite qui se vante d'avoir humilié les plus charmantes femmes de tous les siècles et de tous les pays, ce sycophante millionnaire, ce possesseur du grand œuvre, ce Nicolas Flammel qui fait de l'or à sa guise, cet enchanteur qui peut tout, qui sait tout et qui ne mourra jamais, en un mot, le comte de Saint-Germain se lamente, monsieur, il se désole, il pleure, il soupire, il se sent mourir d'amour pour les beaux yeux d'une jeune fille qui dédaigne sa personne, qui méprise son caractère et qui a nié sa puissance!

Aux premiers mots des confidences amoureuses du comte de Saint-Germain, mademoiselle de Manoury répondit à ce mystérieux adorateur : Je ne vous hais pas, seulement je suis chrétienne et vous êtes juif... Il y a donc entre nous l'immensité de la goutte d'eau catholique!

La jeune fille avait raison ; elle avait surpris le secret de la naissance du demi-dieu dans quelques feuilles de papier emportées par le vent et qui contenaient les premières pages manuscrites des *Mémoires du comte de Saint-Germain*. — Le comte de Saint-Germain était né dans un village de la Judée deux ou trois ans avant la venue de Jésus-Christ.

Un soir, le beau comte disparut à jamais de la maison de madame de Manoury, ce fut là le dernier jour de sa royauté fantastique, et nul ne peut se flatter de l'avoir revu dans ce monde. Quelques mois après cette disparition soudaine, un opulent israélite arriva dans la ville de Fontainebleau, et s'y fit baptiser avec une pompe et une solennité inimaginables. Un peu plus tard, enfin, le juif converti épousa la fille de madame la marquise de Manoury, et ce fut ainsi que le comte de Saint-Germain ressuscita, par la grâce de l'amour, sous les apparences d'un simple mortel que l'on appelle Samuel Varner...

— Samuel Varner! vous êtes... vous étiez...

— Eh! mon Dieu! oui, le comte de Saint-Germain lui-même. En devenant chrétien, j'ai consenti à ne plus être qu'un homme ; en recevant le baptême, j'ai perdu le droit d'immortalité sur la terre, mais j'ai gagné peut-être la vie éternelle dans le ciel.

Ma préférence pour le séjour de Fontainebleau, depuis l'année 17.. n'est-elle pas bien juste, bien naturelle ? D'abord, je dois à ce beau pays mon dernier amour et mon dernier bonheur; ensuite, je me suis toujours souvenu d'avoir passé à Fontainebleau, il y a longtemps de cela, il y a bien des années, il y a des siècles, les heures les plus belles, peut-être les plus charmantes de ma vie ; j'ai aimé, j'ai brillé, j'ai été heureux, à des époques bien différentes et bien éloignées l'une de l'autre, dans cette ville royale; n'est-il pas fort simple que j'aie résolu de mourir aux lieux où j'ai si bien vécu ?

J'ai déjà presque oublié les épisodes les plus importants, les détails les plus précieux de mes courtes aventures à travers l'Europe, à travers le monde ; mais, je n'ai jamais oublié mes voyages en France, dans les plus beaux temps de la grandeur de Fontainebleau.

Je songe bien rarement, je vous le jure, aux passants illustres que j'ai rencontrés dans la Rome des rois, des consuls, des empereurs et des papes, dans le palais des Sésostris, à la cour de Périclès, sous la tente de Charlemagne, dans les républiques italiennes, à Vienne, à Madrid, à Londres, à Constantinople ou à Paris ; mais je pense toujours aux personnages admirables, aux hommes et aux femmes d'élite que j'ai salués de loin ou de près dans cette bienheureuse résidence de Fontainebleau : il me semble que je m'incline encore, pour la première fois, devant des royautés vivantes que l'on appelle Louis IX, Henri IV et sa *charmante Gabrielle*, Louis XIII, Louis XIV et madame de Maintenon, Catherine de Médicis, Anne d'Autriche et Marie-Louise, Benvenuto Cellini et François Ier, Christine de Suède et le Primatice, Sully et Louis XV, Charles-Quint et l'empereur Napoléon !.... Hélas ! monsieur, le bavardage de ma mémoire vous ennuie, vous fatigue sans doute ?

— Non ; je vous écouterai jusqu'à demain, si vous voulez me le permettre.

— Se souvenir, c'est se rajeunir ! Et je me crois jeune encore, et brillant, spirituel et superbe, quand je me laisse revivre, par la pensée, par l'imagination, par le cœur, dans ce monde de la gloire, de la galanterie, de l'esprit et du plaisir ! Oui, je suis jeune, me voilà dans tout l'éclat de ma richesse mystérieuse, au beau milieu de la forêt de Fontainebleau, sous le règne du roi saint Louis...

En ce temps-là, saint Louis résidait à Fontainebleau, dans une modeste retraite qu'il appelait *nos déserts*, et qui avait été construite par Philippe-Auguste. A l'époque dont il s'agit, en 1239, Louis IX se croyait dangereusement malade, et le bon roi disait à son fils, en le bénissant :

« *Je te prie que tu te faces amer au peuple de ton royaume; car, vraiment, je aimerais mieux que un Escot venist d'Ecosse et gouvernast le peuple du royaume bien et loïalement, que tu le gouvernasse mal apertement.* »

Quelques jours après mon apparition dans *les deserts* de Louis IX, je me pris à marcher au hasard, à mon corps défendant, au milieu de cette immense forêt qui n'était pas encore percée pour la chasse et qui ressemblait presque à une forêt vierge. Je voulus me reposer un instant et j'allai m'asseoir sur le sable, au pied d'une montagne autour de laquelle il n'y avait que de la désolation et du silence. J'avais peur de ce coin de terre brûlé par le soleil, ignoré des hommes, oublié par Dieu. Je me relevai bien vite, et presque au même instant je crus entendre une espèce de bruit argentin, le bruit d'une goutte d'eau.... Je tournai les yeux vers le sommet de la montagne, et j'aperçus, à ma grande surprise, à ma grande terreur, un homme, un homme singulier, qui pleurait en chancelant....

J'entendis presque aussitôt une voix éclatante qui criait à cet homme : marche! marche! Il disparut, et par un enchantement céleste, le rocher qu'il avait arrosé de ses larmes laissa tomber une goutte d'eau qui devait être éternelle, une larme que vous pourrez voir se détacher encore du sommet de *la Roche qui pleure*.

Louis IX, qui apprit de ma bouche la nouvelle d'une pareille rencontre et d'un pareil miracle, se hâta de purifier la résidence d'un roi chrétien, en y fondant un hôpital et deux chapelles. Saint Louis daigna visiter, avec toute sa cour, *la Roche qui pleure* : il s'agenouilla sur le sable; il écouta le bruit de cette goutte d'eau qui était, pour son indulgence, une larme échappée aux yeux d'un coupable; le roi pria Dieu pour l'homme maudit, en songeant peut-être que le pécheur qui avait pleuré s'était repenti.

Dès ce moment, quoique l'on en dise, nul n'a pu se vanter d'avoir rencontré le juif du Calvaire; personne n'a plus entendu cette voix éclatante, mystérieuse, divine, qui avait crié durant des siècles : marche ! marche !

Puisqu'il est question de Louis IX, permettez-moi de prendre en une pitié profonde vos orgueilleux savants d'aujourd'hui, vos académiciens des Inscriptions et Belles-Lettres qui ont déraisonné de leur mieux, à propos de la prétendue découverte du cœur du saint roi Louis dans je ne sais quelle vieille chapelle; non, non, le cœur du pieux monarque n'est ni en Afrique, ni en Sicile, ni en France; un tel trésor n'appartient plus à la terre : lorsque Louis IX eut expiré pour le triomphe de la religion, le ciel ne laissa aux hommes que le corps du divin héros; quant à son cœur, j'en suis sûr, il se détacha mystérieusement de son enveloppe terrestre,

> Et les anges, sur des branches,
> De leurs petites mains blanches
> L'emportèrent jusqu'à Dieu.

N'oubliez pas de visiter et de visiter encore cette immense forêt de Fontainebleau. Lorsque la matinée est belle, lorsque le soleil est radieux, lorsque les oiseaux s'adorent en chantant, je ne manque jamais d'aller parcourir cette forêt que j'ai parcourue si souvent et que je retrouve toujours peuplée de glorieux fantômes, de revenants illustres, d'ombres gigantesques. Les plus nobles esprits, les plus nobles cœurs, les plus nobles courages de votre histoire monarchique se cachent derrière ces massifs, au fond de ces cavernes, dans ces grottes de pierre, sous ces gazons fleuris, dans ces rochers entr'ouverts, et, certes, les poètes, les romanciers, les historiens n'ont qu'à prêter l'oreille aux bruits capricieux de la forêt pour recueillir, comme dans un rêve, les légendes les plus poétiques, les récits les plus romanesques, les contes les plus vrais, les histoires les plus merveilleuses.

Il faut rendre justice aux poètes, aux artistes, aux écrivains et aux amoureux de notre temps : ils adorent le mystère, le bruit, le silence, la splendeur, l'obscurité, l'herbe fraîche et le sable brûlant de la forêt de

Fontainebleau. Bien des fois, j'y ai rencontré la poésie qui interrogeait deux chênes splendides que l'on a baptisés des noms de *Henri IV* et *Sully*; j'ai rencontré l'amour qui batifolait dans la *mare aux Eves*, dans le *carrefour de Bellevue* ou dans la *gorge au Loup*; j'ai rencontré l'histoire qui s'asseyait gravement à la *table du Roi* ou à la *table du Grand-Veneur*; j'ai rencontré la chanson, la muse de Désaugiers qui fredonnait en chancelant tout près de la *grande Treille*; j'ai rencontré le roman qui demandait à la *vallée de Franchard* ses souvenirs les plus secrets et les plus terribles; enfin, j'ai rencontré la peinture qui s'arrêtait à chaque pas, dans le monde de la fantaisie pittoresque, pour assister au spectacle donné par le ciel et la terre dans la *vallée de la Selle*, sur le *mont de Henri IV*, dans les *Pressoirs du roi*, au *Montaigu*, aux *Ventes de la Reine*, aux *Érables*, dans le *village d'Avon*, partout, dans cette forêt féerique où un génie invisible a jeté à plaisir les chefs-d'œuvre les plus variés et les plus magnifiques, des toiles mobiles, des tableaux admirables qui ont passé par la main de Dieu et par la palette du soleil.

L'on dit que la forêt de Fontainebleau contient plus de quarante mille arpents de vieux arbres; l'on dit qu'elle a vingt lieues de pourtour; l'on assure qu'elle est bornée à l'ouest par la Seine, et au midi par le canal de Briare : je n'en sais rien; lorsque je m'aventure dans cette forêt, je tâche d'être à la fois un simple promeneur, un poète, un historien, un artiste... mais je ne suis jamais un géomètre, un directeur du cadastre ou un inspecteur des eaux et forêts.

Je n'ai rien à vous dire sur le parc et les jardins du palais de Fontainebleau; nous les avons visités ensemble ce matin, et vous avez admiré avec moi des arbres modèles, de belles charmilles, des eaux transparentes, un étang qui a plus de cinq cents toises de long, une cascade magnifique, des allées superbes, un labyrinthe anglais de l'effet le plus pittoresque, des plantations de toutes les sortes, des merveilles de luxe et d'élégance que la main prodigue des rois a répandus sur cette terre privilégiée, depuis le règne de François Ier jusqu'au règne de Napoléon.

Je viens de nommer Napoléon : je n'ai pas besoin de vous rappeler sans doute ce petit pavillon bâti par l'empereur au milieu de l'étang. Souvent le conseil impérial se réunissait dans ce joli pavillon, sous la présidence de son auguste maître. Un jour, m'a-t-on dit, l'empereur, qui venait de travailler avec ses ministres, s'assit en silence, un peu tristement, sur le bord du pavillon dont je parle : c'était précisément le lendemain de son mariage avec une archiduchesse d'Autriche, et le vainqueur de l'Europe venait peut-être de conquérir avec ses ministres le monde tout entier sur une carte géographique. Sans y prendre garde, je l'imagine, l'empereur tira lentement son épée du fourreau : il se prit à battre, à fouetter, du bout de cette arme victorieuse, les eaux innocentes de l'étang; et, comme un de ses conseillers intimes semblait l'interroger du geste, du regard, Napoléon répondit avec un bien triste sourire : Hélas ! messieurs, j'ai bien peur d'avoir donné un coup d'épée dans l'eau !....

Les adieux de Fontainebleau n'étaient pas loin.

Je me sentais jeune tout à l'heure, en me laissant revivre dans les *déserts* du roi saint Louis ; je me sens rajeunir encore, en songeant au palais de Fontainebleau du xvie siècle. L'histoire vraiment royale de cette résidence ne commence en réalité qu'avec le règne de François Ier.

Quand il eut décidé raisonnablement, avec l'aide de son admirable folie, que le palais de Fontainebleau deviendrait, à l'ombre de sa couronne, un des plus riches palais du monde, le roi de la renaissance daigna mander à sa cour le plus grand artiste que je connaisse dans l'histoire des beaux-arts italiens, un architecte, un peintre, un sculpteur que l'on nomme le Primatice.

Le Primatice était mon ami, j'en suis sûr ; je ne savais qu'admirer ce qu'il avait fait, ce qu'il faisait et ce qu'il voulait faire. A ces causes, l'orgueilleux et naïf artiste consentit à m'aimer un peu, lui qui haïssait beaucoup tout le monde. J'avais connu le Primatice dans l'atelier de Jules Romain, son maître ; il me parlait bien des fois, en soupirant, de la France que j'avais déjà visitée et qu'il aurait voulu connaître à son tour ; jugez donc un peu de sa joie, de sa noble ardeur, de son enthousiasme. Il s'agit pour lui de voyager en France, de paraître et de briller à la cour de France, sous les auspices du marquis de Mantoue ! Oui, vraiment ! François Ier a besoin d'un grand artiste, un artiste qui n'ait pas de rivaux à redouter dans le siècle des grandes choses de l'art, et voilà le Primatice qui arrive au palais de Fontainebleau pour y improviser des tours de force, des merveilles, des chefs-d'œuvre, un petit monde tout rempli de lumière, de mouvement, d'invention, de hardiesse, de grâce, de vigueur, de noblesse, enfin de génie ! — J'eus l'honneur d'arriver, avec le Primatice, chez le magnifique souverain de Fontainebleau.

La précieuse improvisation du grand artiste ne se fit pas attendre : l'architecture, la peinture et la statuaire se mirent à la besogne, sous les traits du Primatice, et le palais de Fontainebleau reçut bientôt de cette main prodigue, de cette main inépuisable qui daignait l'agrandir et le décorer, des statuettes, des ornements, des meubles, des fontaines, des tableaux, des plafonds chargés d'or et de couleur, des mosaïques splendides, des odyssées en peinture, des merveilles inestimables qui allaient faire le Primatice le véritable maître du palais de Fontainebleau.

Que vous dirai-je de cette tâche immense, si courageusement entreprise et si noblement achevée par le Primatice ? Les portes du palais vous sont ouvertes, et vous pouvez juger de toutes les charmantes merveilles de mon grand artiste de Florence; oui, vraiment, je ne sais quel miracle, qui n'est peut-être que de la patience et du travail, a ressuscité pour les yeux et pour l'esprit du xixe siècle la création tout entière du Primatice. Encore une fois, allez frapper hardiment à la porte dorée du palais : vous pourrez vous promener à votre aise dans les galeries étincelantes de François Ier, et, à chaque pas, à chaque regard, vous reconnaîtrez la trace glorieuse de mon compagnon de voyage.

Les belles-lettres ne furent point oubliées par le roi de la renaissance, et le savant Guillaume Budé se chargea de recueillir à Fontainebleau des livres précieux, des manuscrits rares, des trésors d'esprit et de science empruntés à tous les siècles et à toutes les nations.

Ainsi métamorphosés par la royauté et par le génie, *les déserts* de Louis IX abritèrent, durant une belle partie du siècle de François Ier, toutes les grandeurs, toutes les majestés qui régnaient en France et en Europe par la noblesse, par le courage, par le génie, par la beauté. Les rois, les princes, les soldats illustres, les artistes célèbres, les femmes d'élite, trônèrent tour à tour dans le palais de Fontainebleau, à l'ombre de la couronne du roi-chevalier. Je me vante d'avoir salué, dans la *galerie d'Hercule*, la duchesse d'Angoulême et le connétable de Bourbon, madame de Châteaubriant et Clément Marot, Marguerite de Navarre et Diane de Poitiers, Léonard de Vinci et Éléonore d'Autriche, Lascaris et le connétable de Montmorency, la duchesse d'Étampes et Rabelais, et bien d'autres illustres représentants de cette Europe du xvie siècle qui laissait voir à ses horizons, Léon X et Luther, Henri VIII et Don Carlos, François Ier et Charles-Quint.

En 1539, date mémorable pour mon orgueil! en 1539, j'eus l'honneur de voir, à Fontainebleau, aussi bien et d'aussi près que je vous vois en ce moment, ce grand homme, ce grand politique, ce colosse impérial qui pesait à la fois, en écartant ses pieds pardessus la France, sur l'Espagne et sur l'Allemagne.

Lorsqu'il fut question, à la cour de Fontainebleau, de l'arrivée prochaine de Charles-Quint, Triboulet se prit à rire tout un jour; il lui semblait en effet très-risible que le vainqueur de Pavie se confiât à la loyauté de son royal prisonnier de Madrid, sous le prétexte d'aller combattre l'insurrection des Gantois. Dans la secrète pensée de ce bouffon du roi, c'en était fait de la liberté et de la vie de Charles-Quint; il disait en riant à François Ier : Sire, votre geôlier est bien plus fou que moi; je ne sais que dire des folies, tandis qu'il a la sottise d'en faire.

En échange du droit de passage qu'il avait demandé, Charles-Quint promit à son rival, à son ennemi, l'investiture du Milanais. A son arrivée en France, il apprit que la duchesse d'Étampes conspirait contre lui.

Dans le conseil de François Ier, il ne voulut employer, pour vaincre une jolie femme, que les armes de la galanterie et de la générosité. Un jour, dans *l'appartement des poètes* qu'il occupait à Fontainebleau, l'empereur laissa tomber de son doigt aux pieds de madame d'Étampes un diamant magnifique, un véritable trésor ; la duchesse ramassa le diamant, et Charles-Quint la supplia de le garder. Dès ce moment, l'empereur n'avait plus rien à craindre de son hôte ; il embrassa le roi de France ; il s'en alla combattre dans les Flandres, et il se souvint de sa promesse du Milanais comme son rival s'était souvenu de ses promesses de Madrid. Cette fois, ce fut seulement de son maître que Triboulet se prit à rire.

Quelques années plus tard, comme je voyageais en Espagne, j'entendis annoncer une singulière nouvelle : le souverain ambitieux qui était hier encore un roi en Espagne et un empereur en Allemagne ; celui qui commandait à Naples, en Sicile, en Sardaigne, dans le Milanais, dans la Franche-Comté, dans le Roussillon, dans les Pays-Bas ; celui qui avait une flotte considérable, une armée invincible, des généraux triomphants pour faire la guerre où bon lui semblait ; celui qui avait les trésors de l'Afrique et de l'Amérique pour acheter l'Europe lorsqu'il ne pourrait pas la vaincre ; celui qui faisait dire aux peuples de son vaste empire :

au moindre de ses mouvements la terre tremble; Charles-Quint venait de s'ensevelir vivant dans le monastère de Saint-Just !

Grâce à quelques secrets d'état qui intéressaient la politique espagnole et qu'il m'importait de dévoiler à l'ancien empereur, je réussis à me faire introduire au couvent de Saint-Just, dans la cellule de Charles-Quint.

— Par pitié! me répondit le nouveau moine de Saint-Just, ne me parlez plus de l'Angleterre, ni de la France, ni de l'Allemagne, tout cela ne regarde que mon pauvre successeur, le roi des Espagnes! Ici, mon frère, je ne m'inquiète que de mon salut devant Dieu, et lorsqu'il m'est possible de dérober un peu de temps à cette pieuse inquiétude, je me prends à fabriquer de mes mains, naguère impériales, ces petites horloges que vous voyez autour de ma cellule. Mes horloges, qui vont toujours mal, me rappellent à chaque instant le divin horloger de ce monde, de ce monde qui marche toujours, et alors je m'incline, je me prosterne, je m'humilie!... J'ai songé bien souvent à l'horloger du monastère de Saint-Just; je ne saurais vous dire quel plaisir j'ai pris, il y a quelques mois, à lire dans un de vos poètes d'aujourd'hui, M. Viennet, le conte délicieux intitulé : *les horloges de Charles-Quint.*

Je ne me souviens pas d'avoir mis le pied à Fontainebleau, ni même sur la terre de France, durant tout le règne de Henri IV. Il me semble, que dans ce temps là je me trouvais au fond du Chili avec Almagro; mais l'immensité de la distance ne m'empêcha pas d'entendre le retentissement d'une hache qui venait d'abattre la tête du maréchal de Biron. Ce coup de hache dénoua un drame politique dont le dernier acte s'était joué dans le palais de Fontainebleau entre Biron et Henri IV. Le bourreau ne frappa le traître que dans l'enceinte de la Bastille.

Je me laissai dire autrefois, par mon ami Bassompierre, que le roi de France avait perdu au jeu de Fontainebleau des sommes fabuleuses; en quelques jours, Bassompierre seul gagna plus de cinq cent mille livres à son auguste maître. L'économe Sully n'adorait pas sans doute la ruineuse résidence de Fontainebleau.

Sous le règne de Louis XIII, j'assistai dans le palais à la création de quarante-neuf chevaliers de l'ordre du Saint-Esprit; à l'issue de cette imposante cérémonie, le roi de France s'en alla toucher, dans *l'allée de l'Étang*, les écrouelles de plus de douze cents malades. Eut-il le pouvoir de les guérir?

En 1642, je vis passer à Fontainebleau une espèce de chambre mobile, une immense litière portée par dix-huit gardes-du-corps ; cette chambre contenait un lit, une table, une chaise, un médecin et un ministre ; le médecin était assis, le ministre était couché; ce ministre n'était rien moins que le cardinal de Richelieu qui s'en allait mourir à Paris.

Je quittai Fontainebleau peu de temps avant la mort du célèbre cardinal, et je ne pus m'empêcher d'y revenir dans les premières années du règne de Louis XIV, avec la fameuse Christine de Suède.

Vous savez, comme tout le monde, l'histoire de ce pauvre Monaldeschi, l'amant adoré de Christine, assassiné, exécuté par l'ordre de sa royale maîtresse dans la *galerie des Cerfs;* mais vous ignorez peut-être une circonstance qui ne manque pas d'intérêt et qui n'est pas tout à fait étrangère aux actes de ma vie secrète : le cardinal de Mazarin, au nom du roi, osa reprocher à la reine de Suède la mort de ce malheureux écuyer dont le sang avait souillé une résidence royale. Christine me chargea de rédiger une réponse au cardinal, et je m'empressai d'écrire la lettre suivante que Christine signa sans hésiter :

« Monsieur Mazarin, apprenez tous tant que vous êtes, valets et maîtres, petits et grands, qu'il m'a plu d'agir ainsi; que je ne veux ni ne dois rendre compte de mes actions à qui que ce soit, surtout à des fanfarons de votre sorte. Je veux que vous sachiez, et que vous disiez à qui voudra l'entendre, que Christine se soucie peu de votre cour et encore moins de vous; que pour me venger, je n'ai pas besoin d'avoir recours à votre formidable puissance. Mon honneur l'a voulu ainsi; ma volonté est une loi que vous devez respecter; vous taire est votre devoir, et bien des gens, que je n'estime pas mieux que vous, feraient très-bien d'apprendre ce qu'ils doivent à leurs égaux, avant de faire plus de bruit qu'il ne convient.

« Sachez enfin, monsieur le cardinal, que Christine est reine partout, où elle est, et quelque lieu qu'il lui plaise d'habiter, les hommes, quelque fourbes qu'ils soient, vaudront encore mieux que vous et vos affidés. Le prince de Condé avait bien raison de dire : *Ce vieux renard, qui jusqu'ici a trompé Dieu et le diable, ne se lassera jamais d'outrager les bons serviteurs de l'État, à moins que le parlement ne congédie et ne punisse cet illustrissime faquin de Piscina.*

« Croyez-moi donc, comportez-vous de manière à mériter ma bienveillance, c'est à quoi vous ne sauriez trop vous étudier. Dieu vous préserve d'aventurer jamais le moindre propos indiscret sur ma personne; quoiqu'au bout du monde, je serai instruite de vos menées. J'ai des amis et des courtisans à mon service qui sont aussi adroits et aussi surveillants que les vôtres, quoique moins bien soudoyés. »

Louis XIV disait, quelques années plus tard, à propos de cette insolente lettre qu'il voyait pour la première fois : « Si un tel écrit me parvenait, à cette heure, de cette ribaude, j'irais incontinent à Fontainebleau lui donner le fouet, sauf ensuite à me laver les mains; puis, je la ferais jeter par mes valets de pied hors de mon palais, et conduire par des archers hors de mon royaume! »

La reine Christine mourut à Rome, non pas dans mes bras, Dieu merci, mais à mes pieds. Les dépouilles mortelles de Monaldeschi sont encore à Fontainebleau, au bout du parc, dans le petit village d'*Avon*.

Fontainebleau.

En 1661, le dauphin, fils de Louis XIV, naquit à Fontainebleau; en 1685, le grand roi signa, dans ce palais, la révocation de l'édit de Nantes; en 1686, Fontainebleau recueillit le dernier soupir du prince de Condé.

J'ai lu, dans un beau livre d'histoire, que le palais de François Ier devait beaucoup à la munificence de Louis XIV; je n'en crois rien. Fontainebleau ne doit pas grand'chose au soleil du grand roi, qui réservait toutes ses splendeurs pour le château de Versailles; je me trompe : Fontainebleau est redevable à Louis XIV d'un magnifique appartement, composé de cinq pièces, tout rempli de ces petites merveilles qu'on appelle des meubles de Boule. Cet appartement était la profane retraite de madame de Maintenon.

Dans mes lointains voyages, durant une bonne partie du xviiie siècle, je n'entendis répéter à l'écho aucun bruit qui vint me parler encore de la grandeur éclatante du palais de Fontainebleau : la régence se trouvait à merveille dans son boudoir du Palais-Royal, et Louis XV n'avait rien de mieux à faire que de s'en aller à la chasse dans le *Parc aux Cerfs;* il me semble pourtant que Louis XV épousa, dans le palais de Fontainebleau, Marie Leczinska, la fille de Stanislas, roi de Pologne.

Peut-être se passa-t-il, à cette époque, dans la résidence favorite de François Ier, des scènes historiques d'une certaine importance, d'un certain intérêt; mais, en ce temps-là, je me trouvais assez mal placé pour les connaître, et à vrai dire, les historiens du xviiie siècle ne les connaissent pas davantage.

Depuis le jour de mon installation, de mon exil volontaire dans ce bienheureux pays, j'ai assisté à d'étranges spectacles donnés par l'histoire, à des spectacles pleins de majesté, de grandeur et d'épouvante. Sous l'empire, j'ai vu à Fontainebleau Jérôme Bonaparte qui épousait la fille d'un roi, par la grâce de Dieu et du génie de son frère. J'ai vu Napoléon lui-même qui épousait, dans tout l'éclat de sa puissance et de sa gloire, l'archiduchesse Marie-Louise. J'ai vu l'empereur qui décidait du sort de l'Europe, dans ce petit pavillon de *l'Étang* dont je vous ai déjà parlé, dans ces parterres qu'il avait embellis, et surtout dans ce petit jardin anglais qu'il avait fait exécuter par l'architecte Hurtaut. Les embellissements de Fontainebleau coûtèrent plus de dix millions à l'empereur.

Je me souviens d'avoir aperçu un matin, dans l'allée de l'Étang, Napoléon qui se promenait avec le pape Pie VII !

Je le vis encore, pour la dernière fois, à Fontainebleau, le 20 avril 1814 : ce jour là, à une heure, l'empereur sortit de ses appartements pour descendre dans la cour du Cheval Blanc; il avait autour de lui le duc de Bassano, le général Belliard, le colonel Anatole de Montesquiou, le comte de Turenne, le colonel Gourgaud, le baron Mégrigny, le général Fouler, le baron Fain, le lieutenant-colonel Atthalin, le baron Lelorgne d'Ideville, le chevalier Jouanen, le général Kosakowski et le colonel Wousowitah. — Mon Dieu! que cette vieille garde se tenait immobile et muette en un pareil moment, et comme ils versaient des larmes solennelles ces hommes admirables qui n'avaient jamais pleuré en passant par Arcole, par Aboukir, par Marengo, par Austerlitz, par Iéna, par Wagram et par Moscou?.... Mon Dieu! comme ils contemplaient, avec toute la douleur d'une séparation suprême, et leur empereur et leur aigle!

Je le vois encore, ce pauvre empereur : il était bien pâle, bien triste, bien humilié peut-être; mais, il me semblait toujours bien grand, allez! Le son de sa voix remua cette masse immobile qui représentait la grande armée, et qui se prit à tressaillir comme par enchantement; l'empereur remercia ses soldats, et vous savez de quelle façon sublime il daigna les remercier; ensuite, il embrassa l'aigle impérial, il embrassa le drapeau de sa gloire, il embrassa le général Petit, et il légua au monde entier le souvenir des *Adieux de Fontainebleau*.

J'ai vu tomber bien des grandeurs et s'abîmer bien des puissances ; j'ai vu çà et là, à travers la terre que j'ai parcourue durant des siècles, des chutes profondes, des infortunes éclatantes et des douleurs infinies ; j'ai vu des rois écrasés sous les débris d'un trône, des grands hommes de guerre qui succombaient dans la bataille en apercevant de loin la victoire, des innocents qui mouraient de la main du bourreau, des princes exilés par leurs peuples, des martyrs qui s'en allaient vers Dieu par la route de l'échafaud ; eh bien! si j'en excepte le spectacle du Fils de l'homme portant sa croix sur la route du calvaire, jamais rien de grand, de solennel, de terrible, ne m'a plus ému, effrayé, remué, que le dénoument de cette tragédie impériale à Fontainebleau!

Hélas! jugez de ma surprise, de ma joie, et de mon admiration, lorsqu'un beau matin, à mon réveil, au mois de mars 1815, j'entendis parler de la résurrection du demi-dieu de la guerre. Oui, l'empereur Napoléon avait brisé son sépulcre de l'île d'Elbe; il avait trompé la vigilance des gardes; il avait retrouvé ses apôtres, ses amis fidèles; il avait de nouveau parlé au peuple et à l'armée; il avait rendu l'essor à son aigle, et l'aigle impérial s'était mis à voler à travers l'empire de clocher en clocher. Oui, l'empereur Napoléon avait traversé la France; il avait frappé, la veille encore, à la porte du palais de Fontainebleau, et au moment où l'on me parlait de la sorte, le prisonnier de l'île d'Elbe était déjà dans le château des Tuileries, sur son trône!... Quelle histoire! quelle odyssée! quelle fable! quel roman! quel poème!

La restauration n'a guère laissé, dans le palais de Fontainebleau, que le souvenir du mariage du duc de Berri avec la princesse Caroline de Naples. Je ne veux pas être injuste envers Louis XVIII : il se souvint de sa visite à Fontainebleau, en 1816, et il chargea les artistes les plus célèbres de son règne de restaurer, avec une magnificence royale, la galerie de Diane.

C'est véritablement la révolution de juillet qui a ressuscité l'admirable création du Primatice et de François Ier ; c'est la royauté de 1830 qui a rendu au palais de Fontainebleau, avec une prodigalité souveraine, tous les caprices, toutes les fantaisies poétiques du xvie siècle, et la sévère majesté de la cour de Henri IV, et la noble élégance du règne de Louis XIII, et la grandeur de Louis XIV, et jusqu'aux brillantes ferrures forgées par le roi Louis XVI.

Rien ne manque à cette magnifique résurrection : tout y est à sa place d'autrefois, depuis les ornements de la chapelle de Saint-Louis jusqu'à la petite table sur laquelle fut signée l'abdication de l'empereur Napoléon ; depuis les fleurs de la chambre habitée par Catherine de Médicis jusqu'aux meubles de l'appartement occupé par l'impératrice Marie-Louise.

Oui, oui, la résurrection est complète : les portes, les plafonds, les parquets, les meubles, les vitraux, les chefs-d'œuvre de toile, de marbre ou de pierre, l'or, la couleur, l'écaille, l'argent, l'émail, l'ivoire et le velours, toutes les richesses, toutes les merveilles de trois siècles sont là, devant vous, et nous pouvons encore admirer à Fontainebleau un palais splendide et digne des plus grands monarques de ce monde.

L'œuvre de mon ami le Primatice reparaît comme par enchantement : l'histoire d'Hercule se dessine de nouveau sur ces vastes murailles avec toute la vigueur de cet historiographe qui nous parlait si bien de fable avec un pinceau. Voilà la *galerie de François Ier* avec toutes sortes d'ornements et de sculptures ! Voilà la fameuse *porte dorée*, ce charmant et simple chef-d'œuvre du grand artiste. Enfin, je le répète, le palais de Fontainebleau a repris à la poussière, au plâtre, au mortier, à la chaux, au papier peint, au néant, la création tout entière du Primatice.

Le palais de Fontainebleau, ainsi métamorphosé par un prodige de patience, de dévouement et d'habileté, fut choisi en 1837 pour être le magnifique témoin du mariage du prince royal, le duc d'Orléans, avec la princesse Hélène de Mecklembourg. Le contrat fut signé dans la salle de Henri II ; la bénédiction nuptiale fut donnée dans la chapelle fondée par Saint-Louis, restaurée par François Ier et embellie par Henri IV. Le mariage protestant eut lieu dans la galerie Louis-Philippe.

Ce jour-là fut un grand jour de fête pour la ville de Fontainebleau, qui se croyait revenue sans doute aux splendeurs royales des plus beaux siècles de la monarchie française.

Je n'ose pas vous entretenir de la ville même de Fontainebleau ; j'ai peur d'en dire trop de mal ou de n'en pas dire assez de bien. Certes, c'est une ville convenablement bâtie, elle a des rues très-larges, des maisons élégantes, des magasins luxueux, des hôtelleries superbes..... une belle tête, mais de cervelle point! En d'autres termes, elle n'a pas de commerce, elle n'a pas d'industrie, elle n'a pas d'argent.

Fontainebleau est un séjour fort triste pour tout le monde, excepté pour moi. Est-ce que je n'ai pas à ma disposition une forêt, un parc, des jardins et un palais magnifiques? Est-ce qu'il m'est interdit d'aller deviser des grandes choses d'autrefois avec les hommes d'élite qui ont fait l'honneur et le plaisir de notre histoire? Est-ce que je n'ai pas le droit d'aller frapper à la porte de Henri IV et de François Ier, de Louis XIV et de Napoléon? Est-ce que je n'ai pas dans le parc de Fontainebleau la petite église d'*Avon* où je vais interroger les tombes de Monaldeschi, de Daubenton et d'Étienne Bezout? Est-ce que je n'ai pas dans la forêt de Fontainebleau *l'Ermitage de la Madeleine*, fondé par un pauvre diable qui avait perdu la tête en voyant une figure de la belle pécheresse repentie, peinte par Raphaël? Est-ce que je n'ai pas, tout près de Fontainebleau, la petite ville de Moret, dont l'église est un monument fort remarquable? Moret se glorifiait autrefois du voisinage de la jolie maison de chasse de François Ier, sculptée par Jean Goujon. Ce charmant édifice, démoli en 1826, a été transporté à Paris, et on le voit encore, m'a-t-on dit, sur le Cours-la-Reine. Est-ce que je n'ai pas la douce liberté d'aller à pied, à cheval ou en voiture jusqu'à Nemours et Montereau? Enfin, est-ce que, durant la mauvaise saison, quelque chose m'empêche d'aller voir mademoiselle Thévenin, qui radote assez agréablement sur les petits scandales du xviiie siècle, ou madame Mainvielle-Fodor qui sait écrire et chanter la plus délicieuse musique.

Je commence à me fatiguer pourtant, et je me fais triste et assez vieux; il ne me reste plus qu'à terminer mes mémoires. Après cela, ma foi! je mourrai en bon chrétien, je l'espère, et le plus spirituellement qu'il me sera possible. Je suis de l'avis de M. de Talleyrand : l'on n'a besoin de beaucoup d'esprit que pour mourir.

Louis Lurine.

SAINT-GERMAIN.

Tout au sommet de la haute montagne dont la Seine baigne le pied verdoyant, à cinq lieues, à l'ouest de Paris, à trois lieues au nord de Versailles, dans l'enceinte éclairée de l'antique forêt de Lyda, s'élève une ville royale qui fut longtemps remplie de toutes les royales splendeurs. Asile aimé des rois de France, chênes géants que parcourait la chasse royale, du matin au soir, et dans ses plus magnifiques appareils, château construit sur les fondations d'une chapelle, de ces hauteurs charmantes vous pouvez contempler, à vos pieds, l'immense cité qui ne se repose ni la nuit ni le jour. Le volcan est au bas de la montagne ; heureuse la noble colline d'être à l'abri de ces passions et de n'entendre que de loin ces violentes rumeurs ! Le premier des bons rois qui traça dans la forêt ces frais sentiers souvent battus par le roi Henri IV, ce fut Louis-le-Gros en personne. Roi actif, il aimait la chasse, cette joie des souverains, cette image pacifique de la guerre, cette fête des forêts sombres ; il se plaisait à découvrir, de temps à autre, à travers l'éclaircie des arbres, cette belle rivière qui va comme à regret se perdre dans les nuages de l'Océan. Le château de Louis-le-Gros, qu'abritait la chapelle de Saint-Germain, devint un lieu de repos et de consolation pour la plupart des rois de France ; là s'en vint Louis-le-Jeune, pour déplorer tout à l'aise la perte de sa femme Eléonore d'Aquitaine et de cette dot opulente que la belle Eléonore emportait tout entière à la famille des Plantagenets ; là, Philippe-Auguste, triomphant du dernier des Plantagenets, s'en vint pour mieux jouir de la Normandie conquise ; il se disait, maintenant que la ville de Rouen venait d'ouvrir ses portes au roi de France, que désormais le dernier pont construit sur la Seine appartenait au roi Philippe-Auguste. Avoir la Seine et l'Océan, Rouen et Paris, la Normandie et l'Isle-de-France, se reposer à moitié chemin de son royaume et de sa conquête, c'était un beau rêve, c'était noblement recommencer la monarchie. A Saint-Germain, plus tard, est venu le saint roi Louis IX ; âme austère, vertu prévoyante, simple et ferme majesté, Louis IX aimait le repos de ces campagnes, il se plaisait à ces ombres propices ; il n'était pas loin de l'église de son baptême, quand il s'appelait Louis de Poissy. A Vincennes, il était roi et juge suprême ; à Saint-Germain, il était un soldat qui se repose. La vieille forêt couvrait de son ombre respectueuse, le soldat, le héros qui devait succomber dans les sables brûlants de l'Afrique. Belle histoire, cette histoire de France qui se retrouve dans tous les beaux paysages, dans tous les doux aspects ! car nos rois avaient au plus haut degré le vif sentiment des beaux paysages, des beaux coins préférés sous le beau ciel de la France ! Après le roi son père, et quand il eut porté sur ses épaules triomphantes la dépouille de saint Louis sous les voûtes de Saint-Denis, Philippe-le-Hardi s'en vint à Saint-Germain pour se recueillir, comme un homme qui vient d'accepter une grande tâche ; tâche difficile, en effet, remplacer un si grand roi !

L'ennemi des Templiers, Philippe-le-Bel, a tenu au château de Saint-Germain cour plénière. Déjà le château prenait un aspect étrange : c'étaient des bruits inaccoutumés, c'étaient des aventures incroyables, des événements à confondre l'intelligence humaine ; ces murs attristés qui avaient assisté aux simples repas du roi Louis IX et à ces honnêtes propos d'une table sérieuse et chrétienne, s'étonnèrent de tant de nouveautés hardies... L'incendie vint, qui dévora le château de Saint-Germain ; avant l'incendie étaient venus les Anglais à plusieurs reprises, qui avaient apporté en ces beaux lieux le fer et la flamme. Mais ces villes du moyen âge, un rien les renverse, un souffle les rebâtit : elles disparaissent et elles se montrent de nouveau, comme fait l'herbe des champs. Abattre et construire pour abattre encore, voilà toute l'histoire de ces rudes époques. De nos jours, ce qui est une ruine reste une ruine ; tout ce qu'on peut faire, c'est de déblayer la place et d'y construire une maison à cinq étages.—C'est le roi Charles V qui eut l'honneur de reconstruire le château de Saint-Germain détruit sous Philippe-le-Bel. Qui l'eût jamais dit, que ce roi *le sage*, pressé par tant d'affaires importantes, par exemple, une monarchie à sauver, trouverait le temps de replacer dans sa position naturelle la maison de Louis-le-Gros ! Voilà deux bons maîtres pour commencer une ville, Louis-le-Gros, Charles-le-Sage. Sous Charles VI, la France est occupée à d'abominables discordes ; sous Charles VII, il n'est pas question du château de Saint-Germain ; les temps sont remplis de tristesses, de travaux, de luttes intestines ; Saint-Germain n'est plus une maison de plaisance, c'est une forteresse : car telle était la prévoyance de Charles-le-Sage ; au besoin, dans la maison qu'il s'était bâtie, on pouvait se défendre et protéger le cours de la rivière. Vint enfin le roi Louis XI. Celui-là il n'est guère amoureux des belles choses qui ne servent qu'à la joie des princes ; il n'aime pas les lieux de plaisance ; il s'inquiète peu d'augmenter le nombre de ses maisons de campagne, pourvu qu'il fortifie ses bastilles et ses donjons. Eh ! quel plaisir pouvait trouver le roi Louis XI à contempler toute cette verdure? Que lui importent ces beaux arbres, ces vastes jardins, ces belles eaux limpides, ces oiseaux qui chantent, et le printemps aux mélodies faciles qui semble avoir posé son empire sur ces magiques hauteurs? La vie de cet homme, la voilà tout entière : triompher, prendre et mourir. Il n'a pas d'autres moments de joie que de regarder, à travers les grilles de son château du Plessis-lès-Tours, les paysans qui dansent ! A cinquante-sept ans, c'était déjà un vieillard ; il était tout pâle et tout courbé, et il prenait des bains de sang. Sa chasse à lui, c'était la prise des états, des duchés, des royaumes : Bretagne, Anjou, Provence, Bourbonnais, Perche, Maine, Flandre et Bourgogne, à la bonne heure ; mais des daims et des cerfs, et les hasards de la forêt de Saint-Germain, y pensez-vous? Il y pensait si peu, qu'il donna, lui qui ne donnait guère, le château même de Saint-Germain à son médecin Jacques Coittier. La chose étrange, Jacques Coittier, sire de Saint-Germain-en-Laye ! Il fallait que cet homme eût pris une grande autorité sur l'esprit de son malade. Quoi ! ce roi tout-puissant, absolu, inquiet, avare, qui ne donne rien à personne, qui se méfie de chacun et de tous, le voilà qui donne à son médecin un domaine royal ! Tout le secret de Coittier consistait à rudoyer Louis XI ; il parlait au maître de tant de gens comme il n'eût pas parlé au dernier goujat de l'armée. Inflexible dans sa mauvaise humeur, d'une avidité égale à son audace, le médecin Coittier disait à Louis XI : « Je sais bien qu'un beau jour vous m'enverrez où déjà vous avez envoyé tant de vos serviteurs ; mais, par la mort Dieu, huit jours après moi, vous serez mort ! » Et il faisait trembler le roi, et ce roi-là, à qui les princes ne parlaient qu'à genoux, il flattait ce Coittier, ce malotru, ce manant, ce bourgeois de la ville de Poligny en Franche-Comté, et il avait porté ses gages jusqu'au prix énorme de dix mille écus par mois, et il lui avait donné les seigneuries de Rouvrai et de Saint-Jean de Brussay, et enfin la seigneurie de Saint-Germain-en-Laye et de Triel ; et Coittier se fit nommer président de la cour des comptes ! Tant la peur d'un roi malade sait opérer de miracles... Mais quand enfin son malade eut rendu l'âme, le médecin Jacques Coittier eut à compter avec le parlement, qui fit rentrer la couronne dans les biens aliénés par le feu roi, et c'est ainsi que le château de Saint-Germain redevint une demeure royale. Le roi du seizième siècle, le roi des élégances chevaleresques, des belles dames et des poètes, François Ier, est véritablement le créateur du château de Saint-Germain ; il a accompli ce que Louis-le-Gros et Charles V n'avaient fait qu'entrevoir ; il a indiqué au roi Louis XIV, tous les embellissements à venir. Tel qu'il est encore aujourd'hui, livré à une ruine pire que l'abandon le plus complet, demeure royale dont on a fait une prison, le château de Saint-Germain a été construit par le roi François Ier. Là s'élevait la tour de Charles V ; la tour a été rasée sans pitié, et alors nous sont apparues ces rares magnificences de la pierre de taille ; ces voûtes imposantes, cette haute plate-forme, vaste plaine apportée sur la montagne ; ces balustrades, ces colonnettes, ces pilastres, ces caprices infinis, ces chiffres d'un roi jeune, passionné et brave ; la salamandre qui grimpe partout et que les révolutions n'ont pas pu chasser de ces murailles, les deux FF entrelacés qu'abrite de son ombre splendide la couronne royale ; la salle des gardes, la cheminée construite par des géants pour des géants. Immense espace où la fleur de lis se mêle à la salamandre. Devises, emblèmes, souvenirs, féeries, des toits à perte de vue, de longues fenêtres qui dominent toute la perspective. Oh ! que de fêtes, que de joie dans ces murs ! Quelle brillante cour ! Princes et seigneurs, grandes dames et beaux esprits, Marot au lever du roi avec son fils Clément, toute l'Europe qui attend ce que va

dire Saint-Germain ; les fêtes, les carrousels, les devises amoureuses ; les passions qui entrent et qui sortent; la guerre, la poésie, le pouvoir, la religion ; Luther qui gronde au loin ; les artistes de l'Italie; le château de Gaillon vaincu par Saint-Germain; le Primatice et la duchesse d'Étampes ; Fontainebleau qui s'anime d'une émulation sans égale ; tout l'esprit, tout le génie, toute la grâce du seizième siècle ; Florence qui conseille et qui loue ; les grands architectes de Gênes qui se font raconter les merveilles de l'art français, et tout ce que la forêt ne peut pas dire. C'est le beau moment du château de Saint-Germain. Le roi l'aime et l'habite, le roi en parle dans sa prison de Madrid. En ce temps-là, dans les bois de la seigneurie de Versailles, dans ces sombres futaies, dans ces marais fangeux, sur ce sol monotone, parmi ces broussailles chères au sanglier, nul ne s'attendait à voir sortir ce palais de marbre et d'or, cette folie immense du roi Louis XIV, ce toit sans fin qui devait abriter tout le grand siècle. Sur ces hauteurs et dans ce ciel éclatant, l'histoire présente et l'histoire à venir ne contemplaient que le château de Saint-Germain !

Vous pouvez voir encore, dans toute son étendue solitaire, dévorée par l'herbe et le lichen, l'immense place qui fait face au château de François Ier. Une armée pourrait facilement se mouvoir dans cet immense espace ; et tout d'abord on se demande quelle histoire s'est accomplie ici même ? Or voilà l'avantage de ces monuments qui comptent plus d'un siècle : on peut dire de ces vastes espaces : à chaque pas, à coup sûr, nous mettons le pied sur une histoire : *quâcumque ingredimur, in aliquam historiam vestigium ponimus!* Et cette histoire, la voici :

Il y avait à la cour du roi François Ier un jeune homme d'un très-beau nom et d'une très-belle figure, qui avait été élevé aux frais du roi dans le château même de Saint-Germain ; ce jeune homme s'appelait François de Vivonne, seigneur de la Châteigneraie ; il était fils d'André de Vivonne, grand sénéchal de Poitou. Le roi lui-même avait voulu être son parrain. Le roi aimait ce jeune homme comme un père aime son enfant; il l'appelait *sa nourriture*, il l'appelait son fils ; il en avait fait un gentilhomme de sa chambre à l'âge où c'est à peine si les jeunes gens sont appelés à être écuyers ; mais aussi le courage, l'esprit, la grâce du jeune la Châteigneraie justifiaient à merveille la prédilection du roi. En fait d'audace et de courage, si les autres en avaient assez pour en montrer l'échantillon, celui-là en avait la pièce tout entière. Comme il est mort à vingt-six ans, emporté par le traître dieu Mars, Brantôme, qui était le propre neveu de M. de la Châteigneraie, n'a pu raconter que les commencements du jeune et vaillant capitaine. On l'avait remarqué à l'assaut de Coni, au ravitaillement de Landrecies et de Terruannes ; il s'était distingué à la journée de Cerisolles ; chargé de porter le guidon du roi, il avait trouvé que cela l'empêchait de se bien battre et il avait attaché le guidon autour de son corps. On l'aimait à la cour pour sa générosité, pour ses belles grâces, pour son esprit; le dauphin l'aimait autant que le roi. Du reste, fort amoureux, fort libéral, excellant dans tous les exercices, adroit une épée à la main, que c'était merveille; menant toujours après lui quelque maître d'armes fameux, jusqu'à ce qu'il en sût tout le secret, et en faisant venir d'Italie quand il n'avait plus rien à apprendre du dernier. Sa maison était montée comme la maison d'un prince : c'était une vraie école de toute vertu, exercice et honnêteté. Tout ce qu'il avait, il le donnait aux bons hommes de guerre, et à la bataille il ne se mettait devant le soleil de personne; au contraire, le soldat ou le capitaine qui se conduisait bravement, était désigné à la récompense par M. de la Châteigneraie lui-même. Du reste, très-fier avec les superbes, ne souffrant pas de rivaux de son courage, et cité parmi les meilleurs de l'armée. « Nous sommes quatre gentilshommes de la Guienne, Châteigneraie, Vieilleville, Bordillon et moi, qui tenons tête à tout venant, » disait François Ier. La cour, quand elle voulait citer des braves parmi les braves, avait composé tout exprès ces deux vers :

> Châteigneraie, Vieilville et Bordillon
> Sont les trois hardis compagnons.

Tel était le héros de notre histoire : redouté des hommes, aimé des femmes. On disait que son père, quand le maréchal de Vivonne suivit à Naples le roi Charles VIII, en avait rapporté une merveilleuse recette que lui avait indiquée un célèbre médecin italien : c'était une poudre d'acier et d'or que M. de Vivonne faisait prendre à son fils, et qui le rendit plus impétueux que la foudre, plus dur que l'acier. « S'il va jamais en enfer, disait son père, il fera tant de peur aux diables qu'ils fuiront pour le laisser tout seul. » Les dames l'aimaient, parce qu'il était insolent, jeune et beau : « Bien estoit-il brutal, mais le teint fort beau et délicat, et fort aimable. » Ainsi donc toutes les qualités sont réunies pour que nous portions un vif intérêt au héros de notre roman.

Or voici quelle fut la cause de ce terrible duel du château de Saint-Germain. Parmi les favoris du roi, élevés à la même école, il fallait compter le sire Guy de Chabot—Jarnac, le beau-frère de cette admirablement belle duchesse d'Étampes, qui fut si longtemps la maîtresse souveraine de cette cour. Le seigneur de Jarnac et le seigneur de Châteigneraie, sans avoir jamais été bons amis, avaient été compagnons d'armes et de cour; Jarnac était d'ailleurs plus vieux de dix ans que la Châteigneraie, et il ne s'était guère placé sur son chemin que les jours de bataille. Il n'y avait donc entre eux ni amitié, ni haine; ils se voyaient beaucoup et se parlaient peu. Cependant, un jour que M. de Jarnac était en train de tout conter au dauphin, il se mit à dire plus d'un mauvais propos contre madame de Jarnac, sa belle-mère, et qu'elle n'avait rien à refuser à lui, Jarnac, et autres propos malséants. Le dauphin, de son côté, s'en va imprudemment raconter, à qui veut l'entendre, l'étrange révélation de Jarnac, à la grande douleur de la duchesse d'Étampes, qui voit sa famille devenir ainsi la fable de la cour, à la grande joie de Diane de Poitiers et de ses amis, qui montrent au doigt M. de Jarnac et sa belle-mère. Tout le château de Saint-Germain fut bientôt rempli de ces méchants bruits, et il en vint quelque chose aux oreilles du roi François I*er*, qui se faisait vieux et qui n'aimait plus guère le scandale. Alors le roi, à la prière de la duchesse d'Étampes, veut que l'on remonte à la source de ces rumeurs; il ordonne une enquête sévère, et comme, de *on dit* en *on dit*, on allait remonter jusqu'à M. le dauphin lui-même, la Châtaigneraie, en vrai chevalier de M. le dauphin, et pour lui éviter quelque coup de boutoir du roi son père, soutient fort et ferme que c'est à lui, la Châtaigneraie, que M. de Jarnac a fait cette étrange confidence des bontés de sa belle-mère, et qu'il le soutiendra envers et contre tous ! Là-dessus grande rumeur, grandes agitations des deux femmes rivales : Diane de Poitiers est triomphante, la duchesse d'Étampes est furieuse. Jarnac, abasourdi, répond à la Châtaigneraie par un démenti formel ; mais, bientôt, fatigué de tout ce bruit, le roi impose silence à ces deux ennemis dont la haine sera désormais implacable. Or, ce que voulait le roi François I*er*, il fallait le vouloir ; il n'était pas homme à pardonner les désobéissances, et malheur à qui troublait son repos !

Sur l'entrefaite, le roi meurt ; M. le dauphin s'appelle le roi Henri II. Alors la querelle de Jarnac et de la Châteigneraie se ranime plus que jamais violente et passionnée ; l'un et l'autre ils demandent au jeune roi le champ clos pour vider leur querelle. Henri II n'avait rien à refuser à celui qui s'était fait son champion et, partant, le champion de sa dame... le champ est accordé, les deux ennemis se battent, en présence du roi et de toute la cour, dans ce vaste espace qui précède le château de Saint-Germain. Le plus grand appareil fut apporté à cette sanglante cérémonie. Toutes les passions étaient soulevées. Les deux familles rivales étaient en présence ; l'intérêt était immense ; le roi ne s'en cachait pas, il faisait des vœux contre M. de Jarnac, et véritablement la Châteigneraie était si habile et si fort, et si brave, et si expert en ces sortes de batailles ; M. de Jarnac, au contraire, paraissait si calme et si fort oublieux de ces exercices des guerres, que l'issue du combat ne semblait pas douteuse. Aussi bien la Châteigneraie se présente comme à une fête ; il ne dispute ni sur les armes offensives, ni sur les armes défensives ; il accepte toutes les conditions des parrains de M. de Jarnac. Le grand point pour M. de Jarnac, c'était de ne pas se battre corps à corps, son antagoniste l'eût étouffé, tant il était un rude jouteur! car *pas un Breton* n'eût osé se commettre avec la Châteigneraie. Jarnac plaça donc à son bras un bouclier tout d'une venue, raide et tendu comme un mur d'airain, si bien que la Châteigneraie ne pouvait entamer cet obstacle ; car il avait été blessé au bras droit, à Turin, et ce bras-là s'en était toujours ressenti. Les témoins de la Châteigneraie eurent encore le grand tort de ne pas se méfier de son ardeur impatiente, de l'abandonner tout chaud à son courage et de ne pas comprendre combien M. de Jarnac, maître de lui et maître de son épée (il avait reçu des leçons d'un certain capitaine italien nommé Caise), devenait dangereux. Il est de fait que le roi lui-même eut trop grande confiance dans l'habileté éprouvée de son champion. Quand enfin la Châteigneraie et Jarnac se trouvèrent en présence et l'épée à la main, je vous laisse à penser l'effroi des dames,

le silence des hommes, la curiosité de tous ! La Châteigneraie avait amené avec lui cinq cents gentilshommes, la fleur de la cour et de l'armée, tous vêtus de ses couleurs : blanc et incarnat ; M. de Jarnac avait à peine cent gentilshommes vêtus de blanc et de noir, et s'il n'y eut pas en ce lieu une épouvantable mêlée de tous ces courages, ce fut grâce à la prudence et à la sagesse de M. de Boissy, parrain du seigneur de Jarnac, et de M. de Vendôme, depuis roi de Navarre, qui ne furent pas d'avis que M. de Jarnac, après sa victoire, se promenât sur cette arène sanglante au bruit des tambours et des trompettes. Quant au roi Henri II, il avait déjà oublié son favori la Châteigneraie à peine eut-il été mort.

Mais, pour en revenir à ces *fureurs de l'épée,* comme dit Brantôme, le combat entre la Châteigneraie et M. de Jarnac ne fut pas de longue durée. La Châteigneraie s'avançait plein d'ardeur et de résolution, lorsque, par un coup rapide et qui s'appelle encore aujourd'hui le *coup de Jarnac,* la Châteigneraie se sent blessé à la jambe : il tombe. La cause de M. de Jarnac était gagnée ; seulement, d'après la loi des duels, il fallait que ce brillant la Châteigneraie avouât qu'il avait menti et demandât grâce au vainqueur, ce qui était tout simplement impossible pour un homme qui était le plus dédaigneux des hommes et *haut à la main.* — Il ne fallait donc pas compter que la Châteigneraie, ainsi abattu, donnerait toute satisfaction au vainqueur ; bien plus, il n'y eut jamais si grand mépris que le mépris de son visage ; il restait couché dans l'arène sanglante, sans mot dire ; en vain Jarnac, les mains jointes, priait et suppliait la Châteigneraie de lui rendre l'honneur ; la Châteigneraie ne disait mot. — Alors Jarnac se retourne vers le roi, et à genoux, devant tous, à trois reprises, il prie le roi de répondre pour la Châteigneraie. Le roi garde le silence ! Vous pensez toute la solennité d'un pareil moment ! Et ils étaient là, tous, les uns et les autres, amis du vaincu et du vainqueur, d'Ascot, Montmorency, MM. de Guise, le prince de Condé, M. de Nevers et mademoiselle de Nevers, et M. de Montpensier, M. Strozzi, M. de Randon, M. de Lusignan, madame d'Angoulême, M. de Nemours, M. de Châtillon, M. de la Gave, et tous ces beaux jeunes gens, et toutes ces belles jeunes filles qui allaient être bientôt l'escadron volant de la reine Catherine de Médicis. Moment plein d'angoisses et de tortures ! A la fin, le roi consentit à accepter la Châteigneraie, c'est-à-dire à répondre pour lui, et la Châteigneraie fut enlevé du champ clos. — On voulait le sauver, on pouvait le sauver ; mais lui, esprit hautain, âme inflexible, il ne put pas se résigner à vivre ; il comprit qu'il n'y avait plus pour lui ni hommage, ni louange, ni respect dans cette jeune cour qui s'annonçait si brillante ; d'une main ferme il arracha l'appareil posé sur la blessure. Ainsi mourut, à vingt-trois ans, le beau, l'élégant, l'intrépide, l'amoureux François de Vivonne. Le roi lui avait promis la charge de colonel général de l'infanterie française. Il fut pleuré des uns, il fut peu regretté des autres ; il avait un de ces courages importuns, toujours prêts à la bataille ; très-heureux, du reste, de n'avoir pas vécu sous M. le cardinal de Richelieu ; il serait mort peut-être d'une mort plus triste et dans un moins pompeux appareil.

Donc, ce règne si court du roi Henri II commence par un duel et se termine par un tournoi ; Henri II meurt d'une mort aussi malheureuse et plus imprévue que son ancien ami la Châteigneraie. La maison de

Valois s'éteint peu à peu dans ces misères. Oh! si nous voulions interroger tous les souvenirs du château de Saint-Germain ; s'il nous plaisait, après avoir ranimé les souvenirs des rois et des capitaines, de rappeler les galanteries et les amours, nous retrouverions plus d'une histoire amoureuse sous les lambris, plus d'une belle dame qui se cache sous les ombrages. C'est l'heure des folies peu correctes, des amours que rien n'arrête, des scandales dont nul ne se fâche. Louis XIV ne viendra que plus tard, pour régler même les emportements de la cour de France. Au besoin, le château de Saint-Germain vous dirait toute la vie de Catherine de Médicis. Elle marchait la tête haute, le regard dédaigneux et superbe, la jambe très-belle, le pied hardi et bien chaussé. On l'appelait la reine aux belles mains. A peine arrivée de Florence, elle prouve qu'elle était en effet une reine; elle enseigne aux plus belles dames de la cour plusieurs parures nouvelles qu'elle inventait elle-même chaque jour, pour tirer un meilleur parti de son orgueil et de sa beauté; elle traversait ces longues galeries accompagnée d'une immense suite de courtisans empressés à lui plaire, grands seigneurs et princes, cavaliers et pages, princesses et filles de la cour de France; elle marchait vêtue à la française, la tête couverte d'un chaperon orné des plus grosses perles, la robe à grandes manches de toile d'argent, fourrée de loup-cervier, et s'appuyant sur deux belles filles de haute taille qui souriaient à la beauté de leur souveraine. Le matin, elle allait à la chasse dans cette forêt immense, où elle dépassait les plus braves, arrivant la première à la mort du cerf et le regardant mourir sans froncer le sourcil; le soir, elle menait la danse, et alors elle daignait sourire. Elle était heureuse et gaie : le chat-tigre faisait patte de velours. Il n'y a pas, dans toute cette maison royale, un recoin si petit que la reine n'y ait conduit une intrigue de politique ou d'amour; il n'y a pas, dans cette vieille forêt, un carrefour, un sentier, où la reine n'ait galoppé à cheval, ayant été la première à mettre le pied sur l'arçon, ce qui donne bien plus de grâce que sur la planchette. Passé soixante ans, la reine Catherine montait encore à cheval, et, si elle tombait, elle se relevait hardiment. — Ou bien elle jouait à la paume, jeu viril, et elle gagnait les plus habiles; elle tirait de l'arc et elle touchait le but; elle inventait des jeux, des passe-temps, des poésies. Oui, certes, le théâtre du château de Saint-Germain est une ruine tout comme la chapelle; mais, dans ce théâtre, Catherine de Médicis avait fait représenter la *Sophonisbe* de M. de Saint-Gelais, et c'étaient ses filles qui déclamaient ces vers. Après la tragédie venait la comédie. Molière n'était pas né, non plus que Corneille. Les pantalonades italiennes faisaient rire aux éclats la petite nièce de Léon X et de Laurent-le-Magnifique. — Elle tenait l'aiguille à merveille; elle a composé les plus patients chefs-d'œuvre en tapisserie, laissant de bien loin la reine Mathilde, la femme de Guillaume-le-Conquérant, qui a écrit, en tapisserie, l'histoire de la conquête d'Angleterre, que vous pouvez voir à la bibliothèque de Bayeux. — Vous comprenez donc toute la vie de cette cour nouvelle, tout cet esprit, toutes ces intrigues, cette femme régente et gouvernante d'un royaume. — Et quand son mari fut mort, mort si jeune, tué si vite, cette reine qui s'empare de tout ce qui reste! — Nous n'écrivons ici que l'histoire du château. — La reine y donna un jour une belle fête aux Polonais qui venaient lui demander son fils pour la Pologne : seize dames et demoiselles des plus belles et des mieux apprises de la cour se présentèrent dans un rocher d'argent, et trente violons donnant le signal du ballet, les belles personnes qui représentaient les seize provinces de France vinrent présenter à la reine, au roi de Pologne, à monsieur son frère, au roi et à la reine de Navarre, les fruits de chaque province : la Provence, des citrons et des oranges; la Champagne, le blé; la Bourgogne, le vin; la Bretagne, des gens de guerre. Elle avait rapporté de Florence et elle avait appris du roi François Ier, son beau-père, passé maître en ces sortes de sciences, l'art de donner des fêtes royales. Elle aimait les riches habits, les nobles parures, les belles demoiselles bien vêtues, ordonnant qu'elles eussent bonne grâce et doux parler, afin que tout gentilhomme qui se présentait dans la chambre de la reine fût le bien venu et le bien reçu. Dans ce château de Saint-Germain, quand la reine y passait la belle saison, c'était cour plénière, pairs, ducs, comtes, palatins, barons et chevaliers de France, et qui mieux est, belles dames et demoiselles. — Au premier rang de ces dames, mesdames les filles de France, madame Élisabeth, qui fut reine d'Espagne; madame Claude, duchesse de Lorraine; madame Marguerite, reine de Navarre; madame la sœur du roi, duchesse de Savoie; la reine d'Écosse, depuis, dauphine et reine de France, cette belle, élégante, poétique et infortunée Marie Stuart; la reine de Navarre Jeanne d'Albret, et madame Catherine, sa fille, sœur du roi Henri IV, qu'il ne faut pas confondre avec sa femme, l'autre reine de Navarre; et la fille naturelle du roi Henri II, cette belle Diane. — Et après ces princesses du sang royal, les grands noms de la monarchie : la princesse de Condé; madame de Nevers, de la maison de Vendôme; madame de Guise, de la maison de Ferrare; Diane de Poitiers, duchesse de Valentinois; mesdames de Montpensier, de Rieux, d'Elbeuf, de la Roche-sur-Yon, d'Usez, de Brissac, de Châtillon, de Biron, de Joyeuse, du Bouchage, de Barbezieux, de Carnavalet, de Guémenée, de Lansac, de Villeroy, d'Entragues, de la Meilleraye, de Fargi, de Lude, de Sancerre, et les non mariées, à l'avenant. Elles portaient d'une façon légère et charmante, fières de leur beauté, heureuses de leur noblesse, ces grands noms célèbres dans toutes les batailles de la monarchie et la gloire des différentes provinces : Rohan, Sourdis, Saint-André, de Montbrun, et les quatre belles Écossaises, Flammia, Aton, Beton, Leyiston; mesdemoiselles de Fontpertuis, de Torigny, de Ribeirac; mesdemoiselles de la Châteigneraie (elles ne passaient jamais par la place où la Châteigneraie était mort), de la Châtre, de la Mirande, de Brissac, madame Dampkille, sœur de l'historien Davila, jeune grecque naguère échappée par miracle au massacre de l'île de Chypre; mesdemoiselles de Grammont, d'Estrées (*Gabrielle* et Diane), de Rostaing, de Barbezieux, et pour la plus belle fleur de cette fraîche corbeille de printemps de la France et de la cour, mademoiselle de Guise, fraîchement élevée, très-belle et honnête princesse, et mademoiselle de Longueville, douée de même vertu et de même beauté. Ainsi, dans cette cour dont la Saint-Barthélemy devait sortir, toute beauté abondait, toute majesté, toute bonne grâce; et à les voir les unes et les autres, ces nobles dames, ces jeunes filles, fort belles, agréables, bien accomplies et toutes bien taillées pour mettre le feu partout le monde, créatures plutôt divines qu'humaines, pas un n'eût pensé que toute cette joie devait aboutir à l'immense attentat qui a noyé la race des Valois dans le sang. Nul ne pourrait dire la suite de ces fêtes brillantes qu'on aurait prises pour des fêtes sans fin ! Noces des rois, entrée des princes, mariage des filles de France, le dauphin, le roi Charles, le roi Henri III, la reine d'Espagne, madame de Lorraine, et les noces de M. de Joyeuse, et les écharpes, les livrées, les Fête-Dieu et les Rameaux ; toute beauté, toute grâce, tout beau port, tout beau marcher, toute braveté, les riches litières, les belles haquenées harnachées, chapeaux garnis de plumes voletantes en l'air, qui semblaient demander amour ou guerre; toute cette riche et superbe bombance à la François Ier, cette cour plantureuse et splendide... tout cela s'en va et s'efface comme autant de fantômes surpris après minuit par la cloche qui sonne, à Saint-Germain-l'Auxerrois, le massacre des protestants.

Alors une voix plaintive se fait entendre à la porte du château de Saint-Germain-en-Laye ; deux ombres pâles et fatiguées se présentent demandant d'une voix troublée que la porte leur soit ouverte ; ces deux ombres sanglantes, ces deux meurtriers qui frappent ainsi, c'est la reine Catherine de Médicis, c'est son fils le roi Charles IX, deux assassins d'un peuple, que le remords amène à cet asile des fêtes de la galanterie et des plaisirs, et qui s'en viennent, loin de la fureur et de l'indignation populaires, chercher quelques heures d'un sommeil impossible dans le château de Saint-Germain !

Henri IV arrive, la race des Valois disparaît et s'éteint dans un nuage sanglant; enfin, après les rudes journées et les vives batailles, reparaissent quelques beaux jours de repos et de loisir. Le château de Saint-Germain se remplit de nouveau d'un bruit de fêtes et de plaisirs ; la chasse, ce grand plaisir des rois et surtout du roi Henri IV, remplit de nouveau de sa fanfare joyeuse la forêt royale : le Béarnais s'abandonne en toute vivacité à cette émotion des belles matinées ; plus d'une fois, au détour d'une allée, il rencontrait le charmant sourire de cette belle Gabrielle qui jouait, enfant, dans les jardins remplis de fleurs ; plus d'une fois aussi, à l'angle du carrefour, le roi voyait arriver M. de Sully, son voisin, qui venait de Rosny pour causer avec son maître des intérêts du roi et de l'avenir de la France. Un jour que le ministre était en belle humeur et plus facile à vivre que d'habitude, Gabrielle trouva que le vieux château était bien triste ; il était vieux, elle était si jeune ! Il rappelait de lugubres souvenirs, elle était dans tout l'éclat de la beauté et de l'espérance ! Bref, on bâtit un pavillon pour l'amour de Gabrielle ; mais le pavillon de Gabrielle a disparu, tout comme la forteresse de Louis-le-Gros et de Charles V. — Eh ! qu'y faire ? les siècles s'entassent sur les siècles, les amours sur les amours, les dynasties s'effacent, les maisons tombent et surtout les plus hautes. Après la gloire, ce qui se défend encore le mieux, c'est quelque vieux chêne séculaire qui ne gêne la vue de personne et que la cognée du bûcheron épargne par respect.

Henri IV mourut trop vite pour tout ce qui l'aimait, pour tout ce qu'il aimait. S'il eût vécu, il eût fait du château de Saint-Germain une résidence, royale à ce point que l'idée ne fût pas venue à son petit-fils d'abandonner ces demeures agrandies pour transporter, dans le fond du bois de Versailles, l'asile de sa royauté toute-puissante. Du *château neuf* bâti par Henri IV, rien ne reste plus qu'une vieille muraille ; les armoiries ont été effacées de cette pièce déshonorée ! Arrive alors cette cour nouvelle et prudente que M. le cardinal menait à sa suite quand il régnait sous le nom du roi Louis XIII. Le château de Saint-Germain prend alors un nouvel aspect. On y venait, dans les grandes circonstances, pour rêver à loisir des grandes affaires, pour avoir l'œil sur Paris et le tenir sous sa main puissante, pendant que se désespèrent les cabales de la cour. A tout prendre, le roi Louis XIII est triste, malheureux, timide, solennel ; il tremble devant le ministre, et en même temps il est honteux quand il vient à se dire que lui, le fils de Henri-le-Grand, il joue le rôle subalterne. Ah ! nous sommes loin de la gaîté, des plaisirs, des amours, des chasses du bon Henri ! Plus de hasards dans la forêt, plus de rendez-vous dans la maison, plus d'aventures et plus de bons mots au coin du bois ; seulement, de temps à autre, se glissent dans ces charmilles attristées quelques douces images, l'ombre innocente ou railleuse des beautés d'autrefois. Marie de Hautefort, jolie et moqueuse, qui cherche en riant les traces effacées de Gabrielle ; beauté piquante, toute disposée à aimer ce roi ennuyeux autant qu'ennuyé, mais qui, enfin, se lasse d'entendre à son oreille éveillée, pousser de ridicules et inutiles soupirs. Et après celle-là (le plus chaste souvenir du château de Saint-Germain), mademoiselle de Lafayette, aussi craintive que le roi lui-même, aussi patiente que mademoiselle de Hautefort l'était peu. — C'étaient là les beaux moments du roi Louis XIII ! — Mais, enfin, après deux années de cette innocence, mademoiselle de Lafayette se repentit tout autant que mademoiselle de Lavallière devait se repentir plus tard des fautes les mieux avérées. Elle voulut *expier,* pauvre enfant! une séduction si peu dangereuse, et elle alla enfermer dans un cloître sa beauté et sa pureté virginales. Mais, cependant, que vous deviez être étonnés, murs profanes et vous charmilles amoureuses, qui aviez prêté votre nuit et votre ombre favorables aux amours de François Ier et de Henri IV ! — Un jour d'hiver, comme le roi Louis XIII revenait de visiter, à la grille de son couvent, mademoiselle de Lafayette, il arriva que la reine Marie de Médecis, qui avait alors trente-six ans et quatre mois, se trouva enceinte du jeune roi Louis XIV ; et, en effet, le dimanche 5 septembre 1638, à onze heures et demie du matin, dans le château de Saint-Germain, en présence du duc d'Orléans, de la princesse de Condé, de la comtesse de Soissons et de la duchesse

de Vendôme, la reine Marie de Médicis mit au monde le prince qui allait être le maître du grand siècle. Ce fut une immense joie pour tout le royaume. Le roi, qui n'avait pas quitté Saint-Germain, à peine eut-il embrassé l'héritier de sa couronne, se rendit à la chapelle du vieux château où fut chanté le *Te Deum!* La nouvelle de cette heureuse délivrance franchit l'espace avec plus de rapidité que si elle eût été portée par le chemin de fer, car on se la transmettait de bouche en bouche. A midi même, les Parisiens apprirent l'événement arrivé à onze heures et demie! Soudain les réjouissances commencèrent : les cris et les feux de joie, et le canon de la Bastille répondant au canon de l'Arsenal. L'enfant grandit dans le château. A trois mois, il avait déjà épuisé le sein de trois nourrices; plus tard, il fut baptisé dans la chapelle du château, en présence même de celui qui sera bientôt le maître dans ce royaume de France, le cardinal de Mazarin. — Le château de Saint-Germain était évidemment profitable à la dynastie des rois de France. C'est là, en effet, que vint au monde, le 21 septembre 1639, le second fils du roi et de la reine; cet enfant, *le petit Monsieur, le vrai Monsieur,* comme disait madame de Motteville, s'appela le duc d'Anjou. « Il avait le teint fort blanc, le poil noir, les membres extrêmement bien faits. » O révolutions! le pavillon dans lequel est né le roi Louis XIV, badigeonné et rebadigeonné par un restaurateur, sert aujourd'hui de rendez-vous aux agents de change en vacances et aux comtesses éveillées de la rue du Helder!

Tant que dura la régence de la reine Anne d'Autriche, dans ces jours d'orages qui signalèrent la minorité du roi Louis XIV, le château de Saint-Germain devint l'asile de cette cour à la fois brillante et quelque peu révoltée qui préludait par tant d'esprit, de galanterie et de courage à toutes les grandeurs du grand siècle. Cette reine Anne d'Autriche est célèbre pour les grâces et surtout pour l'habileté de son esprit. Elle a tout à fait l'air et l'aspect d'une grande reine, et les historiens ne peuvent raconter avec trop de complaisance la majesté de son visage, la beauté de ses mains et la longueur de ses cheveux.

A côté de la reine, se montrait M. le cardinal de Mazarin, le véritable maître de cette époque. Adroit et souple génie, *raisonnablement chargé de la haine publique,* comme disait le cardinal de Retz, et qui arriva, par la patience et par le sang-froid, au même résultat que le cardinal de Richelieu lui-même, par le génie et par la terreur. Il ne faut pas vous y tromper, le château de Saint-Germain est le commencement du château de Versailles. C'est là que s'éveille tout d'abord l'esprit de ce jeune roi qui sera le maître du grand siècle. Qui voudrait rechercher tous les noms inscrits sur ces murailles, tous les chiffres amoureux tracés sur ces vieilles écorces, rappellerait les plus grands noms de la France monarchique. Ils y sont tous dans leur grâce et dans leur majesté, après avoir jeté sur ces beaux lieux leur éclat d'un jour. Dans ces murailles si sombres aujourd'hui, qui retentissent affreusement sous les malédictions de tant de prisonniers, ont été lus, pour la première fois, les vers de Corneille; pour la première fois, a été chantée la musique d'Italie par la signora Leonora, *una virtuosa* appelée par le cardinal de Mazarin. Dans les longues allées où s'était promené naguère le beau Buckingham, épris de la reine de France, s'est promené Voiture, le poète ; et comme un jour la reine lui demandait à quoi donc il pensait? Voiture lui répondit par ces vers :

> Je pensais que la destinée,
> Après tant d'injustes malheurs,
> Vous a justement couronnée
> De gloire, d'éclat et d'honneurs :
> Mais que vous étiez plus heureuse
> Lorsque vous étiez autrefois,
> Je ne veux pas dire amoureuse,
> La rime le veut toutefois.
>
> Je pensais, car nous tous poètes,
> Nous pensons extravagamment,
> Ce que, dans l'humeur où vous êtes,
> Vous feriez si, dans ce moment,
> Vous avisiez en cette place
> Venir le duc de Buckingham ;
> Et lequel serait en disgrâce
> De lui, ou du Père Vincent.

Cette belle et délicieuse maison de nos rois plaisait à la reine plus que toutes les autres; elle y régnait et qui plus est elle y vivait. Là elle apprit la première victoire du jeune duc d'Enghien qui devait être le grand Condé plus tard; là se rendait, à la suite de la régente, tant d'illustres princesses qui étaient alors dans les belles années du printemps de leur vie : Mademoiselle, la petite fille de Henri IV, qu'attendait le trône de France, si elle n'eût pas fait tirer sur les troupes du roi les canons de la Bastille; madame de Longueville, la petite-fille du prince de Condé, la sœur du duc d'Enghien. Sur ces verts gazons, jouaient ensemble, dans l'abandon et toute l'innocence de leur âge, le jeune roi Louis XIV et son frère le duc d'Anjou. Quant aux noms moins grands et pourtant illustres, ils ne manquent pas sous ces ombrages. Mademoiselle de Bouteville de Montmorenci, la fille de ce hardi Bouteville à qui le cardinal de Richelieu avait fait trancher la tête pour s'être battu en duel ; la belle du Vigan si longtemps aimée par le vainqueur de Rocroi, et madame de Valencé sa sœur; la marquise de Coislin, fille du chancelier Séguier, et la princesse de Carignan, et mademoiselle de Rohan, et celle-là, la princesse Marie, fille du duc de Mantoue, qui allait être reine de Pologne après avoir aimé M. de Cinq-Mars : ce serait à n'en plus finir. Ce petit coin de l'histoire de France, ce sont les intrigues qui commencent, ce sont les premières amours de tous ces jeunes gens que la gloire appelle. Le roi est un enfant encore.

SAINT-GERMAIN.

mais cet enfant est l'espoir et la fortune de l'avenir. Qui sera le maître? A qui va rester l'autorité? Le Mazarin durera-t-il autant que le Richelieu? Le duc d'Enghien, disons mieux, le prince de Condé va-t-il donc l'emporter sur le duc d'Orléans? C'était là la question; mais la question était agitée sourdement; de temps à autre, il s'en disait à peine quelques paroles, par forme de confidence, nul n'osant parler tout haut de ses craintes ou de ses espérances. Cependant, dans une des allées du parc, murmurait un jet d'eau qui répandait tout à l'entour le calme et la fraîcheur. Là, durant les grandes ardeurs de l'été, le jeune roi et son gouverneur, M. de Villeroi, venaient prendre les plaisirs du bain; en même temps se baignaient la reine et ses dames, revêtues de longues chemises de toile grise, et c'était des jeux et c'était des ris, et M. le cardinal de s'affliger de ne pas être admis à ces réunions où se disaient tant de bons mots.

A Saint-Germain se voyait aussi, dans toute l'énergie d'une fière vieillesse, cet illustre seigneur de Bassompierre, l'ami du roi Henri IV, le favori de la reine Marie de Médicis. Il avait été longtemps le roi de la jeunesse, longtemps il avait été le brillant modèle de l'armée et de la cour, et même, dans cet âge avancé, il conservait ses grandes et belles qualités d'autrefois, l'esprit, la galanterie, le courage, l'humeur généreuse, la main libérale. Mais déjà les conseils de M. de Bassompierre étaient dédaignés; il était vieux, les beaux de la cour le trouvaient bien hardi de vivre encore à cet âge. Un seul homme écoutait les leçons de Bassompierre, un seul homme mettait à profit l'expérience de cet habile courtisan, c'était le duc de Guise, l'amoureux de mademoiselle de Pons, cette jolie fille de si bonne maison et si coquette. Il eût fallu les voir marcher d'un pas hâté dans les grandes allées du grand parc, elle moqueuse, lui amoureux; elle coquette, lui jaloux à en mourir; enfin, il lui dit un jour qu'il voulait en faire une reine et placer sur sa tête la couronne royale. Et, en effet, M. de Guise part pour Naples, il traverse dans une barque la flotte d'Espagne, et il arrive à Naples au beau milieu d'une révolte; il fut roi une heure; c'était beaucoup même pour un duc de Guise, c'était trop peu pour mademoiselle de Pons, aussi eut-elle bien vite oublié son héros, et elle prit un des écuyers du prince en grande faveur. Oh! vanité de la gloire et de l'amour.

Quelles fêtes brillantes, quelle magnificence sans égale! Le trésor n'avait pas assez d'argent, la couronne pas assez de diamants et de perles pour suffire à ces magnificences. Dans les grands jours, le jeune roi portait un habit de satin noir à broderies d'or, et sur sa tête des plumes incarnates et des rubans de même couleur, et chacun d'admirer les beaux traits de son visage, la douceur de ses yeux, la blancheur et la vivacité de son teint, et ses beaux cheveux blonds d'un blond cendré qui tirait sur le noir. Et que dites-vous de la duchesse de Montbazon, la maîtresse de M. de Rancé, dans tout l'éclat d'une beauté sans égale, et qui dansait à ces fêtes, sans se douter que le cercueil l'attendait. Et mademoiselle de Guise, et cette belle Saint-Mégrin, et mademoiselle de Touzy au grand nez aquilin et à la taille parfaite. Au nombre des grandes princesses, vous aviez madame la duchesse d'Orléans qui sortait rarement de sa chambre, se contentant de regarder les fleurs de l'été par sa fenêtre entr'ouverte. Et cette belle dame de Danemarck, la femme de l'ambassadeur, dont le visage était si beau, et qui s'en vint baiser la main de la reine, et qui levait son mouchoir pour voir sa gorge avec tant de familiarité *qu'il semblait qu'elle fût sa sœur et qu'elle l'eût vue toute la vie.* C'était une foule variée et pittoresque dans laquelle circulaient toutes les petites passions en attendant les grandes; et puis enfin, n'oublions pas deux petites brunettes de douze ou treize ans nouvellement arrivées du fond de leur village et de l'Italie, longs visages, mentons pointus, un petit œil très-animé et très-vif, les deux nièces du cardinal pour tout dire, ces deux petites Mancini destinées à jouer un si grand rôle à la cour de France, et surtout cette belle Hortense, la même qui dit au jeune roi qui l'aimait : *vous êtes roi, vous m'aimez et je pars.*

Il y eut aussi, il y eut surtout dans le château de Saint-Germain cette reine d'Angleterre, la reine de trois royaumes, fille et mère de rois si puissants, celle-là même dont Bossuet devait écrire l'oraison funèbre, qui vint cacher dans ces murs épouvantés d'une si grande et si épouvantable misère les tristes débris d'une si haute fortune. Charles Ier n'était plus sur son trône, mais il vivait encore quand cette malheureuse princesse accourut, ne sauvant de ce royaume en flammes qu'une enfant à la mamelle. Hélas! ce fut cette maison proscrite des Stuarts qui apporta, on le disait du moins, dans le château de Saint-Germain, la fatalité qui a tout détruit. Elle l'a rempli d'une désolation inconsolable, d'une misère sans rémission; elle a jeté dans ses murailles ce froid glacial qui poursuit les rois dans leur chute; elle a été, à l'intérieur du palais, ce que la flèche de Saint-Denis était au dehors, une terreur à laquelle rien n'a résisté.

Dans ce château de Saint-Germain s'étaient réfugiés la reine et le roi lorsque commençaient, pour ne pas finir de sitôt, les troubles et les révoltes du parlement de Paris. La ville entière s'était soulevée contre le cardinal, et la reine, épouvantée au seul mot des barricades, s'était enfuie jusqu'à Saint-Germain, emmenant avec elle ses deux enfants, jeunes tous les deux, et que la guerre civile chassait de leur maison. Mais Saint-Germain n'était pas si loin de Paris qu'on ne pût entendre gronder le peuple; c'était le bruit d'une ville qui se révolte, c'était l'autorité royale méconnue, le ministre insulté, la reine menacée, un vieux levain des guerres de la ligue; seulement le peuple se battait maintenant pour la liberté après s'être battu pour la cause religieuse. Oh! vraiment, longues avenues de vieux chênes, jardins remplis de fleurs, statues de bronze ou de marbre, eaux jaillissantes en mille cascades, beaux lieux enchantés qui réunissiez toutes les puissances de l'art à toutes les beautés naturelles, que vous perdez de votre grâce et de votre majesté, quand on songe à toutes les douleurs cachées sous votre feuillage, à toutes les misères de ces vastes galeries, et aux insomnies cruelles de ces lambris.

En ce moment, la cour est à Saint-Germain par la raison toute simple que Saint-Germain est séparé de Paris par *trois bras de rivière*. Dans la chambre même de la reine, se tiennent les conférences entre les parlementaires et les princes; ce n'est pas une paix, c'est tout au plus une halte; ce n'est plus le peuple qui se plaint, ce sont les seigneurs qui traitent pour leur intérêt personnel. Le prince de Conti, le duc d'El-

beuf, le prince d'Harcourt, le duc de Beaufort, M. de Bouillon, le maréchal de Turenne, le duc de Retz, M. de la Trémouille, le marquis de Vitry, MM. de la Meilleraye et de Liancourt, M. de Luynes et M. de Noirmoutier, et tous les autres qui font leurs offres à M. de Mazarin; si on ne veut pas de leurs services, ils passeront au parlement. Enfin la paix fut signée, et la reine en apprit la nouvelle, le Vendredi-Saint, comme elle était aux Ténèbres dans la chapelle du château de Saint-Germain. Alors les fêtes recommencèrent; cette cour ne savait rien prévoir, elle s'abandonnait volontiers, sans souci du lendemain, à tout ce qui était le plaisir. Tous ces hommes qui s'étaient battus contre la reine et contre le roi, « sujet d'un repentir immense un peu plus tard » s'en vinrent à la cour comme s'ils étaient demeurés fidèles. Seul, M. le cardinal de Retz n'osa pas y venir, il se tint à Paris, envoyant de loin ses humbles respects. Avec les frondeurs accoururent les frondeuses; et, dit-on, c'était chose curieuse à voir tous ces rebelles interdits et tremblants dans la chambre de la reine, et madame de Longueville elle-même, si éloquente, osant à peine porter à ses lèvres le drap du lit où la reine était couchée. Singulière révolution, commencée dans le tumulte des places publiques, célébrée en railleries sanglantes sur le Pont-Neuf, et qui se termine par des adorations muettes dans la grande salle du château de Saint-Germain!

Elle y vint aussi, pour y passer quelques journées d'ennui et de remords, cette héroïne manquée, la fille de Gustave-Adolphe, Christine de Suède pour tout dire; cette malheureuse princesse, victime d'un paradoxe philosophique qui lui avait fait déposer sans nécessité la couronne royale, n'était plus qu'une vagabonde dans l'Europe, étonnée un instant qu'une reine eût pu faire si bon marché de son trône. Elle avait emmené avec elle, moins comme son amant que comme son jouet, ce beau la Gardie, cet adoré Monaldeschi qu'elle avait fait tuer dans un moment de jalousie, dans la galerie des Cerfs, au château de Fontainebleau. La nouvelle de ce meurtre épouvanta la cour; Anne d'Autriche en eut horreur; le cardinal de Mazarin, qui n'aimait pas le sang, resta comme muet d'épouvante; et quand la reine Christine, toute couverte du sang de son amant, s'en vint de Fontainebleau à Paris, les portes se fermèrent devant elle. Chacun évita son regard, les hommes par effroi, les femmes par mépris. Christine s'en fut cacher sa honte et ses remords à Saint-Germain, et vous pensez quelles durent être ses nuits funèbres, quand, seule à seule avec son crime, cette reine criminelle appelait dans ces froides nuits Monaldeschi, et que l'écho seul lui répondait.

Mais, enfin, il se faut arrêter; à la minorité du jeune roi Louis XIV s'arrête notre histoire : le grand roi du grand siècle ne se veut pas contenter de la maison de son père et de son aïeul; il ne veut pas loger mademoiselle de la Vallière dans le pavillon de Gabrielle d'Estrées; il se sent mal à l'aise, jeune et beau, superbe et tout puissant, dans les sombres voûtes témoins de l'agitation et de la ruine des Stuarts. Il lui faut un palais tout brillant d'or et de génie, des chefs-d'œuvre, des choses impossibles, des merveilles, des miracles! Tout ce que Louis XIV a pu faire pour le château de son enfance, a été de tracer et d'élever, comme la digne ceinture de la vieille forêt, la terrasse magnifique qui domine ces hauteurs. Rien de plus grand, de plus poétique et de plus vaste. Vous iriez en vain tout au loin dans les plus célèbres et poétiques contrées pour rien trouver qui se puisse comparer à cette promenade superbe que Le Nôtre lui-même a dessinée. La terrasse domine toutes les hauteurs, une forêt l'entoure, une forêt s'étend à ses pieds, la Seine coule tout au loin dans la Normandie qui l'appelle ; ici la plaine, plus loin le mont Valérien éclairé du soleil, et enfin, pour couronner l'admirable point de vue, l'Arc-de-Triomphe de l'Étoile, nobles pierres chargées de tant des grands noms et des splendeurs de la France moderne ! — Et quel plus digne et plus gigantesque barrière avez-vous pour séparer la France d'aujourd'hui de la France d'autrefois ?

Mais quoi ! la ruine est partout dans ces murailles ; Louis XIV devait emporter à Versailles toute la magnificence de ces beaux lieux ; Versailles et Saint-Germain, il me semble entendre parler de Rome et de Byzance, quand l'empereur Constantin emporta dans l'Orient les drapeaux et la puissance de la ville éternelle. — Pour ces demeures royales, quand une fois la ruine est venue, la ruine emporte toutes choses. La ruine commence par un brin d'herbe qui pousse dans les cours, par un peu de rouille aux balcons des fenêtres, par une chauve-souris entrée, à la nuit tombante, sous ces lambris que couvre la poussière, par une corneille qui appelle l'orage du haut des cheminées sans feu et sans fumée. Les grandes choses tombent vite, les petites résistent, défendues même par leur humilité. — Et, enfin, quand la ruine a tout brisé, quand le vent d'hiver a enlevé le ciment des pierres, quand les révolutions stupides dans leur cure ont gratté les armoiries des murailles, quand la dalle s'est soulevée sous le lichen, quand l'heure de minuit a rempli de fantômes ces salles magnifiques, remplies jadis de l'étincelante causerie, où désormais l'écho seul se fait entendre, alors arrive quelque pouvoir brutal qui fait du château des rois une monstruosité, une caserne, une prison, un égout, quelque chose sans nom et sans forme, une ruine sans honneur ! — Telle est l'histoire ! Ici, le château de François Ier et de Louis XIV habité par les forçats de l'armée, et, plus loin, tout là-bas, sur cette montagne de Gaillon, célèbre jadis par toutes les élégances italiennes, le château du cardinal d'Amboise, l'ami et le confident du roi Louis XII, occupé par les plus horribles bandits ; rien ne protége ceux qui ont passé dans ces sentiers de ronces et d'épines, pas même le souvenir.

C'était bien la peine, ô puissants monarques, ô grands artistes dans tous les genres, de perdre à ces plans magnifiques, tant de patience et tant de génie, pour arriver à cette écume ! Et pourtant :

    De ce pays les citadins
    Disent tous que, dans les jardins,

> On voit encor son ombre fière
> Deviser sous les marronniers
> Avec Diane de Poitiers.

Une dernière et importante révolution attendait de nos jours la ville et le château de Saint-Germain, nous voulons parler de l'établissement du chemin de fer. Autrefois, pour aller dans cette ville des beaux paysages et des grands souvenirs, la route était belle et bien frayée ; partout de magnifiques points de vue, de frais vallons, de pittoresques montagnes, des eaux murmurantes, des bois, des fleurs, de vieux clochers dominant la verdure. Oui, mais cependant il vous fallait gravir ces montagnes, il fallait passer ces rivières ; vous aviez pour compagnons de voyage le soleil et la poussière, et quand enfin vous étiez arrivés au but de votre route, quand vous étiez assis sous un vieux arbre de la terrasse, vous restiez là dans votre fatigue, et tout à coup, sans avoir le loisir de dîner dans ces grands bois, vous pensiez à regagner la ville ; la nuit venue, vous vous disiez à vous-même, en revenant à Paris : que la route est longue ! qu'elle est obscure ! Et comme vous regrettiez d'avoir perdu tout un jour à parcourir ce long chemin ! Mais c'est à présent qu'il faut parler de Saint-Germain et de sa belle route. Ces ombrages courent devant vous comme un frais cortége. C'en est fait, toute vallée est comblée, toute montagne est aplanie. La vallée n'a plus pour vous que ses deux bras qu'elle vous tend avec un amour maternel ; la montagne s'ouvre d'elle-même pour vous faire passage ; le fleuve, vous le passez à pied sec ; la flèche du haut clocher, vous la touchez de la main : tout vous sourit, tout vous appelle, tout vous favorise ; vous foulez aux pieds la poussière, vous défiez le soleil dans sa course, et à peine êtes-vous parti que vous voilà tout d'un coup étendu sur le gazon, en vous disant : déjà !

Alors, vraiment, cette belle forêt de Saint-Germain est à vous. Courez tout le jour, dormez si vous voulez dormir, cherchez l'ombre ou cherchez le soleil, ne craignez rien ; pour peu que la nuit vienne, que vous pensiez à repartir, en un clin d'œil, vous voilà revenu dans votre humble demeure, rapportant avec vous une branche de la forêt, une pierre des murailles, une fleur cueillie dans les campagnes témoins discrets de tant de bonheur, de tant d'intrigues, de tant d'infortunes royales. Après tout, qu'est-ce que l'histoire ? Un rêve qui passe, des ombres qui jouent là-bas leur rôle d'une heure, un théâtre dont la toile tombe quand les acteurs sont partis.

Jules Janin.

BICÊTRE.

LA SALPÊTRIÈRE. CHARENTON.

BICÊTRE.

Parmi les routes qui rayonnent autour de Paris et que l'on est convenu de nommer *royales*, l'une des moins poétiques est celle qui commence à la barrière d'Italie pour aboutir aux Alpes, s'il est vrai que tous les chemins conduisent à Rome. Rarement les promeneurs ou les touristes se dirigent vers cette banlieue aride, où çà et là dépérissent des ormes demi-chauves, et dont les plaines dépourvues de sainfoin et de luzerne, de moissons ou de vendanges, ne produisent que des pierres de taille.

Vous avez laissé derrière vous le quartier Saint-Marcel, avec ses chétives demeures et ses tanneries nauséabondes ; le sol rend sous vos pas un sinistre murmure : vous foulez des cendres humaines. A quelques pieds de profondeur, sont construites des voûtes pour lesquelles les maçons n'ont employé pour ornements que des têtes de morts et des fémurs. On appelle ces cryptes *les Catacombes;* l'abbé Delille en a écrit l'histoire en vers de douze syllabes.

Rien ne manque donc à la sombre et mystérieuse harmonie de ces lieux ; le cœur se serre, le regard se voile au spectacle de cette nature en deuil, lorsqu'enfin, à une demi-lieue de la barrière, vous entrevoyez, sur la droite, entre des pignons d'ardoises et des chemises séchant au soleil, la pointe d'un clocher noir qui détermine au juste la position topographique de Gentilly sur le terrain en amphithéâtre dont le point culminant est Villejuif.

Villejuif, célèbre, au dire de Sauval, par ses corbeaux, et qui fut, en 1815, le quartier-général du duc de Berry, menant à la rencontre de Napoléon les volontaires royaux. Gentilly, où les plus grands hommes de nos annales ont possédé des villas et des châteaux, depuis le saint Éloi du bon Dagobert jusqu'au maréchal de Villeroi, sans oublier un M. Détruissar, curé et poète, qui remplissait de madrigaux son presbytère et avait encadré, dans les pampres d'un berceau de vignes, un quatrain, qui sentait plus la bergerie que le bréviaire.

Il faut plaindre les ouailles de Gentilly, si les sermons de leur pasteur ne valaient pas mieux que ses hexamètres.

A mi-côte de la vallée au fond de laquelle clapotent les eaux de la Bièvre, à une distance égale de Villejuif et de Gentilly, se dressent de longs pans de mur percés de trous ; de loin on dirait une forteresse démantelée. Une souriante avenue, perpendiculaire à la grande route, sert de péristyle à ces bâtiments, dont toute l'architecture consiste dans le plein cintre de la porte d'entrée, au front de laquelle on lit ces mots :

HOSPICE DE LA VIEILLESSE.

HOMMES.

Tel est son titre officiel ; mais la tradition, et le peuple qui est son vivant organe, l'ont nommé Bicêtre. — Si haut que l'on remonte dans l'histoire, si bas que l'on descende dans le vice, Bicêtre apparaît avec sa face hideuse, ses haillons, son sang et ses lèpres ; il n'a sérieusement changé que depuis huit ou neuf ans : c'est un hôpital aujourd'hui, rien de plus. Les philanthropes ont gagné tout ce qu'ont perdu les poëtes et les faiseurs de légendes.

La légende a belle prise avec Bicêtre. Aux siècles du féodalisme sa position lui attribuait les avantages de la défense et les priviléges de l'attaque. Il suffit que l'on sache que Louis IX, roi cher aux guerriers et aux moines, voulait en faire une maison de Dieu et que les événements en firent par la suite une maison du diable. Saint Louis, disent les chroniqueurs, ayant acheté vers 1250, d'un nommé Le Queux, un enclos situé sur la paroisse de Gentilly, le donna à une colonie de Chartreux. Les pieux cénobites, trop excités sans doute en leur appétit par le grand air, se bâtirent bientôt un nid plus doux; et, dès ce moment, leur cloître désert reçut la dénomination de grange aux Queux, et non grange aux Gueux, comme l'ont écrit quelques archéologues de bibliothèque. Sur ces entrefaites, un évêque anglais, courtisan de Philippe-Auguste, Jean de Winchester, après avoir usé et abusé des purifications et des exorcismes, s'installa, faute de meilleur maître, dans la grange aux Queux qu'il reconstruisit à sa convenance. En 1294, le château de Winchester menaçait le ciel de ses tourelles orgueilleuses; l'occasion était bonne, Philippe-le-Bel le confisqua, afin d'avoir le plaisir de le restituer au prélat. En 1301, Winchester se prononce Winchestre; la corruption changea une lettre, puis plusieurs : on écrivit Bichestre, ensuite Bissestre et enfin Bicêtre. Cette étymologie semble la plus probable, à moins qu'on ne préfère celle de *Biberis castrum*, château de la Bièvre.

Les Anglais, qui avaient décidément un faible pour cet endroit, s'en emparèrent durant les guerres du roi Jean; mais ils n'y restèrent pas. Sous le règne de Charles VI, Amédée-le-Rouge, comte de Savoie, s'établit à Bicêtre et y déploya un certain luxe. Charles V fit don de Bicêtre à son frère Jean, duc de Berri, qui s'y surpassa en magnificences et en splendeurs royales; les marbres, les mosaïques, les sculptures étalèrent leurs merveilles au grand jour; la peinture, à la veille de sa renaissance, produisit des chefs-d'œuvre, entre autres tous les portraits des empereurs d'Orient et d'Occident, et ceux surtout du pape Clément VII et des cardinaux de son collége.

Les choses en étaient là, lorsque éclata, dans la capitale, la querelle des Bourguignons et des Armagnacs. Le duc de Berri, opposé au duc de Bourgogne, se retira avec le duc d'Orléans dans son palais de la Bièvre. On y négocia la *paix de Winchester*, bientôt rompue par ce qu'on nomma la *trahison de Winchester*. C'est alors, en 1411, que les bouchers de Paris, dévoués aux Bourguignons, assiègent le château, le pillent et l'incendient. L'affaire dura une nuit entière, et, au lever de l'aube, il n'y avait plus que des ruines fumantes. Le spectacle de ces débris inspira la charité au duc; il en fit don au chapitre de Notre-Dame de Paris, en juin 1416, pour quelques patenôtres; la donation fut confirmée par Charles VII, en 1441, et Louis XI, en 1464, moyennant un surcroît d'orémus. Ces décombres, qui n'étaient qu'une charge pour le duc de Berri, ne profitèrent pas davantage au chapitre; les chanoines n'en prirent aucun soin, si bien que les routiers, les détrousseurs, les Égyptiens s'y installèrent à leur place. La nuit, on entendait des clameurs infernales; la superstition populaire, qui attribuait aux démons toute la partie méridionale de Paris, ne tarissait pas en contes noirs sur les rondes du sabbat de ce séjour maudit. Moins crédules, les gens du roi purgèrent Bicêtre de ses voleurs et de ses assassins en 1519. Le siècle suivant, vers 1632 tout ce qui restait encore debout de ce repaire fut rasé; le cardinal de Richelieu y fit construire une chapelle sous l'invocation de saint Jean, en souvenance peut-être du patron de l'évêque de Winchester, et un hospice pour les soldats invalides, qu'il érigea en *commanderie de Saint-Louis*. Les bâtiments élevés par Louis XIII sont ceux qui servent aujourd'hui; mais Louis XIV ayant, au milieu du xviie siècle, confié l'édification de l'Hôtel royal des Invalides à Libéral Bruant, puis à Mansard, Bicêtre demeura sans destination, et, en 1548, saint Vincent de Paul obtint d'Anne d'Autriche la grâce d'y nourrir ses enfants trouvés; mais la vivacité de l'air décimait avec une rapidité effrayante ces jeunes êtres, et on les transféra dans un nouvel asile près de Saint-Lazare. A cette époque, Bicêtre réuni à l'hôpital général, devint un de ses annexes. Ce fut une maison d'asile, une prison et un hospice; on voit encore le perron où étaient attachés par les quatre membres et fustigés, avant d'être guéries, les victimes du libertinage.

Quoi qu'il en soit, l'eau manquait pour les besoins de plus en plus nombreux de Bicêtre; il fallait l'aller puiser avec des voitures à Arcueil ou dans la Bièvre. Boffrand, architecte des hospices, creusa, en 1733, le fameux puits, taillé dans le roc vif à une profondeur de cent soixante-douze pieds sur un diamètre de quinze, et qui conserve toujours neuf pieds d'eau intarissable. Un manège gigantesque, que quatre chevaux mettaient jadis en mouvement, et que font agir aujourd'hui des épileptiques ou des fous tranquilles, dépose au fond du puits et ramène à son orifice deux seaux pesant chacun douze cents livres et de la contenance d'un muids. Au choc de bascule que leur imprime un crochet, ils déversent l'eau dans un réservoir de cinquante pieds carrés et que quatre mille muids d'eau remplissent en toute saison.

Ainsi se développaient, dans une marche lente, les progrès si nécessaires à Bicêtre, quand les massacres de septembre 1792 le transformèrent en un vaste champ de carnage; la tuerie dura trois jours; Pétion tenta de vains efforts pour détourner ces haches sanguinaires; les prisonniers, les voleurs, les malades, les pauvres furent immolés sans raison et sans merci; les fous furieux furent noyés dans leurs cabanons, et au bout de soixante-douze heures, six mille cadavres, c'est-à-dire six mille innocents jonchaient la place!

Dix-huit mois après, en août 1794, l'enceinte de Paris renfermait vingt-huit prisons, dont plusieurs étaient des maisons de santé, comme celle de M. Belhomme, rue de Charonne. Au premier rang, figuraient Bicêtre, Charenton, Saint-Lazare, la Salpêtrière, maisons de fous et de correction, moitié prisons, moitié hôpitaux; les Madelonnettes, la Conciergerie, Sainte-Pélagie, Picpus, le Luxembourg, les Anglaises de la rue de l'Ourcine, les Carmes, les Bénédictins, la maison Duplessis; la population moyenne s'élevait à plus de cinq mille détenus. — Le Directoire, puis le Consulat et l'Empire réduisirent de beaucoup le nombre de ces cités douloureuses. Paris n'en compte plus que huit, auxquelles il convient de joindre l'Abbaye pour les militaires, Saint-Denis pour la répression, et Villers-Cotterets pour la mendicité. Aujourd'hui, Bicêtre, à vol d'oiseau, présente l'aspect d'un polygone immense, semé de cours irrégulières; on y voit rassemblés côte à côte, et vivant dans le meilleur accord, un hôpital de vieillards, une infirmerie, une maison de fous, un amphithéâtre et un cimetière. Dans les deux premières cours, des aveugles ou des pauvres traînent leur agonie et leur soixante-dix ans révolus, sous de beaux tilleuls verdoyants, le long de parterres en fleurs. Leurs réfectoires et leurs dortoirs sont d'une propreté exquise; on ne se lasse pas d'admirer la blancheur de leurs petits lits en fer, et l'humanité s'applaudit de ne plus voir ces braves gens couchés et nourris sous le même toit que des galériens. Il est certain que si les vainqueurs du 15 juillet n'avaient pas démoli la Bastille, le gouvernement de ce même mois de juillet n'eût pas été contraint de dépenser des millions pour les cellules de la Roquette. La partie de Bicêtre qui servit longtemps de prison, et qui a été rendue aux pauvres ou aux fous depuis la translation des malfaiteurs dans leur nouveau palais, occupe le côté de la seconde cour latéral à la chapelle; neuf guérites et un chemin de ronde en défendaient les abords. Les salles principales étaient celles des *fiévreux*, des *abrés* et des *galeux*. La salle Saint-Léger, affectée aux grands criminels était la plus formidable de toutes; ses croisées étaient garnies d'énormes barreaux très-rapprochés les uns des autres. Il y avait encore les *cabanons* et les *cachots* qui recevaient l'air par des soupiraux de quatre pieds carrés et qui étaient situés au niveau de la cour de l'hospice. Les chaînes et les barreaux ont disparu pour faire place à des chambres et à des fenêtres ordinaires.

La prison de Bicêtre a eu, comme la Bastille, ses lettres de cachet et ses oubliettes. Les hommes de la révolution y découvrirent un menuisier, nommé Isidore, qui végétait depuis quinze ans à huit pieds au-dessous du sol pour menaces de mort contre M. de Sartines. M. le lieutenant de police se donnait les mêmes airs que les maîtresses du roi. Ce fut encore à Bicêtre que M. de Gourges, sur les indications de la dévouée madame Legros, trouva Latude qui sortit de son tombeau à quatre-vingts ans pour mourir peu de temps après, obscur et pauvre, dans un quartier perdu.

—Cette prison sinistre était l'avant-dernière étape avant la guillotine : on n'en sortait que pour prendre la route de la Conciergerie; la dernière étape avant le bagne : de là partait la chaîne pour Toulon, Rochefort ou Brest, et les préparatifs de cet ignominieux voyage, l'accouplement et le ferrement des condamnés, n'étaient pas le moins lugubre épisode de la vie de Bicêtre, surtout quand le départ avait lieu la nuit, à la lueur rougeâtre des torches, aux rires, aux quolibets et aux blasphèmes des galériens qui parfois composaient des chansons pour la circonstance. Voici un couplet purgé de ses fautes d'orthographe pour la prompte intelligence du texte :

AIR : *La Marseillaise.*

Eh quoi! des gardiens la furie
Oserait braver nos accents!
Sachons vaincre leur tyrannie,
Foulons aux pieds les valets insolents.
Que ce jour soit un jour de fête
Pour ceux qui sortent des cachots;
Ils pourront faire dire aux échos :
Sur les pavés nous brisâmes leurs têtes.
Allons, braves galériens, marchons !
Ne craignez rien, jurons, jurons!
Mort aux coquins
Et aux gardiens !

Pendant près d'un demi siècle, la salle Saint-Léger a été le pont des soupirs de tous les condamnés à mort : elle a vu passer Castaing, les quatre sergents de la Rochelle, Papavoine que les sciences actuelles aurait classé parmi les aliénés, Contrafatto, Roch, Daumas-Dupin, les parricide Benoît, Régès, meurtrier de Ramus, Lemoine, assassin de la servante de M. Dupuytren, Avril, Lacenaire, et combien d'autres qui ont reçu les consolations angéliques du noble abbé Montès, les soins éclairés du docteur Debout qui, durant sept années, a vécu dans ce lamentable intérieur.

L'un des plus anciens locataires de Bicêtre, en ce temps-là, était Louis-Noël Isnard, plus connu sous le satirique de *Polichinelle*, que lui avait valu l'aménité de son caractère et la façon joviale avec laquelle il accomplissait ses prouesses de bagne. Polichinelle était à Bicêtre lors des massacres de septembre; il y échappa par miracle, mais son récit fait encore frissonner. C'est le seul chapitre grave du roman de son existence. Polichinelle est vieux, très-vieux; il est né à Orléans en 1758, et peu de jeunes gens le surpassent pour la vivacité des mouvements et la souplesse des membres. Quand on lui en manifeste de la surprise, il répond :

—J'ai longtemps servi aux amusements des autres, mais je ne me suis jamais *amusé*. Durant un séjour de vingt-deux ans à Brest, j'ai toujours vécu comme une *honnête fille* que j'étais. Rien ne me manquait alors; maintenant je suis vieux, on me repousse, mais la santé me reste pour récompense de *ma bonne conduite*.

Le Polichinelle vous conte cela sans rire.

En ces dernières années, trois condamnés à mort occupaient simultanément les cabanons de Bicêtre; sur ces trois condamnés, l'un, un huissier, expia son crime avec une lâcheté exemplaire, l'autre obtint sa grâce et le troisième, David, peut-être le seul digne de la clémence royale, porta sa tête sur l'échafaud. David, entraîné par une passion fatale, avait tiré un coup de pistolet à bout portant sur sa belle-sœur, puis il avait été se faire arrêter lui-même par un sergent-de-ville sur le Pont-Neuf.

David, après sa condamnation et le rejet de son pourvoi, rédigea les notes qui devaient servir à sa demande en grâce; ces notes, conservées par le docteur Debout, sont écrites d'une main ferme, sans fautes d'orthographe, et avec une lucidité, un sens que l'on a peine à comprendre en une si horrible circonstance. Ces notes sont assez curieuses pour qu'on les cite.

« Je désirerais que l'on voulût bien mettre sur cette pétition que je suis le fils d'un capitaine retraité, chevalier de la Légion-d'Honneur, âgé de soixante-seize ans; que, pour lui seul, je sollicite ma grâce.

» Le 30 avril 1833, j'ai déjà obtenu de Sa Majesté une grâce, sur la demande du général Duvernois, commandant la place de Rochefort, pour avoir sauvé les jours du docteur Allet qu'un militaire, condamné comme moi, voulait assassiner.

» Parler de la passion de ma belle-sœur en termes les plus touchants, et que c'est à la suite de cette passion, par jalousie, par désespoir, que j'ai tué celle que j'aimais.

» On ne tue pas une personne à dix heures et demie, dans un Hôtel des Invalides couvert de soldats, et on ne se rend pas à la préfecture avouer son crime, pour le plaisir de le faire. — Il y a là délire, folie, enfin je ne sais quoi. — Je ne puis me rendre compte moi-même de ce moment.

» J'ai été militaire depuis 1813; j'ai, à la vérité, manqué aux devoirs que mon état m'imposait, mais je ne suis point un voleur.

» La mort, je ne la crains pas, je n'y pense même pas. — La seule idée qui m'occupe, c'est le chagrin causé à ma famille; — ce sont les cheveux blancs de ce vieux et respectable père qui a servi trente ans avec honneur. »

David espérait encore, lorsqu'on lui annonça que l'heure était venue! Il se livra avec une résignation peu ordinaire aux valets de l'exécuteur; arrivé sur la place Saint-Jacques, il monta d'un pas calme le fatal escalier, et lorsqu'il fut près de l'instrument de son supplice : — « J'ai mérité mon sort, dit-il, j'ai tué, je dois mourir ! »

Son compagnon de cachot, Michel, écrivait le jour même de sa commutation au docteur Debout :

« Des Séparés, le 9 juillet 1836.

» Monsieur,

» Désirant obtenir un bain dans l'espoir de faire passer une quantité de petits boutons qui couvrent une partie de mon corps, je prends la liberté de vous prier de vouloir bien me l'accorder. Vous obligerez infiniment celui qui a l'honneur d'être

« Votre très-obéissant serviteur,

» Michel. »

Ce billet, d'un style surabondamment poli, signifiait, en langage plus vulgaire, que Michel avait la gale.

Mais c'est assez s'appesantir sur cette misère criminelle et sordide. Les plus admirables tableaux en ce genre de l'école espagnole soulèvent le cœur de dégoût; aussi bien, ce caravansérail du vice a disparu, et voici la grille qui sépare les *bons pauvres* du quartier des fous.

Que de mécomptes dès qu'on met le pied dans ce monde à l'envers ! On y entre sous l'empire d'idées préconçues; on imagine que l'on va voir des hommes bizarrement accoutrés de guenilles, de vieux galons ou de plumes; on suppose qu'ils doivent tous marcher sur la tête et se fabriquer des diadèmes de papier gris. Ainsi parlaient nos grand'mères au coin du foyer domestique et pelotonnant dans leur demeure durant les soirs de décembre ; mais, depuis l'heure où elles racontaient, ces bonnes aïeules, la science a marché à grands pas ; la science, ai-je dit? c'est bien plutôt l'humanité.

Avant 93, le fait est trop exact, il n'était pas d'endroit au monde plus lamentable que Bicêtre. La lugubre plainte de l'Enfer du Dante résonnait pour quiconque en franchissait le seuil : — « Vous, qui passez par cette » porte, laissez dehors l'espérance ! » — Les mystères de la cour des Miracles, les familles sans nombre de gueux, de truands et d'Égyptiennes qui grouillaient dans les basses rues de Paris, n'étaient rien en comparaison du hideux spectacle des fous traînant leurs chaînes et se livrant nuit et jour à leurs frénétiques gémonies. Une civilisation égoïste, craintive pour elle-même, insoucieuse d'eux, les jetait pêle-mêle au fond de cabanons humides d'où l'on n'entendait sortir que des cris de détresse ou des râles d'agonisants. Tant pis pour l'aliéné auquel sa fortune ne permettait pas d'être soigné chez lui; tant pis pour ceux dont les héritiers convoitaient le patrimoine ; Bicêtre les absorbait comme la tombe ; si bien que le monomane que l'on avait amené à moitié malade, au lieu de guérir, s'exaltait davantage. De proche en proche, par le voisinage ou par le contact, la folie parcourait tous les degrés de l'échelle jusqu'à la fureur. Alors les spasmes nerveux, les épilepsies, les hurlements se succédaient sans interruption dans ce séjour maudit.

Le 3 février 1641, Marion Delorme écrivant à Cinq-Mars, son époux, alors à Narbonne, entremêlait les serments d'amour dont elle comblait son cher d'Effiat du récit d'une visite à Bicêtre, accompagnée de lord Edward Sommerset, marquis de Worcester.

« Comme nous traversions la cour des fous, dit-elle, et que, plus morte que vive, tant j'avais peur, je me serrais contre mon compagnon, un

laid visage se montra derrière les gros barreaux et se mit à crier d'une voix toute cassée : — Je ne suis point un fou, j'ai fait une découverte qui doit enrichir le pays qui voudra la mettre à exécution. — Et qu'est-ce que sa découverte ? dis-je à celui qui nous montrait la maison. — Ah ! dit-il, en haussant les épaules, quelque chose de bien simple et que vous ne devineriez jamais, c'est l'emploi de la vapeur d'eau bouillante. — Je me mis à rire. — Cet homme, reprit le gardien, s'appelle Salomon de Laus. Il est venu de Normandie, il y a quatre ans, pour présenter au roi un mémoire sur les effets merveilleux que l'on pourrait obtenir de son invention. Le cardinal renvoya ce fou sans l'écouter; puis, importuné de ses folies, il ordonna de l'enfermer à Bicêtre, où il est depuis bientôt quatre ans. »

La découverte de Salomon de Laus et la description qu'il en avait faite dans un livre ne furent pas perdues pour lord Worcester, que les Anglais considèrent comme l'inventeur des machines à vapeur. — Tel était donc le régime ignorant de cette époque : idiots et furieux, confondus comme des bêtes fauves, se partageaient ou plutôt se disputaient du bec et des ongles de chétifs aliments. Les uns, frappés d'une invincible répugnance, mouraient de faim dans un coin; les autres se vautraient dans leurs ordures, tandis que les inoffensifs ou les faibles tombaient sous les coups des forcénés. On en était quitte, le soir, pour ramasser les corps; c'était autant de moins pour les gardiens, autant de gagné pour la fosse commune. Voudra-t-on le croire? la nuit, ils couchaient jusqu'à *quatre* sur le même matelas, sans exception de mal ni d'habitude! Qu'importaient ces vains détails? Les mousquetaires de Trianon et les hommes d'état de Choisy-le-Roi étaient occupés de bien autres soins. Un jour pourtant, une femme passant par là et comblée de dégoût par le spectacle de ces êtres des deux sexes, traînant ainsi leur existence à travers des infirmités sans nombre et toutes sortes de principes morbifiques qu'ils se communiquaient, madame Necker obtint du ministre, son époux, que les lits *à quatre* fussent remplacés par des lits *à deux*, divisés par une cloison de bois qui interceptait tant bien que mal les miasmes pestilentiels.

Enfin, au plus fort de la réaction révolutionnaire, un homme parut; le génie du bien illuminait sa face, la charité couronnait son front d'une divine auréole; il se pencha comme le Messie vers cette foule souffrante. Il voulut, foulant aux pieds des préjugés barbares, dédaignant des craintes vulgaires, qu'on laissât venir à lui les pauvres fous. A sa voix, les chaînes tombèrent et les portes des cachots s'ouvrirent. Qui jamais pourra peindre le bonheur de ces malheureux rendus au soleil et à la liberté; qui dira leurs transports lorsqu'ils entouraient leur sauveur, ou se prosternaient devant celui qui était pour eux l'image de la divinité sur la terre.

Pinel, dont il faut désormais écrire le nom à côté de celui de l'abbé de l'Épée et de saint Vincent de Paul, Pinel avait pourtant accompli sa réforme par le moyen le plus simple; il avait substitué la douceur à la forme brutale, et déjà les aliénés subissaient la salutaire influence de ce système. Au temps des Bourguignons et des Armagnacs, on aurait accusé Pinel de sorcellerie, et comme tel il eût été brûlé vif; sous le régime de Robespierre, il fut soupçonné d'entretenir des intelligences avec les partisans de Louis Capet. Les membres du comité de salut public déclarèrent que Bicêtre et ses aliénés lui servaient de prétexte pour sauver des aristocrates. Pinel comparut à la barre de la Convention ; sa défense fût digne, ses paroles furent éloquentes comme ses œuvres ; il dédaigna les ridicules moyens de La Réveillière-Lepaux et des théophilanthropes. Ce jour-là, le comité de salut public fut battu et la guillotine perdit une tête.

Par un des contrastes étranges dont fourmillent les sanglantes annales de 93, les gens de la révolution qui avaient décrété les massacres de septembre et fauché des têtes de fous, tandis que les nobles étaient mis en coupes réglées par la guillotine ; ces mêmes gens avaient brisé les fers du marquis de Sades qu'ils avaient trouvé dans un cabanon, ivre de luxure. Le marquis de Sades ! A ce nom, que de tristes souvenirs se réveillent. Quelle folie que celle de cet homme auquel un impénétrable décret de la Providence a donné pour aïeule la belle Laure de Noves, chantée par Pétrarque ! Le marquis de Sades avait préludé de bonne heure aux infamies et aux crimes qui devaient plus tard l'amener à Bicêtre. N'étant encore qu'officier au régiment de Beauvoisis, en garnison à Marseille, il eut l'idée, lors d'un grand bal, de répandre de la teinture de cantharides dans les rafraîchissements. Un quart d'heure après, la physionomie de la fête avait changé sans qu'on pût s'expliquer pourquoi ; tous se tordaient en de frénétiques transports ; menuets et gavotes avaient été remplacés par une rutilante bacchanale. — Le 18 brumaire, restituant un peu de calme à la France, eut hâte de réparer les excès du passé ; sur un ordre de Bonaparte, le marquis de Sades fut reconduit à Bicêtre, d'où on le transféra par la suite à Charenton, en compagnie de Trénice.

Ce Bordelais, qui a donné son nom à une figure de notre quadrille, était tombé en démence, sur ses vieux jours, autant à cause des retours subits de la fortune que de son orgueil sans bornes. Trénice était venu à Paris au beau temps du consulat. Il fut le roi de la danse ; on l'invitait et on le payait fort cher aux ambassades, dans les ministères et chez les membres du sénat conservateur, où il figurait avec une grâce souveraine aux côtés de la reine Hortense, de mademoiselle Élisa Lescot et de madame Hamelin, la créole ; son seul rival sérieux était M. de Flahaut, aujourd'hui lieutenant-général. Les sylphes du consulat, les vieux bas de soie de l'hôtel d'Ogny assurent que Trénice était de beaucoup supérieur au grand Vestris. Le zéphir gascon avait décliné avec l'empire ; au commencement de la restauration, il reçut l'hospitalité à l'hôtel Praslin ; mais, bientôt, voyant les entrechats et les *si sol* tomber en désuétude, ses facultés se détraquèrent ; le délire s'empara de son cerveau, un délire tranquille et doux qui fut comme une renaissance de ses travaux et de ses conquêtes d'autrefois. A Charenton, Trénice ne cessait de dire qu'il était le premier danseur du monde ; il passait la journée entière à faire la chaîne des dames et, mourant comme il avait vécu, il rendit le dernier soupir en murmurant : *en avant deux !*

Le consulat et l'empire poursuivirent la prompte réalisation des réformes de Pinel. En 1801, il y avait à Bicêtre quinze cents lits où les malades couchaient seuls ; deux cent soixante-deux où ils couchaient deux ; cent vingt-quatre à doubles cloisons qui séparaient les pauvres couchés ensemble ; cent soixante-douze lits à seuls, scellés dans le mur ; cent vingt-six lits appelés auges, pour les galeux, et trente-six lits de réserve. En 1803, de nouveaux changements eurent lieu, entre autres la suppression du quartier des femmes qui furent installées à la Salpétrière ; si bien que, quand M. Ferrus fut appelé à la direction médicale, il n'avait plus qu'à suivre la route largement ouverte par le grand Pinel.

Le docteur Ferrus, élève de Gall, a emprunté aux théories de son maître ce qu'elles ont de pratique, de vraiment utile, répudiant leurs conclusions paradoxales, leurs tendances par trop matérialistes. Si Bicêtre a complétement changé de face, si l'on n'y rencontre plus aucun vestige du système oppresseur d'autrefois, si tous les aliénés sans exception couchent seuls dans des lits en fer bien commodes et bien blancs, si l'apparence d'une prison ou d'une coercition quelconque n'existe plus nulle part, si enfin les fous sans exception, et particulièrement les *galeux*, ont des gardiens pour les tenir propres, si toutes les pauvres créatures réunies là au nombre d'environ deux mille ont obtenu la plus grande somme de liberté compatible avec leur état, c'est à M. Ferrus qu'on le doit. Pinel avait rompu les chaînes, M. Ferrus a comblé ces aliénés affranchis de toutes les douceurs de la vie humaine. Sous sa direction, on a assaini les bâtiments, on en a disposé d'autres ; des cours plantées d'arbres se sont ouvertes et renversées comme par enchantement ; des cellules disposées aux quatres faces d'un parallélogramme presque monumental servent de lieu de repos aux aliénés, qui vont et viennent à leur aise, sans crainte des mauvais traitements ou des menaces du garde-chiourme d'autrefois. Avant Pinel, les galères valaient mieux que les petites maisons.

Un détail à ne point omettre, c'est que M. Ferrus a été puissamment aidé dans ses réformes par son titre de médecin de M. Thiers. Privé de cette haute influence, les projets du philanthrope auraient couru le risque de longtemps attendre ; mais, tandis que M. Thiers, ministre, faisait construire ostensiblement un palais de fil de fer pour les singes et les macaes du Jardin des Plantes, et laissait crier le radicalisme vertueux, sans faire de bruit, sans le dire à personne, il aidait, il encourageait M. Ferrus dans ses nobles labeurs ; de telle sorte que le régime des aliénés de Bicêtre, qui a aujourd'hui atteint son plus haut point de perfection, est aussi bien l'œuvre du savant docteur que du ministre du roi.

Ce n'était point assez pour M. Ferrus d'aider au développement du libre arbitre chez les aliénés, de les faire jouir au dedans d'une indépendance factice, il a cherché à leur donner au dehors un avant-goût de la vraie liberté. A cet effet, les hospices se sont rendus acquéreurs de la ferme Sainte-Anne, petite propriété sise à une demi lieue de Bicêtre. Les malades, conduits chaque matin à cette ferme modèle et ramenés le soir, sont exercés à divers travaux de jardinage ou de culture. Les pèlerinages à la ferme Sainte-Anne sont une récompense qui stimule le zèle ou l'activité des fous. Tel maniaque plongé dans l'atonie, tel furieux, qui depuis six semaines refusait toute nourriture, s'est surpris à manger, ou à faucher l'herbe, entraîné par le magnétique exemple de ses voisins. Les travaux à la ferme Sainte-Anne sont féconds en épisodes romanesques; la bergerie ou l'idylle y montrent parfois leurs joues roses et leur tête blonde. Une fleur, une source qui bruit, un oiseau qui chante, opèrent d'aventure une guérison inutilement cherchée par la médecine. Qu'on se garde d'ailleurs de poétiques rêves à propos de la ferme Sainte-Anne; le site est très-peu pastoral, et l'endroit n'a pas plus l'air d'une ferme de la Normandie ou de la Beauce que Bicêtre ne ressemble à un château ducal.

Le repos était bien dû à de si nobles peines. Depuis quatre ans, l'heure de la retraite a sonné pour M. Ferrus; c'est aujourd'hui, comme le fut jadis Gall, son maître, un beau et souriant vieillard de soixante-cinq ans, recherché en sa mise, courtois, disert, d'une affabilité extrême, et dont la figure sereine reflète sans les affaiblir les calmes pensées de son âme. M. Ferrus, en résignant les fonctions de médecin en chef de Bicêtre a été promu aux fonctions d'inspecteur général des maisons d'aliénés de France, et son héritage, divisé en deux parts, est échu à des médecins d'un incontestable mérite, MM. Voisin et Leuret. Ce partage s'explique par ce qu'on est convenu d'appeler les progrès de la science, lesquels progrès ne sont souvent en médecine que de l'empirisme. Tant il y a, donc, que les améliorations matérielles obtenues, les praticiens, préoccupés de la partie immatérielle, se sont mis en quête des divers modes de traitement et de ceux qu'on devait, après résultat, réputer les meilleurs. C'était le cas d'appliquer la maxime *experientiam faciamus in anima vili*. En effet, quel avilissement de l'âme que la démence! M. le docteur Voisin et M. le docteur Leuret ont donc chacun leur doctrine; reste à savoir quelle est la préférable, et si même, dans les deux, il y en a une bonne.

Un fait qu'il faut avant tout constater, c'est que Bicêtre, privé de sa prison, d'une part, et, de l'autre, assaini, embelli par les constructions du docteur Ferrus, n'a plus à l'heure présente ni originalité, ni caractère. Ceux qui ont vu les fous dans les romans, les peintures et les opéras italiens, se font de la folie une idée exactement pareille à celle que procure les flots de toile d'un théâtre aux gens qui ne connaissent point la mer. Franchissez les guichets et les bureaux, entrez dans les cours, à cela près du costume, qui n'est pas d'une rare élégance et qui sent un peu le bagne, vous ne trouvez sur votre passage que des individus qui se rangent, vous saluent ou vous adressent la parole avec un à-propos souvent très-délicat. Dans les salles d'administration et dans les bureaux, on refuse de croire que les trois quarts des commis, tranquillement assis, la plume à la main, devant leurs pupitres, sont des aliénés ; tandis que les internes qui vous accompagnent, bizarrement accoutrés de pièces, et de couleurs qui hurlent ensemble, et le tablier de l'amphithéâtre brochant sur le tout, ont l'air d'incurables maniaques. Ce détail donnerait à penser que la vie en commun pour les aliénés atténue le mal. La démence agit en sens inverse du milieu dans lequel elle se produit : plus il y a de raison autour d'elle, moins elle éprouve de penchant à être calme.

Mais en quoi consiste la folie ? Sur ce point, médecins et philosophes ne sont guère d'accord. Est-ce cette disposition de l'intelligence dont Érasme a écrit l'éloge ; ou bien cet état anormal qui nous a valu le livre de Broussais : *de l'Irritation et de la Folie*, dont le but est d'établir que la démence provient de l'irritation totale ou partielle du cerveau ? La folie est-elle une simple désorganisation de l'intelligence, plus ou moins complète, selon les symptômes, ou bien agit-elle aussi sur l'élément physique par des désordres dans l'économie des organes. La Faculté déclare que la démence est le résultat de la paralysie, du ramollissement du cerveau ou de l'inflammation de ses enveloppes. Sur de tels diagnostics, on conçoit que la médecine puisse combattre avec succès l'invasion de la maladie, mais non la supprimer tout à fait ; d'où il faut conclure que l'humanité s'arrête où la thérapeutique commence, et qu'appliqués à l'aliénation mentale, les syllogismes ne vaudront jamais les douches. La manie, qui est au début une exagération du caractère, se transforme, lorsqu'elle dure, en fièvre chaude, et arrive à l'état persistant de délire. Cet état, neutralisant les fonctions du cerveau, engendre un désordre sur tous points et sur toutes choses. La folie furieuse est le paroxisme de cette dégradation de l'homme. Force est donc de reconnaître l'influence de la médecine, en ces cas si variés et si déplorables, comme hygiène et non comme cure. C'est déjà une assez grande victoire obtenue sur le mal que d'empêcher qu'il empire.

Depuis la retraite de M. Ferrus, deux systèmes sont en présence, celui de M. Voisin et celui de M. Leuret. Le docteur Voisin, qui admet et la maladie du corps et celle de l'âme, agit à la fois sur l'un et l'autre ; il emploie tous les agents thérapeutiques ordinaires ; saignées, douches, vésicatoires, et procède par les révulsifs applicables aux perturbations anatomiques en même temps qu'il s'adresse à l'intelligence et ne néglige aucun cas de mettre un monomane en opposition avec sa monomanie. Les exercices en commun, la musique, les concerts, qu'il emploie comme sédatifs, prouvent que la découverte du traitement moral est presque aussi vieille que le monde puisqu'elle remonte à la harpe de David et au roi Saül.

Le traitement moral est l'exclusive pratique de M. Leuret; s'il lui arrive par hasard d'avoir recours aux douches, ce n'est que comme moyen d'intimidation, et, sur ce point encore, il existe un précédent historique : les pompes à incendie que le maréchal Lobau eut l'idée de diriger, au lieu de canons, contre l'émeute. Les théories spiritualistes du docteur Leuret le poussèrent un jour à une expérience que le succès ne voulut pas couronner. On avait fait chanter des messes en musique à des folles ; M. Leuret imagina de faire jouer la comédie par des fous.

Un théâtre fut donc improvisé, les rôles appris, et on se promettait de merveilleux résultats. La représentation détruisit en quelques minutes cet échafaudage de beaux espoirs. Entraînés par la violente surexcitation de leurs nerfs, les acteurs se mirent à gambader, à grimacer de mille manières monstrueuses. En présence de ce drame étrange, de cette parade burlesque, les aliénés furent pris de frémissements convulsifs ; le remède menaçait d'être pire que le mal. Il est vrai que quelques médecins étrangers, en Italie surtout, ont tiré de bons effets de l'emploi de la comédie ; mais ils n'admettaient les fous que comme spectateurs, encore, pour être plus certains des suites, faudrait-il donner à chaque aliéné une représentation dans le sens de sa monomanie. M. Leuret renonça donc aux jeux de la scène et reprit la pacifique propagande de son traitement humanitaire.

Un de ses malades avait la faiblesse de se croire évêque, et le docteur s'épuisait en arguments pour lui démontrer la fausseté de son opinion ; tant, qu'à la fin, M. Leuret employa l'intimidation, c'est-à-dire les douches. La douche consistait en un verre d'eau. Muni de cette arme redoutable, il s'approchait de son homme.

— Vous ne vous croyez plus évêque, n'est-ce pas, mon ami ?
— Si vraiment, répondait le fou, et je vous donne ma bénédiction.

M. Leuret le remerciait de sa bénédiction en lui jetant le verre d'eau à la figure, et ce dialogue humide se renouvela tant de fois que le malade, pour éviter une dernière averse, finit par dire au docteur qu'il avait raison et qu'il n'était pas évêque. On le mit aussitôt dehors, et chacun de le féliciter sur sa guérison. — Guéri de quoi? demande-t-il.

— De la manie que vous aviez de vous croire évêque.

— Pas le moins du monde : il y avait là-bas un monsieur qui me crachait au visage toutes les fois que je lui disais cela, j'ai fini par être de son avis pour qu'il me laissât tranquille.

Vingt-quatre heures après, la victime du traitement moral rentrait à Bicêtre dans un autre service.

Les exercices du docteur Voisin ont cela de remarquable que ses classes d'aliénés sont aussi graves, aussi décentes, qu'une séance des cinq académies. On n'y trouve ni le désordre des collèges, ni la turbulence des frères ignorantins. Réunis dans une longue salle, maniaques et monomanes, tranquillement assis sur des bancs, se lèvent et ôtent leur casquette pour réciter leur leçon ou pour répondre aux demandes du médecin qui leur parle comme un père. Ces êtres, ainsi façonnés à une loi commune dont ils subissent l'influence, obéissent tous dans leur for intérieur à une pensée divergente. Celui-ci est mélancolique, celui-là turbulent ; cet autre est fatigué par des hallucinations ou en proie à de continuelles inquiétudes ; le grand nombre présente des symptômes multiformes de cette lèpre de l'intelligence qu'on nomme la folie.

Pourtant ils exécutent avec une docilité infinie les ordres qu'on leur donne avec la plus grande douceur ; l'un d'eux récite des fables de Lafontaine avec un sentiment de la déclamation et du rhythme dont les exemples sont rares à la Comédie française : c'est un ancien proviseur de collége que l'abus des liqueurs fortes a dépouillé de sa raison. L'ivresse est féconde en tels résultats : elle détermine une désorganisation du cerveau qui se produit au dehors par la mélancolie ; si l'homme est dans la force de l'âge ou s'il penche au déclin, le mal est incurable. Parmi les musiciens qui font leur partie dans ces concerts réparateurs, il y a un vieux joueur de clarinette, aveugle, dont la manie est de porter des lunettes. A ses côtés se tient d'habitude un grand jeune homme à la tête expressive et large, de longues boucles blondes encadrent le pâle ovale de sa figure et retombent sur ses épaules ; à peine a-t-il vingt ans ! On dirait un ange, ou un écuyer de l'âge gothique sculpté dans le marbre, qui veille depuis le quinzième siècle sur la tombe d'un empereur d'Allemagne. Il était chimiste ; ses travaux et ses découvertes allaient étendre le domaine de la science ! On le dédaigna comme Salomon de Caus ; son intelligence se brisa contre le chagrin ; de ce moment, il crut qu'on lui avait volé ses secrets ; cette pensée est la seule qui, nuit et jour, gonfle son front.

En parcourant les dortoirs et les sections diverses, on ne trouve que peu de cas d'application de la camisole. Cette camisole n'a d'ailleurs rien d'effrayant ; c'est un corsage en toile grise emprisonnant sans les étreindre les bras du malade, assis dans une chaise de bois qui rappelle la charge de Duprez par Dantan. Deux agités trônaient dans cet état à peu de distance : l'un était un savetier prussien qui poussait par intervalle des sons inintelligibles, des grognements sourds ; l'autre, entré la veille, sortait de l'étude d'un notaire. Il s'était entretenu avec Jésus-Christ et Dieu le père de la régénération politique et sociale du monde, et particulièrement de la France ; si bien, que la précédente nuit, il s'était présenté, à trois heures, chez M. Odilon-Barrot pour lui soumettre ses doctrines rédemptrices.

Ce sauveur d'une nouvelle espèce raisonnait très-sainement sur toutes les matières qui n'appartenaient point à son apostolat ; quand on essayait de le mettre sur ce chapitre, du plus loin il vous voyait venir, et répondait avec une logique inexorable :

— Vous êtes convaincu ou vous êtes incrédule ; dans l'un et l'autre cas, mes paroles sont inutiles.

Puis la divagation arrivait :

— Au surplus, Louis-Philippe m'a fait des promesses et il les tiendra ; son gouvernement n'ignore pas que le repos du genre humain dépend de moi ; M. Guizot connaît ma façon de voir...

Et comme, à ces mots, le sourire errait sur les lèvres de son interlocuteur ;

— Qu'avez-vous à faire ici ? reprenait-il en courroux et le regard enflammé, me prenez-vous donc pour cet imbécile qui aboie là-bas ?

Disant cela, il montrait le Prussien s'épuisant en titaniques efforts pour articuler son *ut* de poitrine.

Un autre, que les diatribes des missionnaires ont exalté, rêve la purification du monde par un baptême de sang. Sa manie le pousse à des hécatombes humaines ; au premier signe qu'il en donna, quatre personnes tombèrent victimes de sa rage religieuse. Six ans après, lorsqu'on le croyait revenu à des idées plus calmes sinon totalement guéri, il tua, la veille de Noël, deux de ses compagnons et un gardien. C'est surtout de la folie que l'on peut dire : « Chassez le naturel, il revient au galop. »

Au nombre des incurables, on compte un *sujet* dont l'existence ressemble à un conte d'Hoffmann. Ce malheureux porte un nom que l'esprit et les lettres ont rendu célèbre ; peut-être descend-il de cet ingénieux écrivain qui eut commerce épistolaire avec les plus grandes dames du dix-huitième siècle, siècle par excellence des jolies femmes et de l'esprit. L'incurable en question, issu d'un père à l'imagination trop vive pour un agriculteur, ayant terminé de brillantes études au collège de Bergerac, entra en qualité d'instituteur dans un château ; il commit la faute d'y devenir amoureux de la fille de la maison. Ce roman, à la façon de celui d'Héloïse, eut pour dénouement la fuite de l'Abeilard, qui chercha un refuge à Paris. Les séductions de la grande ville l'eurent bientôt captivé ; aux jeux de l'amour succédèrent ceux du hasard. Quinze cents francs confiés à son honneur restèrent sur le tapis du trente et quarante. Tant de coups réitérés jetèrent le trouble dans son intelligence ; il erra de ville en ville, changeant de nom, professant tant bien que mal, cherchant par toutes sortes de petits moyens à faire croire qu'il était en relation d'amitié avec tous les romanciers et tous les poètes. Quelques articles de lui, insérés dans les journaux, ne permirent plus aucun doute sur son état. Son grand talent, disait-il, lui attirait des ennemis et des envieux. Le soir, il voyait se promener, la tête en bas, sur les rideaux de son lit, sur les corniches de sa fenêtre, des individus à figures sinistres qui épiaient le moment de lui couper la gorge. Pour le guérir de ces idées et pour en préserver les autres, on le conduisit à Bicêtre. Comme il arrive trop souvent, hélas ! la démence empira ; le malade est aujourd'hui halluciné de tous les sens. Écoutez-le : il vous dira avec tout le sang froid d'un philosophe, qu'il perçoit par la vue, l'ouïe, le toucher, l'odorat, les impressions diverses que son imagination formule. Les idées enlevées dans les airs et combinées avec l'acide carbonique se métamorphosent en effigies qui retombent sur lui avec des formes hideuses. Une énergie secrète lutte contre sa personne, lui souffle du gaz, des vapeurs puantes qui bientôt agiront contre la maison elle-même, si on ne lui rend la liberté. Comme tous les hallucinés, il pousse la dissimulation à l'extrême, et il suffit qu'on l'interroge sur ses pensées perceptives pour qu'il ne veuille pas en convenir et qu'il s'efforce d'imprimer un autre tour au dialogue. Mais, laissez-le faire, il ne tardera pas à reprendre le fil de ses doctrines concernant la combinaison des idées avec l'acide carbonique et la formation des effigies, renouvelée d'Epicure et des atômes crochus. Dans les derniers temps, paraît-il, les effigies cessant de danser les pieds en l'air avaient élu domicile sur le visage de ses compagnons; car, lui, d'habitude si assidu au culte des lettres, il passait ses journées à faire des provisions de cailloux pour en lapider ses voisins. Les mœurs plus silencieuses de la section des incurables l'ont rendu à ses travaux littéraires; et pour lui, comme pour tant d'autres, la médecine a dû renoncer au redressement des torts de la nature.

Quand on a passé la triste revue des maniaques, des monomaniaques et des aliénés, trois principales espèces du genre, quand on est entré dans le bâtiment des *gâteux* et qu'on a jeté un rapide regard sur les idiots et les crétins, hideuses créatures qui ne possèdent ni le sens de l'homme, ni l'instinct de la brute, il reste à voir les *furieux*, ou ce qu'on appelle à Bicêtre la *fosse aux lions*.

Relégués dans un angle de ces constructions immenses, ces malheureux ont pour asile un corps de logis bâti sur un escarpement du sol. On y monte comme à un château fort. Les cellules reçoivent l'air et la lumière de deux côtés : par les fenêtres qui donnent sur la cour et par les portes percées à claire-voie le long d'un corridor qui mène au préau où ils se promènent, et où ils ont formé un monticule de terre du haut duquel on embrasse le panorama de Paris. Lors de ma visite, un seul furieux était enfermé, sans chaîne, sans camisole, se promenant de long en large dans l'espace laissé libre entre le mur et son lit, dont par forme de distraction il défaisait et rajustait sans cesse la couverture.

— Vous devez être content, lui dit-on; il fait aujourd'hui un soleil magnifique!

— Il fait beau en dehors, répondit le captif avec un sourire sombre, et moi je suis dedans.... Mais, au fait, pourquoi m'interrogez-vous?.... Si vous êtes médecin, guérissez-moi; si vous n'êtes qu'un curieux, passez votre chemin.

Ce raisonnement d'un fou ne manquait pas de logique.

Les plus fameux lions de la fosse sont un commis voyageur qui brûla la cervelle à bout portant aux personnes qui étaient en face de lui dans une diligence, croyant qu'il était attaqué par des voleurs, et un journalier de la rue de la Poissonnerie qui a coupé sa femme en morceaux, et qui mettait ses intestins sur le gril lorsqu'on a interrompu sa cuisine de cannibale. Cet assassin, qui a l'air fort doux, répète sans cesse qu'il adorait sa défunte, et qu'il a reçu de nombreuses blessures en voulant la défendre contre les bandits qui l'ont massacrée. Une première fois, on l'avait conduit à Bicêtre, pour des sévices qui dénotaient un grand dérangement du cerveau; peu à peu ses pensées se calmèrent, on le crut guéri; mais à peine dehors le mal reprit le dessus. La veille de sa mort, sa malheureuse femme avait été prévenir le commissaire de police qu'une nouvelle exaltation se manifestait dans les regards de son mari. Elle n'avait que trop bien deviné; quelques heures après elle en était la victime! Preuve surabondante que la plupart des cas d'aliénation sont sans remède. On sait l'anecdote de cette femme qui avait surpris la confiance de son docteur au point qu'il allait la faire sortir.

— Tant mieux, s'écria-t-elle, on pourra se promener ce soir dans les rues, il fera clair, puisque j'y serai et que je suis la lune.

Monseigneur de Beaumont, archevêque de Paris, avait reçu d'un fou plusieurs lettres qui témoignaient d'une entière sérénité d'esprit. Il n'est point ici question de l'épître de Jean-Jacques à Christophe. Le prélat se rend à Bicêtre, cause avec son correspondant, et convaincu que cet homme est là par erreur, il insiste pour qu'on lui rende la liberté. Or,

tandis que le pieux archevêque déployait son apostolique faconde, l'aliéné lui applique un vigoureux coup de poing sur la nuque et s'éloigne, proférant ces mots :

— Adieu ! le Père éternel m'attend.

Les Hollandais et les Belges devaient à la mémoire d'Érasme, qui composa l'*Éloge de la Folie*, de prendre un soin particulier de l'aliénation. La maison spéciale de Gand mérite d'être citée. La Belgique a seule jusqu'à présent tenté d'établir une colonie de fous qui vont et viennent en plein air, vaquent aux travaux du labourage et de la ferme, dans la circonscription de la commune de Gheel. L'un d'eux a assassiné dernièrement le bourgmestre ; on devait s'y attendre. Moins superstitieux que les Turcs, qui révèrent la démence, et plus expérimentateurs que les Flamands, quelques spiritualistes d'Allemagne, considérant la folie comme une maladie de l'âme, la traitent à coups de bâton. L'Italie préconise d'autres doctrines : ses établissements principaux sont San Cervola, île isolée au milieu des lagunes de Venise, et l'hôpital de la petite ville d'Aversa, dans le royaume de Naples. Il y a quelques années, un prêtre éclairé et riche conçut le projet d'approprier à cet usage les deux ou trois cents cellules d'un ancien monastère de Dominicains. Le gouvernement lui prêta son concours, et c'est ainsi que la maison d'Aversa est devenue presque un musée. En ce pays caniculaire, on rencontre souvent des lazzaroni aliénés vaguant par les villes ou sur les grandes routes. Les médecins, privés de notions concernant l'origine du mal, ont recours à un ingénieux moyen. La maison d'Aversa renferme une quantité innombrables de groupes gracieusement pétris dans la cire et qui reproduisent les principales scènes susceptibles d'engendrer la folie : assassinat, incendie, viol. On promène le malade le long de cette galerie de Curtius, l'arrêtant devant chaque pièce : au premier mouvement qu'il fait, au premier cri qu'il pousse, on en conclut qu'il a retrouvé le principe de sa manie, et on le traite en conséquence. Les théoriciens de San Cervola qui ne se gênent pas pour appeler les choses par leur nom, et qui rangent leurs malades en plusieurs catégories sous des étiquettes qu'ils peuvent comprendre eux-mêmes dans leurs moments lucides : *fous incurables, fous exaltés, pazzi incurabili, pazzi cattivi*, ces théoriciens sont-ils plus heureux que ceux de Bicêtre, de Charenton, de la Salpêtrière ? Il est permis d'en douter ; en cela, comme au jeu, on proclame bien haut ce que l'on gagne, on ne se vante pas de ce qu'on perd.

La Salpêtrière s'éleva en 1656, non loin de Bicêtre, en quelque sorte sous son aile et sur un terrain où l'on fabriquait auparavant du salpêtre. Libéral Bruant, qui jeta les fondements des Invalides, fut l'architecte. L'église, au dôme octogone, est son chef-d'œuvre. La Salpêtrière servait d'abord de retraite aux pauvres ; ensuite on n'y admit plus que les femmes. Des bâtiments séparés étaient réservés aux folles et aux filles perdues. Pendant la révolution, les septembriseurs ne lui firent pas grâce.

Les horreurs de Bicêtre et de l'Abbaye s'y renouvelèrent presque avec les mêmes circonstances. La lie de cette population parisienne que Robespierre traînait à sa suite et enivrait de sang, des hommes armés de piques, de sabres, de haches, obéissant avec une fureur aveugle aux ordres de leur chef, ou pour mieux dire, du bourreau représentant le comité de salut public, envahirent les cours de cette triste demeure. Une fois là, folles ou recluses passèrent au tribunal du féroce Rhadamante; jugeant seul et sans appel.

— Ton nom! demandait-il, et suivant la réponse, pour un souvenir, pour un caprice :

— A la force! criait-il d'une voix rauque.

A la force, voulait dire à la mort. La condamnée traversait un guichet au seuil duquel comme à l'Abbaye on croyait trouver la liberté; mais des meurtriers s'y tenaient en silence, guettant leur proie, et la victime, dès son premier pas tombait sous leurs coups.

Cinquante années à peine nous séparent de ces excès effroyables, de ces égorgements de Français par des Français, et l'imagination refuse d'y croire.

Aujourd'hui la Salpêtrière copie Bicêtre jusque dans son titre : au fronton de sa porte on lit :

HOSPICE DE LA VIEILLESSE.

FEMMES.

La Salpêtrière a suivi un à un tous les progrès de l'hôpital son voisin ; elle est divisée de la même manière que Bicêtre, et a pour médecins MM. Falret, Mitivié, Lélut, Baillarger et Trélat.

L'établissement de Charenton est de quelques années seulement antérieur à Bicêtre. En 1641, Sébastien Leblanc fonda à Charenton-Saint-Maurice une maison tenue par les frères de la Charité et destinée à recevoir les malades, particulièrement ceux attaqués de folie. Ce détail dispense les prêtres d'Italie de revendiquer pour eux l'initiative de ces créations bienfaisantes. En 1793, la maison fut réunie à la direction générale des hospices, mais sa destination resta la même. Le docteur de Coulmier y introduisit les jeux de la musique et du théâtre. Le marquis de Sades y est mort en 1813, vantant jusqu'à son dernier soupir, *Justine* et *Juliette* comme les impérissables monuments de la littérature française. La situation déjà si pittoresque de Charenton, bâti au penchant d'une verdoyante colline et qui voit couler à ses pieds la Marne, a singulièrement gagné depuis peu, par les constructions gigantesques que l'on doit à la munificence des hospices, et qui rappellent les splendeurs de l'architecture romaine. A voir ces étages superposés, ces longs portiques sous les arceaux desquels durant le jour le soleil mêle ses rayons à la verdure et la nuit projète ses mystérieuses ombres; à voir ces vastes cours qui se surplombent comme les gradins immenses d'un colysée, ces jardins embaumés qui dominent le paysage, comme jadis les terrasses fleuries de Sémiramis régnaient sur Babylone, on se croit en face d'un riche cloître de moines italiens. La chapelle de ces fous est éblouissante de peintures, de sculptures et d'or.

Après ces établissements qui relèvent d'une administration ayant ses revenus, mais qui appartiennent au pays qu'ils honorent, Paris et sa banlieue comptent quelques maisons de santé où l'aliénation se traite à des prix plus ou moins aristocratiques. La maison du docteur Belhomme, rue de Charonne, est la plus renommée; elle a toujours une moyenne de quatre-vingts à quatre-vingt-dix pensionnaires. Située en bel air, dans les dépendances de l'ancien hôtel Chabannais et sur une partie des terrains de la succession Rieussec, le même qui tomba, au boulevard du Temple, victime de Fieschi, cette maison, sensiblement améliorée et agrandie par le propriétaire actuel qui la tient de son père, offre sur toutes les autres la particularité du système cellulaire appliqué aux aliénés. L'idée du système cellulaire ne doit effrayer personne; les aliénés, qui vivent en commun pendant tout le jour, sont séparés pour la nuit qu'ils passent seuls dans leur chambre. Aux jours de la terreur, la maison de M. Belhomme servit de refuge à la duchesse d'Orléans, mère de notre roi. L'appartement qu'elle habitait a maintenant pour locataires, une comtesse folle et son fils idiot. Diverses circonstances relatives à cet épisode de la vie de la duchesse d'Orléans sont consignées dans les *Mémoires* de son altesse sérénissime Antoine-Philippe d'Orléans, duc de Montpensier, prince du sang. Au mois de septembre 1793, la duchesse, arrêtée en vertu de la loi des suspects, avait été conduite au Luxembourg, et en juin suivant, madame Élisabeth étant montée sur l'échafaud, on ordonna son transfert du Luxembourg à la Conciergerie. Benoît, concierge du Luxembourg, qui savait bien que la douairière ne changeait de place que pour monter à la guillotine, refusa de la remettre aux agents du comité de salut public, prétextant qu'elle était malade. Ce refus de Benoît sauva la noble captive; les terroristes s'en vengèrent, en lui donnant pour compagne une fille perdue. Le 9 thermidor mit enfin un terme à ces sanglants excès, et des protections ménagées en haut lieu permirent à la duchesse d'Orléans de quitter le Luxembourg. — « Ma mère, dit le duc de Montpensier dans ses *Mémoires*, avait été depuis quelques mois transférée du Luxembourg dans une maison de santé de la rue de Charonne, où elle était à peu près sur sa parole, en bon air et à portée de soigner sa santé délabrée. » Ainsi l'établissement du docteur Belhomme, si utile aux progrès de la science, appartient désormais à l'histoire.

MM. Voisin et Falret ont fondé une maison de ce genre à Vanves, près de Vaugirard, dans un des pittoresques châteaux de l'autre siècle, qu'un parc immense environne. Bien des misères ont passé sous ces taillis ombreux! Au nombre des maisons particulières pour les aliénés, on compte encore celles de M. Leuret, rue Saint-Dominique, de M. Mitivier, rue de Buffon, de M. Pinel, impasse Longueavoine, de M. Pinel neveu, rue de Chaillot, et celle du docteur Pressat, faubourg Saint-Antoine. La maison de M. Blanche, à Montmartre, semble surtout affectée par la tradition aux aliénés de la littérature et des arts, Lassailly, Bert, Monrose y sont morts. Rey-Dusseuil, maintenant à Charenton, y a passé. Aux termes des reglements, un substitut du procureur du roi visite ces lieux tous les quinze jours, reçoit les plaintes des malades, les examine, les interroge avec une sévérité scrupuleuse, si bien que l'aventure qui défraie un chapitre du *Juif Errant* est presque un paradoxe. Longtemps avant les vertueuses alarmes de M. Eugène Sue, la justice du roi veillait à la sécurité d'un chacun.

Les maisons de santé, suivant en cela l'exemple de Bicêtre et de la Salpêtrière, ont toujours joui de la prérogative d'être plus ou moins des prisons ou des oubliettes. En 1815, sur les conseils d'Esquirol, M. Belhomme père cessa de recevoir chez lui des jeunes gens en correction; récemment la cour d'assises alla chercher chez M. Pinel une jolie femme dont le procureur du roi avait à se plaindre, et l'établissement de M. Pressat eut pour hôtes, Pichegru et Mallet, lors de la conspiration militaire dont M. Pasquier, aujourd'hui chancelier, en ce temps-là préfet de police, fut si complétement dupe.

Au reste, n'importe où on la rencontre, dans les institutions particulières ou dans les hospices, la démence se manifeste sous les mêmes dehors, hideux et multiples : — les idiots, avec leurs paroles brèves, leurs monosyllabes, — les crétins au crâne fuyant, aux membres crochus, à la mâchoire désordonnée, maigres et rabougris, — les monomanes toujours repliés sur eux-mêmes, — les agités, les gâteux et les incurables, qui ne forment pas la moindre part de ce monde en dehors, pour ainsi dire, de la vie.

Depuis le commencement du siècle, l'aliénation mentale a été l'objet de fréquentes et curieuses recherches, et les opinions ne se sont pas fait faute de divergence. En 1825, la Faculté de médecine inclinait vers la doctrine qui allait inspirer un beau livre à Broussais; l'aliénation, disait-elle, était un état inflammatoire et passager du cerveau. A quoi les adversaires répondaient : si vous êtes impuissants à définir comment l'intelligence se forme, prétendez-vous être plus habile à expliquer comment elle se trouble? Sur ces entrefaites, la phrénologie entra dans la lutte; on fonda des syllogismes sur les musées de Gall et de Spurzheim;

on invoqua les collections de crânes d'un professeur de théologie en Sorbonne, du savant abbé Frère, ex-capitaine d'artillerie, qui, le matin d'Austerlitz, portant à l'empereur un plan remarquable de la bataille qui allait se livrer, lui demandait pour récompense la permission de quitter le service afin d'entrer dans le sacerdoce. L'abbé Frère a rassemblé ses crânes au point de vue des races successives, et pour constater les progrès de la civilisation à travers les phases de la politique et de l'histoire.

De ce choc d'opinions et de systèmes, est résulté non pas précisément la lumière, mais une certaine unité de théorie qui doit profiter à la médecine. Le grand nombre, admettant l'école philosophique actuelle, divise l'âme en quatre facultés principales : attention, jugement, volonté, mémoire. Ce sont les idées de Descartes, de La Romiguière et de M. Cousin. Le cerveau, suivant l'école phrénologique, est un composé de trente-sept facultés primitives, dont la volonté, l'attention, la mémoire sont les attributs; elle considère l'amour physique à peu près comme l'avaient présenté par induction Reïd, Dugald-Stewart et l'école écossaise; pour ce qui est de l'entendement humain, elle le partage en intelligence, subdivisée en une multitude de virtualités particulières, sens des faits, du coloris, de la musique, des formes. Ces idées, déjà émises par Cabanis et acceptées par l'école phrénologique, sont reproduites dans la classification du docteur Place, l'un de nos premiers phrénologues. Esquirol, qui niait le rapport du physique avec le moral et qui faisait mouler toutes les têtes de ses fous, dans un autre but que l'abbé Frère, Esquirol est auteur d'un *Traité des maladies mentales*. Ce livre est un roman. L'auteur part des dénominations générales de *maniaques*, *monomaniaques* et *déments*, et imagine des divisions prises dans le caractère particulier des individus. On aura beau dire : à Bicêtre, à Gand, à Aversa, en France et en Angleterre, aux États-Unis et en Allemagne, les signes de la folie présentent, dans leur variété même, une uniformité qui détruit les systèmes de la science. Chez les femmes ce sont des monomanies d'amour maternel, de parure, de vanité, de coquetterie, des transports hystériques; chez les hommes, prédominent l'ambition, la mélancolie, la circonspection, la peur, la jalousie, l'orgueil, le penchant au suicide qui leur est commun avec l'autre sexe; ou bien encore des accès de prudence, des velléités de meurtre. Ainsi, à Bicêtre et ailleurs, les aliénés garçons ou célibataires composent les plus doux romans d'amour, sont généralement épris d'une reine ou d'une impératrice, tandis que les fous mariés ou veufs, sans exception, ont tous été trompés par leurs femmes

Et voilà, depuis la reine Blanche jusqu'à Louis-Philippe Ier, les longues et dissemblables phases de ce coin de terre qui fut un couvent, un château fort, une cour des miracles, une maison de plaisance, un hôtel des invalides, une prison et un hospice; qui a vu passer des Chartreux, des dignitaires de l'église, des ribauds, des princes du sang, des soldats infirmes, des assassins et des fous; où le souvenir des guerres saxonnes se mêle aux excès des Armagnacs; où cinq siècles sont le trait d'union qui joint le nom du duc de Berri à celui de Théroigne de Méricourt; qui eut ses innocents et ses grands coupables, ses égorgeurs et ses victimes; si bien qu'au souvenir de tant d'abaissement et de grandeur, de tant de luxe et de misère, on peut dire qu'en ce monde, où chaque chose est vanité, toutes les folies ont eu Bicêtre pour palais ou pour hôpital.

G. Guénot-Lecointe.

MARNES. VAUCRESSON.

VILLE-D'AVRAY.

Aujourd'hui que les rails-ways allongent de çà et de là leurs rubans de fer, que l'octroi se prélasse en des coudées un peu plus que franches, et que la grande ville, comme une avenante courtisane qu'elle est, lance incessamment vers ses alentours des œillades que nous soupçonnons fort d'être intéressées, vous ne sauriez croire comme ont soudainement grandi les environs de Paris! — Si bien que tant de clochers, humbles et gracieux qui se cachaient naguère dans leurs bois, sans plus de prétention, comme les pâquerettes sous le gazon, se permettent maintenant des airs d'orgueil et de coquetterie que nous sommes obligés de subir.

— Qu'est-ce que Ville-d'Avray? allez-vous dire. — Qu'est-ce que Marnes et Vaucresson? — Où prenez-vous *cela*, je vous prie?

60

Nous prenons cela sur les plus jolies collines qui se puissent voir, au milieu de sites tels qu'on n'en trouverait pas de plus pittoresques à vingt lieues à la ronde. Ville-d'Avray, Marnes et Vaucresson réveillent à chaque pas des souvenirs respectables, sans compter de charmantes actualités que je vais vous dire.

Ville-d'Avray est couronné de bois au levant et au midi. Sa cure n'est mentionnée que dans les Pouillés (*) des xve, xvie et xviie siècles, ce qui doit faire supposer que, avant cette époque, Ville-d'Avray n'était qu'un hameau de la paroisse de Sèvres, dont il n'est guère éloigné. — L'église, en effet, nous voulons parler de l'ancienne église, appartenait par son style au xive ou xve siècle : c'était un bâtiment très-simple et sans collatéraux, dédié à saint Nicolas. Des savants ont prétendu qu'elle avait été primitivement dédiée à saint Maur, et qu'il y avait une foire ce jour-là.

De sorte que, non contente de nous avoir induit en toutes sortes de doutes sur le véritable nom de notre hameau de Ville-d'Avray, voilà que la science nous empêche encore de savoir à quel saint nous nous vouons. — Oh! la science!

Quant à s'assurer de combien de quartiers de noblesse Ville-d'Avray peut s'enorgueillir, cela est d'autant plus facile que la science ne s'en est pas mêlée. Ainsi, dans un cartulaire du xiiie siècle, que nous avons eu sous les yeux, il est parlé d'un seigneur de *Villa Davren*, nommé Herchembaldus; quel heureux temps ce devait être que celui où l'on était libre de s'appeler Herchembaldus!

Deux autres titres de 1224 font connaître que Simon et Pierre de *Ville-d'Aurai*, frères, lesquels tenaient de Burchard, seigneur de Marly, un fief situé à Asnières, s'intéressant à *un particulier* de Ville-d'Aurai qui faisait ses études à Bologne, en Italie, vendirent au monastère de Saint-Denis un revenu situé à Courbevoie, et cela afin de venir en aide au susdit particulier.

Ce mot de *particulier*, employé à notre grand ébahissement, dans un titre de 1224, est parvenu jusqu'à nous. — Pour ce qui est de cette parfaite abnégation qui inspirait à deux frères de vendre leur domaine au profit d'un étudiant pauvre de l'Université de Bologne, nous doutons qu'elle se soit également perpétuée.

En 1256, le 16 août, vous voyez que nous nous permettons de citer des dates ni plus ni moins que les vrais savants, un Roger de Ville-Davren cède à Jean de Nogent, chevalier, seigneur de Suresnes, un certain revenu qu'il avait à Saint-Cloud.

Un siècle et demi après, la terre de Ville-d'Avray se trouvait dans la maison de Dangeau.

(*) Registre où l'on inscrivait le catalogue des églises et des bénéfices d'une province.

Le 28 novembre 1431, — toujours des dates, — un sieur Milon, marquis de Dangeau, lègue la seigneurie de Ville-d'Avray aux *Célestins* de Paris, pour le plus grand repos de son âme et de celle de son frère.

Les Célestins, qui ne possédaient pas moins de vingt-et-un monastères en France, et dont l'habit était une robe blanche surmontée d'un chaperon et d'un scapulaire noirs, les Célestins, disions-nous, ayant été supprimés en 1778, Louis XVI acheta la seigneurie et le château de Ville-d'Avray et les donna, en 1781, à messire Marc-Antoine Thierry, chevalier, mestre-de-camp de dragons au régiment Dauphin, chevalier de l'ordre royal et militaire de Saint-Louis, et son premier valet-de-chambre.

C'est apparemment depuis que les rois n'ont plus de valets en titre, que les puissants de la terre se disputent tant à qui le sera le plus.

Messire Marc-Antoine Thierry trouva que les Célestins avaient laissé après eux une odeur de cloître qui n'allait pas à ses épaulettes de mestre-de-camp des dragons Dauphin ; il délaissa donc le monastère, qui appartient aujourd'hui à un agent de change, et se fit bâtir un vrai, un magnifique château, tel que nous le voyons encore, sauf qu'il y avait une chapelle à gauche et une salle de spectacle à droite se faisant vis-à-vis, dont la spéculation a fait de *jolis appartements à louer*, *meublés ou non meublés*. — Ainsi soit-il !

C'est au bas de ce château que se trouve la fameuse source où l'on a,

pendant plusieurs siècles, puisé l'eau que l'on servait sur la table des rois de France. — Les rois s'abreuvent maintenant à toutes les sources indistinctement.

Monsieur Thierry était un noble et brave homme, digne en tout de la bénédiction du Seigneur et de la munificence royale : ce n'était pas assez pour lui d'avoir une habitation princière, il aurait voulu pouvoir donner à chacun des habitants de ses domaines une maison nouvelle ; dans l'impossibilité où il était de le faire, il songea à remplacer la vieille église, laquelle touchait au monastère des Célestins, par une église plus grande et plus belle, qui serait la maison de tous. — La première pierre en fut posée en 1785, et la dernière en 1787, sous la direction de Darnaudin, l'architecte des rois Louis XV et Louis XVI. — Elle est du style grec, de fort bon goût, et rappelle, en petit, en très-petit, l'église de la Madeleine de Paris.

C'est dans ce même temple, aimé des arts et préféré de Dieu, que nous avons entendu, l'an dernier, madame Pauline Garcia et Alexis Dupont, et que chantaient encore, il n'y a pas deux mois, MM. Grard et Roger, de l'Opéra-Comique.

Mais il est bien question d'Opéra-Comique et de chants ! Quand M. Thierry, de ses mains toujours pleines, eut laissé tomber des bienfaits sur toutes les têtes ; quand il eut donné à celui-ci de quoi relever sa chaumière incendiée, à celui-là de quoi doter ses filles, à cet autre de quoi remplacer sa génisse ; quand il eut mis des routes là où il n'y avait que des ravins, des sillons là où il n'y avait que des ronces, l'aisance là où il n'y avait que misère, la joie et la santé là où il n'y avait que des maladies et des larmes ; lorsqu'il fut bien constaté qu'il était le père, la providence, l'ange gardien du village, savez-vous ce qui arriva ?...

Il arriva que le 2 septembre 1792 sonna lugubrement à l'horloge des siècles, que M. Thierry, comme tant d'autres, fut obligé de se cacher, que des hommes, mon Dieu ! oui, des hommes au front desquels nous pourrions clouer l'infamie, si nous n'avions pitié de leur vieillesse, dénoncèrent sa retraite, et que sa tête roula, non loin de celle de madame de Lamballe, lors des massacres de la Force.

Mais laissons le Ville-d'Avray d'alors, pour celui d'aujourd'hui.

Le dénombrement de l'élection de Paris, en 1709, assignait à ce hameau quatre-vingts feux ; celui publié en 1745, par Doisy, n'en comptait que cinquante-six, ce qui nous paraît plus raisonnable. — Le *Dictionnaire universel géographique de la France*, publié en 1757, portait à deux cent-cinquante-cinq le nombre des habitants de Ville-d'Avray. — Aujourd'hui il peut y en avoir un millier, et le double pendant l'été.

En vérité, nous ne nous serions jamais figuré que nous étions aussi savant que cela !

Vous savez de reste que les grands parcs et les propriétés gigantesques ont aujourd'hui disparu. — Si vous ne le saviez pas, la bande noire pourrait vous le dire. — Les ponts-levis, les tourelles, les créneaux, le nain qui sonnait du cor sur la plate-forme; les oubliettes plus ou moins parées d'ossements; les corridors sombres et retentissants; le perron de pierres sculptées où la châtelaine allait recevoir les hôtes que la Providence lui envoyait. — *Providence* est, en ce cas, synonyme de tempête ou d'attaque nocturne ; — les forêts séculaires; les chasses réelles, les chasses pour tout de bon, au sanglier, au loup; les gibets de haute justice; tout cela a fait place à de jolies petites maisons bien proprettes, bien peignées, bien badigeonnées, lesquelles pourraient se mettre à huit ou à seize et polker fort à l'aise dans une salle d'autrefois; chacun a sa propriété, son carré de choux, son jardin grand comme une nappe de douze couverts ; on est à la fois son maître et son vassal ; on a des meutes qui se composent d'un chien et demi, quand ce n'est pas d'un chien tout seul ; on se fait faire des guêtres et des habits de peaux féroces, dans le goût de Robinson-Crusoé; gourde, carnier, poire à poudre, rien ne manque, pas même le fusil, et tout le monde est heureux, même le gibier ; mais heureux d'un petit bonheur pour lequel il y a toujours assez de place dans le cœur. — En un mot, les grandes propriétés et les grandes fortunes ont été divisées à l'infini, de sorte qu'il y en a un peu pour tout le monde, et qu'il n'y en a assez pour personne.

Sous ce rapport, l'histoire de Ville-d'Avray est l'histoire de tous les villages.

Cette maison carrée qui vous saute aux yeux tout d'abord, en descendant du chemin de fer, s'appelle *les Jardies;* c'est de là que M. Honoré de Balzac a daté ses meilleurs livres.

Lorsque M. de Balzac eut achevé de dépenser les quatre-vingt mille livres que lui a coûté cette habitation, il y amena quelques amis pour pendre ce qu'on appelle vulgairement la crémaillère. — Ceci est fort louable et fort naturel. — Les amis burent beaucoup de Champagne et de toutes sortes de vins des meilleurs crus, y compris le Johannisberg. — Jusque-là rien de mieux; seulement, vers deux heures du matin, quand les esclaves eurent distribué les bougeoirs, et que les amis eurent échangé un nombre considérable de poignées de mains acharnées, telles que le Champagne les inspire aux cœurs les plus arides, il se trouva que la maison n'avait pas le moindre escalier; chacun furetait çà et là, le bougeoir à la main. — On ouvrait les armoires, on regardait sous les tables; quelques-uns tâtaient leurs poches, d'autres secouaient leurs chapeaux ou leurs goussets; rien ne faisait. Où est l'escalier? — Qu'est devenu l'escalier? — Vingt-cinq louis de récompense à qui rapportera l'escalier!...

L'un des convives ayant fait judicieusement observer qu'un peu de Champagne trouble la vue, tandis que beaucoup de Champagne l'éclaircit, ces messieurs se remirent à table et attendirent le jour.... Nous devons leur rendre ici cette justice qu'ils n'épargnèrent rien pour se rendre les yeux aussi perçants que possible. — Malgré cela, l'escalier ne fut pas retrouvé, par la raison toute simple qu'il n'y avait pas d'escalier. M. de Balzac, qui avait voulu être lui-même son architecte, l'avait oublié.

De là cette espèce de cage, peinte en coutil, qui flanque de haut en bas le côté nord de la maison du romancier.

Maintenant que voilà l'église et que nous avons traversé cette magnifique allée d'ormes, toute voûtée de feuillage, qui conduit du débarcadère au village, prenons à gauche.

A qui voulez-vous que soient ces jardins et cette villa, où il y a plus de statues, et de bonnes statues, qu'au musée de Versailles, si ce n'est à Pradier.

Donnez-moi le bras, et continuons :

Ici demeurait Arnault, le secrétaire perpétuel de l'Académie Française.

Voilà la rue Fontenelle ; c'est dans cette maison, bâtie en amphithéâtre, que Bernard-le-Bovier de Fontenelle a composé ses *Dialogues des Morts*, sa *Pluralité des Mondes*, et qu'il a vécu quelques-unes des cent années (de 1657 à 1757) pendant lesquelles il fut constamment à la veille de mourir. L'abbé Prévost, l'un de ces abbés d'alors qui n'étaient que d'aimables païens vivant gaiement en dehors de l'église, l'abbé Prévost, qui a créé Manon et le chevalier Desgrieux, est passé de vie à trépas dans ce vieux fauteuil en tapisserie de Beauvais que vous venez de voir dans le salon du rez-de-chaussée.

Et, à ce propos, il faut que je vous raconte une histoire fort vieille, connue de tous, mais qui aura du moins le mérite d'être replacée dans le cadre qui lui appartient.

Vous savez que l'abbé Prévost était fort sujet à l'apoplexie. — Peut-être ne le saviez-vous pas, mais cela ne fait rien à la chose. — Un jour qu'il était venu voir Fontenelle à sa maison des champs, et que tous deux discutaient paisiblement sur le système planétaire, survient le cuisinier avec une magnifique botte d'asperges, fruit nouveau de la saison. — Prévost voulait les manger à la sauce, Fontenelle les voulait à l'huile. — Le cuisinier voyant que la dispute commençait à s'échauffer entre les deux amis, propose d'accommoder la moitié de la botte à la sauce, et l'autre moitié à l'huile. — On accepte. — Les asperges allaient leur train, lorsque l'abbé Prévost est tout à coup renversé par une attaque d'apoplexie. — Fontenelle se lève; on croit qu'il va chercher un flacon de Mélisse : pas du tout, il se précipite vers l'office, et s'écrie d'un ton triomphant : chef, toutes à l'huile!

Que si le lecteur avait eu vent déjà de cet événement, ce qui est plus que probable, il saura maintenant qu'il s'est accompli à Ville-d'Avray, rue Fontenelle, n° 7.

De tous les éléments de cette histoire, il n'y a que Fontenelle, l'abbé Prévost, le cuisinier et les asperges qui n'existent plus. — La maison, le fauteuil et l'apoplexie, l'apoplexie surtout, existent toujours.

Ce pavillon, surmonté d'une lyre et des attributs de la musique, était à Lays, le célèbre chanteur.

Ville-d'Avray, vous le voyez, a plus d'un titre à l'illustration.

Voici la maison de campagne de Ducray-Duménil : c'est dans cet hermitage situé là-bas, tout au haut du jardin, que sont nés les *Petits Orphelins du hameau*, *Cœlina*, et *Victor ou l'enfant de la Forêt*.

Cette maisonnette, pour ainsi dire adossée à la grille du parc de Saint-Cloud, était habitée, l'an dernier, par Roger de Beauvoir, qui préludait ainsi modestement aux magnificences de l'hôtel Pimodan. — C'est que les cœurs artistes aiment que les choses de la vie soient ainsi heurtées et disparates.

Et que serait-ce donc, si nous vous avouions qu'il y avait à Ville-d'Avray, il y a plus de cent soixante-dix ans, un paysan, rien qu'un paysan, parfaitement corvéable et taillable, qui se permettait d'adresser périodiquement des lettres à certain journal parisien, et que ce journal s'empressait toujours de les insérer? — Voir le *Mercure de France*, à la fin d'avril 1678.

Ce rond-point, situé à peu près dans cette partie des bois de Ville-d'Avray qui étale son ombre et sa verdure entre les murs du parc du château de la Ronce et le chemin de fer de Paris à Versailles, s'appelle le PLAIDOYER. C'est là que les seigneurs, et après eux les moines, jugeaient les hommes-liges de leurs domaines.

Cet autre rond-point, à deux portées de mousquet du premier, ce rond-point dont le gazon de velours semble vous appeler et vous sourire, ce rond-point dans lequel vous avez peut-être lu de beaux livres, à côté d'une belle maîtresse doucement penchée sur votre épaule, avec le ciel sur votre tête, avec des concerts de fauvettes dans le feuillage, et de gracieuses pensées qui vous gazouillaient dans le cœur, ce rond-point s'appelle la JUSTICE.

C'est là que l'on venait pendre les hommes-liges qui avaient été condamnés au *Plaidoyer*. — Il n'y a pas cinquante ans que les potences y étaient encore.

Maintenant, passons entre les deux étangs qui servent de réservoirs aux grandes eaux de Saint-Cloud; gravissons la pente rocailleuse que l'on appelle le *Chemin de M. le curé,* parce qu'un bon vieux curé d'autrefois s'y promenait tous les soirs le bréviaire sous le bras; prenons à gauche, par le bois des *fosses reposes,* afin de donner un coup d'œil à l'ancien prieuré de Jardy, et qui n'a plus l'air aujourd'hui que d'une grosse ferme, sauf une très-petite chapelle située au fond de la cour, puis tirons vers Marnes et Vaucresson.

Au XIIe siècle, les terrains sur lesquels se prélassent aujourd'hui Marnes (*) et Vaucresson (**), étaient de méchantes forêts émaillées de brigands, ainsi qu'il appartient à toute forêt un peu considérable qui veut se faire respecter. (*Lebeuf,* tome VII, page 266.)

De 1150 à 1202, l'abbé Suger, pour Marne, et Odon de Sully, évêque de Paris, pour Vaucresson, firent arracher la forêt, labourer les terres, et octroyèrent à chaque père de famille huit arpents de culture et un arpent pour maisons et dépendances. Pour ce dernier arpent, chaque ménage devait leur rendre par an un sextier d'avène, à la Nativité de la Vierge, six deniers de cens à la Saint-Remy, et à la fête des Morts une

---

(*) Ainsi appelé en raison du terrain, de même que les autres lieux du Poitou pareillement appelés MARNE. On désigne par ce mot de MARNE une sorte de terre très propre à servir d'engrais.

(**) Val-de-Cresson. Le cresson, qui était commun dans cette vallée, où il coule beaucoup de sources, lui aura sans doute fait donner ce nom.

demi mine de froment ou deux chapons. — A l'égard des huit autres arpents, ils se réservaient d'autres droits.

C'est peut-être ici le lieu de transcrire une sorte d'acte, dont nous sommes parvenu à secouer le linceul de poussière et de vétusté, quoi que fissent les rats pour nous le disputer.

Voici cet acte, dont nous avons cru devoir écarter les noms propres, parce que les paysans sont généralement fidèles au coin de terre qui a vu naître et mourir leurs aïeux, et qu'il se pourrait bien faire, en les citant, que je heurtasse sans le vouloir la susceptibilité de quelque grave et méticuleux descendant.

« *Selon les us du temps jadis, et d'après adveu de la terre de B.... rendu par A..., deuxième de nom, sire de M..., l'an 1248, une pièce de terre entre les deux gros noyers est à perpétuité concédée à R... C..., homme de corps, comme aussi à ses descendants, et ce, à la condition que la fille mineure, née en sa famille, sera tenue de payer redevance au nouveau seigneur de B...., à savoir : chapeau de fleurs bocagères, et ensuite, sous honnête couverture, en cabinet secret....* (suivaient deux lignes si bien labourées par la dent des rats, qu'il nous a été impossible de les déchiffrer)... *moyennant quoi ledit seigneur sera tenu la marier et doter à l'avantage, la délivrant de servage, elle et sa postérité.* »

Avez-vous jamais rien vu, lu ou entendu, qui se puisse comparer à cette couverture qui a le front de s'appeler *honnête?*

Quand il y eut, à Marnes une église sous l'invocation de saint Éloi, évêque de Noyon, à Vaucresson une autre église dédiée à saint Denis ; quand les pignons commencèrent à sortir de terre et à se grouper humblement autour de l'habitation des moines, l'évêque de Paris pensa que c'était bien le moins que ces braves gens mangeassent quelquefois du pain : pour ce faire, il ordonna la construction d'un four et y mit un fournier. Puis, sans que les chambres des pairs et des députés de l'époque s'en occupassent le moins du monde, sans protocoles, sans luttes, sans aucun échange de tartines parlementaires entre l'honorable M. Ledru-Rollin et l'honorable M. Guizot, à lui tout seul, comme un évêque absolu qu'il était, il promulgua une constitution dont voici quelques articles.

« Que le prêtre, on disait alors le prêtre et non le curé, recevrait des habitants, à scavoir : un muid de blé d'hyver, un muid d'avène à la mesure de la grange de Saint-Cloud dans la grosse dixme de Marne, et qu'en outre il jouirait de toute la même dixme.

» Que les habitants iraient, par droit de banalité, aux moulins de l'évêque, et que de quinze boisseaux ils en payeraient un.

» Que *s'il arrivait*, la chose, à ce qu'il paraît, n'était pas aussi fréquente qu'aujourd'hui, que s'il arrivait qu'il fût vendu du vin à la taverne, le sergent de l'évêque fournirait les mesures, et aurait pour cela une denrée de vin du tavernier. »

Ce sergent nous paraît correspondre parfaitement à nos gabeloux.

» Que l'évêque aurait le droit de rouage (*rotagium*).

» Que si quelque paysan injuriait le prévôt de Saint-Cloud, ou le sergent, nous allions dire le garde-champêtre, la justice en serait faite à Saint-Cloud.

» Que tous ceux qui viendraient demeurer dans les nouveaux villages ne seraient point tenus d'obéir aux significations d'huissiers, soit du roi, d'un prince, ou même de Saint-Denis, pour le fait de l'armée, mais seulement lorsque l'abbé en personne leur commanderait d'y aller en personne, ou le prieur en son absence. »

Mieux valait, ce nous semble, être le petit doigt de cet évêque, plutôt que le sceptre entier de leurs majestés : Louis VI, dit le Gros, Louis VII, dit le Jeune, et Louis VIII, dit le Lion.

Michel de Chamillart, qui fut contrôleur-général des finances et ministre de la guerre, par cette raison, assurément toute simple et bien légitime, qu'il était de première force au billard, a été l'un des seigneurs successifs de Marnes.

En 1702, le cardinal de Noailles réunit à la paroisse de Marnes le nouveau château de l'Étang, et le petit Villeneuve, qui faisait originairement partie de la paroisse de Garches. A cette occasion, le curé de Marnes dut payer *six livres* à celui de Garches, et les marguilliers *deux livres*, en forme de dédommagement.

Marnes, on le voit, commençait à pirouetter sur ses talons rouges, à chiffonner ses dentelles, à prendre du tabac d'Espagne, et à se donner des airs d'envahissement qui ne plaisaient pas à tout le monde. Aussi, quand vint 89, son église fut-elle saccagée de fond en comble! Une église, monsieur, dont la tour avait bien deux à trois cents ans de vétusté, et si petite, si petite, que le Chamillart dont je vous parlais tout à l'heure, celui qui avait conquis ses portefeuilles à la pointe d'une queue de billard, avait été obligé de faire pratiquer une ouverture dans le mur du chœur, afin que les fidèles pussent s'agenouiller dans le cimetière.

Depuis lors, Marnes a réfléchi que ce n'était pas la peine de mettre trois ans à édifier une église pour qu'on la détruise en trois jours. — Elle s'en est passé.

Vous n'irez pas à Marnes sans demander la permission de visiter le château de Villeneuve-l'Étang. — Ce château, qui appartenait à madame la dauphine, a quelque chose du petit Trianon. — L'appartement de madame la duchesse d'Angoulême est absolument tel qu'elle l'a laissé ; c'est le même meuble en tapisserie qu'elle a brodé de ses mains ; c'est sa levrette favorite qu'elle avait fait empailler ; voilà la plume avec laquelle

elle a signé son dernier bienfait daté de France. — Quant à ce jeune arbre qui pousse, fort et vivace, au bord de la rivière, il a été planté par le petit duc de Bordeaux. Les arbres sont bien heureux de pouvoir vivre là où ils sont nés!

Le château de Villeneuve-l'Étang est actuellement habité par M. le comte Decazes, dont la famille est du petit nombre de celles qui ne se prosternent pas devant tous les soleils et se consacrent noblement au culte de l'exil et du malheur. A part toute opinion, nous aimons, nous honorons profondément, partout où il se trouve, le respect pour les splendeurs mortes et les puissances déchues.

Pour aller de Marnes à Vaucresson, il faut que nous passions devant l'hospice Brezin. Cet hospice, qui ne figurerait pas trop mal parmi les monuments de Paris, a été fondé, il y a dix à douze ans, par un ancien fondeur en canons, du nom de Brezin, à qui les gloires de l'empire avaient rapporté beaucoup de millions. Il contient trois cents vieillards qui, tous, ont exercé des professions *à marteau;* c'est une des conditions essentielles pour y être admis.

Pour ce qui est de Val-de-Cresson, je vous ai dit tout ce qu'il y avait à en dire, si ce n'est que son église actuelle a été rebâtie en 1683, par arrêt du conseil, après visite faite, et sur le devis d'un nommé Maillard, maçon; ce devis s'élevait à la somme capitale de *sept mille trois cents livres.* Les dames de Saint-Cyr y furent comprises pour quatre mille livres; le reste fut imposé sur tous ceux qui avaient quelque bien dans la commune.

En 1600, le seigneur de Vaucresson s'appelait M. de la Jonchère. Nous avons certainement entendu ce nom-là quelque part, mais nous ne savons plus où.

Après M. de la Jonchère est venu le lieutenant-général de police Hérault.

Le seigneur actuel s'appelle Julia Grisi; c'est une femme charmante, une voix divine, un cœur d'ange. A son entrée en possession du château, elle a donné à l'église une sainte table et deux balustrades en fer pour les chapelles latérales. — La messe et l'opéra se sont embrassés.

Et maintenant que nous avons exhumé tant de vieilles choses, que nous avons arraché à l'oubli tant de poudreux parchemins hérissés de science et de dissertations étymologiques, topographiques, chronologiques, iconographiques, et autres en *iques*, ne nous saurez-vous pas quelque gré, je vous prie, de ne vous avoir parlé latin qu'une seule fois, et de ne vous avoir encore rien dit sur l'étymologie de Ville-d'Avray?

Ville-d'Avray a commencé à figurer dans les actes publics dès le xiii° siècle; c'était une terre et seigneurie importante des diocèse, parlement, intendance et élection de Paris, dont les terres s'étendaient jusqu'aux portes de Versailles. — Et figurez-vous que, si nous disons *Ville-d'Avray,* nous n'avons pour cela aucun motif bien sérieux ; « car, dit l'auteur de la *Statistique historique et chronologique du département de Seine-et-Oise*, en examinant les origines de ce village, il y a cela de particulier à remarquer que, dans aucun titre, quelqu'ancien qu'il soit, la terminaison de son nom ne se trouve latinisée ; à la vérité, ce nom ne paraît au plus tôt que dans les actes du XIII° siècle, mais, alors encore, on mettait en latin, dans les actes latins, les noms des lieux dont il était fait mention, et Ville-d'Avray est toujours écrit ou *Ville-d'Avren*, ou *Ville-d'Avray*, ou *Ville-Davré*, en sorte qu'il n'y a aucune espérance de pouvoir deviner d'où est formé ce mot d'Avray, pas même de pouvoir décider s'il le faut écrire *d'Avray*, ou *Davray* en un seul mot.

Voyez ce que c'est que l'érudition ! On arrive à ne plus même savoir au juste comment s'appelle son village.

Mais s'il ne nous est pas possible de vous faire connaître l'origine exacte de Ville-d'Avray, nous vous invitons, par compensation, à vous reporter à la page 350 de ce livre, et là, M. Louis Lurine vous dira ce qu'il pense du site et des habitants de ce village.

Adrien Paul.

MANTES, ROSNY.

Situé aux extrémités occidentale et septentrionale du département de Seine-et-

Oise, l'arrondissement de Mantes a été formé d'une partie du Vexin français et d'une partie du Mantois, qui appartenaient tous deux à la généralité de Paris. Pour plus amples renseignements, nous renvoyons les curieux au dictionnaire de Vosgien qui, là-dessus, ne laisse rien à désirer. Ils y verront que cet arrondissement a pour limites : au nord, le département de l'Oise; au nord-ouest, la rivière d'Epte et le département de l'Eure, et bien d'autres choses de cette force qui satisfont également le cœur et l'esprit.

Mantes-la-Jolie, c'est ainsi qu'on l'appelle, est une assez laide petite ville qui n'a de joli que les bords de la Seine qui lui baigne les pieds. Toutes les villes sont laides, mais la nature est belle : si elle ne souriait pas aux abords de ces affreux repaires qu'on nomme des cités, nul n'oserait en approcher. Pour trouver une ville jolie, il faut y avoir une femme qu'on aime, ou bien y être né, l'avoir quittée de bonne heure et n'y rentrer jamais. En dehors de ces conditions, il n'est point de jolie ville, pas même Mantes-la-Jolie. Gardons-nous, cependant, de lui ôter ce nom, si c'est de l'amour qu'il lui vient.

Un jour qu'Henri IV se promenait sur la terrasse du château de Mantes avec Marie de Médicis : — « Madame, lui dit-il d'une voix émue, si vous saviez combien cette ville m'est chère! Mantes a été autrefois mon Paris, ce château mon Louvre, et ce jardin mes Tuileries. » Mots charmants qui voulaient dire, dans le cœur de celui qui les prononçait: j'étais jeune alors et j'aimais. —Va donc pour Mantes-la-Jolie ! Qui de nous n'a pas eu, grâce à l'amour et à la jeunesse, son Paris, son Louvre et ses Tuileries?

Nous n'en finirions pas, si nous voulions remonter à l'origine de la ville de Mantes. Il n'est pas de trou de quatre à cinq mille âmes qui n'ait la prétention d'avoir été le berceau du monde. Un chroniqueur mantois affirme sérieusement que Mantes fut bâtie et habitée par les Celtes Gaulois, vers l'an 1950 de la création, 300 ans après le déluge universel, 2050 ans avant la naissance du Christ, et 1300 ans avant la fondation de Rome. Le chroniqueur en question ne se contente pas d'affirmer cela, il le prouve. Sans aller si haut et si loin, d'autres prétendent que Mantes fut une importante cité gauloise longtemps avant l'invasion romaine ; nous ne demandons pas mieux, cela ne fait de tort à personne. On a beaucoup disserté sur l'étymologie du nom de Mantes; bref, on a fini par établir que ce nom vient du mot celtique *mantal* ou *maën-tal* (*maën* roche, *tal* extrémité) *extrémité de roche*. Outre qu'il faut avoir le diable au corps pour trouver de ces choses-là, il faut avoir bien du temps à perdre pour en donner à de pareilles balivernes. Les divers historiens de Mantes citent avec orgueil, il y a bien de quoi, un passage du *Parfait géographe* où il est dit que Mantes était fort considérable du temps de César, ainsi qu'il le témoigne en ses *Commentaires*. Nous le voulons bien ; seulement il est regrettable qu'il ne soit pas dit un mot de Mantes dans les *Commentaires* de César. Ils ajoutent que César passa par Mantes, lorsqu'il vint de Beauvais à Chartres ; c'est possible, attendu que pour aller de Beauvais à Chartres, il faut nécessairement passer quelque part. « Ce qui prouve, ajoutent-ils encore, que César a traversé Mantes, c'est une pierre servant de clôture au cimetière de Limay ; pierre toute gravée de lettres syriaques, par l'explication desquelles on découvre qu'un capitaine de l'armée de Jules-César étant décédé à Limay, un de ses domestiques l'inhuma en ce lieu et grava sur la pierre du tombeau l'épitaphe de son maître, qui s'appelait Joseph et était Syriaque de nation. » La preuve est concluante ; seulement il est fâcheux que l'inscription dont il s'agit soit en hébreu au lieu d'être en syriaque, et que l'épitaphe du capitaine de Jules-César soit réclamée par un rabbin juif, mort et enterré là, en 1100. Mais laissons là toutes ces sornettes. Ce qui prouve suffisamment que Mantes florissait au IXe siècle, c'est que les Normands la pillèrent en 845, la repillèrent en 865, la pillèrent une troisième fois en 876, et l'auraient pillée une quatrième, si Charles-le-Simple n'eût donné au duc Rollon sa fille Ghisèle, et la Neustrie pour dot.

Devenue ville du Vexin français, Mantes était, au XIe siècle, chef-lieu et capitale du comté. On assure qu'à cette époque, les comtes de Mantes avaient joué déjà un rôle glorieux : il nous est bien doux de le croire. Malheureusement, il était écrit là-haut que Mantes n'en avait pas fini avec ces diables de Normands.

C'est à Mantes qu'Henri Ier reçut, en 1055, la nouvelle de la défaite de ses troupes battues à Mortemer, par Guillaume-le-Bâtard. Le lendemain, celui-ci envoya quatre paysans crier à haute voix aux portes de Mantes, et avant le jour, le couplet passablement goguenard que voici :

> Réveillez-vous et vous levez.
> François, qui trop dormi avez ;
> Allez bientôt voir vos amis
> Que les hommes ont à mort mis,
> Entre Ecouis et Mortemer,
> Là vous convient les inhumer.

A quelque temps de là, sous le règne de Philippe, un certain Hugues, surnommé *Stavel*, Raoul Mauvoisin, seigneur de Rosny, et plusieurs habitants de Mantes s'amusaient la nuit à passer la rivière d'Eure, et se jetaient comme des loups sur le diocèse d'Évreux, emmenant troupeaux et gens, pillant et houspillant les Normands. Ce petit jeu finit par déplaire au roi Guillaume, qui prit le parti de s'en plaindre au roi Philippe et lui réclama, par la même occasion, Pontoise, Chaumont et Mantes. Philippe ne fit qu'en rire, et comme Guillaume, malade depuis la bataille de Mortenier, gardait alors le lit à Rouen, et qu'il avait naturellement une énorme bedaine. — « Avez-vous jamais ouï dire que femme en Normandie ait été en couches aussi longtemps que ce gros Guilaume? demanda un jour le roi de France ; s'il en relève jamais, il devra avoir beau luminoire à ses relevailles. — Par la splendeur et la naissance de Dieu, s'écria le gros Guillaume en apprenant ceci; il peut être assuré de bien savoir le jour de mes relevailles, car j'irai en France ouïr la messe avec plus de mille torches sans cire, dont les lumignons seront de bois, et avec mille gaules garnies de bon acier au bout, pour allumer ces torches. » — Ainsi dit, ainsi fait. A peine rétabli, il arrive aux environs de Mantes, détruit la moisson, arrache les vignes, fait abattre les arbres, enfonce les portes et met la ville à feu à sang. « Mais, dit un vieil historien, comme il chevauchait orgueilleusement par la ville, son cheval tout d'un coup mit les deux pieds dans un fossé (ce qui prouve qu'alors la ville de Mantes n'était guère mieux pavée qu'elle ne l'est aujourd'hui), s'abattit et le blessa au ventre, en le faisant tomber sur l'arçon de sa selle. » Il fallut le transporter à Rouen, où il languit durant six semaines. Sentant sa fin prochaine, bourrelé de remords et voulant obtenir la rémission de ses péchés, il envoya de l'argent aux couvents et aux églises d'Angleterre, ce qui dut faire grand bien à la ville de Mantes qu'il avait brûlée, saccagée et détruite de fond en comble. A quoi tiennent cependant les destinées des cités! En voici une complètement ruinée, parce qu'il a plu au roi Philippe de se railler agréablement du gros ventre du roi Guillaume. Que ceci du moins nous apprenne à ne point plaisanter avec les grosses bedaines, qui sont tout ce qu'il y a de plus susceptible et de plus irritable au monde.

Du IXe au XIe siècle, Mantes avait été divisée en trois villes qui portaient les noms de Mantes-la-Ville, Mantes-l'Eau, Mantes-le-Château. Ce fut sur l'emplacement de Mantes-le-Château que les habitants rebâtirent en quelques années leur ville dans laquelle, suivant un historien, Guillaume n'avait laissé ni une seule église, ni une seule maison debout. Vingt-trois ans après, le comté de Mantes fut réuni pour la seconde fois au domaine royal. Vers cette époque, Louis-le-Gros vint y passer quelque temps, et, pendant son séjour, il y établit une *commune*.

C'est au commencement du XIIIe siècle, sous Philippe-Auguste, qui l'appelait sa ville bien-aimée, que Mantes jeta le plus d'éclat; le monde entier en fut ébloui. Durant les guerres de Philippe avec Henri et Richard, Mantes fut l'arsenal et le siège des grandes assemblées du royaume. Qui s'en douterait aujourd'hui? Dans son beau poème de la *Philippide*, que personne ne connaît et que je n'ai jamais lu, Guillaume-le-Breton parle souvent de cette ville. Il fait dire par Richard à Henri son père : « Tandis que tout est pour nous, l'occasion et la fortune, faisons marcher nos bataillons, hâtons-nous, courons, assiégeons Mantes. » En effet, voici le roi d'Angleterre qui s'avance, ravageant tout sur son passage : Chaufour, Boissy-Mauvoisin, Neauphlette, Breval, Mondreville, Jouy, Favrieux, Menerville, tout devient la proie des flammes, quand tout d'un coup les bourgeois de Mantes se lèvent et font reculer Henri. « Commune de Mantes, s'écrie alors le poète Guillaume avec un enthousiasme effréné, comment te louer dignement? Comment célébrer dignement ta renommée? Ah! si la parole suffisait à rendre les inspirations de l'âme, si la langue pouvait traduire la pensée intime du poète, avec quel éclat brillerait et grandirait ta renommée? L'univers entier te dirait digne de gloire. » On comprend qu'après cela il ne reste plus qu'à tirer l'échelle. C'est à Mantes que Philippe-Auguste mourut, en demandant que son cœur fût déposé sous le grand autel de la cathédrale.

La reine Blanche et la reine Marguerite aimaient beaucoup la ville de Mantes et son *biau chastel;* elles y passèrent plusieurs années, et saint Louis venait souvent les y visiter. Ce fut par les ordres et par les soins de ces deux reines que le célèbre Eudes de Montreuil, qui venait d'élever plusieurs églises de Paris, reconstruisit Notre-Dame de Mantes telle qu'on la voit encore aujourd'hui. Les chroniques racontent que lorsqu'il l'eut achevée, il fut lui-même si étonné de la hardiesse de son œuvre, qu'il ne voulut point assister au décintrement des voûtes ; il y envoya prudemment son neveu; et lorsqu'il apprit que son œuvre vivrait, il s'agenouilla et pleura. On admire surtout, dans le travail d'Eudes de Montreuil, le rond-point en cul-de-lampe. Gabriel, Soufflot et Perronet ne purent le voir sans étonnement, et Gabriel affirma devant eux, qu'en enlevant les six petits piliers qui le soutiennent, ce rond-point resterait encore suspendu en l'air. Soufflot en fit lever le plan, pour prouver à l'académie que ce qu'il faisait à Sainte-Geneviève n'approchait pas de la légèreté de ce monument.

Thibault, comte de Champagne, qui aimait la reine Blanche et la suivait partout, composa à Mantes une partie de ses chansons et de ses pastourelles. C'est ainsi qu'aucune gloire n'aura manqué à cette cité aujourd'hui si parfaitement obscure et paisible : ce fut en même temps une aire de guerriers et un nid de poète. Guillaume-le-Breton n'a rien dit de mieux.

Voici comme échantillon de la poésie dont le comte Thibault inonda la ville de Mantes, quatre petits vers adressés à la Vierge et que l'on dit délicieux :

> Dame des ciex, grans roine poissanz.
> Au grant besoig me soiez secorranz.
> De vos amer puisse avoir droite flame;
> Quant dame perc, dame me soit aidanz.

N'oublions pas que c'est en 1340 qu'on éleva la tour de Saint-Maclou, qui subsiste encore, et qu'à peu près un siècle plus tard, sous le règne de Charles VI, fut commencé l'auditoire royal dont la construction, interrompue par les guerres civiles et étrangères, ne fut achevée que sous Louis XII. La statue de saint Yves, patron des avocats et des procureurs, deux écussons aux armes de France et de Milan, et le porc-épic, symbole de l'ordre de chevalerie institué en 1394 par Louis, duc d'Orléans, décoraient la porte d'entrée de cet auditoire, qui est aujourd'hui le tribunal. Le temps et les révolutions ont mis bas saint Yves et les deux écussons; mais ni le temps ni les révolutions n'ont osé se frotter au porc-épic, qui seul est resté.

Cependant, comme il y avait longtemps que Mantes n'avait été prise et pillée, en 1346, quelques jours avant la bataille de Crécy, de fatale mémoire, Édouard III la prit et la pilla, pour qu'elle n'en perdît point l'habitude.

En 1353, le roi Jean érigea en pairie le comté de Mantes en faveur de son gendre Charles II, roi de Navarre, dit le *Mauvais*, qui reconnut cet aimable procédé d'un trop généreux beau-père en fomentant la guerre civile et en prêtant main-forte à un tas de bandits, si pillards que personne n'osait plus s'aventurer sur la route de Paris à Rouen, et que le commerce était interrompu. Ce que voyant, le dauphin Charles, duc de Normandie, fit venir de Bretagne messire Bertrand Duguesclin et lui dit: « Allez-vous en chevaucher la Normandie, et tâchez que nous soyons bientôt seigneurs de la rivière de Seine. » En chevalier *moult vaillant, bien armé de tout genre d'armes*, messire Duguesclin partit et arriva bientôt devant Mantes. Laissons parler ici un chroniqueur, dont le récit ne manque ni de naïveté ni de charme.

« Or, en l'armée de Bertrand, il y avait un chevalier nommé Guillaume de Launoy, qui s'avisa par quel moyen on pourrait entrer dans Mantes, qui bien estoit fermée, et en laquelle estoit une moultbelle église et aisée à fortifier comme un chastel; furent donc à conseil le dit chevalier et huit ou dix autres avec Bertrand, qui disait qu'on ne la pourrait avoir, à moins d'y aller avec force gens d'armes et arbalétriers. Mais le dit de Launoy, qui estoit bien subtil, leur dit qu'à son avis, ils auraient Mantes, avant qu'il fût trois jours accomplis. Un jour donc, prist de ses gens au nombre de trente, les fit vêtir en habits de vignerons; mais, en dessous, les arma avec de bonnes épées ou de bons coulteaux. Or, par le conseil de Bertrand, il y avait dans la ville de Mantes, en une hôtellerie, trente de leurs gens; lesquels avaient donné à entendre à ceulx de la ville qu'ilz estoient au roy de Navarre et menacoient fort le duc de Normandie. Si advint que le dit Guillaume de Launoy se leva après minuit, s'arma, fist armer ses gens : quand ilz approchèrent de Mantes, ilz descendirent et se mirent à pié. Cette nuit était fort obscure, et on n'y voyoit que bien peu encore, quand le soleil se leva : or, ceulz de Mantes avaient coutume qu'au matin tous les bestiaux s'assemblassent à la porte, pour sortir et aller paistre aux champs; laquelle porte ouvroient quatre bourgeois de la ville, qui les clefs en gardoient. Quand ces bourgeois aperçurent les susdits, ils les prirent pour vrais vignerons qui venoient en la place gagner leur journée, ils ouvrirent donc la porte, et toute la barrière à plain, puis allèrent en leur garde mettre leurs armures, et les bestes sortirent. Lors vinrent à la porte quatre des vignerons qui dedans entrèrent, puis six qui occupèrent la porte. Alors chacun tira son épée, et sur l'heure furent là tous assemblés. Puis corna l'un d'eux d'un cornet tant qu'il put, afin que Guillaume de Launoy et ses gens, qui près de là estoient embusqués, l'entendissent. Aussitôt commencèrent à crier ceulx de la ville comme gens effrayés : *trahi! trahi!* Lors les vignerons détèlent sur le pont une charrette pour empêcher de lever le pont. Combien que la dite ville fut étonnée! encore n'y avoit-il guères de gens levés quand Guillaume de Launoy et son armée entrèrent dedans ; et bientôt les trente soldats qui auparavant y estoient, se mirent avec et commencèrent à crier hault : *Launoy, Launoy!* Alors s'enfuirent ceulx de la ville vers l'église de Notre-Dame ; puis vint en la ville Bertrand et avec lui le comte d'Auxerre et maints chevaliers, qui amenoient moult gens, et se mirent tous à crier, *Launoy, Launoy!* car ainsi estoit ordonné. Or, comme ilz chevauchoient par la ville, les gens d'icelle ville leur jettoient l'un un pilon, l'autre un mortier, pour venger leur honte, et crioient moult fort, *trahi! trahi!* afin d'esveiller leurs gens : les femmes embrassoient leurs enfants et commencoient à crier moult hideusement. Or, Bertrand, avec maints arbalétriers, s'en alla tout droit vers la dite églize, où déjà estoient les bourgeois ; et fit tant avec ses gens qu'ils y entrèrent bien la valeur de cinq cents. Aucun de ceux qui estoient par la ville commencèrent alors à piller durement ; et quand les bourgeois qui au clocher de la dite églize estoient, virent cette mésaventure (ils devaient pourtant y être habitués,) si crièrent aux François qu'ils rendroient la tour, et alors on cessa de se battre, et les dits bourgeois consentirent d'estre loyaux subjets du roy leur sire et de leur dit seigneur le régent. »

En 1416, Henri V, roi d'Angleterre, s'empara de Mantes, mais ne la pilla point, ce dont Mantes fut bien surprise ; il la garda et notre ville resta sous la domination anglaise jusqu'à 1449, époque à laquelle Dunois la délivra.

A partir de cette époque, un peu lasse d'être prise, saccagée, pillée et repillée, Mantes commence à se mêler moins activement à l'histoire. Cependant elle retrouve sous Henri IV quelque chose de son antique splendeur et de sa turbulence d'autrefois. Avant de monter sur le trône, alors qu'il n'était que roi de Navarre, Henri l'égaya longtemps de sa jeunesse et de ses amours. Lorsqu'il allait à Rosny voir Sully, le jeune prince

ne manquait jamais de s'arrêter à Mantes, sous prétexte de jouer à la paume : or, la paume, c'était Gabrielle ou Claudine de Beauvilliers. Après la bataille d'Ivry, Mantes, qui avait pris parti pour la ligue, ouvrit au vainqueur ses portes à deux battants. Quand les magistrats lui présentèrent les clés de leur ville : « Messieurs, leur dit le Béarnais, je n'étais pas inquiet de vous, bons chiens reviennent toujours à leur maître. » Le compliment était court : l'histoire n'ajoute pas si les magistrats le trouvaient bien tourné. C'est à Mantes qu'Henri IV fit tenir son premier chapitre de l'ordre du Saint-Esprit, où furent faits chevaliers Renaud de Beaune et le maréchal de Biron ; à Mantes qu'il transféra le châtelet de Paris, en 1592 ; à Mantes qu'il assista aux conférences du cardinal du Perron et des ministres protestants ; enfin c'est à Mantes qu'il reçut la veuve d'Henri III, qui vint dans l'église de Notre-Dame le supplier à genoux de faire justice de l'assassinat du roi son mari. En 1604, il s'y rendit avec la reine Marie de Médicis et les seigneurs de sa cour pour y établir une fabrique de drap de soie. Olivier de Serres, qui fut le père de l'agriculture française, et qui accompagnait le roi, fit planter, par son ordre, dans toute l'étendue du bailliage de Mantes, des milliers de mûriers blancs pour élever des vers à soie; le château devint une manufacture. Destinée qu'auront subie, avant cent ans, tous les châteaux de France et de Navarre!

Au XVII° et au XVIII° siècle, Mantes et ses alentours deviennent le ren-

dez-vous des plus grandes illustrations et des célébrités les plus aimables. Villarceaux possède Ninon; La Roche-Guyon, Sévigné; Hautile, Boileau; Gassicourt, Bossuet. Sous Louis XV, Quesnay, chef des économistes, est médecin à Mantes; Diderot et d'Alembert datent leurs lettres à Voltaire de La Roche-Guyon et d'Épônes; Delille et Roucher chantent la Falaise et sa rosière; enfin, en 1765, le célèbre Perronet achève le nouveau pont de Mantes, et, plus tard, c'est à Mantes que le savant chronologiste Letourneur, l'architecte Patte et madame Campan viennent terminer leur carrière.

Aujourd'hui cette petite ville qui a fait tant de bruit, se mire silencieusement dans la Seine, et, paisiblement assise sur le versant de sa colline, regarde au printemps fleurir ses pommiers sans avoir l'air de se douter du rôle important qu'elle a joué. Nous n'ajouterons rien de plus, La Bruyère ayant en quelques lignes épuisé le sujet.

« J'approche d'une petite ville et je suis déjà sur une hauteur d'où je la découvre ; elle est située à mi-côte ; une rivière baigne ses murs et coule ensuite dans une belle prairie ; elle a une forêt épaisse qui la couvre des vents froids et de l'aquilon. Je la vois dans un jour si favorable que je compte ses tours et ses clochers : elle me paraît peinte sur le penchant de la colline. Je me récrie et je dis : quel plaisir de vivre sous un si beau ciel et dans ce séjour si délicieux ! Je descends dans la ville, où je n'ai pas couché deux nuits, que je ressemble à ceux qui l'habitent; je veux en sortir. »

Et maintenant deux mots seulement sur Rosny, dont l'histoire se ré-

sume tout entière en deux noms : Sully et la duchesse de Berry. Le reste ne nous importe guère. Qu'importe, en effet, de savoir que le plus ancien propriétaire de ce beau et poétique domaine fut Raoul de Mauvoisin, dit le Barbu, et le plus récent un banquier anglais, M. Stone. Rosny commence à Sully et finit à la duchesse de Berry; rien au delà, rien en deçà. Chose étrange d'ailleurs et charmante à la fois, que l'apparition de ces deux figures sous le même toit et sous les mêmes ombrages : l'une grave et austère, l'autre gracieuse et souriante! La pensée va de l'une à l'autre et se plaît à les réunir. Sully, en 1610, faisait rebâtir le château de Rosny, lorsqu'il apprit la mort d'Henri IV. A cette nouvelle, il fondit en pleurs : — Je n'achèverai point, dit-il, ce château; je veux qu'il porte le deuil de la perte que la France vient de faire d'un si grand roi, et moi en particulier d'un si bon maître. » Ce château, madame la duchesse de Berry l'acheva à sa manière, c'est-à-dire qu'elle l'enrichit d'un hospice

d'abord, puis d'une chapelle où reposa longtemps le cœur de la victime de Louvel. La bonne duchesse, c'est ainsi qu'on l'appelait alors à Rosny et aux alentours, a semé dans ce pays plus de bienfaits qu'il n'en faudrait pour faire bénir vingt mémoires ; aussi son souvenir y vit-il encore, cher et respecté. Elle apparut dans ce vieux château comme une fleur dans un vase gothique. Par un jour d'orage, un coup de vent emporta la fleur; mais le parfum en est resté.

Jules Sandeau.

TABLE DES MATIÈRES.

INTRODUCTION, par CHARLES NODIER.	Pages
VERSAILLES, par LOUIS LURINE.	1
BOIS DE BOULOGNE, par ALBÉRIC SECOND	33
VALLÉE DE MONTMORENCY, par AMÉDÉE ACHARD.	49
CHANTILLY, par CH. ROUGET.	69
VINCENNES, par ETIENNE ARAGO	91
SCEAUX ET SES ENVIRONS, par MARIE AYCARD.	111
MONTMARTRE ET SAINT-DENIS, par LEROUX DE LINCY	131
SAINT-CLOUD ET SÈVRES, par TOUCHARD-LAFOSSE.	159
COMPIÈGNE, par le MARQUIS DE MONTEREAU.	175
BELLEVILLE, LES PRÉS-SAINT-GERVAIS, ROMAINVILLE et MÉNILMONTANT, par MAURICE ALHOY.	193
LA MALMAISON, par ÉMILE MARCO DE SAINT-HILAIRE.	213
MONTLHÉRY, par HIPPOLYTE LUCAS.	229
MORFONTAINE, ERMENONVILLE, par LOUIS LURINE	239
DE CORBEIL A MELUN, par MAURICE ALHOY.	259
BRUNOY, par LÉON GOZLAN.	275
LUZARCHES ET CHAMPLATREUX, par EUGÈNE BRIFFAULT	287
PORT-ROYAL ET CHEVREUSE, par ALPH. BROT.	303
SENLIS ET SES ENVIRONS, par MARIE AYCARD.	323
NEUILLY, MEUDON, BELLEVUE, ETC., par LOUIS LURINE.	339
ANET ET DREUX, par CH. DE PIERRY.	357
LE PALAIS ET L'ABBAYE DE CHELLES, ETC., par ARSÈNE HOUSSAYE.	377
RAMBOUILLET, par ETIENNE ARAGO.	391
FONTAINEBLEAU, par LOUIS LURINE.	403
SAINT-GERMAIN, par JULES JANIN.	419
BICÊTRE, par GUÉNOT-LECOINTE.	441
MARNES, VAUCRESSON, VILLE-D'AVRAY, par ADRIEN PAUL.	467
MANTES, ROSNY, par JULES SANDEAU.	479

PLACEMENT DES VIGNETTES

DES ENVIRONS DE PARIS.

Frontispice entre le faux-titre et le titre.	Pages
Versailles.	11
Bois de Boulogne.	44
Montmorency.	66
Chantilly	81
Le Moulin-Joly	108
Vue de Saint-Denis.	142
Montmartre et Saint-Denis	154
Saint-Cloud.	165
Sèvres.	170
Compiègne.	178
Prés-Saint-Gervais.	206
La Malmaison.	223
Montlhéry.	237
Morfontaine-Ermenonville.	248
Melun.	272
Brunoy.	285
Champlâtreux.	293
Port-Royal.	306
Port-Royal.	320
Vue d'Auteuil.	346
Anet et Dreux.	361
Village de Chelles.	382
Chelles.	389
Rambouillet.	393
Château de Rambouillet.	399
Fontainebleau.	415
Saint-Germain.	423

www.ingramcontent.com/pod-product-compliance
Lightning Source LLC
Chambersburg PA
CBHW071605230426
43669CB00012B/1838